NEUROARQUITETURA, PSICOLOGIA E FILOSOFIA

INTERFACES DA EXPERIÊNCIA

Editora Appris Ltda.
1.ª Edição - Copyright© 2024 dos autores
Direitos de Edição Reservados à Editora Appris Ltda.

Nenhuma parte desta obra poderá ser utilizada indevidamente, sem estar de acordo com a Lei nº 9.610/98. Se incorreções forem encontradas, serão de exclusiva responsabilidade de seus organizadores. Foi realizado o Depósito Legal na Fundação Biblioteca Nacional, de acordo com as Leis nᵒˢ 10.994, de 14/12/2004, e 12.192, de 14/01/2010.

Catalogação na Fonte
Elaborado por: Josefina A. S. Guedes
Bibliotecária CRB 9/870

N494n 2024	Neuroarquitetura, psicologia e filosofia: interfaces da experiência / Lorí Crízel, Marivania Cristina Bocca (orgs.). – 1. ed. – Curitiba: Appris, 2024. 445 p. ; 27 cm. – (Ciências sociais). Inclui referências. ISBN 978-65-250-5875-7 1. Espaço (Arquitetura). 2. Fenomenologia 3. Neurociências. 4. Filosofia. 5. Psicologia. I. Crízel, Lorí. II. Bocca, Marivania Cristina. III. Título. IV. Série. CDD – 720.1

Livro de acordo com a normalização técnica da ABNT

Appris
editora

Editora e Livraria Appris Ltda.
Av. Manoel Ribas, 2265 – Mercês
Curitiba/PR – CEP: 80810-002
Tel. (41) 3156 - 4731
www.editoraappris.com.br

Printed in Brazil
Impresso no Brasil

Lorí Crízel
Marivania Cristina Bocca
(Org.)

NEUROARQUITETURA, PSICOLOGIA E FILOSOFIA
INTERFACES DA EXPERIÊNCIA

FICHA TÉCNICA

EDITORIAL
Augusto Coelho
Sara C. de Andrade Coelho

COMITÊ EDITORIAL
Ana El Achkar (Universo/RJ)
Andréa Barbosa Gouveia (UFPR)
Antonio Evangelista de Souza Netto (PUC-SP)
Belinda Cunha (UFPB)
Délton Winter de Carvalho (FMP)
Edson da Silva (UFVJM)
Eliete Correia dos Santos (UEPB)
Erineu Foerste (Ufes)
Fabiano Santos (UERJ-IESP)
Francinete Fernandes de Sousa (UEPB)
Francisco Carlos Duarte (PUCPR)
Francisco de Assis (Fiam-Faam-SP-Brasil)
Gláucia Figueiredo (UNIPAMPA/ UDELAR)
Jacques de Lima Ferreira (UNOESC)
Jean Carlos Gonçalves (UFPR)
José Wálter Nunes (UnB)
Junia de Vilhena (PUC-RIO)

Lucas Mesquita (UNILA)
Márcia Gonçalves (Unitau)
Maria Aparecida Barbosa (USP)
Maria Margarida de Andrade (Umack)
Marilda A. Behrens (PUCPR)
Marília Andrade Torales Campos (UFPR)
Marli Caetano
Patrícia L. Torres (PUCPR)
Paula Costa Mosca Macedo (UNIFESP)
Ramon Blanco (UNILA)
Roberta Ecleide Kelly (NEPE)
Roque Ismael da Costa Güllich (UFFS)
Sergio Gomes (UFRJ)
Tiago Gagliano Pinto Alberto (PUCPR)
Toni Reis (UP)
Valdomiro de Oliveira (UFPR)

SUPERVISORA EDITORIAL
Renata C. Lopes

PRODUÇÃO EDITORIAL
Adrielli de Almeira

REVISÃO
Josiana Araújo Akamine
Camila Dias Manoel

DIAGRAMAÇÃO
Andrezza Libel

CAPA
Lívia Costa

COMITÊ CIENTÍFICO DA COLEÇÃO CIÊNCIAS SOCIAIS

DIREÇÃO CIENTÍFICA **Fabiano Santos (UERJ-IESP)**

CONSULTORES
Alícia Ferreira Gonçalves (UFPB)
Artur Perrusi (UFPB)
Carlos Xavier de Azevedo Netto (UFPB)
Charles Pessanha (UFRJ)
Flávio Munhoz Sofiati (UFG)
Elisandro Pires Frigo (UFPR-Palotina)
Gabriel Augusto Miranda Setti (UnB)
Helcimara de Souza Telles (UFMG)
Iraneide Soares da Silva (UFC-UFPI)
João Feres Junior (Uerj)

Jordão Horta Nunes (UFG)
José Henrique Artigas de Godoy (UFPB)
Josilene Pinheiro Mariz (UFCG)
Leticia Andrade (UEMS)
Luiz Gonzaga Teixeira (USP)
Marcelo Almeida Peloggio (UFC)
Maurício Novaes Souza (IF Sudeste-MG)
Michelle Sato Frigo (UFPR-Palotina)
Revalino Freitas (UFG)
Simone Wolff (UEL)

AGRADECIMENTOS

Aos autores convidados/colaboradores desta obra – Aline Reis Calvo Hernandez, Adria de Lima Sousa, André Barata, Andréa de Paiva, Bettieli Barboza da Silveira, Carlos Diógenes Côrtes Tourinho, Catharina Macedo, Cláudia Pinto Ben, Claudinei Aparecido de Freitas da Silva, Dayse da Silva Albuquerque, Daniela Ribeiro Schneider, Edilani Viana Oliveira, Eduardo José Marandola Junior, Elaine Freire da Silva, Fernando Freitas Fuão, Francisca Ferreira Michelon, Gleice Azambuja Elali, José Cavalcante Lacerda Junior, Jossana Peil Coelho, Júlia Teixeira Fernandes, Laila Thaíssa da Silva Menezes, Larissa Gobbi Silvério, Lucilene de Lima Rocha, Luis Carlos Borges dos Santos, Luiz Paulo Cobra Monteiro, Marcelo S. Norberto, Marciana Gonçalves Farinha, Mario César Costenaro, Maria Inês Gasparetto Higuchi, Marina Otte, Miriam Runge, Patrícia Binkowski, Sabine Rosa de Campos, Sylvia Mara Pires de Freitas, Tatiana Benevides Magalhães Braga, Telma Vilela Borges Merjane, Thiago Sitoni Gonçalves, Vitória Brito da Silva e Wilson Antonio Frezzatti Jr. – **esta coletânea interdisciplinar não teria sido possível sem a participação, a contribuição e a confiança que vocês depositaram em nós e neste projeto intelectual.**

Agradecimentos especiais aos arquitetos **Juhani Pallasmaa** e **Harry Francis Mallgrave**, cujas obras são referências fundamentais em nossos estudos e pesquisas. Agradecemos sinceramente por aceitarem o convite para contribuir com textos introdutórios ao nosso livro, um gesto que muito nos honra e privilegia.

Às inspiradoras pesquisadoras **Isolda de Araújo Günther**, **Juliana Neves** e **Marcia Abel**, bem como aos pesquisadores, também referências aos nossos estudos e pesquisas, **Hartmut Günther** e **Martín Grassi**, agradecemos a gentil participação.

A todos(as) os nossos(as) **alunos(as) e colegas de trabalho**, cuja busca incessante pelo conhecimento é fonte constante de inspiração.

Aos leitores, nosso muito obrigado(a) pela confiança e interesse.

Lorí e Marivania

APRESENTAÇÃO

Se a compreensão do uso dos espaços, natural e construído, é inerente à experiência do usuário, um diálogo crítico entre diversas áreas do conhecimento se faz essencial. A obra *Neuroarquitetura, psicologia e filosofia: interfaces da experiência* é um testemunho da interação desafiadora entre esses campos.

A pesquisa que define a problemática central do livro é delineada em vinte e um capítulos. Especialistas do Brasil, Argentina, Estados Unidos, Finlândia e Portugal contribuem com visões breves e inovadoras sobre suas pesquisas, métodos, práticas e reflexões, propondo abordagens diversas para a questão atemporal e complexa da relação entre o humano e o espaço habitado.

Estruturamos o conteúdo da seguinte maneira: na abertura, dois textos introdutórios exploram a temática central, escritos pelos renomados Juhani Pallasmaa, arquiteto finlandês, e Harry Francis Mallgrave, arquiteto norte-americano. Em seguida, Claudinei Aparecido de Freitas da Silva, Lorí Crízel e Marivania Cristina Bocca iniciam a primeira seção com um capítulo estimulante que precede uma série de textos de profissionais da Arte, Arquitetura e Urbanismo, *Design*, Neuroarquitetura, Geografia, Filosofia, Fenomenologia e Psicologia Existencialista. Contribuições de André Barata; Lucilene Rocha, Mario Costenaro, Sabine Rosa; Cláudia Pinto Bem; Luiz Paulo Cobra Monteiro; Carlos Diógenes C. Tourinho, Vitória Brito da Silva; Marina Otte, Larissa Gobbi; Wilson Antonio Frezzatti Jr.; Marcelo S. Norberto; Marivania Cristina Bocca, Adria de Lima Sousa, Daniela Ribeiro Schneider, Sylvia Mara Pires de Freitas; Thiago Sitoni Gonçalves; Fernando Freitas Fuão enriquecem esta parte da obra.

Na segunda seção, focamos em políticas públicas e memórias políticas relacionadas a ocupação e territorialização de espaços, além da influência das emoções e do patrimônio cultural. Pesquisas aplicadas em contextos variados, como o Sistema Único de Saúde (SUS), a indústria têxtil e o ambiente acadêmico, são discutidas por especialistas da Arte, Filosofia, Geografia e Psicologia Ambiental, incluindo Tatiana Benevides Magalhães Braga, Marciana Gonçalves Farinha, Eduardo José Marandola Junior; Francisca Ferreira Michelon, Jossana Peil Coelho; Aline Reis Calvo Hernandez, Luís Carlos Borges dos Santos, Patrícia Binkowski; Bettieli Barboza da Silveira, Laila Thaíssa da Silva Menezes; Dayse da Silva Albuquerque, Gleice Azambuja Elali; Elaine Freire da Silva; Maria Inês Gasparetto Higuchi; Edilani Viana Oliveira, José Cavalcante Lacerda Junior.

Por fim, a terceira seção apresenta trabalhos de profissionais da arquitetura e do *design* que se dedicam ao campo da neuroarquitetura, bem como colegas da psicologia voltados ao bem-estar em ambientes industriais, comerciais e educacionais, ressaltando a importância do *design* biofílico e da sustentabilidade, além de *insights* sobre neuroarquitetura e psicologia. As contribuições são de Júlia Teixeira Fernandes, Catharina Macedo; Miriam Runge, Telma Vilela Borges Merjane. A seção é concluída com uma análise da interação entre cognição, emoção, experiência e consciência no espaço vivido, uma colaboração dos destacados arquitetos, pioneiros no Brasil no campo da neuroarquitetura, Lorí Crízel e Andréa de Paiva.

A sinopse e os textos das orelhas têm o propósito de destacar pesquisadores cujos trabalhos simbolizam a evolução do conhecimento em Arquitetura, *Design* e Urbanismo, integrando diálogos com a Arte, Filosofia, Geografia, Neurociência e Psicologia. Eles são representados por Isolda de Araújo Günther e Hartmut Günther, figuras proeminentes da Psicologia Ambiental no Brasil; pelo filósofo argentino Martín Grassi, reconhecido por suas contribuições sobre o espaço sagrado e a fenomenologia, bem como pela destacada neurocientista Marcia Abel e pela arquiteta e autora Juliana Neves.

Além das áreas anteriormente destacadas, é imprescindível reconhecer que o complexo mosaico desta obra é enriquecido por contribuições substanciais de campos tão variados quanto complementares. Disciplinas como a Antropologia Social, a Pedagogia, as Artes Plásticas e Visuais, a Museologia, a História, e as engenharias Ambiental e Agrônoma, assim como o vibrante universo da Moda, possuem capítulos que exploram suas conexões e interações com o tema central do livro. Essas múltiplas perspectivas expandem a abordagem da discussão, fornecendo aos leitores uma visão abrangente e multidisciplinar sobre como as diversas áreas do conhecimento compreendem e influenciam a construção do lugar como um fenômeno da experiência vivida.

Desejamos a todas(os) uma leitura enriquecedora!

Lorí e Marivania

PREFACE

Juhani Pallasmaa

Architect, professor emeritus, writer, Helsinki. Design work in 1962-2022; Rector of the Institute of Industrial Design, Director of the Museum of Finnish Architecture, Professor and Dean of the Faculty of Architecture, Helsinki University of Technology; several visiting professorships in the USA; teaching and lecturing in numerous universities in Europe, North and South America, Africa, Asia and Australia; Member of countless juries, including the Pritzker Architecture Prize Jury 2008-14. His 75 published books and 980 essays include: Rootedness (2024), The Embodied Image, The Thinking Hand, The Architecture of Image: existential space in cinema, and The Eyes of the Skin; writings translated in 36 languages. Honorary member of SAFA, HonFAIA and IntFRIBA, and has received six Honorary Doctorates and numerous Finnish and international awards.

ARCHITECTURE AS AN EXTENSION OF LIFE: the complex grounding of the neuroscience of architecture

The collection of essays edited by Lorí Crízel and Marivania Bocca valorizes the phenomenological essence of architecture from diverse, highly relevant points of view. As I was invited to write an introductory foreword to this book, I decided to present my sincere understanding of the situation of the art of architecture in our quasi-rational and materialist consumer age. My views and judgements reflect sixty years of my work as an architect, *designer*, writer and teacher, as well as my active participation in the interaction of architecture and neuroscience. I wish to depict below a reliable ground for the understanding of architecture in the phenomenological and neuroscientific perspective.

> *"Art is not only a selective sampling of the world; art implies transforming the world, an endless modification towards the good".*
> (Rilke, 1997, p. 41)

ARCHITECTURE AND THE WORLD

Beyond its commonly understood functional, technical and economic purposes and esthetic qualities, architecture is a form of art arising from existential and experiential encounters, emotions and mental meanings. As all arts, it is a relational and mediating activity; it is about the world and human existence, dwelling and activities. Architecture is not about itself, as it structures and projects meanings to our life world. Maurice Merleau-Ponty expresses this essential relatedness of art succinctly: "We come to see not the work of art, but the world according to the work" (2009, p. 409). We do not come to see a piece of architecture, either; we come to experience ourselves integrated with our experiential world through architecture.

Regrettably, during the past decades, architecture has increasingly turned into an aestheticized techno-economic service, and the *design* of buildings has been separated from larger physical settings, as well as the existential and poetic dimensions of life. As a consequence, the seminal historical, cultural and mental continuities, mediated by buildings and environments have been increasingly lost. In addition to rooting us in places, architecture is also expected to relate us with the continuum of time and culture. Yet, even the experience of the temporal dimension has weakened as new buildings tend to project a flat sense of nowness, instead of creating a cultural continuum. Ludwig Wittgenstein, the philosopher, who was deeply interested and engaged in architecture, points out its mental purpose: "Architecture glorifies and eternalizes something. When there is nothing to glorify, there is no architecture" (1998, p. 74).

In order to re-orient and enrich the current narrow understanding of architecture, today's neuroscientific approach needs to be grounded in a full understanding of the layeredness and complexities of this phenomenon. Undoubtedly, architecture — both in its conception and experience — is grounded in sensory and neural realities, but we also need to know architecture as a mental, social and cultural phenomenon in order to understand its multiple connections with the world as well as our neural constitution. In addition, we need to understand the deep meanings of aesthetic judgements and their relations with ethical views. As the neuroscience of architecture necessarily calls for collaboration between neuroscientists and architects, I wish to emphasize the complexity and inclusivity of architecture as a human endeavor as the point of departure for a meaningful interaction.

THE COMPLEXITIES OF ARCHITECTURE

As already the first architectural theorist in history, the Roman Vitruvius Pollio (c. 90 - c. 20 BCE) stressed, architecture is an exceptionally complex and conflicting field of activity. Among the understanding and skills required from the architect, Vitruvius lists numerous areas of knowledge:

> Let him (the architect) be educated, skillful with the pencil, instructed in geometry, know much history, have followed the philosophers with attention, understand music, have some knowledge of medicine, know the opinions of the jurists, and be acquainted with astronomy and the theory of the heavens (Pollio, 1960, p. 5-6).

The architect's field of knowledge has surely narrowed since the Roman times, as Vitruvius even mentions the discipline of medicine in his demanding list of learning required of the architect. Yet, in his project description of the legendary Paimio Sanatorium (1929-1933), the Functionalist masterpiece, Alvar Aalto reports that the project was designed "as a medical instrument" (p. 68-69); the architect refers here to the ways in which the building is based on the advanced medical knowledge of the time.

Alvar Aalto, the most significant nonconformist thinker in modern architecture, also points out the inner complexity of architecture:

> Nearly every *design* task involves tens, often hundreds, sometimes thousands of different conflicting elements, which can be forced into a functional harmony only by man's will. This harmony cannot be achieved by other than artistic means. The individual technical and mechanical elements receive their definite value only in this manner. A harmonious result cannot be achieved via calculations, or with the help of statistical data or probability calculations (1948, p. 108).

Along with Richard Neutra's groundbreaking book *Survival through Design* (1954), Alvar Aalto was aware of the mental, psychological and neural ground of architecture, and wrote about "neurophysiology" as well as the psychological and biological grounding of the discipline already in the mid-1930s: "I would like to add my personal, emotional view, that architecture and its details are in some way all part of biology" (1948, p. 108). Indeed, we are evolutionary beings and both our physical and mental constitutions are products of timeless evolutionary processes. Yet, we do not see ourselves in the evolutionary perspective, although the pink triangles, called *plica semilunaris*, in our eye corners remind us of the horizontally moving extra eyelids, which our ancestors had as lizards in the Saurian age.

The evident reason for our feelings of safety and pleasure at an open fire is that fire has given us safety and comfort for sixty thousand years (Pyre, 2012). The impact of our deep evolutionary heritance on architecture has hardly been researched, with the exception of singular studies, such as Grant Hildebrand's studies in the meaning of "refuge and prospect" in Frank Lloyd Wright´s houses arising from studies in evolutionary psychology (Hildebrand, 1991).

EXTENDED RATIONALISM

Although Alvar Aalto criticized narrow Rationalism, he did not want to abandon rationality; he wanted to extend rational thinking deeper, all the way to our mental levels:

> Architecture is a synthetic phenomenon covering practically all fields of human activity [...] It is not the rationalization itself that was wrong in the first and now past period of modern architecture. The fault lies in the fact that the rationalization has not gone deep enough [...] Instead of fighting the rational mentality, the newest phase of modern architecture tries to project rational methods from the technical field out to human and psychological fields [...] Technical Functionalism is correct only if enlarged to cover even the psychophysical fields. That is the only way to humanize architecture (1997, p. 102-103).

Aalto spoke and wrote about "extended rationalism", and argued that "Salvation can be achieved only or primarily via an extended concept of Rationalism". Today the neuroscience of architecture could well be included in this extended definition of rationality.

> We might say that one way to produce a more humane built environment is to extend the definition of Rationalism. We must analyze more of the qualities associated with the object than we have done so far (Malpas, 2017).

Today's architectural theorizing and education tend to emphasize information, concepts and abstractions. Yet, architectural entities are not abstractions, as they are meaningful material, sensory and experiential realities, which are grounded in our biological historicity, and they intertwine with our activities and mental lives. The entire built tradition articulates our experience of the historicity and order of the human world, such as the passing of time, and our understanding of ourselves; we are fundamentally a biological species enculturated by our own constructions and inventions, material as well as mental. We are simultaneously evolutionary creatures and beings of our own making.

In my view, the modernist understanding of architecture primarily as "space", as articulated especially by Sigfried Giedion in *Space, Time and Architecture* (1941) and Bruno Zevi in *Architecture as Space* (1957), has been a mistake and led to reductionist thinking. "Space" is a fundamental abstract concept in the science of physics, but architecture is not an abstraction, as it arises from real material and sensory encounters and experiences. Even unbuilt architectural projects have their imaginative material and experiential existences. It has been misfortunate that the casual architectural talk has uncritically accepted the notion of "space" as its central notion, as this necessarily creates a distance or gap between the built world and our experiential and mental realities. I wish to argue, that we do not live in or experience "space", as we occupy and experience places and atmospheres defined by material boundaries and qualities, as well as our specific activities. "Place-ness" is a fundamental multisensory quality in human consciousness, as well as an architectural quality with its specific relationalities and layered narratives and histories. While abstract space is experientially empty, the experience of place arises from sensory and mental realities; we could even speak of the veracity of place. Already the Greek philosophers understood the constitutive meaning of place: "Nothing is that is not placed" (2008, p. 49), Plato argued. Aldo *van* Eyck, who introduced anthropologically grounded Structuralism in modernism through his important projects, wrote about the meaning of space and time: "Whatever space and time mean, place and occasion mean more, since space in the image of man is place, and time in the image of man in occasion" (1997, p. 274).

THE POWER OF IMAGINATION

Architecture does not arise from intellectualized generalities or abstractions; it arises from material, temporal, experiential and emotive qualities through individual experiences. Instead of being an abstraction, architecture mediates lived and embodied meanings, and these meanings are fundamentally existential, as they arise from our encounters with our life world. Architecture mediates lived physical encounters and foci, distances and scales, harmonies, disharmonies and contrasts into full sensory experiences, which give rise to emotions, associations, narratives, mental meanings and emotions.

Architectural experiences and meanings are not conceptual, they are sensorially real. Our imaginative experiences and emotions are also real. One of the grave problems in today's thinking is that we do not grant imagination its fundamental role in relation to reality and our being humans; we are humans primarily because of our imaginative capacities. Yet, even ethical judgement calls for imagination; we need to be able to imagine the consequences of our alternative deeds in order to make an ethical choice. In architectural *design*, as in all creative work, we operate in imaginative realities. An irreplaceable quality of our imaginative skills is empathy; yet, empathy has also been identified in numerous animal species. Also the role of intuition in grasping situations before rationally understanding them, needs to be re-established. Aalto had a full confidence in intuition: "I never make a great difference between rational and intuitive factors. Intuition can often be absolutely rational" (p. 273).

In Wittgenstein's words above, architecture "glorifies and eternalizes" our existential experience, but we could say less dramatically that it mediates and articulates our existence in the world. The arts and architecture are not primarily realms of conceptual or intellectual knowledge, as they are realms of bodily, experiential and emotive identification. As the great philosopher John Dewey (1934) establishes in his seminal book *Art as Experience* of 1934, the arts, including architecture, are grounded in individual experience.

Buildings and constructions have their practical usefulness. These performative qualities and the experiential, mental and poetic qualities are separate realms. The performative qualities can be measured, objectified and generalized, whereas the experiential qualities are individual and unique experiences and interpretations. The first category can be measured and studied objectively, whereas the experiential reality is necessarily grounded in first-person experiences and value judgements.

Buildings are, of course, also economic investments and enterprises. In the past few decades the economic interests have often become the most significant criteria for *design*. This harsh reality tends to make the subtle levels of mediation as well as experiential and mental values difficult to see and appreciate. Instead of revealing mythical, metaphysical, symbolizing and poetizing dimensions, aesthetics are increasingly serving commercial interests. However, all the arts call for sincerety, openmindedness and trust. Also the essential interplay of the aesthetic and the ethical needs to be recognized. The Nobel Laureate poet Joseph Brodsky frequently wrote about these two mental dimensions and gave the aesthetic perception primacy: "Man is first an aesthetic creature before he is an ethical one", and "Every new aesthetic reality makes man's ethical reality more exact, because aesthetics is the mother of ethics" (1997, p. 208). But for the poet, aesthetics surely means something more universal and autonomous than today's manipulative and commercialized beauty, serving the purposes of convention, consumption and desire.

Before the neuroscience of architecture makes sense, the internal complexities and dualities of architecture need to be identified and understood. As already Vitruvius understood, architecture is one of the most complex, conflicting and multi-dimensional of human endeavors, as it fuses knowledge and skills, rationality and visions, scientific understanding and artistic sensibilities. Alvar Aalto points out above the innate complexity of architectural tasks: "In every case one must achieve a simultaneous solution of conflicting problems... which can be forced into a harmony only by man's will. This harmony cannot be achieved by other than artistic means" (1997, p. 208).

Aalto also argued that his most important source for inspiration was realism, but he also recognized the secret rationality of intuition. Significantly, Aalto underlined the vital connections of architecture with the arts; "It all begun in painting" (1978, p. 127-128), he often said. He also wrote about the importance of "the mentality of play" (Mairea, 1939) in his *design* process. Absentminded play was Aalto's way of connecting with his unconscious imageries.

In my view, the most enigmatic aspect in architecture is, how material constructions can give rise to subtle mental experiences, meanings and deep emotional values. Great artists and architects are able to move us deeply through images in matter, but what really makes us have a tear of mysterious happiness in our eye when entering the stair *hall* of the Laurentian Library by Michelangelo in Florence? Where does the overwhelming experience of melancholy come from? Anton Ehrenzweig's (1973) important book *The Hidden Order of Art* suggests that such deep affects and emotions arise from our unconscious perceptions and imageries. Could neuroscience valorize this essential mystery of art? I firmly believe so.

We architects have thoughtlessly abandoned our traditional embodied methods of thinking and working and rushed to computerized *design*, and now are equally eagerly ready to expand our tools to artificial intelligence. Unless we understand the layered and conflicting inner structures of architectural *design* and its crucial mental and emotive constituents, we can hardly think of meaningful ways of applying neuroscientific understanding in creating and evaluating architecture? It is surely possible to measure and localize neural activities, but how can we say something meaningful about the subtle existential, emotive and poetic experiences in architecture? The cave paintings have not lost their magical power in nearly thirty thousand years. No wonder, Paul Valéry, the poet, writes: "An artists is worth a thousand centuries" (1956). These mental and emotive realities are the greatest and eternal values of architecture. In my firm view, neuroscience can provide a vital support to the real values of architecture, through revealing and emphasizing its mental, artistic and humanist values, and its seminal cultural essence.

Vittorio Gallese, the humanist scientist, who made the discovery of the mirror neurons, one of the most significant neuroscientific discoveries, with Giacomo Rizzolati and their research team, emphasizes the value of art followingly:

From a certain point of view, art is more powerful than science. With much less expensive tools and with greater power of synthesis, artistic intuitions *show* us who we are, probably in a much more exhaustive way with respect to the objectifying approach of the natural sciences. Being humans squares with the ability to ask ourselves who we are. Since the beginning of mankind, artistic creativity has expressed such ability in its purest and highest form (Gallese, 2012, p. 693).

PREFÁCIO

Juhani Pallasmaa

Arquiteto, professor emérito, escritor, Helsinque. Trabalhos de design de 1962-2022; reitor do Instituto de Design Industrial, diretor do Museu de Arquitetura Finlandesa, professor e decano da Faculdade de Arquitetura, Universidade de Tecnologia de Helsinque; várias participações como professor visitante nos EUA; ensino e palestras em inúmeras universidades na Europa, América do Norte e do Sul, África, Ásia e Austrália; membro de inúmeros júris, incluindo o Júri do Prêmio de Arquitetura Pritzker 2008-14. Seus 75 livros publicados e 980 ensaios incluem: Rootedness (2024), The Embodied Image, The Thinking Hand, The Architecture of Image: existential space in cinema, e The Eyes of the Skin; e escritos traduzidos em 36 idiomas. Membro honorário da SAFA, HonFAIA e IntFRIBA, e recebeu seis Doutorados Honoris Causa e inúmeros prêmios finlandeses e internacionais.

ARQUITETURA COMO UMA EXTENSÃO DA VIDA: a complexa fundamentação da neurociência da arquitetura

A coleção de ensaios editada por Lorí Crízel e Marivania Bocca valoriza a essência fenomenológica da arquitetura a partir de pontos de vista diversos e altamente relevantes. Como fui convidado a escrever um prefácio introdutório para este livro, decidi apresentar minha sincera compreensão da situação da arte da arquitetura em nossa era de consumo *quasi-rational* e materialista. Minhas opiniões e julgamentos refletem sessenta anos de meu trabalho como arquiteto, *designer*, escritor e professor, bem como minha participação ativa na interação entre arquitetura e neurociência. Desejo delinear a seguir uma base confiável para a compreensão da arquitetura na perspectiva fenomenológica e neurocientífica.

> *"A arte não é apenas uma amostra seletiva do mundo; a arte implica transformar o mundo, uma modificação interminável em direção ao bom".*
> (Rilke, 1997, p. 41)

ARQUITETURA E O MUNDO

Além dos seus propósitos funcionais, técnicos e econômicos e qualidades estéticas comumente compreendidos, a arquitetura é uma forma de arte que surge de encontros existenciais e experienciais, emoções e significados mentais. Como todas as artes, é uma atividade relacional e mediadora; é sobre o mundo e a existência, a moradia e as atividades humanas. A arquitetura não é sobre si mesma, pois ela estrutura e projeta significados para o nosso mundo da vida. Maurice Merleau-Ponty expressa essa relação essencial da arte de forma sucinta: "Nós vemos não a obra de arte, mas o mundo de acordo com a obra" (2009, p. 409). We do not come to see a piece of architecture, either; we come to experience ourselves integrated with our experiential world through architecture.

Lamentavelmente, nas últimas décadas, a arquitetura se transformou cada vez mais em um serviço tecnoeconômico estetizado, e o projeto de edifícios foi separado de ambientes físicos maiores, bem como das dimensões existenciais e poéticas da vida. Como consequência, as continuidades históricas, culturais e mentais seminais, mediadas por edifícios e ambientes, têm se perdido cada vez mais. Além de nos enraizar em lugares, espera-se que a arquitetura também nos relacione com o *continuum* do tempo e da cultura. No entanto, até mesmo a experiência da dimensão temporal enfraqueceu, pois os novos edifícios tendem a projetar uma sensação plana do agora, em vez de criar um *continuum* cultural. O filósofo Ludwig Wittgenstein, que estava profundamente interessado e engajado na arquitetura, aponta seu propósito mental: "A arquitetura glorifica e eterniza algo. Quando não há nada para glorificar, não há arquitetura" (1998, p. 74).

Para reorientar e enriquecer a atual compreensão limitada da arquitetura, a abordagem neurocientífica atual precisa estar fundamentada em uma compreensão completa das camadas e complexidades desse fenômeno. Sem dúvida, a arquitetura – tanto em sua concepção quanto em sua experiência – está fundamentada em realidades sensoriais e neurais, mas também precisamos conhecer a arquitetura como um fenômeno mental, social e cultural para entender suas múltiplas conexões com o mundo e com nossa constituição neural. Além disso, precisamos entender os significados profundos dos julgamentos estéticos e suas relações com as visões éticas. Como a neurociência da arquitetura necessariamente exige a colaboração entre neurocientistas e arquitetos, desejo enfatizar a complexidade e a inclusão da arquitetura como um empreendimento humano como ponto de partida para uma interação significativa.

AS COMPLEXIDADES DA ARQUITETURA

Como já destacava o primeiro teórico da arquitetura na história, o romano Vitrúvio Pollio (c. 90 – c. 20 a.C.), a arquitetura é um campo de atividade excepcionalmente complexo e conflitante. Entre a compreensão e as habilidades exigidas do arquiteto, Vitruvius lista várias áreas de conhecimento:

> Que ele (o arquiteto) seja educado, hábil com o lápis, instruído em geometria, bom conhecedor de história, tenha seguido os filósofos com atenção, entenda de música, tenha algum conhecimento de medicina, conheça as opiniões dos juristas e esteja familiarizado com a astronomia e a teoria dos céus (Pollio, 1960, p. 5-6).

O campo de conhecimento do arquiteto certamente se estreitou desde a época romana, como Vitruvius menciona até mesmo a disciplina de medicina em sua exigente lista de conhecimentos necessários ao arquiteto. No entanto, em sua descrição do projeto do lendário Sanatório Paimio (1929-33), a obra-prima funcionalista, Alvar Aalto relata que o projeto foi concebido "como um instrumento médico" (p. 68-69); o arquiteto se refere aqui às maneiras pelas quais o edifício se baseia no conhecimento médico avançado da época (p. 68-69).

Alvar Aalto, o mais importante pensador não conformista da arquitetura moderna, também destaca a complexidade interna da arquitetura:

> Quase todas as tarefas de projeto envolvem dezenas, muitas vezes centenas, às vezes milhares de diferentes elementos conflitantes, que só podem ser forçados a uma harmonia funcional pela vontade do homem. Essa harmonia não pode ser alcançada por outros meios que não sejam artísticos. Os elementos técnicos e mecânicos individuais recebem seu valor definitivo somente dessa maneira. Um resultado harmonioso não pode ser alcançado por meio de cálculos ou com a ajuda de dados estatísticos ou cálculos de probabilidade (1948, p. 108).

Com o livro inovador de Richard Neutra, *Survival through Design* (1954), Alvar Aalto estava ciente da base mental, psicológica e neural da arquitetura e escreveu sobre "neurofisiologia", bem como sobre a base psicológica e biológica da disciplina já em meados da década de 1930: "Eu gostaria de acrescentar minha visão pessoal e emocional de que a arquitetura e seus detalhes são, de alguma forma, parte da biologia" (1948, p. 108). De fato, somos seres evolutivos e nossas constituições físicas e mentais são produtos de processos evolutivos atemporais. No entanto, não nos vemos na perspectiva evolutiva, embora os triângulos cor-de-rosa, chamados *plica semilunaris*, nos cantos de nossos olhos nos lembrem das pálpebras extras que se movem horizontalmente, que nossos ancestrais tinham quando eram lagartos na era sauriana.

A razão evidente de nossa sensação de segurança e prazer em uma fogueira é que o fogo nos dá segurança e conforto há sessenta mil anos (Pyre, 2012). O impacto de nossa profunda herança evolutiva na arquitetura quase não foi pesquisado, com exceção de estudos singulares, como os estudos de Grant Hildebrand (1991) sobre o significado de "refúgio e perspectiva" nas casas de Frank Lloyd Wright, decorrentes de estudos em psicologia evolutiva.

RACIONALISMO AMPLIADO

Embora Alvar Aalto criticasse o racionalismo restrito, ele não queria abandonar a racionalidade; ele queria estender o pensamento racional mais profundamente, até nossos níveis mentais:

> A arquitetura é um fenômeno sintético que abrange praticamente todos os campos da atividade humana [...] Não é a racionalização em si que estava errada no primeiro e agora passado período da arquitetura moderna. A falha está no fato de que a racionalização não foi suficientemente profunda [...] Em vez de combater a mentalidade racional, a fase mais recente da arquitetura moderna tenta projetar métodos racionais do campo técnico para os campos humano e psicológico [...] O funcionalismo técnico é correto somente se for ampliado para cobrir até mesmo os campos psicofísicos. Essa é a única maneira de humanizar a arquitetura (1997, p. 102-103).

Aalto falou e escreveu sobre o "racionalismo ampliado" e argumentou que "a salvação pode ser alcançada apenas ou principalmente por meio de um conceito ampliado de racionalismo". Atualmente, a neurociência da arquitetura poderia muito bem ser incluída nessa definição ampliada de racionalidade.

> Podemos dizer que uma maneira de produzir um ambiente construído mais humano é ampliar a definição de racionalismo. Precisamos analisar mais as qualidades associadas ao objeto do que fizemos até agora (Malpas, 2017).

A teorização e a educação arquitetônicas atuais tendem a enfatizar informações, conceitos e abstrações. No entanto, as entidades arquitetônicas não são abstrações, pois são realidades materiais, sensoriais e experienciais significativas que estão fundamentadas em nossa historicidade biológica e se entrelaçam com nossas atividades e vidas mentais. Toda a tradição construída articula nossa experiência da historicidade e da ordem do mundo humano, como a passagem do tempo, e nossa compreensão de nós mesmos; somos fundamentalmente uma espécie biológica, enculturada por nossas próprias construções e invenções, tanto materiais quanto mentais. Somos simultaneamente criaturas evolucionárias e seres criados por nós mesmos.

Na minha opinião, o entendimento modernista da arquitetura principalmente como "espaço", conforme articulado especialmente por Sigfried Giedion em *Space, Time and Architecture* (1941) e Bruno Zevi em *Architecture as Space* (1957), foi um erro e levou a um pensamento reducionista. O "espaço" é um conceito abstrato fundamental na ciência da física, mas a arquitetura não é uma abstração, pois surge de encontros e experiências materiais e sensoriais reais. Mesmo os projetos arquitetônicos não construídos têm suas existências materiais e experimentais imaginativas. É lamentável que a conversa casual sobre arquitetura tenha aceitado acriticamente a noção de "espaço" como sua noção central, pois isso necessariamente cria uma distância ou lacuna entre o mundo construído e nossas realidades experimentais e mentais. Quero argumentar que não vivemos ou experimentamos o "espaço", pois ocupamos e experimentamos lugares e atmosferas definidos por limites e qualidades materiais, bem como por nossas atividades específicas. A "local-idade" é uma qualidade multissensorial fundamental na consciência humana, bem como uma qualidade arquitetônica com suas relacionalidades específicas e narrativas e histórias em camadas. Enquanto o espaço abstrato é vazio em termos de experiência, a experiência do lugar surge de realidades sensoriais e mentais; poderíamos até falar da veracidade do lugar. Os filósofos gregos já entendiam o significado constitutivo do lugar: "Nada existe que não esteja situado" (2008, p. 49), argumentou Platão. Aldo *van* Eyck, que introduziu o estruturalismo antropologicamente fundamentado no modernismo por meio de seus importantes projetos, escreveu sobre o significado do espaço e do tempo: "O que quer que o espaço e o tempo signifiquem, o lugar e a ocasião significam mais, já que o espaço, à imagem do homem, é lugar, e o tempo, à imagem do homem, é ocasião" (1997, p. 274).

O PODER DA IMAGINAÇÃO

A arquitetura não surge de generalidades intelectualizadas ou abstrações; ela surge de qualidades materiais, temporais, experienciais e emotivas por meio de experiências individuais. Em vez de ser uma abstração, a arquitetura medeia significados vividos e incorporados, e esses significados são fundamentalmente existenciais, pois surgem de nossos encontros com o mundo da vida. A arquitetura medeia encontros e focos físicos vividos, distâncias e escalas, harmonias, desarmonias e contrastes em experiências sensoriais completas, que dão origem a emoções, associações, narrativas, significados mentais e emoções.

As experiências e os significados arquitetônicos não são conceituais, são sensorialmente reais. Nossas experiências e emoções imaginativas também são reais. Um dos graves problemas do pensamento atual é que não concedemos à imaginação seu papel fundamental em relação à realidade e ao fato de sermos humanos; somos humanos principalmente por causa de nossas capacidades imaginativas. No entanto, até mesmo o julgamento ético exige imaginação; precisamos ser capazes de imaginar as consequências de nossos atos alternativos para fazer uma escolha ética. No projeto arquitetônico, como em todo trabalho criativo, operamos em realidades imaginativas. Uma qualidade insubstituível de nossas habilidades imaginativas é a empatia; no entanto, a empatia também foi identificada em várias espécies animais. Além disso, o papel da intuição na apreensão de situações antes de compreendê-las racionalmente precisa ser restabelecido. Aalto tinha plena confiança na intuição: "Nunca faço uma grande diferença entre fatores racionais e intuitivos. A intuição muitas vezes pode ser absolutamente racional" (p. 273).

Nas palavras de Wittgenstein acima, a arquitetura "glorifica e eterniza" nossa experiência existencial, mas poderíamos dizer de forma menos dramática que ela medeia e articula nossa existência no mundo. As artes e a arquitetura não são primordialmente domínios de conhecimento conceitual ou intelectual, pois são domínios de identificação corporal, experiencial e emotiva. Como o grande filósofo John Dewey estabeleceu em seu livro seminal *Art as Experience* de 1934, as artes, inclusive a arquitetura, são baseadas na experiência individual.

Os edifícios e as construções têm sua utilidade prática. Essas qualidades performativas e as qualidades experienciais, mentais e poéticas são domínios separados. As qualidades performativas podem ser medidas, objetivadas e generalizadas, enquanto as qualidades experienciais são experiências e interpretações individuais e únicas. A primeira categoria pode ser medida e estudada objetivamente, enquanto a realidade experiencial é necessariamente fundamentada em experiências de primeira pessoa e julgamentos de valor.

Os edifícios também são, obviamente, investimentos e empreendimentos econômicos. Nas últimas décadas, os interesses econômicos muitas vezes se tornaram os critérios mais importantes para o *design*. Essa dura realidade tende a dificultar a visualização e a apreciação dos níveis sutis de mediação, bem como dos valores experimentais e mentais. Em vez de revelar dimensões míticas, metafísicas, simbólicas e poéticas, a estética está servindo cada vez mais a interesses comerciais. Entretanto, todas as artes exigem sinceridade, mente aberta e confiança. Além disso, a interação essencial entre a estética e a ética precisa ser reconhecida. O poeta Joseph Brodsky, laureado com o Prêmio Nobel, escreveu com frequência sobre essas duas dimensões mentais e deu primazia à percepção estética: "O homem é primeiro uma criatura estética antes de ser uma criatura ética" (Brodsky, 1997, p. 208), e "Toda nova realidade estética torna a realidade ética do homem mais exata, porque a estética é a mãe da ética" (1997, p. 208). Mas, para o poeta, a estética certamente significa algo mais universal e autônomo do que a beleza manipuladora e comercializada de hoje, que serve aos propósitos da convenção, do consumo e do desejo.

Antes que a neurociência da arquitetura faça sentido, as complexidades e dualidades internas da arquitetura precisam ser identificadas e compreendidas. Como Vitrúvio já havia entendido, a arquitetura é um dos empreendimentos humanos mais complexos, conflitantes e multidimensionais, pois combina conhecimento e habilidades, racionalidade e visões, compreensão científica e sensibilidade artística. Alvar Aalto aponta anteriormente a complexidade inata das tarefas arquitetônicas:

> Em todos os casos, é preciso alcançar uma solução simultânea de problemas conflitantes... que só podem ser forçados a uma harmonia pela vontade do homem. Essa harmonia não pode ser alcançada por outros meios que não sejam artísticos (1978, p. 127-128).

Aalto também argumentou que sua fonte de inspiração mais importante era o realismo, mas também reconheceu a racionalidade secreta da intuição. De forma significativa, Aalto enfatizou as conexões vitais da arquitetura com as artes; "Tudo começou na pintura" (1978, p. 127-128), dizia ele com frequência (1939). Ele também escreveu sobre a importância da "mentalidade do jogo" em seu processo de *design* (Mairea, 1939). O jogo desatento era a maneira de Aalto se conectar com suas imagens inconscientes.

Na minha opinião, o aspecto mais enigmático da arquitetura é como as construções materiais podem dar origem a experiências mentais sutis, significados e valores emocionais profundos. Grandes artistas e arquitetos são capazes de nos comover profundamente por meio de imagens na matéria, mas o que realmente nos faz ter uma lágrima de felicidade misteriosa no olho ao entrar no *hall* da escadaria da Biblioteca Laurentiana de Michelangelo em Florença? De onde vem a experiência avassaladora da melancolia? O importante livro de Anton Ehrenzweig (1973), *The Hidden Order of Art*, sugere que esses afetos e emoções profundas surgem de nossas percepções e imagens inconscientes. A neurociência poderia valorizar esse mistério essencial da arte? Acredito firmemente que sim.

Nós, arquitetos, abandonamos irrefletidamente nossos métodos tradicionais de pensamento e trabalho incorporados e corremos para o projeto computadorizado, e agora estamos igualmente prontos para expandir nossas ferramentas para a inteligência artificial. A menos que compreendamos as estruturas internas em camadas e conflitantes do projeto arquitetônico e seus constituintes mentais e emotivos cruciais, dificilmente poderemos pensar em maneiras significativas de aplicar a compreensão neurocientífica na criação e avaliação da arquitetura. Certamente é possível medir e localizar atividades neurais, mas como podemos dizer algo significativo sobre as sutis experiências existenciais, emotivas e poéticas na arquitetura? As pinturas rupestres não perderam seu poder mágico em quase trinta mil anos. Não é de se admirar que o poeta Paul Valéry tenha escrito: "Um artista vale mil séculos" (1956). Essas realidades mentais e emotivas são os maiores e eternos valores da arquitetura. Em minha firme opinião, a neurociência pode dar um apoio vital aos valores reais da arquitetura, revelando e enfatizando seus valores mentais, artísticos e humanistas e sua essência cultural seminal.

Vittorio Gallese, o cientista humanista que fez a descoberta dos neurônios-espelho, uma das descobertas neurocientíficas mais importantes, com Giacomo Rizzolati e sua equipe de pesquisa, enfatiza o valor da arte da seguinte forma:

> De um certo ponto de vista, a arte é mais poderosa do que a ciência. Com ferramentas muito mais baratas e com maior poder de síntese, as intuições artísticas nos mostram quem somos, provavelmente de forma muito mais exaustiva em relação à abordagem objetivista das ciências naturais. O fato de sermos humanos está relacionado à capacidade de nos perguntarmos quem somos. Desde o início da humanidade, a criatividade artística tem expressado essa capacidade em sua forma mais pura e elevada (Gallese, 2012, p. 693).

REFERÊNCIAS

AALTO, Alvar. Project description for the Paimio Sanatorium, Göran Schildt. *Alvar Aalto:* A Life's Work: Architecture, *Design* and Art. Helsinki: Otava Publishing Company Ltd., 1994. p. 68-69.

AALTO, Alvar. "Trout and the Stream" (1948). *In*: *Alvar Aalto in His Own Words.* p. 108.

AALTO, Alvar. "The Humanizing of Architecture". *Alvar Aalto in His Own Words.* Edited and annotated by Göran Schildt. Helsinki: Otava Publishing Company Ltd., 1997. p. 102-103.

AALTO, Alvar. "Rationalism and Man"(1935). Ed. Göran Schildth. Aalto in His Own Words, 91.

AALTO, Alvar as quoted in Göran Schildt. Interview of Alvar Aalto for the Finnish television, July 1972. Published in Göran Schildt. *Näin puhui Alvar Aalto.* Helsinki: Otava Publishing Company, 1997. p. 274.

AALTO, Alvar. "Art and Technology", lecture, Academy of Finland, October 3, 1955, Göran Schildt, Sketches: Alvar Aalto, trans. Stuart Wrede. Cambridge, Mass.; London: MIT Press, 1978. p. 127-128.

AALTO, Alvar. Project description for Villa Mairea. *Arkkitehti:* The Finnish Architectural Review, 1939.

AALTO, Alvar. "Experimental House at Muuratsalo (1953). Göran Schildth (ed.). *Skethes*: Alvar Aalto. Cambridge; London: The MIT Press, 1985. p. 172.

As quoted in Aldo *van* Eyck. *Aldo van Eyck: Writings.* Vincent Ligtelija and Francis Strauffen (ed.). vol.1. Amsterdam: SUN, 2008. p. 49.

BRODSKY, Joseph. *An Immodest Proposal, On Grief and Reason.* New York: Farrar, Straus and Giroux, 1997. p. 208.

DEWEY, John. *Art as Experience.* New York: Putnam's, 1934.

EHRENZWEIG, Anton. *The Hidden Order of Art.* London: Paladin, 1973.

GALLESE, Vittorio; DIO, Cinzia Di. Neuroesthetics: The body in Esthetic Experience. *In*: GALLESE, Vittorio; DIO, Cinzia Di. *The Encyclopedia of Human Behaviour*. Ramachandran, Elsevier, Amsterdam: V-S, 2012. V. 2, p. 693.

HILDEBRAND, Grant. *The Wright Space:* Pattern and Meaning in Frank Lloyd Wright's Houses. Seattle; London: University of Washington Press, 1991.

MERLEAU-PONTY, Maurice; quoted in Iain McGilchrist. *The Master and His Emissary:* The Divided Brain and the Making of the Western World. New Haven: Yale University Press, 2009. p. 409.

POLLIO, Vitruvius. *The Ten Books on Architecture.* Chapter 1: The Education of the Architect. Transl. by Morris Hicky Morgan. New York: Dover Publications, Inc., 1960. p. 5-6.

PYRE, Stephen. *Fire.* London: Reaktion Books, 2012. p. 47.

RILKE, Rainer Maria. Letter to Jacob Baron Uexkull, Paris, dated August 19, 1909. *Rainer Maria Rilke, Hiljainen taiteen sisin: kirjeitä vuosilta 1900-1926* (The Silent Innermost Core of Art: Letters 1900-1926). Edited by Liisa Envald. Helsinki: TAI-teos, 1997. p. 41.

VALÉRY, Paul. *Dialogues XIII*. Trans. William McCausland Stewart. New York: Pantheon Books, 1956.

WITTGENSTEIN, Ludwig. *Culture and Value.* Georg Henrik von Wright and Heikki Nyman (ed.). Oxford: Blackwell, 1998. p. 74.

SUMÁRIO

INTRODUCTION 27
Harry Francis Mallgrave

ARQUITETURA COMO HORIZONTE FENOMENOLÓGICO...35
Claudinei Aparecido de Freitas da Silva
Lorí Crízel
Marivania Cristina Bocca

ARQUITOPIA — PARA UMA ARQUITETURA DA CRUSTA DO MUNDO EM TEMPOS ATÓPICOS 49
André Barata

APRENDER COM LAS VEGAS: UMA ATITUDE FENOMENOLÓGICA DIANTE DO PROJETO DO ESPAÇO 61
Lucilene Rocha
Mario Costenaro
Sabine Rosa

ARQUITETURA COMO FENÔMENO: ABSTRAÇÕES DO OLHAR DO ARQUITETO...............81
Cláudia Pinto Ben

A FENOMENOLOGIA E A ARQUITETURA: PASSAGENS E ENCONTROS.........................99
Luiz Paulo Cobra Monteiro

O CORPO PRÓPRIO E A TERRA-SOLO: REFLEXÕES SOBRE A ESPACIALIDADE NA FENOMENOLOGIA DE HUSSERL 119
Carlos Diógenes C. Tourinho
Vitória Brito da Silva

A INFLUÊNCIA DO *ZEITGEIST* PANDÊMICO NA MODA E NA ARQUITETURA: REFLEXÕES SOBRE A PERCEPÇÃO DO ESPAÇO, O CORPO E A *GESTALT* NA PERSPECTIVA DE MERLEAU-PONTY...133
Marina Otte
Larissa Gobbi

NIETZSCHE E TURIM, UMA QUESTÃO FISIOPSICOLÓGICA: ARQUITETURA, CLIMA E ALIMENTAÇÃO...151
Wilson Antonio Frezzatti Jr.

FOUCAULT E O ESPAÇO 167
Marcelo S. Norberto

AS CONTRIBUIÇÕES DO PENSAMENTO EXISTENCIALISTA DIALÉTICO DE SARTRE PARA A ARQUITETURA E URBANISMO..177

Marivania Cristina Bocca
Adria de Lima Sousa
Daniela Ribeiro Schneider
Sylvia Mara Pires de Freitas

UM *ÉTHOS* PARA SANGRAR? A ARQUITETURA DA MORTE COMO UMA SITUAÇÃO PARA O LUTO: PROVOCAÇÕES SARTRIANAS...193

Thiago Sitoni Gonçalves

UM LOBO PARA ALÉM DO BEM E DO MAL SOBRE ARQUITETURA E DOMESTICAÇÃO.......211

Fernando Freitas Fuão

POLÍTICAS PÚBLICAS E TERRITORIALIZAÇÃO: AVANÇOS, POTENCIALIDADES, DESAFIOS E CONFLITOS..237

Tatiana Benevides Magalhães Braga
Marciana Gonçalves Farinha
Eduardo José Marandola Júnior

O LUGAR DA EMOÇÃO NO ESPAÇO DO TRABALHO: COGITAÇÕES SOBRE OS PATRIMÔNIOS INVISÍVEIS..257

Francisca Ferreira Michelon
Jossana Peil Coelho

MEMÓRIAS POLÍTICAS DA OCUPAÇÃO: UM ESTUDO TRANGERACIONAL NA VILA JARDIM, SÃO FRANCISCO DE PAULA/RS/BRASIL..273

Aline Reis Calvo Hernandez
Luís Carlos Borges dos Santos
Patrícia Binkowski

SAÚDE MENTAL E MÚSICA EM INTERAÇÃO COM A CIDADE....................295

Bettieli Barboza da Silveira
Laila Thaíssa da Silva Menezes

ASPECTOS DE DOCILIDADE AMBIENTAL NA RELAÇÃO DE PESSOAS IDOSAS COM ESPAÇOS VERDES NA CIDADE DE NATAL/RN/BRASIL...309

Dayse da Silva Albuquerque
Gleice Azambuja Elali

CONDIÇÕES AMBIENTAIS NA MANIFESTAÇÃO DO *BULLYING* NO ESPAÇO ESCOLAR.......327

Elaine Freire da Silva
Maria Inês Gasparetto Higuchi

ENGAJAMENTO SOCIOAMBIENTAL NA RELAÇÃO PESSOA-AMBIENTE: UMA PROVOCAÇÃO À EDUCAÇÃO PROFISSIONAL E TECNOLÓGICA (EPT).........................343

Edilani Viana Oliveira
José Cavalcante Lacerda Junior

A ARQUITETURA PARA O BEM-ESTAR NA INDÚSTRIA 5.0: AS EXPECTATIVAS HUMANAS COMO RELEVÂNCIA ENTRE O *DESIGN* BIOFÍLICO E A SUSTENTABILIDADE 359
Júlia Fernandes
Catharina Macedo

ARQUITETURA E INTERVENÇÕES DA PSICOLOGIA POSITIVA NO CONTEXTO EDUCACIONAL.....................391
Miriam Runge
Telma Vilela Borges Merjane

O ESPAÇO VIVIDO: A NEUROARQUITETURA NA INTERSECÇÃO ENTRE COGNIÇÃO, EMOÇÃO, EXPERIÊNCIA E CONSCIÊNCIA.....................407
Lorí Crízel
Andréa de Paiva

SOBRE OS AUTORES.....................427

PARTICIPAÇÃO ESPECIAL.....................437

INTRODUCTION

Harry Francis Mallgrave

Distinguished Professor Emeritus at Illinois Institute of Technology and an Honorary Fellow of the Royal Institute of British Architects. He received his PhD in architecture from the University of Pennsylvania and has enjoyed a career as a scholar, translator, editor, and architect. In 1996 he won the Alice Davis Hitchcock Award from the Society of Architectural Historians for his intellectual biography of Gottfried Semper, and for more fifteen years he served as the architecture editor of the Texts & Documents Series at the Getty Research Institute. He has published more than a dozen books on architectural history and theory, including three considering the relevance of the new humanistic and biological models for the practice of design.

Design studios, generally speaking, are slow to amend or update their teachings. Certainly there are good reasons for holding to the past, to what has been tried and tested, and it is on occasions dangerous to venture out into new and unexplored terrain without a functioning compass. Design, after all, demands a certain discipline, such as a logical floor plan, structural and energy efficiency, and construction economy. Yet knowledge expands, new insights are offered with the times, and indeed styles change, sometimes slowly over centuries but also at times with great rapidity. As someone who studied architecture in the 1960s and came into practice in the 1970s, I witnessed the passage of high modernism into postmodernism seemingly take place overnight. A lecture tour here, an essay there, and suddenly all of the conventions of modernism were called into question. Semiotics, poststructural theory, post-metabolism, new urbanism, critical regionalism, phenomenology, and green building design—these are a few of the competing forces that were brought forth into the chaos that ensued. That the outcome in the end (the finale of deconstruction) was messy is a point that does not have to be pursued to any length.

In our post-millennial era many of these competing and at times destructive forces have been stilled, while a precious few have grown in stature and importance. At the same time, little has actually changed in the practice of design. If modernism in its early years provided us with the "glass box" as the solution to each and every design problem, glass boxes are not less ubiquitous today. They have only grown larger in scale and with a wider choice of chromatic finishes: gray, bronze, or mirror glass. Of course, not everything related to the contemporary status quo has failed in such a dramatic manner. The generation of students who have studied during the millennial years are some of the best educated and most talented architects who have ever entered the field. We are truly on the verge of greatness in architectural history—once theory fortifies this talent with adequate grounding.

It is my contention that theory today has that support, but not from the annals of the speculative histrionics of the past. Over the past three decades the human sciences have made dramatic inroads into the physiological, psychological, and philosophical understanding of who we are as human beings, and here we find our lead. Collectively, they have brought into focus and highlighted our relationship with the built and natural environments, how critical a good environment is to human weal, and to the world in which we wean our children and shelter our aspirations. One of the first essential insights came with the mapping of the human genome. Previous to this century we looked upon the human gene as something relatively stable in its transmission from one generation to another, but almost overnight it became apparent that what is being transmitted between generations, as Susan Oyama has written (2000),

> [...] is not traits, or blueprints or symbolic representations of traits, but developmental means for resources or interactants. These include genes, the cellular machinery necessary for their functioning, and the larger developmental context, which may include a maternal reproductive system, parental care, or other interaction with conspecifics, as well as relations with other aspects of the animate and inanimate worlds (p. 29).

In short, no human is born with a fixed track of behavior, each of us is continually reconstructing our genetic structure, cellular systems, neurological circuits, and bodily forms over the course of a lifetime. If a child is born into a poor environment, the damage can become irreparable; an adult living in a poor environment will respond with frustration, anger, and likely with a shortened life. Both genes and human behavior are conditioned by the environment in which we live, and architects and designers need to understand the symbiotic relationship we have with our designed environments, both in a natural and material regard. This is true for the trajectory of human development as well as for the larger culture that we collectively build with our design efforts.

This pattern fits with a principle that was also modeled around the turn of the present century in the field of population biology. Known as niche construction, the field investigates the evolutionary impact that modifications to the environment have on the natural selection pressures of the species. What biologists found is that as we, in modifying our environments—houses, cities, cars, climate, television, computers—are continually altering the structure of the human genome and the selection pressures on human development. The obvious question is do we really know what we are doing? What are the effects of social congestion, high ambient noise levels, impure air, and the profound sense of placelessness when we, in our denatured cities, linger in the shadows of our generic glass towers? Almost seventy years ago the architect Richard Neutra recognized the unfolding dilemmas before us and encouraged the designer to take some responsibility for his or her actions:

> It is in this era of brain-psychological research that the designer, who wields the tools of sensory and cerebral simulation professionally, can perhaps be recognized as a perpetually and precariously active conditioner of the race and thus acquire responsibility for its survival (Neutra, 1954, p. 244).

Again, one of the major gains of the last thirty years is the realization of how profoundly the human nervous and biological systems are interwoven with the environment in which we dwell. As the philosopher Evan Thompson and the biologist Francisco Varela have made the case:

> The nervous system, the body and the environment are highly structured dynamical systems, coupled to each other on multiple levels. Because they are so thoroughly enmeshed—biologically, ecologically and socially—a better conception of brain, body, and environment would be as mutually embedded systems rather than as internally and externally located with respect to one another (2001, p. 424-425).

Note the flawless connection here of biology, ecology, and human culture. The interdependence leads us to the idea of embodiment, which is another fundamental tenet of the new sciences. Many architects of the past viewed the field of design primarily as a visual problem—architecture is an object within the realm of the eye. Others, particularly in the early years of postmodernism, saw design as a semiotic or symbolic problem of representation. What the newer models have brought forth is the fact is that we both perceive and experience the built world around us holistically with our bodies and its multiple systems. Only a few decades ago Cartesian theorists were suggesting that we are corporeal organisms run by rational or cognitive circuits (akin to computer programs) in the brain, occasionally interrupted by that pesky bug of emotion. This model, with all its dualisms (body/mind, perception/conception, emotion/reason) has today been entirely overthrown. Emotion (the root word is motion, or a continually moving organic activity) is not something detached or apart from the act of perception, but something integral to the very act itself. The body functions as a single organism, however complex are its many organic and neural systems.

What led to these the newer models of embodiment was a discovery made in a lab in Parma, Italy, in the early 1990s—the detection of cross-modal mirror neuron systems. These are networks of neural circuits in several areas of the brain connected with our motor cortex, and they help to explain how we both relate to other people and in fact perceive the world. Basically the process is one of empathy. If you are in a room with a group of people and you see someone across the room being tapped on the shoulder, the perception excites an area in your secondary motor cortex as if your shoulder had been tapped. If a friend smiles or displays sadness, you respond with a smile or a feeling of empathy on their behalf. If you hear someone in another room playing a piano, an area of your motor cortex becomes active as if your fingers were playing the piano, even if you do not know how to play the instrument. The extraordinary thing about this discovery is that it operates not just on a social level. For instance, one neurological study showed that when people view abstract paintings, they simulate the force of these brush strokes on the canvas, as if they themselves were applying the paint. This is how we make sense of the world.

Yet if we simulate the force of a brush stoke on a canvas, do we not also experience architecture in the same way? One hundred and thirty years ago the art historian Henrich Wölfflin opened his doctoral dissertation with a question: "How is it possible that architectural forms are able to express an emotion or a mood?" (1994, p. 150). We are only today beginning to answer this question. We do so because we project ourselves into the forms that we experience—German aestheticians used the word Einfühlung or "feeling into." We sense the force of a load landing on a column. In standing before the Medici Villa in Florence, we understand the labor of raising these large blocks of stone into place. Under the oculus of the dome of the Roman Pantheon, we stand taller as if we extend our bodies into the heavens above. A narrow corridor wants to make us walk hunched over with arms and hands close to our body. We take delight with a pleasing wall texture or the softness of a carpet. All perception is primal. All perception is embodied.

Embodiment also has another dimension for the designer today, one that became evident to a number of architects around the turn of this century. When we in the design process orchestrate or interweave the forms, textures, sounds, smells, and meanings of our designs, we effectively are creating an atmosphere, an idea that in the 1990s came back into architectural parlance. I say 'again' because it has been an idea always at the heart of a design. We might admire the diminution or inclination of the columns on the Athenian Parthenon, or the visual refinements of its stylobate, but the most impressive aspect of the temple in its day—its very raison d'etre—was the atmosphere of the inner sanctum in which Phidias's colossal ivory-and-gold statue of Athena held sway in all of her deific majesty. Peter Zumthor has famously defined atmosphere as "people, noises, sounds, colors, material presences, textures, forms too—forms I can appreciate. Forms I can try to decipher. Forms I find beautiful" (2006, p. 17).

The glory of the cathedrals of Amiens or the Cathedral of Our Lady at Chartres lies in its literal painting of interior atmosphere. And the same was no doubt true at the temples of Luxor, the Bath of Mohenjo-Daro, or the Apadana of Persepolis. In his book The Genius of Architecture (1780), Nicolas La Camus de Mézières argued that every architectural environment should possess a particular atmosphere and convey an appropriate mood. For Henri Labrouste, in his design for the reading room of the Bibliothèque National in Paris, he created the atmosphere of someone reading a book in a park under the billowing fabric of a tent, with the faint rustling of trees on the room's wall panels. The Latin power of Luis Ramiro Barragán's many designs, or the little Church of Sao Francisco in Pampulha, lies in their colorful atmosphere. Think of architecture not through the limits of the black lines on a computer screen, but as a palette of sensations and affordances that you gift the occupants with your designs. It can be something fun as well as interesting. The central premise of this book, organized by Lorí Crízel and Marivania Bocca, is that we have to move beyond the formalist aesthetics of the past. The human sciences of the past three decades have provided us with many important clues.

INTRODUÇÃO

Harry Francis Mallgrave

Distinto professor emérito no Instituto de Tecnologia de Illinois e membro honorário do Instituto Real de Arquitetos Britânicos. Recebeu seu doutorado em Arquitetura pela Universidade da Pensilvânia e teve uma carreira como acadêmico, tradutor, editor e arquiteto. Em 1996, ganhou o Prêmio Alice Davis Hitchcock da Sociedade de Historiadores da Arquitetura por sua biografia intelectual de Gottfried Semper e, por mais de quinze anos, atuou como editor de arquitetura da Série Textos & Documentos no Instituto de Pesquisa Getty. Publicou mais de uma dúzia de livros sobre história e teoria da arquitetura, incluindo três que consideram a relevância dos novos modelos humanísticos e biológicos para a prática do design.

Os estúdios de *design*, de modo geral, são lentos para alterar ou atualizar seus ensinamentos. Certamente há boas razões para se apegar ao passado, ao que foi experimentado e testado, e às vezes é perigoso se aventurar em um terreno novo e inexplorado sem uma bússola que funcione. Afinal, o *design* exige uma certa disciplina, como uma planta baixa lógica, eficiência estrutural e energética e economia na construção. No entanto, o conhecimento se expande, novas percepções são oferecidas com o passar do tempo e, de fato, os estilos mudam, às vezes lentamente ao longo dos séculos, mas também às vezes com grande rapidez. Como alguém que estudou arquitetura na década de 1960 e começou a praticar na década de 1970, testemunhei a passagem do alto modernismo para o pós-modernismo, que aparentemente ocorreu da noite para o dia. Uma turnê de palestras aqui, um ensaio ali e, de repente, todas as convenções do modernismo foram questionadas. Semiótica, teoria pós-estrutural, pós-metabolismo, novo urbanismo, regionalismo crítico, fenomenologia e *design* de edifícios ecológicos – essas são algumas das forças concorrentes que foram trazidas para o caos que se seguiu. O fato de o resultado no final (o final da desconstrução) ter sido confuso é um ponto que não precisa ser aprofundado.

Em nossa era pós-milenar, muitas dessas forças concorrentes e, às vezes, destrutivas, foram acalmadas, enquanto algumas poucas cresceram em estatura e importância. Ao mesmo tempo, pouco mudou de fato na prática do *design*. Se o modernismo em seus primeiros anos nos forneceu a "caixa de vidro" como a solução para todo e qualquer problema de *design*, as caixas de vidro não são menos onipresentes hoje. Elas apenas se tornaram maiores em escala e com uma opção mais ampla de acabamentos cromáticos: cinza, bronze ou vidro espelhado. É claro que nem tudo relacionado ao *status quo* contemporâneo fracassou de maneira tão dramática. A geração de alunos que estudou durante os anos da geração do milênio é uma das mais bem educadas e talentosas que já entraram na área. Estamos realmente à beira da grandeza na história da arquitetura – desde que a teoria fortaleça esse talento com uma base adequada.

Minha opinião é que a teoria atual tem esse apoio, mas não dos anais das especulações histriônicas do passado. Nas últimas três décadas, as ciências humanas fizeram incursões dramáticas na compreensão fisiológica, psicológica e filosófica de quem somos como seres humanos, e aqui encontramos nossa liderança. Coletivamente, elas trouxeram à tona e destacaram nossa relação com os ambientes naturais e construídos, a importância de um bom ambiente para o bem-estar humano e para o mundo no qual criamos nossos filhos e abrigamos nossas aspirações. Uma das primeiras percepções essenciais veio com o mapeamento do genoma humano. Antes deste século, considerávamos o gene humano como algo relativamente estável em sua transmissão de uma geração para outra, mas quase da noite para o dia ficou evidente que o que está sendo transmitido entre as gerações, como escreveu Susan Oyama (2000),

> [...] não são traços, projetos ou representações simbólicas de traços, mas meios de desenvolvimento para recursos ou interagentes. Isso inclui os genes, o maquinário celular necessário para seu funcionamento e o contexto de desenvolvimento mais amplo, que pode incluir um sistema reprodutivo materno, cuidados parentais ou outra interação com conespecíficos, bem como relações com outros aspectos dos mundos animado e inanimado (p. 29).

Em suma, nenhum ser humano nasce com uma trilha fixa de comportamento, cada um de nós está continuamente reconstruindo nossa estrutura genética, sistemas celulares, circuitos neurológicos e formas corporais ao longo da vida. Se uma criança nasce em um ambiente ruim, os danos podem se tornar irreparáveis; um adulto que vive em um ambiente ruim responderá com frustração, raiva e, provavelmente, com uma vida mais curta. Tanto os genes quanto o comportamento humano são condicionados pelo ambiente em que vivemos, e os arquitetos e *designers* precisam entender a relação simbiótica que temos com nossos ambientes projetados, tanto em termos naturais quanto materiais. Isso se aplica à trajetória do desenvolvimento humano, bem como à cultura mais ampla que construímos coletivamente com nossos esforços de *design*.

Esse padrão se encaixa em um princípio que também foi modelado por volta da virada do século atual no campo da biologia populacional. Conhecido como construção de nicho, o campo investiga o impacto evolutivo que as modificações no ambiente têm sobre as pressões de seleção natural da espécie. O que os biólogos descobriram é que, ao modificarmos nossos ambientes – casas, cidades, carros, clima, televisão, computadores –, estamos continuamente alterando a estrutura do genoma humano e as pressões de seleção sobre o desenvolvimento humano. A pergunta óbvia é: será que realmente sabemos o que estamos fazendo? Quais são os efeitos do congestionamento social, dos altos níveis de ruído ambiente, do ar impuro e da profunda sensação de falta de lugar quando nós, em nossas cidades desnaturadas, permanecemos nas sombras de nossas torres de vidro genéricas? Há quase setenta anos, o arquiteto Richard Neutra reconheceu os dilemas que se desenrolavam diante de nós e incentivou o *designer* a assumir alguma responsabilidade por suas ações:

> É nessa era de pesquisas psicológicas e cerebrais que o *designer*, que maneja profissionalmente as ferramentas de simulação sensorial e cerebral, talvez possa ser reconhecido como um condicionador perpétuo e precariamente ativo da raça e, assim, adquirir responsabilidade por *sua sobrevivência* (Neutra, 1954, p. 244).

Novamente, um dos maiores ganhos dos últimos trinta anos é a percepção de quão profundamente os sistemas nervoso e biológico humanos estão interligados com o ambiente em que vivemos. Como o filósofo Evan Thompson e o biólogo Francisco Varela argumentaram:

> O sistema nervoso, o corpo e o ambiente são sistemas dinâmicos altamente estruturados, acoplados uns aos outros em vários níveis. Por estarem tão completamente interligados – biológica, ecológica e socialmente –, uma concepção melhor de cérebro, corpo e ambiente seria como sistemas mutuamente incorporados, em vez de localizados interna e externamente uns em relação aos outros (2001, p. 424-425).

Observe a conexão perfeita entre a biologia, a ecologia e a cultura humana. A interdependência nos leva à ideia de *incorporação*, que é outro princípio fundamental das novas ciências. Muitos arquitetos do passado viam o campo do *design* principalmente como um problema visual – a arquitetura é um objeto dentro do domínio do olhar. Outros, especialmente nos primeiros anos do pós-modernismo, viam o *design* como um problema semiótico ou simbólico de representação. O que os modelos mais recentes trouxeram à tona é o fato de que percebemos e vivenciamos o mundo construído ao nosso redor de forma holística com nossos corpos e seus múltiplos sistemas. Há apenas algumas décadas, os teóricos cartesianos estavam sugerindo que somos organismos corpóreos dirigidos por circuitos racionais ou cognitivos (semelhantes a programas de computador) no cérebro, ocasionalmente interrompidos pelo incômodo *bug* da emoção. Esse modelo, com todos os seus dualismos (corpo/mente, percepção/concepção, emoção/razão), foi hoje totalmente derrubado. A emoção [*emotion*] (a raiz da palavra é movimento [*motion*], ou uma atividade orgânica em movimento contínuo) não é algo separado ou à parte do ato de percepção, mas algo integral ao próprio ato. O corpo funciona como um único organismo, por mais complexos que sejam seus muitos sistemas orgânicos e neurais.

O que levou a esses modelos mais recentes de incorporação foi uma descoberta feita em um laboratório em Parma, na Itália, no início da década de 1990 – a detecção de sistemas de neurônios-espelho transmodais. Essas são redes de circuitos neurais em várias áreas do cérebro conectadas ao nosso córtex motor e ajudam a explicar como nos relacionamos com outras pessoas e, de fato, percebemos o mundo. Basicamente, o processo é de empatia. Se você estiver em uma sala com um grupo de pessoas e ver alguém do outro lado da sala sendo tocado no ombro, a percepção excita uma área do córtex motor secundário como se seu ombro tivesse sido tocado. Se um amigo sorri ou demonstra tristeza, você responde com um sorriso ou um sentimento de empatia por ele. Se ouvir alguém em outra sala tocando piano, uma área do córtex motor fica ativa como se seus dedos estivessem tocando piano, mesmo que você não saiba tocar o instrumento. O extraordinário dessa descoberta é que ela não funciona apenas em nível social. Por exemplo, um estudo neurológico mostrou que, quando as pessoas veem pinturas abstratas, elas simulam a força dessas pinceladas na tela, como se elas próprias estivessem aplicando a tinta. É assim que damos sentido ao mundo.

No entanto, se simularmos a força de uma pincelada em uma tela, será que também não experimentamos a arquitetura da mesma forma? Cento e trinta anos atrás, o historiador de arte Henrich Wölfflin iniciou sua tese de doutorado com uma pergunta: "Como é possível que as formas arquitetônicas sejam capazes de expressar uma emoção ou um estado de espírito?" (1994, p. 150). Só hoje estamos começando a responder a essa pergunta. Fazemos isso porque nos projetamos nas formas que experimentamos – os estetas alemães usaram a palavra *Einfühlung* ou "sentir dentro". Sentimos a força de uma carga pousando em uma coluna. Quando estamos diante da Villa Medici em Florença, entendemos o trabalho de erguer esses grandes blocos de pedra no lugar. Sob o óculo da cúpula do Panteão Romano, ficamos mais altos como se estendêssemos nossos corpos para os céus. Um corredor estreito quer nos fazer caminhar curvados, com os braços e as mãos junto ao corpo. Ficamos encantados com uma textura agradável na parede ou com a maciez de um carpete. Toda percepção é primordial. Toda percepção é incorporada.

A incorporação também tem outra dimensão para o *designer* de hoje, que se tornou evidente para vários arquitetos na virada deste século. Quando, no processo de *design*, orquestramos ou entrelaçamos as formas, as texturas, os sons, os cheiros e os significados de nossos *designs*, estamos efetivamente criando uma *atmosfera*, uma ideia que, na década de 1990, voltou à linguagem arquitetônica. Digo "novamente" porque essa é uma ideia que sempre esteve no centro de um projeto. Podemos admirar a diminuição ou a inclinação das colunas do Partenon ateniense, ou os refinamentos visuais de seu estilóbato, mas o aspecto mais impressionante do templo em sua época – sua própria *raison d'etre* – era a atmosfera do santuário interno no qual a colossal estátua de marfim e ouro de Fídias, Atena, dominava em toda a sua majestade divina. Peter Zumthor definiu celebremente a atmosfera como "pessoas, ruídos, sons, cores, presenças materiais, texturas, formas também – formas que eu possa apreciar. Formas que posso tentar decifrar. Formas que acho bonitas" (2006, p. 17). A glória das catedrais de Amiens ou da Catedral de Nossa Senhora em Chartres está em sua pintura literal da atmosfera interior. E, sem dúvida, o mesmo acontecia com os templos de Luxor, o Banho de Mohenjo-Daro ou o Apadana de Persépolis. Em seu livro *The Genius of Architecture* (1780), Nicolas La Camus de Mézières argumentou que todo ambiente arquitetônico deveria possuir uma atmosfera particular e transmitir um humor apropriado. Para Henri Labrouste, em seu projeto para a sala de leitura da Bibliothèque National em Paris, ele criou a atmosfera de alguém lendo um livro em um parque sob o tecido esvoaçante de uma tenda, com o leve farfalhar das árvores nos painéis de parede da sala. O poder latino dos muitos projetos de Luis Ramiro Barragán, ou da pequena Igreja de São Francisco na Pampulha, está em sua atmosfera colorida. Pense na arquitetura não pelos limites das linhas pretas em uma tela de computador, mas como uma paleta de sensações e possibilidades que você oferece aos ocupantes com seus projetos. Isso pode ser algo divertido e interessante. A premissa central deste livro, organizado por Lorí Crízel e Marivania Bocca, é que precisamos ir além da estética formalista do passado. As ciências humanas das últimas três décadas nos forneceram muitas pistas importantes.

REFERÊNCIAS

NEUTRA, Richard. *Survival through Design.* New York: Oxford University Press, 1954.

OYAMA, Susan. *Evolution's Eye*: A Systems View of the Biology-Culture Divide. Durham; London: Duke University Press, 2000.

THOMPSON, Evan; VARELA, Francisco. Radical Embodiment: Neural Dynamics and Consciousness. *Trends in Cognitive Sciences*, v. 5, n. 10, p. 424-425, 2001.

WÖLFFLIN, Heinrich. "Prolegomena to a Psychology of Architecture". *In*: *Empathy, Form and Space:* Problems of German Aesthetics, 1873-1893. Intro and trans. H. F. Mallgrave & E. Ikonomou. Santa Monica, CA: Getty Center Publication Programs, 1994. p. 150.

ZUMTHOR, Peter. *Atmospheres:* Architectural Environments: Surrounding Objects. Basel: Birkhäuser, 2006.

ARQUITETURA COMO HORIZONTE FENOMENOLÓGICO

Claudinei Aparecido de Freitas da Silva
Lorí Crízel
Marivania Cristina Bocca

Objetivamos, com este capítulo, apontar para a necessidade de descrever a experiência vivida (de uma pessoa/usuário/cliente) como sendo o foco para se compreender a relação pessoa-ambiente (natural e/ou edificado/construído) nos espaços arquitetônicos. Para tanto, ofereceremos, ao longo do estudo, possibilidades teórico-metodológicas, no sentido de ampliar o "olhar e o fazer" do arquiteto e do *designer* acerca daquilo que o estudo aqui tratará como horizonte fenomenológico da arquitetura.

É sabido que esses profissionais vêm, ao longo dos anos, edificando pesquisas e práticas em constante interlocução com a Filosofia Existencial[1], com a Fenomenologia[2], com a Psicologia Existencial e com a Psicologia Ambiental e, mais recentemente, com os estudos das Neurociências. Tais interlocuções possibilitam uma reflexão crítica a respeito dos conceitos tradicionais, por vezes, deterministas sobre a "[...] relação entre ser e mundo, possibilitando uma retomada de conceitos próprios da arquitetura, como o espaço e os objetos, a partir de uma dimensão vivencial, que ressoa no diálogo entre fenomenologia e psicologia" (Braga; Goto; Monteiro, 2017, p. 27). Podemos dizer que o interesse dessas interlocuções teve como marco "a crise da arquitetura" (Furtado, 2005, p. 415).

Ora, em

> [...] momentos de crise, as ciências costumam retornar aos seus fundamentos irrefletidos, a fim de esclarecerem seus respectivos ideais reguladores. A crise da arquitetura consiste nesta dupla conexão que a divide entre a estética e a técnica. O retorno à *experiência fenomenológica e existencial* [...] permitirá precisar o sentido do fazer arquitetônico ao prescindir desta dicotomia e retornar ao momento vivido, no qual funcionalidade e fruição da beleza se apresentam unidas. (Furtado, 2005, p. 416, grifos nossos).

É possível perceber que o domínio fenomenológico abre aspectos práticos para a atuação do arquiteto e do *designer*, bem como postula as bases para uma relação mais íntima, capaz, inclusive, de transcender o emblemático esquema sujeito-objeto, peculiar à tradição do pensamento clássico, cliente-profissional, sob o viés da intencionalidade e da experiência vivida.

No belíssimo texto "Ambiente enquanto fenômeno: ensino de arquitetura na perspectiva fenomenológica", Braga, Goto e Monteiro (2017, p. 33) enfatizam a importância do termo "vivência", que, do latim *viventia* e do alemão *Erlebnis*, significa "aquilo que se vive". E, ainda, atestam os autores que, para a fenomenologia, o termo vivência "se refere também aos atos, atividades, característicos do ser humano, tais como: percepção, imaginação, recordação, pensamentos, entre outros". Logo, a fenomenologia revela-se como uma via possível para que "a arquitetura em crise [...] possa rever seus conceitos" (Furtado, 2005, p. 418), e noções[3] (Lefebvre, 1955; Sartre, 1976).

Para Lucy Huskinson (2021), autora da obra *Arquitetura e Psique: um estudo psicanalítico de como os edifícios impactam nossas vidas,* a arquitetura é um processo dinâmico, ou seja, um fazer-se em curso que necessita ser compreendido por meio de campo perceptivo mais consciente e reflexivo. Logo,

---

[1] Para maiores informações, sugerimos a leitura do texto: *Hodos et topos: O espaço no pensamento de Jean-Paul Sartre,* do arquiteto Adson Cristiano Bozzi Ramatis Lima. Disponível em: http://periodicos.pucminas.br/index.php/Arquiteturaeurbanismo/article/view/P.2316-1752.2010v17n20p132. Acesso em: 29 ago. 2023.

[2] Veja, a título de exemplo, os mais recentes trabalhos de Álvarez Falcón, L.: "Arquitectura y fenomenología: sobre la arquitectónica de la indeterminación en el espacio". *Eikasia*: Revista de Filosofía, Oviedo, n. 47, 2013; "El lugar en el espacio: fenomenología y arquitectura". *Fedro*: Revista de Estética y Teoría de las Artes, Sevilla, 2014; "Fenomenología del diseño: la reproducibilidad y el diseño de las imágenes, de los espacios, de los tiempos y de los afectos". *Cuadernos del Centro de Estudios en Diseño y Comunicación*, Buenos Aires, n. 109, p. 153-161, 2020. Ensayos. Ejemplar dedicado a Creatividad, emoción y espacio; e, por fim, VVAA. Merleau-Ponty, architecture et autres institutions de la vie. Paris: Vrin, 2009 (Chiasmi International).

[3] O filósofo francês Jean-Paul Sartre, em *Situations, X* (1976, p. 95-96), difere conceito de noção. Um conceito "é uma definição na externalidade, e ao mesmo tempo, é atemporal". A noção "é uma definição na interioridade e que inclui em si não apenas o tempo [...], mas tem seu próprio tempo de conhecimento". E, ainda: "quando você estuda um homem e sua história, você só pode prosseguir por noções". Vale lembrar que a distinção feita por Sartre é a partir de suas leituras via Henri Lefebvre (Bocca, 2021).

atesta a autora: "para nos ajudar a dar sentido aos processos de identificação que ocorrem entre o sujeito e o edifício", contamos com a "popularidade nos estudos filosóficos [...] em especial aqueles dentro da tradição *fenomenológica*" (Huskinson, 2021, p. XXVIII, grifos nossos).

Cabe, em linhas gerais, retomar, portanto, a insistente questão posta por Merleau-Ponty na abertura do "Prefácio" de *A Fenomenologia da Percepção*, qual seja, "O que é a fenomenologia? Pode parecer estranho que ainda se precise colocar essa questão meio século depois dos primeiros trabalhos de Husserl. Todavia, ela está longe de estar resolvida" (1945/2006, p. 1).

Embora a fenomenologia seja considerada uma das correntes filosóficas com maior alcance e influência do século XX, não raro emerge a questão: afinal, o que é a fenomenologia? A fenomenologia é considerada a arte de **descrever** os fenômenos tais quais esses se apresentam. Onde? Na natureza, no mundo. Isto é, trata-se de fenômenos que se constituem por meio da experiência, do vivido. Assim, o pensamento fenomenológico se revela como um método ou, mais propriamente, um estilo ou uma maneira de tratar questões ou enigmas que são prévios à atitude científica em termos procedimentais[4]. Tal método rompe com paradigmas tradicionais, idealistas e reducionistas próprios do saber cientificista.

Nessa direção, atenhamos aqui a como Merleau-Ponty, em *Fenomenologia da Percepção* (2006), mais especificamente, no prefácio da obra, trata da questão:

> A fenomenologia é o estudo das essências, e todos os problemas, segundo ela, resumem-se em definir as essências: a essência da percepção, a essência da consciência [...] a fenomenologia é também uma filosofia que repõe as essências na existência, e não pensa que se possa compreender o homem e o mundo de outra maneira senão a partir da "facticidade" (Merleau-Ponty, 2006, p. 1).

O que Merleau-Ponty tem em vista são duas direções que o movimento fenomenológico tomou: de uma parte, o caráter puramente "essencialista" do professo idealismo transcendental husserliano que visa descrever as essências das coisas; de outra, a dimensão "existencial" radicada no conceito de facticidade, noção essa compreendida como nossa inerência ao mundo, como situação de fato. É posição transcendental assumida por Heidegger, mas também por Sartre e pelo próprio Merleau-Ponty, entre outros.

Na versão existencial, o verdadeiro transcendental não é mais o sujeito, o Eu Puro em sentido husserliano, mas o próprio mundo como pano de fundo da existência. Não obstante essas duas direções, cabe observar, é o fato fundamental de que a fenomenologia proposta por Husserl — como uma psicologia descritiva — que retorna às coisas mesmas parte de uma crítica ao modelo científico determinista. Logo, a tese merleau-pontyana pressupõe que o mundo existe independentemente de qualquer análise que se possa fazer dele, ou seja, o mundo existe em sua primordialidade, isto é, como natureza originária. Para o filósofo, o mundo é "o meio natural e o campo de todos os meus pensamentos e de todas as minhas percepções explícitas [...] o homem está no mundo, é no mundo que ele se conhece" (Merleau-Ponty, 2006, p. 6).

Em suma: a fenomenologia husserliana — também compartilhada por Merleau-Ponty — propõe-se a descrever e a compreender, ao invés de pura e simplesmente explicar ou analisar. Isso porque "tudo aquilo que sei do mundo, mesmo por ciência, eu o sei a partir de uma visão minha ou de uma experiência do mundo sem a qual os símbolos da ciência não poderiam dizer nada" (Merleau-Ponty, 2006, p. 3).

---

[4] Sugerimos a leitura do capítulo "Jean-Paul Sartre: contribuições teóricas e metodológicas à pesquisa em psicologia", dos autores: Marivania Cristina Bocca e Claudinei Aparecido de Freitas da Silva. *In*: PRETTO, Z.; STRELOW, M.; SCHNEIDER, D. R. *Existencialismo e ciência [E-book]*: princípios metodológicos na pesquisa. Santa Maria: Arco Editores, 2022. DOI: 10.48209/978-65-5417-069-7. Acesso em: 29 ago. 2023.

Os primórdios da fenomenologia

Foi a partir do filósofo alemão Franz Brentano (1838-1917) que houve, no século XIX, uma aproximação entre a filosofia e as ciências (Bocca, 2021). Vale lembrar que o final do século XIX ficou conhecido pelo declínio das doutrinas filosóficas tradicionais, bem como pelo "deslumbramento com o ideal de conhecimento das ciências da natureza" (Spohr, 2009, p. 24). Na segunda metade do século XIX, surgiu a corrente positivista, tendo como mentor Auguste Comte (1798-1857).

O movimento positivista "colocava ênfase nos dados positivos, retirados da experiência; tal movimento influenciou diretamente o desenvolvimento da ciência moderna que nasceria no fim desse mesmo século (Spohr, 2009, p. 24-25). Com isso, objetivando cumprir as exigências de: a) experimentação; b) objetividade; c) sistematização; e d) generalização de teorias impostas pela corrente positivista, a Psicologia surge, nesse período, com o método experimental e com o primeiro laboratório, em 1879, na Alemanha.

Toda essa organização metodológica, além de lhe render o tão desejado *status* de ciência, fez com que a Psicologia tivesse "grande prestígio nos meios filosóficos" (Spohr, 2009, p. 25). Ela, então, passa a ser vista — por muitos — como o ponto central de explicação da teoria do conhecimento e da lógica. Uma ciência humana como a Psicologia no afã de se instituir no quadro de saber positivo e científico deve se orientar conforme os princípios requeridos pelas ciências da natureza. A consciência ou o domínio mais próprio da psique deve preservar uma orientação puramente natural. Ora, é essa cosmovisão geral que dá origem ao que se convencionou chamar de psicologismo. Assim, entre muitos pensadores que trabalhavam com a premissa de poder encontrar, em qualquer forma de conhecimento, atividades psicológicas, estava justo Franz Brentano (1838-1917).

Em sua obra *Psicologia do Ponto de Vista Empírico* (1874), Brentano (1944) descreve uma psicologia pautada na exigência e no rigor científico da época. Sua tese analisa cientificamente os atos psíquicos de forma empírica. Melhor explicando, trata-se de uma análise pautada na descrição imediata das experiências vividas de forma concreta. Logo, podemos dizer que Brentano tornou a psicologia "mais sistemática e mais rigorosa [...]; embora não fosse psicólogo, seu [...] trabalho essencial versou sobre a *psicologia* [...]. Foi também inspirador de vários membros da corrente chamada *Gestalttheorie*[5]" (Salanskis, 2006, p. 59). Participou, efetivamente, do contexto de mudanças epistemológicas e metodológicas das ciências de seu tempo, vindo a inaugurar, pois, as reflexões lógicas e psicológicas, das quais teve origem a fenomenologia de seu discípulo Edmund Husserl.

Brentano sustentou que a intencionalidade é a marca característica do aspecto mental. Para ele, toda a experiência psíquica funciona como um ato/atividade intencional. Logo, refere-se a uma atividade que está sempre dirigida para fora, para o mundo exterior; atividade essa que visa sempre a um objeto intencional.

De acordo com o geógrafo Milton Santos, em sua obra *A Natureza do Espaço* (2006), mais especificamente no capítulo intitulado "Entre a ação e objeto: a intencionalidade", o autor faz referência à importância da noção de intencionalidade como possibilidade de uma "releitura crítica das relações entre objeto e ação" (Santos, 2006, p. 57). Afinal, atesta Santos parafraseando Brentano: só há pensamento, se houver um objeto a ser pensado, e apetite, se houver um objeto apetecido. Desse modo, "a

---

[5] Impulsionada pelos psicólogos Max Wertheimer (1880-1943), Wolfgang Hohler (1887-1967) e Kurt Koffka (1886-1940), a Psicologia da *Gestalt* parte de uma posição teórica que, não negligenciando o valor e a necessidade da experimentação científica, foca, sobretudo, no aspeto global da realidade psicológica. É, em síntese, compreender a totalidade para que haja a percepção das partes. E isso projetando-se para além, por exemplo, dos princípios fixados pela psicologia elementarista e estruturalista de Wilhelm Wundt e Edward Titchener, bem como de toda a escola behaviorista.

noção de intencionalidade não é apenas válida para rever a produção do conhecimento. Essa noção é igualmente eficaz na contemplação do processo de produção e de produção das coisas, considerados como um resultado da relação entre o homem e o mundo, entre o homem e o seu entorno" (Santos, 2006, p. 58). O que cabe observar aqui é que, embora este capítulo não verse, diretamente, sobre a filosofia de Brentano, não é possível falar de fenomenologia sem discorrer minimamente em suas contribuições. E a ideia de intencionalidade reapropriada por ele, a partir do pensamento medieval, torna-se especialmente útil no sentido de reconfigurar, agora, pelas mãos de Husserl, o caráter mais efetivo da experiência egoica e corporal no contexto mais amplo da fenomenologia.

Foi levando em conta esse aspecto que a busca por elementos concretos fez com que muitos pensadores (filósofos, psicólogos, neurocientistas[6] e, mais recentemente, arquitetos) se apropriassem dos fundamentos da doutrina fenomenológica e de seu método, para a consolidação de suas teorias. Na Alemanha, por exemplo, é Husserl quem fixará, num primeiro momento, as diretrizes para uma nova forma de compreender o mundo mediante um novo caminho.

Interessa mencionar que o nosso empreendimento aqui em curso, por razões teórico-metodológicas, abordará tão somente o ponto de vista fenomenológico da primeira filosofia de Husserl, tendo em vista, é claro, a teoria da intencionalidade. Nessa perspectiva, algo que também não deve sair de horizonte é o importante trabalho husserliano, que reúne uma série de conferências intitulado *Psicologia Fenomenológica e Fenomenologia Transcendental*[7]. Isso, sem dúvida, como contributo no âmbito da psicologia e da neurociência. Já no âmbito da arquitetura, há, a título de exemplo, o importante opúsculo *La Terre ne se Meut pas*[8] e o clássico trabalho *A Crise das Ciências Europeias e a Fenomenologia Transcendental*[9]. Nessa direção, nosso interesse é examinar as bases do método fenomenológico dele, para, em seguida, passar para à fenomenologia merleau-pontyana e, sob certos aspectos, sartriana, sem perder de vista, é claro, a interlocução com a prática arquitetônica.

Da atitude natural à atitude transcendental — Husserl e o método fenomenológico

Como visto, o século XIX foi marcado pela inquestionável premissa de que o conhecimento era única e exclusivamente o reflexo ora ativo (racionalismos), ora passivo (empirismo) da realidade. Portanto, a tese que embasava tal convicção era o que Husserl caracteriza como orientação ou "atitude natural", ou seja, o fato de que os estados psicológicos são explicados baseados nas leis e nos princípios regidos pelas ciências da natureza. Caracteriza-se como a cosmovisão naturalista da qual o psicologismo é apenas uma de suas variantes.

Na contramão do naturalismo, Husserl, desde os seus primeiros trabalhos, é levado a adotar outra postura metodológica, caracterizada por ele de orientação transcendental. Ora, é essa segunda atitude que define o método fenomenológico, propriamente dito, a partir do qual é haurido o conceito fulcral de *epoché* (também conhecido por redução fenomenológica). Trata-se, radicalmente, de transcender o impasse oriundo metodicamente pela tese natural. Husserl visa, pois, suspender provisoriamente todo juízo ou tese acerca do mundo ou de nossa experiência cotidiana no sentido

---

[6] Na obra organizada *Kurt Goldstein: psiquiatria e fenomenologia* (Cascavel: Edunioeste, 2015), o filósofo Claudinei Aparecido de Freitas da Silva elucida importantes aspectos sobre a teoria do neurocientista Kurt Goldstein, que desenvolveu uma teoria da percepção e da atitude humana baseada na fenomenologia. Para Goldstein, a percepção não é um processo passivo, mas sim uma atividade ativa da pessoa.

[7] Cf. HUSSERL, E. *Psicologia fenomenológica e fenomenologia transcendental – textos selecionados (1927-1935)*. Tradução de Giovanni Jan Giubilato, Anna Luiza Coli, Daniel Guilhermino e Felipe Maia da Silva. Petrópolis: Vozes, 2022.

[8] Cf. HUSSERL, E. *La terre ne se meut pas*. Tradução de D. Franck, D. Pradelle e J.-F. Lavigne: Minuit, 1989.

[9] Cf. HUSSERL, E. *A crise das ciências europeias e a fenomenologia transcendental*: uma introdução à filosofia fenomenológica. Tradução de Diogo Falcão Ferrer. Lisboa: Centro de Filosofia Universitas Olisiponensis, 2008. (Phainomenon Clássicos de fenomenologia).

de purificar, ao máximo, um processo de redução, a fim de retornar ao reduto último irredutível, no caso, aqui, a consciência em sua estrutura pura. Significa apreender o fenômeno da consciência em sua essência. É nesse sentido que, para ele, a fenomenologia é uma "filosofia das essências"; logo, o ponto de partida para a compreensão das coisas é "partir das coisas mesmas", em outros termos, da experiência, do vivido. Assim sendo, a atitude fenomenológica suspende todos os dados, de fato, com o intuito de, em rigor, apreender as essências. Podemos dizer, com isso, que Husserl defendia uma espécie de "suspensão provisória" do conhecimento? Sim. Para ele, é necessária a suspensão do juízo sobre as coisas, fazendo-se essencial colocar "entre parênteses" todo conteúdo fáctico ou puramente empírico. Pois bem, qual a finalidade de suspender o conhecimento prévio? Trata-se, antes de tudo, de construir uma ponte entre a "tese natural" e a "atitude fenomenológica". Transcender de uma tese para a outra é o ponto central do método fenomenológico. A suspensão dos valores possibilita o contato com o fenômeno em si, de forma imediata, quer dizer, via intuitivamente. Nas palavras de Husserl: "não abrimos mão da tese que efetuamos, não modificamos em nada a nossa convicção [...] no entanto, ela sofre uma modificação — enquanto permanece em si mesma o que ela é, *nós a colocamos, por assim dizer, 'fora de ação', nós 'a tiramos de circuito', 'a colocamos entre parênteses'"* (Husserl, 2006, p. 79).

Foi a partir de seu método fenomenológico que Husserl conseguiu alcançar a tão almejada e rigorosa ciência, que exigia um objeto a ser observado, descrito e compreendido. Agora, para o filósofo alemão, era possível compreender o fenômeno tal qual ele se revelava, em carne e osso. E, em que medida a redução fenomenológica proposta por Husserl guarda relação com o princípio da intencionalidade de seu mestre Brentano? Em resposta, podemos dizer que é pela intencionalidade que a redução fenomenológica surge. Como? Partindo do princípio de que toda consciência é consciência "de" e "para" alguma coisa, surge uma modificação do "olhar". Husserl atesta que a mudança de "olhar" sobre a "tese natural" é:

> [...] precisamente a descoberta de um novo domínio científico [...] *colocamos fora de ação a tese geral inerente à essência da orientação natural*, colocamos entre parênteses [...] todo mundo natural que está constantemente 'para nós aí', 'a nosso dispor' [...] se assim procedo, como é de minha plena liberdade, então não nego este 'mundo' [...] *não duvido de sua existência* [...], mas efetuo a epoché 'fenomenológica', que me impede totalmente de fazer *qualquer juízo sobre existência espaço-temporal*. (Husserl, 2006, p. 81).

É possível compreender, com as palavras de Husserl, que o princípio de intencionalidade se revela como a propriedade fundamental da consciência, vale dizer, de ser consciente "de" alguma coisa. Afinal, como bem retrata Salanskis (2006, p. 59), tal princípio "[...] designa a propriedade que a consciência tem de produzir *acontecimento*, a atividade por excelência da consciência [...] que é, antes de tudo, fluxo dos vividos [...] ela se faz *ato* [...] significa ao mesmo tempo, *apontar para, visar*" alguma coisa. Em princípio, refere-se a descrever a consciência intencional vista como um ato, uma perspectiva, um movimento em direção às coisas.

Para tanto, tentaremos exemplificar o conceito de atitude/redução fenomenológica (*epoché*) a partir de um exemplo prático da relação estabelecida entre o(a) arquiteto(a) e/ou *designer* de interiores com um suposto cliente. Uma das etapas que antecedem o processo de produção de um projeto arquitetônico ou de uma ambientação de interiores é o *briefing*, o qual consiste em um processo investigativo junto ao contratante/cliente e/ou usuários, que contempla informações importantes sobre o projeto, também as necessidades e os desejos daqueles(as) que utilizarão os espaços projetados/ambientados.

> O *briefing* é a principal ferramenta de comunicação entre o cliente e o arquiteto e é fundamental para garantir que o projeto seja desenvolvido de acordo com as necessidades e expectativas do cliente. Ele deve ser claro, completo e bem estruturado, e deve incluir informações sobre o contexto do projeto, os objetivos, requisitos e restrições, bem como uma lista de todos os envolvidos no projeto e seus respectivos papéis. (Edwards, 2012, p. 36).

A construção de um *briefing* começa com uma série de conversas com o cliente ou proprietário do projeto. É importante que essas conversas sejam conduzidas de forma cuidadosa e estruturada, para que todas as informações relevantes sejam coletadas. O objetivo é obter uma compreensão clara das necessidades e expectativas, assim como dos requisitos e das restrições do projeto.

Durante essas conversas, o arquiteto ou *designer* deve fazer perguntas abertas e específicas no sentido de assegurar que todas as informações importantes sejam coletadas. Algumas das questões que podem ser levantadas incluem o tipo de edifício que será construído, a finalidade do projeto, o público-alvo, a localização, as restrições orçamentárias e as preferências estéticas do contratante/cliente.

Após a coleta de todas as informações relevantes, o arquiteto ou *designer* deve compilar o *briefing* em um documento formal. Esse documento deve ser claro, conciso e de fácil compreensão. Deve incluir uma **descrição** detalhada do projeto, seus objetivos, requisitos e restrições. O *briefing* torna-se uma ferramenta fundamental para o sucesso de qualquer projeto de arquitetura ou *design*. Ele auxilia no intuito de garantir que o projeto seja desenvolvido de acordo com as expectativas existentes.

Ao iniciar o processo investigatório, objetivando inventariar dados/informações para formular alternativas de anteprojetos, incluindo as de programação de necessidades, faz-se necessário que o profissional conheça quem é o sujeito (cliente/usuário/a) para quem ele projetará.

É sabido que o centro do projeto em fase de concepção é o/a usuário/a/cliente, porquanto, segundo os estudos da psicologia e da neuroarquitetura, o projeto só se faz efetivamente pertencente ao seu usuário quando esse incorpora, mais intimamente, um valor emocional, fenomenicamente afetivo sobre o projeto. Esse aspecto diferencia os temos "espaço" e "lugar", que, em rápidas palavras, o espaço se traduz pela espacialidade material em si, enquanto o lugar é o espaço que ganha valor emocional. Um espaço, ao ganhar o *status* de lugar, torna-se memorável, porque tendemos a recordar de uma dada espacialidade quando sobre essa temos um significado emocional. Tendemos a recordar de espacialidades por algum motivo, alguma razão, em virtude de alguma experiência vivenciada e que foi marcante. Dessa maneira, a neuroarquitetura busca configurar lugares. É o que Crízel, em seu estudo, de maneira substancial, bem observa:

> A neuroarquitetura pode ser vista como uma ponte entre as áreas da arquitetura e da neurociência, e sua principal contribuição é a possibilidade de projetar ambientes que sejam capazes de influenciar positivamente o bem-estar e a qualidade de vida das pessoas que os utilizam. Isso implica em entender que os espaços não são apenas objetos físicos, mas também experiências sensoriais e emocionais que afetam diretamente o cérebro humano (2020, p. 62).

A neuroarquitetura, termo proveniente da aglutinação linguística para o campo da neurociência aplicada à arquitetura, é uma área interdisciplinar que busca melhor se acercar ou compreender a relação entre o ambiente construído, suas influências na atividade cerebral e respostas comportamentais dos usuários. Ela se baseia na premissa de que os espaços que habitamos e experienciamos afetam diretamente o nosso bem-estar físico e emocional e que a arquitetura pode ser agenciada como uma ferramenta para melhorar a qualidade de vida das pessoas.

A neuroarquitetura surgiu a partir de estudos em neurociência e psicologia ambiental que mostram que o ambiente físico pode influenciar a cognição, a emoção e o comportamento humano. Por esse prisma:

> A neuroarquitetura é uma área emergente que usa a neurociência cognitiva, a psicologia ambiental e a arquitetura para entender como o ambiente construído afeta a atividade cerebral, a cognição, a emoção e o comportamento humano. Ela visa criar espaços que promovam o bem-estar físico e emocional das pessoas e melhorar sua qualidade de vida (Fich; Fich, 2018, p. 853).

Nessa perspectiva, a neuroarquitetura se concentra em três áreas principais: a neurociência cognitiva, a psicologia ambiental e a arquitetura. A neurociência cognitiva fornece informações sobre como o cérebro processa e responde aos estímulos do ambiente. A psicologia ambiental investiga como as pessoas percebem e relacionam-se com os espaços que habitam/experienciam. E a arquitetura utiliza essas informações para criar ambientes que promovam a comodidade humana.

Um exemplo de como a neuroarquitetura pode ser aplicada é a sua utilização em ambientes de saúde. Estudos têm demonstrado que a exposição a luz natural, vistas para a natureza/meio externo e a presença de arte e música pode reduzir a dor, a ansiedade e o tempo de internação dos pacientes. Além disso, a disposição dos espaços, a escolha de cores, a iluminação, os materiais e a presença de áreas de descanso e interação social podem melhorar a experiência dos pacientes, familiares e dos funcionários. Aqui se configura o conceito de *design* salutogênico.

Outra aplicação da neuroarquitetura são os projetos para espaços de ensino. Ambientes de aprendizagem que apresentam determinados aspectos projetuais podem aprimorar a concentração, a assimilação, o foco atencional e o desempenho acadêmico dos alunos.

> A arquitetura não é apenas uma questão de estética ou funcionalidade, mas também de experiência sensorial e emocional. A neuroarquitetura nos ajuda a entender como as características do ambiente construído afetam o cérebro humano e como podemos projetar espaços que promovam a saúde e o bem-estar das pessoas (Mallgrave, 2010, p. xi).

Assim, a neuroarquitetura é uma área de pesquisa interdisciplinar que busca entender a relação entre o ambiente construído, nossos movimentos cognitivos e respostas comportamentais. Ela pode ser manejada para projetar espaços que agreguem valor às pessoas em diversos contextos, como hospitais, escolas, escritórios e residências, entre outros. O objetivo final da neuroarquitetura é criar ambientes que possam melhorar a qualidade de vida das pessoas, promovendo a saúde e, em função disso, é claro, sendo um importante aporte na prevenção de doenças.

Posto isso, cabe ao profissional captar o máximo de informações possíveis para que o projeto traga um real "significado para o cliente/usuário". Ou, para ilustrar com uma situação descrita por Merleau-Ponty, na *Fenomenologia da Percepção*:

> A forma dos objetos não é seu contorno geométrico: ela tem uma certa relação com sua natureza própria e fala a todos os nossos sentidos ao mesmo tempo em que fala à visão. A forma de uma prega em um tecido de linho ou de algodão nos faz ver a flexibilidade ou a secura da fibra, a frieza ou o calor do tecido. Enfim, o movimento dos objetos visíveis não é o simples deslocamento das manchas de cor que lhes correspondem no campo visual (2006, p. 309).

Merleau-Ponty nos mostra que há outra noção de espaço que está presente, ou seja, a ideia mesma de um espaço fenomenológico, primordial, uma totalidade afetiva prenhe de sentido para o sujeito percipiente. Há um valor afetivo das coisas. Essas não são puros objetos, vazios de sentido, mas conjuntos simbólicos, texturas circunscritas significativamente na experiência humana.

Desse modo, imaginemos que o cliente/usuário em questão solicite ao profissional que esse insira no projeto de interiores um objeto pessoal, antigo, de "valor emocional" que pertenceu a algum familiar, uma imagem sacra ou algo cujo valor seja sentimental ou remeta a uma memória afetiva. O trabalho do profissional, no instante em que a solicitação ocorre, é o de realizar a *epoché* — (redução/atitude fenomenológica) no intuito de descrever a essência mesma concreta da experiência arquitetônica.

Para tanto, precisará abster-se de suas verdades prévias, ou, nas palavras de Husserl (2006), colocá-las "entre parênteses", suspendendo os juízos de valores ao nível do senso comum ou de um naturalismo puramente ingênuo. Quais juízos, verdades, valores, conteúdos devem ser colocados "entre parênteses", suspensos pelo profissional da arquitetura/*designer*? Todos, sem exceções. Desde o conhecimento teórico, estético, econômico, funcional, técnico, além de seus gostos, necessidades e desejos. Possibilitando, com isso, uma mudança no e do "olhar" acerca de seu cliente/usuário.

Em outros termos: o/a arquiteto/a deverá, em um primeiro momento, olhar para a realidade do cliente/usuário com os "óculos do próprio cliente" (Bocca, 2019). O profissional deverá "voltar às coisas mesmas" nas vivências dos clientes, retirando todos "os pré-conceitos existentes, tanto do ponto de vista das concepções técnicas quanto do ponto de vista do olhar sobre o espaço em si" (Braga; Goto; Monteiro, 2017, p. 37).

Em um segundo momento, o profissional deverá resgatar as suas "verdades/valores/conhecimentos" que foram suspensos e, então, lançá-los, tomando-os em relação — como se retirasse os óculos do cliente e fizesse uso dos seus, pois é neles (nos próprios óculos) que o profissional encontrará dados fundamentais. Significa resgatar os seus saberes/valores. Quais? Aqueles que não faziam parte do fluxo temporal, já que estavam suspensos. Nesse momento, deverá "voltar às coisas mesmas", ou seja, às suas vivências, seus valores. Isso implica reestabelecer o seu "olhar" de arquiteto/a e/ou de *designer*. Cumpre, enfim, resgatar os conceitos acerca das concepções técnicas da arquitetura, desde a estética, passando pela forma e função. Desse modo, o profissional procederá, ao longo do *briefing*, fazendo uso dos dois "óculos" para uma melhor compreensão fenomenológica acerca das necessidades e dos desejos do outro (Bocca, 2019).

Acreditamos, contudo, que a postura do/a profissional da arquitetura/*design* durante todo o processo do *briefing* é, pois, tal qual do ilustre arquiteto Juhani Pallasmaa (2017) ao parafrasear o fenomenólogo Jan Hendrik *van* den Berg atesta: poetas, pintores, romancistas, fotógrafos e diretores de cinema são fenomenólogos natos. Logo, apenas o/a arquiteto/a que conhece bem acerca dos desejos, necessidades, gostos e anseios de seus clientes/usuários "à medida que desenvolve seus projetos, poderá criar casas e lares capazes de oferecer esperança e sentido à humanidade, e não mera satisfação superficial" (Pallasmaa, 2017, p. 38). Somente quando o profissional conseguir se libertar de suas verdades técnicas absolutizadas é que poderá, enfim, promover um fazer arquitetônico autêntico.

Nas palavras de Pallasmaa,

> A arquitetura autêntica é sempre sobre a vida. A experiência existencial do ser humano é o primeiro objeto da arte de construir. Até certo ponto, a grande arquitetura é também sobre si mesma, sobre as regras e os limites da própria disciplina. Contudo, a arquitetura de hoje parece ter abandonado a vida completamente e se transformado em pura fabricação arquitetônica. A arquitetura autêntica representa e reflete um modo de vida, uma imagem da vida [...]. A vanguarda arquitetônica contemporânea rejeitou [...] a postura fenomenológica do habitar (2017, p. 38-39).

Como se vê, nas palavras do próprio Pallasmaa, trata-se do resgate de uma Arquitetura que se faça fenomênica, que se faça mediadora na promoção de diferentes experiências espaços-temporais sob o horizonte abertamente existencial. Constitui-se, afinal, de uma proposta arquitetônica capaz de revelar o sentido mais íntimo da materialidade, na acepção sartriana do termo[10].

Considerações finais

Com este estudo, contextualizamos as condições nas quais a Arquitetura se consolida como forma de expressão da experiência vivida de uma pessoa em um espaço construído e/ou natural. Visamos, também, apontar para diversas perspectivas teóricas e metodológicas de análise, tendo aqui, como foco primordial, a fenomenologia.

Essa convergência com a tradição fenomenológico-existencial perpassa ainda uma abordagem no seio da Psicologia, em especial, a Psicologia da *Gestalt* fornece um subsídio valioso, a nosso ver, no sentido de demarcar mais nitidamente o vetor que essa nova arquitetura se orienta. Ora, se a fenomenologia é justamente a disciplina que busca compreender a relação entre o sujeito e o mundo; se ela se torna uma orientação rigorosa de nosso pertencimento às coisas, à natureza em sua primordialidade, como descreve Merleau-Ponty; se ela, ainda, se propõe uma descrição do tempo e do espaço, então, a Arquitetura se torna, em meio a esse horizonte aberto, um novo impulso disciplinar de revelação do mundo.

Isso posto, apontamos, ao longo do capítulo, alguns dos principais aspectos do fazer arquitetônico e chegamos a uma das principais etapas que antecedem o processo de produção de um projeto: o *briefing*. Tal processo consiste em um ato investigatório que objetiva inventariar dados/informações para formular alternativas de anteprojetos, bem como a programação de necessidades; entendimento dos desejos daqueles/as que utilizarão os espaços projetados/ambientados.

Indicamos a atitude/redução fenomenológica (*epoché*) como uma possibilidade efetiva para se pensar e praticar o *briefing*. Para tanto, o profissional deverá abster-se de suas verdades, ou, nas palavras de Husserl, colocá-las "entre parênteses", suspendendo os juízos de valores e, a partir disso, possibilitando uma mudança no e do "olhar" acerca das reais necessidades e desejos do cliente/usuário.

Destacamos, ainda, a importância dos recentes estudos da neuroarquitetura, os quais consideram que o centro do projeto em fase de concepção é o/a usuário/a/cliente. Trata-se de uma arquitetura que afeta as percepções sensoriais e a forma como essas percepções estão relacionadas com a construção da memória. Disso emerge, portanto, uma neuroarquitetura, como área que se utiliza dos conceitos da psicologia ambiental e da neurociência, a fim de melhor compreender os efeitos dos espaços construídos sobre o humano e a atitude resultante dessa interação.

Em suma, concordamos com Pallasmaa no que compete à experiência existencial humana como sendo o primeiro objeto da arte de construir. E, para que essa construção seja efetiva, precisamos unir os estudos da fenomenologia, da psicologia ambiental e da neurociência para uma compreensão mais completa da forma como as estruturas construídas podem afetar a nossa consciência e, consequentemente, a nossa atitude. Esse tipo de interlocução pode levar a inovações de projetos, de edifícios e espaços urbanos, tornando-os mais eficazes em suportar a saúde e o bem-estar das pessoas.

---

[10] No texto *O homem e a relação com a materialidade*, a autora descreve como se revela o conceito sartriano de "prático-inerte" em sua relação com a arquitetura. Vejamos: "o prático-inerte é o mundo das totalidades [...] algo já constituído, como por exemplo, a casa vazia ou decorada [...], porém, não habitada, apenas o resultado do projeto [...] a totalização-em-curso é a casa habitada, aquela que está à mercê dos desejos e da práxis dos seus moradores, espaço que terá como fim, a 'impressão' da personalidade daqueles que ali tecerão mediações com outras pessoas e também com objetos". BOCCA, M. C. *In*: CRÍZEL, L. *Inove-se* – Arquitetura, *design*, iluminação, tendências [revista eletrônica], mar. 2016. Disponível em: https://pt.calameo.com/read/0045595918293d814f271. Acesso em: 29 ago. 2023.

Referências

ÁLVAREZ FALCÓN, L. Arquitectura y fenomenología. Sobre la arquitectónica de la indeterminación en el espacio. *Eikasia, Revista de Filosofía*, Oviedo, n. 47, 2013.

ÁLVAREZ FALCÓN, L. "El lugar en el espacio. Fenomenología y Arquitectura". *Fedro, revista de estética y teoría de las artes*, Universidad de Sevilla, 2014.

ÁLVAREZ FALCÓN, L. Fenomenología del diseño: la reproducibilidad y el diseño de las imágenes, de los espacios, de los tiempos y de los afectos. *Cuadernos del Centro de Estudios en Diseño y Comunicación. Ensayos*, Buenos Aires, n. 109, p. 153-161, 2020. (Ejemplar dedicado a Creatividad, emoción y espacio).

BOCCA, M. C. O homem e a relação com a materialidade. *In*: CRÍZEL, L. *Inove-se - Arquitetura, design, iluminação, tendências* [revista eletrônica], mar. 2016. Disponível em: https://pt.calameo.com/read/0045595918293d814f271. Acesso em: 29 ago. 2023.

BOCCA, M. C. Um olhar interdisciplinar entre a neuroarquitetura e a psicologia. [Entrevista concedida a] Lorí Crízel. *Lorí Crízel + Partners Arquitetura*. Cascavel, 20 nov. 2019. Disponível em: https://www.loricrizel. arq.br/um-olhar-interdisciplinar-entre-a-neuroarquitetura-e-a-psicologia/. Acesso em: 29 ago. 2023.

BOCCA, M. C. *Psicanálise existencial e o método progressivo-regressivo*: experiência psicopatológica em Jean-Paul Sartre. Curitiba: Appris, 2021.

BOCCA, M. C.; SILVA, C. A. F. Jean-Paul Sartre: contribuições teóricas e metodológicas à pesquisa em psicologia. *In*: PRETTO, Z.; STRELOW, M.; SCHNEIDER, D. R. *Existencialismo e ciência [livro eletrônico]*: princípios metodológicos na pesquisa. Santa Maria: Arco Editores, 2022. DOI 10.48209/978-65-5417-069-7.

BRAGA. T. B. M., GOTO, T. A., MONTEIRO, L. P. C. Ambiente enquanto fenômeno: ensino de arquitetura na perspectiva fenomenológica. *Revista Nufen*: Phenomenology and interdisciplinarity. Belém, v. 9, n. 2, p. 24-41, maio/ago. 2017.

BRENTANO, F. C. *Psychologie du point de vue empirique*. Tradução de M. Gandillac. Paris: Aubier, 1944.

CRÍZEL, L. *Neuroarquitetura, neurodesign, neuroiluminação*: Neuroarquitetura e Teoria de Einfühlung como proposição para práticas projetuais. Cascavel: Lorí Crízel, 2020.

EDWARDS, B. *The fundamentals of architecture*. 2. ed. Lausanne: AVA Publishing, 2012.

FICH, L. B., FICH, A. S. Neuroarquitetura: relação entre arquitetura e cérebro humano. *Ciência & Saúde Coletiva*, v. 23, n. 3, p. 853-861, 2018.

FURTADO, J. L. Fenomenologia e crise da arquitetura. *Revista Kriterion*, Belo Horizonte, v. 46, n. 112, p. 414-428, 2005. Disponível em: http://www.scielo.br/scielo.php?pid=S0100=512-2005000200022X&script-sci_arttext. Acesso em: 29 ago. 2023.

HUSSERL, E. *La terre ne se meut pas*. Tradução de D. Franck, D. Pradelle e J. F. Lavigne: Minuit, 1989.

HUSSERL, E. *Ideias para uma fenomenologia pura e para uma filosofia fenomenológica*: introdução geral à fenomenologia pura. Tradução de Márcio Suzuki. Aparecida do Norte: Ideias & Letras, 2006.

HUSSERL, E. *A crise das ciências europeias e a fenomenologia transcendental*: uma introdução à filosofia fenomenológica. Tradução de Diogo Falcão Ferrer. Lisboa: Centro de Filosofia Universitas Olisiponensis, 2008. (Phainomenon Clássicos de Fenomenologia).

HUSSERL, E. *Psicologia fenomenológica e fenomenologia transcendental* – Textos selecionados (1927-1935). Tradução de Giovanni Jan Giubilato, Anna Luiza Coli, Daniel Guilhermino e Felipe Maia da Silva. Petrópolis: Vozes, 2022.

HUSKINSON, L. *Arquitetura e psique*: um estudo psicanalítico de como os edifícios impactam nossas vidas. Tradução de Margarida Goldstejn. São Paulo: Perspectiva, 2021.

LEFEBVRE, H. La notion de totalité dans les sciences sociales, 1955. *Cahiers Internationaux de Sociologie. Nouvelle,* série, v. 18, p. 55-77, jan./jun. 1955.

LIMA, A. C. B. R. *Oscilando entre o ser e o nada*: a aventura urbana de Sartre. 2010. 245 f. Tese (Doutorado em História e Fundamentos da Arquitetura e do Urbanismo) – Fauusp, São Paulo, 2010.

MALLGRAVE, H. F. *The architect's brain*: neuroscience, creativity, and architecture. London: Wiley-Blackwell, 2010.

MERLEAU-PONTY, M. *Fenomenologia da percepção.* 3. ed. Tradução de Carlos Alberto Ribeiro de Moura. São Paulo: Martins Fontes, 2006.

PALLASMAA, J. *Habitar.* Tradução de Alexandre Salvaterra. São Paulo: GG, 2017.

SALANSKIS, J. M. *Husserl.* Tradução de Carlos Alberto Ribeiro de Moura. São Paulo: Estação Liberdade, 2006.

SANTOS, M. *A Natureza do espaço*: técnica e tempo, razão e emoção. 4. ed. São Paulo: Editora da Universidade de São Paulo, 2006. (Coleção Milton Santos: 1).

SARTRE J. P. *Situations, X*: politique et autobiographie. Paris: Gallimard, 1976.

SILVA, C. A. F. *Kurt Goldstein*: psiquiatria e fenomenologia. Cascavel: Edunioeste, 2015.

SPOHR, B. *A compreensão do psíquico na teoria do imaginário de Sartre.* 2009. 122f. Dissertação (Mestrado em Filosofia) – Programa de Pós-Graduação em Filosofia, Florianópolis, UFSC, 2009.

VVAA. *Merleau-Ponty, architecture et autres institutions de la vie.* Paris: Vrin, 2009. (Chiasmi International).

ARQUITOPIA — PARA UMA ARQUITETURA DA CRUSTA DO MUNDO EM TEMPOS ATÓPICOS

André Barata

1 - A desenhação

Pode-se bem pensar a arquitetura como arte do projeto. Na sua etimologia grega, *teckton*, que podia significar construtor ou carpinteiro, junta-se a *arkhê-*, que quer dizer principal, resumindo a ideia de uma chefia da construção, o arquiteto como o mestre construtor. Esse foi o sentido da palavra *arkhitekton* no grego antigo e da palavra *architectus* no latim. Mas o étimo *arkhê-* presta-se ainda a outra leitura, de princípio ou começo, mais consentânea com a história dos usos da palavra e da prática arquitectural que chega ao nosso tempo. De acordo com esse segundo uso, constroem-se lugares na arquitetura, mas nos seus princípios de lugar, portanto, não a construção construída, objeto aí no mundo, lançado contra a resistência do real (*ob-jectum*, substantivação de *obietus*, significa lançar contra), mas como ela se projeta ser, a lançar diante, *pro-jectum*. O foco da construção desloca-se da sua chefia para os princípios que a precedem e se propõem a conduzi-la adiante. E que se lança diante, em frente, no projeto de arquitetura? Certamente, casas, edifícios, instalações, também espaços urbanos, escolas, hospitais, museus, templos e espaços exteriores, praças, parques, paisagens visuais, acústicas, e ainda outras, mas tendo sempre em comum o pensamento que concebe todas essas construções para o mundo, forma particular de conceber, em torno das possibilidades de as habitar, das possibilidades de algo ou alguém estar nelas.

E se habitar envolve um sentido além da objetividade da realidade habitada, a própria figuração do sentido é como uma expressão tectónica, a projetar relevo sobre a planura da literalidade. Um mundo literal, sem relevo de sentido, é um mundo sem dimensão projetual. Nem chega a ser realmente um mundo, se com essa palavra quisermos dizer algo que signifique existencialmente.

No pensamento hermenêutico-existencial, *projeto* e *mundo* são aspetos indissociáveis. O mundo não é uma coisa nem uma coleção de coisas, mas uma organização prática de sentido, uma unidade de relações que entre si pulsam atravessadas pela projetualidade. Hans-Georg Gadamer, em *Wahrheit und Methode*, opõe o mundo (*Welt*) ao meio envolvente (*Umwelt*), condição que pode ser considerada comum a todos os seres vivos, enquanto a condição existencial distingue o modo humano de relação com o mundo, em que o habitante do mundo se eleva do meio ambiente (*Erhebung über die Umwelt*) para ter um mundo. Esse elevar-se forma-se pela linguagem e é, na verdade, um formar-se do próprio mundo, linguisticamente constituído. Ter mundo e ter linguagem, acima da coerção do meio ambiente, é ainda expressão de liberdade (Gadamer, 1960, p. 448).

Vive-se, pois, o mundo como uma linguagem que se habita e se articula acima da superfície literal das coisas. E, sem corte, vive-se o sentido como um mundo palpável, encarnado numa matéria projetada. Nessa linguagem que constitui o mundo, linguagem de mundo, linguagem-mundo, atravessada pela projetualidade do sentido, reverbera a arquitetura como linguagem-mundo que tem por linguajar o próprio caminho de elevação que nos transporta da necessidade encontrada para a liberdade de formações de mundo, a conferir-lhe orografias de sentido, como as formações geológicas conferem paisagem ao planeta.

Paredes-meias com o urbanismo e o *design*, o que há, então, de distintivo na tectónica que num projeto arquitetônico aflora por desenhos e rabiscos? A arte do projeto arquitetônico é arte do lugar. Arte no sentido que insufla um ofício com a imaginação artística, não tanto o engenho técnico, mas o ressentir de tudo o que possa motivar a imaginação de lugares. Talvez por isso, como arte da imaginação do lugar, a arquitetura seja uma inclinação vivida pela ficção científica, aliás presente com grande impacto visual no cinema. Na medida dos benefícios trazidos pela ciência dos engenheiros, versada sobre a tectônica do real, e dos desprendimentos de amarras impostos pelas leis da física que essa ciência consegue desafiar prodigiosamente, a racionalidade objetiva liberta a racionalidade projetiva para o seu exercício de liberdade próprio, seja na ficção ou na arquitetura. E não porque sejam contornadas a resistência dos materiais e a lei da gravidade, mas por serem integradas numa imaginação projetiva. É disso imagem exemplar, e em alguma medida inaugural, o deslumbre de paisagem de *Metropolis*, cidade imensa a fluir quase suspensa de gravidade, no filme de 1927 de Fritz Lang, onde modernismo e expressivismo projetam uma visão utópica do estar, paisagem urbana desenhada pelos arquitetos de filme Otto Hunte, Erich Kettelhut e Karl Vollbrecht.

A projetividade do arquiteto não é indiferente à objetividade do real. Integra-a na sua arte tectônica, definitivamente comprometida com o desígnio do construir. Se inteiramente lançada na arte da imaginação de lugares construíveis, a arquitetura não se desenvencilha das resistências. Habita-as por dentro. Na verdade, *arkhê* e *teckton* podem conjugar-se por essa ordem como pela inversa fazendo *teckton* preceder *arkhê*, tectônica de princípios, o construir tão fundamental quanto os princípios, em circulação imanente.

Projetar não é vencer uma objetividade, não é transpô-la como um obstáculo que se encontra diante. De certa maneira, é entregar-se até de maneira contrária, deixar-se vencer e participar convencida da objetividade que encontra. A imaginação é como um ir fora, mas que volta por dentro. Solta-se do real para participar da sua formação. Não para formar o real de fora, ou detrás, como uma estranha que o manipula, mas para encontrar lugar nos seus devires e, lá instalada, correr nos seus sentires. Antes, pois, de imaginação de lugares, o projetar precisa encontrar o lugar para a sua capacidade de imaginar, uma vibração, um ritmo, um fluxo com que ganha familiaridade, capacidade formada de escuta de aspetos do real que se exprimem num desenho, que até pode começar num guardanapo à mesa de uma esplanada.

A imaginação arquitetônica no desenho é performativa, como certas palavras que fazem o que dizem acontecer. Num desenho e, ainda antes, num esboço que vai dando forma ao desenho, a mão desenhadora mais conduzida do que condutora, um misto, que é também um compromisso, uma relação delicada, com o seu grão de erótica, um processo que produz efeitos, mas não os conhece a ponto de os antecipar. Melhor seria chamar "desenhação" a essa prática particular da imaginação projetual, que tem ainda qualquer coisa de adivinhação. Deixar o esboço formar-se em desenho e acontecer, então, uma clareza.

Essa apreensão do projetar arquitetônico como desenhação sugere a cumplicidade com outro desenhar, o da banda desenhada. Por exemplo, na sequência de álbuns de François Schuiten e Benoit Peeters intitulados *Les Cités Obscures*, em que a obscuridade é mistério e magia, a desenhação desdobra-se em duas, desenho de cidades, cada uma a sua visão de mundo, cidades desenhadas como um linguajar. E redobra-se em uma contemplação desprendida pela ficção. Tudo seria possível e, no entanto, toda a arquitetura assim desenhada sob a construção também desenhada sugere, nesses álbuns de banda desenhada, a vida do real, os princípios que a formam, o esqueleto, as entradas e saídas, as camadas de tecido, a se refigurarem em estrutura e forma, espaço vivo. Para tornar o real que resiste em objetividade habitável, o próprio projetar deve fazer-se habitante dessa resistência.

O convívio íntimo da imaginação projetiva com a realidade objetiva é muito paralelo, até nas tensões inerentes, ao convívio da imaginação narrativa com o conhecimento na ficção-científica. Essa aproximação entre ordens de sentido diversas — arquitetura, banda desenhada, ficção-científica desenhada — não é apenas coincidência ou simulação. Tomar uns desenhos pelos outros não é um erro categorial, como quem confunde baleias com peixes, nem é um bem-sucedido disfarce como quem é levado a tomar o que são realmente asas de borboleta por olhos de uma coruja. A diferença é que esses desenhos têm por origem a mesma desenhação, processo de imaginação de lugares. Paradoxalmente, esse imaginar desenhado exprime processos reais da natureza viva.

No segundo volume de *Cidades Obscuras* — *A fronteira invisível* —, desenha-se uma edificação de contorno esférico, cuja superfície curva se cobre de inúmeras janelas, alinhadas, linha sobre linha, num padrão que lembra as estruturas que albergam os esporos de seres do reino *Fungi*, cogumelos e outros. Manipulando a escala de observação do real, encontram-se estruturas de microrganismos que mostram algo que se pressente também nos desenhos do arquiteto futurista Artur Skizhali Veis. Justifica-se dizer "pressentimento" porque é um sentimento que precede o conhecimento, e que pode, aliás, nem chegar a ser adquirido de modo explícito, mas que está lá como fundo tácito de toda a desenhabilidade, seja a feita por mãos, seja a feita pela natureza que desenhou evolutivamente as próprias mãos. Talvez essa tentação genesíaca das formas de lugares não seja inteiramente sustentável, mas deve poder ser enunciada como uma espécie de arqueologia do habitar e, sobretudo, como um fascínio da participação do real que pode animar a intencionalidade arquitetural.

2 - Lugares e objetos, duas ontologias

Os lugares da arquitetura acontecem na objetividade do real, da mesma maneira que uma casa tem chão e cada divisão que a compõe recorre à objetividade das paredes, das entradas e saídas para se formar, eventualmente, com teto. Mas é preciso ir um pouco mais longe na compreensão do que está em jogo. *Projeto* e *objeto* não dão apenas evidência de duas realidades que se conjugam num mesmo real, como sentido e a resistência que lhe é movida. São também duas relações de ser com as coisas, dois modos fundamentais de estar no mundo, justificando-se falar de duas ontologias. Embora tendamos a seccionar as coisas do mundo que podem ser lugares tomando por critério a nossa capacidade de os habitar, na verdade toda e cada coisa particular do mundo pode ser vista ou como objeto ou como lugar, consonante o modo de relacionamento fundamental que aconteça. Como objeto, importa conhecer de uma coisa a sua estrutura, do que é feita, como se sustenta, até quando. Como lugar, importa conhecer-lhe os cantos, como pode ser vivido, de que maneiras se deixa habitar. Uma mesma coisa, se está num mundo de que sejamos parte, mundo comum, é simultaneamente objeto e lugar, coisa compreendida, respectivamente, como estrutura e habitabilidade, resistência e inscrição, necessidade e possibilidade.

Em *La route d'Armilia*, outro dos volumes de *Cidades Obscuras*, o desenho de um dirigível amplia, em todo o seu volume, a percepção dessa ambivalência, duplicidade sem dualidade. Afinal, no interior de uma estrutura funcional revela-se um lugar amplo, que convida à imaginação projetiva. Por engano, ou imaginação, até poderia começar-se a contemplação do desenho como se fosse um lugar, talvez labiríntico, e só depois, como um esclarecimento que sai do labirinto, afinal, a estrutura de sustentação de um dirigível. Poderia ser a imaginação desenhada em *blueprint* de um armazém habitado ou de uma grande fábrica povoada depois da jornada de funcionamento. No mundo vivo, também os organismos e os órgãos que os compõem são lugares para microrganismos, um intestino, por exemplo, lugar de flora, de microbiota residente. A terra do solo, a fissura na calçada, até uma gota de água são habitadas. As coisas não são lugares apenas para humanos. O habitar nem sequer tem de ter um habitante, humano ou vivo. Essa maneira de ser com as coisas em que acontece *estar com* elas pode ser pensada independentemente de haver quem atualize esse relacionamento. As coisas não só estão disponíveis para que aconteça *estarmos com* elas como, na verdade, estão também umas com as outras, algumas imóveis, por exemplo, duas pedras uma diante da outra, ou duas paredes nuas num templo silencioso, outras a repetirem hábitos, por exemplo, as marés que banham as areias todos os dias, ou as ondas que fazem motivo de calçadas de passeios famosos juntos ao mar. Decerto essas coisas não projetam umas sobre as outras. Não se trata de esperar uma imaginação das coisas pelas próprias coisas, sequer das plantas, dos animais, dos seres vivos em geral. No entanto, a habitabilidade das coisas pressupõe o projetar como uma linha de fuga do tempo, um modo de estar, que está para o projeto como uma origem, um chão primevo. A crítica ao naturalismo que o acusa de romper os laços ontológicos entre os entes do mundo é justa, mas não significa a assunção de um animismo ingênuo, que humanizasse tudo. Diversamente, como que invertendo a direção do contágio das partes separadas, essa crítica justa pede uma perspectiva que procura escutar no humano os modos de estar que se encontram em toda e qualquer coisa.

Até com coisas fisicamente imateriais, apenas espirituais, essa duplicidade objeto-lugar se verifica. Por exemplo, os sonhos que habitamos, mas que também se deixam perscrutar e analisar na sua estrutura. E com as palavras não é diferente. Com elas fazemos frases que, por sua vez, fazem texto e obra, mas são também lugares com que mantemos uma relação de habitação. Palavras, frases, textos, livros a que regressamos e onde fazemos hábitos. Uma linguagem que seja apenas comunicação é tão deserta como um mundo sem lugares, só objetividade.

Todas as coisas, mesmo as do espírito, manifestam essa duplicidade objeto/projeto, o que também significa que podem percorrer-se como reversibilidade entre essas duas condições, a de objeto com estrutura e a de lugar com a sua habitabilidade. E cumpre-nos a possibilidade de praticar essa conversão do olhar, que vale para tudo, mas que pode não suceder, encerrando as coisas em objetividade apenas ou desligando-as em projetualidade. Todas as coisas serem essa duplicidade objeto/projeto significa uma questão de ação, de prática, que se cultiva ou não, e de todas as suas implicações, que pertencem ao domínio da ética e da política.

Todas as coisas do mundo serem lugares/projetos significa assumir a habitabilidade do mundo como um fato ontológico fundamental, e todas as coisas do mundo serem objeto significa pelo menos que é de dentro dessa objetividade, da atenta consideração da sua estrutura, que pode emergir a "omnirreversibilidade" dos objetos e dos lugares, possibilidade crucial para uma compreensão ecológica da relação com o mundo. Na verdade, um estar ecológico acusa redundância diante de uma ecologia do estar.

As coisas abandonadas à sua condição meramente objetiva é a contrapartida da desatenção por um projetar insensível. Nessas condições, gera-se uma contraobjetividade das coisas, que instala o conflito na estrutura do mundo, eliminação da possibilidade de habitar o mundo que se encontra aí, terreno e concreto, pelo contrário império de uma ideia de habitabilidade abstrata, desligada e que se autoriza a poder tudo. A maneira como se constroem casas, bairros, cidades inteiras, lugares dentro de lugares, ainda dentro de outros lugares, indiferentes à objetividade que lá encontraram, sejam as linhas de água, sejam amplitudes térmicas, a natureza do solo ou a vida que se leva ali onde se constrói. Impressiona, por exemplo, ver os passeios cimentados do centro de Maputo quebrados em escombros pela força das raízes das árvores, como se uma revolta lenta, mas inapelável, estivesse em curso. Ou a sobrevivência nessa cidade tórrida de uma casa de ferro, concebida por Gustavo Eiffel, trazida desmontada em peças da Bélgica e que uma vez montada aquece escaldante no verão da África. Ou os materiais sintéticos insensíveis à passagem do tempo que cada vez mais constroem todas as cidades do mundo, indiferentes aos lugares. Como notou o arquiteto e teórico de arquitetura Juhani Pallasmaa, em *The Eyes of the skin* (2005), era preciso restaurar uma relação arquitetural que tocasse o mundo e por ele se deixasse tocar.

A questão prende-se com o sentido da arquitetura, das suas práticas, mas, circularmente, também com a arquitetura do sentido feita de linhas a direito, paralelas, perpendiculares, ou a fazer algum ângulo, e de círculos perfeitos, disposto como a organização funcional de uma máquina. Aliás, aconteceu ao sentido o que aconteceu à representação dos corpos que habitamos. Interpretados e explicados como máquinas, passaram a ser vividos como máquinas, sistemas que podem ser desmontados, feitos de peças substituíveis, funcionalidades a cumprir, tudo apenas meio. Se os corpos que habitamos estão tomados pelo desenho de esquadria, se as mentes que os pensam também, os lugares que os corpos-mente constroem reproduzem pelo mundo essa contraobjetividade conflituosa.

Bem parece ser essa a situação existencial-arquitetural do mundo contemporâneo. Já em *Metropolis*, com quase cem anos, resplandecia por meio de uma refiguração da torre de Babel essa contraobjetividade, por um lado, triunfal construção arquitetônica que almeja tocar as estrelas, por outro, terrífica visão da falha em habitar por dentro a formação do mundo. A cidade é sonhada por cérebros que não são dos mesmos corpos e mãos que a constroem, cidade dividida em camadas que não se comunicam, socialmente estratificada, a utopia a mostrar a distopia como a outra face de Jano, construção de um desabitar recíproco, mundo e ambiente desligados, mundo só de uns, condenação à necessidade para todos os outros. Mesmo falando a mesma língua, impera o desentendimento, aponta a personagem feminina do filme.

Sem tocar nas estrelas, a edificação dos estádios para o campeonato mundial de futebol do Catar em 2022, que ao longo de uma década de construções levou à morte milhares de operários, migrantes econômicos vindos do Paquistão, do Bangladesh, da Índia, do Nepal, do Sri Lanka e das Filipinas, faz ecoar a condição subterrânea dos operários de *Metropolis*. Mesmo rezando ao mesmo deus, como sucede provavelmente com a maioria dos migrantes paquistaneses e bangladeses, de novo impera o desentendimento. E não pode deixar de ressoar o mesmo triunfalismo arquitetônico nos altíssimos arranha-céus a despontarem no deserto, como incisões verticais a largas centenas de metros, como o Burj Kalifha no Dubai ou a ambição quilométrica da Torre Jeddah, ainda em impasses de construção, na Arábia Saudita.

3 - Arquitetura habitante de um mundo desabitado

A ideia de uma arte do fazer habitar descreve em algum aspeto o que é a arquitetura. Mas ela, estando no mundo, é dele também habitante. A arquitetura habita o tempo, os diferentes tempos ao longo da história e da geografia, e cuja arquitetura deve, por isso, ser sondada, de dentro para fora, quase como uma "arquiarquitetura", que deve aflorar e restituir ação tectónica ao mundo. Nesse propósito duplamente arquitetural, levada a reflexão à nossa época particular, uma tendência deve surpreender-nos a atenção pela sua escala global, que aplana todas as diferenças e torna a geografia indiferente e repetitiva. Mas surpreende-nos, ainda, tanto ou mais, pelo mundo sem lugares que se vai construindo, onde a repetição do hábito por que se fazem lugares se torna uma contratendência crítica, uma resistência, que teima em não capitular.

Há dois usos da repetição em conflito na presente época. A *repetição não repetitiva* é a forma humana do ser presente ao mundo, que faz lugares. É uma condição do íntimo e do amor. Do íntimo, pois não se é íntimo de nada ao primeiro encontro, é preciso regressar e deixar o trabalho da memória do encontro passado fundir-se no da percepção atual, como um sedimento de intimidade. E é condição do amor entendendo que no amor, enquanto for vivo, quem ama vive o regresso a um mesmo lugar como uma fonte inacabável de experiência. O íntimo e o amor são práticas de fazer lugar por meio da repetição que visita a memória como um presente que se lhe afeiçoa. Gilles Deleuze di-lo por outras palavras: "toda a reminiscência é erótica, que se trate de uma cidade ou de uma mulher. É sempre Eros, o númeno, quem faz penetrar nesse passado puro em si, nessa repetição virginal, Mnemosina" (Deleuze, 2000, p. 163).

Repetir assim é ainda, na verdade, uma outra maneira de falar de cultura, o conjunto dos hábitos que se diferenciam na diferenciação dos lugares, repetição não repetitiva, pulsar vivo em vez da automação que nos ausenta uns dos outros, mesmo a automação em nós próprios, que nos ausenta de nós mesmos. A humanidade faz-se humanidade como o solo faz solo. O prodígio da Amazônia e a sua extrema vulnerabilidade dão espelho à própria condição humana. É inacabável simplesmente enquanto continua e porque continua.

Um mundo sem lugares é um lugar sem mundo, um fim do mundo, que acaba calado. Não em silêncio, mas sem linguagem sequer. No cinema de Bela Tarr, a última das suas realizações, *O Cavalo de Turim* (2011), faz a fenomenologia desse apocalipse por meio da experiência vivida da paulatina perda da possibilidade dos hábitos, da repetição que fazia lugar. A vivência da perda faz-se, contudo, pelo próprio processo de repetição, dado ao espectador como uma possibilidade de habitar o "desabitar" que acontece. Um filme assim não *demonstra* no sentido de um argumento composto por proposições, mas demonstra num sentido reflexo no próprio existir do espectador (Barata, 2020).

O grande projeto da economia de mercado global, em que tudo se flexibiliza, em perpétua mobilidade, é o de uma "deslugarização". O que pode parecer muito abstrato depressa encontra feição concreta em fenômenos que a sociologia e o pensamento social conhecem bem. Por exemplo, quando se identifica e descreve a *precariedade*, fenômeno social em que a possibilidade do lugar é corroída, a de fazer lugares e a de simplesmente manter lugares. Os incentivos vão para o desábito e o desabitar, combatendo a possibilidade de zonas de conforto, lugares de conforto, nichos que protegem e abrigam e que encontram a sua forma jurídica em legislação de proteção social, não raro atacados como "direitos adquiridos" e que, identificados como obstáculo, devem ser desadquiridos (Barata, 2015).

A configuração de hábitos habitados que fazem um lugar protege, mas também diferencia e singulariza, instituindo uma pluralidade e uma diversidade. Mas as políticas que, por comodidade, rotulamos de neoliberais, e que tendo uma base econômica são também de moldagem social e ontológica, despromovem essa diversidade como se ela fosse um obstáculo do mundo à reconfiguração que permita incorporá-lo num sistema, um regime de funcionamento. Passou-se a resistir à resistência do mundo, num regime de projetar que se reduz a ser contraobjetividade.

Empregando a metáfora orográfica, todas as rugosidades do real, seja o real físico, das relações, da sociedade, são aplanadas e, com isso, todos os lugares se convertem noutra coisa. A vigência dos não lugares na modernidade tardia, descrita por Marc Augé em *Non-Lieux*, é bem o regime dessa arquitetura do mundo, cada vez mais povoado e, sem paradoxo, cada vez mais desabitado e desenraizado. Na verdade, é uma antiarquitetura, pois o seu projetar visa um despojar da dimensão projetual do mundo, cada vez mais apenas um único mundo, uma linguagem só, um tempo e um espaço únicos, monoculturais, monotônicos, monotópicos.

O século XXI de alguma maneira deixou de se representar como um século de utopia ou distopia, sob a orientação do que se deseja e do que não se deseja enquanto escolha coletiva de uma comunidade. Pelo contrário, o nosso século é cada vez mais uma época em que cessa a própria possibilidade de se instalarem lugares. Estão em causa as condições dessa possibilidade de um lugar antes mesmo de um bom ou de um mau lugar, utópico ou distópico. Por isso, talvez designe melhor os tempos em que vivemos a ideia de *atopia*, palavra entendida não a partir do seu uso médico, mas no sentido etimológico de ausência de lugares ou de habitares, à semelhança da ausência de emoção na apatia. Decerto, essa é uma perspectiva que prossegue profundamente distópica, mas é uma distopia de segunda ordem, ou uma metadistopia, a que importa contrapor um equivalente adequado, já não uma utopia, sequer de segunda ordem, mas uma "topia", que se constitua por políticas de lugar, da possibilidade de fazer lugar, de luta por direito ao lugar e à sua melhor qualidade, lugares densos, singulares, como individualidades em convívio. Essa *topia* propõe uma inversão do movimento da utopia, pois, em vez de fixar habitares que fazem sentido num lugar que não existe, uma ilha perdida no oceano, um planeta sem comunicação, na verdade uma ficção de lugar desligado dos lugares reais, como sucede nas utopias mais marcantes da literatura utópica, vem firmar o sentido de lugar a partir do habitares que não existem.[11]

Um pensar crítico tópico deteta que a época que vivemos torna todos os lugares cópias de um modelo de lugar, traindo a diferenciação e singularização que distingue os lugares, cada vez mais localidades apenas, localizações diferentes do mesmo protótipo de lugar global, mera abstração de que todas as instanciações são repetição repetitiva, sob o mesmo ritmo, a mesma temporalidade, a mesma espacialidade. Na linha do pensamento de Günther Anders, que, em *A Obsolescência do homem*, por meados do século passado, já apontava um platonismo industrial aos nossos tempos, de modelos e cópias, patentes de ideias para replicação material por meios industriais, poderíamos hoje falar de uma indústria dos lugares, como esse mesmo cariz platônico fingido. Um mundo de muitos lugares cada vez mais iguais, um mundo que é no fundo apenas um lugar muitas vezes repetido, reproduzido maquinalmente, sem erro. Um mundo assim, sem pluralidade, não tem realmente lugar nenhum. Nem o mundo dispensa um aí fora que o abre à experiência, nem algum lugar genuíno dispensa a pluralidade indispensável à relação.

Esse projetar atópico que faz do estar no mundo um não habitar, um aprender a desabitar, de que são formas concretas hodiernas a sociedade da precariedade, que não deixa a pessoa habitar o tempo, dele fazer lugar próprio, mas também a condição migrante e refugiada que leva milhões de outras pessoas a atravessar barreiras naturais e artificiais, sem nada consigo, só os seus corpos e memórias dentro, na esperança de uma possibilidade de fazer lugar que lhes restitua uma relação projetual com o mundo. Com exceções, resistências que vêm detrás e não se deixam aplanar, e também contratendências que se constituem como reação crítica, a tendência epocal que se globaliza é, contudo, a de um relacionamento de não relação com o mundo, que instala um regime de ser no planeta sem nele realmente estar, sem chegar a habitá-lo. Instalar-se em alguma localização que não chega a ser um lugar, pois realmente não habita, nem chega a ser alguma parte, porque não se dispõe a reconhecer-se parte entre partes.[12]

4 - Um mundo de partes, em vez de um mundo de meios

No pensamento hermenêutico-fenomenológico de Martin Heidegger, logo em *Sein und Zeit*, sua obra de 1927, contemporânea de *Metropolis*, a noção de projeto (*Entwurf*) é central. O projeto inscreve temporalmente a existência a partir da sua finitude, tendo a morte como a possibilidade

---

[11] Uso filosófico bem diferente da palavra "atopia" é proposto por Frédéric Neyrat, autor de *Atopias – Manifesto for a Radical Existentialism*, não para exprimir a ausência de lugar, como acabamos de fazer, seguindo mais fielmente o sentido etimológico, mas o outro do lugar, uma exterioridade que não se deixa capturar, uma pequena transcendência que resiste à captura por uma imanência e sua lógica interna. Acompanhando a importância dessa resistência da exterioridade, entendemos, contudo, que fazer lugares é precisamente o "lugar" de práticas e relacional onde se forma essa exterioridade.

[12] A esse propósito, em *Para viver em qualquer mundo* (2022), sugerimos a ideia de uma "eco-topo-logia" como uma aproximação entre ética e ecologia a partir de uma compreensão topológica de ambas.

mais genuína. Mas à significação temporal do projeto alia-se uma significação espacial. Como ser no mundo — *in-der-Welt-sein* —, o projeto existencial imbrica um espaço-tempo, num sentido próximo do projeto da arquitetura. Essa aproximação é particularmente notada por Dorotheia Frede.[13] Talvez fizesse, por isso, mais sentido traduzir *in-der-Welt-sein* por "estar no mundo", precisamente o estar no mundo cuja arquitetura está ameaçada.

Mas a chamada da atenção para o estar-no-mundo não deve significar uma substituição do ser-no-mundo, trocar um pelo outro, reiterando a mesma separação, simplesmente escolhendo a outra parte separada. O desligamento a desconstruir, o religamento a refazer é o da relação entre *ser* e *estar*. A sua desagregação exprime o regime de ausência com que vamos estando sem realmente estar no mundo. Por exemplo, quando deixamos a máquinas o trabalho de decidir, dispensando-nos de comparecer, ou quando funcionamos como máquinas conosco mesmos. A artificialização da inteligência é um problema maior do que a IA. Pelo menos para um pensamento ecológico. É um problema a inteligência que encara o método como forma de tornar o caminho apenas meio para chegar a um resultado, ausentando-nos dele, até o conseguirmos fazer de olhos fechados, como um militar numa parada em que estende orgulhosamente o seu passo sem nunca desviar o olhar do horizonte, indiferente ao chão que pisa. Num texto sobre a cultura do chão, ou a falta dela no Ocidente, Tim Ingold falava do passo de ganso, em que o soldado avança a ângulos de 90º, como um boneco articulado. Não se é sem realmente estar, não se está sem realmente ser. Assim, não se é nem se está. Formas concretas dessa ausência pululam no nosso mundo, o que extrema o paradoxo. Habitamos em regime forçado o planeta que representamos como meio apenas, caminho a fazer de olhos fechados para alcançar o objetivo. O mundo ou é obstáculo a superar, ou é recurso a extrair, de uma forma ou de outra apenas meio, instância onde não se fica, a não ser em caso de fracasso ou de perdição. Por isso, perder-se, desertar, errar tornaram-se boas aprendizagens do ficar, constituição de uma resistência que restitui a relação com o mundo, a sua habitabilidade. E, pela mesma ordem de razões, o próprio pensamento precisa reencontrar-se como paisagem de lugares e não como dispositivo de cálculo de meios.

Já era notada na *Crítica da Razão Pura,* de Immanuel Kant, a índole arquitetural do próprio pensar — "a razão humana é, por natureza, arquitectónica [...]" (A474, B502) —, com isso exprimindo uma organização sistemática, em princípios e suas sequências, uma pluralidade provida de unidade, ligada e não desagregada. Seção central da primeira *Crítica* consiste numa "arquitectónica da razão pura", onde Kant esclarece "por arquitectónica entendo a arte dos sistemas" (A832, B860). O desígnio arquitetônico de sistema é, pois, o de ligar as partes, não mero aglomerado de partes apartadas. Uma sistemática pode usar a hierarquia e a subordinação como forma de prover unidade à diversidade e, desse modo, estatuir uma dominação dentro de uma racionalidade e uma ontologia. A arquitetônica da razão pura não escapou, bem pelo contrário, a essa compreensão arquitetural. Mas pode projetar-se um mundo de partes ligado sem que umas se apartem das outras na redução a uma estrutura hierárquica, de meios e fins, dignidades ontológicas diferenciadas. Ainda serão uma arquitetura do mundo e uma arquitetônica do pensar, que ligam, agregam e convidam a habitar, e em que o pensar se pensa como, também ele, lugar que se habita em bom convívio, parte do mundo. No título da sua primeira obra de poesia, o poeta português Manuel Gusmão dizia "Dois sóis, a rosa: a arquitectura do mundo". A compreensão de uma arquitetura do mundo convoca um pensar-sentir que é ideia e corpo, a comparência do sentido própria do acontecer poético nas próprias coisas do mundo.

---

[13] No seu ensaio "The Question of Being", publicado em capítulo de *The Cambridge Companion to Heidegger* — "We project ourselves, our whole existence, into the world and understand ourselves as well as everything in the world in terms of the possibilities within the *design* or 'projection' that we make of ourselves. (Since the translation of *Entwurf* as 'projection' [see BT 184] may suggest wrong associations with psychological projection, "*design*" in the sense of an architect's blueprint is perhaps a less misleading synonym)" (Freda, 2006, p. 63-64).

Da sua integral mobilização como meio, que mundo habitável sobra? Os escombros do desabitar são as coisas que já não servem à condição de meio, sem préstimo para nada, resíduos difíceis de esconder num mundo cada vez mais transparente e posto à vista. Habitar os escombros é um recomeço, trazê-los de novo à vida, não como meios, mas como partes das coisas e dos lugares que com elas fazemos. Nos escombros, a resistência do mundo ressurge redobrada. Como aquela revolta das raízes dos passeios desenraizados das ruas do centro de Maputo.

Diz muito a diferença entre um *mundo de meios*, reduzido a consumível que verdadeiramente consumimos, e um *mundo de partes* que têm de convir umas às outras numa vida conjunta. É uma diferença de princípio, em que se permite, ou não, uma representação do mundo hierárquica, uma ontologia que reflete uma dominação e sua legitimação, os termos, pois, de uma relação política que deve ser identificada na sua natureza para ser devolvida à possibilidade da escolha conjunta e aí avaliada no seu caráter. Libertar um mundo de partes da opressão de um mundo de meios, projetar uma ontologia é um bom programa, também filosófico, para outra arquitetura da crusta do mundo.

À semelhança de tudo o mais no mundo, nessa ontologia dos meios, também tendemos a ver os nossos próprios corpos humanos dessa forma empobrecida, ou seja, ou como obstáculo, ou como recurso, obstáculo à continuidade e à realização, corpos que se estragam e que não permitem tudo, por um lado, e recurso para a satisfação do desejo e a consumação do prazer, por outro.

Mas, quanto mais povoado é o planeta, mais razões se apresentam para o desabitar nesse sentido que é o de o não habitar, mas o de o encarar com obstáculo ou recurso, submetido a rigores de método cada vez maiores, a alcançar mais com menos, mais eficiência, menos desperdício, passando por ele sem nele ficar. Nem sequer é claro que essa tendência seja motivada pelo aumento populacional ou se, pelo contrário, é ela que incita o aumento populacional, garantindo que a sobrevivência permanece na ocupação central da vida humana, preocupada com a escassez, acicatada pela competição, a dispor tudo tanto mais como meio quanto mais em risco fica ou sente a sua própria condição de fim. A disponibilidade forçada de tudo para ser meio, a indisponibilidade a tudo ser considerado como fim. A sobrevivência desperta o egoísmo e justifica-o numa representação de mundo em que apenas o próprio é fim por princípio, tudo o mais apenas podendo sê-lo por imperativo, como uma dimensão complementar, supletiva, extraordinariamente reconhecida sobre uma ordem de coisas em que resta só o próprio.

5 - Sintopia e entopia

À solidão da época atópica, contrapõe-se com sentido uma *topia* que é, coextensivamente, uma *sintopia*. A palavra releva de outros vocabulários. Por um lado, e novamente, do vocabulário médico, assinalando a posição relativa entre partes anatômicas, por exemplo, a relação topológica entre órgãos. Por outro lado, releva do vocabulário da biologia, no qual o conceito de "sintopia" descreve um caso de simpatria intensificada, em que as espécies ou populações não apenas convivem na mesma região geográfica, por isso dizendo-se simpátricas, mas partilham as mesmas localizações. Tomada de empréstimo, a noção de sintopia é usada também na estética digital, por exemplo na obra de Claudia Giannetti *Estética Digital: Sintopia da Arte, a ciência e a tecnologia*. Nesse uso, sintopia exprime uma relação criativa e não de adição sobreponível entre domínios diversos que convivem em proximidade. Finalmente, sintopia pode significar simplesmente o que a sua etimologia sugere a junção de *sym-* e *topos*, "junto" com "lugar", portanto lugares juntos ou lugar "com", o que exprime um espaço de lugares que estão em relação uns com os outros.

Para essa ideia de uma "topia" sintópica, que contributo pode dar a arquitetura, concebida ou mesmo imaginada como arte da imaginação de lugares construíveis? Falamos de imaginação como um ir fora, mas que volta por dentro. O que justifica uma distinção mais, com paralelismo e inspiração na bem conhecida diferença entre a simpatia e a empatia. Uma arquiarquitetura saindo voltaria por dentro da própria ideia de lugar, como uma *entopia*, da mesma maneira que se descobre a empatia sob as manifestações de simpatia. *Entopia* é ainda o nome de um empreendimento na ilha de Penang, da Malásia, situada no estreito de Malaca. Trata-se de uma quinta das borboletas, na verdade um amplo jardim interior, como uma estufa, que convida a uma experiência imersiva, de dentro de um lugar, do hábitat de diversas espécies de borboletas.

Sob essa descrição, a arquitetura torna-se um ponto nevrálgico, por onde se sente o estado do mundo, a sua dor. É arte do fazer habitar e, contudo, habita um mundo cuja arquitetura é construção de "desabitares". Se a arquitetura do mundo contemporâneo é uma antiarquitetura, resta perguntar como e se a arquitetura pode dobrar-se sobre si mesma, para ser a dupla negação regeneradora do mundo de lugares, antiantiarquitetura que a restaura para o mundo. Em suma, uma arquitopia.

Referências

ANDERS, G. *La Obsolescencia del Hombre*. Tradução de Josep Monter Pérez. Valencia, Espanha: Pre-Textos, 2011. v. 1.

AUGÉ, M. *Non-Lieux. Introduction à une anthropologie de la surmodernité*. Paris: Seuil, 1992.

BARATA, A. O trabalho, o hábito e a sua abolição. *Revista Intervalo*, n. 7, p. 18-33, 2015.

BARATA, A. O trabalho e o mundo em nós: uma variação a partir de um filme de Béla Tarr. *Electra*, n. 10, 2020.

BARATA, A. *Para viver em qualquer mundo – Nós, os lugares e as coisas*. Lisboa: Documenta, 2022.

DELEUZE, G. *Diferença e repetição*. Tradução de Luiz Orlandi e Roberto Machado. Lisboa: Relógio d'Água, 2000.

FREDE, D. The question of being. *In: The Cambridge Companion to Heidegger*. Cambridge: Cambridge University Press, 2006. p. 42-69.

GADAMER, H. *Wahrheit und Methode. Grundzüge einer philosophischen Hermeneutik*. Tübingen: J. C. B. Mohr (Paul Siebeck), 1960.

GIANNETTI, C. *Estética Digital*: Sintopia da Arte, a ciência e a tecnologia. Tradução de Maria Angélica Melendi. Belo Horizonte: C/Arte, 2006.

GUSMÃO, M. *Dois sóis, a rosa*: a arquitectura do mundo. Lisboa: Caminho, 1990.

INGOLD, T. Culture on the Ground: The World Perceived Through the Feet. *Journal of Material Culture*, v. 9, n. 3, p. 315-340, 2004.

KANT, I. *Crítica da Razão Pura*. 9. ed. Tradução de Manuela Pinto dos Santos e Alexandre Fradique Morujão. Lisboa: Fundação Calouste Gulbenkian, 2013.

NEYRAT, F. *Atopias – Manifesto for a Radical Existentialism*. Fordham University Press, 2018.

PALLASMAA, J. *The eyes of the skin – Architecture and the senses*. West Sussex: Wiley, 2005.

SCHUITEN, F.; PEETERS, B. *Les Cités Obscures* – La fronteire invisible. Paris: Casterman, 2004.

SCHUITEN, F.; PEETERS, B. *Les Cités Obscures* – La route D'Armilia. Paris: Casterman, 2010.

APRENDER COM LAS VEGAS: UMA ATITUDE FENOMENOLÓGICA DIANTE DO PROJETO DO ESPAÇO

Lucilene Rocha
Mario Costenaro
Sabine Rosa

Nota ao leitor

É com entusiasmo e comprometimento com um breve conhecimento que lhe apresentamos esta nota, que tem como objetivo o guiar na leitura de "Aprender com Las Vegas: uma atitude fenomenológica diante do projeto do espaço". Ele foi escrito a partir da leitura em grupo da obra *Aprendendo com Las Vegas: o simbolismo (esquecido) da forma arquitetônica*, referência para o pensamento pós-moderno na arquitetura. Trata-se de uma obra singular, na qual os autores nos convidam a uma jornada intelectual e emocional, rompendo com os preconceitos e conceitos prévios que muitas vezes limitam nossa compreensão do mundo arquitetônico.

Ao adentrarmos no universo desta obra, é crucial que nós dispensemos qualquer prejulgamento ou ideia preestabelecida. A atitude fenomenológica proposta neste capítulo visa encorajar a adoção de uma abordagem empática e sensível, permitindo-se observar o espaço arquitetônico a partir dos olhos daqueles que o habitam e vivenciam, por isso o resgate dessa obra, que continua atual.

As experiências sensoriais, emocionais e culturais são trazidas à tona nesta leitura, nos convidando a reconhecer que a arquitetura vai além das formas e linhas, abarcando o sentido humano e a interação com o ambiente construído. Dessa forma, ao suspender nossos conceitos preconcebidos, abrimo-nos para um entendimento mais profundo e enriquecedor da relação entre o ser humano e o espaço arquitetônico.

Em "Aprender com Las Vegas", procuramos instigar e questionar as normas estabelecidas pelo pensamento moderno que persiste no ensino da arquitetura em diversas "escolas" no Brasil e refletir sobre as implicações sociais e culturais das decisões arquitetônicas. A leitura nos proporciona a oportunidade de explorar as motivações por trás das escolhas projetuais e de entender as dinâmicas que moldam o espaço construído.

Portanto, o convidamos, caro leitor, a embarcar nessa jornada sem amarras, em busca de uma compreensão mais profunda e significativa da arquitetura e do seu impacto na vida das pessoas. Deixe-se levar pelas nossas palavras e conexões apresentadas, permitindo que suas ideias e percepções se entrelacem com as suas próprias, proporcionando um aprendizado enriquecedor e transformador.

Ao final desta leitura, esperamos que você se sinta inspirado a olhar para o fazer arquitetura com novos olhos, livres de preconceitos e abertos para uma compreensão mais abrangente e humanizada do projeto do espaço. Que este capítulo seja um convite ao mergulho no mundo fenomenológico da arquitetura, um mundo que desafia e amplia nossos horizontes, convidando-nos a aprender, a crescer e a evoluir.

Boa jornada!

Introdução

Este texto surgiu a partir do debate inicial em um grupo de estudos criado para refletir sobre as cidades e a arquitetura que vêm sendo construídas no oeste do Paraná, nosso lugar de atuação. Nele pretendemos analisar de forma objetiva qual a contribuição que *Aprendendo com Las Vegas: o simbolismo (esquecido) da forma arquitetônica* traz para o debate sobre a produção do espaço urbano e da arquitetura contemporânea. Ao leitor pedimos que deixe de lado as eventuais críticas e polêmicas que ouviu sobre o livro de Robert Venturi, Denise Scott Brown e Steven Izenour, e que procure perceber as reais intenções dos autores ao trazerem para o centro do debate a capital do entretenimento do mundo. Vamos relatar a você como foi a experiência que tivemos ao ler o livro, arquitetos e urbanistas com formações diferentes, em tempos distintos e atuações variadas, mas que tinham até ali na memória que o livro seria uma exaltação da arquitetura Kitsch, do edifício-pato e do brega. Seria essa recordação resultado do discurso modernista impregnado nas escolas de arquitetura brasileiras?

Vale destacar primeiro que a experiência de ler um livro teórico deve sempre considerar o lugar de fala dos autores, o contexto, e suas intenções. Assim como esta introdução tem o objetivo de esclarecer nossas intenções com este texto para deixar ao leitor o mais claro possível sobre o que estamos falando, a leitura do prefácio do livro se torna fundamental para compreender seu propósito e a contribuição do texto para nosso contexto, sendo que, no caso do livro em questão, são três os prefácios a serem considerados: o da primeira edição, o da edição revisada e o da edição fac-símile ao original, de 2017. Inclusive, na sequência, esses prefácios contêm as falas dos autores em três momentos distintos em relação à produção de seu conteúdo, o que significa que eram sujeitos já modificados.

Além disso, é importante observar que o livro é dividido em duas partes, sendo que a primeira é uma apresentação objetiva do resultado da análise feita sobre Las Vegas e que nos faz refletir sobre o espaço urbano, sua organização e a comunicação que nele acontece. Já na segunda parte, os autores apresentaram "uma generalização sobre o simbolismo na arquitetura e a iconografia do esparrame urbano" (Venturi; Scott Brown; Izenour, 2003, p. 11), mais especificamente sua teoria para a concepção da arquitetura considerando a comunicação e o símbolo, valendo-se do estudo de caso sobre Las Vegas, uma cidade que procura constantemente estabelecer conexões com e para o usuário.

Dessa forma, para analisar as contribuições que esse texto clássico da teoria da arquitetura pós-moderna traz para o nosso fazer cotidiano, vamos nos valer das lentes da fenomenologia e de uma aproximação com a neurociência. Isso porque observamos que a primeira proposta dos autores foi focar na descrição das experiências que o espaço provoca em seus usuários, deixando preconceitos e teorias em espera, para uma síntese posterior. Por conseguinte, considerar a análise da experiência resultou na observação de soluções espaciais que provocam determinadas sensações nos usuários e que levam ao direcionamento da forma como se deseja que eles fruem ou consumam o espaço. Assim, este trabalho pretende destacar as contribuições que o livro nos traz sobre a fenomenologia do espaço e a atitude fenomenológica necessária a quem projeta o espaço, o que pode permitir perceber como desenvolver a neuroarquitetura e o neurourbanismo.

Para isso, é importante definir que a fenomenologia é uma corrente filosófica que se concentra na experiência subjetiva e na percepção do mundo ao nosso redor. Ela permite compreender como os seres humanos interagem com o ambiente e como essa interação molda a nossa compreensão e interpretação do espaço arquitetônico. *Aprendendo com Las Vegas* pode ser analisado à luz da fenomenologia, pois desafia a retórica de uma arquitetura idealizada como solução para problemas universais e estabelece uma conexão direta com as necessidades do cliente, da época e da experiência vivida pelos usuários.

Por sua vez, a neurociência estuda o funcionamento do sistema nervoso e do cérebro humano. Ela busca compreender como o cérebro processa estímulos sensoriais e como esses estímulos afetam nossas emoções, comportamentos e percepções. Especificamente, chamam de neuroarquitetura e neurourbanismo o campo de estudo que procura analisar como o ambiente construído afeta o cérebro. No texto de Venturi, Scott Brown e Izenour, encontramos vários exemplos de como as diferentes características arquitetônicas e elementos visuais podem influenciar as respostas cerebrais e a experiência dos usuários.

Diante do exposto, organizamos este texto a partir da divisão maior do livro, em três partes: a leitura dos prefácios, a leitura de "Uma significação para os estacionamentos da A&P, ou aprendendo com Las Vegas" e a leitura de "Arquitetura feia e banal, ou o galpão decorado". Ao longo do desenvolvimento de cada parte, vamos destacar como o livro dialoga com a fenomenologia e, para auxiliar na compreensão de alguns conceitos, nos valemos do texto de Italo Calvino *As cidades invisíveis*. Mais que descrever dimensões diferentes das cidades, Calvino usa a imagem da cidade como metáfora para descrever os processos pelos quais passa o ser humano, principalmente aqueles relacionados à percepção de si e do seu entorno. Assim, nos auxilia a trazer da abstração os conceitos filosóficos e conseguir melhor aplicá-los para a compreensão da fenomenologia do espaço.

Com este trabalho pretendemos construir um ensaio, uma nova interpretação para o livro *Aprendendo com Las Vegas*, longe dos preconceitos que nos foram transmitidos nas escolas de arquitetura por onde passou nossa formação. A partir da leitura atenciosa do livro observando com mais destaque onde os autores se colocam, onde descrevem suas intenções, onde deixam à mostra suas referências, foi possível perceber sua atitude fenomenológica diante do processo projetual do espaço, e é ela que procuramos destacar como fonte para desenvolver a neuroarquitetura e o neurourbanismo. É preciso compreender os sujeitos para melhor compreender o texto. E, mais que respostas, criamos perguntas em um processo de construir o nosso fazer contemporâneo.

O prefácio como fundamental para uma boa experiência fenomenológica com o livro

"Las Vegas é atravessada pela Rota 91, o arquétipo do corredor comercial, o fenômeno em seu estado mais puro e intenso" (Venturi; Scott Brown; Izenour, 2003, p. 11). Essa frase inicia o prefácio à primeira edição e explica claramente as intenções dos autores com o livro: trata-se da análise de um arquétipo, um caso extremo, um caso em que se apresentam todas as características possíveis existentes de um corredor comercial. E esse tema era o objeto de estudo de uma pesquisa desenvolvida por um grupo liderado por Denise Scott Brown na Escola de Arte e Arquitetura de Yale, tendo como horizonte desenvolver uma nova ferramenta para ensinar arquitetura e encontrar meios gráficos mais apropriados para descrever o urbanismo do espalhamento urbano e, em particular, do corredor comercial, recorrente nas cidades americanas e que se repetia pelo mundo.

O livro, então, descreve a experiência espacial desse corredor comercial, procurando observar a realidade, o que estava acontecendo nas cidades de modo geral, por meio do seu caso mais emblemático e que declaradamente tinha como finalidade estimular o mais alto grau de consumo naqueles/daqueles espaços/arquiteturas. Não seria a Champs-Élysées sua grande precursora (citada como referência aos conselhos locais de embelezamento) e a Avenida Paulista nosso caso brasileiro mais emblemático?

Já nesse primeiro prefácio, para rebater eventuais percepções errôneas de que negavam o modernismo, os autores agradecem à primeira geração dos arquitetos heroicos modernos, os fundadores sensíveis ao seu próprio tempo, que proclamaram a revolução correta. O que discutem, por outro lado, ao longo do livro, é a persistência do discurso da revolução arquitetônica como forma de mudar a sociedade, o que nos foi transmitida em nossa formação em arquitetura (e que persiste ainda em algumas escolas?). Se olharmos para nossa "Strip" brasileira, sua arquitetura moderna não teria o mesmo *status* da arquitetura icônica de Las Vegas? No que elas diferem?

Assim, é preciso observar a seriedade do estudo apresentado no livro, uma pesquisa que procurou analisar a experiência em um ambiente construído, assim como aqueles que pagaram a conta entenderam que um grupo de arquitetos e estudantes foi a Las Vegas para fazer um trabalho sério. Eles desenvolveram naquele momento uma metodologia para o estudo do corredor comercial, por meio da comparação com Roma, a cidade das *piazzas*, espaço da vida urbana por excelência. A comparação foi necessária para compreender a negação dos símbolos pela arquitetura vigente e o aprendizado sugerido, antes de tudo, é "reavaliar o papel do simbolismo na arquitetura" e, a partir disso, "adquirir uma nova receptividade aos gostos e valores de outras pessoas e uma nova modéstia ao elaborarmos projetos e na percepção de nosso papel como arquitetos na sociedade" (Venturi; Scott Brown; Izenour, 2003, p. 20). Assim como as pessoas se apropriaram do espaço da capital italiana, Las Vegas respondia às expectativas e atraía muitas pessoas. Como escreveu Italo Calvino (2003, p. 18), "não faz sentido dividir as cidades em felizes ou infelizes, mas em outras duas: aquelas que continuam ao longo dos anos e das mutações a dar forma aos desejos e aquelas que os desejos conseguem cancelar a cidade ou são por estas canceladas". Apesar das diferenças de tempo, lugar e função, Roma e Las Vegas são cidades que continuam ao longo do tempo e das mudanças, pois respondem aos desejos. O que suas formas teriam em comum?

Essa sugestão de reavaliação da postura e do papel dos sujeitos arquitetos foi colocada ao final do prefácio à edição revisada, assinada por Denise Scott Brown. Nesse novo prefácio a arquiteta explica como e por que se deu a revisão, assim como indica os textos que se seguiram à primeira edição, que serviram como resposta às críticas que o texto recebeu e ampliação das reflexões dos autores sobre o tema, sujeitos já modificados após a consolidação da pesquisa.

A principal razão da revisão se deu pelos custos de impressão do primeiro formato do livro, de grande tamanho, muitas imagens coloridas e grande espaçamento do texto, que dificultava sua leitura. A experiência com livros de "*design* Bauhaus tardio" não era o costume, o lugar-comum, e prejudicava o leitor seu fluir pelas páginas. Assim, o livro ficou com dimensões reduzidas, teve partes excluídas, com algumas revisões e ampliações, e perdeu as imagens coloridas e muito grandes para serem diminuídas sem perder a capacidade de leitura das informações. Tratou-se também de uma revisão para reduzir o custo do livro, de uma adequação ao leitor mais visado: o arquiteto em formação, estudante sem dinheiro, sendo essa nova edição sensível à necessidade de comunicar o tema, pelos autores, ao maior número de pessoas.

Ademais, aquele "*design* Bauhaus tardio do livro" não servia para abrigar um texto crítico a ele. O subtítulo surge inclusive nessa edição, enfatizando que o texto é um tratado sobre o simbolismo na arquitetura. Afinal, a grande questão do livro era demonstrar os equívocos de um discurso que continuava a negar os símbolos, e não a demonstração e a valorização de um modelo para a arquitetura e as cidades. Logo, era preciso que o livro tivesse um formato que facilitasse a leitura do texto.

É nesse segundo prefácio que fica mais declarada ainda a intenção de pesquisa pedagógica de que trata o livro, e ter essa prerrogativa em mente ao lê-lo é fundamental para não compreendê-lo como um elogio ao Kitsch, mas sim como um texto que nos faz refletir sobre nossa receptividade aos gostos e valores de outras pessoas. Simon Unwin, por exemplo, observou que a abordagem do livro pode inspirar os estudantes a explorar e compreender melhor os aspectos sociais, culturais e simbólicos da arquitetura, bem como a importância do contexto urbano e da experiência dos usuários (Unwin, 2013).

Além disso, o autor levanta questões sobre a aplicabilidade dos conceitos apresentados no livro em outros contextos urbanos e culturais, destacando a necessidade de adaptar e reinterpretar essas ideias para diferentes realidades arquitetônicas. Ele destaca a importância de considerar as nuances e especificidades locais ao utilizar as lições aprendidas com Las Vegas em outros projetos e cidades. O objetivo, quando tomamos algo como exemplo, sempre deve ser o processo, não a forma final.

Passado quase meio século, a MIT Press conseguiu a autorização de Denise Scott Brown para editar um livro *fac-símile* à edição original, sob a condição de apresentar um texto que explicasse suas considerações sobre aquela primeira edição. Isso porque foi a própria Denise quem tinha feito a edição revisada. Nesse novo prefácio, a autora explicitou ainda mais a preocupação com a experiência do leitor com o livro, negligenciada pela primeira editora, uma *designer* com fortes bases modernistas.

No entanto, ela reconheceu pontos positivos da primeira edição para a visualização das imagens e principalmente para retomar o debate entre o Heroico e o Original e o Feio e Banal no atual contexto contemporâneo. O livro era um monumento do *design*? A arquitetura deve também ser um monumento? Como fruímos em um monumento? Ou não fruímos? Como fruir no espaço entre monumentos que carregam em si a função de provocar sentimentos de arrebatação? Como criar conforto nesse ambiente? São questionamentos assim que persistem no fazer arquitetônico contemporâneo.

Mais que tudo, a autora reconheceu que as imagens e mapas publicados na primeira edição se tornaram um referencial para a elaboração de estudos urbanos, uma das principais buscas da pesquisa então desenvolvida, do ponto de vista pedagógico. Como processo, o material imagético produzido no livro fala por si com o leitor, e fala com eles como pesquisadores.

Além das fotografias reunidas, a construção de mapas e tabelas agrupando diferentes elementos permite uma experiência visual comparativa, em que a relação estabelecida fica explícita aos sentidos sem vínculo a discursos preconcebidos. É o que está exposto: o real em dado momento e recorte. E ler os prefácios é justamente conhecer o recorte feito na lente usada. Eles estão postos para melhorar nossa experiência com os livros, pois, quando escrito pelos próprios autores, nos colocam mais próximos deles, de suas intenções, que são baseadas em suas percepções do mundo.

Assim, ter uma atitude fenomenológica aqui, diante do livro, é saber reconhecer também de onde o outro fala, e não apenas buscar informações que validem nossas crenças. E, nesse desprendimento, ler o texto como lemos imagens, a partir do que está posto diante de nós e saber o que nos provoca e por que. Pois estamos sempre em processo de modificação quando vivemos e revivemos novas experiências. Sempre buscando algum significado para nossa construção.

A busca de uma significação para os estacionamentos da A&P, ou aprendendo com o real

"Aprender com a paisagem existente é, para o arquiteto, uma maneira de ser revolucionário. Não de modo óbvio, que é derrubar Paris e começar tudo de novo, como Le Corbusier sugeriu na década de 1920, mas de outro, mais tolerante, isto é, **questionar o modo como vemos as coisas**" (Venturi; Scott Brown; Izenour, 2003, p. 25, grifo nosso).

Assim começa a parte do livro que apresenta a análise da experiência com o corredor comercial, e esse parágrafo dialoga diretamente com Merleau-Ponty, em *O Olho e o Espírito*. Para ele, é preciso que o pensamento de ciência, genérico, de sobrevoo se coloque novamente na paisagem, no solo do mundo sensível e do mundo trabalhado tais como são no real. "A ciência manipula as coisas e renuncia habitá-las" (Merleau-Ponty, 2013, p. 15), ele critica, e essa crítica pode ser aplicada ao processo projetual arquitetônico da época, em que a racionalização e a idealização continuavam em voga, assim como a utilização de modelos teóricos em todas as ciências, um tratamento do mundo sem considerar o real.

Então, o que nossos olhos veem? Como sabemos e relacionamos o que vemos? Olhamos verdadeiramente as coisas ou estamos vendo por meio de lentes de preconceitos já estabelecidos? E logo o texto de Venturi, Scott Brown e Izenour afirma: "a suspensão do juízo pode ser usada como uma ferramenta para tornar o julgamento posterior mais sensível" (p. 27). Foi o que procuramos fazer ao ler o livro, pois só assim é possível se atentar e pensar sobre o fazer arquitetura: é preciso observar o real e suas relações sem julgamento, é preciso ter visão de pintor.

Essa visão, segundo Merleau-Ponty, só aprende vendo, só aprende por si mesma. E o pintor é aquele que melhor sabe expressar e trabalhar com a visão, pois se vale dela no processo de criação, ele extrai o bruto do mundo, porquanto usa apenas seus olhos e suas mãos. A busca principal do pintor não é por exprimir opiniões, mas tornar a visão gesto a partir da pintura.

Nesse sentido, a captura de imagens, a construção de mapas e de tabelas trazem uma experiência ao olhar do pesquisador tal como a pintura: é a experiência olho-corpo que se estabelece primeiro e deve ser considerada. O texto deve antes de tudo descrever o que o olho vê, percebe, e é isso o que os autores de *Aprendendo com Las Vegas* pretenderam. O processo para melhor responder à complexidade dos problemas apresentados pela sociedade contemporânea perpassa o olhar para o real tal como é, catalogando, organizando, criando relações, e foi isso o que buscaram fazer os autores nesse estudo sobre Las Vegas, olhando para o que a cidade tinha.

O corpo operante do pintor, para Merleau-Ponty, é baseado na visão e no movimento. Não uma porção de espaço, um feixe de funções. "O mundo visível e de meus projetos motores são partes totais do mesmo ser" (Merleau-Ponty, 2013, p. 19), afirma ele. A visão não é uma operação do pensamento, ela simplesmente é e resulta de um movimento, inclui uma visão das coisas ao seu redor e se inclui nelas. Há uma troca, e, quando vemos um quadro, por exemplo, vemos além dele, o que ele provoca que vejamos a partir de nossas referências.

No livro, Las Vegas é analisada somente como um fenômeno de comunicação. As escolhas de publicidade jogam com essa definição e a cidade foi pensada para o corpo em movimento e como sua visão reage a seus estímulos. Primeiro, na Main Street, aonde os visitantes chegavam por meio da estação de trem, a pé, os cassinos, suas construções, estão junto às calçadas e os letreiros caem sobre elas, para chamar atenção. Depois, na Strip, com a chegada do carro na cidade, é preciso ter onde estacionar, e os letreiros devem ser maiores e mais luminosos para permitir a leitura pelo motorista.

Como um sistema de comunicação, o que mais importa em Las Vegas são os símbolos no espaço antes de forma (*sic*) no espaço, afirmam os autores. A mudança na velocidade do usuário/observador faz com que a persuasão comercial na paisagem de grandes espaços valha-se dos símbolos. O corredor comercial deve então conversar com o pedestre e o motorista. A fachada importa — mesmo para o pedestre — para chamar para o entretenimento interno. E as modificações sofridas por Vegas ao longo do tempo, também depois do recorte feito pelo livro, respondem às mudanças de percepção dos corpos. Primeiro a chegada em trem e a circulação lenta pelas ruas. Depois os carros, a alta velocidade e atualmente o turismo intenso de pessoas que circulam a pé.

Assim como em Olívia, uma das cidades que Marco Polo descreve a Kublai Khan, não se deve confundir a cidade com o discurso que a descreve: a mentira está nas coisas e não no discurso (Calvino, 2003). Se Las Vegas é a capital do entretenimento, quais são seus símbolos? O letreiro que atrai? O fato de abrigar diferentes símbolos da cultura ocidental? O entretenimento dos jogos e dos *shows*? Cada estabelecimento quer atrair para si, e o discurso é um, as coisas, outra: os símbolos têm a função principal de trazer significados, não simplesmente a ideia de fazer uma colagem de estilos arquitetônicos. A descrição feita no livro é do método de fazer cidade, dos artifícios usados para garantir que o discurso seja representado. Por isso a mentira está nas coisas: podemos aprender com Las Vegas como criar as condições para manter os discursos, as intenções, aprender o método de projeto que atende às necessidades dos clientes, donos de cassinos, hotéis e seus visitantes.

A escolha dos signos em Las Vegas tem a intenção de suscitar nos usuários a referência a lugares de glória da história mundial. Para Sokolowski (2014), a memória e a recordação estão ligadas à percepção antiga de algo, uma vez que o que guardamos como memórias não são imagens das coisas que percebemos, e sim nós guardamos as próprias percepções antigas evocando-as quando recordamos. Assim, lembramos-nos dos objetos como foram dados naquele momento. No caso de Vegas, a escolha dos elementos simbólicos para os cassinos está relacionada às percepções criadas pela contação da história ocidental, seja na narrativa dos livros, seja em filmes, onde Roma foi o império vencedor, o Egito e seu rico império do Sol, Paris e sua cidade luz, a glória romântica da Itália ou urbanidade cosmopolita de Nova Iorque. Percepções de um senso comum que atende à necessidade de atrair um número maior de visitantes/jogadores/consumidores.

Como reflete Santos (2011), o passado vem à vida num processo de presença/ausência, resgatando percepções gravadas em nosso corpo. Nosso corpo é nossa referência, assim como as emoções e sensações por ele percebidas. Cada corpo desenha uma trajetória no espaço a partir de suas próprias experiências. Às vezes essas trajetórias se tocam. E é esse toque que se busca na escolha dos símbolos, nas criações dos espaços: o que o senso comum considera agradável, com o que o senso comum se identifica.

O que o livro de Venturi, Scott Brown e Izenour nos traz é uma atitude fenomenológica diante de Las Vegas, pois considera a coisa descolada de suas múltiplas manifestações: considera como o desenho simbólico do espaço se relaciona com os corpos, deixando julgamentos estéticos e morais, por exemplo, de lado. O objetivo é compreender por que ele existe e persiste e se repete em outros lugares. Vegas é o caso extremo. Lá, os estímulos visuais desempenham um papel fundamental na criação de uma experiência emocionalmente envolvente para o público. Os edifícios e espaços públicos são projetados para serem visualmente atraentes e familiares, utilizando elementos arquitetônicos icônicos e referências culturais reconhecíveis. A arquitetura é pensada para despertar emoções, criar conexões com o público e gerar uma sensação de familiaridade. Desde réplicas de monumentos famosos até fachadas temáticas de estabelecimentos, cada elemento visual é cuidadosamente planejado para evocar sentimentos e memórias, estimulando a curiosidade e a atração do público. Em Las Vegas, a arquitetura se torna uma forma de comunicação visual poderosa, capaz de estabelecer uma conexão imediata com as pessoas e criar uma experiência única e memorável. É, certamente, um bom campo de pesquisa para a neurociência e sua aplicação ao ambiente construído.

Para a Fenomenologia, o espaço é um espaço vivido. Os corpos têm em si as percepções gravadas ao longo do tempo pelo espaço e ao mesmo tempo experienciam o espaço a partir dessas percepções. Como o que Kublai Kahn considera valioso em todos os fatos e notícias referidos por Marco Polo em *Cidades Invisíveis*: o espaço que restava em torno deles, um vazio não preenchido por palavras (Calvino, 2003). Seria a neurociência capaz de preenchê-lo?

Assim como em Eufêmia, aonde as pessoas não iam só para comprar ou vender, mas para sentar, à noite, ao redor de fogueiras e ouvir estórias, pensar nas próprias recordações, trocar memórias (Calvino, 2003), os visitantes não vão a Las Vegas apenas para jogar. Lá eles vão a outro mundo, experimentam diferentes recordações e fantasias. Para a imageria da arquitetura do ócio, segundo Venturi, Scott Brown e Izenour (2003), são essenciais à leveza, à qualidade de ser um oásis em um contexto talvez hostil, com o simbolismo realçado e a capacidade de envolver o visitante em um novo papel.

Nesse sentido, como observa Unwin (2013), uma abordagem fenomenológica da arquitetura é fundamental para compreender a experiência do usuário em Las Vegas. A cidade é um verdadeiro laboratório de estímulos sensoriais, onde os visitantes são imersos em um mundo de luzes brilhantes, cores vibrantes e formas extravagantes. A arquitetura em Las Vegas é projetada para despertar uma variedade de sensações e emoções, estimulando os sentidos de forma intensa e provocativa. A fenomenologia nos convida a explorar como a arquitetura influencia nossa percepção e interação com o ambiente construído, reconhecendo que a experiência não é apenas visual, mas também tátil, sonora e espacial. Em Las Vegas, a arquitetura se torna um veículo para criar experiências imersivas e sensoriais, transformando o espaço construído em um palco para a vida cotidiana.

O olhar fenomenológico, ressalta Ábalos (2003 *apud* Santos, 2011), não carrega consigo uma consistência temporal, mas uma intensidade do vínculo pessoal com o espaço como fenômeno do sentido (tanto emocional quanto intelectual). O sujeito protagonista seria, assim, um indivíduo diante de si mesmo e do mundo, um corpo sensível constituído a partir de sua experiência, vinculado, por meio da intenção, ao mundo e às coisas. A construção de Las Vegas como capital do entretenimento busca atender às percepções comuns a maior parte das pessoas, e por isso tem sucesso.

Todas essas características de Las Vegas mostram a vitalidade que se pode obter com uma arquitetura da inclusão, ou, por contraste, os resultados mortíferos de uma preocupação excessiva com o gosto e o projeto total (Venturi; Scott Brown; Izenour, 2003), que não existe. A Strip, para os autores, mostra o valor do simbolismo e da alusão à arquitetura dos espaços amplos e da velocidade, e prova que as pessoas, até mesmo os arquitetos, divertem-se com a arquitetura que os remete a outras coisas. Como em Esmeraldina, onde a linha mais curta entre dois pontos não é uma reta, mas um zigue-zague e, desse modo, os habitantes são poupados do tédio de percorrer todo o dia o mesmo caminho (Calvino, 2003), alusão e comentário sobre o passado ou o presente, ou sobre nossos grandes lugares-comuns ou velhos clichês, e sua inclusão no ambiente cotidiano, sagrado e profano (Venturi; Scott Brown; Izenour, 2003), cria pormenores poéticos no espaço. Para os autores, a arquitetura como espaço, purista, desconectou-se das artes e assim das possibilidades de promover algumas sensações, de criar um espaço fenomenológico.

Ao estudarmos a história do urbanismo, aprendemos que o modernismo aplicado ao desenho de cidades se baseou na crença de que a arquitetura poderia transformar a sociedade e que espaços físicos bem projetados poderiam levar à harmonia social e à melhoria da vida das pessoas. No entanto, Las Vegas nos mostra que nesse processo ele negligenciou a importância da experiência humana e da cultura popular, desconsiderando as necessidades e os desejos das pessoas comuns, impondo uma visão estética e funcional de que nem sempre ressoava com a realidade e as preferências da população. Mas uma cidade que não ressoe as preferências de sua população terá o mesmo fim que Zora, a cidade de Calvino (2003) composta como uma música em que não se pode substituir nenhuma nota. Lá onde se recorda quadra por quadra, onde tudo tem seu lugar definido, uma cidade imutável e, que por ser, assim, imóvel, desfez-se, definhou, sumiu.

Nesse paralelo, percebemos que a cidade moderna definha porque o ambiente visual urbano moderno é geralmente carente de legibilidade; ele oferece poucas pistas visuais claras sobre sua estrutura organizacional. Las Vegas, por outro lado, é um exemplo literal de legibilidade arquitetônica. Sua paisagem urbana é, composta por uma série de ícones e símbolos facilmente reconhecíveis, como os enormes letreiros de neon que anunciam os cassinos e hotéis. Esses elementos visuais distintos servem como pontos de referência e guiam os visitantes pela cidade. A legibilidade arquitetônica de Las Vegas não apenas facilita a navegação, mas também cria uma experiência única e memorável para os indivíduos, tornando-se uma parte intrínseca do caráter e da identidade da cidade.

Diante da complexidade da sociedade e dos espaços que ela constrói, é exigida uma comunicação mais clara para que o espaço construído funcione, e Venturi, Scott Brown e Izenour (2003) demonstram que o ecletismo da beira de estrada responde à complexidade dos sistemas de deslocamentos, símbolos fáceis de serem identificados a distância e em altas velocidades. A capacidade de comunicação do espaço urbano de Las Vegas reforça a importância da legibilidade arquitetônica, ou seja, a capacidade de compreender facilmente um espaço e suas funcionalidades. Estudos em neurociência mostram que a clareza e a organização dos ambientes impactam a eficiência cognitiva e a sensação de conforto. A partir dessa perspectiva, a arquitetura de Las Vegas, com suas sinalizações exuberantes e espaços temáticos distintos, pode ser vista como uma estratégia para aumentar a legibilidade e facilitar a navegação pelos espaços urbanos.

Isso porque programas e montagem complexos exigem combinações complexas de meios de comunicação, sendo a arquitetura de persuasão criada para passar a mensagem em Las Vegas. O símbolo domina o espaço, pois as relações espaciais são feitas por símbolos e o letreiro se torna mais importante do que a arquitetura. No caso da arquitetura da Strip, a organização dos cassinos, dos edifícios, letreiros e fachadas é direcionada para que o motorista enxergue, então é a fachada o que importa, não os fundos. Para isso, há uma inclinação direcionada a quem circula nas ruas. A ordem da Strip é complexa, uma desordem para quem não consegue enxergar, pois os olhos em movimento no corpo em movimento precisam trabalhar para captar e interpretar uma grande variedade de ordens cambiantes e justapostas (Venturi; Scott Brown; Izenour, 2003).

Segundo os autores, a monumentalidade em Las Vegas está nas fachadas e nos letreiros, enquanto que o interior é um oásis, onde predomina o direcionamento para os jogos. O teto é baixo, pelo custo da obra, e é feito um trabalho entre a luz e o escuro para dar conforto ao usuário e criar um ambiente no qual ele perde a noção entre dia e noite, concentrando-se nos jogos. O oásis em meio ao deserto é reforçado junto às piscinas, em pátios abertos em meio ao edifício onde ficam os quartos dos hotéis. Tudo pensado para reforçar a experiência do visitante.

Nesse sentido, o corredor comercial que tem na Strip seu arquétipo apenas alcança sucesso em sua função a partir da comunicação que sua arquitetura transmite. Se a arquitetura como símbolo foi negada pelos modernos, quais novos símbolos ela traz afinal? Quais elementos foram negados e quais foram colocados no lugar? Em resposta a essas questões, os autores elaboraram sua teoria na outra parte do livro, debatendo junto o processo de projetar a arquitetura.

Arquitetura feia e banal, ou o galpão decorado: a importância dos símbolos na fenomenologia da arquitetura

Na segunda parte do livro *Aprendendo com Las Vegas*, os autores enfatizam a importância dos símbolos na arquitetura e na experiência do espaço urbano. Para isso, valem-se de uma comparação entre arquiteturas, em que enfatizam a imagem acima do processo ou da forma, sustentando que "a arquitetura depende, para sua percepção e criação, de experiências passadas e associações emocionais, e que esses elementos simbólicos representacionais podem, com frequência, contradizer-se à forma, à estrutura e ao programa com os quais estão associados no mesmo edifício" (Venturi; Scott Brown; Izenour, 2003, p. 117).

Essa perspectiva está intrinsecamente ligada à fenomenologia e à valorização da experiência subjetiva e percepção na compreensão do mundo ao nosso redor. Os autores destacam que a arquitetura de Las Vegas, conhecida por sua exuberância e extravagância, baseia-se em uma linguagem simbólica rica, repleta de referências e alusões a outros lugares, épocas e estilos arquitetônicos. Esses símbolos desempenham um papel crucial na comunicação com os usuários, evocando emoções, memórias e associações culturais.

Segundo observam, na arquitetura existem elementos conotativos, aqueles que sugerem uma mensagem, e denotativos, com mensagens diretas. Para eles, a arquitetura que apenas conota sentidos, e rejeita denotar com ornamentos e símbolos, torna-se um expressionismo a partir de articulações dos próprios elementos arquitetônicos, dificultando muitas vezes a apropriação pelos usuários e sua compreensão, pois sugerir mensagem depende do repertório do usuário para ser compreendida.

Como explica Sokolowski em sua *Introdução à Fenomenologia* (2014), a mistura de real e de potencial é elevada quando outros perceptores entram em cena. Se outros estão presentes, então constatamos, que quando vemos o objeto desse lado, os outros atualmente veem-no de algum outro ângulo que poderíamos possuir, se nos movermos para onde eles estão (Santos, 2011). Como em Despina de *Cidades Invisíveis* (Calvino, 2003), descrita de forma diferente conforme a posição: do mar, ela parece um camelo; do deserto, parece um navio. Isso permite compreender a transformação do significado conforme avançamos, evoluímos e crescemos, ou ainda a leitura dos mesmos símbolos por diferentes pessoas, de diferentes lugares e culturas.

Assim, considerar a perspectiva de outros é fundamental para ter uma atitude fenomeno-lógica no projeto do espaço e procurar compreender como se dão as percepções das pessoas a partir de suas referências. E é para isso que os autores chamam atenção ao longo do livro: que a preocupação maior do arquiteto não deveria centrar-se no que deveria ser, mas no que é — e em como ajudar a melhorá-lo agora (Venturi; Scott Brown; Izenour, 2003). O que é dado é resultado de um conjunto de ações de diferentes pessoas, com perspectivas diferentes e que em algum momento se alinham.

Ademais, essa linha de pensamento encontra conexões com os escritos de Simon Unwin, conhecido por explorar a experiência sensorial e perceptiva da arquitetura. O autor enfatiza a impor-tância de compreender como os espaços são vivenciados pelos usuários, levando em consideração elementos como luz, sombra, escala e materiais (Unwin, 2013). Essa abordagem fenomenológica se relaciona com a valorização dos símbolos na arquitetura, uma vez que eles também desempenham um papel na experiência perceptiva e emocional dos indivíduos.

Italo Calvino, por sua vez, aborda a relação entre a literatura e a arquitetura em seus escritos. Calvino destaca a interpretação subjetiva dos símbolos, que são lidos e interpretados individualmente, de acordo com o repertório e a posição do observador. Ele ressalta que os símbolos formam uma linguagem, mas essa linguagem é interpretada de maneira variada por cada indivíduo, não havendo certeza na unidade de recepção da mensagem.

Ao considerarmos a arquitetura feia e banal, ou o galpão decorado, é importante reconhecermos que mesmo elementos aparentemente simples ou pouco ornamentados podem carregar significados simbólicos. A fenomenologia nos convida a olhar além da estética superficial e a compreender a experiência subjetiva do usuário. Um galpão aparentemente banal pode ganhar significado e valor, se for capaz de evocar memórias, criar uma atmosfera acolhedora ou estabelecer uma conexão com o contexto cultural e social.

Como bem observam os autores, a compreensão da arquitetura comercial e seu simbolismo leva a compreender o espalhamento urbano comum nas cidades americanas (Venturi; Scott Brown; Izenour, 2003). Em comparação, o Fórum Romano seria uma escala menor da Strip, pois carregado de símbolos que contavam uma história importante ao contexto histórico que procurava exaltar as ações do império. Afinal, a cidade e suas construções são a materialização de determinada sociedade e seu tempo.

No entanto, a arquitetura contemporânea muitas vezes tende a negar ou subestimar o poder dos símbolos, buscando uma estética minimalista, funcionalista ou purista. Essa abordagem pode resultar na perda da essência e da conexão emocional que os símbolos podem proporcionar. A fenomenologia aplicada à arquitetura nos lembra da importância dos símbolos na criação de espaços significativos e emocionalmente envolventes. Negar os símbolos é perder a oportunidade de enriquecer a arquitetura com sua essência simbólica, limitando assim a profundidade e a conexão emocional que os ambientes podem proporcionar aos seus usuários.

O que Venturi, Scott Brown e Izenour construíram ao longo do texto foi a explicação do processo criativo na concepção dos projetos arquitetônicos, a partir de uma atitude fenomenológica diante do real colocado. Se a arquitetura, como objeto, depende da associação mental pelos seus usuários para sua percepção, ela dependerá da associação para sua criação. Assim, o discurso que nega os símbolos na arquitetura nega seu próprio processo criativo, que por fim fica baseado na retórica de criação de valores universais e ignora o real impacto da obra para os corpos que a vivenciam.

Essa abordagem vai de encontro ao desenvolvimento atual da neuroarquitetura, que investiga como certos estímulos arquitetônicos podem ativar áreas específicas do cérebro, despertando emoções e comportamentos particulares nos indivíduos. Esse campo de estudo combina os conhecimentos da neurociência, psicologia cognitiva e arquitetura para explorar como os espaços físicos influenciam emoções, comportamentos e bem-estar das pessoas.

Na perspectiva da neuroarquitetura, os espaços arquitetônicos podem ser projetados para criar estímulos sensoriais específicos que afetam as respostas emocionais e cognitivas dos ocupantes. Por exemplo, a escolha de materiais, cores, texturas e iluminação pode ter impactos diferentes no humor e na percepção das pessoas. Segundo John P. Eberhard (2008), a neuroarquitetura também considera os princípios da acessibilidade, conforto ambiental e sustentabilidade. Ela busca criar ambientes que sejam intuitivos, funcionais e promovam o bem-estar físico e mental dos usuários.

Nesse ponto, é possível traçar outro paralelo com o proposto no livro em questão: a arquitetura não precisa sempre ser um monumento. Ela deve servir às pessoas, e elas necessitam representar o mundo fenomênico de tal modo que ele se torna um sistema coerente e lógico, o que se reflete em nossas organizações e em nossa atitude em relação aos objetos feitos pelo homem em nosso ambiente (Venturi; Scott Brown; Izenour, 2003). E como criar um sistema lógico e coerente no espaço, que tranquilize a mente das pessoas, se toda arquitetura for um monumento?

Por isso, ao adotarmos uma atitude fenomenológica na arquitetura, podemos aprender com Las Vegas e entender que a incorporação consciente de símbolos na concepção arquitetônica permite criar espaços que ressoam com as experiências e percepções das pessoas. Os símbolos estabelecem uma conexão mais profunda entre o usuário e o ambiente, despertando lembranças, emoções e identidades culturais. A legibilidade arquitetônica também desempenha um papel fundamental, fornecendo pistas visuais claras sobre a estrutura organizacional dos espaços e facilitando a navegação, tornando a experiência do usuário mais eficiente e memorável.

Além disso, os autores observam como as formas fisionômicas são ambíguas, embora não totalmente sem valor expressivo, elas só podem ser interpretadas dentro de uma determinada ambiência cultural. Logo, desconectar a arquitetura do simbolismo dá abertura para a criação de ambientes desconexos às necessidades de dada sociedade.

Afinal, como em Ipásia, em que "os símbolos formam uma língua, mas não aquela que você imagina conhecer" (Calvino, 2003, p. 22), não existe linguagem sem engano: os símbolos são lidos e interpretados por cada indivíduo da sua posição, com seu repertório. Logo, não há certeza na unidade de recepção da mensagem.

Ainda em *As cidades invisíveis*, Marco Polo observa ao imperador que "Qualquer país que minhas palavras evoquem será visto de um observatório como o seu" (Calvino, 2003, p. 14), o que destaca a questão da posição, do lugar que ocupamos, para a identificação dos símbolos, para a recepção da mensagem. Ao que o imperador rebate "você avança com a cabeça voltada para trás?... sua viagem só se dá no passado?" (Calvino, 2003, p. 15). Essa interpelação a Polo remete à "força" ou à "marcante presença" do passado, ainda que inconscientemente em nossa atuação/forma de agir/vida. Por fim, o viajante ressalta que "a surpresa daquilo que você deixou de ser, de possuir, revela-se nos lugares mais estranhos, não nos conhecidos" (Calvino, 2003, p. 15). Nesse ponto quer ressaltar que o passado muda conforme avança a viagem, de acordo com o itinerário realizado, o que nos revela como a mudança de posição, os conhecimentos ou as experiências adquiridas, que mudam a forma de reconhecer-se "no" ou "o" passado, ou ainda no espaço.

Diante disso, entendemos que Las Vegas é um lembrete de que a arquitetura não deve ser vista apenas como uma expressão artística ou um exercício intelectual. Ela deve ser orientada pela experiência humana, pelo contexto cultural e pelo senso de lugar. O modernismo falhou ao tentar impor uma visão única de progresso e utopia, ignorando a diversidade e a complexidade da vida urbana. A cidade de Las Vegas nos ensina que a arquitetura pode ser mais do que uma declaração de estilo, ela pode ser uma ferramenta para criar espaços significativos, autênticos e acolhedores para as pessoas. A diversidade arquitetônica é uma das principais características da cidade, e seus edifícios são projetados para chamar atenção e destacar-se na paisagem urbana. As fachadas são adornadas com elementos decorativos, letreiros luminosos e cores vibrantes. Cada cassino e hotel possui uma identidade arquitetônica única, criando uma mistura eclética de estilos e referências. A cidade abraça a diversidade e a experimentação, desafiando as normas do modernismo que buscavam uma estética homogênea. Em Las Vegas, o ecletismo arquitetônico é celebrado, criando uma atmosfera de fantasia e surpresa em cada esquina.

Sob uma perspectiva neurocientífica, essa maneira de projetar o espaço teria fundamentos sólidos. Estudos mostram que o cérebro humano responde de forma diferenciada a estímulos visuais e ambientais, influenciando o humor, a percepção e até mesmo a tomada de decisões. Ao explorar Las Vegas, Venturi, Scott Brown e Izenour reconhecem a importância de estímulos visuais atraentes e familiares, capazes de despertar emoções e criar conexões com o público. A cidade é uma sucessão de fachadas coloridas, sinais luminosos e elementos decorativos exuberantes, que capturam a imaginação dos visitantes e onde a legibilidade arquitetônica também desempenha um papel fundamental, tornando os espaços facilmente compreensíveis e navegáveis. Em Las Vegas, isso é alcançado por meio da clareza das sinalizações, da disposição intuitiva dos espaços e da identificação visual dos edifícios. Além disso, a adaptação aos desejos e às necessidades das pessoas é uma preocupação central na cidade para que os negócios tenham sucesso. Os projetos arquitetônicos em Las Vegas são concebidos para atender aos desejos e às expectativas dos visitantes, oferecendo uma variedade de opções de entretenimento, restaurantes, lojas e experiências emocionantes. A arquitetura em Las Vegas é um reflexo do valor atribuído à experiência do usuário e à capacidade de satisfazer suas necessidades e seus desejos.

Diante do exposto, a adoção de uma atitude fenomenológica diante do projeto do espaço, tomando a teoria exposta pelos autores de *Aprendendo com Las Vegas*, nos convida a valorizar os símbolos como elementos essenciais na criação de espaços arquitetônicos significativos e emocionalmente envolventes. Compreender a experiência subjetiva, a interpretação simbólica e a legibilidade arquitetônica é aspecto-chave para a concepção de ambientes que ressoem com as percepções e emoções das pessoas, estabelecendo uma conexão profunda entre o usuário e o espaço construído. Ademais, amplia as possibilidades para o campo de estudo da neuroarquitetura e do neurourbanismo aplicados diretamente sobre o processo projetual.

Considerações finais

Ao longo deste capítulo, exploramos a importância de uma abordagem fenomenológica no projeto do espaço, inspirada pelo livro *Aprendendo com Las Vegas: o simbolismo (esquecido) da forma arquitetônica*. A partir dessa perspectiva, reconhecemos a relevância dos símbolos na arquitetura e na experiência do espaço urbano, compreendendo que eles vão além de elementos meramente decorativos.

A leitura do livro de Venturi, Scott Brown e Izenour nos permitiu perceber que a cidade de Las Vegas nos ensina que os símbolos arquitetônicos têm o poder de evocar emoções, despertar memórias e estabelecer conexões com o público, rompendo com o que o pensamento moderno impregnado nas escolas de arquitetura por onde passou nossa formação havia nos ensinado. Esses símbolos comunicam-se de maneira visual e sensorial, criando uma atmosfera única e familiar para os indivíduos. Aprendemos que a arquitetura, quando projetada com consciência simbólica, torna-se uma linguagem que fala diretamente à subjetividade dos usuários, permitindo-lhes experimentar e interpretar o espaço de maneira pessoal.

Nesse sentido, a fenomenologia, quando aplicada à arquitetura, nos lembra da importância de considerar a experiência humana e a relação entre sujeito e ambiente na concepção dos espaços. Ela nos convida a olhar além da estética superficial e a compreender a profundidade emocional que os símbolos podem proporcionar. Assim, negar ou subestimar os símbolos é perder uma parte essencial da compreensão do espaço construído.

Portanto, ao adotarmos uma atitude fenomenológica no projeto do espaço, inspirada pela experiência de Las Vegas, podemos criar ambientes arquitetônicos significativos e emocionalmente envolventes. Ao valorizarmos os símbolos, estabelecemos uma conexão mais profunda entre o usuário e o ambiente, despertando lembranças, emoções e identidades culturais.

Além disso, percebemos que a obra *Aprendendo com Las Vegas* apresenta elementos que dialogam com a neuroarquitetura e a neurociência, ao observar a importância dos estímulos visuais, da legibilidade arquitetônica e da adaptação aos desejos e necessidades das pessoas. Essa análise amplia nosso entendimento sobre como a arquitetura pode ser projetada de forma a proporcionar experiências mais significativas e impactantes para os usuários, atendendo também às necessidades colocadas pela economia local.

No entanto, é importante ressaltar que a neuroarquitetura e a neurociência ainda estão em constante evolução, e a análise dessa obra sob essa perspectiva pode ser considerada como uma nova e pertinente interpretação. Novas descobertas e abordagens podem expandir ainda mais nosso entendimento sobre como o ambiente construído influencia o cérebro e as experiências humanas.

Ademais, o livro desafia a noção de uma arquitetura purista e propõe a valorização do contexto cultural e social do ambiente construído. Ao explorar o uso de símbolos, sinais e estímulos visuais presentes em Las Vegas, destaca a importância da valorização do contexto cultural e o entendimento das nuances simbólicas presentes no projeto do espaço construído contemporâneo, o que nos fornece uma base sólida para a criação de uma arquitetura que reflita a diversidade e a riqueza de experiências humanas.

Assim, adotar uma atitude fenomenológica diante do projeto do espaço nos permite aprender com Las Vegas ao aceitar o papel essencial dos símbolos na arquitetura contemporânea como resposta a uma sociedade cada vez mais complexa, e, por meio dessa abordagem, podemos criar espaços que ressoem com as experiências e percepções das pessoas, enriquecendo a relação entre sujeito e ambiente e promovendo uma arquitetura mais inclusiva e significativa. O conhecimento das interações complexas entre o ser humano e o espaço construído que busca desenvolver a neuroarquitetura e o neurourbanismo nos capacita a projetar ambientes que nutram a alma e proporcionem uma experiência arquitetônica enriquecedora para todos.

Talvez seja o momento de repensar o ensino de arquitetura em nossas escolas, observando com mais seriedade a complexidade de nossa sociedade. É preciso ensinar a modéstia aos arquitetos diante das necessidades colocadas, e é para isso que os autores chamam atenção. A realidade que se apresenta, construída por muitos, e não apenas pelo desenho que cria arquitetura, tem muito a nos ensinar e precisa ser considerada. Mais que um livro de teoria pós-moderna, a obra em tela é uma provocação a refletir sobre o fazer arquitetônico além do discurso. Interessa menos a intenção do arquiteto e mais o que a arquitetura provoca em quem vive a experiência que ela abriga.

Essa atitude fenomenológica que reivindicamos vale também ao fazermos a leitura de um livro tendo a mente aberta e não deixando que nossas próprias impressões pessoais interfiram, o que permite uma compreensão mais profunda e fiel à visão do autor. Ao nos distanciarmos de nossos preconceitos, permitimos que a verdadeira essência da obra se revele, desvendando as ideias e intenções do arquiteto.

Assim, ao compreender a visão dos autores do livro, pudemos entender o universo criativo dos profissionais, bem como foi possível perceber seus fundamentos teóricos, contextos históricos e a filosofia que nortearam suas criações. Essa perspectiva nos proporcionou uma imersão mais completa nas nuances do debate arquitetônico apresentado e nos convidou a expandir nossos horizontes conceituais. Dessa forma, ao deixarmos de lado nossas opiniões preconcebidas e nos abrirmos para a perspectiva de Venturi, Scott Brown e Izenour, pudemos adquirir uma maior sensibilidade para apreciar a diversidade de estilos, técnicas e abordagens arquitetônicas. Isso nos enriqueceu como profissionais ou entusiastas da arquitetura, tornando-nos mais capacitados para avaliar e debater de maneira fundamentada e respeitosa.

Se em Las Vegas a experiência vivida pelos usuários é central, seu desenho é um exemplo para compreender como projetar espaços que detenham a mesma necessidade, assim como atender às demandas baseadas na economia urbana que ali se desenvolve. A cidade se materializa como um palco no qual as pessoas são convidadas a se envolverem ativamente com seu ambiente construído. Os espaços públicos, como as calçadas movimentadas da Strip, são projetados para a interação social e oferecem uma variedade de estímulos sensoriais. Os visitantes são imersos em uma atmosfera de espetáculo, com luzes brilhantes, música pulsante e uma atmosfera de festa constante. Os cassinos são concebidos como labirintos sedutores, com suas luzes cintilantes, máquinas caça-níqueis e mesas de jogos, criando uma atmosfera de excitação e possibilidade. Em Las Vegas, a arquitetura não é apenas um cenário estático, mas uma experiência dinâmica e envolvente, onde as pessoas são convidadas a se conectar, interagir e se divertir.

A capital do entretenimento continua como um exemplo emblemático do ambiente construído contemporâneo, onde a arquitetura assume uma dimensão exuberante e provocativa. Qual corredor comercial em nossas cidades não repete isso? As fachadas dos cassinos e hotéis competem pela atenção dos visitantes com suas formas extravagantes, cores vibrantes e letreiros luminosos. A cidade pode ser considerada um verdadeiro *playground* arquitetônico, onde a busca pela originalidade e pelo impacto visual é levada ao extremo, sendo que seu ambiente desafia as convenções estabelecidas do modernismo e abraça a cultura popular, celebrando o Kitsch e o espetáculo. Em Las Vegas, a arquitetura se torna um espetáculo em si mesma, provocando uma mistura de fascínio e perplexidade nos observadores, sendo um microcosmo de nossa sociedade contemporânea, onde a estética, a comercialização e o entretenimento se entrelaçam no ambiente construído.

Essa compreensão foi possível, pois investimos cuidado na leitura do livro como um todo, como seus prefácios, pois nele os autores expuseram suas intenções, diretrizes e expectativas em relação à obra. No caso, o prefácio serve como um guia para o leitor, apontando os caminhos para uma interpretação mais profunda do conteúdo presente no livro. Ao compreender as orientações dos autores, podemos ler com olhos atentos e mente focada, absorvendo a essência da mensagem que o livro busca transmitir.

Além disso, as referências a *As cidades invisíveis*, de Italo Calvino, retratam as possibilidades dessa viagem observadas, inclusive, à luz da fenomenologia. A compreensão da "construção" das descrições de Marco Polo até a forma como eram percebidas ou recebidas pelo Imperador destacam desde as posições assumidas por cada um, tanto quanto pelas suas experiências e vivências. É possível também compreender que os próprios desejos de futuro (ou desejos pessoais) podem influenciar na identificação ou leitura dos símbolos, o que caracteriza e reforça a impermanência dos mesmos.

Se, como na leitura de um livro, despindo-se de preconceitos, abrimos espaços para o inusitado; se, como o arquiteto, compreendendo que acima de suas intenções estão os sentidos com os quais os usuários se apropriam do espaço para satisfazer suas necessidades pessoais, de que caráter sejam; como não concordar e surpreender-se com Calvino, que traduz, poeticamente, as vicissitudes de nossas caminhadas:

> — Você, que explora em profundidade e é capaz de interpretar os símbolos, saberia me dizer em direção a qual desses futuros nos levam os ventos propícios?
> — Por esses portos eu não saberia traçar a rota nos mapas nem fixar a data da atracação. Às vezes, basta-me uma partícula que se abre no meio de uma paisagem incongruente, um aflorar de luzes na neblina, o diálogo de dois passantes que se encontram no vaivém, para pensar que partindo dali construirei pedaço por pedaço a cidade perfeita, feita de fragmentos misturados com o resto, de instantes separados por intervalos, de sinais que alguém envia e não sabe quem capta. Se digo que a cidade para qual tende a minha viagem é descontínua no espaço e no tempo, ora mais rala, ora mais densa, você não deve crer que pode parar de procurá-la. Pode ser que enquanto falamos ela esteja aflorando dispersa dentro dos confins do seu império; é possível encontrá-la, mas da maneira que eu disse. (Calvino, 2003, p. 70).

A cidade como metáfora de Ítalo Calvino é o símbolo complexo e mutante da existência humana, e nos ajuda a compreender a nossa caminhada individual na vida e em sociedade, contribuindo para ampliar nossas percepções diante do processo de projetar o espaço. Se a arquitetura se pretende social, ela precisa compreender a sociedade, os recursos disponíveis, as necessidades colocadas e priorizar ser abrigo. Diante da complexidade e de limites, exige-se maior imaginação arquitetônica e a modéstia de Marco Polo.

O livro *Aprendendo com Las Vegas: o simbolismo (esquecido) da forma arquitetônica* é carregado de ironias ao longo do texto, e por isso provoca ora aceite do conteúdo, ora recusa. E a ironia é a ferramenta encontrada pelos autores para atuar, pois eles entendem que ela pode confrontar e combinar valores divergentes para uma sociedade pluralista e harmonizar essas diferenças que se repetem na relação arquitetos e clientes. Para que nossa sociedade se desenvolva de forma inclusiva, é preciso construir alianças temporárias para alcançar objetivos comuns, e o mesmo vale para o projeto e construção de uma arquitetura comunitária de múltiplos valores.

A atitude fenomenológica diante do projeto do espaço que estamos reivindicando perpassa pela avaliação e reconstrução de nossos processos pessoais, acadêmicos e profissionais. A edição em português que temos em mãos apresenta ainda um posfácio escrito pelos autores em 1995, em que eles criam dúvida sobre se Las Vegas que viam então seria tão instrutiva quanto aquela que vivenciaram outrora, pois as cidades, como as sociedades, são descontínuas, em um eterno movimento. Assim somos nós como pessoas, acadêmicos, arquitetos e urbanistas. Venturi, Scott Brown e Izenour descreveram em *Learning from Las Vegas* "suas trilhas pessoais, geográficas e culturais, que iam 'de Roma a Las Vegas'" (Venturi; Scott Brown; Izenour, 2003, p. 212). E ao ler o livro nós trilhamos esse mesmo caminho, a partir de nossas próprias trilhas pessoais, geográficas e culturais. Foi desse percurso que resultou este capítulo.

Nota final ao leitor

Nossa jornada, desde a leitura deste livro até a compreensão de suas propostas e conexões, nos trouxe novas perspectivas sobre a arquitetura e o espaço urbano. Ao revisitar os textos, percebemos o quanto nossa percepção se transformou e como estamos diante de novos questionamentos e reflexões importantes para o desenvolvimento de nossas cidades.

1. A experiência de Las Vegas como arquétipo do corredor comercial nos levou a questionar como podemos melhorar a vivência das pessoas em nossas principais ruas comerciais. Gostaríamos de debater sobre maneiras de atender às demandas dos comerciantes, sem deixar de considerar o bem-estar dos cidadãos. Como poderíamos aliar a arborização urbana e a comunicação, criando espaços agradáveis e atrativos para todos? Além disso, é essencial analisar como a legislação municipal pode influenciar na criação de conflitos entre esses elementos e buscar soluções para uma harmonização efetiva.

2. Ao refletir sobre a arquitetura moderna que ainda permeia nossas escolas de arquitetura, nos perguntamos se isso tem sido um fator impeditivo para a unidade entre os profissionais arquitetos. Será que o foco excessivo nos projetos de edificação em detrimento de outras áreas, como o paisagismo, arquitetura de interiores e urbanismo, está gerando uma fragmentação no campo da arquitetura? Queremos explorar como podemos valorizar todas essas vertentes e promover uma maior integração entre os profissionais.

3. A complexidade da sociedade atual nos leva a questionar se não é hora de rever as atribuições profissionais dos arquitetos. A formação acadêmica parece estar perdendo carga horária, o que dificulta abarcar tantos aspectos relevantes em tão pouco tempo. Queremos debater possíveis ajustes no currículo, considerando o avanço da arquitetura e as novas demandas da sociedade, de forma a preparar os futuros arquitetos de maneira mais abrangente e atualizada.

4. Além disso, a aplicação da neurociência ao ambiente construído abre um vasto campo de estudo para os arquitetos em diferentes níveis de organização do espaço. Gostaríamos de discutir como podemos integrar essa abordagem à prática profissional de forma efetiva, enriquecendo nossos projetos e melhorando a qualidade de vida das pessoas por meio de ambientes mais adequados às necessidades humanas.

5. Ao analisarmos de forma objetiva, percebemos que a contribuição deste trabalho é essencial para compreender o simbolismo muitas vezes esquecido da forma arquitetônica presente em nossas cidades. Ao aprender com Las Vegas, podemos enxergar além do óbvio e desvendar a riqueza simbólica que se esconde em nossos edifícios e espaços urbanos. Nossa região tem passado por um crescimento significativo, e é crucial analisarmos criticamente como a arquitetura está sendo moldada nesse processo. Cada projeto, cada forma arquitetônica, pode carregar consigo símbolos e significados que impactam a vivência das pessoas e a identidade das cidades.

Assim, a contribuição em relação à abordagem das cidades do oeste do Paraná é abrir nossos olhos para as camadas de significado presentes em cada projeto arquitetônico em nossa região. Essa compreensão nos convida a projetar cidades mais ricas em experiências e capazes de contar histórias por meio da forma, harmonizando o passado com o presente e apontando para um futuro mais consciente e simbolicamente enriquecedor.

Diante das nossas reflexões e leituras sobre a temática de *Aprender com Las Vegas* e adotando uma atitude fenomenológica diante do projeto do espaço, emergiram questões essenciais para a evolução da arquitetura e do urbanismo em nossas cidades. Convidamos todos os interessados a se engajarem nesse debate, compartilhando suas contribuições e ideias, com o propósito de encontrar conjuntamente caminhos que promovam um ambiente construído mais humano, sustentável e harmonioso.

Acreditamos que esse espaço de discussão será fértil, inspirando ações concretas em prol de cidades acolhedoras e integradoras para todos os seus habitantes. Em busca da essência da cidade, aprendemos com Las Vegas que adotar uma atitude fenomenológica diante do projeto do espaço é desvendar a alma das nossas urbes e construir uma arquitetura que celebra a experiência humana.

Expressamos nossa profunda gratidão pela atenção e participação de todos os envolvidos! O diálogo e o compartilhamento de ideias enriqueceram este capítulo e nos inspiram a continuar explorando novos horizontes na arquitetura e no urbanismo. Juntos estamos construindo um futuro mais promissor para nossas cidades, em que a experiência humana é colocada no centro de cada projeto.

Até breve!

Aprender com Las Vegas é abrir as portas para novas perspectivas, revelando os segredos que moldam o cenário urbano e inspirando a construção de cidades onde a criatividade e a experiência humana se entrelaçam em harmonia.

Referências

CALVINO, Í. *As cidades invisíveis*. São Paulo: Folha de São Paulo, 2003.

EBERHARD, J. P. *Brain Landscape The Coexistence of Neuroscience and Architecture*. Oxford: Oxford University Press, 2008.

MERLEAU-PONTY, M. *O Olho e o Espírito*. São Paulo: Cosac & Naify, 2013.

SANTOS, R. G. Fenomenologia do espaço e do habitar: noites estreladas e invólucros simbólicos. *V!RUS*, São Carlos, n. 5, jun. 2011. Disponível em: http://www.nomads.usp.br/virus/virus05/index.php?sec=4&item=3&lang=pt. Acesso em: 23 jul. 2023.

SOKOLOWSKI, R. *Introdução à Fenomenologia*. São Paulo: Edições Loyola, 2014.

UNWIN, S. *A análise da arquitetura*. Porto Alegre: Bookman, 2013.

VENTURI, R.; SCOTT BROWN, D.; IZENOUR, St. *Aprendendo com Las Vegas*: o simbolismo (esquecido) da forma arquitetônica. São Paulo: Cosac & Naify, 2003.

VENTURI, R.; SCOTT BROWN, D.; IZENOUR, St. *Learning from Las Vegas*. Cambridge, Massachusetts; Londres: The MIT Press, 2017.

ARQUITETURA COMO FENÔMENO: ABSTRAÇÕES DO OLHAR DO ARQUITETO

Cláudia Pinto Ben

Introdução

Durante a Idade Moderna (séculos XVII e XVIII), um período marcado por uma série de grandes mudanças nas teorias do conhecimento que influenciaram profundamente a forma como entendemos o conhecimento até os dias de hoje, houve várias mudanças intelectuais significativas. Trata-se de uma época de grandes avanços nas ciências naturais, quando cientistas como Galileu Galilei, Isaac Newton e outros desenvolveram teorias e leis que explicavam o funcionamento do universo. Essas descobertas científicas forneceram uma base sólida para a ciência tecnicista, pois mostraram que era possível obter conhecimento confiável e aplicá-lo para melhorar a tecnologia e a sociedade. Nesse período, destacam-se importantes movimentos intelectuais, como o Racionalismo, o Iluminismo e o Empirismo.

O Racionalismo, particularmente associado a filósofos como René Descartes, tinha uma visão específica sobre o termo "percepção" e a forma como o mundo era percebido. Descartes defendia uma visão dualista da mente e do corpo, acreditando que a mente (ou alma) era separada do corpo e estava envolvida na percepção. Para os racionalistas, a percepção era vista como uma atividade mental que envolvia a mente racional em vez dos sentidos físicos, sendo considerada como uma atividade intelectual. Já o Iluminismo, embora tenha sido influenciado pelo racionalismo, expandiu as discussões sobre a percepção para além do escopo puramente racionalista. Filósofos iluministas, como Emanuel Kant, reconheceram a importância da experiência sensorial na formação do conhecimento e trouxeram uma visão mais ampla que considerava tanto a razão quanto a experiência sensorial como componentes importantes na formação do conhecimento. Contrastando com a visão mecanicista, que considerava a razão e a dedução como os principais meios de compreensão do mundo, surge outra corrente de pensamento: o empirismo. De acordo com os empiristas, o conhecimento válido se baseava na experiência e na observação direta, já que a experiência sensorial moldava ativamente nossas percepções e ideias.

No final do século XIX, para adversar essas correntes que até então faziam parte da tradição filosófica, surge, por meio do filósofo alemão Edmund Husserl, a fenomenologia como resposta e questionamento às pressuposições e às limitações do empirismo, racionalismo e positivismo, trazendo uma nova perspectiva para a compreensão do mundo e para a construção do conhecimento. A fenomenologia critica tanto o empirismo quanto o racionalismo por considerar que essas correntes filosóficas se preocupam principalmente com a relação entre sujeito e objeto, negligenciando a experiência subjetiva imediata. Husserl argumentou que é necessário suspender os pressupostos prévios e as interpretações para examinar os fenômenos diretamente como eles se manifestam na consciência, em vez de pressupor uma realidade objetiva ou recorrer apenas à experiência sensorial.

Nessa perspectiva, a busca de restituir a subjetividade do homem ganha força na teoria fenomenológica de Husserl, que formula o conceito de subjetividade transcendental como centro da análise fenomenológica. Para compreensão plena da experiência humana no pensamento de Husserl, é necessário distinguir entre a subjetividade transcendental e a subjetividade psicológica. A subjetividade transcendental refere-se à dimensão subjetiva inerente à experiência fenomenológica. É a subjetividade que está na base da consciência e da compreensão de qualquer objeto ou fenômeno. Ela é universal e pré-pessoal, ou seja, não está vinculada a um indivíduo específico. Ela é a condição prévia para que qualquer coisa apareça na consciência. Por outro lado, a subjetividade psicológica diz respeito à subjetividade individual e pessoal de um sujeito específico, aquilo que torna uma pessoa única, com suas emoções, crenças, desejos e memórias específicas. A subjetividade transcendental refere-se à consciência pura e intencional, que é capaz de dirigir-se para objetos e dar-lhes significado. Ela é considerada "transcendental" porque transcende a simples subjetividade individual e busca descrever as condições universais e estruturais da experiência humana. A fenomenologia de Husserl busca abstrair a subjetividade psicológica e concentrar-se na subjetividade transcendental para compreender as estruturas essenciais da experiência consciente de forma objetiva e rigorosa.

Os princípios fenomenológicos tratam da totalidade, retorno às essências, intencionalidade e experiência. Husserl traz a noção de intencionalidade, a qual define a forma essencial dos processos mentais, em que a principal característica da consciência é de ser sempre intencional. A consciência sempre é consciência de alguma coisa: a análise intencional e descritiva da consciência definirá as relações essenciais entre atos mentais e mundo externo. Consciência é uma corrente de experiências vividas que se dão na percepção como absoluta. A vivência intencional é vista como o conjunto de todas as vivências, visto que a característica central do fenômeno é sua intencionalidade.

A intencionalidade refere-se à direção intencional da consciência para um objeto, ou seja, a consciência está sempre direcionada para algo externo ou interno. O objeto não precisa ser algo material, mas pode ser qualquer conteúdo da consciência, incluindo pensamentos, percepções, imaginações etc. A percepção não é apenas um processo passivo de receber estímulos sensoriais, mas envolve uma ativação intencional da consciência em direção ao objeto. O fenômeno, descrito por Husserl, é considerado o aparecer do objeto, ou ainda "a própria vivência intencional em que o objeto aparece" (Husserl, 1986, p. 36). Os fenômenos, ou seja, os modos como as coisas são e existem para nós, provêm das conexões que estabelecemos entre as coisas em si.

O pensamento de Husserl passa a influenciar diversos pensadores, entre eles Merleau-Ponty (1908-1961), que, embora tivesse perspectivas diferentes de Husserl, trouxe contribuições importantes para a compreensão do fenômeno ao trazer um novo conceito sobre a percepção. Ponty descreve a fenomenologia como "[...] o estudo das essências e todos os problemas se reduzem a definir essências: essência da percepção, essência da consciência, por exemplo. Mas a fenomenologia é também uma filosofia que torna a colocar as essências na existência e considera que não se pode compreender o homem e o mundo senão a partir da sua facticidade" (Ponty, 2011, p. 1).

Merleau-Ponty rejeita a teoria de Husserl do conhecimento intencional e subjetividade transcendental, e passa a reinterpretar o método husserliano e traçar a seu modo uma outra maneira de conceber a relação matéria e forma fundamentando sua própria teoria no comportamento corporal e na percepção. Sustenta que é necessário considerar o organismo como um todo para se descobrir o que se seguirá a um dado conjunto de estímulos. Nesse sentido, quando o ser humano se depara com algo que se apresenta diante de sua consciência, ele observa e percebe esse objeto em total harmonia com a sua forma a partir de sua consciência perceptiva. Após perceber o objeto, o homem entra em sua consciência e passa a ser um fenômeno. Com a intenção de percebê-lo, ele intui algo sobre ele, imagina-o em toda sua plenitude e será capaz de descrever o que ele realmente é.

De acordo com Merleau-Ponty (2011, p. 40), a "função essencial da percepção é a de fundar ou de inaugurar o conhecimento [...]. Se nós nos atemos aos fenômenos, à unidade da coisa na percepção não é construída pela associação, mas, a condição da associação, ela precede os confrontos que a verificam e a determinam, ela se precede a si mesma". Dessa forma, o conhecimento do fenômeno é gerado em torno do próprio fenômeno. A análise existencial de Merleau-Ponty sobre a experiência do outro e da subjetividade faz-se a partir do seu ser-no-mundo, isto é, no contexto histórico, social e psicológico. Merleau-Ponty considera o ser humano como o centro da discussão sobre o conhecimento, que nasce e faz-se sensível em sua corporeidade. O processo perceptivo não se reduz a uma atividade mental, mas está enraizado na corporalidade e na interação direta do corpo com o mundo, rompendo com a ideia de corpo-objeto e com as noções clássicas de sensação e órgãos dos sentidos como receptores passivos, afirmando que os sentidos se comunicam entre si, os sentidos são espaciais. A percepção se apresenta como reencontro entre a subjetividade e as coisas.

Para Merleau-Ponty (2011), é no reencontro da subjetividade e do mundo que nasce a percepção. O que realmente importa para a fenomenologia é o homem em sua existência e sua forma de experienciar o mundo vivido, o homem como um ser intimamente pessoal. Ao pensarmos sobre o movimento humano, um corpo vivo em relação com o mundo, constatamos a complexidade desse fenômeno e a necessidade de compreensão sobre a gênese da questão perceptiva trazida na essência da obra de Merleau-Ponty, na qual a conduta perceptiva está na relação intrínseca entre espaço, corpo e percepção, em que o corpo não é considerado um objeto, mas "o veículo de ser no mundo". Antes da ciência do corpo — que implica a relação com outrem —, a experiência de minha carne como ganga de minha percepção ensinou-me que a percepção não nasce em qualquer outro lugar, mas emerge no recesso de um corpo (Merleau-Ponty, 1992, p. 20-21). É nessa noção de presença de Merleau-Ponty que podemos articular suas teorias sobre corporeidade e percepção e compreender o que é fenômeno.

Podemos compreender a fenomenologia como uma filosofia existencial segundo a qual a essência da consciência humana evolui nas inter-relações que estabelecemos com a presença de estar no mundo. A compreensão fenomenológica da percepção na concepção de Merleau-Ponty foi construída com base num diálogo com a psicologia, em especial com a *Gestalt*[14] e com a arte, e tem influenciado vários estudos contemporâneos sobre a percepção na arquitetura e as relações entre corpo, espaço e conhecimento. A arquitetura é entendida como um fenômeno porque é algo que experimentamos e que tem um impacto sobre nós, razão pela qual deve possibilitar experienciar o espaço com nossas percepções, emoções e interações, influenciando nossa experiência cotidiana. Portanto, pensar numa arquitetura significativa e humanizada a partir de uma perspectiva experiencial e corpórea exige um processo de amadurecimento e consciência sobre os mecanismos e processos envolvidos ao presenciarmos o mundo e abstrairmos suas representações.

Fenomenologia e Neuroarquitetura

A fenomenologia da percepção de Maurice Merleau-Ponty tem sido objeto de interesse e diálogo com a neurociência na área de arquitetura e outras disciplinas relacionadas. Embora o autor tenha escrito suas obras no século XX, suas ideias permanecem relevantes e encontram ressonância com as pesquisas atuais científicas. Os temas sensação e percepção são abordados de maneira abrangente e complexa no campo neurocientífico, e corporeidade, percepção espacial, percepção multissensorial, experiência subjetiva e arquitetura cognitiva são pontos de convergência da teoria fenomenológica com as pesquisas em neurociência, especialmente na área de arquitetura e *design* de espaços.

A neurociência considera o método intuitivo nas suas descobertas e se volta ao ser humano para entender como a percepção, conceito estritamente subjetivo, relaciona-se com o cérebro, evidenciando que a percepção é um processo ativo construído e editado pelo cérebro por meio de fatores neurológicos e biológicos, mas amplamente influenciado por fatores culturais e históricos.

---

[14] O que se entende pela palavra "*Gestalt*"? O substantivo alemão "*Gestalt*", desde a época de Goethe, apresenta dois significados algo diferentes: (1) a forma; e (2) uma entidade concreta que possui entre seus vários atributos a forma. É o segundo significado que os gestaltistas do grupo utilizam, que posteriormente vai se chamar de Berlim. É por isso que a tradução da palavra "*Gestalt*" não se acha nas outras línguas e a melhor maneira encontrada pelos próprios gestaltistas ao escrever em idiomas diferentes é simplesmente mantê-la (Engelmann, 1978c).

Os avanços da neurociência têm contribuído para uma compreensão mais aprofundada dos processos cerebrais envolvidos na percepção e na forma como experimentamos o mundo por meio do corpo. Para explicar sensação e percepção adota-se abordagens multidisciplinares, como a psicologia cognitiva, a neurociência computacional e a neurociência clínica. Essa interdisciplinaridade visa entender como os processos sensoriais e perceptuais contribuem para funções cognitivas mais complexas, como tomada de decisão, aprendizado e memória.

Disseminando essas descobertas em diferentes áreas de conhecimento, a neuroarquitetura surge como um campo interdisciplinar que busca integrar os conhecimentos da neurociência, da filosofia, da psicologia cognitiva e da arquitetura para entender como o ambiente construído afeta a experiência humana. Ao abstrair e aplicar os conceitos de percepção e fenômeno trazidos pela fenomenologia e ciência, a neuroarquitetura busca compreender como a arquitetura pode criar ambientes que promovam experiências significativas e de qualidade para as pessoas. Nesse contexto, a fenomenologia aplicada à arquitetura e a neuroarquitetura passam a ser dois campos de estudo que têm uma relação interessante e complementar.

Nesse diálogo ampliado, emerge na arquitetura a necessidade de apreender, além da questão projetual, como as sensações, os sentimentos e emoções podem ser afetados direta ou indiretamente com os projetos executados. A neuroarquitetura surge como um campo de estudo que investiga a relação entre a arquitetura e o funcionamento do cérebro humano, baseando-se em descobertas científicas sobre a atividade cerebral a fim de entender e aplicar esses conhecimentos para projetar espaços mais humanizados. Essas abordagens científicas fornecem uma base sólida para a compreensão dos mecanismos subjacentes à percepção humana, permitindo aos pesquisadores realizarem observações objetivas e testáveis, além de testar hipóteses de forma controlada e sistemática. Por meio de evidências empíricas e métodos científicos, como a análise neurocognitiva e a medição das respostas fisiológicas, a neuroarquitetura busca embasar o projeto arquitetônico, considerando as necessidades, as preferências e as respostas humanas ao ambiente.

O método fenomenológico enfoca a experiência subjetiva e intensificada dos indivíduos, como eles percebem, vivenciam e dão significado ao ambiente construído, com vistas a compreender as qualidades e os aspectos significativos dessa experiência. A fenomenologia aplicada à arquitetura considera a experiência humana como ponto central, enquanto a neuroarquitetura fornece uma base científica para entender como essa experiência é moldada pelo ambiente construído procurando identificar padrões de atividade cerebral e respostas fisiológicas que possam ser associados a determinados estímulos arquitetônicos. Ao abstrair os conceitos de percepção e fenômeno da fenomenologia e as bases científicas, observa-se um entrecruzamento das duas abordagens que se complementam em vários aspectos na busca de um entendimento mais profundo das conexões entre habitar e o comportamento humano.

Existem várias pesquisas e estudos específicos sobre a aplicação da fenomenologia à arquitetura. Muitos arquitetos, teóricos e acadêmicos têm explorado essa abordagem em suas pesquisas, contribuindo para o desenvolvimento do campo. Alguns dos principais pesquisadores e teóricos que trabalharam nessa área são Christian Norberg-Schulz, Juhani Pallasmaa, Steven Holl, Alberto Pérez-Gómez e Dalibor Vesely. Eles têm desenvolvido teorias e conceitos relacionados à fenomenologia aplicada à arquitetura e têm influenciado a forma como os arquitetos pensam sobre a experiência dos espaços. Além disso, várias universidades e instituições acadêmicas têm realizado estudos e projetos de pesquisa sobre o tema ao abordarem diferentes aspectos da fenomenologia aplicada à arquitetura, como a percepção espacial, a influência da luz e da cor na experiência arquitetônica, a relação entre o corpo e o espaço, entre outros.

Todavia, embora haja uma crescente conscientização sobre a importância da integração dessas abordagens, estudos comparativos diretos específicos que explorem detalhadamente a relação entre o método fenomenológico e as neurociências na neuroarquitetura ainda são relativamente limitados.

Arquitetura e fenômeno

A fenomenologia aplicada à arquitetura enfatiza a experiência humana considerando os processos cognitivos, sensoriais e na formação de experiências perceptuais conscientes. Adotar uma postura fenomenológica envolve a recuperação dos princípios ontológicos da arquitetura, o retorno ao estado mais primitivo dos fenômenos para ressignificar nossos conceitos de espaço e do habitar. Utilizar o método fenomenológico à arquitetura pode oferecer uma compreensão mais profunda da relação entre o ser humano e o ambiente construído e trazer uma reflexão crítica sobre as implicações conceituais, ontológicas e epistemológicas da nossa relação com o espaço e a essência encarnada dos indivíduos.

É fundamental absorvermos que a essência não é um campo transcendental separado da existência: ela está no campo fenomenal inerente ao mundo. As possibilidades da essência podem bem envolver os fatos, derivam, todavia, de outra possibilidade mais fundamental: "a que trabalha a minha experiência, que abre para o mundo e para o Ser e que, por certo, não os encontra diante dela *como fatos*, mas anima e organiza sua *facticidade*" (Merleau-Ponty, 1992, p. 110). Essências são aquilo que se afirmam para nós, independentemente da realidade que as constituem para os outros, elas representam as conexões e abstrações derivadas da nossa experiência. As aplicações dos conceitos de habitar e do espaço ressoam na prática arquitetônica e no interesse da filosofia da arquitetura, vistas na ótica da fenomenológica, auxiliando-nos na compreensão e projeção de espaços arquitetônicos que sejam significativos, engajantes e cuidadosamente integrados à experiência e à subjetividade humana.

Conforme destaca Ponty (2011), habitar o espaço está intrinsecamente ligado à nossa capacidade perceptiva, uma vez que Merleau-Ponty estamos apenas no espaço, mas também somos do espaço. Habitar não é apenas ocupar um espaço físico, mas envolve uma relação encarnada com o ambiente. A noção de "experiência encarnada", conceito central da fenomenologia da percepção de Merleau-Ponty (2011), refere-se ao fato de que nossa experiência do mundo não é apenas uma experiência mental abstrata, e sim profundamente moldada e mediada pelo nosso corpo.

É por meio da percepção enraizada em nossa corporalidade que nos tornamos conscientes de nossa presença no mundo e dos objetos e lugares ao nosso entorno. Merleau-Ponty não considera o espaço uma entidade objetiva e independente, mas um lugar para ser vivido e experimentado por meio da nossa percepção. A partir do estudo fenomenológico, buscamos maneiras de incorporar essa experiência do espaço em perspectiva e dar forma à arquitetura. O espaço é moldado pela nossa presença e pela maneira como nos movemos e interagimos com ele, por isso enfatiza a importância da intersubjetividade no processo perceptivo, pois as nossas experiências de espaço surgem da interatividade com os outros e por meio da linguagem e das práticas sociais compartilhadas. A percepção se dá por movimentos, gestos e experiências sensoriais do corpo em relação ao ambiente.

Heidegger, na obra *Construir, Habitar, Pensar*, argumenta que o habitar humano não é apenas uma questão de ocupar um espaço físico, mas implica uma relação mais profunda de cuidado e envolvimento com o ambiente em que o ser humano não é apenas um ser que habita passivamente, mas também um ser que o constrói ativamente, explorando a ideia de habitar como uma forma única de existência no mundo. O ato de construir não se limita apenas à criação de estruturas físicas, já que envolve dar forma e significado ao mundo em que vivemos. É uma forma de ser-no-mundo que envolve o reconhecimento de nossa dependência, nossa responsabilidade e nossa abertura às possibilidades do ambiente.

Consoante os postulados filosóficos de Martin Heidegger, a ressignificação da relação entre ser e mundo é central para sua compreensão da existência humana ao trazer uma abordagem ontológica que busca compreender como o ser humano se relaciona com o mundo em que habita. A articulação entre habitar e construir é fundamental para entendermos a existência humana, visto que o ser humano não é apenas um ser que habita o mundo passivamente, mas também um ser que constrói ativamente seu ambiente. A noção de habitar é vista como algo mais profundo do que simplesmente ocupar um espaço físico, já que considera a importância do cuidado, da atenção e da relação íntima entre o ser humano e o ambiente construído. Para Heidegger, a existência humana está enraizada na preocupação e no cuidado com o mundo. Construir envolve a utilização de ferramentas, a criação de instituições, a realização de atividades práticas e a atribuição de significado aos objetos e lugares. Assim, Heidegger entende que a relação entre habitar e construir se entrelaça para dar sentido à existência humana e à nossa compreensão de mundo. Também traz a ideia de que o pensamento autêntico é essencial para construirmos essas relações profundas de forma mais conectada e significativa.

Reconhecendo o corpo como criador de sentidos, as reflexões do arquiteto finlandês Juhani Pallasmaa (2011) se alicerçam no pensamento pontyniano. Na visão desse autor, a ideia de habitar é vista como uma experiência sensorial e existencialmente significativa, indo além de simplesmente ocupar um espaço físico, já que envolve a nossa percepção e relação com o ambiente construído. Pallasmaa (2011) incorpora elementos da fenomenologia da percepção de Merleau-Ponty em sua análise da experiência sensorial e da percepção na arquitetura e compartilha a ênfase na importância da experiência vivida e encarnada na compreensão do espaço arquitetônico e enfatiza que a percepção do espaço não é apenas uma atividade visual, mas uma experiência multissensorial e corporal. Ressalta a importância dos sentidos, como o tato, a audição e o olfato, na nossa relação com a arquitetura, incorporando na sua prática elementos do método fenomenológico.

Pallasmaa (2011) fala de um habitar autêntico ligado à nossa corporeidade e à nossa capacidade de experimentar o mundo com nossa múltipla sensorialidade. A arquitetura deve ser projetada para envolver e estimular os sentidos, proporcionando uma experiência rica e significativa de habitar. Acredita que os espaços arquitetônicos podem despertar respostas emocionais, sensoriais e até mesmo transcendentais nos indivíduos, criando uma sensação de pertencimento e conexão com o ambiente, logo o habitar envolve uma relação mais ampla com a cultura, a história e as experiências sociais. Destaca, ainda, que nossas vivências individuais são enriquecidas pela dimensão coletiva do habitar, influenciada por fatores culturais e contextuais. O seu conceito de habitar envolve uma experiência sensorial, corpórea e existencialmente significativa do espaço arquitetônico numa abordagem que valoriza os sentidos, a corporeidade e a relação entre o indivíduo e o ambiente construído, buscando criar espaços que promovam uma experiência autêntica, envolvente e emocionalmente conectada com o usuário.

Enfim, para Pallasmaa, habitar implica estar imerso em um contexto específico, com suas características e possibilidades únicas. É nesse contexto que o ser humano encontra sua morada, seu lugar de pertencimento, um modo de ser aberto às possibilidades do mundo. É por meio dessa abertura que o ser humano se relaciona com o ambiente de forma criativa e transformadora. O habitar é um convite para explorar, descobrir e dar forma ao mundo em que estamos inseridos. A fenomenologia aplicada à arquitetura busca compreender como os espaços arquitetônicos podem ser projetados de forma a promover essa relação de habitar autêntico, levando em consideração aspectos como a escala, a materialidade, a luz, a textura e a organização do espaço. Habitar o espaço está, portanto, intrinsecamente ligado à nossa capacidade perceptiva.

Vista como fenômeno, a arquitetura envolve a compreensão das relações traçadas entre o ser que habita e o espaço arquitetônico. Isso inclui as ferramentas e as formas arquitetônicas percebidas e interpretadas pelos indivíduos, considerando suas subjetividades, necessidades e singularidades. Assim, a relação entre o contexto cultural, histórico e social afeta nossa percepção, experiência e interação com o ambiente. Dessa forma, entender a arquitetura como fenômeno implica considerar a complexidade da dimensão experiencial em que se estabelecem essas relações do homem com o ambiente para projetarmos espaços arquitetônicos que sejam sensíveis a necessidades, desejos e experiências humanas, que ultrapassem o funcional e sejam inspiradores, acolhedores e significativos para as pessoas.

A complexidade que envolve o fenômeno da percepção requer do arquiteto a busca por uma nova relação entre a consciência do saber humano e o mundo exterior no sentido de que a existência das coisas não pode ser compreendida como algo pronto e acabado. A percepção é um processo ativo de um corpo vivo, apto a vários tipos de experiências que envolvem o pensamento, a imaginação, a memória, as emoções e a atividade da linguagem. A partir do momento que assumimos o mundo enquanto presença intransferível, é fundamental que possamos apreender como se dão as relações entre ser e mundo. É disso que trata a Fenomenologia. A fenomenologia é um método que nos leva a refletir sobre essas relações e sobre nossa consciência perceptiva da interação corpo e meio e o comportamento humano, reorientado as concepções tradicionais e possibilitando uma retomada e ressignificação de conceitos próprios da arquitetura, como o espaço, a luz e a matéria, a partir de uma dimensão vivencial que ressoa no diálogo entre fenomenologia e psicologia comportamental.

Novas abstrações do olhar do arquiteto

Nada é mais difícil do que saber ao certo o que nós vemos.
(Merleau-Ponty, 2011, p. 91)

Não é uma tarefa simples compreender a complexidade humana e materializá-la num projeto arquitetônico, porém muitos arquitetos conseguem desenvolver suas potencialidades sensoriais e fazer melhores leituras estésicas, criando espaços sinestésicos com grande potencial sensorial e simbólico. Não é algo inatingível, se considerarmos que a percepção é um processo que envolve ação e movimento e que há meios que podem auxiliar nessa busca.

A fenomenologia parece-nos, de fato, uma ciência mais concreta. Ao traçarmos paralelos entre arte, arquitetura, estudos, pesquisa, docência e as vivências para reinventar conceitos e práticas dinâmicas e buscarmos novos significados de atuar no mundo, é na fenomenologia que reencontramos uma noção de corpo, de espaço e matéria que acolhe o sentido de presença e de consciência. Segundo Merleau-Ponty (2011), a percepção emerge no recesso de um corpo. Nesse sentido de presença, podemos articular suas teorias sobre corporeidade e percepção e compreender o que é fenômeno. Fenômeno pode ser entendido aqui como relações de contato de interação entre corpo e espaço. Dessa forma, podemos dizer que arquitetura é fenômeno.

A compreensão de como o processo de projeto pode ser enriquecido com a base teórica fenomenológica e contribuir efetivamente para a qualidade das relações humanas com os ambientes construídos. Isso requer do arquiteto, antes de tudo, a necessidade de aprimoramento sensorial, um retorno ao sentir a essência das coisas, redescobrir os atributos sensoriais das principais ferramentas da arquitetura: luz, espaço e matéria.

Diante disso, devemos refletir sobre práticas experimentais no eixo espaço-percepção que promovam a sensibilização do olhar como ação metodológica na construção de um conceito perceptivo consciente na criação de projetos. Ao entendermos que a percepção é um processo em movimento e envolve descobertas de si, devemos nos questionar especialmente sobre a produção perceptiva daquilo que vemos e queremos ver, para construir. Muitas vezes não conseguimos decifrar nem compreender nosso processo de visualidade, impondo-nos limites e restrições à compreensão. Visualidade designa o ato de ver, como aquilo que o olhar contempla num campo estendido, um espaço localizado entre a percepção e o conhecimento sensível.

Apesar da imensidão de aspectos que envolve essa temática, as abstrações do olhar do arquiteto derivam das conexões sensíveis ao assumir uma postura fenomenológica. A articulação de conceito perceptivo envolve, antes de tudo, um processo de compreensão do ato de olhar além daquilo que se apresenta num primeiro contato. Investigar o olhar, esse olhar que junta os fragmentos e os desfaz para revelar seus outros significados, nos leva a pensar sobre os conceitos, reconstrução, reorganização das ações e operações teórico-práticas significativas. Isso envolve desaprender e reaprender outras práticas e reestruturar conceitos antes cristalizados. Estamos imersos em um mundo compartilhado com os outros e nossas percepções e experiências são influenciadas pelo olhar e presença dos outros.

O arquiteto Steven Holl é conhecido por seu trabalho inovador e suas abordagens criativas para o *design* arquitetônico. A relação da obra de Steven Holl com o método fenomenológico é evidenciada na sua abordagem arquitetônica, que valoriza a experiência sensorial e perceptiva dos usuários dos espaços que projeta. Holl, ao tratar das ações significativas que se refletem na elaboração de um conceito perceptivo e humanizado, diz que nossa experiência e nossa sensibilidade podem evoluir por meio da análise reflexiva e silenciosa. Para nos abrirmos à percepção, devemos transcender a urgência mundana de "coisas a fazer". Devemos tentar acessar essa vida interior que revela a intensidade luminosa do mundo. Somente por meio da solidão podemos começar a mergulhar no segredo que nos cerca. Uma consciência de nossa própria existência única no espaço é crucial para o desenvolvimento de uma consciência da percepção. "A introspecção pode suscitar a necessidade de comunicar as descobertas feitas na solidão: a reflexão privada provoca a ação pública" (Holl, 2014, p. 8).

Ao pensar sobre esse processo, Holl indaga:

> À medida que nossos meios tecnológicos se multiplicam, amadurecemos ou atrofiamos do ponto de vista perceptivo? Vivemos nossas vidas em espaços construídos, cercados por objetos físicos. No entanto, tendo nascido neste mundo de coisas, somos capazes de experimentar plenamente os fenômenos de sua inter-relação, de obter prazer de nossas percepções? (Holl, 2014, p. 8).

Uma consciência de nossa existência única e própria no espaço é crucial no desenvolvimento de uma consciência da percepção. Ao pensar sobre esse processo, nos questionamos: somos capazes de experimentar plenamente os fenômenos de sua inter-relação, de obter prazer de nossas percepções?

Segundo Holl (2014), o desafio da arquitetura consiste em estimular tanto a percepção interior como a exterior, em realçar a experiência fenomênica enquanto, simultaneamente, expressa-se o significado, e desenvolver essa dualidade em resposta às particularidades do lugar e da circunstância. Para entender a interação entre os fenômenos experienciais e seu propósito, seccionamos o todo e analisamos nossas percepções parciais. Da mesma forma que na experiência perceptiva direta, a arquitetura se entende inicialmente como uma série de experiências parciais mais que como uma totalidade. Essas reflexões de Steven Holl encontram voz no pensamento de Merleau-Ponty, não apenas em capturar a subjetividade da experiência arquitetônica e reconhecer a diversidade de perspectivas dos usuários, mas de repensarmos profundamente o habitar acerca do movimento humano.

A percepção é um primeiro movimento de contato com o mundo, uma codificação daquilo que vemos e sentimos pela experiência individual de estar nele e o percebermos com nossos múltiplos sentidos. A percepção, de fato, é instigante, cujo ponto de partida é um acesso a nós mesmos. O que vejo e como vejo? O que sinto e interpreto daquilo que vejo? Eu confio naquilo que vejo a ponto de interagir com minha experiência? Essas indagações devem nos acompanhar como provocações e desafios ao processo perceptivo. Acreditamos na possibilidade de ver mais, se assim o desejarmos. Diante do que vemos e como vemos, não existe listagem de nada. Não há bordas. Assim, ver torna-se a condição de possibilidade do olhar, e perceber envolve novos hábitos quando reconhecemos a necessidade de compreender a realidade e renovar nossas relações com a natureza das coisas, ressignificando nosso olhar sobre elas. Perceber aquilo que antecede a construção do olhar e educar o olhar é ampliar a nossa capacidade de perceber o que está ao redor.

Nesse sentido, questões como: "Para onde estamos olhando?" e "Quais são as nossas escolhas do olhar?" revelam repertórios significativos que alimentam nossos processos criativos e desenvolvem a sensibilidade estética. Ao identificarmos, na ação do ver e do olhar, a elevação do processo de consciência perceptiva, devemos nos conectar com esse espaço interno onde construímos nossas imagens sensíveis. É nesse lugar que nossas imagens nascem e tomam forma — um entre-espaço —, em que corpos exteriorizam seus estados internos e se inter-relacionam com outras imagens. Nesse povoado imagético, que é o mundo, ativamos nossa potência de recepção para percebê-lo prospectando o criar, o fazer, o construir.

Merleau-Ponty (2011) traz para o corpo esse fluxo das imagens como a única e verdadeira consistência daquilo que chamamos vida. Isso porque é o nosso corpo que se define a partir de uma atualidade de percepções, e acrescenta que, na experiência perceptiva, é preciso criar esses espaços que constituem nosso campo de visão entre imagem e corpo. O corpo não está simplesmente no espaço, mas está enraizado nele. O espaço não é uma entidade objetiva e independente, mas é vivido e experimentado por meio de um corpo que se movimenta nele. O corpo é sensível ao espaço, e sua relação com ele é fundida na medida em que com ele tem alguma experiência. Nessa comunicação entre o visível e o invisível, o sagrado e o profano, o material e o imaterial que envolve o ato perceptivo, o propósito é reconstituirmos outro mundo possível para nós e para os outros. Como a construção de espaços com maior qualidade experiencial, considerando a complexidade humana, vai além do conhecimento e capacitação técnica do arquiteto, é necessário na sua formação desenvolver práticas fundamentadas na fenomenologia que desenvolvam as qualidades sensíveis e possibilitem leituras estésicas, ou seja, habilidade de entender os sentimentos e as sensações humanas.

Apesar de atuar preferencialmente no campo das artes, na minha atividade de docência nos cursos de formação de arquitetos ao ministrar as disciplinas de Percepção Multissensorial aplicada a projetos, tenho repensado em novas dinâmicas que intensifiquem as experiências sensoriais e conscientizem as inter-relações da luz, do espaço e da matéria como elementos catalisadores e sensíveis na construção dos projetos, bem como a relevância do reconhecimento das subjetividades desses elementos compositivos. Você não pode ver nada sem a presença da luz e não pode colocar nada lá, se não existir o espaço, então tudo que tem espaço tem matéria. A conclusão é que tudo que tem a ver com matéria tem a ver com luz e com o espaço. Dessa forma, luz, espaço e matéria se interligam num único corpo, que é a forma. Se arquitetura é forma, arquitetura também é corpo.

A organização perceptiva dos processos criativos na elaboração de um projeto vista sob essa perspectiva de interatividade subjetiva com luz, espaço e matéria, ferramentas que considero fundamentais na arquitetura e artes que lidam com o espaço, envolve, antes de tudo, um processo contínuo de experimentação sensorial para apreendermos como se dá a fusão dessa tríade. Acrescento aqui como complemento o entendimento de Steven Holl que dialoga com esse pensamento relacional: "Devemos considerar espaço, luz, cor, geometria, detalhe e material como um *continuum* experiencial. Embora possamos desmontar esses elementos e estudá-los separadamente durante o processo de projeto, eles se fundem no estado final [...]" (Holl, 2014, p. 8).

Como ação metodológica, é interessante refletirmos e elaborarmos para nós mesmos esses conceitos: o que é espaço? O que é luz? O que é matéria? Conceito aqui é referido no sentido do que se sente e se transmite. Uma definição de si mesmo. Diz respeito à sua história, de como alguém se expressa. Conceito é o que alguém constrói com sua identidade. Conceito tem a ver com nossa percepção sobre as coisas. Nesse contexto, a elaboração de conceitos está atribuída à construção de identidade a partir de percepções pessoais e reflete-se no desenvolvimento e sensibilidade estética. O espaço, a luz e a matéria são ferramentas que contêm estímulos sensoriais primordiais na interação direta entre corpo e ambiente.

O espaço é um lugar, um recipiente de algo que existe em relação a corpos que nele habitam. Um receptáculo de significados, memórias e afetividades em que pressupomos a existência de interações e comportamentos. Nas palavras de Merleau-Ponty (2011, p. 328):

> [...] o espaço não é um ambiente (real ou lógico) em que as coisas se dispõem, mas o meio pelo qual a posição das coisas se torna possível [...] isso significa que o espaço não é algo que se impõe, ao contrário, se constrói a partir da experiência humana, logo, só existe se houver um sujeito que o construa — vivo nas coisas e considera vagamente o espaço ora como um ambiente das coisas, ora como seu atributo comum, [...] e percebo então que elas só vivem por um sujeito que as trace e as suporte.

Assumir uma postura fenomenológica exige de o arquiteto ampliar seus conceitos sobre as suas ferramentas de trabalho, compreender suas potencialidades, seus atributos sensoriais e a dimensão do espectro de possibilidades que elas oferecem. No reconhecimento dessa subjetividade é que damos forma às coisas, e arquitetura é forma.

Milton Santos (1992) define o espaço como um conjunto indissociável de sistemas de objetos e sistemas de ações humanas. O espaço, além de físico e mensurável, é também um espaço das subjetividades, fundamentado nas interações sociais. A natureza do espaço é atravessada pela subjetividade, por nossos significados, afetos, por aquilo que construímos nele e dele. Ao se referir à análise do espaço, o referido autor propõe quatro itens a serem considerados: forma, função, estrutura e processo. Forma entendida como aparência, o que é externo, o aspecto visível de uma coisa, bem como o arranjo ordenado de objetos. Função como tarefa ou atividade desempenhada por uma forma. Estrutura "implica a inter-relação de todas as partes de um todo". O processo refere-se a "uma ação contínua, desenvolvendo-se em direção a um resultado qualquer" (Santos, 1992, p. 50).

Yi-Fu Tuan, geógrafo chinês, um dos fundadores da geografia humanista, trouxe uma grande contribuição e abertura à geografia com suas reflexões e significações acerca do espaço, lugar, meio ambiente, tempo, entre outros. Seus temas também abrangem discussões e debates sobre percepção, comportamento, cultura e arte. Na obra *Espaço e Lugar*, levantam-se questões essenciais sobre a cultura e a natureza para explicar os comportamentos subjetivos do homem dentro da perspectiva experiencial, dialogando assim com a fenomenologia existencialista e o humanismo. As relações em que o autor se debruça passam pela forma que o ser humano experimenta e entende o mundo e quanto se reflete na organização dos seus espaços a ponto de ressignificar em um lugar. "O lugar é segurança e o espaço é liberdade: estamos ligados ao primeiro e desejamos o outro" (Tuan, 1977, p. 9). Tuan reconhece o espaço como liberdade e o lugar como segurança, o lugar do sujeito e traz a influência da cultura nessas organizações dadas pela diversidade da civilização humana. Na experiência, o significado de lugar e o de espaço fundem-se; e, apesar de o espaço ser mais abstrato à medida que o conhecemos e o dotamos de valores, transformamo-lo em lugar (Ben, 2022, p. 12).

O espaço está sempre em movimento, e o lugar são as pausas que estabelecemos para usufruir dele. Tendo em vista que experienciar é aprender a partir da própria vivência, a amplitude e intensidade da experiência definirão o conhecimento sobre o espaço. As possibilidades de contato podem ser táteis, visuais, motoras, auditivas e conceituais, e o grau de envolvimento e consciência da experiência dará subsídios para interpretarmos o espaço como sentimentos mais complexos. A cultura influencia intensamente o comportamento e os valores humanos e, nesse lugar de construção de repertórios singulares, a memória representa um papel imprescindível nos nossos processos compositivos, pois lá residem as imagens que nos atravessam. A memória é um tempo que retemos para que não desapareça, é a documentação de histórias que se foram e não voltam, mas comprovam nossa existência e dizem muito sobre nós. Quando a visitamos, encontramos sentimentos e experiências daquilo que fomos e do que nos tornamos. A matéria também traz em si, por meio das suas superfícies e simbologias, essa perspectiva relacional entre memória e experiência, pois ela é sensorial, tem texturas, cheiros, cores, sons. A lembrança não se limita aos aspectos visuais, mas normalmente inclui outros fatores sensoriais, como cheiros, sons e emoções experimentados quando a pessoa viu o objeto real pela primeira vez.

Hoje, também ganham voz na ciência os estudos de James J. Gibson (1904-1979), iniciados no século XX, na sua teoria ecológica da percepção. Para Gibson, o ambiente decide a percepção e que o significado está naquilo que o ambiente "dá" ao observador. A integração dos órgãos sensores — exteroceptores (olho, ouvido, pele, nariz e boca); proprioceptores (músculos, juntas e ouvido interno), interceptores (terminações nervosas nos órgãos viscerais) — ele denominou de percepção háptica.. Segundo Gibson, o movimento intencional e a percepção, tanto visual como háptica, dão aos seres humanos seu mundo familiar de objetos díspares no espaço.

A abordagem ecológica de Gibson coloca grande ênfase na percepção como uma ação de base sensório-motora. E hoje já é reconhecido cientificamente que órgãos dos sentidos são órgãos de aprendizagem perceptiva, performativa e adaptativa, e essa capacidade cerebral de mudanças é atribuída à plasticidade cerebral, sugerindo que nosso cérebro é maleável e constituído para a aprendizagem e adaptação ao ambiente ao longo da vida. As descobertas trazidas pela Neurociência afirmam que a percepção se configura como a elaboração mental dessa interação sensorial com o ambiente. O nosso sistema somatossensorial age como intérprete do nosso contato com o mundo. O entendimento de somestesia, sensibilidade com o corpo, amplia-se para um conjunto de informações sensoriais que chamamos de tato, mas envolve um conjunto de informações sensoriais de tato, pressão, temperatura, dor, prurido, propriocepção. "O reino háptico da arquitetura é definido pelo sentido do tato. Quando a materialidade dos detalhes que compõem um espaço arquitetônico é revelada, o reino háptico se abre. A experiência sensorial é intensificada; dimensões psicológicas entram em jogo" (Holl, 2014, p. 34). O conceito de sinestesia, sensibilidade integrada ao movimento e inter-relação dos sentidos, garante-nos a apreensão de uma realidade mais orgânica e intensificada no espaço, proporcionando uma experiência plural e multissensorial na arquitetura.

Observar o mundo ao nosso redor, seus objetos e detalhes, é espontâneo e inevitável, porém, quando se trata de pensar sobre nossas percepções visuais, é fundamental e desafiador discutirmos a função da luz e seu papel no processo perceptivo. Entender a luz está relacionada a entender conscientemente como nos comunicamos com o mundo? Acredito que sim, pois a sua presença é por si só uma experiência perceptiva que, compreendida pela perspectiva de interatividade com o espaço e a matéria, configura um campo de presença sensível aberto a possibilidades perceptivas e relações com o ambiente.

Ao projetarmos a luz para um espaço, estamos conduzindo o olhar do usuário para aquilo que é significativo, algo que queremos revelar no espaço, que vai desde um objeto, uma ação, um comportamento e/ou uma subjetividade. Os efeitos da luz poderão influenciar o cérebro e estimular percepções relativas a antigas memórias guardadas em camadas profundas da consciência. O processo de articular um pensamento visual está intimamente ligado ao modo como nos relacionamos com as subjetividades do espaço e da matéria. Desse envolvimento surgirá um projeto de luz sensível. A visualidade de um ambiente é uma elaboração sucessiva de imagens materializadas no espaço. Apesar de não ter cheiro, som ou sabor, ela pode proporcionar conforto, emoções, bem-estar e estimular outros sentidos e formas no espaço. A luz nos conta histórias, sua narrativa está associada ao comportamento humano e às suas necessidades funcionais. Seu potencial como ferramenta de manipulação, por meio de intensidade, qualidade, cor, movimento e direcionamento, possibilita a criação de diferentes atmosferas e formas de interagir no espaço.

O estudo da luz é interdisciplinar, atravessa física, química e fisiologia e se aprofunda na psicologia devido a seus aspectos culturais, simbólicos e filosóficos. Ao me questionar: "o que é luz?", sigo em tentativas poéticas, pois assim a vejo.

> [...] uma radiação sensível e intuitiva vinda da estrela maior que, na sua composição mais pura de ondas e partículas, se desloca num feixe de fótons e nos revela o mundo, afeta nossos sentidos, consola em símbolos nossas crenças, acende imagens dentro de nós, e sua presença e ausência constituem nossos espaços internos e externos, nos contentando com prazer estético por sua beleza e magnitude. Vejo-a assim como uma atriz completa e plena que percorre o espaço e o preenche com seu movimento e destreza, dando voz e imagem ao deleite de outros corpos e matérias, numa convivência mútua e necessária. (Ben, 2022, p. 356).

O fenômeno luz é uma comprovação de que a imagem pertence ao olhar, podendo ser descrita de diferentes formas. A experiência com a luz nunca é igual, e isso a torna complexa. As ocorrentes mudanças na paisagem frente à sensação de cor, luminosidade, atmosfera, clima e sua trajetória ao refletir na matéria criam infinitas imagens, e a perspectiva da luz sobre a retina pode ser alterada a todo momento. Quem define isso somos nós (Ben, 2020, p. 76).

> O espírito perceptivo e a força metafísica da arquitectura orientam-se pela qualidade da luz e da sombra constituída por sólidos e vazios, pelo grau de opacidade, transparência ou translucidez. Em essência, a luz natural, com sua variedade etérea de mudança, orquestra a intensidade da arquitetura e das cidades. O que os olhos veem e os sentidos

sentem em termos de arquitetura é moldado de acordo com as condições de luz e sombra. (Holl, 2014, p. 22).

A citação de Holl desvela a magnitude e representatividade da luz na arquitetura. Na concretude da sua cosmogonia, percebemos que ela habita nosso universo metafísico, simbólico, cultural e mítico. Ao percebermos a luz pela perspectiva de interatividade com o espaço e a matéria, estabelecemos conexões com nossa sensorialidade que reverberam em relações mais orgânicas na construção das poéticas, sejam elas pictóricas, audiovisuais, arquiteturais e/ou cênicas. Silenciar frente à sua manifestação natural é treino para o cérebro experimentar a contemplação enquanto observação detalhada e demorada no decurso do tempo.

Merleau-Ponty (2011) mostra que o ato de significar está em relação com essa experiência silenciosa, solitária, que envolve toda nossa sensorialidade e que a transcende. Ao nos colocarmos nesse estado de presença, criamos um campo perceptivo fenomenal e ativamos a percepção multissensorial, alargando o olhar além da visão, permitindo-nos escutar os ecos do espaço, abrindo frestas a outras perspectivas criativas de composições entre luz, espaço e matéria. A articulação de um conceito perceptivo na arquitetura envolve, antes de tudo, um processo de evolução do ato de olhar além da imagem, a compreensão da totalidade do corpo nessa interação e comunicação com o ambiente.

O método fenomenológico também nos possibilita o entendimento das coisas concretas, palpáveis e visíveis que os usuários vivenciam e precisam ser solucionados na dimensão da experiência do homem no mundo sem dissociá-los dos fenômenos que os afetam e determinam o ambiente em que vivem. A percepção é ação, um processo ativo que reflete mudanças, exigindo-nos novas formas de experienciar. Diante disso, a experiência intensificada é uma ação metodológica que pode desempenhar um papel fundamental na sensibilização do arquiteto, permitindo uma compreensão mais profunda e significativa do ambiente construído e das necessidades dos usuários e pode ampliar a sensibilidade do arquiteto em relação à diversidade de experiências e necessidades dos usuários. Também o vivenciar uma variedade de espaços e interagir com diferentes contextos culturais, sociais e físicos é ação que enriquece nossos repertórios pessoais e nos leva a outras possibilidades artísticas de agir no espaço, ampliar perspectivas e encontrar pontos de intersecção com o sentir e o fazer na arquitetura.

A articulação de um conceito perceptivo que reverbere em relações mais orgânicas e sensoriais provém das experiência e abstrações do olhar do arquiteto em captar essas inter-relações da luz, espaço e matéria e a complexidade de sensações que a arquitetura pode evocar.

Considerações finais

A relação entre ciência e filosofia é complexa e multifacetada. Ao longo da história, essas duas disciplinas influenciaram-se mutuamente, com a filosofia muitas vezes fornecendo as bases conceituais e teóricas para a investigação científica. No campo da percepção e da corporalidade, essa interação também é evidente. A filosofia fenomenológica explora toda subjetividade e singularidade envolvidas no fenômeno da percepção, investigando como os indivíduos constroem significados e compreendem o mundo por meio de sua corporeidade.

Nesse profundo diálogo complementar entre filosofia, psicologia e neurociências, o estudo da percepção passa a desempenhar um papel fundamental na evolução de um conceito perceptivo mais evoluído no projeto arquitetônico e colabora para desconstruir o olhar técnico e elaborar uma perspectiva que abarque a arquitetura como fenômeno. De acordo com essa perspectiva, a percepção não é uma simples cópia do mundo externo, mas uma construção ativa realizada pelo sistema perceptual.

Em busca da síntese arquitetônica que considera os princípios fenomenológicos — consciência, retorno às essências, intencionalidade e experiência — é que definimos as categorias de análise fenomenológicas: habitar autêntico; conexão com o lugar; espaço e tempo; o corpo vivo; qualidades sensíveis das coisas; atmosferas. Essa é a base que orienta um projeto conceituado nos aspectos intersubjetivos fundidos com as percepções daquele que constrói e oportuniza a arquitetos pesquisadores desenvolveram teorias mais completas e sofisticadas, capazes de abordar as complexidades e sutilezas envolvidas na experiência humana. Ao adentrarmos nessas camadas intersubjetivas, na busca de outras possibilidades de agir nos espaços, encontramos pontos de intersecção com nós mesmos, nossas memórias, vivências, repertórios sensíveis, conhecimento adquiridos durante nossa trajetória, um caminho que deflagra um encontro íntimo que serve de base informativa no processo de criar.

Ao refletirmos sobre a relevância desses conteúdos, o essencial é que a arquitetura presentemente, num mundo complexo e com tantas adversidades, ecoe numa nova filosofia de pensar e compreender os espaços acerca do movimento humano e de suas reais necessidades, retomando o sentido de identidade e o olhar sensível e ampliado sobre a essência das coisas.

O ponto central da arquitetura reside em suas essências perceptivas, fato que muda a experiência da nossa vida. Voltamos aqui à essência das coisas, em que o ato de ver corpóreo é a forma de captar a revelação do mundo. Ver e sentir essas qualidades físicas significa nos tornarmos sujeitos dos sentidos. Devemos, portanto, estar atentos a tudo o que está tangivelmente presente, pois, apesar de todas as distrações que se apresentam, ainda é a partir de nossa perspectiva que nossas visões de mundo são formadas.

Referências

BEN, C. Luz, espaço e matéria: Uma tríade inseparável no processo compositivo do iluminador(a) cênico(a). *Revista A Luz em Cena*, Florianópolis, v. 2, n. 2, dez. 2021.

BEN, C. P. *A luz além da cena:* Vestígios do olhar de uma iluminadora. 2020. 336 f. Tese (Doutorado em Pedagogia do Teatro) — Universidade de São Paulo, São Paulo, 2020.

CHAUI, M. *Convite à Filosofia*. São Paulo: Ática, 2000.

ENGELMANN, A. *Introdução. In*: KÖHLER, W. (org.). *Em A. Engelmann.* São Paulo: Ática. 1978. p. 7-36.

FUAN, Y. F. *O Espaço e o Lugar*: A perspectiva da experiência. Tradução de Lívia de Oliveira. São Paulo: Difel, 1983.

HEIDEGGER, M. (1951). *Construir, habitar, pensar [Bauen, Wohnen, Denken]*. Conferência pronunciada por ocasião da "Segunda Reunião de Darmastad", publicada em *Vortäge und Aufsätze,* G. Neske, Pfullingen, 1954. Tradução de Marcia Sá Cavalcante Schuback.

HOLL, S. *Cuestiones de percepción*: fenomenología de la arquitectura, Editorial Gustavo Gili, 2014. ProQuest

Ebook Central. Created from biblioseksp on 2019-03-13 18:16:52. Os textos "Questões de Percepção. Phenomenology of Architecture", "Phenomenal Zones" e "Archetypal Experiences of Architecture" foram escritos em 1992-1993 e publicados na edição especial Questions of Perception da revista toquiota a+u, 1994. Reimpresso em Questões de Percepção. Fenomenologia da Arquitetura, William Stout Publishers/a+u Publishing, São Francisco/Tóquio, 2006. p. 39-135.

HUSSERL, E. *A ideia da fenomenologia.* Lisboa: Edições 70, 1986.

MERLEAU-PONTY, M. *O Visível e o Invisível.* 3. ed. Tradução de José Artur Gianotti e Armando Mora d'Oliveira. São Paulo: Perspectiva, 1992.

MERLEAU-PONTY, M. *A Fenomenologia da Percepção.* Tradução de Carlos Alberto Ribeiro de Moura. São Paulo: Martins Fontes, 2011.

PALLASMAA, J. *Os olhos da pele*: arquitetura e os sentidos. Tradução de Alexandre Salvaterra. Porto Alegre: Bokman, 2011.

SANTOS, M. *A Natureza do Espaço*: Técnica e Tempo, Razão e Emoção. 4. ed. 2. reimpr. São Paulo: Editora da Universidade de São Paulo, 2006. (Coleção Milton Santos, 1).

A FENOMENOLOGIA E A ARQUITETURA: PASSAGENS E ENCONTROS

Luiz Paulo Cobra Monteiro

Como adverte Marilena Chauí (2002, p. 9-12), uma simples pergunta e resposta contêm, silenciosamente, várias crenças não questionadas por nós. A realidade existe fora de nós, podemos percebê-la e conhecê-la tal como é, diferenciando realidade da ilusão. Sabemos que a objetividade e a subjetividade existem, que a primeira é a atitude imparcial que alcança as coisas tais como são verdadeiramente, enquanto a subjetividade é uma atitude parcial, pessoal, ditada por sentimentos variados.

Nossa vida cotidiana é toda feita de crenças silenciosas, da aceitação tácita de evidências que nunca questionamos porque nos parecem naturais e óbvias. O que são as crenças e os sentimentos que alimentam nossa existência? Ao tomar distância das coisas, das ideias, dos fatos, das situações, dos valores, dos comportamentos de nossa existência cotidiana, não aceitando aquilo que nos parece natural e óbvio, sem antes havê-los investigado e compreendido, estamos adotando uma atitude filosófica.

Em nossa sociedade, consideramos que alguma coisa só tem direito de existir se tiver alguma finalidade objetiva e prática, essa atitude é determinada pela ciência; porém ninguém pergunta para que servem as ciências, todos veem as ciências nos produtos da técnica. As ciências pretendem ser conhecimento verdadeiro sobre todas as coisas, obtido graças a procedimentos rigorosos de pensamento. Elas acreditam na existência da verdade, de procedimentos corretos para bem usar o pensamento, na tecnologia como aplicação prática de teorias, na racionalidade dos conhecimentos, porque podem ser corrigidos e aperfeiçoados.

A reflexão filosófica significa movimento de volta sobre si mesmo ou movimento de retorno a si mesmo. São perguntas sobre as essências, as significações, ou a estrutura e a origem de todas as coisas. Nesse sentido, podemos destacar a escola da Fenomenologia, fundada pelo matemático e filósofo Edmund Husserl em 1900-1901, com a primeira publicação da sua principal obra, *Investigações Lógicas*.

De acordo Tommy Akira Goto (2008, p. 29-31), alguns anos após essa publicação, Husserl elaborou alguns conceitos-chave que o levaram à publicação de *Idéias*, em 1913. A sua última obra, *Crise das Ciências Européias*, ficou inacabada. A intenção de Husserl nos seus últimos escritos era mostrar o caminho à subjetividade transcendental, partindo do que chamou mundo da vida (*Lebenswelt*). Nesse sentido, *Crise* (*Krisis*) retoma não só a história do conhecimento filosófico e científico a partir da época moderna, mas também sua história presente, marcada pela ascensão nazista. *Crise* é um conjunto de manuscritos e conferências que datam de 1926 a 1937, em parte organizados pelo seu último assistente, Eugen Fink. A obra foi finalizada e editada em 1954 por Walter Biemel, recebendo o título de *A Crise das Ciências Européias e a Fenomenologia Transcendental*.

Ainda conforme Goto (2008, p. 33), para a consolidação do ideal fenomenológico como filosofia primeira, em uma época que a razão perdeu crédito em relação à ciência, Husserl elaborou o método fenomenológico; não reproduzindo o trajeto científico (objetivismo), voltou à própria subjetividade, desvelando vias possíveis que o conduziram à evidenciação da subjetividade transcendental como estrutura primeira e fundamental de toda existência.

Os escritos de Husserl são de difícil compreensão e como não é objetivo deste trabalho estudá-lo, buscamos fontes de credibilidade e de mais fácil acesso. Os autores escolhidos são considerados especialistas internacionais e nacionais consagrados no pensamento fenomenológico.

Introdução à Fenomenologia de Edmund Husserl

De acordo com Goto (2008, p. 67-68), para Husserl a fenomenologia é uma ciência descritiva dos fenômenos, em que fenômeno (*Erscheinen*) significa todo aparecer à consciência, podendo ser entendida também como uma ciência descritiva da consciência, isto é, uma analítica intencional.

A analítica intencional é o estudo descritivo dos fenômenos a partir de sua constituição intencional, uma análise da estrutura da consciência. Desde a sua obra *Investigações Lógicas*, cuja primeira edição é de 1900-1901, Husserl analisa a consciência (consciência psíquica e transcendental) para compreender e apreender a origem e o processo que forma o conhecimento, deixando de lado todo psicologismo e toda a lógica. Ele mostrou que a estrutura fundamental da origem do conhecimento das coisas e de si mesmo é a consciência intencional.

Uma das melhores maneiras de compreender a Fenomenologia é pela sua etimologia, que é uma combinação das palavras gregas *phainomai* e *logos*. *Phainomai* significa brilhar, aparecer, mostrar-se, e *logos* significa discurso no sentido de descrição. Sendo assim, fenomenologia quer dizer uma descrição ou análise racional dos fenômenos ou uma descrição de tudo aquilo que surge ou aparece.

Esse termo foi adotado por Husserl pela primeira vez em sua obra *Investigações Lógicas*, cuja motivação era a de elevar a Filosofia a um estatuto de saber absoluto e evidente, isto é, alcançar a apodicticidade, do grego *"apodeiktike"*, que significa demonstração de uma verdade sem necessidade de recorrer a provas. Para a Filosofia, a Fenomenologia constituiu-se em ciência dos fenômenos, ela investiga aquilo que aparece ou que se mostra à consciência em todas as suas significações possíveis.

Para a filósofa Ângela Ales Bello (2006, p. 13-15), fenômeno significa aquilo que se mostra; não somente aquilo que aparece ou parece; *logia* deriva da palavra *"logos"*, que para os gregos tinha muitos significados: palavra, pensamento etc. O pensamento é a capacidade de refletir. Então fenomenologia é a reflexão sobre um fenômeno. Podemos nos perguntar: o que é que se mostra e como se mostra?

Em um primeiro momento, pensamos que aquilo que se mostra está ligado ao mundo físico diante de nós. Para dizer: as coisas se mostram, precisamos dizer que as percebemos e que estamos voltados para elas. Não tratamos somente do significado das coisas físicas, como cadeira, mesa etc., tratamos também de coisas abstratas, por exemplo, república, eventos, fatos etc., que significam um conjunto de situações. Todas as coisas, no seu sentido mais amplo, que se mostram a nós tratamos como fenômeno, a partir dele conseguimos compreender o sentido. O fato de mostrar-se não basta, precisamos compreender o seu sentido.

O fenômeno pode ser entendido como algo puro e absoluto que aparece ou surge no campo da consciência, não é mera aparência nem um aparecimento objetivo. As coisas[15] (*Sachen*) aparecem como fenômenos, é esse aparecer que faz as coisas, o mundo e nós mesmos surgirem como existentes. Para que se constitua o conhecimento, os fenômenos aparecem à consciência. O fenômeno são todas as coisas reveladas à consciência. Somente existindo é possível ter conhecimento das coisas (entes), obviamente, do contrário, não as conhecemos, é por meio dos nossos atos da consciência, do fato dela dirigir-se às coisas, que captamos os fenômenos que aparecem, que se manifestam.

> Os fenômenos são dados à consciência, sendo presenças à consciência, por essa ser fundamentalmente intencional, existindo como consciência de algo e sendo sempre consciência de. Somos sujeitos que conhecemos, somos consciência cognoscente, estando sempre aptos para conhecer algo, isto é, toda consciência é consciência de algo diferente dela. Essa concepção promove uma mudança conceitual radical no entendimento da consciência, porque, desde o início da modernidade, a consciência foi concebida a partir da ideia solipsista do Ego. Diante disso, afirmou Husserl, a fenomenologia transcendental constitui-se em uma fenomenologia da consciência, pelo simples fato de ela dirigir-se exclusivamente para os

---

[15] É importante destacar que a palavra "coisa" em alemão pode ser utilizada no sentido de coisa material ou física (*Ding*) ou como coisa-argumento (*Sache*). Na fenomenologia a palavra "coisa" é utilizada como *Sache*, ou seja, as coisas que surgem enquanto fenômeno pensado, imaginado, percebido etc.

> fenômenos. A fenomenologia, partindo da concepção de consciência como intencional e descrevendo como captarmos intencionalmente os fenômenos que aparecem, rompeu com todo o predicamento egocêntrico da filosofia. (Goto, 2008, p. 66).

Ainda, segundo Goto (2008, p. 72-73), uma outra maneira de compreender a fenomenologia é analisar rigorosamente a subjetividade e suas estruturas fundantes. Diante das limitações teóricas da lógica, da psicologia e da ciência, da incapacidade do método científico de abranger a subjetividade em seu sentido pleno e da carência da filosofia em ter fundamentos seguros e absolutos para a construção de conhecimento evidente e válido, Husserl inaugura a fenomenologia como método rigoroso na tentativa de superar os limites do conhecimento.

Para a construção desse empreendimento filosófico, Husserl adotou como ponto de partida metodológico para a fenomenologia uma máxima: "voltar às coisas mesmas" (*zu den Sachen selbst*). Isso significa que a fenomenologia deve metodologicamente reconduzir-se à iniciativa de buscar os fundamentos primeiros, sem recorrer às teorias científicas ou filosóficas que estão preestabelecidas, eliminando, assim, os preconceitos teóricos, para poder permitir e deixar ver as coisas como nos aparecem em seu pleno sentido nas vivências.

A atitude do retorno às coisas mesmas constituirá à volta às vivências mesmas, por serem elas o fundamento tanto das coisas objetivas quanto das subjetivas. As coisas (*Sachen*) da fenomenologia se constituem por tudo aquilo que podemos intuir de forma livre e espontânea, intuído diretamente da experiência. Não são apenas os objetos que estão externa ou internamente em nosso conhecimento. Nesse sentido, afirma Goto (2008, p. 67), a fenomenologia vai se constituir em "ciência pura" dos fenômenos, ou seja, estabelecendo-se como o estudo dos fenômenos puros para chegar aos conhecimentos essenciais. Cabe lembrar que "puro", na filosofia, significa aquilo que é em si mesmo, o originário. Por fim, Husserl, em sua obra *Idéias I*, definiu a fenomenologia como uma ciência eidética descritiva ou ciência descritiva das essências puras, dos fenômenos da consciência ou ainda simplesmente de essência da consciência pura.

Conforme destaca Sokolowski (2004), na tradição cartesiana, hobbesiana e lockiana, os fenômenos são as coisas (*Ding*) que aparecem; nessas tradições acredita-se estar diante de um "retrato", "objeto percebido" ou "símbolo": são modos nos quais as coisas podem ser. Para a fenomenologia, ao contrário, o modo como as coisas aparecem é parte do ser das coisas; elas aparecem como são, e são como elas aparecem. As coisas não apenas existem, elas também manifestam a si mesmas como são. Por exemplo: "*Os animais têm um modo de manifestar diferente das plantas, porque animais são diferentes de plantas em seu ser*" (Sokolowski, 2004, p. 23).

Ainda conforme Sokolowski (2004, p. 75), quando fazemos juízos, nós enunciamos a apresentação de partes do mundo, nós não organizamos simplesmente ideias ou conceitos em nossa mente. Às vezes as coisas não são como parecem. Podemos achar que vemos alguma coisa e na realidade ela é outra. Os enganos são algo público. Enganos, encobrimentos, camuflagem são reais em seu próprio modo, são possibilidades do ser, e pedem sua própria análise. Até as alucinações têm um tanto de realidade nelas mesmas.

Para a fenomenologia não existe nenhuma aparência enganosa, e nada é só um aparecimento. Os aparecimentos são reais, eles pertencem ao ser. As coisas aparecem. Há muito o que pensar sobre o modo como as coisas manifestam-se em si mesmas, e em nossa habilidade de sermos verdadeiros em deixá-las aparecerem. A fenomenologia nos ajuda a pensar nas presentificações e ausências das coisas que estão perfeitamente entrelaçadas, removendo os impedimentos céticos, dando-nos possibilidades de diferentes compreensões, identidades e formas.

Análise da consciência intencional: da percepção ao conceito

Todo ato da consciência, cada experiência que nós temos é intencional. Como afirma Sokolowski (2004, p. 22), toda intenção tem seu objeto intencionado, e dado objeto está correlacionado com cada ato da consciência ou com cada experiência; "consciência de", "experiência de" algo ou outrem.

A intencionalidade na tradição filosófica da fenomenologia significa a correlação que a consciência tem com o objeto e são muitas as consciências ou intencionalidades, podendo ser intenções mentais ou cognitivas e não práticas. Para a fenomenologia, a intencionalidade não tem o significado exclusivo de algo proposital, vai contra o sentido prático e usual da palavra.

A importância dessa intencionalidade vem do fato de que a tradição cartesiana, hobbesiana[16] e lockiana[17] quando dominava nossa cultura, nos ensinava que, no momento em que estamos conscientes, estamos principalmente conscientes de nós mesmos ou de nossas próprias ideias. A consciência era concebida como uma coisa fechada (caixa-preta). Impressões e conceitos ocorrem nesse espaço fechado, nesse círculo de ideias e experiências, e nossa consciência é direcionada a eles, não direcionada diretamente às coisas de "fora".

Raciocinamos que nossas ideias devem ser causadas por algo fora de nós, e construímos hipóteses ou modelos do que e como as coisas devem ser, mas não temos nenhum contato direto com elas. Alcançamos as coisas raciocinando a partir de nossas impressões mentais, não porque estamos na presença delas. Estamos certos da existência de nossa própria consciência e dos estados dela. Essa ideia é reforçada pelo que sabemos do cérebro e do sistema nervoso. Parece que tudo que é cognitivo acontece "dentro da cabeça" e tudo que é possível constatar são dos nossos próprios estados cerebrais.

Sabemos intuitivamente que não estamos presos em nossa própria subjetividade, estamos certos de que vamos além de nossos estados cerebrais e mentais internos, mas não sabemos como justificar essa convicção. Não sabemos como mostrar que nosso contato como o "mundo real" não é uma ilusão, não é uma mera projeção subjetiva. Como saímos de nós mesmos? Quando falamos de consciência, sempre achamos que estamos "dentro" e ficamos surpresos quando sabemos que alcançamos o "fora".

Para Sokolowski (2004, p. 24), a fenomenologia rompe com essa divisão entre consciência e mundo; mostra que a consciência é uma coisa pública, que age e manifesta a si mesma publicamente, não apenas dentro de seus próprios limites. A consciência e o mundo são correlatos entre si. Coisas aparecem para nós, coisas verdadeiramente descobertas, e nós revelamos para nós mesmos e para os outros o modo como as coisas são.

Quando a consciência é tomada no modo cartesiano, ou hobbesiano, ou lockiano, como um recipiente onde as coisas são colocadas, com seu círculo de ideias, o termo "consciência" tem somente um significado ou interpretação. Não há estruturas diferentes dentro dela, há apenas consciência pura e simples.

Para a fenomenologia, a intencionalidade é altamente diferenciada, há tipos diferentes de intencionalidades, correlacionadas com tipos diferentes de objetos. Por exemplo, quando vemos um objeto comum, ou uma fotografia, ou uma palavra, ou uma recordação, ou quando fazemos juízos ou

---

[16] "Hobbesiana" derivada do nome do filósofo inglês Thomas Hobbes (1588-1679), da corrente filosófica do empirismo que considera a origem de todo conhecimento fruto apenas da percepção (sensação) — sensualismo.

[17] "Lockiana" derivada do nome do filósofo inglês John Locke (1632-1704), considerado fundador do empirismo, que se opõe à tese do racionalismo — a experiência é a única fonte do conhecimento —; a alma é um "papel em branco" (tábua rasa) onde a experiência escreve.

classificamos coisas em grupos; cada um desses elementos percebidos implica uma intencionalidade diferente, e muitas vezes entrelaçada. Por exemplo: ver uma fotografia envolve uma intencionalidade pictorial, como também envolve uma intencionalidade sobre o objeto, suporte dessa fotografia. Separar e diferenciar todas essas intencionalidades e os tipos específicos de objetos correlatos com elas constitui o trabalho da fenomenologia. Descrever isso leva a entender o conhecimento humano em todas as suas formas e os modos como estamos relacionados ao mundo em que vivemos.

Goto (2008, p. 67) explica que para Husserl a consciência é intencional no sentido de que toda consciência é consciência de algo, sempre um visar a um ente. A consciência é o fundamento da manifestação dos fenômenos por sua intencionalidade e promove a constituição das condições dos entes. Essa constituição é denominada como processo da consciência, com seus atos e modalidades, que constitui os entes que são peculiarmente dados à consciência. Portanto, ela é subjetiva, intencional e transcendental. Ainda, continua Goto (2008, p. 69), para Brentano, a consciência é definida como intencional, o que significa que ela (concebida pelos fenômenos psíquicos) contém intencionalmente os objetos, sendo todos representados introspectivamente na consciência. O caráter intencional da consciência mostra que os fenômenos psíquicos fazem referência só aos objetos da consciência, a uma objetividade imanente. Husserl utiliza a ideia de intencionalidade de Franz Brentano, que diz que *"toda consciência é consciência de alguma coisa"*, mas para o fenomenólogo a consciência tem de ser *"consciência de", transcendental e não apenas psíquica,* atribuída a certos vividos, uma percepção é percepção de percebido, um desejo é desejo do desejado. Os vividos participam da intencionalidade, a visada de objetos deve ser considerada até certo ponto interna, ainda não estão na imanência, eles emergem do fluxo, de uma multiplicidade de vividos.

No entanto, adverte Goto (2008, p. 67), para Husserl a consciência não se limita à concepção psicológica. A consciência é um visar a algo, o ato de visar não se restringe a ser apenas um ato psíquico, ela é transcendental. Completa-se em ser vivências intencionais ou um fluxo de vivências intencionais que constituem a subjetividade de maneira universal e *a priori*. A intencionalidade consiste em uma orientação até a coisa, definindo-se assim como traço constitutivo da consciência, o ser da própria consciência. A fenomenologia tem de ser estudo das essências das vivências puras além dos limites da experiência material, ela é transcendental.

Nas aparições dos objetos físicos, não temos apenas os simples objetos materiais que aparecem, e sim as vivências desses objetos que aparecem. Por exemplo: na percepção de uma árvore, não teremos duas vivências isoladas da árvore-matéria e da percepção dela, como indica a experiência natural, mas, sim, teremos a consciência da árvore enquanto árvore percebida.

A correlação universal (consciência transcendental ou subjetividade transcendental) tem como concepção central a ideia de que o sujeito e o objeto aparecem como inseparáveis. São dois polos que, desde o início, não podem existir independentemente. Já possuem uma vinculação essencial, definida por leis *"a priori* na subjetividade", sem as quais não seriam concebíveis nem a consciência nem o mundo. Trata-se de uma correlação indissociável entre a consciência e o objeto presente que acontece em nossas vivências, um *"a priori* da correlação universal", como denomina Husserl.

O vivido, em alemão *Erlebnis*, é aquilo de que se tece à nossa consciência enquanto nela se escoa uma vida. A consciência não cessa de se manifestar em um fluxo contínuo de vivências entrelaçadas umas nas outras. Desde as *Investigações Lógicas*, Husserl distingue três sentidos da palavra "consciência": 1) tecido dos vividos psíquicos na unidade do fluxo dos vividos; 2) percepção interna; e 3) nome genérico de nossos atos psíquicos.

O modo de acesso privilegiado ao fluxo dos vividos é a reflexão, segundo Salanskis (2006, p. 21); Husserl em sua obra *Idéia I*, nas páginas 258 a 269, argumenta que a reflexão está acima de qualquer suspeita como modo de acesso aos vividos e aos seus arranjos, porque é dela que originariamente temos o domínio dele, mas ela nos dá apenas um pedaço do escoamento do fluxo. Em *Investigações Lógicas*, Husserl descreve a síntese da totalidade do fluxo como se operando por proximidade, por meio de dois princípios: 1) ligar todas as vizinhanças temporais das partes do fluxo; e 2) cada vez que se inclui ao fluxo um coletivo de vividos, autoriza-se a considerar cada parte desse coletivo como sendo igualmente um membro do fluxo. Husserl afirma que o fluxo dos vividos é um contínuo.

O contínuo não é compositivo, é um elemento no qual as partes contíguas fundem-se em sua borda, ele é substantivo, é o nome de um elemento, de um receptáculo, de uma quase multiplicidade, não vale como qualidade, modalidade ou aspecto. Conhecer é nomear, distinguir, comparar, descrever com conceitos que sintetizam. Conhecer as plantas é saber identificá-las individualmente e fazer sobre elas juízos que as ligam às espécies que lhes convêm; conhecer a linguagem é encontrar as unidades de base, fonemas ou começos lexicais.

De acordo com Salanskis (2006, p. 28), Husserl nos diz que o próprio fluxo dos vividos nos tira do mau caminho onde seu contínuo originalmente nos colocou. Nesse contínuo opera um fluxo de síntese intencional que constitui unidades adaptadas ao conhecimento conceitual e descritivo, o qual a fenomenologia procura desvendar. Portanto, a fenomenologia será a descrição racional completa do fluxo segundo a síntese intencional, e ela tornará evidente o arranjo estrutural dessas unidades.

Diferentemente da geometria, que é um conhecimento do contínuo do espaço, ou da análise matemática, que é um conhecimento do contínuo dos números reais, o contínuo dos vividos é um fluxo heraclitiano, ele é contínuo de um escoamento que nunca retorna a si, vítima de uma dissipação irreversível.

Continua Salanskis (2006, p. 29), Husserl em 1905 publica *Lições para uma fenomenologia da consciência interna do tempo*, que procura compreender o caráter temporal da experiência para nós, isto é, como emerge um sentido de tempo nos conteúdos de nossa experiência; como as durações imanentes, presente, passado e futuro, adquirem sua significação. Tenta compreender também como se chegou à noção familiar do senso comum e à ciência de um tempo objetivo único, em que se situa todo acontecimento e toda realidade dura.

Para explicar nossa relação originária com a temporalidade daquilo que experimentamos, que funciona como uma condição de possibilidade, como um elemento de fundação em relação ao jogo cognitivo-teórico comum ao tempo, Husserl identifica o que denominou "retenção", que é o que nos acontece quando, logo depois de desenrolar-se em nós a recepção de um processo temporal, por exemplo, depois da audição de uma melodia, retemos esse fato temporal. Por um lado, a retenção nos liga ao recém-passado, mantemos a identidade da melodia já escutada e de alguma maneira unificamos e sintetizamos nosso próprio vivido.

Para um presente da consciência impressional, não existe instante imediatamente anterior, a retenção nos fornece o elemento fundamental de nossa temporalidade, mas não todo o tempo. Teríamos a função simétrica da "protensão", que desempenha o mesmo papel da retenção, isto é, a expectativa do futuro próximo.

O escoamento de uma duração não se limita ao escoamento dos instantes dessa duração, mas ao modo como é colocado por nós. Um instante próximo é simplesmente retido, um instante mais distanciado é alcançado como retido em um recém-passado, ele mesmo retido. A retenção funciona como um operador infinitesimal, um intervalo de pequena duração imanente [x, x + dx], que contribui para a síntese de um intervalo [a, b]. A cada instante P que atravesso, tenho uma relação com o conjunto da duração parcial terminada.

A percepção do mundo temporal que nos acolhe não é uma forma imaginada na qual colocamos os vividos rememorados. A retenção é uma função do tipo perceptivo, destituída de pensamento ou de imaginação, que não está à disposição de uma liberdade intelectual: ela surge em mim necessariamente, como uma espécie de visão ou de tocar o tempo. Lembra Salanskis (2006, p. 36) que Husserl descreve um segundo modo temporalizante da consciência: o da recordação ou memória secundária. A retenção é um modo perceptivo, é a maneira pela qual o temporal enquanto passado se apresenta originariamente a nós, não é, de forma alguma, uma representação do tempo por nós, é a recordação que acrescenta a função representativa. A recordação é uma visada de uma duração terminada, fora do alcance da retenção. Essa visada é do tipo reprodutivo, o campo temporal presente reproduz retenção por retenção. A recordação dá lugar a um jogo formal da reprodução, que nos permite reproduzir encadeamentos acrescentando pedaços de reprodução uns aos outros, reproduzindo atos reprodutores ou estruturas que combinam diversos graus de reprodução.

Do ponto de vista fenomenológico de Husserl, concebe-se o tempo total, único e onienglobante, de maneira objetiva e subjetiva, pois não se atribui um *a priori* ao tempo das coisas reais do mundo, apesar de não questionar a temporalidade. Todas as realidades se mantêm em um tempo objetivo, que pode ser suspendido, mas não negado. Na realidade existe um tempo interno e um tempo atribuído ao externo. O escoamento interno é o próprio fluxo, o fluxo dos vividos enquanto subjetividade absoluta, como testemunho último que nenhum ponto de vista externo poderia corrigir, como totalidade temporal da interioridade. Os atos de visada conferem à multiplicidade dos vividos toda a sua estrutura, e dos quais dependem a estatura e o sentido das coisas e da imanência subjetiva. Husserl denomina-o "intencionalidade".

Nesse sentido, as vivências se constituem pela correlação sujeito-objeto, eu-mundo. O sujeito capta os dados pelo ato de visar (*Noesis*), e os dota de sentido (*Noema*), o que denominamos de análise noética-noemática. Goto (2008, p. 71-72) destaca Morujão (1965), que afirma: o "*noema*", aquilo que é percebido, pensado, o imaginado, significa um termo da consciência intencional, por ser independente e manifestar-se tal como é em si e por si mesmo, ou seja, é objetivo. O "*noema*", por ser correlato, não se dá sem a "*noesis*", isto é, a percepção, o pensamento, a imaginação, que se constitui em um ato apreensivo intencional. A unidade "noético-noemática" é a unidade do sentido, a *noese* é um ato doador originário, enquanto o "*noema*" é puro fenômeno no sentido objetivo, é fundado na própria consciência.

Continua Goto (2008, p. 71-72), para Zitkoski (1994), a correlação "noético-noemática", isto é, percepção *versus* percebido, estabelece-se pela intencionalidade que é fluente e ativa, faz como que o "ego" puro projete atos intencionais que incidem no objeto, que são a "*noese*", que, enquanto vivência intencional puramente subjetiva, confere significado e dá sentido aos objetos desprovidos de sentidos em si mesmos. O sentido dado aos objetos é polarizado e projetado em fluxo vivencial em direção a um único objeto, "*noema*", constituindo-se objetalmente pelos múltiplos e infinitos atos intencionais.

Essa análise "noético-noemática" levou Husserl a conceber a consciência não só como uma corrente de vivências intencionais, mas também como a estrutura sintética dos múltiplos atos intencionais que constituem o sentido. A consciência ligada a intuição e percepção inicia seu processo com as intenções vazias, sem a presença dos objetos à consciência. No contato com as coisas, a consciência capta a essência (*eidos*) das coisas, para, em seguida, preenchê-las adequadamente até formar as evidências. Por isso, a consciência transcendental não se reduz apenas a ser uma estrutura intencional que promove a aparição dos fenômenos, a partir dos atos (fluxos de vivências), mas funda-se também como uma estrutura que constituirá, a partir de seus modos, o campo da subjetividade e da objetividade.

De acordo com Salanskis (2006, p. 59), desde as *Investigações Lógicas,* Husserl descreve a consciência como fluxo dos vividos, sabe cristalizar-se ou ligar-se de tal forma que se faz ato, aponta para uma visada, produz acontecimentos a partir da intencionalidade. Continua Salanskis (2006, p. 60-66): Husserl distingue dois tipos de vividos, os vividos hiléticos, da palavra grega *"hylé"*, que se traduz geralmente como matéria, que na filosofia tem como oposição a palavra grega *"morphé"*, que significa forma. Esses vividos são simples conteúdos, um puro material para a vida da consciência, o elementar da sensação e do sentimento. Os outros vividos que participam da intencionalidade são animados por uma multiplicidade de microatos, isto é, *noeses*, compondo uma forma com o material dos vividos hiléticos. A *"hylé"* de consciência é promovida pelos vividos da intencionalidade ao estatuto de *"morphé"*. Os vividos hiléticos e vividos na intencionalidade se equilibram para que o objeto possa ser visado.

Assim, por exemplo: a árvore no fluxo dos vividos se traduz por um feixe de esboços perceptivos, cada um deles dando-se essa árvore sob um certo ângulo, com um certo contorno aparente, com um certo cromatismo, com uma certa luminosidade, com um certo odor etc. Esses esboços variam para o sujeito perceptivo em que eles se recolhem em razão dos microacontecimentos no fluxo dos vividos. Todavia, a árvore é para nós a mesma no decorrer da variação dos esboços que dela temos.

Todos os esboços lhe são imputados como tantos modos de apontar para ela, semelhantes segundo a intencionalidade, na medida em que eles a visam. Esses esboços são ligados a uma forma, *"morphé"*, pelo equilíbrio entre os vividos hiléticos e os vividos, operado por um momento noético da consciência, nomeando de uma só vez a multiplicidade das *noeses*. Constituem coletivamente algo como uma "estátua de bronze" a partir da *"hylé"* da árvore, o *"noema* perceptivo", a árvore percebida como tal, árvore como polo unitário de meus esboços. Concluindo, o alicerce fenomenológico da intencionalidade é que, quando visa-se uma árvore ou o que quer que seja, o modo que o vivido é ligado à visada transforma a apreensão da multiplicidade hilética dos esboços em uma *"morphé"*, isto é, as *noeses* agem no fluxo dos vividos, provocando a *"morphé"*, que é um objeto virtual, imanente, puro correlato, denominado *noema*.

O fluxo dos vividos se constitui de maneira temporal, mas a *"morphé"* não precisa ser espacial, dificilmente podemos dizer que ela existe; a possibilidade intelectual que temos de torná-la verossímil por meio de uma representação espacial não se esgota. Os fluxos dos vividos estão em todos os lugares ao mesmo tempo decorados por estátuas de bronze intencional que não se compreende muito bem como essas formas existem ou perseveram. A *"morphé"* intencional da árvore se estabelece como "regra", a harmonia de esboços começa a valer como aquilo que deve ser e perdurar, os próximos esboços são esperados, pré-desenhados a fim de que a forma seja confirmada. A forma tem de valer acima de qualquer componente efêmero.

A imanência é afetada por uma exigência de constituir a forma dispondo os vividos segundo ela. Essa exigência emana da própria forma e que consiste no fato de que, antecipando-se, ele dirige o fluxo. Esse dirigir-se ao fluxo é uma doação de sentido (*Sinngebung*), valendo como regra. Essa regra que seria a descrição fenomenológica é diferente de uma taxonomia, é a intencionalidade que não permite tornar a regra uma rotina naturalista classificatória. As funções de eu e do objeto são absolutamente dependentes desse excesso intencional que frequenta a imanência. O objeto resulta da aparição de polos noemáticos ao capricho da atividade intencional, enquanto o eu adquire a estatura decisiva de fator universal de síntese na e para a imanência. O empréstimo de sentido dos momentos noéticos, responsável pela intencionalidade, é para a consciência sua vida transcendental, aquilo que na imanência corresponde diretamente à investigação transcendental e a justifica. A Fenomenologia Transcendental, nesse sentido, apreende a vida imanente como o que revela a norma à qual ela reenvia enquanto atividade e se atribui como tarefa extrair essa norma em cada caso. Estudar o fluxo colocando-se em busca do empréstimo de sentido que nele tem curso é então a mesma coisa que registrar a função transcendental da intencionalidade e construir a fundação transcendental de todo conhecimento.

Na acepção de Salanskis (2006, p. 67), Husserl reinterpreta a tarefa de fundar o conhecimento e as ciências como sendo explicitar as normas intencionais que configuram o horizonte objetivo em geral, prescrevendo o acesso aos objetos e às determinações teóricas desses. É por meio de vários noemas que temos a explicação transcendental das coisas do mundo. Temos vários níveis de intencionalidades, temos o esquema sensível, que é a síntese intencional das qualidades sensíveis, como cor, rugosidade etc., e a realidade, que é a coisa em seu contexto.

As coisas se modificam de acordo com o movimento delas ou do nosso corpo, o olho percorrendo os ângulos, as superfícies; a mão deslizando sobre a superfície das coisas etc. A percepção reenvia séries de sensações captadas pela mobilidade do corpo. Temos também que as *noesis* perceptivas se sobrepõem sobre as *noesis* avaliadoras, a partir dos mesmos dados hiliéticos. No exemplo da árvore, nós podemos introduzir um juízo, por exemplo, a de árvore agradável; seria um *noema* mais rico, correlato de uma atividade noética mais vasta, cujo desdobramento exige mais dimensões do que a árvore enquanto tal. Todavia, esse *noema* exige primeiramente o *noema* da árvore, o primeiro *noema* está fundado no segundo, é um encadeamento intencional complexo. Um *noema* de percepção também é suscetível de ser visado segundo diversos modos de validação, como provável, duvidoso, negado etc.; ou mesmo ser visado com a abstenção de qualquer tipo de validação ou de crença.

Análise do ato intencional: a percepção

A análise que Husserl faz da consciência transcendental, atos intencionais, análise noético-noemático o conduz para a descrição da constituição da consciência e dos fenômenos. A objetividade e a subjetividade são constituídas correlativamente e, dessa maneira, elas constituem tanto o mundo interior quanto o mundo exterior. Podemos analisar isso a partir da análise de uma vivência simples, como a percepção de um cubo.

De acordo com Sokolowiski (2004, p. 25-27), podemos imaginar um observador que vê um cubo de acordo com a sua posição. Apenas uma vista é dada a ele. Isso não quer dizer que experienciamos somente os lados que são visíveis, também intencionamos e cointencionamos os lados que estão escondidos, ocultos. Vemos mais do que o olho físico alcança. Os lados presentemente visíveis estão envolvidos por um halo de lados potencialmente visíveis, mas que estão realmente ausentes. Os lados invisíveis também são partes do que experienciamos.

O que é dado quando vemos um cubo é uma mistura composta dos lados que estão presentes e dos lados que estão ausentes. Nossa atividade de perceber também é uma mistura entre as partes intencionadas que estão presentes e as que estão ausentes. Nossa percepção é dinâmica, não estática, o movimento rápido de nossos olhos introduz um tipo de mobilidade de busca da qual não estamos conscientes.

Quando visamos o cubo ou caminhamos em volta dele, a potencialidade percebida torna-se realmente percebida, e o realmente percebido desliza para dentro da ausência, torna-se aquilo que foi visto, aquilo que é só potencialmente visto. Outras modalidades de percepção também são ativadas, podemos tocar o cubo, podemos bater nele para ver que tipo de ruído que ele faz, podemos degustá-lo, e podemos cheirá-lo. Todas essas percepções podem ser ativadas a qualquer momento e trazidas imediatamente à presença, mesmos quando o cubo é apenas visto. A visão e o tato trazem à presença o cubo; o ouvir, o degustar e o cheirar trazem à presença o material do que o cubo é feito, não o seu caráter de ser um cubo.

Quando o cubo é trazido à nossa presença, ele pode ser visto de diferentes lados, com diferentes aspectos, um lado pode ser um quadrado, o outro, um trapézio. Podemos visualizar qualquer aspecto particular em um dado momento, que dominamos de um perfil do aspecto. Um perfil[18] traz à presença temporariamente individualizada de um objeto, são presenças momentâneas do objeto. Seria errado dizermos que o cubo é a soma de todos os seus perfis. A identidade do cubo pertence a uma dimensão diferente daquela dos lados, aspectos e perfis. Ela é trazida à presença em sua integridade para nós em qualquer um de seus perfis.

Quando nos movemos em volta do cubo ou o giramos em nossas mãos, o fluxo contínuo de perfis é unificado por ser "de" um único cubo. Quando dizemos que o cubo está presente para nós, entendemos que a sua identidade nos foi dada. A percepção envolve camadas de sínteses, camadas de múltiplas presenças. A consciência é "de" algo no sentido que intenciona, dirige-se à identidade do objeto, e não apenas ao fluxo de aparecimentos que são presenças para ela. Todos os perfis e aspectos, todos os aparecimentos são apreciados como sendo de uma e da mesma coisa. A identidade pertence ao que é dado na experiência e o reconhecimento da identidade pertence à estrutura intencional da experiência. Nos lados, nos aspectos e nos perfis do cubo, existe a unicidade do objeto (em si), que faz parte da identidade que nos é dada. A identidade é pública, não é algo que apenas projetamos nos aparecimentos.

Ainda, descreve Sokolowski (2004, p. 33-36), há três formas estruturais que aparecem constantemente nas análises fenomenológicas: a estrutura de partes e todos, a estrutura de identidade numa multiplicidade e a estrutura de presença e ausência. A questão da estrutura de partes e todos já foi objeto de estudo de Aristóteles na *Metafísica*. Podemos analisar a totalidade de duas maneiras: pedaços e momentos. Pedaços são partes que podem subsistir separadas do todo e estar presentes. São partes independentes que se transformam em todos em si mesmos. Por exemplo: o galho de uma árvore. Momentos são partes não independentes, não existem separados do todo a que pertencem, não podem tornar-se um todo exceto quando misturados a outros momentos. Por exemplo: a cor não pode ser separada da superfície que a contém; o tom musical não pode ser separado do som; a visão não pode desprender-se do olho.

Os momentos são misturados juntos dentro de seus todos. Alguns momentos são fundados a partir de outros, e uma distinção nasce entre as partes fundadas e a fundação. O tom da cor está fundado na cor, enquanto reciprocamente a cor é o substrato do tom; a escala musical e o timbre de uma música estão fundados no som, enquanto o som é a base da escala e do timbre; a visão está fundada no olho, e o olho sustenta a visão.

Um todo pode ser chamado de "*concretum*", algo que pode existir, estar presente a si mesmo e ser experienciado como um indivíduo concreto. Um pedaço também pode ser um "*concretum*". Os momentos não podem vir a ser um "*concretum*", sempre que são experienciados, arrastam consigo

---

[18] Em alemão, *"Abschattung"*, que pode significar em inglês *"profile"* ou *"sketch"*, que em português quer dizer perfil ou esboço. O cubo é nos dado em um dos muitos modos de perfis ou esboços.

outros momentos. Podemos ter momentos pensados abstratamente, denominados *"abstracta"*, por exemplo: podemos falar da cor sem mencionar o substrato. A linguagem nos possibilita falar de tais momentos abstratamente, mas pode transformar-se em uma armadilha, por exemplo: falar da visão como se ela pudesse ser separada do olho.

A consciência e o ser são momentos um para o outro, não são pedaços que podem ser segmentados fora do todo ao qual pertencem. Os lados, os aspectos, os perfis e a própria identidade do cubo são momentos uns para os outros na presença do objeto. Não poderíamos ter a presença dos lados senão por meio dos aspectos, que, por sua vez, somente estão presentes pelos perfis. O cubo, como uma identidade, não pode estar presente perspectivamente senão pela multiplicidade de lados, aspectos e perfis. O cubo está fundado em suas múltiplas presenças.

Uma análise filosófica da visão mostrará que esta está fundada no olho e na mobilidade corporal — no movimento rápido dos olhos, na habilidade da cabeça de ser virada para todos os lados, na habilidade do corpo ir de um ponto de vista para outro. Tanto a visão como o que está sendo visto são momentos dentro de um todo onde se encontram outras modalidades sensoriais, tais como o tato, a audição e a sinestesia.

Frequentemente enunciamos algumas das partes em um todo e negligenciamos outras, ou tentamos segmentar os momentos, tomando como pedaços os momentos que temos destacados, ou tomamos um momento como sendo equivalente a outro, falhamos em sustentar uma distinção. Quando vamos além da simples sensibilidade e percepção, especificar partes e todo é a essência do pensamento, pois são os conteúdos do pensamento. Diferenciar em pedaços e momentos é importante para entender o que é o entendimento.

Outro elemento dessa análise está na ideia de identidade, que foi explorada por Platão, os neoplatônicos e os escolásticos. Essa estrutura de identidade em multiplicidade opera na percepção de todos os objetos materiais e opera também em qualquer tipo de coisa que possa ser apresentada para nós. No nosso exemplo, vemos o cubo como uma identidade que mostra ser distinto de seus lados, aspectos e perfis, mas que ainda está presente por meio deles todos.

Quando expressamos algo por meio de uma sentença, existem várias maneiras de elaborar essa sentença. Todas as expressões vocais e todas as sentenças apresentam o mesmo sentido, isto é, a mesma essência. Essa essência pode ser expressa em uma multiplicidade de modos. Assim, o sentido é a identidade que está dentro e por trás de todas as suas expressões. Um sentido idêntico é capaz de estar presente por meio de muitas outras sentenças ou expressões, em outras línguas, em linguagens de sinais, por meio de gestos e símbolos etc. A coisa sempre pode estar presente em mais modos do que os que já conhecemos, a coisa sempre reserva outros tipos de manifestações.

Outros exemplos: uma peça de teatro, uma sinfonia etc. têm diferentes modos de serem apresentadas. A gravação é diferente da apresentação ao vivo, as apresentações ao vivo são diferentes entre si, nossas audiências seriam diferentes entre si. Uma pintura nos é apresentada sem ter um artista entre nós e a obra. Ela pode ser vista em um momento e recortada em outro, análises escritas dela podem ser dadas, cópias podem ser feitas. É diferente como ela aparece ao artista e como aparece ao público.

Com isso a identidade e a multiplicidade são diferentes em cada caso. A identidade é dada por meio das múltiplas manifestações, mas é diferente da multiplicidade, ela não é parte da multiplicidade. Ela transcende as múltiplas manifestações dos objetos. A identidade não é algo que possamos pôr em nossas mãos ou diante dos nossos olhos, ela é irredutível a uma de suas manifestações.

A análise fenomenológica descreve a multiplicidade que é adequada para um dado objeto. Uma fenomenologia do sentido seria a multiplicidade por meio da qual os sentidos são dados, da arte descreveria as várias multiplicidades pelas quais os objetos de arte manifestam a si mesmos e são identificados, da imaginação descreveria as multiplicidades de manifestações por meio das quais os objetos imaginários são dados, da religião discutiria as múltiplas manifestações adequadas às coisas religiosas. Cada multiplicidade é diferente, cada uma é adequada à sua identidade, e as identidades são diferentes em qualidade.

No entanto, à multiplicidade de lados, aspectos e perfis presentes no objeto corpóreo, e à multiplicidade de mudanças em respostas aos nossos movimentos no espaço, quando outros observadores são introduzidos nessa percepção, deve-se incluir a dimensão da intersubjetividade. Isso quer dizer que a mesma identidade torna a objetividade mais profunda, uma estrutura de multiplicidade muito mais rica entra em jogo. Dessa forma, afirma Sokolowski (2004) que a mesma coisa está sendo vista de outra perspectiva por outra pessoa, por multiplicidades que são diferentes daquelas diante das quais nos encontramos. Vemos o objeto como sendo visto por outros pontos de vista que não compartilhamos. A identidade da coisa não existe só para nós, mas também para os outros, e, portanto, ela é uma identidade mais profunda e mais rica para nós.

Nossa autoidentidade, as muitas consciências que temos de nós mesmos, é algo que está presente por meio de um especial configurar de manifestações; nós sempre estamos estabelecendo nossa própria identidade, como dativos de manifestações. Um importante constituinte de nossa identidade pessoal está fundado nas interações de memória, imaginações, percepções e fluxo de nossas consciências do tempo interior. Estamos no centro de nossa própria consciência, de um modo que não podemos escapar, não podemos deixar nós mesmos para trás.

Nessa análise, percebemos ainda uma estrutura de presença e ausência, que é um tema original da fenomenologia de Husserl. A presença e a ausência são os correlatos objetivos para intenções cheias e vazias. Uma intenção vazia é uma intenção que tem como alvo algo que não está presente, que está ausente para quem intenciona. Uma intenção cheia é a que tem como alvo algo que está aí, em sua presença física, diante de quem o intenciona.

Podemos citar outro exemplo dado por Sokolowski (2004, p. 44-47): quando planejamos ir a um jogo qualquer, antes de assisti-lo imaginamos como será esse jogo. Tudo que imaginamos são intenções vazias. Quando o jogo se inicia, manifesta-se gradualmente a nós, as nossas intenções vazias começam a ser preenchidas. Aquilo que dissemos e imaginamos sobre o jogo vai se tornando intenção cheia pela presença real do jogo. Quando o jogo acaba, as intenções que estavam vazias agora estão cheias. Mais tarde, conversamos e recordamos o jogo por meio de intenções vazias, um tipo diferente de ausência, ela está presente pela memória.

Ausências que se dão para nós depois de uma presença são diferentes daquelas que se dão antes de uma presença. O jogo de presença e ausência pode funcionar para diferentes tipos de coisas e, em cada caso, os tipos de presenças e ausências são específicos para as coisas em questão. A intuição é ter o objeto realmente presente em contraste com tê-lo intencionado em sua ausência. A intuição traz uma coisa à presença: tal manifestação é praticada contra as intenções vazias, direcionadas às coisas em sua ausência.

A mesma coisa está uma hora presente e em outra hora ausente. A ausência e a presença pertencem ao ser da coisa identificada nelas. As coisas são dadas numa mistura de presenças e ausências, da mesma forma como são dadas em uma multiplicidade de manifestações.

NEUROARQUITETURA, PSICOLOGIA E FILOSOFIA: INTERFACES DA EXPERIÊNCIA

Algumas coisas são ausentes porque são futuras, outras porque estão distantes, outras estavam esquecidas, outras estão escondidas ou secretas, outras estão além de nossa compreensão, apesar de serem dadas para nós. "As ausências chegam a nós em muitas cores e sabores, e é uma grande tarefa filosófica diferenciá-las e descrevê-las" (Sokolowski, 2004, p. 46). As presenças parecem mais familiares para nós, mais fáceis de pensá-las, têm sentido mais profundo. A presença nos é dada cancelando uma ausência. Por exemplo: a perda de um objeto e depois o seu encontro.

Relacionado à identidade, podemos afirmar que ela não é dada só na presença do objeto. Ao contrário, quando o objeto está ausente, nós também o intencionamos em sua identidade. E, quando está presente, nós o intencionamos em sua identidade novamente. Tanto na presença quanto na ausência do objeto, filosoficamente focalizamos o lado objetivo da correlação entre o sujeito consciente e o objeto. Do lado subjetivo, exercemos intuições vazias, intencionamos o objeto de modo vazio e essas intuições vazias podem ser preenchidas quando conseguimos intencionar o objeto em sua presença real. As intuições vazias são correlatas com a ausência do objeto, as intenções cheias são correlatas com sua presença.

Nesses processos há também o que Sokolowski (2004) denomina de um ato de recognição, ou seja, um ato de identificação que é correlato com a identidade do objeto. Esse terceiro ato transcende as intuições cheias e vazias, assim como a identidade do objeto transcende sua presença e ausência.

Além disso, Sokolowski (2004) lembra que também existem intenções cheias intermediárias, que acontecem quando não preenchemos de uma só vez as intenções vazias. Vamos preenchendo o vazio por meio de uma série de passos. Como cita o exemplo: quando assistimos a uma partida de um esporte ao vivo e conhecemos os jogadores que já estamos acostumados a ver pela televisão. Temos então o preenchimento de intenções cheias por meio de muitas intermediárias, é um preenchimento gradual e acumulativo, até alcançar a intuição, o *"terminus"*, a evidência final, e a intuição não nos remete a mais nada.

Às vezes, a intuição corta as intenções cheias intermediárias, antecipando-as, e preenche o vazio, levando ao clímax. O outro tipo de preenchimento não leva ao clímax, ele é aditivo, fornecendo mais e mais perfis sobre a coisa em questão. É um aumento qualitativo gradual do preenchimento. Quando alcançamos uma intuição de algum alvo particular, ele ainda permanece sem ser revelado. Podemos descobrir mais da coisa mesma, não é um novo estágio do preenchido gradual, é um aprofundamento de nossa compreensão do que trouxemos para a presença intuitiva.

Com isso vemos que a princípio a intencionalidade parece ser óbvia, porém vimos que ela é contrária ao predicamento egocêntrico tradicional. Responde por nossa habilidade para reconhecer identidades nas multiplicidades de experiências e as misturas de ausências e presenças. Objetos emocionais têm um padrão, objetos estéticos, objetos matemáticos etc., todos têm padrões subjetivos que lhes são próprios; possuem estruturas que virão à tona frequentemente nas análises fenomenológicas.

Estar no mundo e habitá-lo

Segundo Kate Nesbit (2006, p. 31-32), no período pós-moderno alguns teóricos da arquitetura utilizaram a fenomenologia husserliana como base de suas análises, com a tradução de obras de Martin Heidegger e Gaston Bachelard na década de 1950, essa reflexão fenomenológica sobre a arquitetura propiciou o surgimento da estética contemporânea do sublime.

Heidegger nasceu na pequena cidade de Messkirch em 1889, na Alemanha, trabalhou como assistente do professor Edmund Husserl na Universidade de Marburg. Posteriormente, o sucederia na disciplina de Filosofia, na Universidade de Friburgo. Nessa época, escreve seu principal trabalho, *Ser e Tempo*. Em 1933, é nomeado reitor da Universidade de Friburgo. É um dos principais filósofos do séc. XX, com sua reinterpretação da fenomenologia de Husserl, indicando uma dimensão hermenêutica.

De acordo com Kate (2008, p. 125), o texto de Heidegger "Construir, habitar, pensar" teve grande influência na arquitetura. O autor faz uma tentativa de pensar o que significa habitar e construir. Parece que só é possível habitar o que se constrói, mas nem todas as construções são habitações. Uma ponte, um hangar, um estádio, uma usina hidroelétrica são construções, e não habitações, porém essas construções estão no âmbito do habitar, porque oferecem ao homem um abrigo. "Habitar seria o fim que se impõe a todo construir. Habitar e construir encontram-se numa relação de meio e fins. [...] Construir não é, em sentido próprio, apenas meio para uma habitação. Construir já é em si mesmo habitar" (Heidegger, 2008, p. 126). Para Heidegger (2008), a linguagem é a senhora do homem, ela que dá acesso à essência de uma coisa, apesar de o homem se comportar como se fosse criador e senhor da linguagem. É preciso ter cuidado com o dizer para não torná-lo apenas um meio de expressão.

Temos uma profissão, fazemos negócio, viajamos e no meio do caminho habitamos. O modo pelo qual somos homens sobre a terra é o habitar, que também significa proteger, cultivar, cuidar do crescimento. No sentido de habitar, ou seja, de ser e estar sobre a terra, construir permanece para a experiência cotidiana como habitamos está por detrás dos múltiplos modos de habitar, proteger, cultivar, edificar etc. Essas atividades acabam apropriando-se com exclusividade do termo "habitar", que cai no esquecimento. Essa transformação semântica da palavra contém o fato de não mais se fazer a experiência de que habitar constitui o ser do homem e de que não mais se pensa no sentido pleno de habitar, que é o traço fundamental do ser homem.

Ser homem consiste em habitar no sentido de um demorar-se dos mortais sobre a terra e sob o céu, o que significa permanecer diante dos deuses e pertencer à comunidade dos homens, formando a quadratura: terra e céu, divinos e mortais. A terra é o sustento que dá frutos ao florescer; o céu é o percurso em abóbada do Sol, que propicia as estações dos anos e determina o clima; os deuses são os mensageiros que acenam a divindade e o domínio do sagrado; e os mortais são os homens, que podem morrer. Os homens habitam nessa quadratura resguardando sua essência, salvando a terra, acolhendo o céu, aguardando os deuses e conduzindo os mortais. Os mortais se demoram junto às coisas que abrigam a quadratura quando as protegem e cuidam de seu crescimento. Cultivar e edificar significa construir e construir é habitar, desde que preserve a quadratura. Heidegger (2008, p. 131) toma como exemplo a construção de uma ponte. Ela não apenas liga duas margens já existentes, mas é ao atravessá-la que as margens surgem e um lado se separa do outro e, ao mesmo tempo, integra a terra como paisagem. A ponte permite ao rio se manifestar e aos homens um caminho. "Enquanto passagem transbordante para o divino, a ponte cumpre uma reunião integradora. [...] A seu modo, a ponte reúne integrando a terra e o céu, os divinos e os mortais junto a si" (2008, p. 132-133). Ao longo do rio existem muitas posições que podem se tornar um lugar, só com a ponte é que surge um lugar e a partir dele um espaço, que é algo que tem um limite, e esse dá início à sua essência. "Por isso os espaços recebem sua essência dos lugares e 'do' espaço" (2008, p. 134).

Kate Nesbitt (2006, p. 443) afirma que o teórico norueguês Christian Norberg-Schulz está ligado intimamente à adoção de uma fenomenologia da arquitetura, ele produziu vários textos tendo como base teórica a *Gestalt* e a fenomenologia. Segundo Norberg-Schulz (Nesbitt, 2006, p. 462), Heidegger não deixou nenhum texto específico sobre arquitetura, mas seu conceito de ser--no-mundo suporia um ambiente produzido pelo homem. No ensaio "A origem da obra de arte", ele descreve um templo grego para esclarecer a natureza da obra de arte. O templo não está em qualquer lugar, ele está no meio de um vale rochoso e escarpado, um lugar especial e proeminente. Esse lugar determinado tem um significado oculto, que é revelado pelo templo; ele proporciona a visualização da Terra. Na quaternidade de Heidegger formada pela Terra, céu, os seres mortais e os seres divinos, cada um desses elementos reflete os demais, como um jogo de espelho, o mundo é uma totalidade concreta que passa a ter um aqui e agora. Uma jarra é uma coisa, uma ponte é uma coisa, e cada uma reúne os quatro elementos à sua maneira. A ponte faz presente o lugar. O templo também se relaciona à quaternidade, é uma obra humana com a intenção deliberada de revelar um mundo. Esse desvelamento se dá na linguagem, principalmente na poesia, nomeando coisas. A linguagem é a primeira a dar às coisas o acesso à palavra e à aparência. Quando as coisas são nomeadas pela primeira vez, são reconhecidas como são, os nomes as conservam e um mundo se abre. O homem habita na linguagem, e a linguagem poética abre a casa do ser.

Outro texto de Norberg-Schulz, "O fenômeno do lugar", apontado por Kate (2006, p. 444), afirma que o lugar faz parte da existência, é algo mais que uma localização, tem uma essência, possui matéria, forma, textura, cor etc. É um fenômeno qualitativo que não pode ser reduzido a nenhuma de suas propriedades.

De acordo com Norberg-Schulz (Nesbitt, 2006, p. 445), a poesia é capaz de concretizar as totalidades que escapam à ciência. Heidegger usa o poema "Uma noite de inverno" de Georg Trakl para explicar a natureza da linguagem; ao mesmo tempo, mostra alguns fenômenos do mundo-da-vida com suas propriedades fundamentais do lugar. Todo lugar é local e geral ao mesmo tempo e possui interior e exterior, que são propriedades básicas da existência. O poema é oposto ao pensamento científico, desvendando-nos os sentidos inerentes ao mundo-da-vida. Qualquer lugar possui uma identidade peculiar em termos qualitativos, os lugares criados pelos homens têm propriedades básicas: concentração e cercamento, interiores que se ligam ao exterior pelas aberturas, que se ligam à vizinhança, além de incluir artefatos ou coisas que servem para reunir os homens etc. Todas essas propriedades determinam um caráter e é a partir dele que entendemos o *"genius loci"*, o espírito do lugar, a essência do lugar.

No item "A estrutura do lugar" (Nesbitt, 2006, p. 449), Noberg-Schulz cria uma classificação utilizando a teoria da *Gestalt* e a fenomenologia, o que traz uma certa contradição teórica na tentativa de tornar-se uma ciência analítica. Segundo ele, o lugar deveria ser classificado como paisagem e assentamentos, e por categorias, como espaço e caráter. Espaço indica a organização tridimensional dos elementos que formam um lugar e o caráter denota a atmosfera geral do lugar. O "assentamento e paisagem mantêm entre si uma relação de figura-fundo [...] tudo o que fica encerrado se torna centro que pode exercer a função de 'foco' para seu entorno" (Nesbitt, 2006, p. 450). O construído torna-se figura; e a paisagem, o fundo, o centro se estende em ritmo e em direções diferentes, horizontais e verticais (terra e céu), centralidade, direção e ritmo são propriedades do espaço concreto. Elementos naturais como montanhas e os assentamentos agrupam-se com diversos graus de proximidade, essas propriedades espaciais "são de natureza topológica" e correspondem aos famosos "princípios de organização" da teoria da *Gestalt* (Nesbitt, 2006, p. 450). As fronteiras de um espaço construído são o chão, as paredes e os tetos; da paisagem são o solo, o horizonte e o céu. O caráter é indicado por adjetivos. Do construído, indica uma atmosfera, como: protegido, prático, festivo, solene etc. Da paisagem, indica aridez, fertilidade, tranquilidade, ameaça, que muda com o decorrer do tempo, com as condições meteorológicas e com a estações do ano. Os lugares são designados por substantivos que são coisas concretas, como: país, região, paisagem, assentamento, construção, ilha, promontório, baía, floresta, bosque, praça, rua, pátio, chão, parede, teto, telhado, janela, porta etc. Já o espaço contém relações topológicas e é indicado por preposições como: acima, abaixo, antes, atrás, de, em, entre, sob, sobre, para, desde, com, durante etc.

Continua Norberg-Schulz (Nesbitt, 2006, p. 453), os lugares se transformam, mas conservam sua identidade durante determinado período, proteger e conservar o *"genius loci"* do lugar implica preservar as características históricas anteriores do construído em um contexto contemporâneo.

Existia uma crença na "Roma Antiga" de que todo ser independente possui um espírito guardião que dá vida às pessoas e aos lugares desde o nascimento até a morte, determinando seu caráter e sua essência, denominado *"genius"*. Ele determina o que uma coisa é e o que ela quer ser. Os antigos sabiam que a sobrevivência dependia da boa relação com o lugar, precisavam saber onde estavam e como ficavam, para ter segurança; ficar perdido é o oposto desses conhecimentos. A identidade das pessoas está baseada no seu lugar de origem, é a base do seu sentimento de pertencimento e de orientação.

Conclui Norberg-Schulz (Nesbitt, 2006, p. 459) que o significado é fundamental para os homens e que a poesia, em todas as suas formas dá sentido, à vida e, ainda, que a arquitetura pertence à poesia, e o seu fim primordial é ajudar o homem habitar, concretizar o *genius loci*, compreender a vocação do lugar, saber que é parte integral do lugar que habita, que o lugar é sua base existencial.

Kate Nesbitt (2006, p. 32, 57) cita outros teóricos da arquitetura que se apoiam na fenomenologia: Alberto Peres-Gomes, ao ampliar o conceito heideggeriano da habitação para incluir uma orientação existencial; Juhani Pallasma, que estuda a apreensão psíquica da arquitetura; Vittorio Gregotti, que parte do pensamento fenomenológico de Maurice Merleau-Ponty e Enzo Panci; o arquiteto austríaco Raimund Abraham, que considera que a arquitetura tem um compromisso de respeitar a paisagem; o arquiteto japonês Tadao Ando, que afirma que o arquiteto deve descobrir o que o terreno busca por si só, pois entende que a arquitetura cria uma paisagem e deve ressaltar as características do lugar; o teórico Kenneth Frampton, que, por meio do seu regionalismo crítico, reconhece que a arquitetura regional e a vernacular, adaptadas aos lugares específicos, obtêm bons resultados estéticos e ecológicos e resistem às pressões do capitalismo moderno; o arquiteto Steven Holl, preocupado com a história do lugar (ver texto "Entrelaçamento" no lpcobra.blogspot.com); W. G. Clark e Charles Menefee, que tiveram algumas obras analisadas no livro *Clark and Meneffe*, do autor Richard Jensen. Clark também foi professor na Universidade da Virgínia — EUA.

Outro arquiteto apontado pela Kate Nesbitt é Peter Waldman, também professor da Universidade da Virgínia, que desenvolve seus projetos com um destaque para a bioclimática. De se destacar que um arquiteto não citado por essa autora é Peter Zumthor, citado em um artigo de Raul Buzô e Lorena Fernandes orientados por Pedro Barrán, que aborda a questão fenomenológica da arquitetura e indica o livro *Atmosferas*, de 2003, de Zumthor. Podemos citar outros arquitetos considerados modernos, mas que têm uma abordagem fenomenológica, tais como: Alvar Aalto, Luis Barragán, Oscar Niemeyer, entre outros.

Referências

BELLO, Â. A. *Introdução à Fenomenologia*. Tradução de Ir. Jacinta T. Garcia e Miguel Mahfoud. Bauru: Edusc, 2006.

CHAUI, M. *Convite à Filosofia*. São Paulo: Editora Ática, 2002.

GOTO, T. A. *Introdução à Psicologia Fenomenológica*: a nova psicologia de Edmund Husserl. São Paulo: Paulus, 2008.

HEIDEGGER, M. *Ser e Tempo*. Tradução revisada de Marcia Sá C. Schuback. 4. ed. Petrópolis: Vozes, 2009.

HEIDEGGER, M. *Ensaios e conferências*. Tradução de Emmanuel C. Leão, Gilvan Forgel, Marcia Sá C. Schuback. 5. ed. Petrópolis; Bragança Paulista: Vozes; Editora Universidade São Francisco, 2008.

MORUJÃO, A. O problema da história na fenomenologia de Husserl. *In*: FRAGATA, J. (org.). *Perspectiva da fenomenologia de Husserl*. Coimbra: Centro de Estudos Fenomenológicos, 1995.

NESBITT, K. (org.). *Uma nova agenda para a arquitetura*: antologia teórica. São Paulo: Cosac Naify, 2006.

SALANSKIS, J.-M. *Husserl*. Tradução de Carlos Alberto Ribeiro de Moura. São Paulo: Editora Estação Liberdade, 2006.

SOKOLOWSKI, R. *Introdução à Fenomenologia*. Tradução de Alfredo de Oliveira Moraes. São Paulo: Edições Loyola, 2004.

ZITKOSKI, J. J. *O método Fenomenológico de Husserl*. Porto Alegre: EdiPUCRS, 1994.

O CORPO PRÓPRIO E A TERRA-SOLO: REFLEXÕES SOBRE A ESPACIALIDADE NA FENOMENOLOGIA DE HUSSERL

Carlos Diógenes C. Tourinho
Vitória Brito da Silva

1. Introdução

Um olhar panorâmico sobre a chamada tradição fenomenológico-existencial no século XX nos permite notar quão importante se tornou a temática do corpo entre os filósofos fenomenólogos. Se Merleau-Ponty ganha, na fenomenologia francesa, notoriedade como filósofo que consolida um "pensamento da carne" (*pensée de la chair*) (Barbaras, 2019), é preciso notar também que o tema em questão está claramente formulado em Edmund Husserl, a quem os comentadores atribuem o mérito de ter inaugurado a fenomenologia no século XX. O tema desloca, inevitavelmente, a atenção para o caráter *sui generis* do que Husserl denomina de "corpo próprio" (em alemão, dizemos *Leib*)[19]. Mas o que esse corpo que o Ego identifica e reconhece como *seu* teria de peculiar? É preciso destacar, antes de tudo, que, se por um lado, o meu corpo é, em meio a outros, mais um corpo físico (*Körper*), por outro lado, enquanto um corpo que me é próprio e, portanto, que me pertence, *não é* como outro qualquer. Eis uma espécie de equivocidade quando tratamos desse corpo próprio a qual Husserl se refere: ser, a um só tempo, um corpo físico (*Körper*) e um corpo próprio ("somático" ou "orgânico"). Soma-se a isso que esse mesmo corpo com o qual tenho uma relação privilegiada (pois o conheço não apenas por percepção externa, mas também por afecções e, portanto, internamente) constitui-se em corpo que habito (e, portanto, em *minha* "morada") ou em meu "corpo solo" (*Boden-Körper*), se optarmos por usar a terminologia de Husserl, adotada num opúsculo escrito em 1934[20]. Se esse corpo me é próprio na medida em que me pertence, é incontornável dizer que esse mesmo corpo pertence, em meio a outros corpos, ao mundo na forma da espacialidade, movendo-se nele e, com isso, abrindo, para mim, novas experiências no campo perceptivo. Esse corpo que me é próprio carrega consigo dois modos de pertencimento, na medida em que pertence a mim e ao mundo. Tratar-se-á, como veremos, de uma "dupla morada": a do meu corpo e, numa esfera maior, a do mundo — entendido como uma "grande morada" — em que ele e os demais corpos habitam.

A doutrina do corpo em Husserl começa a ser introduzida em *Ideias II* (obra esboçada em 1912, desenvolvida com acréscimos até 1928, mas somente publicada postumamente, em 1952)[21], porém se consolida nos textos dos anos 30, quando traz para exame a questão do pertencimento do corpo ao mundo. Por esse motivo, tomaremos como ponto de partida o início da Quinta Meditação de *Meditações Cartesianas*[22], mais precisamente o § 44. Recorreremos também às passagens de *Ideias II* e de *Krisis* para examinar a descrição husserliana do fenômeno "Eu, este homem que sou". Em seguida, ainda no elenco de textos dos anos 30, avançaremos para o opúsculo de 1934, conhecido pelo grande público como "A Terra não se move". Nele, Husserl aborda não somente esse corpo que me é próprio enquanto um "corpo solo" (*Bodenkörper*) que habito e por meio do qual me desloco no espaço, me movimentando ou permanecendo em repouso sempre em relação a tudo mais a minha volta, mas também a "Terra-solo" (*Erdboden*), a qual pertenço, com os demais entes do mundo. Estamos, portanto, fenomenologicamente falando, diante do fenômeno do corpo próprio, bem como do pertencimento desse corpo ao mundo.

---

[19] O termo alemão *"Leib"* é traduzido pelos portugueses como "meu corpo somático" e pelos franceses como *"ma chair"* ("minha carne"). Conferir, por exemplo, o § 28 das traduções portuguesa e francesa de *A crise das ciências europeias e a fenomenologia transcendental* (HUSSERL, E. *A crise das ciências europeias e a fenomenologia transcendental*. Tradução de Diogo Falcão Ferrer. Lisboa: Centro de Filosofia da Universidade de Lisboa, 2008. p. 121-122; HUSSERL, E. *La crise des sciences européennes et la phénoménologie transcendantale*. Traduit: Gérard Granel. Paris: Gallimard, 2004. p. 121-122).

[20] *Cf.* HUSSERL, E. Grundlegenden Untersunshungen zun phänomenologuischen Ursprung der Räumlichkeit der Natur. *In*: FARBER, M. (ed.). *Philosophical essays in memory of Edmund Husserl*. Massachusetts: Harvard University Press, 1940. Originally published in 1934.

[21] *Cf.* HUSSERL, E. *Ideen zu einer reinen Phänomenologie und phänomenologischen Philosophie*. Zweites Buch: Phänomenologuische Untersuchungen zur Konstitution. The Hague, Netherlands: Martinus Nijhoff, 1952. Ursprünglich veröffentlicht im Jahr 1913.

[22] Obra publicada na edição francesa, em 1931, como resultado das conferências proferidas por Husserl em Paris, no ano de 1929.

Diante do exposto, assumiremos, no texto a seguir, a noção husserliana de "corpo próprio" (*Leib*) como uma premissa em nossas reflexões e, consequentemente, examinaremos as implicações dessa noção para se pensar a questão do pertencimento da vida subjetiva ao mundo que, por sua vez, passa a ser entendido na forma da espacialidade como uma espécie de "solo originário" de nossas experiências. Iniciemos, então, a estratégia metodológica mencionada anteriormente para a abordagem do tema em questão, considerando, primeiramente, a descrição husserliana do fenômeno "Eu, este homem que sou" (*Ich als dieser Mensch*). Mas ratificamos uma vez mais, junto ao leitor que nos acompanha; nossas aspirações nos levam, no presente texto, em direção à elucidação do corpo próprio e do seu pertencimento à "Terra-solo". Acreditamos que tais aspirações poderão trazer, ao menos, preliminarmente, reflexões sobre a espacialidade em sentido fenomenológico. Comecemos, então, pelo conceito de "corpo próprio" em Husserl.

2. "Eu, este homem que sou": o caráter *sui generis* do "corpo próprio"

Como resposta à crítica de que a fenomenologia pudesse incorrer em um solipsismo, ao delimitar, por meio de uma "*epoché* abstrativa" (*abstraktive* ἐποχή), de um tipo novo, a esfera das propriedades que pertencem, propriamente, ao Ego (abstraindo tudo aquilo que não pertencesse a ele), Husserl se detém na descrição do fenômeno objetivo "eu, como este homem" (*Ich als dieser Mensch*) (Husserl, [1929/1931] 1973, §44, p. 128). Nos termos do autor, se eu me reduzo à esfera do que me é próprio ou peculiar (*Eigenheitssphäre*), encontro a *minha* alma (*Seele*) e o *meu* corpo (*Leib*), em uma unidade psicofísica. E´, nessa unidade, encontro ainda o meu "eu pessoal" (*personales Ich*), que, por meio desse corpo, age e padece no mundo exterior. Além de uma alma, do eu como pessoa, este possuiria ainda o seu próprio corpo (*Leib*) como um elemento essencial dessa unidade psicofísica. Trata-se, especificamente, do único corpo que não é, para esse homem, *apenas* um corpo (*Körper*) em meio a outros, mas um corpo (*Leib*) com o qual ele próprio — "este homem" (*dieser Mensch*) — tem uma relação privilegiada (ou um modo de ser privilegiado, posto que ele não apenas *tem* um corpo, mas **é** também esse corpo, no conjunto de uma unidade psicofísica,), em uma particularidade única, face dos demais corpos que o cercam, pois, reconhecido como um corpo que *lhe pertence*, o acesso a esse corpo dito "somático" se daria não apenas externamente, pelos órgãos de percepção (visual, auditivo, tátil etc.), mas também pelo que lhe ocorre internamente. Daí Husserl afirmar que se trata do "único corpo de que disponho de uma maneira imediata assim como de cada um de seus órgãos" (Husserl, [1929/1931] 1973, § 44, p. 128). Eis um ponto de partida para as reflexões que se seguirão.

A tematização do corpo somático revela a sua "dupla face" ("*two-sidedness*") (Wehrle, 2021, p. 197) e o seu caráter *sui generis*: o mesmo corpo que é percebido externamente pela visão, tato etc. é, a um só tempo, tomado internamente, já que, em princípio, posso, como esse homem que sou, senti-lo, imediatamente, enquanto percebo as coisas ao meu redor. Em tal corpo, ambas as mãos — esquerda e direita — podem, ao mesmo tempo, tocar uma a outra, assumindo, simultaneamente, as funções de tocar e de ser tocada. Trata-se da "dupla sensação" ("*double sensation*") do corpo (Wehrle, 2021, p. 197) ou do que Merleau-Ponty denominaria de "experiência da reversibilidade do tocar" (*apud* Barbaras, 2019, p. 1). Acrescenta-se a isso que, a qualquer momento, como esclarece Husserl, "eu, como este homem", possuo um domínio privilegiado sobre o meu próprio corpo, algo da ordem de um "eu posso" (*Ich kann*), de modo que, caso queira, posso sentir uma mão por meio da outra, um olho por meio de uma mão etc. Em suma, como nos diz o autor: "o órgão deve tornar-se objeto, e o objeto um órgão funcional" (*Organ zum Objekt und Objekt zum fungierenden Organ werden muß*) (Husserl, [1929/1931] 1973, § 44, p. 128).

Ainda sobre o caráter "somático" do corpo, devemos ressaltar que, com o termo em questão, não queremos dizer somente "corpóreo" (*körperlich*), mas, sobretudo, estamos nos referindo à capacidade desse corpo somático de iniciar, em conjunto com seus órgãos perceptivos, certas "funções cinestésicas" (*kinästhetisch Fungieren*) que lhe são próprias, como esclarece Husserl no § 28 de *A crise das ciências europeias e a fenomenologia transcendental* (Husserl, [1936] 1976, § 28, p. 110)[23].

A descrição do fenômeno objetivo "eu, como este homem" traz consigo a ideia de um corpo que lhe é próprio, que, por sua vez, se torna, do ponto de vista da percepção, em face dos demais corpos que habitam o campo perceptivo (*Wahrnehmungsbereich*), uma espécie de "centro de orientação" (*Orientierungszentrum*), nos termos empregados por Husserl na letra "a" do § 41 de *Ideias II*. Afinal, toda percepção de coisas no meu entorno se dá por relação ao meu próprio corpo, que, como um *percipiens*, atua como um centro de referência ou "corpo central" (*Zentralkörper*) e, desse modo, não pode perceber sem que, ao mesmo tempo, esteja presente nessa experiência perceptiva. Daí a seguinte frase no § 28 de *Krisis*: "*estamos sempre somaticamente presentes* [...]" (Husserl, [1936] 1976, § 28, p. 110). Nesse sentido, Husserl é categórico ao afirmar que, em se tratando da percepção das coisas, o meu corpo somático encontra-se como um "aqui" (*Hier*) permanente, contínua e imediatamente presente, sem jamais poder se ausentar na percepção de tudo o mais que se encontra, espacialmente, "lá" (*Dort*) no campo perceptivo. Daí o autor dizer que: "[...] eu tenho todas as coisas que me são dadas, elas estão todas lá — com uma única exceção do meu próprio corpo que está sempre aqui" (Husserl, [1913] 1952, letra "a", § 41, p. 159). Esse "lá" aparece, por sua vez, como um *perceptum*, de um ou outro lugar, para esse "aqui" e seu "direcionamento básico" (*Grundrichtungen*), de modo que: "Todo ser espacial aparece necessariamente assim, apareça próximo ou distante, acima ou abaixo, à direita ou à esquerda" (Husserl, [1913] 1952, letra "a", § 41, p. 158). Segundo Husserl, como um centro de orientação, o meu corpo consiste, então, em face dos demais corpos percebidos, em um "ponto nulo" (*Nullpunkt*), sob o modo de um "aqui central último" (*letzten zentrale Hier*), de modo que o que é "distante" encontra-se distante de mim, do meu corpo ("*Das 'Fern' ist fern von mir, von meinen Leibe* [...]") (Husserl, [1913] 1952, letra "a", § 41, p. 158). O meu próprio corpo não deixa, contudo, malgrado o seu tipo peculiar, de fazer parte também desse mesmo campo perceptivo no qual habitam os demais corpos. Porém, diferentemente dos demais corpos que habitam esse campo, o meu corpo — enquanto uma carne que é *minha* — remete a um "modo de ser que o excede" (Barbaras, 2019, p. 6), tornando-o único, impedindo-o, assim, de ser para mim tão somente mais um corpo como outro qualquer no mundo. Supomos, assim, no horizonte de objetos percebidos a minha volta, a presença do meu próprio corpo como centro de orientação, num mesmo campo perceptivo juntamente aos demais objetos. Porém, em contraste com as coisas a sua volta, encontra-se permanentemente presente, como um "aqui" — "o *hic et nunc* a partir de onde vejo tudo o que vejo" (Ricoeur, 1986, p. 108) — que age, eventualmente, sobre um "ali" de corpos que se perfilam a sua volta, uma "multiplicidade *fora de mim*" ("*mannigfaltigen Außer-mir*").

Nesse sentido, Husserl descreve, nesse corpo somático, a presença de "órgãos de percepção" (*Wahrnehmungsorganen*) — visuais, auditivos, táteis etc. — que, em conjunto, atuam de forma unificada com os chamados movimentos cinestésicos da vida subjetiva, denominados pelo autor de mobilidade "egóica" (*ichlichen*), que, num fluxo de modos de ação, se desdobram em um "eu movo" (*Ich bewege*), "eu faço" (*Ich tue*) etc. (Husserl, [1936] 1976, § 28, p. 108). Tais movimentos supõem, por sua vez, certa autonomia do ego sobre o que fazer quanto ao que se encontra à sua volta, vigorando nele certo

---

[23] Trata-se, pode-se dizer, do último testemunho de Husserl (doravante chamado de *Krisis*), cujas partes iniciais foram publicadas em vida, em 1936, renovando o que poderíamos considerar a tentativa derradeira do autor de introduzir o programa da fenomenologia transcendental.

poder de tomada de decisão sobre o movimento cinestésico a ser exercido em conjunto aos órgãos da percepção sensível. Caso decida se deslocar no espaço, tudo à sua volta parecerá se deslocar também, tal como se "girássemos um caleidoscópio". O combinado desses fenômenos — poder-se-ia dizer "cinestésico-sensível" (*kinästhetisch-sinnlichen*) — encontra-se, como dissemos, submetido a um "eu posso" (*Ich kann*) (bater, empurrar e assim agir pelo meu próprio corpo, imediatamente em primeiro lugar e, mediatamente, em seguida, com a ajuda de outra coisa). Por meio da atividade da percepção, eu, como esse homem que sou, poderei ter experiências de qualquer natureza, compreendendo aí, por meio de uma espécie de reflexão, a experiência do meu próprio corpo. Nesse sentido, Husserl esclarece que a vida subjetiva é capaz de agir, engendrando movimentos cinestésicos, sobre os objetos à sua volta. Contudo, tal agir não seria possível sem que a vida subjetiva pudesse ser afetada por esses mesmos objetos, sem que houvesse, portanto, certa "disposição passiva" do meu próprio corpo. Assim, tais ações e afecções alinham-se e são direcionadas para aquilo que o próprio Ego elege como tema de seu interesse. Se as ações se voltam sobre o que é tematizado como um "fim", por vezes, a vida subjetiva poderá refletir — e talvez essa tal reflexão seja uma marca da própria experiência do filosofar — sobre tais ações propriamente ditas, tomando-as como um novo tema de uma nova ação não tematizada, e assim sucessivamente.

Seja como for, descrito como uma unidade psicofísica, o fenômeno objetivo "eu, como este homem que sou" possuiria, além de uma "alma", o seu próprio "corpo somático", que possui, como vimos, um caráter *sui generis,* se comparado aos demais corpos que habitam o mundo. Isso por si só já nos coloca, na doutrina husserliana do corpo, diante de um novo sentido, um tanto especial, das propriedades que pertencem ao homem como uma unidade psicofísica. Afinal, Husserl não hesitará em dizer, no § 44 da Quinta Meditação, que é por meio do nosso próprio corpo — portanto, desse *soma* corpóreo que nos pertence — que nos inserimos, como uma unidade psicofísica, na "Natureza" (Husserl, [1931] 1973, § 44, p. 127)[24]. O corpo somático torna-se, então, um elemento da vida subjetiva por meio do qual podemos, na imanência da esfera do Ego, trazer à vista o fenômeno do pertencimento ao mundo. E o que poderíamos, inicialmente, dizer sobre esse fenômeno? Até que ponto ele nos revela uma perspectiva fenomenológica do espaço? Vejamos.

3. A questão do pertencimento à "Terra-solo"

Pode-se dizer que três anos após a publicação da edição francesa de *Meditações Cartesianas* (1931)[25], especificamente entre os dias 7 e 9 de maio de 1934, Husserl apresenta, ao leitor, o esboço de uma doutrina fenomenológica da espacialidade, da corporeidade e, portanto, da própria Natureza. O esboço de tal apresentação aparece num opúsculo — escrito em estilo livre e um tanto informal, contendo muitas repetições e revisões, como o próprio autor reconhece no início do manuscrito — do mesmo ano, intitulado "Investigações fundamentais sobre a origem fenomenológica da

---

[24] Se Husserl nos diz, no § 44, que é porque temos um corpo que nos inserimos na "Natureza", no mundo na forma da espacialidade, para Renaud Barbaras, não é porque temos um corpo que pertencemos ao mundo, mas, justamente, ao contrário: "na medida em que pertenço ao mundo que eu tenho um corpo [...]" (Barbaras, 2019, p. 13-14). Tal inversão da tese husserliana obrigará o filósofo francês a desenvolver uma "fenomenologia do pertencimento", por meio da qual apresenta ao leitor os sentidos "topológico", "ontológico" e "fenomenológico" do fenômeno do pertencimento. Para um aprofundamento da teoria em questão, o leitor poderá consultar, do mesmo autor, o artigo "O pertencimento: para uma ontologia geográfica". *Revista Filosófica de Coimbra*, v. 27, n. 54, 2018) e sua obra mais recente, intitulada *L'Appartenance: vers une cosmologie phénoménologique*. Louvain, Bristol: Peeters, 2019).

[25] *Cf.* HUSSERL, E. *Meditations cartésiennes: introduction a la phénoménologie.* Traduit de l'Allemand par Gabrielle Peifer et Emmanuel Levinas. Paris: Librairie Armand Colin, 1931.

espacialidade da natureza" (*Grundlegenden Untersunshungen zun phänomenologuischen Ursprung der Räumlichkeit der Natur*), publicado, postumamente, sob o título de *A Terra não se move* ("*Die Erde bewegt sich nicht*"), uma das frases emblemáticas desse pequeno manuscrito, no qual Husserl expõe, brevemente, um discurso fenomenológico sobre a Natureza, tendo como foco central a "Terra" (*Erde*), concebida não meramente como um corpo e, mais precisamente, como um astro que, em meio a outros, faria uma translação em torno do Sol (conforme testemunha a Astronomia moderna), mas como um "solo" (*Boden*) primordial de todos os corpos[26]. Daí Husserl convidar o leitor a pensar a Terra não meramente como um planeta do sistema solar (conforme o modelo cosmológico elaborado pela doutrina copernicana), mas, sim, como "solo originário", hábitat de todos os corpos no qual se conectam todas as experiências dos indivíduos humanos em um único campo de experiências.

Ainda que seja, em termos astronômicos, um "corpo" (*Körper*), a Terra não é, inicialmente, experimentada como tal por cada um de nós, enquanto habitantes dessa grande e originária "morada", isto é, a Terra não pode ser percebida, por cada um de nós, de uma só vez, em sua integralidade. Antes sim, adverte-nos o autor, ela é o "solo", ou *"arché originária"* (*Ur-Arche*), suporte de todos corpos e do, que os une em um só campo. Tudo isso nos faz, enfim, representá-la como uma "unidade sintética", enquanto unidade de experiências individuais conectadas umas às outras. Encontramos, nesse solo primordial, uma multiplicidade numérica de corpos distribuídos como extensões no espaço terrestre que, por sua vez, passam a ser entendidos por Husserl como um "sistema de lugares" (*Ortssystem*) ou "como sistema de fins possíveis dos movimentos dos corpos" (*als System möglicher Enden von Körperbewegungen*) (Husserl, [1934] 1940, p. 313).

Os corpos se movimentam no espaço terrestre uns em relação aos outros em um horizonte de movimentos possíveis. Quando um movimento termina, nos deparamos com a expectativa de um novo movimento, eventualmente unido à possibilidade de uma nova causalidade do movimento, graças a um choque possível entre os corpos, em um processo contínuo, num sistema de possibilidades de movimento e variações (ou de repouso e invariância) que, segundo Husserl, seria *"a priori e aberto"* (*"Möglichkeiten, die im voraus, a priori offen sind"*) (Husserl, [1934] 1940, p. 309). Os corpos encontram-se em um movimento efetivo e possível, havendo possibilidades sempre abertas na efetividade, na continuação, mudança de direção etc. Os corpos estão também "entre" outros corpos possíveis e efetivos, que se encontram em movimento ou repouso, variação ou invariância, enfim, em suas "circunstâncias" efetivas. Trata-se, portanto, de possibilidades *a priori* abertas que, como tais, constituem um fundo último da efetividade dos corpos. Tais são os modos aos quais pertencem, nos termos de Husserl, "o ser dos corpos e da multiplicidade dos corpos" (*"Sein der Körper und der Körpermannigfaltigkeit"*) (Husserl, [1934] 1940, p. 310).

Movimento e repouso aparecem, para nós, num primeiro momento, como referências "absolutas" em nossas experiências dos corpos e tornam-se, num segundo momento, entendidos como "relativos" à Terra, que, como solo primordial, faz com que o comportamento dos corpos seja determinado *nela* e *por meio dela*. Por esse motivo, a Terra não se move nem está em repouso, visto que é em relação a ela que movimento e repouso ganham um sentido. A "Terra-solo" *não* se move. Ela é como *arché* absolutamente imóvel, em "repouso" (*Ruhe*). Porém, ao menos, inicialmente, assinala

---

[26]   Trata-se do célebre manuscrito *D 17*, escrito por Husserl entre 7 e 9 de maio de 1934 e, portanto, dois anos antes da publicação das duas primeiras partes de *A crise das ciências europeias e a fenomenologia transcendental*. Publicado por Marvin Farber em 1940, no volume *Philosophical Essays in Memory of E. Husserl*, o referido manuscrito trazia em seu envelope o seguinte comentário descritivo: *"Reversão da doutrina copernicana* na interpretação da visão do mundo habitual. A arche-originária Terra não se move. Investigações fundamentais sobre a *origem* fenomenológica *da corporeidade da espacialidade da natureza* no sentido primeiro da ciência natural. Todas estas investigações iniciais necessárias" (Husserl, 1940, p. 307-325).

Husserl, trata-se de um repouso em um sentido distinto daquele que eventualmente encontramos nos corpos localizados no espaço, pois a Terra não ocupa — mas, antes sim, abriga — o sistema de lugares ocupado numericamente pelos corpos. É bem verdade que podemos, de certo modo, considerar o movimento de fragmentos da Terra (como em um terremoto, desprendimento de geleiras etc.) e, nesse sentido, considerarmos tais fragmentos como "partes" e, portanto, como corpos dela, mas que fazem parte de um "todo" que, como tal, não seria experimentado originariamente como um "corpo".

Se Husserl nos fala, conforme vimos na primeira parte de nossas reflexões, sobre o caráter *sui generis* do "corpo próprio", agora nos fala, nesse pequeno manuscrito, de uma condição *sui generis* da Terra-solo: entendida como um todo que consiste de partes corporais (fragmentados e fragmentáveis), mas que não é, enquanto "todo", um corpo, uma vez que jamais podemos percebê-la — já que nos encontramos *nela*, como solo que habitamos — de um só golpe e, portanto, conforme dissemos, em sua integralidade (Husserl, [1934] 1940). Deslocamos-nos de uma parte a outra da Terra, aprendemos a conhecê-la por seus "fragmentos" (*Erdestücks*), contudo, na experiência de outros corpos no espaço, não podemos vê-la em sua totalidade. Se inicialmente dizemos que, em sua forma originária, a Terra não se move, mas, antes sim, é por relação a ela — enquanto solo de todos os corpos — que movimento e repouso ganham um sentido, é somente num segundo momento que dizemos que, enquanto um "corpo", isto é, um astro em meio a outros, a Terra se "move". Todavia, a consideração do segundo momento supõe o primeiro, mantendo-nos, originariamente, ligados a ele.

Sendo assim, podemos dizer que há um sentido relativo da Terra quando a consideramos como um astro ou nos referimos a suas partes ou fragmentos (montanhas, geleiras, cordilheiras etc.), que, tal como os outros corpos, estão inseridos no conjunto dos demais corpos possíveis e efetivos, em movimento ou repouso. E um sentido absoluto, no qual a Terra é tida, em última instância, como solo originário de todos os corpos, permanece invariavelmente em repouso — um "estar aí" para todos os corpos.

Se a Terra é o solo originário que abriga todos os corpos em suas posições e variações de movimento e um desses corpos é o "meu corpo", esse se torna, para mim, um "centro de referência": trata-se, como vimos na primeira das nossas reflexões, do meu próprio corpo, como um "corpo central" (*Zentralkörper*). Afinal, conforme apontado, tenho com ele uma relação privilegiada em relação aos demais, uma vez que o conheço não apenas pela percepção externa, mas também por afecções. O meu corpo — com a minha carne (músculos, nervos, articulações etc.) — constitui-se, na Terra-solo, em meu "corpo-solo" (*Boden-Körper*), conforme nos esclarece Husserl. É em relação a ele que os demais corpos aparecem a mim, recebendo e devolvendo movimento. Daí Husserl tratá-lo como um corpo-solo "relativo" (*relative "Bodenkörper"*), pois o movimento e repouso dos corpos que o cercam acontece, primariamente, em relação a ele, que, por sua vez, encontra-se relativamente em repouso ou movimento em relação à Terra-solo (*Erdboden*) e que não é, efetiva e originariamente, experimentada como corpo, constituindo-se, antes sim, em "solo primordial" de todas as minhas experiências.

Até aqui, podemos assinalar algumas semelhanças — principalmente quanto à utilização dos termos "absoluto" e "relativo" — à descrição newtoniana do conceito de "espaço", visto que, no escólio da parte cinco da *mecânica racional*, Newton estabelece a distinção entre os conceitos de "espaço absoluto e de "espaço relativo", sendo o primeiro imóvel e desprovido de qualidades sensíveis; e o segundo, a expressão/medida sensível do primeiro, determinado por meio das relações dos nossos sentidos com os demais corpos (Newton, 2002)[27]. Porém, seria um grande equívoco equiparar a Terra (enquanto "Terra-solo") ao espaço absoluto newtoniano, pois ela aparece como uma unidade sintética de experiências que se conectam umas com as outras, e não como um fundo homogêneo ou como sistema de localizações (Jammer, 2010).

Feito esse breve esclarecimento, ficamos livres para distinguir, no opúsculo husserliano de 1934, dois sentidos de movimento e repouso. Para isso, consideremos o exemplo do próprio Husserl, em que o meu corpo está parado em um carro em movimento[28]. Visto por um observador externo, o meu corpo está em movimento dentro do carro. A paisagem, vista por mim no interior do carro, está em movimento e os outros "corpos próprios" dentro de outros carros parados aparecem, para mim, em movimento e assistem, assim como eu, à dinâmica entre "repouso" e movimento" encenada na Terra-solo e tendo por referência o "corpo solo" de cada um. Desse modo, podemos afirmar que, ao tomarmos como referência o "repouso" ou o "movimento" com base no corpo-solo, estamos tratando especificamente do seu caráter relativo. E, ao considerar o conjunto de todos os corpos e suas dinâmicas, nos deparamos com o sentido absoluto do repouso atribuído somente à "Terra-solo", que, na condição de solo originário de todos os corpos, não pode, de uma só vez, enquanto "solo", ser percebida em sua totalidade como um "corpo".

A esses dois sentidos iniciais de repouso soma-se um terceiro: o "repouso interno" do meu corpo próprio, que, enquanto um corpo no qual vigora um poder de decisão em relação ao movimento cinestésico a ser engendrado (de ir, de vir, de levantar um objeto, de trazê-lo para perto, de afastá-lo para longe etc.), poderá, em um elenco de movimentos possíveis, optar pela decisão de se manter parado cinestesicamente. Essa última opção é também para Husserl um tipo de movimento — denominado de "paralisia cinestésica" — do meu corpo próprio. Daí o autor dizer, no § 28 de *Krisis*, em 1936, que: "[...] a paralisação cinestésica é um modo do 'eu faço'" ([...] *kinästhetischen stillhalten ein Modus des 'Ich tue' ist*) (Husserl, [1936] 1976, § 28, p. 108). Eis o que podemos chamar de "repouso interno", uma das modalidades do "eu faço", próprio do meu corpo enquanto morada que habito. Convém lembrar que tal "paralisia" resulta não de uma decisão isolada, mas inserida continuamente em um fluxo de tantas outras decisões que se sucedem temporalmente.

Diante do exposto, fica nítida a distinção entre aquilo que podemos chamar de teoria da espacialidade em Husserl, considerando, evidentemente, os conceitos de "Terra-solo" e de "corpo solo", e o modo tradicional de conceber o Espaço e a Terra. Para aqueles que permaneçam restritos a esse modo de pensar, considerando, astronomicamente, a Terra tão somente como um "corpo"

---

[27] Nos termos do autor: "O espaço absoluto, em sua própria natureza, sem relação com qualquer coisa externa, mantém-se sempre semelhante e imóvel. O espaço relativo é certa medida ou dimensão móvel dos espaços absolutos, que os nossos sentidos determinam por sua posição em relação aos corpos, e que é comumente tomado pelo espaço imóvel; assim é a dimensão de um espaço subterrâneo ou aéreo ou celeste, determinada por sua posição com respeito à Terra. O espaço absoluto e o relativo são iguais na forma e na magnitude, mas nem sempre se mantém numericamente os mesmos. Se a Terra se move, por exemplo, um espaço do nosso ar, que em relação e com respeito à Terra mantém sempre o mesmo, em um momento será uma parte do espaço absoluto pela qual o ar passa, e em outro momento será outra parte desse mesmo espaço, de modo que, entendido em termos absolutos, estará mudando continuamente". NEWTON, I. Mecânica Racional. *In:* COHEN, B.; WESTFALL, R. S. (org.). *Newton*: textos, antecedentes e comentários. Rio de Janeiro: EDUERJ: Contraponto, 2002. p. 283..

[28] Para que o leitor possa, malgrado os esclarecimentos anteriores, por si próprio, encontrar eventuais semelhanças nos termos utilizados para as teorias do movimento/espaço de Husserl e Newton, destacamos, nesta nota, o famoso exemplo da embarcação à vela proposto por Newton: "Assim, numa embarcação à vela, o lugar relativo de um corpo é a parte do navio em que o corpo se acha, ou a parre da concavidade que o corpo ocupa e que, portanto, move-se junto com a embarcação; e o repouso relativo é a manutenção do corpo na mesma parte do navio ou de sua cavidade. Mas o repouso real, absoluto, é a manutenção do corpo na mesma parte do espaço móvel em que se movem o navio em si, sua cavidade e tudo o que está em repouso relativo no navio se moverá, em termos reais e absolutos, com a mesma velocidade do navio em relação à Terra. Mas, se a Terra também se move, o movimento verdadeiro e absoluto do corpo aumentará, em parte pelo movimento verdadeiro da Terra no espaço imóvel, e em parte pelos movimentos relativos do navio em relação à Terra quanto do corpo em relação ao navio, e desses movimentos relativos decorrerá o movimento relativo do corpo em relação à Terra" (Newton, 2002, p. 284).

e, portanto, pensando-a apenas como mais um astro a girar, no universo infinito, em torno do Sol, Husserl reserva uma ilustração importante. Em princípio, nos diz o autor, nada nos impediria de pensá-la assim. Porém, isso implica considerar apenas um dos modos possíveis de conceber a Terra (ainda em sentido relativo).

A fim de facilitar o entendimento do sentido mais originário da Terra, isto é, da Terra enquanto Terra-solo em contraponto ao sentido da Terra enquanto astro, Husserl faz, ao longo do texto, uma espécie de "experimento mental" para a época (uma vez que a chegada do homem à Lua somente se deu em 1969), no qual convida o leitor a se imaginar como um organismo capaz de voar para além dos limites da Terra, percebendo-a como um astro no universo, na sua forma esférica, fazendo movimentos circulares etc. Percebendo-a, portanto, "de fora", vendo-a como um pequeno corpo esférico, esse "homem-pássaro" — esquecendo-se, por alguns instantes, da Terra em sua forma originária de "solo primordial" — constataria: enfim, agora vejo o que não conseguia ver como habitante da Terra. Vejo a Terra em sua integralidade, como um "corpo". Mas indaga Husserl: o que fez esse homem chegar até lá, o que o moveu nessa ambição? E, inevitavelmente, constataríamos que nada disso teria sido possível sem uma "Terra-solo" na qual essa aspiração pudesse se constituir como um *sentido* para a vida desse homem, cujo corpo-solo continua habitando essa *arché* originária. Daí Husserl dizer que esse homem não poderia fazer tal experimento, apreendendo indiretamente a Terra enquanto um "corpo", sem que, de antemão, ele próprio pudesse se constituir para si mesmo em um homem *sobre* a Terra-solo. Afinal, é por relação a esse "solo primordial" — *nele* e *por meio dele* — que um horizonte de sentidos pôde se constituir para esse homem, que, em nenhum momento, deixou de habitar esse solo enquanto *arché* originária (*Ur-Arche*). Nesse sentido, esse tal "homem-pássaro" não poderia, ao ver a Terra "de fora" (como um corpo esférico a girar em torno do Sol), deixar de levá-la consigo para o espaço infinito, na condição de "solo de todas as suas experiências".

4. Considerações finais

A temática do corpo próprio e do seu pertencimento ao mundo na forma da espacialidade nos coloca, assim, na perspectiva fenomenológica, diante de uma dualidade que, ao se abrir, revela um duplo pertencimento, posto que esse corpo é *meu* e *do* mundo, alinhado, respectivamente, a uma "dupla morada": a do corpo próprio (enquanto corpo que habito), que, como ser do mundo, habita a Terra-solo. Ambas as moradas, cada uma a seu modo, apresenta o seu caráter *sui generis*. A primeira delas — a do meu próprio corpo — encontra-se como um "aqui", continuamente presente em minhas percepções dos demais corpos, contrastando com eles, haja vista que, como vimos, tenho com o meu corpo uma relação privilegiada. Não posso perceber coisa alguma em meu campo perceptivo sem que ao fazê-lo sinta, internamente, o meu próprio corpo, ao contrário dos demais corpos, aos quais somente tenho acesso pela percepção externa. Partes desse corpo que habito podem, a um só tempo, atuar como "órgão" e como "objeto". Lembremo-nos, por exemplo, da clássica ilustração *Drawing Hands* (Escher, M. C. [1948] 1994), do artista gráfico holandês Maurits Escher, na qual a mão esquerda desenha a mão direita e, simultaneamente, a mão direita desenha a mão esquerda, de modo que cada uma das mãos do mesmo corpo é sentida como mão que desenha e, ao mesmo tempo, como mão desenhada.

Figura 1 – *Drawing Hands*

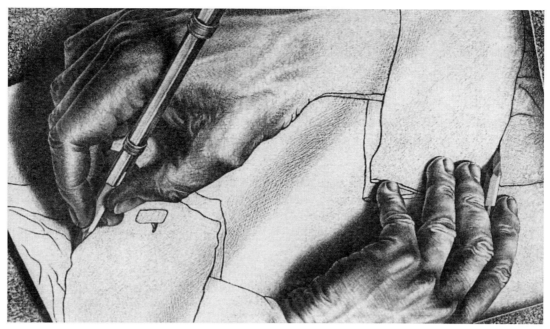

Fonte: Escher (1948)

Tudo isso dá, a esse corpo que identifico e reconheço como "meu corpo", o seu caráter *sui generis*. Se com ele tenho uma relação privilegiada e, portanto, única, no que concerne, na vida intersubjetiva, ao acesso a *outros* "corpos próprios" que habitam o meu campo perceptivo, somente posso operar, nesses casos específicos, por analogia, ao dizer: "tal como" o meu corpo, o corpo do outro é um centro de orientação para o outro, que, por sua vez, tem também uma relação privilegiada com o seu próprio corpo.

Mas se a ideia do "corpo próprio" é para nós uma morada *sui generis* que habitamos. Tal morada encontra-se, como vimos, inserida em outra, que abriga, em conjunto, os demais corpos: trata-se do mundo como "solo" de nossas experiências (nos termos mencionados, trata-se da "Terra-solo"). Conforme mostramos, essa grande morada teria também o seu caráter único: afinal, como solo originário por meio do qual as nossas experiências se encontram unificadas, formando uma espécie de "horizonte de todos os nossos horizontes", a Terra-solo não pode, de uma só vez, ser percebida por cada um de nós como um "corpo", posto que é o solo ao qual pertencem, originariamente, todos os corpos. No entanto, e eis aí a sua peculiaridade, podemos, em certas ocasiões, perceber seus pedaços (ou "fragmentos") como corpos que se desprendem como partes do todo. Mas, ainda assim, continuamos a não poder, em sua totalidade, percebê-la como um "corpo" tal como percebemos, em nosso campo perceptivo, os demais corpos em nosso meio circundante. E, se por acaso saíssemos da Terra para vê-la, enfim, como um "corpo", isso nos obrigaria a levar conosco, durante essa trajetória, a Terra como "solo" de nossas experiências subjetivas, mediante as quais constituímos os nossos sentidos do mundo, nossas aspirações e idealizações enquanto homens.

Tais considerações permitem, por si só, dada a inseparabilidade entre as duas moradas — a do corpo próprio e a da Terra-solo —, abrir um campo da investigação em torno do fenômeno do pertencimento. Afinal, encontramo-nos em face de uma relação de pertencimento da primeira morada em relação à segunda. Habitamos uma morada que pertence, por sua vez, a uma outra — a "Terra-solo" —, a qual pertencem, por fim, os entes mundanos. Segundo Husserl, é porque possuímos um corpo próprio que pertencemos ao mundo. Quais seriam, contudo, os sentidos desse "pertencimento"? Afinal, somos seres do mundo e *nele* deixamos nossas "marcas" — algo como um tipo de "testemunho ontológico", nos termos de Renaud Barbaras (2019, p. 6-7) — por meio dos sentidos que constituímos ao longo de nossa vida, na unidade de nossas histórias, conforme nos deslocamos nessa Terra-solo, fazendo com que o espaço seja para nós não um mero "espaço objetivo" (no qual os corpos se encontram, como extensões, incluídos objetivamente), mas uma espécie de *onde* e por meio do qual elegemos nossas metas e aspirações, consolidamos as nossas participações em diferentes movimentos (engajando-nos neles) e, assim, constituímos um horizonte de sentidos *nosso* por meio do qual o mundo ganha contornos para nós em um estilo próprio e inigualável.

Por fim, esperamos, caro leitor, que as reflexões trazidas neste texto possam contribuir para abrir caminhos aos profissionais cujos trabalhos visam pensar o espaço para além de uma perspectiva meramente geométrica, considerando a espacialidade como constituição de lugares, no âmbito das múltiplas dimensões da experiência humana.

Referências

BARBARAS, R. O pertencimento: para uma ontologia geográfica. *Revista Filosófica de Coimbra*, v. 27, n. 54, 2018.

BARBARAS, R. *L'appartenance*: vers une cosmologie phénoménologique. Louvain; Paris; Bristol: peeters, 2019.

ESCHER, M. C. [1948]. *Gravuras e Desenhos*. Tradução de Maria Odete Conçalves-Koller. Hamburgo: Taschen, 1994.

HUSSERL, E. [1913]. *Ideen zu einer reinen Phänomenologie und phänomenologischen Philosophie*. Zweites Buch: Phänomenologuische Untersuchungen zur Konstitution. The Hague, Netherlands: Martinus Nijhoff, 1952.

HUSSERL, E. [1929/1931]. *Cartesianische Meditationen und Pariser Vorträge*. Husserliana (Band I). Den Haag, Netherlands: Martinuos Nijhoff, 1973.

HUSSERL, E. *Meditations Cartésiennes. Introduction a la Phénoménologie*. Traduit de l'Allemand par Gabrielle Peifer et Emmanuel Levinas. Paris: Librairie Armand Colin, 1931.

HUSSERL, E. [1934]. Grundlegenden Untersunshungen zun phänomenologuischen Ursprung der Räumlichkeit der Natur. *In*: FARBER, M. (ed.). *Philosophical Essays in memory of Edmund Husserl*. Cambridge, Massachusetts: Harvard University Press, 1940.

HUSSERL, E. [1936]. *Die Krisis der europäischen Wissenschaften und die transzendentale Phänomenologie*. Husserliana. Band VI. Netherlands: Martinus Nijhoff, 1976.

HUSSERL, E. *A crise das ciências europeias e a fenomenologia transcendental*. Tradução de Diogo Falcão Ferrer. Lisboa: Centro de Filosofia da Universidade de Lisboa, 2008.

HUSSERL, E. *La crise des sciences européennes et la phénoménologie transcendantale*. Traduit par Gérard Granel. Paris: Gallimard, 2004.

JAMMER, M. *Conceitos de espaço*. A história das teorias do espaço na física. Rio de Janeiro: Contraponto; Editora PUC-Rio, 2010.

NEWTON, I. Mecânica Racional. *In*: COHEN, B.; WESTFALL, R. S. (org.). *Newton*: textos, antecedentes e comentários. Rio de Janeiro: EdUERJ; Contraponto, 2002.

RICOEUR, P. *A l'école de la phénoménologie*. Paris: J. Vrin, 1986.

WEHRLE, M. Being a body and having a body. The twofold temporality of embodied intentionality. *Phenomenology and Cognitive Sciences*, v. 19, n. 3, p. 499-521, 2020.

WEHRLE, M. Normality as Embodied Space. The body as transcendental condition for experience. *In*: JACOBS, H. (ed.). *The Husserlian Mind*. The Routledge Philosophical Mind Series. London: Routledge, 2021. (The Routledge Philosophical mind series). P. 195-207.

A INFLUÊNCIA DO *ZEITGEIST* PANDÊMICO NA MODA E NA ARQUITETURA: REFLEXÕES SOBRE A PERCEPÇÃO DO ESPAÇO, O CORPO E A *GESTALT* NA PERSPECTIVA DE MERLEAU-PONTY

Marina Otte
Larissa Gobbi

Apesar do entendimento de que todo ser humano pertence a um lócus, a compreensão das relações entre a percepção desse espaço e o que é apreendido por cada sujeito é variável. Para Merleau-Ponty, filósofo fenomenólogo francês, o corpo é o meio pelo qual se experencia e se habita o espaço. O ente corporal não é apenas um objeto no espaço, mas é inseparável. É por meio da experiência vivida que percebemos o mundo e nos movemos dentro dele (Merleau-Ponty, 1999).

Por outro lado, é importante começar por um entendimento mais primário do conceito de espaço, um deles se dá partir de suas questões físicas e geográficas. O espaço sob a ótica da disciplina da geografia, conforme Milton Santos (1996, p. 71), um dos mais influentes geógrafos contemporâneos, é definido como "o conjunto indissociável de sistemas de objetos e sistemas de ações, não sendo possível entendê-lo como um mero recipiente de fenômenos, nem tampouco como uma abstração vazia".

Outra área que se baseia nos estudos do espaço é a arquitetura. De acordo com Juhani Pallasmaa (2005, p. 8), arquiteto e teórico finlandês, "o espaço é a matriz e a substância de nossa existência física e espiritual. A arquitetura é a arte de moldar e organizar o espaço". Embora haja sobreposição e interseção entre as duas disciplinas, elas abordam o ambiente de maneiras distintas, cada uma com suas próprias perspectivas, métodos e objetivos de estudo.

Enquanto a arquitetura se concentra na criação de espaços construídos com base em critérios estéticos, funcionais e humanos, a geografia explora a relação entre os elementos e os processos que ocorrem na superfície geográfica, independentemente de serem construídos ou naturais. A arquitetura está mais voltada para o projeto e a materialização física dos espaços, enquanto a geografia busca compreender as dinâmicas e interações que ocorrem dentro desses lugares.

Considerando essa materialização física e até espiritual, o espaço passa a ganhar na atualidade uma conotação de idealização. O filósofo e epistemólogo francês Gaston Bachelard (1989, p. 12) define que "idealizar é transformar o mundo em imagens, imagens carregadas de afeto, imagens que suscitam ação" e a arquitetura tem a capacidade de traduzir sonhos por meio da ação que é a construção desses espaços. Essa materialização se dá também pelo corpo, como defende Merleau--Ponty, conforme apontado anteriormente.

Essa visão mais complexa de espaço na Arquitetura nem sempre se deu dessa forma. O entendimento da compreensão do lugar ao longo da história mostra como várias definições e interpretações surgiram, refletindo as perspectivas culturais, filosóficas e técnicas de diferentes períodos. Conforme Mumford (1938, p. 35) afirma, "o espaço é uma criação mental que transcende o ambiente físico, pois é moldado e enriquecido pela cultura e pelas experiências humanas".

Nas antigas civilizações, como a egípcia e a mesopotâmica, o espaço arquitetônico era frequentemente concebido em termos de simbolismo religioso e hierárquico. Os templos e palácios eram espaços sagrados que buscavam estabelecer uma conexão entre o mundo terreno e o divino. Nesse contexto, a arquitetura e o espaço eram vistos como expressões da ordem cósmica e da relação entre os seres humanos e os deuses (Choay, 2001).

Durante a Idade Média, a concepção de espaço arquitetônico estava intimamente ligada à religião cristã. As catedrais góticas, por exemplo, eram projetadas para transmitir uma sensação de verticalidade e transcendência, com o objetivo de elevar os fiéis em direção a Deus. As grandes construções eram concebidas como uma representação simbólica do divino e da hierarquia celestial (Nesbitt, 2008).

Com o advento do Renascimento e o surgimento do pensamento humanista, houve uma mudança significativa na concepção arquitetônica. Arquitetos como Alberti (1991) e Palladio (2002) defenderam a aplicação de princípios matemáticos e proporções harmoniosas na criação de espaços arquitetônicos. Nessa perspectiva, o espaço era concebido como uma entidade mensurável e controlável, sujeita a regras geométricas e estéticas.

No século XX, a definição de espaço na arquitetura se expandiu e se diversificou com a influência do modernismo, pós-modernismo e movimentos contemporâneos. Arquitetos como Le Corbusier (2001), com sua noção de "espaço promenade", e Wright (2005), com sua abordagem orgânica, trouxeram novas perspectivas sobre a relação entre o lugar arquitetônico, o corpo humano e o entorno natural. A experiência sensorial, a flexibilidade e a adaptação do espaço às necessidades dos usuários tornaram-se aspectos-chave da arquitetura contemporânea.

Com essa rápida linha do tempo sobre o entendimento de ambiência na arquitetura, é possível perceber como as transformações culturais, filosóficas e técnicas são a base para a formação da visão de cada período. Ao analisar cada período individualmente poderia se ter, por vezes, uma visão mais estigmatizada por apenas uma relação entre sujeito e objeto, que se difere no contexto geral da definição de espaço ao longo dos tempos. Tem-se em determinados períodos a inserção de outros elementos na compreensão da percepção espacial, sejam elas filosóficas, sejam religiosas ou mais cartesianas.

Sendo assim, a visão de Merleau-Ponty parece ter conexão com o fato de o filósofo fenomenólogo não considerar apenas sujeito e objeto, não apenas uma percepção puramente mental e passiva, mas, sim, que a percepção e compreensão do mundo estão fundamentadas em nossa experiência corporal:

> A distinção entre o movimento abstrato e o movimento concreto não se confunde, portanto com a distinção entre corpo e a consciência, ela não pertence à mesma dimensão reflexiva, ela só tem lugar na dimensão do comportamento. Os fenômenos patológicos fazem variar sob nossos olhos algo que não é a pura consciência de objeto. (Merleau-Ponty, 1945, p. 144, 175 *apud* Marques, 2017, p. 71).

Dentre os vários argumentos apresentados pelo autor sobre essa relação corporal, ele elucida a diferença do movimento abstrato e do movimento concreto, em relação às distinções entre psíquico e fisiológico, pois para a consciência existem diversas maneiras de ser consciência e para o corpo existem diversas maneiras de ser corpo (Merleau-Ponty, 1999, p. 144). Nesse caso, ele usa o exemplo de uma pessoa acometida de uma enfermidade.

Pode-se exemplificar aqui que um lugar concreto é sempre o mesmo, mas o movimento nele pode ser físico ou, caso a pessoa tenha uma restrição física, ela pode se imaginar percorrendo esse mesmo espaço, idealizando. Mas se, por sua vez, ela também tem alguma restrição em sua consciência, esse mesmo movimento abstrato também pode ser afetado, assim como o físico. Dessa forma, aqui fica elucidado mais um elemento exaustivamente estudado pelo filósofo: o comportamento.

Fica evidente como, ao longo da história da arquitetura, a definição de espaço evoluiu em resposta às transformações e agentes externos e culturais que resultaram em comportamentos da mesma forma condicionados por esses agentes. Desde as concepções simbólicas das civilizações antigas até a ênfase na proporção matemática do Renascimento e nas experiências sensoriais do mundo contemporâneo, o espaço arquitetônico reflete os valores, as crenças e as necessidades das sociedades ao longo do tempo.

Essas mudanças temporais e culturais ficam bem abarcadas num conceito conhecido por *Zeitgeist*[29], termo em alemão que se refere ao espírito ou clima cultural de uma determinada época, que influencia ideias, valores e atitudes predominantes em uma sociedade.

Sendo esse corpo elemento-base nas considerações de Merleau-Ponty acerca do espaço, ele é condicionado também por agentes externos e culturais. Conforme o *Zeitgeist*, tem-se uma forte influência na percepção do espaço, mudanças de comportamentos, e até mesmo no entendimento da "presença ou não" do elemento corpo no processo perceptivo.

Por esse motivo, o autor faz constantes críticas ao entendimento do espaço pela geometria, que, como disciplina matemática, remonta à Antiguidade, tendo suas origens nas civilizações egípcia, mesopotâmica e grega. Desde os tempos antigos, a geometria tem sido fundamental para compreender e descrever as formas e as relações espaciais.

Segundo Euclides, um dos mais influentes matemáticos gregos, o entendimento da geometria é necessário para todos os seres humanos, sendo uma linguagem universal para representação e entendimento do espaço. A geometria euclidiana "estuda as propriedades e relações dos pontos, linhas, ângulos, polígonos e sólidos no espaço tridimensional, [...], A geometria euclidiana é considerada como a base clássica da geometria e continua sendo amplamente estudada e aplicada na atualidade" (Hartshorne, 2000). Nessa perspectiva, a geometria é vista como uma linguagem universal para a compreensão e a representação do espaço.

No decorrer da história, a geometria evoluiu e se ramificou em diferentes abordagens, como a geometria euclidiana, a geometria não euclidiana e a geometria fractal. Cada uma dessas abordagens oferece um conjunto de princípios e conceitos para explorar as propriedades e as características dos objetos geométricos. Como afirmou David Hilbert, um renomado matemático, "a geometria é uma ciência de precisão e rigor lógico, uma das mais antigas e uma das mais belas" (Hilbert, 2003). A geometria desempenha um papel essencial não apenas na matemática, mas também na arquitetura, no *design* e em várias outras áreas do conhecimento, fornecendo uma base sólida para a compreensão e a criação de estruturas e formas no espaço.

Merleau-Ponty não nega que exista um espaço regido por leis mecânicas e referências como as coordenadas de um plano vertical e horizontal oriundas da matemática, porém ele considera existirem dois espaços, um corporal e um exterior, formando um sistema prático. "O espaço geométrico, então, não pode ser o único a que temos acesso, existe sempre essa dimensão existencial do espaço vivido que não respeita as regras das distâncias geométricas" (Marques, 2017, p. 98).

Por isso, é necessária a crítica que o autor faz ao uso do entendimento do espaço a partir somente na geometria:

> Até aqui nós só consideramos, como o fazem a filosofia e a psicologia clássicas, a percepção do espaço, quer dizer, o conhecimento das relações espaciais entre os objetos e de seus caracteres geométricos que um sujeito desinteressado poderia adquirir. E, todavia, mesmo analisando essa função abstrata, que está muito longe de cobrir toda a nossa experiência do espaço, fomos conduzidos a fazer aparecer, como a condição da espacialidade, a fixação do sujeito em um ambiente e, finalmente, sua inerência ao mundo; em outros termos, precisamos reconhecer que a percepção espacial é um fenômeno de estrutura e só se compreende no interior de um campo perceptivo que inteiro contribui para motivá-la, propondo ao sujeito concreto uma ancoragem possível. (Merleau-Ponty, 1999, p. 325, 377 *apud* Marques, 2017, p. 96).

---

[29] *"Zeitgeist"* foi popularizado pelo filósofo alemão Georg Wilhelm Friedrich Hegel. Embora ele não tenha fornecido uma definição exata do termo, em seu livro *Fenomenologia do Espírito* (Hegel, 1992), sua filosofia abordou a ideia do espírito do tempo e sua influência no desenvolvimento histórico.

A crítica do autor não se limita somente à visão do espaço pela geometria, mas também critica os psicólogos associacionistas, como os behavioristas e os empiristas, por reduzirem a experiência humana a simples associações de estímulos e respostas. A visão fragmentada de que a mente humana pode ser compreendida por meio de elementos isolados e das relações associativas entre eles também é contestada pela teoria da *Gestalt*, e é nesse ponto que a abordagem de Merleau-Ponty converge para essa teoria.

Os dois pensamentos possuem a mesma origem da fenomenologia husserliana, ambos defendem a visão do todo enfatizando a importância da experiência perceptiva como um todo e destacam a importância da percepção de padrões e estruturas. Merleau-Ponty "toma de empréstimo muitos conceitos provenientes dessa corrente, além de concordar, mesmo que em um primeiro momento, com muitas de suas ideias, dentre elas a crítica às ciências, ou mais especificamente ao cientificismo" (Marques, 2017, p. 24).

Devido a esses fatos, entender as bases da teoria da *Gestalt*, em que os dois pensamentos se convergem, ajuda na compreensão dos elementos espaciais que irão interferir no entendimento desses conceitos.

Gestalt e a percepção do todo no espaço

A *Gestalt* é uma escola de Psicologia criada no final do séc. XIX e fundamentada nos estudos da teoria sobre o fenômeno da percepção visual. Tendo como fundadores Max Wertheimer, Wolfgang Köhler e Kurt Koffka (Holanda, 2009), sendo considerados precursores Ernst Mach (1838-1916), físico, e Chrinstiam von Ehrenfels (1859-1932), filósofo e psicólogo.

De acordo com a teoria da *Gestalt*, a percepção é considerada uma forma de organização da experiência, na qual ocorre a identificação de padrões e estruturas significativas. Conforme afirmado por Wertheimer (1923), um dos principais teóricos da *Gestalt*, essa abordagem psicológica enfatiza que a compreensão de um objeto é influenciada principalmente por sua estrutura global, e não apenas pelas características individuais de suas partes isoladas.

Nessa perspectiva, a mente humana busca organizar os estímulos sensoriais em padrões perceptivos significativos, visando à compreensão da totalidade. É importante ressaltar que o entendimento não pode ser simplesmente reduzido a uma soma de partes independentes; ele é determinada pela organização perceptual que ocorre em níveis mais elevados de processamento mental.

Os gestaltistas desenvolveram diversos experimentos sobre a forma como a apreensão dos espaços e seus elementos se dá. A partir dos estudos, eles desenvolveram uma série de princípios ou leis que descrevem como a percepção ocorre. Esses princípios são conhecidos como "leis da *Gestalt*" ou "leis da organização perceptual". Os gestaltistas observaram que o sentido é influenciado por fatores além das características individuais dos estímulos e identificaram algumas regularidades na forma como a mente organiza as informações perceptivas.

Por essas características, diferentes áreas fazem uso ou análise de seus conteúdos a partir da visão da teoria da *Gestalt*, como: a própria psicologia em terapia e aconselhamento, a comunicação e publicidade, as artes visuais, a música, a informática, o *design* e a arquitetura. Por isso, diversos autores escreveram obras a partir desses conhecimentos e foram agrupando os princípios conforme a necessidade e a sua área de atuação. Um deles foi João Gomes Filho em seu livro *Gestalt do Objeto* (2000), que divide o conteúdo de *Gestalt* em: leis; propriedades da forma; e categorias conceituais.

Aliás, as exemplifica usando formas gráficas, projetos de arquitetura e *design*. Entre as principais leis da *Gestalt* destacadas por esse autor, estão:

Lei da Unidade: enfatiza a tendência natural da percepção humana de agrupar elementos visuais em unidades coerentes e organizadas.

Lei da Proximidade: elementos próximos uns aos outros são percebidos como formando grupos ou unidades.

Lei da Semelhança: elementos que são semelhantes entre si em termos de cor, forma, tamanho ou outros atributos tendem a ser agrupados juntos.

Lei da Continuidade: tendência de perceber linhas e curvas contínuas, mesmo que estejam parcialmente interrompidas.

Lei da Pregnância (ou da Boa Forma): tendência de perceber figuras simples e organizadas, evitando ambiguidade e confusão.

Lei do Fechamento: tendência de preencher espaços em branco e perceber formas completas, mesmo quando as informações são incompletas.

Já a figura e fundo são considerados princípios fundamentais da teoria da *Gestalt*. Embora não sejam exatamente leis, elas descrevem um aspecto importante da compreensão visual e da organização da informação e inclusive é citada por Merleau-Ponty. A percepção visual envolve a capacidade de cada parte de anunciar mais do que é percebido de forma isolada, o que implica que essa cognição elementar já carrega consigo um sentido além de suas características individuais (Merleau-Ponty, 1999, p. 24).

A lei da figura e fundo afirma que a percepção visual ocorre por meio da distinção entre uma figura principal e um fundo ao seu redor. A figura é o elemento principal, que se destaca e recebe nossa atenção, enquanto o fundo é o espaço que envolve a figura. Essa distinção entre figura e fundo ajuda na organização e interpretação das informações visuais.

Outro princípio e importância é do equilíbrio simétrico, sendo "uma configuração que dá origem a formulações visuais iguais, ou seja, as unidades de um lado são iguais às do outro lado" (Gomes, 2000, p. 57). Destacando ainda o equilíbrio por assimetria, em que os lados opostos não são iguais, mas pode se conseguir uma equidade visual a partir de outros elementos compensatórios.

Comumente também são citados dentro de outras Leis/Princípios elementos de organização espacial, como a repetição, em que um mesmo elemento é repetidas vezes utilizado na organização espacial. E a segregação, princípio que se refere à capacidade perceptiva de separar elementos em uma cena com base em diferenças de características como cor, forma, tamanho, textura ou localização. Esse princípio permite que nossa percepção identifique e organize objetos distintos dentro de um contexto visual, mesmo quando há sobreposição ou interconexão entre eles. A segregação é um processo de apreensão que nos ajuda a discernir e distinguir elementos individuais em um campo visual complexo, facilitando a compreensão e interpretação da cena como um todo (Gomes, 2000, p. 30).

Merleau-Ponty compartilha com a teoria da *Gestalt* a ideia de que nossa percepção não é composta apenas de sensações isoladas, mas de um processo perceptivo que organiza e estrutura os estímulos sensoriais em unidades significativas. Ele enfatiza a importância da percepção corporal e da experiência subjetiva na formação de nossa compreensão do mundo.

Em seu livro *Fenomenologia da Percepção* (1999), ele inclusive cita algumas das leis descritas anteriormente, entre elas: proximidade e semelhança, figura e fundo, continuidade. O autor considera a teoria psicológica da *Gestalt* razoável, pois leva em consideração o caráter posterior da associação. A teoria "tem a clareza de que tais atribuições aos objetos só podem ser feitas após a percepção" (Marques, 1997, p. 47).

No entanto, Merleau-Ponty também critica algumas ideias dateoria teoria da *Gestalt*, enfatizando que esta tende a reduzir a percepção a princípios formais e estruturais, negligenciando a dimensão corporal e encarnada da experiência perceptiva. De acordo com ele, a percepção é sempre uma atividade situada, influenciada por nosso corpo, nossos contextos culturais e nossas experiências passadas.

Merleau-Ponty busca uma compreensão mais abrangente da percepção, incorporando tanto os aspectos formais e estruturais quanto os aspectos corpóreos e subjetivos. Ele enfatiza a importância da interação entre o sujeito que percebe e o mundo percebido, enfatizando a percepção como uma atividade ativa e enraizada na experiência encarnada.

Levando em conta que os espaços são agentes diretos da percepção no usuário, é importante observar os princípios da *Gestalt* para um projeto, pois, "em geral, as coisas são o que parecem ser ou, por outras palavras, seus aspectos dizem-nos o que são e o que fazer com elas" (Koffka, 1975, p. 87). Em contrapartida, assim como aponta Merleau-Ponty, trazer a experiência do corpo com a experiência perceptiva.

Nesse sentido, o autor expressa que: "o mundo está já constituído, mas também não está nunca completamente constituído. Sob o primeiro aspecto, somos solicitados, sob o segundo somos abertos a uma infinidade de possíveis" (Merleau-Ponty, 1945, p. 517, 608 *apud* Marques, 1997, p. 105). Novamente, reforçando-se as possibilidades de outros mundos e até mudanças de contexto como apontado anteriormente sobre o *Zeitgeist*.

Zeitgeist, tendências e relação entre moda, arquitetura e corpo

"*Zeitgeist*" se refere ao espírito do tempo, ou seja, ao conjunto de ideias, valores, atitudes e tendências culturais que são predominantes em uma determinada época. É influenciado por fatores sociais, políticos, econômicos e culturais, e molda as tendências e direções que a sociedade está seguindo. As tendências são reflexo do"*Zeitgeist*" e podem emergir como resposta ou manifestação das principais características e valores de uma determinada época.

O termo "tendências", quando desconectado de sua essência comportamental, pode ser mal interpretado como um elemento meramente supérfluo, um modismo. Mas, ao passo que, numa reflexão histórica, é possível perceber como os períodos vão se intercalando por ora tempos mais racionais, ora tempos mais emotivos, e estes, por sua vez, condicionados por aspectos culturais, históricos econômicos e sociais. Diante dessas características, percebe-se muito mais a tradução do *Zeitgeist* daquele tempo do que um modismo, as tendências acabam sendo padrões de comportamento com preferências ou mudanças observadas em um determinado contexto/tempo.

Inerentes de nossa sociedade, são estudadas por psicólogos, antropólogos e sociólogos como Guillaume Erner, autor do livro Sociologia das Tendências (2015), em que o pesquisador faz um apanhado histórico de vários pensadores sobre o fenômeno, bem como elucida as diferentes formas de como elas surgem, entre as quais: o *Zeitgeist*. "Uma primeira família explicativa em sociologia das tendências interpreta as modas como consequência do espírito do tempo, produto da essência de uma época" (Erner, 2015, p. 45).

Vale destacar que o autor reforça que esse não é um processo único na formação das tendências. Ao logo de seu livro, ele demonstra variadas origens de predisposições comportamentais, trazendo, até mesmo, aspectos mais técnicos como a questão neural (neurônios espelho) e a dualidade entre escolhas individuais *versus* escolhas coletivas. Essas escolhas influenciam os mais diversos campos da vida cotidiana, desde a música do momento, até a escolha de um destino de viagem, um nome, uma comida, bebida, influenciam ainda o *design*, a moda, a arquitetura, entre outras tantas faces da vida.

Talvez essa seja uma das principais conexões entre moda e arquitetura, as tendências que vão desde novas tecnologias, novos materiais, mas principalmente a expressão de novos comportamentos por elementos extracorpóreos. Essa relação é tão íntima que vários estudos correlacionam essas duas áreas, como os do renomado arquiteto Rem Koolhaas (1995) em seu livro *S,M,L,XL,* em que ele explora como ambos os campos podem se influenciar mutuamente. Nessa obra, ele discute a relação entre moda, arquitetura e cultura contemporânea, abordando a ideia de escala, proporção, estética e como as cidades e os espaços arquitetônicos podem ser vistos como uma extensão do corpo humano.

Essa relação da moda e da arquitetura se dá num campo ainda mais prático: o da criação de espaços destinados a serem palcos dos desfiles. E mais, se é por meio do corpo que se vivencia os espaços, conforme Merleau-Ponty, um desfile de moda exerce um simulacro que soma a projeção de corpos com roupas sob a influência de um cenário projetado na idealização do comportamento tanto de onde usar a vestimenta como do uso da vestimenta em si.

> O movimento do corpo só pode desempenhar um papel na percepção do mundo se ele próprio é uma intencionalidade original, uma maneira de se relacionar ao objeto distinta do conhecimento. É preciso que o mundo esteja, em torno de nós, não como um sistema de objetos dos quais fazemos a síntese, mas como um conjunto aberto de coisas em direção às quais nós nos projetamos. O 'movimento gerador do espaço' não desdobra a trajetória de algum ponto metafísico sem lugar no mundo, mas de um certo aqui em direção a um certo ali. (Merleau-Ponty, 1945, p. 444, 518 *apud* Marques, 2017, p. 102).

Diante desse pensamento exposto, soma-se ainda como o *Zeitgeist* vai se modificando e pode alterar "um certo aqui em direção um certo ali". Toma-se como exemplo o período de isolamento provocado pela pandemia de SARS-CoV-2 de 2020, que foi considerado um acelerador de tendências e modificou a percepção do espaço. Com isso, a idealização num desfile faz uma projeção de um corpo que estava num espaço físico de quarentena/isolamento para um ambiente externo de cenário (arquitetura) e comportamento (moda).

O espaço da moda e o *Zeitgeist* pandêmico: inserção do corpo

A moda sempre esteve intrinsecamente inserida na essência do ser humano. Seja representando *status*, sexualidade, seja posição financeira e revoltas políticas e pessoais. Toda nova era da sociedade foi interpretada e reinventada pela moda e, se formos analisar minuciosamente, a arquitetura sempre seguiu lado a lado quando as casas de alta costura ditavam tendências que revisavam e demonstravam a consequência do *Zeitgeist* de um tempo. Uma sempre se apoiando e dependendo da outra. Duas formas de arte tentando digerir os acontecimentos mundiais em conjunto, sempre trazendo perspectivas positivas.

Segundo dados da Organização Mundial de Saúde (2020), a pandemia de um novo vírus do tipo corona (SARS-CoV-2), que teve início no ano de 2020, foi o maior marco recente da população mundial, confinando as pessoas em seus lares (espaços) por segurança. Com sua facilidade de transmissão e contágio, o mundo parou e, consequentemente, o mundo da moda foi afetado por essa nova dinâmica.

> Não havia engarrafamento na rue de Varenne, nem caminhada pelo Museu Rodin, nenhum grupo de fotógrafos de Street Style esperando em seu Jardim de Orfeu, e certamente nenhuma tenda gigante atrás dele. O confinamento tornou impossível a encenação de um *show* de alta costura Christian Dior e a experiência de seus grandes rituais. (Vogue, 2020, s/p).

Com um futuro desesperador, a criatividade foi reforçada e diversas marcas adentraram o *"Phygital"*, uma nova oportunidade de apresentar a coleção ao público de forma segura, que consistia em: plateias reduzidas e conteúdos exclusivos no digital. Ralph Toledano, presidente da Fédération de la Houte Couture et de la Mode (FHCM), explicou em uma entrevista à Vogue:

> O digital é claramente parte da moda que está por vir e vamos aproveitá-lo como uma oportunidade de inovação para complementar a tradição. Dito isso, [nas] últimas semanas atrás dos nossos ecrãs, todos sentimos que faltava uma dimensão: a sensorial. Isso reforçou tremendamente nossa posição de que nada substituirá a unidade do tempo e do lugar. Os desfiles são um componente importante da indústria da moda, e isso permanecerá. (Vogue, 2020, s/p).

Ainda assim, a forma como a moda se expressou chamou atenção. A tradicionalidade precisou ser colocada de lado e trouxe muitas novidades, principalmente cenográficas. Os diretores criativos precisaram sair da zona de conforto para conseguir expressar o sentimento do mundo inteiro.

Olivier Rousteing, diretor criativo da casa de alta costura da Balmain, no desfile *Fall 2020 Couture*, tentou apresentar um desfile completamente digital na plataforma do TikTok, primeira aparição oficial da rede social dentro do mercado de luxo (Vogue, 2020). O desfile teve o Rio Sena como a sua passarela, onde Balmain embarcou em uma balsa e contou com a Torre Eiffel de fundo (Figuras 2 e 3).

Figura 2 e 3 – Desfile Balmain, outono 2020

Fonte: Vogue (2020)

No contexto da pandemia, em que as pessoas foram obrigadas a permanecer em casa, os desfiles, que tradicionalmente ocorriam em espaços internos, passaram a ser realizados em ambientes externos, onde a paisagem se tornou o novo palco. Quando a restrição mantinha a população confinada "entre quatro paredes", só cabia aos expectadores imaginar e idealizar os corpos e experiências de que não podiam mais desfrutar.

Na relação figura-fundo, o fundo composto pela paisagem da cosmopolita Paris ganhou grande destaque, sendo que as figuras, mas modelos e roupas, foram quase coadjuvantes. Para compensar a dispersão da percepção visual frente à suntuosa paisagem, os modelos estão condensados numa barca e por proximidade acabam ganhando mais força visual, dando um sentido de conjunto.

Por outro lado, como a transmissão foi digital, Rousteing expressou que sentia falta das apresentações da vida real. "É muito difícil apenas fazer no digital sem nenhuma experiência física. [...] Trabalhamos para um público e você perde a emoção se não tiver um" (Vogue, 2020). Essa sensação é constantemente relatada por Merleau-Ponty, como já explicado anteriormente.

Com essa ótica, Balmain surpreendeu quando conseguiu transpassar a emoção de uma população mundial na coleção *Fall 2021 Ready-To-Wear*: ao escapar da realidade em um aeroporto, suprindo a falta de emoção do desfile anterior (Figuras 4 e 5).

Figura 4 e 5 – Balmain, Outono 2021 *Ready-to-Wear*

Fonte: Vogue (2021)

Trazendo toda a trama no aeroporto Charles de Gaulle, localizado em Paris, o espetáculo mostrou diversos ângulos de um Air France 777 com roupas que conversavam com o espírito livre, , quando se sonhava em voltar a viajar, aguçando o apetite pela fuga (Vogue, 2021). Max Horkheimer e Theodor W. Adorno, dois filósofos em 1947, já explicavam sobre essa necessidade do ser humano de fugir dos problemas por meio de métodos de lazer, em seu livro *Dialética do Esclarecimento*:

> Divertir-se significa estar de acordo. Isso só é possível se isso se isola do processo social em seu todo, se idiotiza e abandona desde o início a pretensão inescapável de toda obra, mesmo da mais insignificante, de refletir em sua limitação ao todo. Divertir significa sempre: não ter que pensar nisso, esquecer o sofrimento até mesmo onde ele é mostrado. (Horkheimer; Adorno, 2002, p. 68).

Nessa "viagem para lugar nenhum", Rousteing explicou à Vogue (2021) que o desfile do Air France 777 pousou em uma plataforma de pista renderizada digitalmente em algum meio entre a Terra e a Lua, uma simbologia dramática sobre estar em um momento no qual a realidade é conturbada demais e, mesmo animado para um futuro melhor, completamente alheio aos devaneios da própria mente (Figura 6).

Figura 6 – Balmain, Outono 2021 *Ready-to-Wear*

Fonte: Vogue (2021)

Para esse desfile, a pregnância de um elemento de fácil entendimento, como o avião, diferentemente da paisagem complexa que passava ao fundo no desfile anterior, evitou a ambiguidade de entendimento. Mesmo quando o avião aparece cortado no *frame* de um vídeo ou numa foto, por fechamento, é possível entender a forma da aeronave. Dessa maneira, a figura ganhou um destaque maior.

O escapismo desse cenário é ainda mais intenso, uma vez que se passa em um aeroporto, carregado de simbologia relacionada a viagens e turismo, refletindo o anseio por libertação do confinamento. A tangibilidade do desfile é reforçada, ao mesmo tempo que as roupas da coleção "prontas para vestir" são mais acessíveis, promovendo uma maior identificação com o público.

A Balmain não foi a única marca a "contar uma história". A casa italiana de alta costura Valentino mostrou muita bravura ao abrir mão do salão parisiense Salomon de Rothschild e entrou no galpão metalúrgico Fonderie Macchi (Figuras 7 e 8), localizado em Milão e ativo desde 1936. Pierpaolo Piccioli, diretor criativo da Valentino, disse em uma coletiva de imprensa pós-*Spring 2021 Ready-to-Wear,* que, "neste momento, manter uma mentalidade antiga para mim simplesmente não era uma opção" (Vogue, 2021).

Figura 7 e 8 – À esquerda, Valentino Spring 2021 Ready-To-Wear. À direita, Valentino | Spring Summer 2021 | *Full Show*

Fonte: Vogue (2020); FF Channel (2021)

Esse prazer criativo foi em uma direção de completo desacordo com a ótica típica de Valentino, mas Piccioli abraçou a esfera romântica e radical. Reescreveu os códigos dentro de um mundo em completa mudança, inovando e modernizando sem perder a essência da casa. A própria revista Vogue fez uma análise minuciosa do cenário escolhido e criado por Piccioli em parceria com o paisagista japonês Satoshi Kawamoto:

> Arranjo de flores silvestres e plantas preencheram o vasto cenário industrial em uma poderosa instalação do artista vegetal japonês Satoshi Kawamoto; Piccioli a imaginou como um elemento disruptivo de beleza inspirado na prática da jardinagem de guerrilha de cultivar plantas delicadas em espaços de concreto cinza — outro ato romântico de resistência urbana. As flores tinham uma história própria: originadas em oito países diferentes, foram cultivadas em um viveiro em Milão, onde serão devolvidas após o *show*. (Vogue, 2021, s/p).

O cenário industrial com iluminação natural e muito paisagismo foi como um grande respiro em um mundo frente ao caos. Foi aqui a primeira aparição do rosa fúcsia da Valentino; a cor simplesmente saltava aos olhos quando contrastou com o cenário cinza e verde, mas tão bem encaixado no contexto que não causou estranhamento. O cenário foi pensado exclusivamente para trazer harmonia, em todos os sentidos. Um alívio cinestésico, visual e auditivo, já que Piccioli confiou seu *show* ao cantor e produtor Labrinth para fechar a atmosfera e ter uma experiência impactante. Segundo a Vogue:

> Os *shows* de Valentino são experiências visualmente intensas, repletas de emoções e extravagância. A pandemia parece ter esclarecido e delineado a mentalidade de Piccioli. Sua abordagem parece direta, pessoal e autêntica, menos filtrada pelas referências arcanas que as narrativas de moodboard muitas vezes transmites. Ele chama esse processo de 'radical'. (Vogue, 2021, s/p).

A escolha desse cenário reflete uma necessidade amplamente requisitada pelas pessoas durante o período de confinamento: o contato com a natureza. Estabelecendo um paralelo, assim como as pessoas foram compelidas a refletir sobre suas casas e suas necessidades biofílicas, o próprio *designer* trouxe essa demanda para o desfile, trazendo sua vivência corporal pessoal e traduzindo-a no espaço, conforme sugerido por Merleau-Ponty.

As diversas vegetações foram agrupadas em grandes grupos por semelhança e proximidade, dando força e direcionamento do olhar no espaço e gerando continuidade ao longo do grande galpão. O espaço em si era um grande contraste de figura e fundo, com a organicidade das vegetações contrastando uma base industrial e fria.

Se comparado à incorporação da biofilia no cenário da última coleção, o próximo evento foi o oposto. Em um cenário completamente escuro, Piccioli levou a coleção *Fall 2021 Ready-to-Wear* ao histórico Piccolo Teatro, fechado desde o início da pandemia, localizado em Milão (Figura 9). Em meio ao *show* de iluminação, o desfile ganhou vida de uma forma singela, mas ao mesmo tempo hipnotizante.

Figura 9 – Valentino *Fall 2021 Ready-to-Wear*

Fonte: Vogue (2021)

O baixo contraste entre figura e fundo aumentou a dramaticidade por meio do espaço, em paralelo a uma realidade dos dias ainda em isolamento se estendendo. O visual resultante para a percepção vai além de uma interpretação individual.

Em mais uma tentativa de vencer o tradicionalismo, Piccioli trouxe "la couture dans les rues" (Figuras 10 e 11), já que para ele era inevitável voltar a se exibir em palácios como se uma pandemia não tivesse acontecido; depois de um ano e meio de isolamento pandêmico, o diretor criativo da casa de alta costura — tradicional — italiana queria trazer um senso de realidade para a marca sem prejudicar sua história (Vogue, 2021).

Figura 10 e 11 – Valentino *Resort 2022*

Fonte: Vogue (2021)

Para isso acontecer, a coleção *Resort 2022* foi filmada em Marais, um bairro animado e diversificado, em um café chamado Le Progrès. As ruas ganham destaque e trazem a originalidade e autenticidade ao desfile.

> Piccioli está na Maison há tempo suficiente para saber seus códigos de cor; ele viveu seu apogeu glamouroso, quando Valentino Garavani recebia convidados em seu Château de Wideville, cujos jardins eram tão perfeitamente bem cuidados quanto a multidão de alta manutenção que os percorria. Era um mundo tão fabuloso quando isolado e inacessível. 'Não quero esquecer o castelo, mas você tem que estar enraizado no presente', disse ele. 'Quero trazer o castelo para a rua, por assim dizer, e trazer a rua para o castelo.' (Vogue, 2021, s/p).

A vontade de voltar à normalidade parece traduzida nesse cenário (mesmo que antes a Balmain tenha feito algo similar anteriormente), mas, para uma casa tradicional como Valentino, identifica-se como algo disruptivo. O corpo se expressando pelo cenário trivial do cotidiano. A cor que passa a ser a nova marca registrada, por ser tão marcante e única, exerce um poder de pregnância na percepção.

Com o rosa aparecendo em recorrência em todos os últimos *shows*, Pierpaolo Piccioli, na apresentação *Fall 2022 Ready-To-Wear*, alegou que preferiu produzir uma coleção inteira de rosa fúcsia — agora, o novo Rosa Valentino —, ao invés do vermelho Valentino (cor registrada da marca) para "subverter" seus significados culturais (Vogue, 2022).

O cenário, um galpão todo coberto de Rosa Valentino (Figuras 12 e 13), foi o que Piccioli chamou de "monótono", usado para evitar qualquer distração e fazer com que cada expectador se concentrasse fielmente em cada roupa para distinguir a diferença entre silhueta e detalhe.

Figuras 12 e 13 – Valentino *Fall 2022 Ready-to-Wear*

Fonte: Vogue (2022)

A ausência de contraste entre figura e fundo, nesse caso, foi extremamente positiva para reforçar a nova identidade cromática da marca. Assim como a continuidade do uso da cor por todo o espaço e modelos.

Quase como se Piccioli estivesse utilizando uma estratégia natural, o mimetismo, para nos passar alguma mensagem. O mimetismo (Bates, 1862), relembre-se, muitas vezes é utilizado para evitar a predação de algum animal por meio da coloração e do comportamento, dessa forma o predador já não o considera "comestível", ou pode simbolizar apenas a emoção que certos animais estão sentindo naquele momento. Uma finalização filosófica em todos os sentidos.

Considerações finais

Este capítulo explorou as relações complexas entre a percepção do espaço, a experiência corporal e a influência do *Zeitgeist* na moda e na arquitetura. Ao longo do texto, destacaram-se as perspectivas de filósofos fenomenológicos como Merleau-Ponty, que enfatizam a importância do corpo como meio de experiência e habitação do espaço.

O presente, caracterizado por um *Zeitgeist* tão determinante como o da pandemia, pareceu muito bem exemplificado na sucessão dos quatro desfiles de Valentino apresentados. Valentino demonstrou como o período pandêmico não pode ser apagado, mas que é possível trazer algo positivo, como a introdução de uma cor-símbolo da Maison. Essa abordagem reflete a capacidade da moda e da arquitetura de interpretar e expressar as transformações e os desejos do *Zeitgeist*.

Compreender a evolução das definições de espaço ao longo do tempo pode nos ajudar a projetar e criar espaços arquitetônicos mais significativos, funcionais e emocionalmente envolventes. A percepção do espaço é influenciada pela interação do corpo, e, no caso dos desfiles, observado sob a luz de outro corpo que caminha na passarela, afetando o entendimento daquele espaço. A presença do corpo em movimento, em contraste com a compreensão de um objeto inerte, valoriza tanto o aspecto concreto quanto o abstrato da experiência espacial.

Contudo, é importante ressaltar que nem todos se identificarão com aqueles corpos das passarelas e serão capazes de fazer a abstração necessária. Cada indivíduo possui uma bagagem de experiências únicas que moldam sua percepção do mundo e do espaço. Na ótica contemporânea, entendemos que o homem é um reflexo daquilo que ele já experienciou, e essa compreensão subjetiva do espaço deve ser levada em consideração nos projetos arquitetônicos.

A teoria da *Gestalt*, que compartilha raízes fenomenológicas com o pensamento de Merleau-Ponty, enfatiza a percepção visual e a organização da experiência perceptiva. Embora possa se reconhecer a importância dos princípios da *Gestalt* na compreensão dos elementos espaciais, é crucial evitar a ênfase exclusiva na estrutura e forma da percepção, como apontado por Merleau-Ponty. A experiência corporal e subjetiva também desempenha um papel fundamental na apreensão do espaço.

Os desfiles de moda adaptaram-se a novas formas de apresentação, combinando o físico e o digital, e buscaram criar experiências emocionais por meio de cenários impactantes que refletiam o anseio por liberdade e conexão com a natureza.

Portanto, ao projetar e criar espaços arquitetônicos, é essencial considerar a diversidade de percepções e perspectivas dos indivíduos. A interação entre moda, arquitetura e corpo humano é intrínseca, e ambas as disciplinas têm o poder de materializar sonhos e idealizações que refletem e influenciam o *Zeitgeist*. Ao considerar o impacto do *Zeitgeist*, a experiência corporal e os princípios da *Gestalt*, podemos criar espaços e projetos que atendam às necessidades, emoções e aspirações dos indivíduos em diferentes contextos culturais e temporais. Dessa forma, podemos promover experiências significativas e enriquecedoras nos espaços em que habitamos.

Referências

ADORNO, T.; HORKHEIMER, M. *Dialética do esclarecimento*. Rio de Janeiro: Zahar, 2002.

ALBERTI, L. B. *De re aedificatoria.* Turim: Einaudi, 1991.

BACHELARD, G. *A Poética do Espaço*. São Paulo: Martins Fontes, 1989.

BATES, H. W. *Contributions to na insect fauna of the Amazon Valley*. Lepidoptera: Heliconidae. Trans. Linn. Soc. London, n. 23, p. 495-566, 1862.

CHOAY, F. *Alegoria do Patrimônio*. São Paulo: Estação Liberdade, 2001.

ERNER, G. *Sociologia das tendências*. 1. ed. São Paulo: Gustavo Gili, 2015. 117 p.

FF CHANEL; VALENTINO. Spring Summer 2021. Full *Show. YouTube*. 2021. Print de vídeo. Disponível em: https://www.youtube.com/watch?v=RktAHdMZOAs. Acesso em: 13 jul. 2023.

GOMES FILHO, J. *Gestalt do objeto*: sistema de leitura visual da forma. 2. ed. São Paulo: Escrituras Ed, 2000. 127 p.

HARTSHORNE, R. *Geometry*: Euclid and Beyond. Springer Science & Business Media, 2000.

HEGEL, G. W. F. *Fenomenologia do Espírito*. Petrópolis: Vozes, 1992.

HILBERT, D. *Fundamentos da Geometria*. Lisboa: Gradiva, 2003.

HOLANDA, A. F. Princípios da *Gestalt* e a Teoria da Forma. *In*: TOURINHO, C.; SAMPAIO, R. (coord.). *Estudos em Psicologia*: Uma Introdução. Rio de Janeiro: Proclama Editora, 2009.

KOFFKA, K. *Princípios de Psicologia da Gestalt*. São Paulo: Cultrix, 1975.

KOOLHAAS, R. *S,M,L,XL. Nova York:* The Monacelli Press, 1995.

LE CORBUSIER. *Por uma Arquitetura*. São Paulo: Perspectiva, 2001.

MARQUES, R. F. *Merleau-Ponty e a experiência do espaço*. 2017. 108f. Dissertação (Mestrado em Filosofia) — PPGFil/UFSCar, São Carlos, 2017.

MERLEAU-PONTY, M.; MOURA, C. A. R. *Fenomenologia da percepção*. 2. ed. São Paulo: Martins Fontes, 1999. 662 p.

MUMFORD, L. *The Culture of Cities*. Nova York: Harcourt, Brace and Company, 1938.

NESBITT, K. *Uma nova agenda para a arquitetura*: antologia teórica, 1965-1995. 2. ed. rev. São Paulo: Cosac & Naify, 2008. 664 p.

PALLADIO, A. *I quattro libri dell'architettura*. Veneza: Francesco de' Franceschi, 2002.

PALLASMAA, J. *The Eyes of the Skin*: Architecture and the Senses. Chichester: Wiley-Academy, 2005.

SANTOS, M. *Metamorfoses do Espaço Habitado*: Fundamentos Teóricos e Metodológicos da Geografia. São Paulo: Hucitec, 1996.

VOGUE. *Balmain Fall 2020 Couture*. Disponível em: https://www.vogue.com/fashion-*shows*/fall-2020-couture/balmain. Acesso em: 2 jul. 2023.

VOGUE. *Fashion Weeks Are Going Digital: Here's Your Indispensable Rundown Of The New Calendar*. Disponível em: https://www.vogue.co.uk/news/article/digital-fashion-week-calendar. Acesso em: 11 dez. 2023.

VOGUE. *Nossos colunistas Bruno Astuto e Costanza Pascolato refletem sobre as recém-encerradas semanas de moda 2021*. Disponível em: https://vogue.globo.com/moda/noticia/2021/03/nossos-colunistas-bruno-astuto-e--costanza-pascolato-refletem-sobre-recem-encerradas-semanas-de-moda.html. Acesso em: 14 jun. 2021.

VOGUE. *Hopeful Romantic*: Valentino blooms anew in Milan 2021. Disponível em: https://www.vogue.com/fashion-*shows*/spring-2021-ready-to-wear/valentino. Acesso em: 20 jun. 2023.

VOGUE. *Hopeful Romantic*: Valentino Blooms Anew in Milan, Spring 2020. Disponível em: https://www.vogue.com/fashion-*shows*/spring-2021-ready-to-wear/valentino. Acesso em: 2 jul. 2023.

VOGUE. *Valentino Fall 2021 Ready-to-wear*. Disponível em: https://www.vogue.com/fashion-*shows*/fall--2021-ready-to-wear/valentino. Acesso em: 2 jul. 2023.

VOGUE. *Balmain fall 2021 ready-to-wear*. Disponível em: https://www.vogue.com/fashion-*shows*/fall-2021-ready-to-wear/balmain. Acesso em: 2 jul. 2023.

VOGUE. *Valentino Resort 2022*. Disponível em: https://www.vogue.com/fashion-*shows*/resort-2022/valentino. Acesso em: 2 jul. 2023.

VOGUE. *Valentino Fall 2022 Ready-to-wear*. Disponível em: https://www.vogue.com/fashion-*shows*/fall--2022-ready-to-wear/valentino. Acesso em: 2 jul. 2023.

WERTHEIMER, M. Untersuchungen zur Lehre von der *Gestalt*. *Psychologische Forschung*, Würzburg, v. 4, p. 301-350, 1923.

WRIGHT, F. L. *The Natural House*. Londres: Lund Humphries, 2005.

NIETZSCHE E TURIM, UMA QUESTÃO FISIOPSICOLÓGICA: ARQUITETURA, CLIMA E ALIMENTAÇÃO

Wilson Antonio Frezzatti Jr.

Introdução

Em *Ecce homo*, "Por que sou um destino" § 8, Nietzsche faz uma dura crítica à tradição filosófica e religiosa por sua ênfase no além-mundo e nas noções metafísicas eternas, imutáveis e absolutas[30]:

> A noção de "Deus" inventada como noção-antítese à vida [...] Inventada a noção de "além", "mundo verdadeiro", para desvalorizar o *único* mundo que existe — para não deixar à nossa realidade terrena nenhum fim, nenhuma razão, nenhuma tarefa! A noção de "alma" [*Seele*], "espírito" [*Geist*], por fim "alma imortal", inventada para desprezar o corpo, torná-lo doente — "santo" —, para tratar com terrível frivolidade todas as coisas que na vida merecem seriedade, as questões da alimentação, habitação, dieta espiritual, assistência a doentes, limpeza, clima! Em lugar da saúde, a "salvação da alma" — isto é, uma *folie circulaire*[31] entre convulsões de penitência e histeria de redenção! (Nietzsche, 1995, p. 116-117).[32]

E Nietzsche aparentemente levou muito a sério as questões de alimentação, dieta espiritual, clima e habitação, incluindo nessa última estruturas arquitetônicas. Nesse contexto, nenhuma cidade, para o filósofo alemão, estava acima de Turim. Nietzsche a considerava um lugar ideal para viver, onde não haveria, para ele, dispêndio de força instintual:

> Pela simples necessidade constante de defesa é possível tornar-se fraco a ponto de não mais poder se defender. — Supondo que ao sair de casa encontrasse, em vez da tranquila e aristocrática Turim, uma pequena cidade alemã: meu instinto teria de bloquear-se para repelir tudo o que desse mundo estreito e covarde o assaltaria (*Ecce homo*, "Por que sou tão inteligente" § 8; Nietzsche, 1995, p. 47).[33]

Turim aparece de modo destacado em mais de cem cartas escritas por Nietzsche no ano de 1888, último ano produtivo de sua vida, muitas delas enviadas da própria cidade. Inserido nesse recorte, o objetivo de nosso texto é apresentar como o filósofo alemão entende a relação entre o organismo humano e as "coisas que na vida merecem seriedade", especialmente a arquitetura, o clima e a alimentação, os quais, no fundo, parecem estar estreitamente ligados. Trataremos, portanto, da fisiopsicologia nietzschiana, ou seja, da dinâmica da luta dos impulsos por mais potência, ou, ainda, da vontade de potência (*Wille zur Macht*).

Turim nas cartas de 1888

Em 1879, Nietzsche pede demissão da Universidade da Basileia (Suíça), onde desde 1869 era professor de filologia clássica. A partir de então até a sua crise do início de janeiro de 1889[34], torna-se um filósofo andarilho, deslocando-se entre várias cidades alemãs, italianas, francesas e suíças: Naumburg, Leipzig, Munique, Veneza, Gênova, Sorrento, Messina, Roma, Turim, Nice, Menton, Sils-Maria, Locarno, Lucerna, Zurique, entre outras. No final de outubro de 1887, Nietzsche viaja

---

[30] Considerações semelhantes ocorrem no capítulo "Por que sou tão inteligente" § 10 (*cf.* Nietzsche, 1995, p. 50-51).

[31] *"Folie circulaire"* (loucura circular ou cíclica) era o termo utilizado no século XIX para designar doenças mentais caracterizadas pela alternância regular entre estados de mania e melancolia (*cf.* Falret, 2002).

[32] Todas as citações não traduzidas por nós serão indicadas. Nesse caso, tradução conforme Paulo César de Souza (PCS).

[33] Conforme tradução de PCS.

[34] Os biógrafos de Nietzsche divergem acerca da data exata de seu colapso em Turim, 3 ou 7 de janeiro de 1889, havendo também incertezas sobre alguns acontecimentos, inclusive o famoso abraço ao cavalo chicoteado (*cf.* Janz, 2016b, p. 28; Halévy, 1989, p. 383-386; Safranski, 2001, p. 289; Schmücker, 2014, p. 554-555). Com mais certeza, o filósofo alemão é internado numa clínica de nervos da Universidade da Basileia em 10 de janeiro e, em 17 de janeiro, na clínica psiquiátrica da Universidade de Iena (*cf.* Souza, 1995, p. 14). Em 1890, sua mãe, Franziska, o leva a Weimer, onde fica até sua morte em 1900.

de Gênova a Nice; em abril de 1888, chega a Turim pela primeira vez, encantando-se com a cidade, onde fica até maio, para onde volta em final de setembro e onde tem sua famosa crise; de junho a setembro permanece mais uma vez em Sils-Maria, na Alta Engadina, próxima ao lago de Silvaplana[35].

Em 31 de março de 1888, ainda em Nice, Nietzsche escreve à sua irmã, Elisabeth Förster-Nietzsche, que viajaria a Turim, dali a dois dias, por motivos de saúde, pois precisava de um lugar mais ameno até junho, quando pretendia ir a Sils-Maria: "A primavera é meu momento de *fraqueza*. Dizem-me que Turim tem um ar vigoroso e que é *seca*: é limpa, metropolitana, sossegada, muito espaçosa, de modo que me permitiria fazer grandes caminhadas *à sombra*"[36].

Ao seu amigo, o músico alemão Heinrich Köselitz, apelidado por ele de Peter Gast, Nietzsche, em 7 de abril, agradece o conselho da viagem a Turim e entra em detalhes sobre a arquitetura e o clima, "é realmente a cidade que agora necessito!", apesar dos primeiros dias chuvosos e frios:

> Mas que cidade digna e séria! Não é uma cidade grande, nem moderna, como eu temia: mas uma cidade residencial do século XVIII, que tem apenas um gosto dominante, na corte e na *noblesse*. A *calma* aristocrática manteve-se em tudo: não há subúrbios insignificantes; uma unidade no gosto que chega até as cores (toda a cidade é amarela, ou marrom-avermelhada). É um lugar clássico tanto para os pés quanto para os olhos! Que segurança, que calçamento, sem falar nos ônibus e bondes, cujos equipamentos foram maravilhosamente aprimorados aqui! [...] que lugares sérios e solenes! E o estilo palaciano despretensioso: as ruas limpas e solenes — e tudo muito mais digno do que eu esperava! As cafeterias mais bonitas que já vi. Em um clima tão mutável, suas arcadas têm algo de necessário: mas são muito espaçosas, não oprimem. Às tardes no poente na *ponte sobre o Pó*: maravilhoso! Para além de bem e mal![37]

Nesse excerto repleto de exclamações e ênfases, destacamos, além dos detalhes arquitetônicos, o caráter aristocrático ou nobre da cidade e sua unidade de estilo. As duas características são importantes no pensamento nietzschiano. O estilo, na concepção de Nietzsche, revela processos impulsionais ou instintuais e, veremos adiante, constitui sintomas tanto de culturas quanto de indivíduos. Na *Consideração extemporânea I: David Strauss, o devoto e o escritor* (1873), ele define cultura: "Cultura [*Kultur*] é, acima de tudo, unidade de estilo artístico em todas as expressões de vida de um povo" (Nietzsche, 1999, v. 1, p. 163). Assim, uma cultura deve apresentar uma definida e distinta unidade em todas as suas manifestações. A ausência ou mesmo a importação de estilo não caracterizaria nem a cultura inferior nem a pseudocultura, mas simplesmente a falta de cultura, isto é, a barbárie. Em *Ecce homo* (1888), Nietzsche coloca o estilo em termos impulsionais: "*Comunicar* um

---

[35] Essa localidade é marcante para Nietzsche, pois ele alega que, devido à contemplação de uma pedra piramidal desse lago, teria tido a inspiração do eterno retorno (*cf. Ecce homo*, "Assim falou Zaratustra" § 1; Nietzsche, 1995, p. 82-84).

[36] Nietzsche continua a carta afirmando que, especialmente na primavera, a irritação em seus olhos era grande. Informações semelhantes à dessa carta são enviadas a Franziska Nietzsche, sua mãe, na mesma data. Halévy (1989, p. 358-359) descreve o estado de saúde do filósofo nessa época: "A vista de Nietzsche está cada vez pior; para proteger os olhos contra a luz, usa óculos cada vez mais escuros, cada vez mais opacos. Assim ele vive, circula, num mundo de sombras. O órgão da visão externa está em vias de destruição; o órgão da visão interna, não está menos ameaçado: a emotividade o altera e o exalta em todos os sentidos".
Na carta a Elisabeth de 31 de março, Nietzsche diz também que, após Turim, pretende ir a Veneza e, depois, novamente a Nice. Ele não realiza esse plano, pois volta a Turim, onde fica até janeiro de 1888, quando fica gravemente enfermo.
As cartas de Nietzsche, em seu texto original alemão, são encontradas no site Nietzsche Source: Digital Critical Edition (eKGWB), dirigido e organizado por Paolo D'Iorio, disponível em: http://www.nietzschesource.org/#eKGWB. Para uma tradução espanhola, *cf.* Nietzsche, 2011, 2012.

[37] Nietzsche ainda relata outras virtudes da cidade: o custo de vida baixo; não ter sido enganado; a deferência com que é tratado por seus habitantes. *Para além de bem e mal* é o título de seu livro escrito em 1886: a superação da dualidade metafísica bem-mal, que faz parte de seu projeto da transvaloração de todos os valores. Em datas próximas, o filósofo alemão repete as informações acerca de Turim e outras mais a sua mãe, irmã e amigos, com algumas diferenças. Ao seu amigo desde juventude, o teólogo e historiador do cristianismo Franz Overbeck, em 10 de abril de 1888, acrescenta: "Disponho aqui de uma certa *energia* no ar, devido à proximidade dos Alpes [...] Estou comendo em um *restaurant* muito bom; mas como me alimento pouco (sempre apenas uma *minestra e una* carne), suporto esse luxo".

estado, uma tensão interna de *pathos* por meio de sintomas, incluído o *tempo* desses sintomas — eis o sentido de todo estilo" (*Ecce homo*, "Por que escrevo livros tão bons" § 4; Nietzsche, 1995, p. 57)[38]. E bom é o estilo que realmente comunica um estado interior, não falseia os sintomas ou signos nem seus tempos ou ritmos. Por se tratar de um estado interior[39], nem todos são capazes de captá-lo, a não ser que tenham experiência ou vivências semelhantes.

Embora Nietzsche se refira a uma aristocracia histórica turinesa, conceitualmente os termos "nobre" ou "aristocrata" não representam uma classe ou estamento social ou político. Trata-se de uma postura afirmativa diante da vida, entendida como um processo de mudança e multiplicidade, de uma disposição criadora e consciente de sua elevação. Há, portanto, uma estreita ligação entre estilo e nobreza[40]. Numa outra carta a Peter Gast, de 23 de julho de 1885, o filósofo, ao contar que estabeleceu certas características para distinguir a nobreza e o plebeísmo nas outras pessoas e em si próprio, aponta o que é ser nobre:

> Nobre é, por exemplo, a aparência *frívola* com a qual se *mascara* um rigor estoico e um autodomínio. Nobre é o passo lento, em todos os aspectos, inclusive no olhar [...] Não há demasiadas coisas valiosas; e elas vêm por conta própria e querem acercar-se de nós. Nobre é abster-se de pequenas honras, e desconfiar de quem elogia facilmente. Nobre é a dúvida sobre a comunicabilidade do coração; a solidão, não como escolha, mas dada; [...] alguém que, quase sempre, vive disfarçado, viajando como se fosse *incógnito* — a fim de bem evitar o pudor; aquele que é capaz de *otium* e não é apenas diligente como as galinhas: — cacarejar, botar ovos e cacarejar de novo, e assim por diante! E assim de novo!

Um indivíduo ou uma cultura nobre é aquela que, por ter um excedente de potência, pode ser exceção, experimentar e arriscar novos caminhos (*cf. Fragmento póstumo* 1887 9 [139], eKGWB)[41].

Ao musicólogo Carl Fuchs, Nietzsche mistura a organização arquitetônica da cidade com sua atmosfera:

> [Turim] é uma cidade em sintonia com meu coração. Inclusive é a única. Tranquila, quase solene. [...] Palácios que nos falam aos sentidos: não fortalezas do Renascimento. Do meio da cidade, dá para ver os Alpes nevados! As ruas parecem se dirigir em linhas retas até eles! O ar está seco, sublimemente claro. Nunca acreditei que a luz pudesse tornar uma cidade tão bonita.

> A cinquenta passos de mim, o *palazzo* Carignano (1670): meu grandioso *vis-à-vis*. Mais cinquenta passos, o teatro Carignano, no qual agora se apresenta *Carmen* de uma maneira muito notável[42]. Pode-se caminhar por arcos altos durante meia hora sem perdemos a concentração. Aqui tudo é livre e amplo, principalmente as praças, de tal modo que, no meio da cidade, se tem uma orgulhosa sensação de liberdade.

Na carta de 20 de abril de 1888 a Köselitz/Gast, Nietzsche é ainda mais enfático acerca do efeito de Turim sobre sua saúde:

---

[38]   Conforme tradução de PCS, modificada.

[39]   Assim, o estilo é resultado de uma dinâmica impulsional que é particular e não é um padrão universal: "Bom estilo *em si* – pura estupidez, mero 'idealismo', algo assim como o 'belo *em si*', como o 'bom *em si*', como 'a coisa *em si*'" (*Ecce homo*, "Por que escrevo livros tão bons" § 4; Nietzsche, 1995, p. 57; conforme tradução de PCS). Adiante explicaremos melhor a concepção de dinâmica impulsional, ou seja, de fisiopsicologia em Nietzsche.

[40]   Sobre as características nobres, *cf.* Frezzatti, 2022, p. 87-106.

[41]   No mesmo fragmento, lemos: "É somente quando uma cultura [*Cultur*] tem um excesso de forças para domínio que uma estufa de cultura de luxo pode se erguer em seu solo".

[42]   Sobre a importância, para Nietzsche, da ópera *Carmen*, de Georges Bizet, *cf.* Arnould, 2023.

> Turim, querido amigo, é uma descoberta *fundamental*. [...] Estou de bom humor, trabalhando de manhã à tarde — um pequeno panfleto sobre música[43] tem ocupado meus dedos, — faço a digestão como um semideus, e durmo, embora à noite as carroças passem fazendo barulho: tudo isso é sinal de uma adaptação [*Adaptation*][44] eminente de Nietzsche a *Torino*. O *ar* produz isso: seco, estimulante, alegre [...] é o primeiro lugar em que minha existência é *possível*... [...] Grandes livrarias *trilíngues*. Algo assim não encontrei em nenhum lugar. [...] aqui deve haver no ar um elemento que proporciona energia: se alguém morar nesta cidade, torna-se *rei* da Itália [...][45].

No mesmo dia, Nietzsche escreve à sua mãe, destacando outros aspectos arquitetônicos da cidade:

> De fato, [Turim] é a única cidade em que tenho gosto de viver. Seu orgulho são os soberbos, espaçosos e elevados *portici*, passeios com colunas e galerias cobertas que correm ao largo de todas as ruas principais, tão magníficos que a Europa inteira não tem a mais remota ideia deles e que, além disso, atravessam quase toda a cidade, alcançando 10.020 metros (ou seja, duas horas caminhando em bom ritmo). Desse modo, fica-se protegido, seja qual for o tempo: com uma tal limpeza e uma beleza de pedra e mármore que se poderia acreditar que se está em um salão. [...] A água é excepcional, água das montanhas: o pão, igualmente. [...] Esqueci de elogiar o chocolate de Turim, o mais famoso da Europa. [...] As ruas não são excessivamente movimentadas: tem-se paz nelas. Nunca caminhei com tanto prazer como nessas ruas elegantes e de uma dignidade indescritível, nas quais há muitos palácios antigos. Grande esbanjamento de espaço em todos os lugares: nada está abarrotado. Em um dos lados, a cidade termina em um rio caudaloso. Costa muitíssimo pitoresca. Em toda parte, há grandes avenidas cheias de árvores centenárias, dignas de uma antiga residência real.

Para Georg Brandes[46], uma declaração ainda mais marcante sobre sua saúde:

> A história de minhas primaveras, durante pelo menos 15 anos, foi certamente uma história de horrores, uma fatalidade de *décadence* e debilidade. Os vários lugares não produziam nenhuma diferença: era como se nenhuma receita, nenhuma dieta, nenhum clima pudessem alterar o caráter essencialmente *depressivo* daquela época. Mas veja: Turim! (Carta de 23 de maio de 1888).[47]

Apesar de todos os elogios e sensações de bem-estar, em maio de 1888 Nietzsche ainda não considerava Turim sua morada principal:

> Eu, em meu voluntário endurecimento contra tudo que a formação [*Bildung*] exige, fiz de Turim minha *terceira* residência, ou seja, Sils-Maria é a primeira, e Nice, a segunda. Quatro meses em cada uma dessas localidades; para Turim, dois meses na primavera e dois meses no outono. (Carta a Reinhart von Seydlitz[48], 13 de maio de 1888).

---

[43] Trata-se de *O caso Wagner: um problema para músicos*.

[44] Certamente, Nietzsche não está usando aqui adaptação em um sentido biológico, mas como uma simples acomodação. Como veremos adiante, o filósofo alemão é um forte crítico da adaptação no contexto evolucionista. Os termos que Nietzsche utiliza são distintos: *Adaptation* na carta e *Anpassung* em *Genealogia da moral*, II dissertação § 12 (1887). Outra possibilidade seria uma ironia que poderia ser captada por Köselitz.

[45] Vittorio Emanuele II, rei da Itália de 1861 a 1870, nasceu em Turim. A cidade foi residência real e capital da Itália até 15 de setembro de 1864, quando essa distinção coube a Florença. A proclamação da nova monarquia italiana, com Vittorio Emanuele, ocorreu no palácio Carignano em 18 de março de 1861.

[46] Georg Brandes foi um crítico literário dinamarquês, com imensa erudição. Na carta de 23 de maio, Nietzsche atribuiu seu bem-estar também a "Brandes: o dinamarquês", entre abril e maio de 1888, deu cinco preleções sobre a filosofia nietzschiana, sendo o primeiro curso sobre esse tema.

[47] Numa carta ao amigo Overbeck, Nietzsche parece descrever com mais realismo sua saúde: "Minha saúde se manteve no geral em boas condições. Nestes dois meses em Turim, fiquei doente quatro vezes: um *mezzo termino* [termo médio], com o qual me dou por contente" (Carta de 27 de maio de 1888).

[48] Pintor e escultor, pertencente ao círculo de amigos de Liszt, Wagner e Malwida von Meysenbug. Nietzsche o conheceu no primeiro festival de Bayreuth em 1876.

Mas essas preferências iriam mudar. Nietzsche volta a Sils-Maria e, durante a viagem, sentiu-se mal, com vômitos intensos: "não sopra o vento que busco neste lugar", o derretimento da neve excessiva tornou o ar muito úmido e "o calor atinge 23 graus" (Carta a Franziska Nietzsche, 10 de junho de 1888). Reclama do desconforto, pois, em Turim, lidou muito mais facilmente com o clima, embora ocorressem dias com temperatura de 31º, "mas o ar era totalmente rarefeito e puro, e um adorável Zéfiro estava sempre soprando"[49]. À amiga Meta von Salis, escritora e feminista suíça, Nietzsche chega a dizer que "quase me arrependi de ter abandonado Turim" (Carta de 17 de junho de 1888). Nessa carta, aponta para "uma verdade que parece ser totalmente improvável": quanto mais ao sul, pior é o tempo no inverno. Para chegar a essa conclusão, o filósofo alemão consulta tabelas meteorológicas e monta a seguinte tabela, incluída nessa missiva:

O mês de janeiro na Itália			
	Dias amenos	Dias de chuva	Graus de nebulosidade
Turim	10,3	2	4,9
Florença	9,1	9,7	5,7
Roma	8,2	10	5,8
Nápoles	7,7	10,8	5,2
Palermo[50]	3,1	13,5	6,5

Em outra carta à sua mãe, em 25 de junho, ainda está doente em Sils-Maria:

> [...] parece-me que tenho não apenas uma carência de saúde, mas também da condição prévia para se estar são – a *força vital* é muito fraca. [...] Essa condição superexcitável em relação ao clima também é um mau sinal. Eu estava em um estado indescritivelmente ruim quase o tempo todo. Uma dor de cabeça profunda causando náuseas no estômago; nenhum desejo e força para dar um passeio.

Em 4 de julho, também continua doente: "Desde que deixei Turim me encontro em um estado miserável. Eterna dor de cabeça, eterno vômito; um recrudescimento de minhas antigas morbidades; profundo esgotamento nervoso encoberto, com o qual a máquina inteira não serve para nada. Estou fatigado de defender-me das ideias mais tristes" (Carta a Franz Overbeck). Nietzsche relata que, em Turim, conseguia equilíbrio para superar um esgotamento que teria se iniciado há dez anos, bem antes de Sils-Maria[51]. No entanto, fica nessa última cidade até meados de setembro. Em 12 de setembro, para Köselitz, reclama novamente da forte umidade: "Tempo de inundação inaudita por uma semana; tudo alagado; dia e noite, misturado com neve. Em apenas quatro dias caíram 220 milímetros de chuva (enquanto a média mensal aqui tende a ser de 80 mm). Minha saúde não tem melhorado: inclusive, escrevo com dor de cabeça no momento". Planeja, então, sua volta a Turim: "climatológica e humanamente, [Turim] é para

---

[49] Em 14 de junho, escreve a Köselitz: "Que estranho! Eu, a pessoa mais sensível ao calor, não sofri nada [em Turim] – dormi bem, comi bem, tive ideias e trabalhei – no fundo, era uma espécie de epicurismo que eu desconhecia".

[50] Latitudes das cidades mencionadas por Nietzsche: Turim, 45°05'N; Florença, 43°46'N; Roma, 41°54'N; Nápoles, 40°51'N; e Palermo, 38°07'N.

[51] Na mesma carta, Nietzsche afirma que esse esgotamento é em parte hereditário, pois seu pai teria morrido em consequência de uma falta geral de força vital, e em parte adquirido. Fala de seus sofrimentos anteriores na Basileia e que, por ter escolhido regimes alimentares e climáticos opostos aos necessários, não sabe como não morreu de uma debilidade total em Gênova.

mim o lugar mais simpático que encontrei até agora. [...] Em Turim, cheguei a realizar com lúdica ligeireza uma peça de psicologia da música[52]" (Carta a Elisabeth Förster-Nietzsche, de 14 de setembro de 1888).

Nietzsche chega a Turim no dia 21 de setembro (*cf.* cartão postal a Franziska Nietzsche de 28 de setembro de 1888[53]). Escreve, em 14 de outubro, novamente a Peter Gast:

> Contra *Turim* não há nada a dizer: é uma cidade magnífica e estranhamente benevolente. O problema de encontrar a tranquilidade de um ermitão em ruas tremendamente belas e largas nos *melhores* bairros de uma cidade, próximos, muito próximos ao centro — esse problema, aparentemente insolúvel nas grandes cidades, aqui está resolvido. O silêncio segue aqui sendo a *regra*; a animação, a "grande cidade" é, de certo modo, uma exceção. E isso próximo dos 300.000 habitantes.[54]

Finalmente, em 30 de outubro, Nietzsche explicita que Turim é sua primeira cidade:

> Acabo de me olhar no espelho, — nunca tive este aspecto. Um bom humor exemplar, bem alimentado e dez anos mais jovem do que tenho. Além disso, desde que escolhi Turim como minha pátria[55], mudei muito nas *honneurs* que concedo a mim mesmo — gosto, por exemplo, de um excelente alfaiate e atribuo importância a ser percebido em todos os lugares como um estrangeiro distinto. [...] Cá entre nós, até hoje não sabia o que era comer com apetite, nem o que eu precisava para estar forte. Agora minha crítica aos invernos de Nice é muito dura: dieta insuficiente e totalmente prejudicial particularmente para mim. (Carta a Heinrich Köselitz).

Como quase sempre, essa carta tece comentários sobre a arquitetura da cidade, agora entremeada com os valores gastos, considerados econômicos, e comparada com Nice:

> Em termos de paisagem, Turim me atrai mais do que essa Riviera [Nice], pedaço calcáreo, pouco arborizado e estúpido, do qual não consigo ficar com raiva suficiente por ter me afastado dele tão tarde. [...] Aqui [Turim] os dias se sucedem com a mesma perfeição e a mesma claridade solar ilimitadas: a magnífica massa arbórea em amarelo incandescente, o céu e o grande rio [rio Pó], o ar de suprema pureza — como nunca Claude Lorrain[56] poderia ter sonhado em ver. [...] Aqui vale a pena viver em todos os aspectos. [...] Meu quarto, em um lugar *privilegiado* no centro, com sol desde as primeiras horas da manhã até à tarde, com

---

[52] Novamente, Nietzsche se refere à *O caso Wagner*.

[53] Nesse cartão, Nietzsche conta que, como é a segunda vez que visita Turim, está sendo tratado melhor ainda do que antes. Sobre a alimentação: "Turim é, além disso, o único lugar que minha alimentação corresponde plenamente às minhas muito pessoais necessidades. Esta Turim é um verdadeiro achado de sorte para mim!".

[54] No final dessa carta, Nietzsche fala da pureza e das cores do tempo, embora reclame de uma certa friagem, pois ainda se ressente do frio enfrentado na Engadina. Também relata a dificuldade de se recuperar de uma longa disenteria sofrida em Sils-Maria, talvez causada por seus remédios, que continham bismuto, ópio e ipecacuanha.

[55] Em carta de 6 de dezembro à admirada companheira inglesa de seus passeios em Sils-Maria, Emily Fynn, Nietzsche é mais explícito: "Turim, que elegi de uma vez por todas minha residência, inclusive para os invernos. Não posso expressar o quanto aqui me traz bem-estar – não vi nenhum lugar que satisfaça tanto meus instintos mais íntimos". Na sequência da missiva, o filósofo alemão repete alguns dos elogios a Turim expressos em outras cartas e fala do pintor francês Claude Lorrain, exaltando o caráter pictórico da cidade: "Parece-me que vivo nas cores de um Claude Lorrain ao infinito. Além disso, em toda a minha vida até agora, não criei tanto quanto aqui nos últimos vinte dias [...] E sem sombra de cansaço, ao contrário, com total alegria e boa comida". À sua mãe, em 21 de dezembro, também reafirmaria Turim como sua habitação: "Estou feliz em todos os sentidos por ter terminado com Nice [...] Turim é realmente meu lugar de residência".
Claude Lorrain era radicado na Itália, grande mestre da paisagem e da luz.
Em 1888, Nietzsche escreve *O caso Wagner*, *Crepúsculo dos ídolos*, *O Anticristo* e *Ecce homo*, além de organizar *Nietzsche contra Wagner* e *Ditirambos de Dioniso*, e planejar *Vontade de potência* e *Transvaloração de todos os valores*. Esses dois últimos textos não foram realizados.

[56] Em *Ecce homo*, "Crepúsculo dos ídolos" § 3, Nietzsche repete alguns trechos da carta a Köselitz de 30 de outubro e finaliza a seção ao escrever: "Jamais vivi um tal outono, nem julguei possível algo semelhante sobre a Terra – um Claude Lorrain ao infinito, cada dia da mesma perfeição indomável" (Nietzsche, 1995, p. 101; conforme tradução de PCS).

> vistas do *palazzo* Carignano, da *piazza* Carlo Alberto e, além deles, as verdes montanhas [...] Além disso, o clima está maravilhosamente suave, também à noite. Aquela sensação gélida que me afetava, e da qual lhe escrevi, tinha apenas causas *internas*. Em seguida, as coisas voltaram a estar em ordem[57]. (Carta a Heinrich Köselitz, 30 de outubro de 1888).

Essas são as principais correspondências em que Nietzsche descreve o quanto o clima, a alimentação e a habitação em Turim fazem bem a ele. São descrições que sempre estão perpassadas pela interação entre esses três aspectos e por sintomas fisiológicos. Sobre os arranjos arquitetônicos, o filósofo alemão é bem explícito: amplidão de espaços, linhas sóbrias, cores de tons terrosos, arborização, sombreamento por meio de pórticos, ar fresco, claridade do céu e belas paisagens na linha da visão.

Porém, nada disso será capaz de evitar a crise de início de janeiro de 1889. Parece que Nietzsche estava submetido, no final de 1888, a uma euforia maníaca, como aparentemente algumas cartas mostram: ao invés de estarem assinadas por seu nome, algumas delas eram concluídas com epítetos como "Dioniso", "O Crucificado" e "O Anticristo". Para Halévy (1989, p. 366-367), a alegria com a cidade italiana e com a repercussão que seus livros passavam a ter com Brandes, Hippolyte Taine e August Strindberg mascarava o que Nietzsche não via ou dissimulava para si mesmo: alguma coisa o perturbou, tirando-o gravemente de seu equilíbrio mental — o sentimento de triunfo, de vitória, seria o primeiro sintoma de demência, "bem conhecido dos psiquiatras". Janz (2016a, p. 477-484) sublinha que, ao lado da felicidade apresentada nas cartas, o filósofo alemão exibia várias mudanças de humor e rompeu, nessa época, com vários velhos amigos, por exemplo, o músico Hans von Bülow[58]. O comentador nos diz:

> Os dias após o Natal e principalmente após o Ano Novo eram, desde sempre, um tempo crítico para Nietzsche, durante o qual ele já havia experimentado colapsos com desmaios ou longos ataques de dores de cabeça. Portanto, não surpreende que, nos primeiros dias de janeiro de 1889, ele sofreu *a* crise da qual jamais despertaria. (Janz, 2016b, p. 22).

Nietzsche não mais escreveria e morre em 1900.

Turim em *Ecce homo*

Não foram apenas as cartas que expressaram a adoração de Nietzsche por Turim, mas também a sua última obra escrita, *Ecce homo*, na qual pequenos trechos de algumas das cartas de 1888 são praticamente copiados. Esse livro é o único publicado no qual o filósofo alemão fala da cidade italiana.

Ecce homo: como tornar-se o que se é não é propriamente uma autobiografia, mas uma obra escrita em estilo autobiográfico, no qual as tarefas de Nietzsche, suas conquistas e seus dados biográficos estão perpassados por suas concepções filosóficas[59]. Assim, o filósofo alemão, nos primeiros capítulos, apresenta sua personagem: "Por que sou tão sábio" e "Por que sou tão inteligente".

---

[57] Em 30 de setembro, Nietzsche havia concluído *Crepúsculo dos ídolos* e, no início de outubro, começara a escrever *Ecce homo*. Essa última obra trata "de mim e meus escritos [...] falo de mim mesmo com toda 'astúcia' psicológica e toda serenidade possíveis, – de modo algum quero me apresentar ante os seres humanos como profeta, monstro ou como aberração moral. Até neste sentido o livro seria positivo: impediria que me confundam com minha *antítese*" (Carta a Heinrich Köselitz, 30 de outubro de 1888).

[58] Sobre as possíveis causas da doença de Nietzsche, os primeiros indícios e os últimos dias em Turim, *cf.* Janz, 2016b, p. 9-29.

[59] Itaparica associa essa autobiografia filosófica à distinção entre escritor e autor feita por Michel Foucault e à noção de personagem conceitual de Gilles Deleuze e Félix Guattari, o que faz com que o Nietzsche de *Ecce homo* seja uma personagem cuja vida representa a realização de sua filosofia, especialmente a transvaloração de todos os valores (*cf.* Itaparica, 2016, p. 89). A transvaloração de todos os valores é a superação das dualidades metafísicas, constituídas por opostos qualitativos absolutos, nos quais um dos polos é superior ao outro: por exemplo, bem-mal, verdade-falsidade, alma-corpo etc., sendo seguida por uma filosofia que afirma a vida enquanto um processo contínuo de mudança e autossuperação e que propõe o eterno retorno do mesmo e o *amor fati*. Sobre o *amor fati*, o eterno retorno do mesmo e a transvaloração de todos os valores, *cf.* Rubira, 2016, p. 109-111, 211-213, 399-402. Sobre a distinção entre autor e escritor, *cf.* Foucault, 2009. Sobre a personagem conceitual, *cf.* Deleuze; Guattari, 1992, p. 87-92. Em face dessas considerações, poderíamos nos perguntar se a cidade de Turim também não seria uma personagem.

Em seguida: "Por que escrevo livros tão bons", que antecede a exposição de seus livros publicados até então. "Por que sou um destino" enuncia a tarefa do autor "Nietzsche" — a transvaloração de todos os valores[60] — como um destino (*Schicksal*), ou seja, como uma exigência de sua configuração de impulsos, constituída, e em permanente construção, durante o seu fluxo vital[61].

O que mais nos interessa aqui é o segundo capítulo, "Por que sou tão inteligente", no qual vemos a sua inteligência estreitamente ligada aos aspectos sérios da existência, como mostramos no início deste texto: alimentação, clima, habitação, dieta espiritual e limpeza (*cf. Ecce homo*, "Por que sou um destino" § 8; Nietzsche, 1995, p. 116-117). Esse capítulo se aproxima de uma filosofia do desenvolvimento do cuidado e cultivo de si, ou seja, "dar estilo ao caráter", ou ainda, uma casuística do egoísmo (*cf.* Itaparica, 2016, p. 91). Na primeira seção ou parágrafo, Nietzsche, logo de início, diz que ele é tão inteligente porque nunca se preocupou com problemas que efetivamente não o são, seguindo mais ou menos o roteiro do parágrafo 8 de "Por que sou um destino", com aprofundamentos e detalhes de sua vida, por exemplo:

> Como *você* deve se alimentar para alcançar seu máximo de força, de *virtù* no estilo da Renascença, de virtude livre de moralina? [...] Bebidas alcoólicas me são prejudiciais; um copo de vinho ou cerveja por dia basta perfeitamente para tornar a vida "um vale de lágrimas" para mim — em Munique vivem meus antípodas.

Em relação às bebidas, Turim é ideal: "*Água* basta... Tenho preferência por lugares onde se possa beber de fontes vivas (Nice, Turim, Sils)" (*Ecce homo*, "Por que sou tão inteligente" § 1; Nietzsche, 1995, p. 36-37)[62].

A alimentação, para Nietzsche, está ligada, sobretudo, ao clima e ao lugar (*Ort*) (*cf. Ecce homo*, "Por que sou tão inteligente" § 2; Nietzsche, 1995, p. 38-39), e esse último, para nós, está fortemente associado às estruturas arquitetônicas[63]. Essas condições atuariam diretamente sobre o metabolismo, retardando-o ou acelerando-o. Uma desatenção sobre isso pode não só dificultar a realização da tarefa de um homem, como pode aliená-lo dela: "o *tempo* do metabolismo mantém relação precisa com a mobilidade ou a paralisia dos *pés* do espírito [*Geist*], o próprio 'espírito' não passa de uma forma desse metabolismo" (Nietzsche, 1995, p. 38)[64]. Para Nietzsche, o ar seco e o céu claro, de modo geral, propiciam o surgimento de gênios, de criadores: um metabolismo rápido com rápida reposição de grandes quantidades de força (Kraft), como é o caso de Paris, Provença, Florença, Jerusalém e Atenas[65]. Ele gaba-se, no momento em que escreve *Ecce homo*, de: "após longa prática,

---

[60] Sobre a transvaloração como tarefa, *cf.*, além de "Por que sou um destino", "Por que sou tão inteligente" § 9 (Nietzsche, 1995, p. 48-50).

[61] Nietzsche sofre o seu colapso após terminar de escrever a obra, mas antes de publicá-la. Seu grande amigo Köselitz (Peter Gast) e sua irmã, Elisabeth, fizeram intervenções no texto, mas não se sabe quais: possivelmente houve retirada e destruição de alguns trechos especialmente agressivos contra pessoas conhecidas ou familiares. *Ecce homo* foi publicada apenas em 1908, oito anos após a morte do filósofo.

[62] Conforme tradução de PCS.
No parágrafo 10 do mesmo capítulo, Nietzsche vai chamar as "pequenas coisas" (a alimentação, o lugar, o clima e o repouso), que são efetivamente muito mais importantes do que aquelas propostas até então pela filosofia e religião tradicionais, de "casuística do egoísmo" (*Casuistik der Selbstsucht*). Outros termos usados para esse cuidado: "a arte da preservação de si – do *amor de si*" (§ 9) e "um sutil 'cuidado de si'" (§ 2).

[63] Nietzsche, no parágrafo 3 de "Por que sou tão inteligente", acrescenta à alimentação, ao clima e ao lugar mais um aspecto, o repouso ou distração (*Erholung*), isto é, suas leituras, suas músicas, esmiuçadas nos parágrafos de 3 a 7. Ele diz: "o terceiro ponto em que não se pode por preço algum cometer erro é na escolha de sua *espécie de distração*. Também nisso na medida em que um espírito [*Geist*] é *sui generis* torna ainda mais estreitos os limites do que é permitido, ou seja, *útil*" (Nietzsche, 1995, p. 40; conforme tradução de PCS).

[64] Conforme tradução de PCS.

[65] Podemos associar esses lugares aos elogios que Nietzsche faz, respectivamente, à literatura (Guy de Maupassant, Paul Bourget, Molière, Racine, Mérimée) (*cf. Ecce homo*, "Por que sou tão inteligente" § 3; Nietzsche, 1999, v. 6, p. 285) e aos moralistas franceses (Montaigne, La Rochefoucauld, Stendhal, entre outros) (*cf. Humano, demasiado humano* § 35, 36, 50, 133; Nietzsche, 1999, v. 2, p. 57-59, 70-71, 126-128 e *O andarilho e sua sombra* § 214; Nietzsche, 1999, v. 2, p. 646-647); aos trovadores, detentores de uma *gaya scienza* (*cf. A gaia ciência*; Nietzsche, 2001); à tradição judaica, uma das poucas culturas fortes na Europa do século XIX (*cf. Para além de bem e mal* § 251; Nietzsche, 1999, v. 5, p. 192-195); e aos filósofos gregos antigos, especialmente os anteriores a Platão (*cf. A filosofia na era trágica dos gregos*; Nietzsche, 2008a).

sei ler em mim os influxos de origem climática e meteorológica, como em um instrumento muito sensível e confiável, e já numa curta viagem como de Turim a Milão posso calcular fisiologicamente a variação em graus de umidade do ar" (Nietzsche, 1995, p. 38)[66]. E lamenta-se por ter vivido em lugares úmidos, "realmente *proibidos* para mim [...] nefastos à minha fisiologia": Naumburg, Pforta, Leipizig, Basileia e Veneza[67], lugares que o obrigavam a um desperdício de forças.

A fisiopsicologia de Nietzsche

Claramente, no discurso de Nietzsche descrito por nós anteriormente, evidencia-se um processo individual e fisiológico, ou melhor, fisiopsicológico. Individual, pois as condições do que é realmente sério na vida, novamente alimentação, lugar, clima e repouso (ou dieta espiritual), são específicas para cada pessoa "tornar-se o que se é"[68], o que implica realizar uma tarefa criativa, nova e renovadora. A ideia de que diferentes indivíduos precisam de meios específicos para desenvolverem suas habilidades e tarefas particulares já aparece em *Humano, demasiado humano* (1878) e *O andarilho e sua sombra* (1879). No parágrafo 236 da primeira obra, intitulado "As zonas da cultura", o filósofo alemão faz uma analogia entre as eras culturais e as zonas geográficas, pois ambas não estão uma ao lado das outras, mas uma após a outra[69]. A cultura "tropical", com violentos contrastes, profusão de cores, bruscas alternâncias e extravagâncias da natureza, propicia o surgimento da arte e da metafísica. Por sua vez, na cultura "temperada", sóbria, sutil, clara, com ar puro e quase invariável, prolifera a ciência (*cf.* Nietzsche, 2000, p. 163-164).

Na segunda obra[70], no parágrafo 188, "O transplante espiritual e físico como remédio", Nietzsche declara que: "As diferentes culturas são diferentes climas espirituais, cada um dos quais é particularmente danoso ou salutar para esse ou aquele organismo" (Nietzsche, 2008b, p. 248-249)[71]. Uma cultura única, universal e dominante faria perecer muitas espécies de homens extremamente úteis que nela não podem respirar de modo saudável. A ciência histórica (*Historie*), segundo o filósofo alemão, deveria fornecer um tipo de farmacologia, uma doutrina que enviasse cada um ao clima que for adequado ao seu desenvolvimento. Além disso, deveria promover uma geografia médica, que avaliasse as degenerações e as morbidades que cada região da Terra provoca e igualmente seus benefícios curativos. Podemos perceber que é algo próximo disso que Nietzsche busca em suas cartas de 1888 e em *Ecce homo*. A sua inteligência está em conhecer as condições nas quais prospera, nas quais pode realizar seu estilo — sua "nobreza" — e sua tarefa: a transvaloração de todos os valores.

Essa fisiologia vai se refinar com a construção, a partir de 1882, da concepção de vontade de potência. O fisiológico, no sentido propriamente nietzschiano, refere-se à dinâmica dos impulsos (*Triebe*) ou forças (*Kräfte*) em luta por mais potência, isto é, vontade de potência. Como todas as coi-

---

[66] Conforme tradução de PCS.

[67] Essas cidades são, respectivamente, os lugares de: seu nascimento; seu internato (ensino médio clássico); seu curso superior de Filologia Clássica; sua cadeira universitária de Filologia Clássica; a moradia de Peter Gast, onde dita *Aurora* (1881) ao amigo, já que seu estado de saúde não lhe permitia escrever.

[68] O subtítulo de *Ecce homo*, no original alemão, é *"wie man wird, was man ist"* ("como tornar-se o que se é"). Essa frase é uma transposição de Nietzsche na forma interrogativa da fórmula de *Odes Píticas* (498-446 a.C.) do poeta tebano Píndaro (*cf.* Larrosa, 2002, p. 47). Essas odes eram dedicadas aos vitoriosos dos Jogos Píticos, realizados a cada quatro anos em Delfos em homenagem a Apolo. Em *Ecce homo*, o filósofo alemão narra como ocorreram suas superações, transformando-se ao longo do vir a ser. Em outras palavras, não há uma essência predeterminada ou um *telos* a ser cumprido, pois o percurso de uma vida é construído no tempo.

[69] Essa comparação, talvez difícil de compreender em um primeiro momento, indica que, da mesma forma que não há progresso entre as zonas climáticas, determinadas apenas por sua localização geográfica, não há progresso entre as culturas. Sobre a crítica de Nietzsche ao progresso, *cf.* Frezzatti, 2011.

[70] *O andarilho e sua sombra* e *Miscelânea de opiniões e sentenças* (também de 1879) foram unidas, em 1886, compondo *Humano, demasiado humano* II.

[71] Conforme tradução de PCS.

sas são constituídas por esses impulsos, que nada mais são do que *quanta* de potência, o fisiológico abarca mais do que o orgânico, incluindo o inorgânico, o psicológico, o cultural e o social[72]. Em 1886, à investigação diagnóstica dessa dinâmica, Nietzsche dará o nome de fisiopsicologia: "morfologia e *doutrina do desenvolvimento* [Entwicklung] *da vontade de potência*" (*Para além de bem e mal* § 23; Nietzsche, 1999, v. 5, p. 38). O impulso ou a força, *quantum* de potência, não é um elemento último, mas um processo relacional, uma inescapável tendência de crescimento de potência, não sendo material, corpo (*res extensa*), nem espiritual, alma (*res cogitans*). Com isso, Nietzsche pretende superar a tradicional dualidade metafísica corpo-alma. O vir-a-ser, portanto, desenrola-se como luta das forças por mais potência. E, para crescer, uma força ou conjunto de forças deve impedir que outras cresçam, o que estabelece uma relação de dominação. Como a luta nunca cessa, o predomínio não se cristaliza, não há aniquilação[73].

Em sua fisiopsicologia, Nietzsche faz um diagnóstico cultural. Seu pressuposto é que as produções humanas, sejam elas artísticas, sejam filosóficas, científicas, religiosas, políticas etc., são sintomas de uma configuração impulsional, de um arranjo de quantidades de potência. Tanto um indivíduo como um povo ou uma cultura são constituídos por essa configuração. No prefácio de 1886 de *A gaia ciência*, o filósofo alemão pergunta "que temos nós com o fato de o Sr. Nietzsche haver recuperado a saúde?", e ele mesmo responde: "Para um psicólogo, poucas questões são tão atraentes como a da relação entre filosofia e saúde, [...] Pois, desde que se é uma pessoa, tem-se necessariamente a filosofia de sua pessoa" (*A gaia ciência*, "Prefácio" § 2; Nietzsche, 2001, p. 10)[74]. Sendo assim, em alguns indivíduos são suas forças e vitórias que filosofam, em outros são suas deficiências e degenerações. No primeiro caso, temos a alegre afirmação da vida, pensada por Nietzsche como um processo contínuo de autossuperação; no último, um mascaramento, uma narcose diante da vida, um remédio em busca de tranquilidade, uma tentativa ilusória de paralisar o movimento do mundo. Obviamente, para Nietzsche, o segundo caso é regra geral na história da filosofia, ou seja, a doença inspira o filósofo: "O inconsciente disfarce de necessidades fisiológicas sob o manto da objetividade, da ideia, da pura espiritualidade, vai tão longe que assusta — e frequentemente me perguntei se até hoje a filosofia, de modo geral, não teria sido apenas uma interpretação do corpo e uma *má compreensão* do corpo" (Nietzsche, 2001, p. 11-12)[75]. Em outras palavras, a desvalorização do aqui e agora, e a realidade tornada metafísica.

Eis a morfologia da vontade de potência, os tipos de configurações impulsionais: organismos ou arranjos de impulsos potentes e fortemente hierarquizados, que afirmam a vida como mudança e multiplicidade, e são, consequentemente, saudáveis; organismos ou conjuntos de impulsos impotentes e fracamente hierarquizados ou desierarquizados, que negam a vida, sendo, portanto, doentes. Nietzsche indicará como tipos saudáveis: sua própria filosofia, Heráclito, Michelangelo, Petrônio, Goethe, César Bórgia, entre muitos outros. E como tipos mórbidos: Platão, Schopenhauer, Wagner, Carlyle, Bismarck, entre muitos outros[76]. É fundamental notar que a configuração fisiopsicológica é inferida a partir de seus sintomas: as produções culturais; — não há, de modo algum, avaliação da cultura pela pressuposição de um arranjo impulsional.

---

[72] Sobre a noção nietzschiana de fisiologia, *cf.* Frezzatti, 2022. p. 25-31; Müller-Lauter, 1999, p. 21-24. Sobre a vontade de potência, *cf.* Marton, 2000, p. 41-72, Müller-Lauter, 1997.

[73] Sobre a fisiopsicologia nietzschiana, *cf.* Frezzatti, 2019, p. 161-216.

[74] Conforme tradução de PCS.

[75] Conforme tradução de PCS.

[76] A investigação fisiopsicológica não está restrita ao prefácio de *A gaia ciência* e a *Para além de bem e mal*, ocorrendo, por exemplo, em *Genealogia da moral, O caso Wagner, Crepúsculo dos ídolos* ("O problema de Sócrates") e *Ecce homo*.

O critério para diagnóstico do sintoma é algo que não pode ser avaliado como bom ou mau, isto é, a própria vida, sempre como vir a ser constante: "o valor da vida não pode ser estimado. Não por um vivente, pois ele é a parte interessada, até mesmo objeto da disputa, não juiz; e não por um morto, por um outro motivo" (*Crepúsculo dos ídolos*, "O problema de Sócrates" § 2; Nietzsche, 2006, p. 18)[77]. Enfim, não podemos nos separar da vida e avaliá-la ou mesmo conhecê-la como algo em si, podemos apenas vivê-la.

Eis a doutrina do desenvolvimento da vontade de potência: todas as configurações seguem um processo de organização, crescimento e decadência[78]. Desse modo, até uma degeneração pode ser um estímulo para a elevação — e, novamente, tanto num indivíduo quanto numa cultura. A noção nietzschiana de desenvolvimento (*Entwicklung*) não implica o progresso em direção a uma meta. O enfraquecimento ou a destruição de certas estruturas pode ser sintoma de potência ascendente e elevação que ocorrem ao acaso[79].

A investigação fisiopsicológica é aplicada por Nietzsche a ele próprio:

> Após uma tal interrogação de si mesmo, experimentação consigo mesmo [*Selbst-Versuchung*], aprendemos a olhar mais sutilmente para todo o filosofar que houve até agora; adivinhamos melhor os involuntários desvios, vias paralelas, pontos de repouso, pontos *solares* do pensamento, [...] sabemos agora para onde o *corpo* doente, com sua necessidade, inconscientemente empurra, impele, atrai o espírito [*Geist*] — para sol, sossego, brandura, paciência, remédio, bálsamo em todo e qualquer sentido (*A gaia ciência*, "Prefácio" § 2; Nietzsche, 2001, p. 11).[80]

Entendemos que a fisiopsicologia nietzschiana não se limita apenas ao diagnóstico cultural, mas também propicia uma autoexperimentação, uma criação de vivências. É nesse sentido que, em *Ecce homo*, Nietzsche afirma conhecer as suas condições de elevação: isso ocorre porque ele fez experiências vivenciais consigo próprio nas várias cidades em que enfatiza seu estado de saúde, ou seja — mais uma vez — experimentou alimentação, habitação, clima e dieta espiritual.

Considerações finais

Há um aspecto axial a ser ressaltado na reflexão de Nietzsche acerca das "coisas sérias da vida", isto é, sobre a importância da habitação, da alimentação, do clima e do repouso na força criativa humana: não se trata de uma adaptação ao meio, mas de uma apropriação dos elementos circundantes para crescimento dos próprios impulsos internos. Em *Genealogia da moral*, "II Dissertação" § 12, o filósofo alemão deixa isso muito claro. Nesse excerto, cujo tema é a história da noção de castigo, Nietzsche apresenta seus pressupostos genealógicos, especialmente a dinâmica da vontade de potência, e faz uma forte contraposição ao filósofo inglês Herbert Spencer.

Inicialmente, o filósofo alemão, contra aqueles que confundem a causa da origem com a finalidade, enuncia o que entende como o princípio fundamental de toda ciência histórica (*Historie*): "a causa da gênese de uma coisa e a sua utilidade final, a sua efetiva utilização e inserção em um sistema de finalidades, diferem *toto coelo* [completamente]" (Nietzsche, 1998, p. 65-66)[81]. Isso significa que uma

---

[77] Conforme tradução de PCS.

[78] Sobre o que chamamos de ciclo vital da cultura, *cf.* Frezzatti, 2022, p. 183-216.

[79] *Cf.* também *Humano, demasiado humano* § 224 (Nietzsche, 1999, v. 2, p. 187-189), *Para além de bem e mal* § 262 (Nietzsche, 1999, v. 5, p. 214-217) e o *Fragmento póstumo* 1886/1887 7 [25] (Nietzsche, 1999, v. 12, p. 304-305).

[80] Conforme tradução de PCS.

[81] Conforme tradução de PCS.

estrutura, em seu desenvolvimento histórico, não tem sempre a mesma função[82]. Mas, diferentemente de Darwin, que propunha que as transformações nos seres vivos ocorreriam principalmente por seleção natural, efeito da luta pela existência sobre variações espontâneas, Nietzsche considera que as mudanças são resultado da dinâmica da vontade de potência. Para um *quantum* ou conjunto de *quanta* de potência aumentar, outros devem diminuir, o que, segundo Nietzsche e como já dissemos, estabelece uma relação de dominação entre as forças: "todo acontecimento [*Geschehen*] do mundo orgânico é um *dominar e assenhorear-se*, e todo dominar e assenhorear-se é uma nova interpretação [*Interpretieren*], um ajuste, no qual o 'sentido' e a 'finalidade' anteriores são necessariamente eclipsados ou totalmente extintos" (Nietzsche, 1998, p. 66)[83]. Tanto a utilidade de uma estrutura orgânica quanto aquela de uma estrutura cultural não têm relação causal com sua origem, ou seja, sucedem-se de maneira completamente casual. Assim, Nietzsche, mais uma vez, rejeita a noção de progresso, fortemente propagada por Spencer em sua época[84]. E o progresso, para o filósofo inglês, ocorre devido ao rearranjo de forças internas que é diretamente causado pela alteração do equilíbrio de forças do meio ambiente. A consequência desse processo, para o filósofo alemão, seria a exclusão da noção de atividade (*Aktivität*) (*cf.* Nietzsche, 1998, p. 67).

Portanto, temos a vontade de potência nietzschiana, ativa e interna, antagonizando o progresso spenceriano, reativo e secundário às forças externas:

> Sob influência dessa idiossincrasia, colocou-se em primeiro plano a 'adaptação' [*Anpassung*], ou seja, uma atividade de segunda ordem, uma reatividade; chegou-se mesmo a definir a vida como uma adaptação interna, cada vez mais apropriada, a circunstâncias externas (Herbert Spencer). Mas, com isso, não se percebe a primazia fundamental de forças espontâneas, agressivas, expansivas, criadoras de novas formas, interpretações [*neu-auslegenden*] e direções, forças cuja ação necessariamente precede a adaptação. (Nietzsche, 1998, p. 67).[85]

Para o nosso tema, isso indica que o organismo "Nietzsche" não se adapta ao meio "Turim", às suas estruturas arquitetônicas, à sua alimentação, ao seu clima, às suas manifestações artísticas, mas, ao contrário, são os impulsos desse organismo que se apropriam desses aspectos para poderem crescer em potência e, em consequência, estarem potentes o suficiente para levarem a cabo uma tarefa elevada[86]. E um organismo potente, "nobre", não pode aceitar quaisquer condições, ele é seletivo, e suas exigências de crescimento são restritas.

---

[82] Antes de Nietzsche, essa noção aparece em *Origem das espécies* (*On the Origin of species by Means of Natural Selection*, 1859), de Charles Darwin. Ela visa superar a dificuldade de explicar o surgimento gradual de estruturas complexas, como o olho (*cf.* Darwin, 1859, p. 186-194). Estruturas incompletas não exercem a mesma função de visão que o olho de um mamífero, por exemplo; mas elas podem ter assumido outras funções, como, por exemplo, captar luz.

[83] Conforme tradução de PCS, modificada.

[84] Em Spencer, a noção de evolução está fortemente associada àquela de progresso. A Filosofia Sintética (*Synthetic Philosophy*), de Herbert Spencer quer unificar a explicação dos elementos físicos (matéria e força) até as instituições sociais: filosofia é "*conhecimento do mais alto grau de generalidade*" (Spencer, 1867, p. 131). Desse modo, o filósofo inglês propõe a lei de redistribuição contínua de matéria e movimento: todo objeto sofre em cada instante alguma alteração de estado, gradual ou rapidamente, recebendo ou perdendo movimento, enquanto suas partes — todas ou algumas — estão simultaneamente mudando suas relações entre si (*cf.* Spencer, 1867, p. 540-542). A Evolução (*Evolution*) é o nome do princípio que rege as mudanças, sendo uma lei universal metafísica. Nesse contexto teórico, Spencer define vida como uma série de mudanças sucessivas e definidas, de estrutura e de composição, as quais ocorrem em um indivíduo sem destruir sua identidade, ou seja, ocorrem de modo coordenado (*cf.* Spencer, 1864, p. 60-75). E, para ele, há necessariamente uma conformidade entre as funções vitais de todo ser orgânico e as condições de seu meio, entre os processos internos e externos. Uma alteração nas circunstâncias externas de um indivíduo é causa de uma mudança no seu interior. Consequentemente, as relações internas são adaptadas às relações externas — esse é justamente o conceito spenceriano de adaptação (*cf.* Spencer, 1864, p. 80). E essa equilibração de forças é o mecanismo da evolução progressiva de Spencer.

[85] Conforme tradução de PCS.

[86] *Cf.*, por exemplo, a carta a Peter Gast de 30 de outubro de 1888, na qual Nietzsche afirma que as causas de seu grande desconforto em Sils-Maria eram internas.

Referências

ARNOULD, O. Carmen, figura nietzschiana do amor trágico. *Cadernos Nietzsche*, v. 44, n. 2, p. 221-246, 2023.

DARWIN, C. R. *On the Origin of Species by Means of Natural Selection, or the Preservation of Favoured Races in the Struggle for Life*. 1. ed. London: John Murray, 1859.

DELEUZE, G.; GUATTARI, F. *O que é a filosofia?* Tradução de Bento B. Prado Jr. e A. A. Muñoz. Rio de Janeiro: 34, 1992.

FALRET, J.-P. Da loucura circular, ou forma de doença mental caracterizada pela alternância regular da mania e da melancolia (1854). *Revista Latinoamericana de Psicopatologia Fundamental*, n. 4, p. 130-131, 2002.

FOUCAULT, M. O que é um autor? *In*: FOUCAULT, M. *Estética*: literatura e pintura, música e cinema. 2. ed. Tradução de Inês A. D. Barbosa. Rio de Janeiro: Forense Universitária, 2009. p. 264-298.

FREZZATTI JR., W. A. A crença no progresso: civilização e darwinismo com sintomas de decadência. *In*: MARTINS, A.; SANTIAGO, H.; OLIVA, L. C. *As ilusões do eu*: Spinoza e Nietzsche. Rio de Janeiro: Civilização Brasileira, 2011. p. 299-318.

FREZZATTI JR., W. A. *Nietzsche e a psicofisiologia do século XIX*. São Paulo: Humanitas, 2019. (Nietzsche em Perspectiva).

FREZZATTI JR., W. A. *A fisiologia de Nietzsche*: a superação da dualidade cultura/biologia. 2. ed. Curitiba: CRV, 2022. (Nietzsche em perspectiva).

HALÉVY, D. *Nietzsche*: uma biografia. Tradução de R. C. de Lacerda e W. Dutra. Rio de Janeiro: *Campus*, 1989.

ITAPARICA, A. L. M. Verbete *"Ecce homo"*. *In*: GEN. *Dicionário Nietzsche*. São Paulo: Loyola, 2016. p. 88-93.

JANZ, C. P. *Friedrich Nietzsche*: Uma biografia. Tradução de M. A. Hediger e L. M. Sander. Petrópolis: Editora Vozes, 2016a. v. 2.

JANZ, C. P. *Friedrich Nietzsche*: Uma biografia. Tradução de M. A. Hediger e L. M. Sander. Petrópolis: Editora Vozes, 2016b. v. 3.

LARROSA, J. *Nietzsche & a Educação*. Tradução de Semíramis G. da Veiga. Belo Horizonte: Autêntica, 2002.

MARTON, S. *Nietzsche*: Das forças cósmicas aos valores humanos. 2. ed. Belo Horizonte: UFMG, 2000.

MÜLLER-LAUTER, W. *A doutrina da vontade de poder*. Tradução de O. Giacoia Jr. Apresentação: S. Marton. São Paulo: Annablume, 1997.

MÜLLER-LAUTER, W. *Décadence* artística enquanto *décadence* fisiológica: a propósito da crítica tardia de Friedrich Nietzsche a Richard Wagner. *Cadernos Nietzsche*, v. 6, p. 11-30, 1999.

NIETZSCHE, F. *Ecce homo*: Como alguém se torna o que é. Tradução de P. C. de Souza. São Paulo: Companhia das Letras, 1995.

NIETZSCHE, F. *Genealogia da moral*: uma polêmica. Tradução de P. C. de Souza. São Paulo: Companhia das Letras, 1998.

NIETZSCHE, F. W. *Sämtliche Werke. Kritische Studienausgabe (KSA)*. G. Colli und M. Montinari (Hg). Berlin: Walter de Gruyter, 1999. 15 Bd.

NIETZSCHE, F. *Humano, demasiado humano*: um livro para espíritos livres. Tradução de Paulo César de Souza. São Paulo: Companhia das Letras, 2000.

NIETZSCHE, F. *A gaia ciência*. Tradução de Paulo César de Souza. São Paulo: Companhia das Letras, 2001.

NIETZSCHE, F. *Crepúsculo dos ídolos, ou Como se filosofa com o martelo*. Tradução de Paulo César de Souza. São Paulo: Companhia das Letras, 2006.

NIETZSCHE, F. *A filosofia na era trágica dos gregos*. Tradução de Fernando R. de Moraes Barros. São Paulo: Hedra, 2008a.

NIETZSCHE, F. *Humano, demasiado humano II*. Tradução de Paulo César de Souza. São Paulo: Companhia das Letras, 2008b.

NIETZSCHE, F. *Correspondencia*. Organização de L. E. de S. Guervós. Tradução de Juan Luis Vermal. Madrid: Editorial Trotta, 2011. v. 5.

NIETZSCHE, F. *Correspondencia*. Organização de L. E. de S. Guervós. Tradução de Joan B. Llinares. Madrid: Editorial Trotta, 2012. v. 6.

NIETZSCHE, F. *Nietzsche Source*: Digital Critical Edition (eKGWB). Dirigido e organizado por Paolo D'Iorio. Disponível em: http://www.nietzschesource.org/#eKGWB. Acesso em: 6 jun. 2023.

RUBIRA, L. Verbetes *"Amor fati"*; "Eterno retorno do mesmo"; "Transvaloração de todos os valores". *In:* GEN. *Dicionário Nietzsche*. São Paulo: Loyola, 2016. p. 109-111, 211-213, 399-402.

SAFRANSKI, R. *Nietzsche*: Biografia de uma tragédia. Tradução de L. Luft. São Paulo: Geração Editorial, 2001.

SCHMÜCKER, P. D. Verbete "Turim". *In:* NIEMEYER, C. (org.). *Léxico de Nietzsche*. Tradução de A. M. Garcia; E. Chaves; F. Barros; J. L. Visenteiner; W. Matiolli. São Paulo: Loyola, 2014.

SOUZA, P. C. Sumário cronológico da vida de Nietzsche. *In:* NIETZSCHE, F. *Ecce homo*: Como alguém se torna o que é. Tradução de P. C. de Souza. São Paulo: Companhia das Letras, 1995.

SPENCER, H. *The Principles of Biology*. London: Williams and Norgate, 1864. v. 1.

SPENCER, H. *First Principles*. 2. ed. London: Williams and Norgate, 1867.

FOUCAULT E O ESPAÇO

Marcelo S. Norberto

Há um impulso existencial que se impôs no processo civilizatório ocidental: o do reconhecimento. Mas a sua instauração foi acompanhada por uma fenda igualmente capital, por uma necessidade que outrora não era reclamada, qual seja, a da identidade. Instituto restritivo que se oporá à coletividade, em um movimento que não só é de afastamento como também de dependência, a identidade estabelece, a um só tempo, de forma exótica, uma resistência à alteridade e uma subordinação a ela. É como se o sistema, com suas racionalidades e funções, se fizesse, obrigatória e preliminarmente, em diálogo com seu antagonismo primordial, ou seja, com a negação total à assimilação plena. Extravagância que pode indicar uma operação específica de nossa cultura.

Quando não tomada como um mero efeito de superfície, mas admitindo-a como uma expressão de nossa circunscrição histórica, essa tensão singular entre identidade e coletividade, forjada pela exigência de reconhecimento, possibilita uma descrição outra de nossa realidade. Assim, ironicamente, o trabalho do conceito requerido por Hegel não encontraria na negação seu material de ocupação, mas, antes, seu pilar espelhado de sustentação. A filosofia, nesse sentido, não seria interminável graças à multiplicidade quase infinita de realidades, mas, prosaicamente, porque é um sintoma da febre metafísica, personificada no sistema.

Em outras palavras, o que tomamos inocentemente como indício de uma progressão, de um avanço prometido, mas jamais calculável, mostra-se efetivamente como uma prática reconhecível de uma dinâmica funcional, que diz sobre "nossa idade e nossa geografia" (Foucault, 2002, p. IX). Ou seja, o singular sustenta seu duplo, na exata medida em que uma minoria se vê e se diferencia por meio de uma coletividade identificada. O *eu sou* está intrinsecamente ligado ao inaceitável, da mesma forma que o verdadeiro depende do falso e o correto encontra legitimidade no desvio. Apesar da aparência de um estágio em vias de superação, o que há no antagonismo de nossa cultura é a exposição de seu funcionamento, e não a sua evolução.

Um processo que, devido ao funcionamento de mecanismos culturais e sob influência de certas irrupções históricas, teve seu índice distinto expresso na compreensão abstrata de uma inteligibilidade à luz de uma verdade universal. Otimizações, modernizações, expansões, crescimento, todas nomenclaturas que dão forma a essa costura particular, autorregulando-se, sem nunca fornecer um acabamento tangível. Assim, toda uma sorte de diferenciações foi interpretada como uma realidade a ser identificada, orientada e, posteriormente, aplicada. A ideia de progresso na cultura impõe à realidade uma imagem que limita e comprime toda uma sorte de existências a um campo autogerido. Um conjunto de valores acaba por encampar as relações constituídas. Deflagrar esse estado vigente tem o potencial de tornar inoperantes as tentativas de uma significação definitiva e de abrir caminho para uma compreensão dinâmica dos jogos de forças atuantes. As aparências, assim, passam a se alinhar ao efetivo (e não mais a confundi-lo) e o desafio de um diagnóstico se coloca na busca por um entendimento da operação que suporta esse jogo, em um espaço histórico.

Com o deslocamento dessa apropriação interpretativa, é possível ver na identidade, em termos performáticos, uma manifestação de negação da vida. Assim o é porque, para que o universal se instaure como ideia reguladora, será preciso que a realidade se descole da existência e se apresente para além da vida, seja na forma de um futuro redentor, seja como plenitude a ser integrada. Mas não é só isso. A existência humana, nesse modelo contemporâneo, também deixa de se ater a um processo de criação de si para se moldar a um cânone determinado. O sujeito é concebido a partir de um critério de adequação, e não mais de realização. Em outras palavras, onde acredita-se ver uma exacerbação das realizações (desde as inovações tecnológicas até a proliferação dos conglomerados financeiros), o nosso tempo se mostra, estranhamente, como um jogo insistente de endereçamentos sem referenciais. A correspondência se impõe sobre a atuação.

Em confluência, o reconhecimento acaba por expressar uma individualidade que opera a serviço de um coletivo, sob a égide de uma evidência não persuasiva, valorizando a singularidade que, paradoxalmente, justifica-se unicamente na correspondência, não a si, nem efetivamente em relação aos outros, mas a valores dispostos. Não por outra razão, parâmetros antes estimados, como a excepcionalidade e a nobreza, que demonstravam um valor de preciosidade no âmbito da constituição subjetiva, foram superados por outros, como a fama e a ostentação, que encontram sua força na coletividade (seguidores, fãs etc.), em que o sustentáculo dessa diretriz está, inesperadamente, na massificação e na normalização (seja mais um milionário, junte-se aos bem-sucedidos, torne-se único como todos). Por um lado, a sociedade é organizada em torno da competição e, por outro, propaga, ao mesmo tempo e contrariamente, a universalidade das possibilidades e das conquistas.

Esse é o mistério de nossa cultura e o ponto que deve guiar a tentativa de uma reflexão que pretenda ser tanto crítica (compreensão dos limites que demarcam nossa experiência) quanto diagnóstica (explicitação da ordenação que fornece sustentação para a cultura). Diante desse desafio, configura-se infecundo especular sobre o aperfeiçoamento ou o retrocesso da história. Com base em que princípio inquestionável? Mais do que inadequado, trata-se de uma avaliação que obscurece a abertura efetiva para uma descrição das disposições reais em questão. Ao tentar impor uma leitura universal ao momento histórico, o que ocorre, antes, é um nivelamento *a priori* do que existe pelo que se supõe. Ao invés de localizar regularidades que habitam a cultura e, assim, ampliar seu entendimento sobre a ordenação presente, uma dogmática se coloca e tudo o que é múltiplo e distinto é reorganizado a partir de uma cegueira epistemológica.

O mundo sob os desígnios dos valores universais, com seus conceitos correlatos de progresso, evolução e finalidade, aniquila a percepção da rede de sustentação que está presente na cultura, produzindo uma equivocada aparência de superioridade do tempo sobre os acontecimentos ou, dito de outra forma, de uma razão abstrata sobre as positividades. Uma fábula. Entretanto, essa encenação não deve ser elidida ou ignorada pelo seu caráter ficcional, pois ela é, concomitantemente, efetiva e fantasiosa. Essa é a engenhosidade de nosso espaço histórico. Efetiva, porque introduz uma verdade no mundo, constituindo instrumentais que a tornam funcional, e fantasiosa por ser incapaz de realizar-se integralmente, por se fazer única — e perpetuamente — como uma promessa em vias de perjúrio. Foucault designou essa dinâmica como a lógica do "Mesmo e do Outro" (Foucault, 2002, p. IX). Tensão que alucina os valores rumo a um eclipsamento de um diagnóstico da realidade na forma de uma eternidade retroalimentada. Tudo é, a um só tempo, extraordinário e vulgarmente repetitivo.

Contudo, reconhecer essa contradição não finda a questão. Há um risco na incompreensão dessa dinâmica exposta: a perda da capacidade crítica. Substitui-se o *amor fati* pela maquinação, troca-se o trabalho de uma constituição de si por uma corrida pelo conhecimento, convertendo todas as novidades em uma unidade pretensamente estabilizada por meio de um processo que se justifica pela longevidade, evolução e pelo caráter imemorial. Tudo é reduzido a uma universalidade, ironicamente. E, com isso, uma espessa cortina de fumaça, tal qual um perfume de nosso tempo, impregna nas relações constituídas, fornecendo uma plausibilidade e uma suposta determinação a algo que é meramente especulativo e espectral.

Ao que parece, sob a perspectiva de um diagnóstico, seja na disposição de uma busca por uma clareza e distinção cartesiana, seja na formulação do possível contratualista, seja no fetichismo da mercadoria capitalista, nosso tempo não possui instrumentário capaz de atuar a partir da realidade, justamente pela imposição do universal. Toda tentativa de escapar dessa armadilha, quando ainda atrelada ao universal, se resume, ao fim e ao cabo, à aceitação factual da disposição geral e à manutenção da cultura em suas expressões nitidamente instrumentais (uma paralisia que se traveste de inovação a cada novo produto lançado ou teoria ofertada). Há uma incapacidade de se dizer qualquer coisa, apenas restando a constatação como campo laboral disponível. Dessa maneira, sobrevém uma ilusão acalentadora a uma realidade exposta. Para isso, descreve-se a partir do método que a nega, não a vida, mas a descrição: descreve-se negando o que se pretendia descrever. Não há, portanto, acaso algum no fato de, por exemplo, Descartes, ao ambicionar o fundamento último da razão, ter descortinado um ceticismo sem precedência. Afinal, o alijamento da reflexão da realidade impõe uma rarefação das ideias. Trata-se de valores cognatos.

Todavia, se não é possível ignorar a dinâmica existente de uma cultura, é factível deslocar o ponto de ataque interpretativo, agenciando outras estruturas participantes e privilegiando caminhos desapercebidos com o intuito de um efetivo diagnóstico, para melhor fazer emergir nossa geografia. Com isso, não só há uma manutenção do que se propõe descrever, bem como há uma ampliação de aportes direcionados ao funcionamento em questão.

É exatamente o que irrompe quando se produz um estremecimento na universalidade dessa onisciência metafísica que nos habita (que, efetivamente, se mostra particular e circunstancial, posto que sua totalidade atua apenas como promessa). A questão do reconhecimento parece permitir um outro olhar sobre os acontecimentos, como uma via de acesso privilegiado, para a compreensão de nossa cultura. Com efeito, não se trata de uma proposta de superação do universal, o que seria tanto excessiva quanto contraprodutiva, mas uma demora ativa nos jogos de forças presentes na cultura que tornaram possível um momento universalista. Esse retardamento, essa recusa deliberada em vaticinar a significação da história, concede uma oportunidade de um ultrapassamento para além de uma mera intimidade subjetiva, quando se pensa o reconhecimento. É antes uma mudança de ancoragem interpretativa do que uma transformação intervencionista, na esperança de uma visagem dos mecanismos de atuação em curso.

A atuação realizada por essa fábula moderna não produziu um efetivo rompimento com a realidade, mas, ao contrário, fundou nela uma transparência luminosa: uma vontade de verdade alcançável. Não alcançada justamente por seu *modus operandi*, por esse tipo de transparência que, antes de tudo, nos cega para o iluminado, pois a luz é excessiva. É uma disposição que tende à orientação, mas que jamais consuma o feito. Nesse sentido, nossa sociedade não poderia ser orientada pela produção (aquisição de propriedade), mas, em realidade, pelo consumo (promessa de posse). Essa é a duplicidade da realidade implementada pela Metafísica, duplicidade essa que, prescindindo de uma dedicação à realidade, forja os valores entre o em-si (se inalcançável, ao menos prometido, parafraseando Nietzsche em *Crepúsculo dos Ídolos*[87]) e a representação, cujo retorno nada mais faz do que impossibilitar, intencionalmente, qualquer presentificação (representação como desertificação). Há um retorno vazio, sem qualquer presença. As representações ocupam o lugar daquilo que deveria estar em presença. Incitação a uma conversão interditada por princípio.

O suporte dessa plêiade de tensões, velamentos e imprecisões não constitui, contudo, um corpo falho a ser normalizado, como a própria metafísica nos induz a pensar (com o jogo entre o todo e o particular ou o normal e o patológico). Mas, se não é por meio de um processo de depuração epistemológica que a descrição da realidade se faz rigorosa, em que medida a disposição das coisas nos é relevante?

---

[87] "O verdadeiro mundo, inalcançável no momento, mas prometido para o sábio, o devoto, o virtuoso ("para o pecador que faz penitência"). (Progresso da ideia: *ela se torna mulher*, torna-se cristã...)" (Nietzsche, 2017, p. 25).

Há uma excentricidade nesse procedimento e, por que não dizer, uma radical dissonância com o esperado, que deve ser explorado. No silêncio das projeções ideológicas exógenas ao processo de diagnóstico, a ordenação das coisas se mostra. É na raridade da admissão de uma finalidade inexequível, ou de uma origem que não consegue se fazer original, que surge, no meio das positividades efetivadas pelas projeções, a possibilidade de uma outra abordagem. Não se trata, desse modo, de nenhuma retirada ou abandono, mas, ao contrário, é na assunção do espaço que suporta tais jogos que uma descrição se faz pertinente. E assim o é, pois, fundamentalmente, esse jogo de forças é ainda uma expressão concebível da realidade, familiar em sua estranheza.

A conversão final, mesmo despossuída de seus objetivos últimos (plenitude, pureza, totalidade), ainda se mostra própria como fonte de investigação. Assim o é, pois os escombros de uma edificação não são a sonhada pedra angular de um processo restaurador, mas sim a explicitação silenciosa de suas estruturas de sustentação. Ou seja, essa disposição se constitui em fonte primária de uma descrição da cultura, e não em uma denúncia por uma inautenticidade a ser retificada (recurso esse que deflagra um reendereçamento do processo, típico de nosso tempo, ao justificá-lo de forma retroativa, mas — o que é grave — impedindo, como efeito primeiro, qualquer esforço crítico de deflagração do *status quo*).

Esse balanço que desestabiliza o comumente aceito e o largamente demonstrado, essa explicitação do que habitualmente é negligenciado e que se faz vigente em cada prática ou discurso de nossa cultura, é percebido pelo deslocamento de uma centralidade da temporalidade para o espaço, para um espaço que, ainda sob os desígnios universais (que o toma como unitário, fixo e secundário), parece se achar, quando submetido a essa nova apropriação, "arruinado, impossível, impensável" (Foucault, 2002, p. XI). Esgarçam-se as malhas que imobilizavam o espaço em sua função de emular o movimento incessante do tempo e, por conseguinte, do progresso. A ilusão do cinema se desfaz e cada fotograma, em sua platitude assustadora, se apresenta enquanto tal, ligado ao anterior e ao posterior por uma vaga ideia de pertencimento, cuja natureza não ultrapassa a de um oferecimento possível.

É só nessa fratura narcísica, que inflige à fábula sua própria condição heterotópica, que o manejo do espaço se torna capital para essa disposição do olhar. Distanciando-se de toda uma tradição respeitável que coloca como inflexão primeira o tempo (Bergson, Heidegger, Sartre), o que está em jogo aqui é a percepção dessa dilatação não do tempo, mas do espaço. Assim, Foucault falará diretamente, em 1976, sobre o espaço:

> Reprovaram-me muito por essas obsessões espaciais, e elas de fato me obcecaram. Mas, por elas, creio ter descoberto o que no fundo procurava: as relações que podem existir entre poder e saber. Desde o momento em que se pode analisar o saber em termos de região, de domínio, de implantação, de deslocamento, de transferência, pode-se apreender o processo pelo qual o saber funciona como um poder e reproduz os seus efeitos. Existe uma administração do saber, uma política do saber, relações de poder que passam pelo saber e que naturalmente, quando se quer descrevê-las, remetem àquelas formas de dominação a que se referem noções, como campo, posição, região, território. (Foucault, 2017, p. 251).

É possível ver, por exemplo, essas estratégias em curso em *As Palavras e as Coisas*, em que o pano de fundo que sustenta toda sua análise arqueológica das ciências humanas é o abandono de uma continuidade temporal dos acontecimentos humanos. Só com a emergência do espaço, na forma de "espaço de identidades, de similitudes, de analogias" (Foucault, 2002, p. XV) etc., é que na reflexão filosófica será possível ultrapassar a redução da história causada pela preponderância de consciência individual como arauto da razão para descortinar uma história realizada sobre o solo da cultura.

Muito se diz, com justeza, da influência de Nietzsche no pensamento foucaultiano. É em Nietzsche que Foucault encontrará a passagem de uma preocupação do conhecimento enquanto via de acesso à verdade, a forma tradicional, para se reconhecer no conhecimento um instrumento da crítica, elemento relevante na exposição dos saberes dentro de um recorte histórico. Será também por meio de Genealogia da moral que Foucault se beneficiará de uma "crítica dos valores" nietzschiana (Nietzsche, 1998, p. 12), permitindo explorar as camadas epistêmicas da história, a ponto de afirmar que "o conhecimento não tem uma origem, e sim uma história" (Foucault, 2014, p. 183). O que comumente não se indica é que essa iluminação teórica, oriunda de Nietzsche, é obtida e executada por Foucault a partir de uma explicitação do espaço. Não se trata de uma adesão a um modelo teórico nietzschiano, como em uma aplicação de um quadro geral, mas da ratificação concreta obtida no estudo espacial da história.

O espaço, que também alcança Foucault por meio, por exemplo, da etnografia de Lévi-Strauss, é o elemento ativo que dispõe as redes operantes em uma cultura. Em *O Pensamento Selvagem*, Lévi-Strauss mostrará como a base de um pensamento se personifica no espaço de uma comunidade, e não em seu suposto grau de evolução (temporalidade) ou na comprovação de uma eficácia (uma ciência universal): "a verdadeira questão não é saber se o contato de um bico de picanço cura as dores de dente, mas se é possível, de um determinado ponto de vista, fazer 'irem juntos' o bico de picanço e o dente do homem" (Lévi-Strauss, 2011, p. 25). O ponto a ser destacado é esse "irem juntos", o espaço que permite uma coabitação e um entrelaçamento que espelhará, de uma certa forma, o habitável dessa comunidade, dessa cultura. Fazer aquilo que Foucault chamava de "aproximar e isolar", e não o de "ligar consequências" (Foucault, 2002, p. XV). Enfim, trata-se de explorar a interação que esse compartilhamento sustenta, estimula e mantém, a fim de manifestar "os códigos fundamentais de uma cultura" (Foucault, 2002, p. XVI), outrora silenciados pelo conhecimento anteriormente validado.

Em *As palavras e as coisas*, o que introduz esse estranhamento, esse estrangeirismo em nossa tradição metafísica, é o conto da enciclopédia chinesa de Jorge Luis Borges[88]. A enumeração presente no conto, por meio de seu desrespeito insistente aos consagrados processos de classificação da taxonomia (resisto a tentação de citar a passagem, que todos conhecem e que é deliciosamente desconcertante), demonstra o limite do nosso pensamento, que não é capaz de suportar, nos limites da universalidade, tal "monstruosidade" (Foucault, 2002, p. XI). Limite, fronteira, muros de uma cultura que pretende ser universal.

O mal-estar se amplia quando, ao decair a plenitude prometida de nossa existência, uma ordenação efetiva se mostra como não causal. A partir da imaginação presente no conto, uma enciclopédia é concebida e mostra-se "um pensamento sem espaço" (Foucault, 2002, p. XIV), nessa ordem aparentemente universal. Enfim, sem uma justificativa terminal (seja ela por meio do progresso, seja ela a partir de uma causa determinada, seja ela rumo a uma evolução), o que o trabalho de Foucault irá demonstrar, para a nossa perplexidade enquanto homens modernos, é que a única unidade que a história possui é circunstanciada ao espaço que habita. Por meio de um único movimento teórico — a emersão da espacialidade —, Foucault justifica a inexistência de uma universalidade e garante, mediante o *trabalho cinzento* da filosofia, uma ordenação ambientada em sua disposição cultural.

Esse é o ensejo para que a noção mais conhecida de *As palavras e as coisas* — a episteme — atinja o seu sentido apropriado. Espaço entre a cultura e a interpretação, domínio entre o empírico e a teoria, a episteme é o que invalida qualquer pretensão hermenêutica, de busca por uma verdade,

---

[88] Trata-se do conto "O idioma analítico de John Wilkins", presente na obra *Outras Inquisições*.

para dispor o debate unicamente sobre positividades, na "descrição espacializante dos fatos discursivos (que apontam para) análise dos efeitos de poder que lhe estão ligados" (Foucault, 2017, p. 253). A episteme não só é a chave de leitura da obra, sem a qual *As palavras e as coisas* não seria possível, como também se faz como instrumento epistemológico capaz de evidenciar a ordem que distribui e, simultaneamente, faz-se solo para a cultura: "é ao nosso solo silencioso e ingenuamente imóvel que restituímos suas rupturas, sua instabilidade, suas falhas; e é ele que se inquieta novamente sob nossos passos" (Foucault, 2002, p. XXII). Sem telos e sem origem, ou, se preferirem, avesso a um futuro indefinido e tendo uma origem diferencial, a ordenação se mostra efetiva nos intramuros de uma sociedade, no espaço histórico de uma cultura.

Diante da pertinência do espaço, a inteligibilidade da história não se condiciona a um sistema [Foucault falará de não poder se "traçar uma divisória" (Foucault, 2002, p. 68), como se impusesse um corte a algo, por natureza, móvel], nem pode ser contido em uma temporalidade suprassensível como aquela para "demarcar um período" (Foucault, 2002, p. 69), o que seria uma arbitrariedade teórica. A atenção sobre o espaço, e consequentemente um olhar para as positividades como uma "espécie de geopolítica" (Foucault, 2017, p. 261), é a definitiva incorporação da descontinuidade no processo histórico. Toda essa estratégia de leitura da história por meio de sua espacialidade é o que credencia Paul Veyne de descrever o trabalho de Foucault como revolucionário[89]. Se Aristóteles subordina o tempo ao espaço — tempo é o que se passa enquanto há o deslocamento de algo entre um ponto A e um ponto B — e, com isso, forja uma temporalidade referenciada à eternidade, Foucault reorganiza tempo e espaço fora de uma hierarquia ou subordinação[90]. Já a tradição só fez aprofundar uma visão mecanicista, seja reduzindo-os a uma teorização advinda da experiência, seja tomando-os como formas puras da intuição, seja ainda invertendo o modelo substantivo de Aristóteles, elegendo o tempo como acesso forte do ser.

Contra uma "desqualificação do espaço" (Foucault, 2017, p. 253), Foucault propõe ver a realidade como "constelação" (Prado, 2021, p. 334). O que há são dinâmicas e interações, nunca processos concatenados. Reconhece-se no espaço um suporte para o arranjo temporal. Não há uma oposição sequer entre os termos, mas uma conjunção. Tal disposição transforma inteiramente a apreensão temporal. Conceitos como progresso, evolução ou mesmo movimento, em seu sentido hegeliano, perdem sua funcionalidade messiânica para se disporem como elementos discursivos integrantes de uma rede de inteligibilidade que opera por meio de ordem, funções e práticas.

Não é o tempo que altera o espaço, nem é o espaço que determina o tempo — formas oferecidas pela tradição ocidental —, mas, simplesmente, é o espaço que confere o solo sobre o qual o tempo conferirá formas que designaremos de historicidade. A temporalidade molda o que o espaço proporciona, sem que essa dinâmica passe por uma determinação *stricto sensu*. É a partir desse lugar que a transformação obtém uma visibilidade inteligível.

O tempo, de fato, não modifica a realidade, mas participa da ruptura e dos jogos ocorridos no espaço. Logo, não se trata de uma preterição do tempo em favor do espaço, mas uma insistente oposição a uma universalidade que subordina a realidade a valores anteriores. E nessa crítica foucaultiana, ao destacar o espaço e, com isso, ressignificar o tempo, há a possibilidade não de um retorno a uma

---

[89] "É, certamente, uma coisa bem curiosa, bem digna da atenção dos filósofos, essa capacidade que os homens têm de ignorar seus limites, sua falta de densidade, de não ver que há um vazio em torno deles, de se acreditarem, a cada vez, instalados na plenitude da razão" (Veyne, 2014, p. 254).

[90] "Assim, entre o olhar já codificado e o conhecimento reflexivo, há uma região mediana que libera a ordem no seu ser mesmo: é aí que ela aparece, segundo as culturas e segundo as épocas, contínua e graduada ou fracionada e descontínua, ligada ao espaço ou constituída a cada instante pelo impulso do tempo" (Foucault, 2002, p. XVII).

integridade supostamente perdida, mas, diversamente, de um outro enfoque sobre nossa contemporaneidade, fazendo com que o espaço ganhe uma preponderância, não como objeto de conhecimento estritamente, mas como aquele que expõe um efetivo âmbito político da cultura.

Referências

BORGES, J. L. *Outras inquisições*. Tradução de Davi Arrigucci Jr. São Paulo: Companhia das Letras, 2007.

CANGUILHEM, G. *Michel Foucault*: morte do homem ou esgotamento do cogito? Tradução de Fábio Ferreira de Almeida. Goiânia: Edições Ricochete, 2012.

FOUCAULT, M. *As palavras e as coisas* – uma arqueologia das ciências humanas. 8. ed. Tradução de Salma Tannus Muchail. São Paulo: Martins Fontes, 2002.

FOUCAULT, M. *Aulas sobre a vontade de saber* – curso no Collège de France (1970-1971). Tradução de Rosemary Costhek Abílio. São Paulo: WMF Martins Fontes, 2014.

FOUCAULT, M. *Microfísica do poder*. 5. ed. Tradução de Roberto Machado. Rio de Janeiro: Editora Paz & Terra, 2017.

LÉVI-STRAUSS, C. *O pensamento selvagem*. 12. ed. Tradução de Tânia Pellegrini. Campinas: Editora Papirus, 2014.

NIETZSCHE, F. *Genealogia da moral* – uma polêmica. Tradução de Paulo César de Souza. São Paulo: Companhia das Letras, 1998.

NIETZSCHE, F. *Crepúsculo dos ídolos ou como se filosofa com o martelo*. Tradução de Paulo César de Souza. São Paulo: Companhia de bolso, 2017.

PRADO, T. *O espaço como conceito e método em Bergson e Foucault in Michel Foucault*: da produção de verdade ao governo da vida. *In*: RESENDE, H. de (org.). São Paulo: Intermeios, 2021.

VEYNE, P. *Foucault revoluciona a história*. 4. ed. Tradução de Alda Baltazar e Maria Auxiliadora Kneipp. Brasília: Editora UNB, 2014.

AS CONTRIBUIÇÕES DO PENSAMENTO EXISTENCIALISTA DIALÉTICO DE SARTRE PARA A ARQUITETURA E URBANISMO

Marivania Cristina Bocca
Adria de Lima Sousa
Daniela Ribeiro Schneider
Sylvia Mara Pires de Freitas

Arquitetura e Urbanismo e a necessidade de um olhar interdisciplinar

[...] escrever sobre arquitetura é invocar a liberdade do espírito humano. Uma história da arquitetura pode coincidir com a própria história do homem [...].
(Persico)

A Arquitetura, historicamente, esteve dividida entre o conhecimento estético, de um lado e o técnico, de outro. Podemos dizer que essa dicotomia foi a gênese de sua crise, levando-a a uma situação-limite. Em concordância com Furtado (2005), a arquitetura precisou, diante da crise, enfrentar diferentes problemas, pois "ao se fazer no espaço limítrofe entre a engenharia e a arte, [...] problemas estéticos e técnicos" (p. 416) fizeram-se presentes. Tal crise foi sendo superada à medida que houve uma mudança paradigmática, da visão dicotômica para a visão de integralidade, que trouxe a necessidade de interlocução de seu saber com outras áreas de conhecimento.

A mudança ocorreu pelo resgate do pensamento teórico-reflexivo no seio dessa ciência e profissão, que se viabilizou pelo "retorno à experiência fenomenológica e existencial do habitar [...] [a qual permite] precisar o sentido do fazer arquitetônico, ao prescindir desta dicotomia e retornar ao momento vivido, no qual funcionalidade e fruição da beleza se apresentam unidas" (Holanda, 2007, p. 416).

Ao mesmo tempo que a Arquitetura se fortaleceu em seu *status* científico, fortaleceu junto, também, "a interdisciplinaridade no trato das questões relativas aos lugares produzidos ou usufruídos pelas pessoas: enfatizam-se contribuições de autores oriundos de outros campos disciplinares, que olham os lugares do ponto de vista morfológico" (Holanda, 2007, p. 115).

Além disso, é ressaltada a importância da interdisciplinaridade na edificação e no fortalecimento da arquitetura (Zevi, 2002). Esse arquiteto pontua que a história da arquitetura moderna nos remete a dois aspectos fundamentais: 1) às mudanças conceituais sobre a estética; e 2) à transformação do espaço urbano em nossa sociedade. Para ele, a nova estética é fruto de diversas revoluções, desde a teoria da relatividade até a psicologia e o avanço da música. Dessa forma, os estudos sobre a espacialidade e a temporalidade são a chave para o bom desenvolvimento da Arquitetura.

> O problema espaço-tempo é mais dificultoso em arquitetura, visto que por milênios o homem sentiu pavor não somente do tempo, mas também do espaço, do vazio, da cavidade, ou seja, do elemento específico representativo da arquitetura [...] desde a pré-história [...] o espaço foi sentido como negatividade, e o homem construiu monumentos e templos neles privilegiando o aspecto plástico, escultórico, de grandes dimensões, e descuidando ou reprimindo o conteúdo. A consciência espacial nasce com extremo atraso na história e na experiência humana: ainda hoje a maior parte das pessoas [...] não tem nenhuma sensibilidade espacial, detendo-se no invólucro, na caixa construída, sem "ver" o espaço. (Zevi, 2002, p. 19).

Em linhas gerais, a crítica de Zevi sobre o atraso, bem como sobre a ausência de uma consciência mais reflexiva sobre o espaço e o tempo, na Arquitetura, aponta para a urgência e a importância de se discutir o tema com mais profundidade. Partimos, assim, da premissa de que os espaços construídos e/ou requalificados se revelam como promotores de diferentes experiências psicofísicas de uma pessoa no e com o mundo. Por isso, em Arquitetura, o problema do espaço e do tempo deve ser compreendido como uma realidade histórica, mutuamente conversível, portanto totalizadora (Santos, 2006, p. 34).

De acordo com o geógrafo Milton Santos (2006), o ponto de partida para tal compreensão deve ser o humano em constante processo de realização no mundo, que se dá "sobre uma base material: o espaço e seu uso; o tempo e seu uso; a materialidade e suas diversas formas; as ações e suas diversas feições" (p. 34). Para que a (realiz)ação totalizadora ocorra, é preciso identificar os principais aspectos que caracterizam a Arquitetura. Esses aspectos transcendem a preocupação da formação acadêmica de arquitetos e urbanistas em relação às técnicas inerentes à construção física de um espaço, como: a forma, a estética e a função. Sendo assim, segundo Holanda (2007), o foco de atenção e de preocupação deve ser como os espaços estão configurados para receberem o exercício de liberdade das pessoas que os utilizam, uma vez que a arquitetura afeta as pessoas em diversos aspectos.

Ora, não sendo somente o espaço físico construído o eixo motriz de um projeto arquitetônico, sobretudo, a pessoa que o ocupa, podemos dizer que a arquitetura se revela como "meio de satisfação de expectativas funcionais, bioclimáticas, econômicas, sociológicas, topoceptivas, afetivas, simbólicas e estéticas, em função de valores que podem ser universais, grupais ou individuais" (Holanda, 2007, p. 118). Com isso, os modelos de projetação arquitetônicos focam a promoção de diferentes experiências às pessoas, ao ressaltar o que é confortável, em que condições, para quem, onde e em quais atividades o habitar viabiliza o humano.

Tais transformações do saber da Arquitetura e do Urbanismo exigem diálogos com a Filosofia e com a Psicologia para fundamentar a mudança do olhar sob as questões do espaço e do tempo, trazendo os espaços do habitar e os urbanos para o foco nas pessoas que os constroem e ocupam-nos.

Jean-Paul Sartre, apesar de não ter escrito uma obra que se atentasse, especificamente, à Arquitetura e ao Urbanismo, em vários de seus escritos (desde obras técnicas até romanescas) faz referências à importância de se compreender a realidade humana por meio da situação concreta dos sujeitos e seus entornos, da relação e da síntese que um sujeito singular faz no e do contexto sociomaterial em que está inserido (Sartre, 2005).

Adson Lima (2010), arquiteto e urbanista, afirma que a questão do espaço é relevante no pensamento sartriano. O Existencialista, em sincronia com os fundamentos fenomenológicos que o sustentam, traz a espacialidade como uma das dimensões definidoras da realidade humana, descrevendo e representando cômodos, casas, ruas, cidades, lugares e arredores, de diferentes formas, em muitas das suas obras literárias e técnicas. Afinal, atesta Sartre: "sem realidade humana não haveria espaço nem lugar" (Sartre, 2005, p. 603). Nesse sentido, o pensamento do filósofo francês possibilita uma interlocução necessária entre a Filosofia e a Psicologia com a Arquitetura e o Urbanismo.

A ontologia fenomenológica dialética e a antropologia estrutural e histórica de Sartre como fundamento para a Arquitetura contemporânea

A ontologia se define como "doutrina que estuda os caracteres fundamentais do ser" (Abbagnano, 2007, p. 662), ou, ainda, a teoria sobre o ser da realidade. Sartre, em um dado momento de sua obra *O Ser e o Nada*, questiona-se sobre quais os ensinamentos que a ontologia pode dar à psicanálise. Ela pode definir, antes de tudo, diz o filósofo, a origem verdadeira das significações das coisas e a sua relação com a realidade humana (Sartre, 2005). Aqui vamos estabelecer uma analogia da afirmativa, a fim de pensar a Arquitetura e desafiar a elaboração de reflexões sobre como a ontologia fenomenológica sartriana pode contribuir na inteligibilidade dos fenômenos enfrentados por essa ciência e profissão nas significações atribuídas à materialidade, aos objetos construídos, às cidades como espaços urbanos e coletivos, auxiliando-a a elaborar a compreensibilidade da dimensão da realidade humana na Arquitetura e Urbanismo.

Sartre afirma que a Fenomenologia, como um método de investigação, permite colocar a filosofia em um novo patamar "rumo ao concreto", possibilitando romper com as concepções abstratas, subjetivistas e metafísicas que dominaram a filosofia e as ciências humanas por um longo tempo de suas histórias (Schneider, 2011). O concreto, em termos filosóficos, significa aquilo que se insere como critério de realidade para a produção do conhecimento e na mediação das relações humanas (Abbagnano, 2007). Marca o voltar-se para as experiências singulares, ao possibilitar o encontro da experiência com o real, como contorno de ações direcionadas ao mundo, mundo esse enquanto espaço recheado de coisas, de outros, de corpos, de tempo, marcando a espessura de nossa existência.

Não podemos deixar de assinalar o concreto, agora em outro contexto, como o material mais utilizado na construção civil, composto de quatro componentes básicos: cimento, areia, brita e água. Poderíamos afirmar, em um paralelismo, que a Arquitetura também se dá "rumo ao concreto". Mas em que medida o concreto material encontra o concreto filosófico? Esse encontro ocorre na relação intrínseca entre as construções e os seus entornos e aqueles que as planejam, constroem, habitam, definindo seus sentidos, suas funções e, nessa relação, os meios de viabilizar seus projetos de ser.

Esse encontro entre a materialidade e a subjetividade está na base da ontologia dialética de Sartre (2005). De forma resumida, podemos explicá-la descrevendo o absoluto de objetividade, enquanto uma dimensão indescartável da realidade, marcado pela materialidade, pelas coisas e pelos objetos. Esse absoluto independe da consciência para existir, posto que é o *ser* enquanto *em-si*, porém, por não ter alteridade, só aparece, só é reconhecido, só é organizado por uma consciência. Eis que o outro absoluto, o da subjetividade, impõe-se como indelével. Esse absoluto é não substancial, na medida em que não se sustenta em si mesmo, não tem consistência de ser, já que, segundo o princípio da intencionalidade, "a consciência é sempre consciência de alguma coisa" (Sartre, 2005, p. 34), necessitando, assim, dos objetos transcendentes para existir. Contudo, é preciso assinalar que o seu ser se define justamente nessa relação aos objetos; importa destacar que a relação, não pode ser confundida com os objetos, por isso que ela "é o que não-é e não é o que é" (Sartre, 2005, p. 693). Eis a definição do nada. Portanto, as duas regiões ontológicas que compõem a realidade, o ser e o nada, as coisas e a consciência, ou, ainda, o *em-si* e o *para-si*, são dois absolutos, porém relativos um ao outro. Relativos, porque o primeiro (*em-si*) existe independentemente do segundo (consciência), mas só se organiza, só ganha sentido, pela presença desse. O segundo (*para-si*), para existir, depende da relação estabelecida com aquele (com as coisas), apesar de ser distinto deste (Schneider, 2011).

A partir da ontologia dialética de Sartre, compreendemos que as separações entre sujeito/objeto, aparência/essência, materialidade/subjetividade são todas falsas e essas dimensões não podem ser pensadas uma sem a outra. Esses pressupostos definem novos parâmetros para pensar as ciências e, com certeza, a Arquitetura ganha importantes fundamentos para sua elaboração, inclusive para enfrentar a sua crise, anteriormente assinalada.

Precisamos agora avançar rumo à proposição de uma antropologia, para aprofundar as condições desse encontro dialético que a ontologia sartriana propõe como base da realidade.

Antropologia significa, segundo Abbagnano (2007, p. 67), a "exposição sistemática dos conhecimentos que se têm a respeito do homem". Sartre elabora uma antropologia que ele define como estrutural e histórica. O filósofo compreende que

> [...] ela encontra seu lugar no interior da filosofia marxista, porque considero o marxismo como a insuperável filosofia de nosso tempo e porque julgo a ideologia da existência e seu método 'compreensivo' como um território encravado no próprio marxismo que a engendra e, simultaneamente, a recusa. (Sartre, 2002a, p. 14).

Ao tomar o materialismo histórico e dialético como base, Sartre (2002a) irá discutir que os fenômenos humanos são irredutíveis ao conhecimento; eles devem ser, primeiramente, experenciados, vividos. Isso quer dizer que não basta conhecer a realidade humana de forma abstrata, é preciso vivê-la, produzi-la, modificá-la. Sua antropologia estrutural e histórica terá tal perspectiva como ponto de partida, que dialoga diretamente com as exigências de uma "volta ao concreto", como condição de produção de uma ontologia. Dessa forma, para compreender uma pessoa, é preciso ir além daquilo que ela narra ou reflete sobre si, é preciso descrever suas ações, sua *práxis* cotidiana, o contexto no qual está inserida (Schneider, 2011). Nessa direção, o habitar humano é uma das suas principais expressões que revelam o seu modo de ser. Como afirma Milton Santos (1988, p. 14), geógrafo brasileiro que sofreu grande influência da obra sartriana, o sujeito habita e explora os mais recônditos lugares do planeta, inclusive na Lua e em outros planetas. Mas "a terra segue sendo a morada do Homem". Em um diálogo com esse geógrafo, Brandão (2009, p. 8) afirma que "habitar é criar um lugar onde pessoas, famílias, grupos e comunidades reúnem-se para conviver". Podemos, então, refletir sobre possíveis desdobramentos dessa visão do humano para a elaboração de uma Arquitetura contemporânea.

> Uma outra abordagem é a que vê o ser humano não mais como indivíduo isolado, mas como um ser social por excelência. Podemos assim acompanhar a maneira como a raça humana se expande e se distribui, acarretando sucessivas mudanças demográficas e sociais em cada continente (mas também em cada país, em cada região e em cada lugar). O fenômeno humano é dinâmico e uma das formas de revelação desse dinamismo está, exatamente, na transformação qualitativa e quantitativa do espaço habitado. (Santos, 1988, p. 14).

A realidade humana, dessa maneira, em suas mais diversas formas de expressão, não deve ser compreendida a partir de uma somatória de fatos isolados. Os fenômenos relacionados ao modo de ser dos sujeitos sempre se dão como fenômenos que se articulam entre si, em uma dimensão universal/singular. Dessa forma, por mais que seja vivido na mais específica singularidade, ocorre em conjunto com outros fenômenos, tecidos uns nos outros; numa teia de relações sociomateriais, coletivas, com diferentes níveis de determinação. É nesse entrelaçamento entre fenômenos, esses significados construídos nas articulações e contradições comuns entre os sujeitos, que deve ser perseguida a compreensibilidade da realidade humana em sua integralidade. Tal concepção assinala, dessa forma, que o concreto é o chão da história e que a ação humana é sempre dialética. Portanto, devemos buscar elucidar o entrelaçamento dos fatos em uma perspectiva histórica e dialética, para, assim, conseguirmos melhor compreender a vida de uma pessoa e de uma coletividade (Schneider, 2011). Sartre (2002a) argumenta que o acaso não existe, pois são os sujeitos concretos que fazem a história, mesmo que em condições dadas. É preciso, por isso, compreender a concretude da vida. Nessa direção, é preciso destacar o papel do sujeito singular e coletivo no seio da Arquitetura, para compreender seus significados no contexto de transformações da contemporaneidade.

Referências de Sartre ao espaço construído e ao espaço urbano, em suas obras, e desdobramentos na compreensão das noções de espaço e tempo

A noção de situação é central na obra sartriana e definidora do sujeito compreendido como ser-em-situação, como vemos ocorrer em toda a sua antropologia e psicologia. A situação diz respeito à compreensão indissolúvel do sujeito como ser-no-mundo, que materializa o encontro da subjetividade na objetividade. O conceito de situação visa apreender, assim, o processo de singularização histórica do universo sociomaterial enquanto um universo singular e não simplesmente a inserção de um indivíduo em um contexto social, ou seja, implica necessariamente a dialetização dessa relação (Alvim; Castro, 2015). Sendo assim, Sartre, em *O Ser e o Nada*, apresenta-nos os contornos da situação e descreve exatamente o movimento do sujeito nas cidades, nas ruas, entre casas, pessoas, utensílios, temporalidade:

> Eu, por quem as significações vêm às coisas, encontro-me comprometido em um mundo já significante e que me reflete significações não determinadas por mim. Pensemos, por exemplo, na inumerável quantidade de significações independentes de minha escolha e que descubro se vivo em uma cidade: ruas, casas, lojas, bondes, e ônibus, sinais de direção, ruídos de aviso, música de rádio, etc. [...] Quando, ao dobrar uma esquina, descubro uma casa, não é apenas um existente em bruto que revelo no mundo; já não faço somente com que "haja" um "isto" qualificado de tal ou qual maneira, mas a significação do objeto que então se revela resiste a mim e permanece independente de mim: descubro que o imóvel é um prédio de aluguel, o conjunto de escritório da companhia de gás ou uma prisão, etc.; a significação, aqui, é contingente, independente de minha escolha, apresenta-se com a mesma indiferença da realidade mesmo do Em-si: fez-se coisa e não se distingue da qualidade do Em-si. Igualmente, o coeficiente de adversidade das coisas revela-se a mim antes de ser experimentado por mim. (Sartre, 2005, p. 627).

O filósofo descreve, portanto, como a compreensão da realidade humana necessita desse olhar da objetividade, que transcende a meu próprio movimento, mas que só se revela e passa a ser compreensivo porque eu, assim como outros, significamos, utilizamos, compartilhamos, narramos os objetos e utensílios que nos cercam. Por isso, a urbanidade depende e independe de mim, sendo necessário entender essa ambiguidade constituinte dos fenômenos humanos para poder abordá-las com mais precisão e qualidade.

No romance *A Náusea*, no qual o conceito de contingência é cunhado pela primeira vez na obra sartriana, o mergulho na urbanidade de Bouville vai definir os contornos da crise existencial do personagem principal. Sartre faz longas descrições do movimento de Roquentin pelas ruas dessa cidade, onde, em sua profunda solidão, constata as transformações urbanas, assim como a demarcação social e a condição de classe que se expressam nos diferentes estilos de casas, prédios, praças e ruas. O personagem é afetado pelo contexto sociocultural que o cerca, em uma expressão literária dos pressupostos ontológicos e antropológicos sartrianos. Destaquemos uma passagem para exemplificar:

> Viro para a Rua do Presidente Chamart, cujas casas tem três andares, com longas persianas brancas. Esta rua de notários foi possuída ponta a ponta pelo volumoso rumor do domingo. Na galeria Gillet, o ruído aumenta ainda e torna-se-me conhecido: é o ruido feito por homens. Depois de súbito, à minha esquerda, produz-se como uma explosão de luz e de sons. Cheguei: eis a Rua Tournebride; só me falta entrar na fila dos meus semelhantes para poder ver os senhores respeitáveis trocarem chapeladas. Há apenas sessenta anos ninguém ousaria prever o miraculoso destino da Rua Tournebride, que os habitantes de Bouville chamam hoje o Pequeno Prado. Vi um plano datado de 1847 em que ela nem sequer figurava. Devia ser por essa altura um caminho negro e malcheiroso, com uma única valeta a meio do empedrado, por onde se arrastavam cabeças e tripas de peixe. Mas, no fim de 1873, a Assembleia Nacional declarou de utilidade pública a construção de uma igreja na colina Montmartre [...] A Rua Tournebride, larga, mas suja e mal frequentada, teve de ser inteiramente reconstruída, e os seus habitantes foram repelidos com firmeza para trás do Largo de Santa Cecília; o Pequeno Prado tornou-se — sobretudo aos domingos de manhã — o ponto de encontro dos elegantes e dos notáveis. (Sartre, 1976, p. 57-58).

Vemos aqui diferentes níveis de mediação da construção do espaço urbano narrado por Sartre: desde as mais singulares experiências vividas mediadas por essa materialidade, até a dimensão da sociabilidade das famílias e de grupos de pertença, que passam pela interioridade das casas, definidas como lares, assim como pelos espaços compartilhados em instituições sociais, tais como igrejas, escolas, biblioteca, prefeitura, entre outras, bem como o perambular pelas ruas e os espaços de lazer. Essas dimensões singulares/coletivas são definidas pela infraestrutura social e pelos modos de produção, refletem a forma como a cidade expressa a divisão de classe, o pertencimento ou não aos lugares (Sartre, 2002a), expressando a dialética inclusão e exclusão que faz parte dos processos sociais de um viver coletivo e que se concretiza nas condições psicossociais de existência (Sawaia, 2001).

Nessa direção, em uma transversal do tempo, Santos (1998), influenciado pela fenomenologia sartriana, discute como, na contemporaneidade, os processos de globalização e fragmentação organizaram-se em territórios diversificados que constituíram geografias da desigualdade. Podemos traçar um paralelo e refletir que esses mesmos processos têm constituído arquiteturas da desigualdade, sobre o que abordaremos adiante quando falarmos de colonialidade.

Em outro texto, *Cidades da América*, Sartre relata a sua experiência vivida diante dos grandes "arranha-céus" em Nova Iorque.

> Nos primeiros dias, eu estava perdido. Eu não tinha os olhos preparados para os arranha-céus e eles não me espantavam: eles pareciam mais do que construções humanas habitadas por homens — com estas partes mortas da paisagem urbana, rochedos, colinas, que se encontram nestas cidades construídas sobre um solo tortuoso e que se contorna sem sequer prestar atenção. Ao mesmo tempo, os meus olhos procuravam perpetuamente alguma coisa que os detivesse um instante e eu não encontrava nunca: um detalhe, uma praça ou talvez um monumento. Eu não sabia ainda que era preciso olhar as ruas e as casas daqui por massas. (Sartre, 2002b, p. 15).

Em sua experiência urbanística existencial diante dos arranha-céus da cosmopolita capital americana, tanto a noção de espacialidade quanto de temporalidade ganha destaque na experiência vivida de uma pessoa. É importante enfatizar que a questão da espacialidade não pode ser pensada de forma dissociada das dimensões temporais. O espaço está relacionado à temporalidade, pois só é possível compreender o espaço e o lugar se considerar o tempo vivido por uma pessoa (Moser, 2018). Isso se deve ao fato de o tempo não ser experimentado somente no presente, mas sim relacionado a um futuro imaginado, que funciona como norteador das ações da pessoa no mundo. Nessa direção, podemos trazer a centralidade do futuro na definição das experiências vividas, guiadas pela noção de "projeto fundamental" (Sartre, 2005). Dessa maneira, podemos dizer que todas as ações de uma pessoa, sempre enraizadas em um ambiente sociomaterial, são demarcadas temporalmente, visto que são ações sócio-históricas e dialéticas.

Em Sartre, a temporalidade não é estanque; logo, uma pessoa se temporaliza no processo concreto do existir (Sartre, 2005), lançando-se em um devir, como ele expressa:

> [...] o tempo dialético penetrou no ser, uma vez que o ser vivo não pode perseverar a não ser renovando-se; essa relação *temporal* do futuro com o passado através do presente nada mais é do que a relação funcional da totalidade a si mesma: ela é seu futuro para além de um presente de desintegração reintegrada. Em poucas palavras, a unidade viva caracteriza-se pela descompressão da temporalidade do instante; [...] a nova temporalidade é uma síntese elementar da mudança e da identidade, uma vez que o futuro governa o presente na medida em que esse futuro se identifica rigorosamente com o passado. (Sartre, 2002b, p. 198).

Assim, podemos dizer que o espaço, que é temporal e existencial, não deve ser visto apenas como um pano de fundo no qual a vida acontece. O espaço envolve escolhas individuais e coletivas e concretiza significados existenciais, seja em um projeto arquitetônico, seja em um projeto de vida. Essas escolhas terão um impacto direto no tipo de dinâmica temporal que acontecerá com a pessoa e na constituição dela, quando ela faz ou não o uso desse espaço.

Assim sendo, temos que refletir como o ato de projetar uma casa, um prédio, uma avenida, uma cidade revela, ao fundo, miríades de projetos-de-ser de sujeitos singulares e universais, que estão na base das definições da Arquitetura e do Urbanismo. Ao projetar uma edificação ou um espaço público, projetam-se vidas e devires, mediatizam-se projetos pessoais e coletivos, viabilizam-se projetos sociopolíticos. Uma vez construído esse ambiente, concretiza-se uma história e materializa-se um futuro, que se reifica em espaço e acaba por ter de se reinventar, numa dialética sem fim.

As estruturas arquitetônicas propiciam à experiência humana uma "síntese original", numa dialética temporal entre passado, presente e futuro (Sartre, 2005, 2002a), desenhando "os contornos de quem é o sujeito, produzindo-o" (Schneider, 2011, p. 122). Em outras palavras: uma pessoa pode, por meio de uma intervenção arquitetônica, vivenciar no presente o passado (por meio de memórias afetivas), projetando seu futuro com o uso do "contínuo temporal", que é cultural, e contemplar as tradições, os hábitos e a época de uma experiência singular em seu contorno social universalizante (Sartre, 2002a).

Ora, como afirma Pallasmaa (2017, p. 15) "[...] toda edificação é um mundo condensado e uma representação microcósmica de nosso lugar dentro dele". Para além de seus propósitos funcionais, estéticos e formais, a Arquitetura revela-se como um meio para que os espaços sejam transformados em *lugares*. Em outras palavras: a arquitetura medeia as pessoas com o espaço e o tempo, por meio dos lugares e dos arredores que externalizam e marcam a memória afetiva das pessoas, materializando histórias e concretizando sonhos.

O filósofo português André Barata (2020), ao analisar a situação da pandemia da covid-19, diz que o tempo, por princípio, visita os lugares, na medida em que:

> Um lugar é um espaço que se tornou um hábito, que fez memória e a que se regressa [...]. Lugar é a camada de significação que se radica, cultiva e floresce — por exemplo neste ponto de coordenadas — através de um hábito, uma repetição, que se faz forçosamente no tempo, no seu curso, e que se faz como apelo da própria repetição, que é como uma inércia confortável, uma âncora de segurança, um lastro de sentido. Os hábitos são habitados como lugares e os lugares são habitados por hábitos. (p. 1).

Com isso, retoma-se a discussão da noção de situação em Sartre, para aprofundar as discussões sobre espaço, lugar e temporalidade, em uma perspectiva dialética, ao empreender, em seus estudos, a análise das diferentes estruturas da situação, sendo elas: a) meu lugar; b) meu passado; c) meus arredores; d) meu próximo; e e) minha morte. Vale ressaltar que essas estruturas não aparecem sozinhas, são coexistentes.

Pela ótica sartriana, uma pessoa que é consciência corpórea sempre está situada no mundo concreto em relação ao edifício, à casa, à calçada, à mesa, à cadeira, à cômoda, ao computador, ao celular, à textura do tecido que reveste o sofá, às cores que estão pintadas nas paredes, enfim, a toda a materialidade que compõe o arranjo espacial, bem como as outras pessoas que também ocupam esses espaços. Ou seja, uma pessoa existe e habita em um lugar, transforma-se e é transformada por ele a partir do seu exercício de liberdade de escolha. Descreve, assim, a relação intrínseca entre a liberdade como condição obrigatória de escolher, e a facticidade como os contornos da estrutura de escolha para a qual o sujeito está lançado.

Em Sartre, é importante considerar o lugar, uma vez que "sem realidade humana não haveria espaço, nem lugar"; e, sem lugar, não há realidade humana (Sartre, 2005, p. 603). Esse lugar é a localidade, em que

> [...] 'habito' (meu 'país', com seu solo, seu clima, suas riquezas, sua configuração hidrográfica e orográfica), mas também, mais simplesmente, a disposição e a ordem dos objetos que presentemente me aparecem (uma mesa, do outro lado da mesa uma janela, à esquerda da janela uma estante, à direita uma cadeira, e, atrás da janela, a rua e o mar) e que me indicam como sendo a própria razão de sua ordem. É impossível que eu não tenha um lugar, caso contrário, eu estaria em relação ao mundo, em estado de sobrevoo, e o mundo, como vimos anteriormente, não iria manifestar-se de forma alguma. (Sartre, 2005, p. 602-603).

Além do lugar, o filósofo aponta para uma outra estrutura situacional: os arredores. Exemplifiquemos: o projeto de construir uma casa subentende meus fins pessoais, meus recursos financeiros, o tempo de obra e "a livre adaptação dos meios (*esforços*) ao fim perseguido" (Sartre, 2005, p. 620). Todavia, diante da situação e da relação, por exemplo, com a pandemia de Covid-19, que ocorreu em 2020, há o desemprego, a redução de renda, a escassez e o alto custo dos insumos e da matéria-prima para a construção civil, o que leva à necessidade de rever o orçamento e a tomar decisões. Essas contingências são os arredores que influenciarão as escolhas — por isso, essas são sempre situadas. Toda escolha deve ser entendida, assim, como uma ação situada em seus arredores. Nas palavras do filósofo: "[...] fora, no mundo, entre os outros [...] na estrada, na cidade, no meio da multidão, coisa entre as coisas, homem entre os homens" (Sartre, 2005, p. 57). Para Sartre (2005),

> Os arredores são as coisas-utensílios que me circundam, com seus coeficientes próprios de adversidade e utensilidade. Decerto, ao ocupar meu lugar, eu fundamento a descoberta dos arredores, e, mudando de lugar, [...] fundamento a aparição de novos arredores. Mas, reciprocamente, os arredores podem mudar ou serem mudados pelos outros sem que eu nada tenha a ver com sua mudança. (p. 619).

Traz, ainda, outro elemento-chave das estruturas situacionais: a temporalidade. O meu passado é o tendo sido, que historializa meu ser. A pessoa define-se por seu futuro, pelo livre projetar seu ser em direção ao que ainda não é. Mas, para esse lançar-se, é necessário já estar aí, desvelando o passado. É nessa espiral histórica que a trajetória existencial do sujeito se concretiza e articula-se sincreticamente com os lugares, arredores e outros, estabelecendo os fundamentos do meu projeto de ser.

Assim, podemos dizer que o eixo das estruturas situacionais, para Sartre, está na relação, que é sempre dialética, entre a pessoa e a materialidade em que ela está circunscrita, uma vez que, para ele, toda consciência, como "[...] mostrou Husserl, é consciência de alguma coisa. Isso apenas significa que não há consciência que não seja posicionamento" (Sartre, 2005, p. 22). Nessa direção, põe-se o mundo e revelam-se os significados dos objetos (da casa, da cadeira, da mesa, da textura da mobília, da escassez do dinheiro e da matéria-prima para edificar) como existentes no mundo.

É por isso que as reflexões sobre espaço, lugar e tempo são fundamentais tanto para a Arquitetura quanto para o Urbanismo. Afinal, a existência humana é localizada, situada e desenvolvida no espaço e no tempo, como já discutido. Sendo assim, a interdependência entre espacialidade e temporalidade, assim como entre a história e a memória, tem muito a dizer sobre o *habitar*, dada a dimensão temporal do espaço existencial ser o que torna a Arquitetura mais relevante.

> [...] somos mentalmente incapazes de viver no caos ou em uma condição desprovida de tempo [...] a alienação do lugar resulta em uma exclusão existencial [...] a alienação da experiência do tempo resulta graves disfunções mentais [...] a tarefa da arquitetura consiste não somente em disponibilizar abrigo físico ou acolher nossos corpos frágeis, mas também em alojar nossas memórias, fantasias, sonhos e desejos. (Pallasmaa, 2017, p. 118-119).

Podemos dizer que, seja pela perspectiva de Sartre (2005), de Santos (1988), de Moser (2018), ou de Pallasmaa (2017), uma pessoa sempre está situada no espaço e, com relação a ele, localizada no tempo. Temporalizar-se, portanto, é planejar e executar: é projetar-se para e em direção a algo (futuro). Nesse mesmo sentido, podemos dizer que uma pessoa é seu projeto (incluindo o arquitetônico), na medida em que a síntese dialética, ou seja, a temporalização, se dá do futuro para o passado, mas esse projetar-se também se deve a um passado que se deseja superar ou manter.

Torna-se necessário, portanto, superar os reducionismos que estiveram na base da crise da Arquitetura citada no início do capítulo, ao superar uma perspectiva de justaposição de conceitos entre espaço e tempo para uma compreensão de articulação dialética. Nesse viés, como vimos, a ontologia, a antropologia e a psicologia existencialistas têm muito a contribuir para o aprofundamento desses fundamentos.

Influências do existencialismo em teóricos do espaço-tempo e do território e seus desdobramentos para a Arquitetura

Yfu-Tuan e Milton Santos podem contribuir com seus pensamentos, tendo em vista as suas bases fenomenológica e existencialista. Para Yfu-Tuan (1980), o lugar indica uma pausa no movimento, ou seja, a possibilidade de deixar se afetar por esse espaço. Dessa forma, a possibilidade de existir um lugar depende da existência de um espaço. Na dimensão simbólica, podemos refletir sobre como a relação com o lugar é permeada por memórias e experiências vividas que marcam nossa afetividade, acabando por atribuir valoração positiva ou negativa ao ambiente, gerando uma carga emocional associada ao lugar.

Yfu-Tuan (1980) criou a palavra *"topofilia"* para detalhar sua acepção sobre o elo afetivo entre pessoa e lugar. Segundo o autor, trata-se de um neologismo que serve para definir o termo em sentido amplo, incluindo todos os laços afetivos dos seres humanos com o meio ambiente material. Esses laços são diferentes em intensidade, sutileza e modo de expressão, pois a resposta ao meio ambiente pode ser estética e efêmera, tátil ou permanente, dependendo dos significados atribuídos ao ambiente.

A *"topofilia"*, segundo Yfu-Tuan (1980), não é a emoção humana mais intensa, e, quando se apresenta dessa forma, pode-se ter a certeza de que o lugar ou o meio ambiente é veículo de acontecimentos emocionais fortes, ou, então, é percebido de forma simbólica. O autor defende que o ambiente pode não ser a causa direta da *"topofilia"*, mas fornece estímulos sensoriais que, ao agir como uma imagem percebida, dão forma às alegrias e aos ideais, uma vez que aquilo a que decidimos prestar atenção (valorizar ou amar) é quase um acidente, muito relacionado à perspectiva de cada pessoa, ao propósito e às forças culturais que atuam em determinada época.

Yfu-Tuan também destaca que essa afetividade perpassa o ambiente, vivida por um sujeito consciência corpórea, psicofísico, que é "contemporâneo do mundo, faz parte do mundo" (Sartre, 2005, p. 303) — um mundo que é concreto, e não abstrato. Esse mundo, entretanto, abarca complexos fatores que estão relacionados ao tempo, ao espaço, à cultura e à historicidade.

A discussão sobre espaço e lugar também ganha diferentes contornos na geografia crítica de Milton Santos (1988), que considera que todo espaço é construído socialmente, portanto nunca é apenas uma delimitação física, pois é a utilização do território pelas pessoas que cria o espaço, constituindo o que se define como territórios existenciais. De qualquer forma, o que é inegável é quanto o espaço físico afeta e é afetado na e pela relação humana. Para o autor (1988), "o território é o lugar em que desembocam todas as ações, todas as paixões, todos os poderes, todas as forças, todas as fraquezas, isto é, onde a história do homem plenamente se realiza a partir das manifestações da sua existência" (Santos, 1988, p. 13).

A concepção sobre território de Milton Santos sofreu influências do pensamento do filósofo e sociólogo Henri Lefebvre (1978, 2001) e de Sartre (2002a), que abordam a realidade humana como produto e produtora das dimensões materiais da vida. Dessa forma, contribui significativamente com a Geografia, ao embutir no conceito de território considerações dialéticas e existencialistas,e, com base nestas, a noção de que aquele só pode ser entendido de acordo com as condições da existência, com o uso que se faz dele pela ação humana, de forma concreta, e não abstrata. Como é possível observar, diversos temas são focos dos estudos interdisciplinares.

Santos (2006) se reporta a Sartre para lembrar a diferenciação entre totalidade e totalização. A totalização (de um processo, de um espaço) produz-se sempre em curso, resultando em um produto da ação, que se coloca como uma totalidade, logo, ambas convivem no mesmo momento e nos mesmos lugares. "É o espaço (especificação do todo social) que, afinal, permite à sociedade global realizar-se como fenômeno" (Santos, 2006, p. 76). Por meio da totalização, percebemos como determinada sociedade concebe a humanidade. O processo de construção de seus ambientes pode nos mostrar as desigualdades sociais, como o espaço e o lugar que ocupam os excedentes, como as periferias, as favelas, e mesmo o não lugar atribuído às pessoas em situação de rua, os transgêneros, entre outros que sofrem do processo de exclusão social.

Retomamos aqui a discussão da geografia das desigualdades como reflexo das transformações do modo de produção contemporâneo e os processos de globalização capitalista (Santos, 1998), chamando aqui uma discussão do que poderíamos chamar de uma arquitetura das desigualdades. A especulação imobiliária, a face voraz desse sistema que impacta a Arquitetura e movimenta seu mercado, tem mudado o cenário de vários centros urbanos e desrespeitado condições mínimas de sobrevivência da espécie e do planeta. Revela a face cruel das políticas de inclusão nos melhores lugares para os que têm condições econômicas, e do deslocamento para as margens das cidades e da vulneração das habitações de quem está alienado do acesso aos bens materiais e traz as marcas históricas de profundos processos de exclusão.

Quando refletimos sobre as estruturas das situações contemporâneas, é preciso presentificar a diversidade de condições humanas que marcam a organização dos espaços e tempos atravessados por marcadores interseccionais (Pereira, 2021). Ou seja, a condição do habitar, do direito à cidade, entre outros temas afins, relaciona-se diretamente à interligação entre as condições de classe social, gênero, etnias e raças, deficiências, entre outros marcadores, e traz impactos para refletir sobre os desafios da Arquitetura e Urbanismo.

É necessário e urgente ampliar as discussões sobre os usos dos espaços, bem como o não lugar atribuído a muitas pessoas. Espaços podem desvelar e revelar as muitas formas de desigualdades sociais, como vimos anteriormente, na descrição de Sartre, no romance *A Náusea*. Podemos objetivar muitos contextos de desigualdade de acesso a lugares e ambientes, como: a inexistência de banheiros adequados e acessíveis para pessoas com deficiência em muitos lugares públicos; a negação do sofrimento de pessoas transgênero diante de preconceitos e violências de terceiros, quando usam o banheiro consoante o gênero que se apreendem, sem importar qual seja. Esse descaso deixa essas pessoas "sem lugar".

Lefebvre menciona que o urbanismo dos administradores ligado ao setor público (estatal) é um urbanismo tecnocrático e sistematizado, que tende a negligenciar o "fator humano". Essa perspectiva de urbanismo é tendenciosa diante de saberes científicos e suas técnicas: toma a realidade de forma fragmentada e apaga a história da vida urbana quando elabora novos modelos. Segundo o sociólogo, a convergência desse urbanismo com o dos arquitetos e escritores, que ele chama de "homens de boa vontade" (Lefebvre, 2001, p. 30), e com o urbanismo dos promotores de venda, cria circunstâncias para a exploração das pessoas como produtoras e consumidoras de produtos e espaços. "A convergência desses projetos comporta, portanto, os maiores perigos. Ela apresenta *politicamente* o problema da sociedade urbana" (Lefebvre, 2001, p. 33, grifo nosso).

Lamentavelmente, muitas das edificações coletivas ainda têm características arquitetônicas excludentes. Impactam negativamente o cotidiano dessas pessoas e inviabilizam tanto o momento presente quanto as perspectivas de inclusão e viabilização da existência futura.

A Arquitetura precisa urgentemente requalificar os espaços para o uso das comunidades *LGBTQIAPN+,* assim como dos indígenas, negros e mulheres negras, em especial, pessoas com mobilidade reduzida e outras limitações, que são historicamente impedidas de usarem determinados espaços públicos e urbanos. Essa requalificação não deve se limitar aos pressupostos descritos nas normas técnicas, como a Norma Brasileira (NBR) 6492, que fixa as condições exigíveis para um projeto e sua edificação, mas deve considerar a necessária superação da dialética inclusão-exclusão de forma programática e propositiva, como democratização do acesso a espaços, lugares, edificações. Como afirma Simone de Beauvoir, "O fato de ser um ser humano deveria ser infinitamente mais importante do que as singularidades que distinguem os seres humanos" (Beauvoir, 2016, p. 550).

É necessário superar, portanto, de forma definitiva, as características arquitetônicas que estão impregnadas de colonialidade, trazendo a segregação racial, de gênero e de classe social como algo intrínseco ao planejamento das edificações e urbanizações. Sobre esse tema, especialmente sobre como a colonialidade afeta a concepção do espaço e a importância de haver um debate no campo da arquitetura sobre história e memória, Name reflete:

> Os contextos espaços-temporais influem nos modos pelos quais a raça traduz-se em colonialidade — e essa, por sua vez, afeta como o espaço é concebido, percebido, vivido, representado, ocupado, expropriado, intervisto ou destruído. [...] No Brasil, levantamentos recentes mostram que mais da metade dos bens materiais arquitetônicos tombados pelo Instituto do Patrimônio Histórico e Artístico Nacional atende a esse perfil, ao passo que apenas 1% concerne a matrizes africanas. Não há, além disso, nenhuma arquitetura indígena protegida. Em contraste, as matrizes africanas e indígenas respondem por mais de 50% dos registros de bens imateriais. (Mossab, 2016; Name; Zambuzzi, 2019; Name, 2021, p. 4, 6, grifo nosso).

Assim, apontamos para a noção de territorialidade para além do aspecto físico e geográfico, mas em uma compreensão múltipla, interdisciplinar e interseccional, que desafia a própria elaboração do conhecimento da Arquitetura e Urbanismo a ampliar seus horizontes.

Considerações finais

A Arquitetura e o Urbanismo têm, no conjunto de autores que os elaboram, muitos movimentos críticos, que colocam suas produções teóricas e seus desafios práticos na direção de uma posição de transformação da realidade humana e social. Este texto buscou somar-se a esses movimentos críticos, trazendo novos fundamentos para colaborar com essas transformações epistemológicas e pragmáticas que se fazem necessárias.

Nessa direção, a fenomenologia existencialista dialética de Sartre traz contribuições importantes para esse movimento crítico, ao fornecer subsídios para uma nova compreensão da realidade (ontologia), passando pelo redimensionamento do lugar do humano (antropologia) e de novos fundamentos para a elaboração das noções de espaço e tempo, a partir da proposta da noção de situação e das subjetividades situadas. A dialética objetividade/subjetividade e as exigências da "volta ao concreto" podem ser apropriadas por várias áreas do saber e possibilitar um olhar complexo para diversos fenômenos, influenciando vários campos de saber, como a geografia, a psicologia e a sociologia, que, na construção de um olhar interdisciplinar, auxiliam nos subsídios para a elaboração de Arquitetura e Urbanismo comprometidos com a valorização do humano, com as transformações sociais e com a garantia de direitos.

Referências

ABBAGNANO, N. *Dicionário de Filosofia*. São Paulo: Martins Fontes, 2007.

ALVIM, M. B.; CASTRO, F. G. *Clínica de Situações Contemporâneas*. Fenomenologia e Interdisciplinaridade. Curitiba: Juruá, 2015.

ASSOCIAÇÃO BRASILEIRA DE NORMAS TÉCNICAS (ABNT). *Representação de projetos de arquitetura*. NBR-6491/1994. Rio de Janeiro: ABNY, 1994. Disponível em: https://docente.ifrn.edu.br/albertojunior/disciplinas/nbr-6492-representacao-de-projetos-de-arquitetura. Acesso em: 29 ago. 2023.

BARATA, A. A cidade e a pandemia — a importância de fazer lugar. *O Jornal Económico*, Lisboa, 11 dez. 2020. Disponível em: https://jornaleconomico.pt/noticias/a-cidade-e-a-pandemia-a-importancia-de-fazer-lugares-674618/. Acesso em: 29 ago. 2023.

BEAUVOIR, S. *O Segundo Sexo*. Rio de Janeiro: Nova Fronteira, 2016. v. 2.

BRANDÃO, C. H. *No Rancho Fundo*: Espaços e tempos no mundo rural. Uberlândia: Edufu, 2009. Disponível em: https://apartilhadavida.com.br/wp-content/uploads/escritos/ANTROPOLOGIA/MUNDO%20CAMPON%C3%8AS/VIVER%20UM%20TEMPO,%20HABITAR%20UM%20ESPA%C3%87O%20-%20rosa%20dos%20ventos.pdf. Acesso em: 29 ago. 2023.

FURTADO, J. L. Fenomenologia e crise da arquitetura. *Revista Kriterion*, Belo Horizonte, v. 46, n. 112, p. 414-428, 2005. Disponível em: http://www.scielo.br/scielo.php?pid=S0100=512-2005000200022X&script-sci_arttext. Acesso em: 29 ago. 2023.

HOLANDA, F. Arquitetura sociológica. *Revista Brasileira de Estudos Urbanos e Regionais*, [s. l.], v. 9, n. 1, p. 115, 2007. Disponível em: https://rbeur.anpur.org.br/rbeur/article/view/174. Acesso em: 29 ago. 2023.

LEFEBVRE, H. Problemas de sociología rural. *De lo rural a lo urbano*. Tradução de Javier González-Pueyo. Barcelona: Península, 1978. p. 19-38.

LEFEBVRE, H. *O direito à cidade*. Tradução de Rubens Eduardo Frias. São Paulo: Centauro, 2001.

LIMA, A. C. B. R. *Oscilando entre o ser e o nada*: a aventura urbana de Sartre. 2010. 245 f. Tese (Doutorado em História e Fundamentos da Arquitetura e do Urbanismo) — FAUUSP, São Paulo, 2010.

MOSER, G. *Introdução à Psicologia Ambiental*: pessoa e ambiente. Campinas: Editora Alínea, 2018.

NAME, L. Analítica da colonialidade e da decolonialidade: algumas dimensões espaciais básicas e em arquitetura. *PosFAUUSP*, [*s. l.*], v. 28, n. 52, p. e176627, 2021. Disponível em: https://www.revistas.usp.br/posfau/article/view/176627. Acesso em: 29 ago. 2023.

PALLASMAA, J. *Habitar*. Tradução de Alexandre Salvaterra. São Paulo: GG, 2017.

PEREIRA, B. C. J. Sobre usos e possibilidades da interseccionalidade. *Civitas, Rev. Ciênc. Soc.*, v. 21, n. 3, set./dez. 2021. Dossiê: Interseccionalidades, direitos e políticas. DOI 10.15448/1984-7289.2021.3.40551.

SANTOS, M. *Metamorfoses do Espaço Habitado*: Fundamentos Teóricos e Metodológico da Geografia. *São Paulo: Hucitec, 1988.* Disponível em: https://edisciplinas.usp.br/pluginfile.php/5350058/mod_resource/content/1/texto3B_msantos_1988.pdf. Acesso em: 29 ago. 2023.

SANTOS, M.; SOUZA M. A.; SILVEIRA, M. L. *Território, Globalização e Fragmentação*. 4. ed. São Paulo: Hucitec, 1998.

SANTOS, M. *A Natureza do Espaço*: Técnica e Tempo, Razão e Emoção. 4. ed. São Paulo: Editora da Universidade de São Paulo, 2006. (Coleção Milton Santos: 1).

SARTRE, J. P. *A Náusea*. Sintra: Publicações Europa América, 1976.

SARTRE, J. P. *Crítica da Razão Dialética*: precedido por questões de método. Tradução de Guilherme João de Freitas Teixeira. Rio de Janeiro: DP&A, 2002a.

SARTRE, J. P. *Villes d'Amérique*: New York, ville coloniale; Venise, de ma fenêtre. Paris: Monum; Éditions du Patrimoine, 2002b.

SARTRE, J. P. *O Ser e o Nada*: ensaio de ontologia fenomenológica. 13. ed. Tradução de Paulo Perdigão. Petrópolis: Vozes, 2005.

SAWAIA, B. *As Artimanhas da Exclusão*: Análise Psicossocial e Ética da Desigualdade Social. Petrópolis: Vozes, 2001.

SCHNEIDER, D. R. *Sartre e a Psicologia Clínica*. Florianópolis: Editora da UFSC, 2011. *In*: TUAN, Y. F. *Topofilia*. São Paulo: Difel, 1980.

ZEVI, B. *Arquitetura e judaísmo*: Mendelsohn. Tradução de Anat Falbel. São Paulo: Perspectiva, 2002.

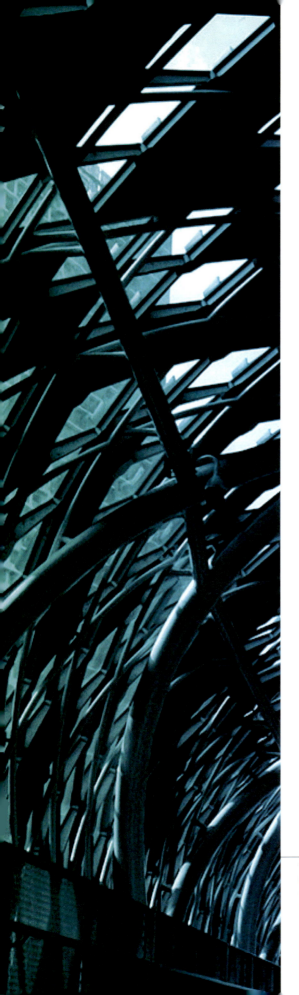

UM *ÉTHOS*[91] PARA SANGRAR? A ARQUITETURA DA MORTE COMO UMA SITUAÇÃO PARA O LUTO: PROVOCAÇÕES SARTRIANAS

Thiago Sitoni Gonçalves

---

[91] *Éthos* implica, em um sentido amplo, no conjunto de comportamentos e de valores culturais de um determinado grupo, o qual se baliza entre o bem e o mal (Cunha, 2010). O sentido designado nesse texto se assemelha ao termo de lugar por estar inserido na cultura e impregnar-se dos valores sociais moralistas, capazes de guiar o sofrimento humano.

O modo de sofrer em face da morte é datado pelo historiador Philippe Ariès (2017) a partir da Idade Média. Seu ousado interesse, conforme lê-se nas páginas introdutórias de sua obra, é o de "estudar os costumes funerários contemporâneos" (Ariès, 2017, p. 17). Em um extenso movimento regressivo, o historiador questiona como o humano se dirigia à morte. Tendo por princípio os grandes cavaleiros da gesta e dos dramas medievais, a morte é qualificada por domada. A ambiência bélica, o trato ainda preliminar da maneira humana em lidar com as insurgências da morte estava direcionado à guerra, à peste bubônica, ao combate imperioso das situações-limite. A realidade humana era designada a considerar-se morta em suspensão, advertida a todo momento sobre essa condição inalienável.

Além disso, marca-se o trato com o corpo biológico, nas palavras de Ariès (2017, p. 33), o qual revela um acento ritualístico:

> [...] despoja-se de suas armas, deita-se sabiamente no chão; deveria estar no leito ('jazendo no leito enfermo', repetirão por muitos séculos os testamentos). Estende seus braços em cruz — o que não é habitual. Era de costume estender-se de modo que a cabeça estivesse voltada para o Oriente, em direção a Jerusalém.

Em seus estudos, o trato com o corpo é o momento propício ao lamento dos outros, dos companheiros e dos assistentes ao redor do leito do moribundo. Lamento esse que se interliga, por certo apelo, ao perdão e à redenção entre o sujeito morto e os outros. Em um contexto similar, quando se trata de um corpo adoecido sem horizonte de cura, conforme indica Troyer (2002), há a extrema-unção, reservada estritamente aos clérigos e monges. Após a última ação, restava a espera vertiginosa da morte. É por meio de um estudo iconográfico realizado por Ariès (2017) que se verificam os ritos da morte na coletividade e a expressão de sua carga dramática.

Nesse sentido, o leitor assiste à experiência deflagrada de um verdadeiro *páthos*. Sua pungência, conforme avalia Ariès (2017), surge no período do romantismo e perde seu alcance na modernidade. O avanço tecnológico para a cura, o nascimento dos hospitais e do fortalecimento da técnica sobre a vida plantaram na subjetividade uma outra possibilidade: a interdição da morte. Em suas palavras: "nada mudou ainda nos ritos da morte, que são conservados ao menos na aparência, e ainda não se cogita em mudá-los. Mas já se começou a esvaziá-los de sua carga dramática, o processo de escamoteamento teve início [...]" (Ariès, 2017, p. 83).

Se antes a morte digna acontecia na fronte da guerra, na modernidade, ela ganha contornos tecnológicos e pedagógicos. Em outros termos, o acontecimento da morte deve ser amortecido, combatido por um suporte hospitalocêntrico. Quando esse suporte fracassa (pois é esse o significado da morte para a equipe médica), cabe aos sobreviventes uma etiqueta às suas emoções. Os médicos, por força do ofício, são treinados para declararem o pesar da perda, a impossibilidade de cura e, logo em seguida, a comunicação do motivo do óbito. Não só a morte é colocada sob o pano de fundo de um saber, mas, sobretudo, a experiência dos sobreviventes é agenciada. Nesse modo de encarnar o *páthos,* há uma tensão moral — que se reveste de um saber médico, terapêutico, de bem-estar. Então, mesmo o sofrimento sendo expressamente uma experiência vivida, pelas ciências da saúde ele é aferido, medido, estratificado, balizado e manualizado.

Esse diagnóstico apontado por Ariès (2017) encontra sua expressão mais pura na psicologia clássica emergente na década de 1930, no entanto, no atual Manual Diagnóstico e Estatístico de Transtornos Mentais (DSM), em sua quinta edição, consta, em destaque, o luto como uma reação adaptativa à perda para fazer uma discriminação de outros transtornos, como Episódio Depressivo

Maior (EDM). Nesse manual, a expressão do luto aparece em ondas, designando o título de dores do luto com prazo de duração entre dias a semanas — dependendo de um luto considerado complicado ou normal. Vale apontar, contudo, nessa quinta edição, a aparição para estudos posteriores de um transtorno do luto complexo persistente. Vejam-se os critérios propostos pelo manual:

> Desde a morte, ao menos um dos seguintes sintomas é experimentado em um grau clinicamente significativo na maioria dos dias e persistiu por pelo menos 12 meses após a morte no caso de adultos enlutados e seis meses no caso de crianças enlutadas: 1. Saudade persistente do falecido. Em crianças pequenas, a saudade pode ser expressa em brincadeiras e no comportamento, incluindo comportamentos que refletem ser separado de e também voltar a unir-se a um cuidador ou outra figura de apego. 2. Intenso pesar e dor emocional em resposta à morte. 3. Preocupação com o falecido. 4. Preocupação com as circunstâncias da morte. Em crianças, essa preocupação com o falecido pode ser expressa por meio dos temas de brincadeiras e comportamento e pode se estender à preocupação com a possível morte de outras pessoas próximas a elas. Desde a morte, ao menos seis dos seguintes sintomas são experimentados em um grau clinicamente significativo na maioria dos dias e persistiram por pelo menos 12 meses após a morte, no caso de adultos enlutados, e seis meses no caso de crianças enlutadas. (APA, 2017, p. 789).

A partir do trecho citado, observa-se uma conversão da experiência vivida (olhar fenomenológico) em sintoma. Ora, a intenção da ciência positivista e biomédica é a decodificação das ações humanas em reações adaptativas. Nesse horizonte, Sartre não poderia ser tão atual! Pode-se lembrar de suas considerações em *Esquisse d'une théorie des émotions* referente à psicologia clássica em apoiar-se de forma causal, fisiológica e ambientalista para ater-se às emoções. A "fórmula" aparece mais viva do que nunca. O luto, sob a rubrica de um novo transtorno, é colocado como uma soma de fatos heteróclitos:

> Essa desordem não vem do acaso, mas dos princípios mesmos da ciência psicológica. Esperar o *fato* é, por definição, esperar o isolado, é preferir, por positivismo, o acidente ao essencial, o contingente ao necessário, a desordem à ordem; é transferir ao futuro, por princípio, o essencial: 'é para mais tarde, quando tivermos reunido um grande número de fatos'. [...] A isso cabe responder que as ciências da natureza não visam conhecer o *mundo*, mas as condições de possibilidade de certos fenômenos gerais. (Sartre, 1939, p. 7-8, grifos do autor).

Em retorno ao DSM-V, consta uma diferenciação entre adultos e crianças com os respectivos vínculos com o sujeito falecido — ou, se preferir, com a sua ausência deflagrada no mundo. O modo de experienciar a perda, conforme lê-se, é traduzido a partir de sintomas, de seus graus de intensidade e de suas fases. Veja-se como esses componentes são descritos:

> 1. Marcada dificuldade em aceitar a morte. Em crianças, isso depende de sua capacidade de compreender o significado e a continuidade da morte. 2. Experimentar incredulidade ou entorpecimento emocional quanto à perda. 3. Dificuldade com memórias positivas a respeito do falecido. 4. Amargura ou raiva relacionada à perda. 5. Avaliações desadaptativas sobre si mesmo em relação ao falecido ou à morte (p. ex., autoacusação). 6. Evitação excessiva de lembranças da perda (p. ex., evitação de indivíduos, lugares ou situações associados ao falecido; em crianças, isso pode incluir a evitação de pensamentos e sentimentos relacionados ao falecido). (APA, 2017, p. 790).

No trecho anterior, o nó górdio da não aceitação da morte é a espinha dorsal de um possível transtorno. Esses aspectos, por fim, ressoam na formação (ou na despersonificação) da identidade:

> 7. Desejo de morrer a fim de estar com o falecido. 8. Dificuldade de confiar em outros indivíduos desde a morte. 9. Sentir-se sozinho ou isolado dos outros indivíduos desde a morte. 10. Sentir que a vida não tem sentido ou é vazia sem o falecido ou a crença de que o indivíduo não consegue funcionar sem o falecido. 11. Confusão quanto ao próprio papel na vida ou senso diminuído quanto à própria identidade (p. ex., sentir que uma parte de si morreu com o falecido). 12. Dificuldade ou relutância em buscar interesses desde a perda ou em planejar o futuro (p. ex., amizades, atividades). D. A perturbação causa sofrimento clinicamente significativo ou prejuízo no funcionamento social, profissional ou em outras áreas importantes da vida do indivíduo. E. A reação de luto é desproporcional ou inconsistente com as normas culturais, religiosas ou apropriadas à idade. (APA, 2017, p. 790).

O manual indica, a partir do vivido, uma organização de sintomas que contornam, por excelência, um modo de sofrer adequado e outro modo de sofrer que beira o absurdo da morte. Essas descrições nosológicas indicam, sobretudo, uma preocupação por parte dos profissionais da Psicologia e da Psiquiatria e sugerem intervenções de cuidado adequado — que mais beiram um molde moralista de incutir, goela abaixo, a vontade de viver em detrimento da livre experiência do luto. A práxis psicológica, nesse horizonte, torna-se manualística, sem qualquer abertura para a responsabilidade, mas, sobretudo, para a má-fé. Essa descrição se encerra apontando outros riscos, como os contextos ambientais e os aspectos fisiológicos, indicando um risco acentuado ao gênero feminino.

Percebe-se que o luto não é só interdito pelas regras e pelas etiquetas sociais, como é deixado para ser explicado ou fundamentado posteriormente quando houver fatos estratificados. Quais são os resíduos dessa ciência? A invisibilidade das experiências de luto que escapam ao dito, ao científico, ao aceitável. Em outro momento, em 1943, esse trato causalista é criticado por Sartre quando se esforça para elaborar sua psicanálise existencial. Nela, a crítica direciona-se a Paul Bourget e sua biografia duvidosa sobre Flaubert. O biógrafo declarava a "a efervescência de seu sangue jovem" (Sartre, 1943, p. 603) e seu "muito agir e sentir em demasia" (Sartre, 1943, p. 603) como causa para uma vocação literária de Flaubert. Em seguida à crítica, vale destacar o apelo de Sartre, de cunho fenomenológico, para a formulação de uma psicanálise existencial:

> Nem a hereditariedade, nem a condição burguesa, nem a educação podem explicá-la; muito menos ainda as considerações fisiológicas sobre o 'temperamento nervoso' que estiveram em moda durante algum tempo: o nervo não é *significante;* [...]. (Sartre, 1943, p. 605, grifos do autor).

Portanto, o princípio dessa psicanálise é:

> O homem é uma totalidade e não uma coleção; em consequência, ele se exprime inteiro na mais insignificante e mais superficial das condutas — em outras palavras: não há um só gesto, um só tique, um único gesto humano que não seja *revelador*. O *objetivo* da psicanálise é *decifrar* os comportamentos empíricos do homem, ou seja, clarificar ao máximo as revelações que cada homem contém e determiná-las conceitualmente. Seu *ponto de partida* é a *experiência*. (Sartre, 1943, p. 614, grifos do autor).

As críticas de Sartre à ciência de cunho causalista, fisiológica e contextualista pairam na tradição fenomenológica na França pelo mote de uma psicologia concreta, vista por Gabriel Marcel e por Politzer sem perder o retorno às coisas mesmas, afirmado em Husserl, e com uma descrição apurada do vivido. Nessa tradição, Sartre é o crítico mais enfático de um *modus operandi* que desprivilegia o vivido. A tradição fenomenológica é quem diagnostica a insuficiência do modelo clássico cultivado no século XX de acessar o conhecimento; o que se tem de resíduo nos tempos atuais é outro luto, *sine qua non*, de uma ciência ideal! Ora, a caracterização do luto como sintoma é, dialeticamente, a estratificação do sintoma de fracasso de um modelo científico que resiste em dar forma ideal para uma experiência vivida, livre, irrefletida e — por que não — amorfa, selvagem, primordial.

Beer (2023, p. 2), por uma leitura psicanalítica, remonta ao conceito de ideal como uma

> [...] resposta à perda de um objeto ou impossibilidade de investimento nele, e à deformação de um objeto substituto. Mais especificamente, trata-se de uma impossibilidade de realização libidinal narcísica que se transmuta na construção idealizada de um objeto que apresentaria aquilo que foi impossibilitado de ser realizado narcisicamente.

Ao focalizar esse luto da ciência ideal pelas lentes interrogantes de Sartre, reencontra-se um outro fracasso de verve ontológico: o de desejar ser Em-si-Para-si, isto é, de ser Deus (Sartre, 1943). Tal aspecto remonta à estrutura da consciência em ser falta de (*manqué*). A falta é o que impulsiona a consciência em direção ao objeto transcendente que ela não é, ou seja, o Em-si. Em "Les relations concrètes avec autri", tópico de *L'Être et le Néant*, o Em-si-Para-si é reconfigurado pelo projeto de ser Deus, em fugir da incompletude, da finitude e da liberdade. A ciência clássica, nesse sentido, evoca a expressão mais radical de não suportar que a experiência sempre escape de seu controle. Não se trata de afirmar que "no dia seguinte, ninguém morreu", tal como abre Saramago (2017, p. 11) em *As intermitências da morte,* porém trata-se de um movimento que sobrepuja a angústia, a contingência e a fragilidade humana.

O movimento desta pesquisa se apoia na esteira de Sartre em descrever a ação intencional em situação, ou seja, de considerar significante todo o parecer do fenômeno a ser interrogado. O que se busca interrogar? O luto como expressão humana em uma situação. Ora, encorpa-se outro conceito usado por Sartre para abrir a noção de liberdade. A situação é aquilo que contorna a ação humana. É a condição fáctica de todo acontecimento, e nele Sartre destaca: a) meu lugar, b) meu passado, c) meus arredores, d) meu próximo, e e) minha morte (Sartre, 1943).

A interrogação adotada nessa pesquisa é: de que forma o luto acontece em tensão com a dimensão do *lugar* onde a realidade humana está situada? A isso nomeia-se a arquitetura da morte. Esse termo designa as arquiteturas de cultos funerários cujo sentido está amparado na mortalidade, em um *éthos* concreto para a expressão do sofrimento (Ariès, 2017). Essas verdadeiras moradas ao *páthos* configuram um modo coletivo de lidar com a mortalidade, na divisão histórica entre o mundo dos vivos e o dos mortos. Nota-se um apagamento das arquiteturas da morte nas obras teóricas e de viagem em Sartre, porém existe um pano de fundo inicial sobre a questão do *lugar* e da arquitetura em dois textos de viagem, quais sejam, *Ville Amérique* e *New York, ville coloniale,* de 1949. Essas obras serão fontes de apoio para a compreensão da arquitetura da morte como facticidade para a experiência vivida do luto. Para esboçar uma breve discussão sobre esse enigma, partir-se-á dos seguintes objetivos específicos: 1) como a noção de lugar toma impulso na obra de Sartre; 2) de que forma a experiência do luto pode ser reconhecida em suas reflexões fenomenológicas e existenciais; e 3) em que medida o lugar é essencial para a expressão do vivido.

O lugar e a arquitetura da morte nas trilhas de Sartre

> *Toda escolha, como veremos, pressupõe eliminação e seleção: toda escolha é escolha da finitude.*
> (Sartre, 1943, p. 540)

Desde *L'Être et le Néant*, o lugar é compreendido numa "ordem espacial e a natureza singular dos 'istos' que a mim se revelam sobre fundo de mundo" (Sartre, 1943, p. 535), caracterizado pelo país, pelas regiões, pelo clima e pelo modo como os objetos aparecem para a realidade humana. O lugar é a facticidade do nascimento, o que implica dizer que nascer é nascer em algum lugar e receber esse lugar. Contrário, por exemplo, a uma atitude de sobrevoar o mundo; parafraseando Heidegger (2015), o ser-aí se situa em um mundo, ocupando-se dele para ir em direção a outros lugares, constituídos por outras regras e outras tensões à liberdade.

A categoria do lugar não se restringe às escolhas de outrem. O contorno do lugar é atribuído pela realidade humana no mundo. Lê-se, nesse ínterim, em um contexto ocupado pela realidade humana que lhe é favorável ou não, a luz de seu projeto, de sua maneira de fazer-se. A partir do lugar, contudo, nota-se uma disposição das coisas que foge aos domínios humanos. Não existe reciprocidade entre o lugar e a liberdade, "sou *aí*: não aqui, mas *aí*." — assim escreve Sartre (1943, p. 534) — e "Eis o fato absoluto e incompreensível que está na origem da extensão, e, consequentemente, de minhas relações originais com as coisas". Sartre destaca, por conseguinte, uma relação verticalizada, unívoca entre a realidade humana e o lugar; entretanto, não é um vínculo de dominação ou de determinação.

Para descrever detidamente a relação entre lugar e o ser-no-mundo, Sartre destaca que, primeiramente, o lugar deve ser percebido enquanto um pano de fundo onde a liberdade não elege e, apesar disso, age imediata ou reflexivamente, portanto "sou, enquanto ser-aí, aquele em direção ao qual alguém vem correndo, aquele que ainda precisa escalar por uma hora antes de estar no topo da montanha, etc". (Sartre, 1943, p. 537). Em segundo momento, há uma negação interna em não se reconhecer enquanto um dado no mundo, um Em-si, um objeto que é. Nesse segundo argumento, aparece a radicalidade da liberdade defendida por Sartre. Nessa tese, se o humano encontra limites em ser livre, é porque ele é livre para determinar seus parâmetros. Não se escapa da crise do fundamento, do indeterminismo ontológico em não ser o que é e ser o que não é.

Então, de que modo pode-se declarar a significação de um lugar? A luz de um fim, de um projeto. Essa é a aliança primorosa de Sartre com a arquitetura: "é em relação ao que projeto fazer — em relação ao mundo em totalidade, e, portanto, a todo ser-no-mundo — que meu lugar me aparece como um auxiliar ou um impedimento" (Sartre, 1943, p. 538). O que é uma capela mortuária para alguém em luto? O que é um cemitério para a comunidade caminhando na solenidade da morte? Está em ato um ser-aí que se projeta, em cada passo fugidiço ao futuro, na expressão da dor pela perda de outrem. Dor psicofísica, reverberante em cada fibra encarnada, em todo espírito e em todo lugar ocupado pela realidade humana. Existe, contudo, um caráter espontâneo, mágico no vivido, que acena não ter um lugar específico para surgir; porém Sartre chama atenção para a característica do lugar possibilitar o fim que se alcança: a experiência livre do *páthos*. Ora, isso amplia a compreensão sobre as arquiteturas da morte. Elas podem se assemelhar a uma morada do fim, do absurdo, do intangível. A instância do lugar retoma do ponto de vista inicial sobre a facticidade do nascimento e, por consequência, da facticidade da morte. Do mesmo modo que não se escolhe onde nascer, na grande maioria das situações, não se barganha onde irá morrer.

Pode-se compreender essa facticidade do lugar pelo modo pelo qual ele se revela à realidade humana, por aquilo que ela faz de si, pois "a facticidade é a única realidade que a liberdade pode descobrir, a única que ela pode nadificar pelo posicionamento de um fim" (Sartre, 1943, p. 537). Enquanto facticidade, ser-no-mundo e lugar estão em uma relação unívoca; entre ser-no-mundo e seus projetos, há uma reciprocidade. O fim que se persegue é expressão radical da liberdade humana em não se determinar e, por consequência, mudar seu lugar. Pelos vetores da mudança, torna-se palpável um antes e um depois. Em síntese, captar-se-á o lugar de dois modos:

> No primeiro caso, irei captar meu lugar como obstáculo intransponível e usar simplesmente de um subterfúgio para defini-lo indiretamente no mundo; no segundo caso, ao contrário, os obstáculos não mais existirão, meu lugar não será um ponto de fixação, mas um ponto de partida. (Sartre, 1943, p. 540).

O lugar retorna a aparecer na literatura de viagem escrita por Sartre, publicada em uma edição de *Situations, III – Lendemains de Guerre,* cujo conteúdo traz a descrição da arquitetura das cidades americanas. Nela, marca o itinerário do filósofo pelos Estados Unidos e suas percepções sobre a gênese das cidades, mais precisamente Nova York, Washington, Nova Orleans, Los Angeles, Chicago e Detroit. Esse itinerário de Sartre é confidenciado a Beauvoir em *A cerimônia do Adeus*. Nessa entrevista, o filósofo destaca o caráter singular de ser estrangeiro. Ocupar o espaço é radicalmente diferente de lê-lo pelos personagens cultivados por Hemingway e por Dos Passos. Em plena década de 1945, sua ida aos Estados Unidos não era orientada por um viés jornalístico no sentido de descrever uma guerra; eram "viagens, em parte, políticas". O que Sartre estava procurando, na realidade, era: "[...] num terreno qualquer, [...] compreender o país no plano político" (Beauvoir, 2016, p. 307).

Publicado na *Figaro,* acompanhado de André Viollis, Sartre empenha-se em apreender um "país em vida, um país em movimento" (Beauvoir, 2016, p. 309). Cabe, nesse sentido, situar a maneira de Sartre (1949, p. 101) em compreender a constituição das cidades americanas: "uma cidade para nós, é sobretudo um passado; para si, está à frente um futuro, é o que eles amam nela, é tudo o que ela não é e tudo o que ela ainda pode ser" (grifo nosso). Ora, o leitor tem em mãos um Sartre que não despoja do seu olhar estrangeiro as lentes reflexivas, isto é, de um brilho fenomenológico. Observa-se um esforço do filósofo em descrever o primeiro aspecto da facticidade do lugar, o seu nascimento.

Direcionando-se aos Estados Unidos, Sartre compara-os com as cidades europeias: "para aprender a viver nessas cidades, tem de amá-la como os americanos a amam, tem a necessidade de que eu sobrevoe os imensos desertos do Oeste e do Sul" (Sartre, 1949, p. 93). Mais tarde, é o que ele reafirma sobre Nova York: "Eu amo Nova York, eu tenho aprendido a amar. Eu sou familiarizado a seus conjuntos massivos, a suas grandes perspectivas" (Sartre, 1949, p. 121). A estadia do filósofo está imersa no período de expansão das cidades americanas, logo, ele dirige-se ao vertiginoso crescimento das casas, dos arranha-céus e das ruas. O mito americano, o famoso *American way of life,* é o que massifica um modo de viver coletivo. Esse pomposo mito se encarna no cotidiano da realidade humana exprimindo e se comprimindo nos espaços das ruas. Sartre descreve a extensão das ruas em comparação a uma espinha dorsal:

> [...] a estrada, se tinha uma, servia de espinha dorsal e depois, perpendicularmente um caminho, traçava-se uma rua como as vértebras. É difícil de contar as cidades americanas que possuem assim, um risco ao meio. (Sartre, 1949, p. 94).

Sartre sustenta a tese de que nada mudou após as caravanas ao oeste. Todas as cidades americanas surgem dos mesmos processos. A partir da construção da barragem, da busca por petróleo, houve uma crescente de trabalhadores com suas famílias. Para resolver esse impasse logístico de residências, há o advento das casas pré-fabricadas. Esse empreendimento possui uma manutenção mínima, necessitando de apenas uma equipe para montá-lo.

A efemeridade de cada construção bem como a instalação dos trabalhadores nela marcam o espírito da época de uma camada social homogênea em seu interior e, certamente, desigual para outras direções da cidade: "Assim que coloquei meus pés para fora, vimos as centenas de habitações todas parecidas, compactadas, esmagadas contra terra, mas que mantém ainda em sua forma mesma um não sei o quê de nômade" (Sartre, 1949, p. 96). Ora, os projetos comuns entre os habitantes eram direcionados ao trabalho; sendo assim, as intenções de permanecer duravam conforme a demanda. Nesse aspecto, há uma ambiência de instabilidade sustentada pelas forças do capital. À primeira vista, o aspecto originário da facticidade da situação é o nascimento de uma cidade. A partir desse nascimento, observa-se, enquanto núcleo, uma tensão à existência da realidade humana.

"O essencial para si" — como nota Sartre (1949, p. 96) — "é importar sua casa consigo" à maneira de Eneias. Em outro contexto, como o da França, não há cidades de trabalhadores, pelo contrário, essas são construídas por consequência do centro. O mito estadunidense ergue-se com um pungente patriotismo de ser, desde sua gênese, um acampamento no deserto. Evidentemente que Sartre não poupa doses de ironia quando escolhe essas palavras sobre o espírito do *Uncle Sam* — afinal, essas doses de patriotismo fazem parte de uma tentativa malograda de apagamento da luta de classes. Há um numeroso contingente populacional vendendo seus apartamentos luxuosos e mudando o *status quo* em razão das crises econômicas movidas pelos ataques bélicos, o que movimentou mudanças nas fortunas americanas.

Sartre atenta-se às casas e aos bairros nobres anteriormente habitados pela aristocracia americana, seus andares e seus pilares de madeira semelhantes aos das arquiteturas europeias:

> [...] se você for passear, encontrarás nas ruas sujas, residências decadentes que guardam em sua sujeira um ar de pretensão, uma arquitetura complicada, casas de madeira com um andar no qual a entrada é um peristilo suportado pelas colunas, chalés góticos, 'coloniais', etc. (Sartre, 1949, p. 98).

Essas casas passam, agora, a habitar famílias de diversas condições econômicas e sociais. Observa-se um cariz histórico marcado em *Le existentialisme est um humanisme* (1945) que engaja toda humanidade. Veja-se esta conversa de Sartre com um advogado:

> E essa manhã, um advogado de 35 anos, que me mostrou um bairro negro: 'Eu sou negro. Naquela época, era a residência de brancos, não poderia ver um negro, salvo os domésticos. Hoje os brancos partiram e 250.000 negros entraram em suas casas'. (Sartre, 1949, p. 99).

Sartre não é ingênuo de selecionar essa narrativa como exemplo. Em 1948, Sartre escreve o prefácio de uma antologia poética de Léopold Sedar Senghor, intitulado *Orfeu Negro*. Nele, o filósofo destaca as raízes da eclosão de uma literatura francófona, de gênese africana, em pleno contexto europeu. Se em sua literatura de viagem marca a habitação da população negra nas moradas de uma raça/etnia dirigente branca, nesse prefácio crítico, o ser-no-mundo negro é quem gera curto-circuito no *éthos* da linguagem francesa. Em outros termos, a linguagem não é morada para a expressão genuína de sua experiência vivida. Esse impacto gera uma verdadeira eclosão na nervura da palavra, pela poética negra aparecer na mais radical expressão de liberdade — e, por que não, resistência — às normas instituídas à existência. Assiste-se, sobretudo, a uma discussão sobre a dialética da generosidade, tomada força em *Qu'est-que ce la litterature?* (1948). Nesse debate, a palavra, desabitada de sentido em consequência do domínio colonizado do saber, pelo ser-no-mundo negro em seu interior é destruída e reconstituída[92]:

> Atrás da queda inflamada das palavras, entrevemos um grande ídolo negro e mudo. Não é, pois, só o propósito do negro no sentido de se pintar a si mesmo que me parece poético, mas também sua maneira peculiar de utilizar os meios de expressão que dispõe (Sartre, 1960, p. 120).

---

[92] A confirmar sua tese, Sartre afirma: "a negritude, como a liberdade, é ponto inicial e termo final: trata-se de passá-la do imediato ao mediato, de tematizá-la. Portanto, no tocante ao negro trata-se morrer para a cultura branca a fim de renascer para alma negra, assim como o filósofo platônico morre para o seu corpo com o fito de renascer para a verdade. Tal retorno dialético e místico às origens implica necessariamente um método" (1960, p. 123). Certamente, método esse que se encorpará às teses marxistas e nas discussões sobre a luta de classes.

Em um texto tão atual às urgências sociais, Sartre coloca em primeiro plano a negritude inspirada em Aimé Césaire e a luta de classes. Ora, é notório que a questão da negritude e da luta de classes não desaparece; ela reassume outras formas, nesse contexto, à luz da descrição sartriana da eclosão industrial americana. O filósofo da liberdade não perde de vista as consequências em descrever uma cidade em um perpétuo inacabamento, movente em suas construções e mudando diretamente quem sobrevive em seu interior (em destaque, a comunidade negra). Cabe ainda interrogar: o que pode fazer uma cidade parar? A interrupção dos fatos históricos. Inclusive, é esse o abalo em decorrência da guerra, porém, aos olhos de Sartre, seu acontecimento é igualmente provisório.

A forma pela qual ele descreve a arquitetura ultrapassa a lente restrita da contingência em revelar o mundo sem qualidades, tal como o leitor de *La Nausée* está acostumado. Esse mundo circundante do ser-no-mundo ganha apelos políticos cada vez mais demarcados. Prova disso é a ênfase atribuída ao descaso do governo na reconstrução de bairros de uma classe étnico-social não dirigente, o crescimento das usinas de Chicago, os abatedouros e os conjuntos habitacionais. Qual é o interesse de Sartre nessas descrições? Qual ponto de apoio deseja alcançar? Ora, o ideal da casa moderna (Sartre, 1949).

Esse ideal é, aos olhos do filósofo, uma conversão industrial alastrada no crescimento das cidades americanas. Até aquele período, as casas eram meras carcaças contornando a facticidade; após esse período, elas serão obsoletas. Diferentemente da consideração de um europeu sobre a cidade, isto é, privilegiando uma tradição, o passado, o americano orienta-se ao futuro, ao porvir. Isso se reflete até nos materiais de construção envolvidos como o uso do concreto sobre a armadura metálica nos arranha-céus, as tábuas e as madeiras vistas nas mansões de Nova Orleans, nas casas de campo da Califórnia, nos letreiros de diretores hollywoodianos, nos paralelepípedos retangulares e nas fachadas rigorosamente retas semelhantes às casas pré-fabricadas. Suas cores versam entre o vermelho seco, branco, verde ou amarelo vivo (Sartre, 1949).

O que marca as cidades americanas, para Sartre, é sua incompletude, impermanência e, sobretudo, sua contradição:

> E nada é mais impressionante, primeiro, que o contraste entre a formidável potência, a abundância inesgotável da qual se nomeia o 'gigante americano' e a insignificância fraca de suas casinhas que contornam as ruas mais largas do mundo. Mas nada marca melhor, na reflexão, que a América não é *feita*, que suas ideias, seus projetos, suas estruturas sociais e suas cidades são uma realidade estritamente provisórias. (Sartre, 1949, p. 103-104, grifos do autor).

Essa característica se prolonga no capítulo seguinte, em destaque a cidade de Nova York e suas avenidas: "Em Nova York, onde os grandes eixos são de avenidas paralelas, eu não poderia estar com sede na Broadway para descobrir os quarteirões; somente as atmosferas, massas gasosas esticadas longitudinalmente e que nada marca o começo ou o fim" (Sartre, 1949, p. 116). Em comparação às cidades europeias, as quais Sartre descreve arredondadas para proteger a população das invasões inimigas e dissimular a presença da natureza, as cidades americanas erguem-se sobre o crescimento dos arranha-céus e da industrialização. Os olhares penetrantes em Nova York, tais como expressados por Sartre, são de um cidadão europeu, logo, as comparações com a Europa percorrem todo o capítulo.

Para Sartre (1949), Nova York é uma cidade com um passado incapaz de torná-la uma cidade-museu. Implica dizer que sua existência não instiga o visitante a andar por ela como quem busca uma obra de arte, uma reminiscência heroica do passado. O nascimento da cidade emerge, sem dúvidas, de um passado como facticidade, contudo as cidades americanas marcam-se pela sua violência; não pelo seu encanto. Na medida em que as cidades europeias são famosas por seus bairros históricos, por sua arquitetura envelhecida, Nova York revela-se com certa violência a ser adaptada ao futuro, com uma arquitetura efêmera, com o *jazz*, o cinema e os seus passos apressados.

Consta, no entanto, uma lacuna em relação à facticidade do lugar da morte nessa literatura de viagem, isto é, o nascimento dos cemitérios. Vale destacar que o cemitério aparece nos contos, nos romances e peças de teatro de Sartre como dimensão fáctica das personagens. A lacuna diagnosticada por este trabalho abre-se em relação à sua experiência de estrangeiro em um projeto de descrever o nascimento das cidades. Quem destaca a formação dos cemitérios, por um aspecto iconográfico, são os estudos de Ariès. O cenário contemporâneo para o historiador é a marca de uma crise da morte, a contar, pelo avanço da ciência. As atitudes humanas diante do morrer não possuem a mesma carga dramática do Romantismo, a anunciação da Idade Média ou mesmo o compadecimento de uma comunidade, "estabilizou-se, moderou-se e esfriou" (2017, p. 205). Apesar desse diagnóstico, a academia não deixou de escrever sobre a morte, aliás, a morte e a finitude são grandes temas da filosofia e da literatura. As lentes do saber não se distanciaram ao tema da morte. Prova disso é o marco desde a publicação de *Homem e a morte diante da história,* de Edgar Morin, e os novos diálogos sobre a morte a partir da sociologia, da antropologia e pela psicologia. O que Ariès denuncia é o enfraquecimento latente da carga emocional no entorno da morte. Sua crítica não alcança a existência da morte, mas a sua experiência. Ele evoca o modo apático e etiquetado de morrer e de enlutar-se. Uma configuração *sui generis* de interdição da dor, do *páthos* e, paradoxalmente, de morte escancarada. Para isso, o autor começa a apontar para a crise dos cemitérios, a datar do Iluminismo.

O século das luzes é marcado pela admiração com o corpo em decomposição. Sem dúvidas, consta um empreendimento nascente sobre a anatomia e sobre o avanço do conhecimento de doenças; mas, por outro lado, há um interesse nos corpos em decomposição que extrapolam a razão. Corpos somem de castelos e na antecâmara dos paços para fins, até então, eróticos. A saúde da época apontava o crescimento dos cemitérios como o principal foco dos miasmas que se alastravam pela Europa. Para as autoridades da época, os cemitérios eram de domínio da fé, contudo, no inverno de 1785 a 1787, no intitulado *Cemitério dos Inocentes* em Paris, retiraram aproximadamente:

> [...] 'mais de dez pés de terra infecta de despojos de cadáveres', onde se 'abriram quarenta ou cinquenta fossas comuns das quais se exumaram mais de 20.000 cadáveres com seus esquifes', de onde se transportaram para as pedreiras de Paris, batizadas catacumbas pelas circunstâncias, mais de 1.000 carroças de ossadas. (Ariès, 2017, p. 193).

Tal embate não se esgota aí. Ainda no final do século XVIII e início do século XIX, pelo germe do positivismo, iniciou-se o surgimento de pesquisas indicando a inexistência de insalubridade nos cemitérios. Pode-se até questionar: má interpretação ou ato intencional? Fato é que a população toma como projeto o caráter de tutelares dos finados. A população era constituída pelos comerciantes, pelos artesãos, pela massa popular e pelos intelectuais. Prova disso é a carta de 29 de maio de 1881 assinada por Laffite, Magnin, Gaze sobre a deliberação da necrópole para a capital em Méry-sur-Oise; e, após esse período, um segundo abaixo-assinado sobre o lugar a ser enterrado na sepultura. Nele, consta a seguinte afirmativa:

> 'O culto dos mortos, assim como o estabelecimento do túmulo e dos lugares de sepultura, que são os únicos a realmente caracterizá-lo, faziam parte das instituições-mestras próprias a toda população civilizada. É preciso admitir como princípio político fundamental que o cemitério, ao menos tanto quanto a casa comum, a escola ou o templo, é um dos elementos integrantes da agregação das famílias e das municipalidades e que, consequentemente, não poderia haver cidades sem cemitérios'. (Ariès, 2017, p. 197).

A contar pelo século XIX, existe o cemitério enquanto a marca indelével da mortalidade e, por sua vez, integrada na lembrança das cidades e da população. Para o século XX, o trato com o cadáver está vinculado à aparência, ao corpo e à lembrança. Então, no cemitério reside um lugar da despedida. Lugar onde se cruzam o passado e se atualiza enquanto a cidade está viva. É nele onde se concretiza o trato com os modelos de sepultura, dos ornamentos e do trato com um corpo que se entrega à maneira de um Em-si, nas mãos dos familiares, dos profissionais da morte, das religiões e das leis: "do século XIV ao XVIII a escolha da sepultura se inspira, portanto, em duas considerações, quais sejam, a devoção religiosa — à paróquia, a uma ordem religiosa, a um santo ou a uma confraria — e a devoção familial" (Ariès, 2017, p. 178).

Lembrando que o arranjamento de família da Idade Média não é o mesmo que o da modernidade. Na era moderna, datada no fim do século XIX e início do século XX, assiste-se um estreitamento afetivo na ordem de enterrar os corpos. Alastram-se os jazidos de família ou as capelas funerárias. Em tese, os jazidos familiares implicam proximidade entre um membro familiar e outro; não necessariamente sepultar um arranjamento familiar na mesma lápide. O seu aparecimento se dá pela restrição das capelas laterais usadas pelas famílias aristocratas. Como tornou-se ilegal o enterro de familiares em igrejas, despontou-se o crescimento das necrópoles. Nesse horizonte, a ida ao cemitério torna-se um espaço para passeio, sendo possível avistar grandes e pequenos monumentos. Os grandes eram cópias de capelas góticas; e os pequenos caracterizavam a identidade de famílias com vínculos religiosos.

Ariès encorpa a facticidade do lugar da morte. Percebe-se o lugar circunstanciado pelas arquiteturas da morte numa esfera coletiva, a qual é reconhecida por Sartre pela designação da realidade humana aí, no mundo. Se, por um lado, os cemitérios foram designados a ser o hábitat do sofrimento, do luto, deve-se interrogar: o que acontece quando um sofrimento escapa os muros? Para fazer uso de uma metáfora de Gorer (1955, p. 49), o sofrimento que escapa de sua morada ou de qualquer jaula é a aparição da obscenidade:

> A obscenidade então é um universal, um aspecto do homem e da mulher vivendo em sociedade; em todo lugar e a todo instante existem palavras e ações que, quando inapropriado, pode produzir choque, vergonha social e riso.

Em que medida a obscenidade se assemelha à pornografia? Ora, pelo seu caráter social e privado, singular e universal — para fazer paráfrase ao *Idiota da Família*. Vejamos as palavras de Gorer (1955, p. 49):

> Pornografia, por outro lado, é a descrição das atividades consideradas tabus em produzir alucinações e ilusões, a qual parece ser um fenômeno mais raro. [...] De todo modo, o regozijo da obscenidade é predominantemente social; o regozijo da pornografia é predominantemente privado.

Conforme nota Gorer (1955), o país com uma longa tradição pornográfica é a China, como exemplifica o autor na população manchu e na sua atenção aos pés das mulheres chinesas. A seu ver, as criações pornográficas aparecem em grandes períodos de pudor. O que tangencia esse paradoxo? Ora, o pudor se dirige a um aspecto da experiência humana que não se interrompe ou se interdita em ato; interdita-se via moralidade, via o olhar pelo buraco da fechadura desvelando a clandestinidade. Em outros termos, a moral não interdita o desejo; pelo contrário, deixa suas marcas tentando enclausurá-lo:

> O aspecto não mencionado da experiência então, tende a tornar um tema de uma fantasia bastante privada, mais ou menos realista, fantasia transformada por um prazer culposo ou culpa prazerosa; e aqueles a quem o poder de fantasiar é fraco ou a quem o desejo é insaciável, constitui um mercado para as fantasias imagéticas do pornógrafo. (Gorer, 1955, p. 50).

Semelhante à experiência do luto, quando a dor não ocorre nos lugares considerados histórico e politicamente, isto é, nas arquiteturas da morte, ela sofre uma interdição moral. Dessa forma, percebe-se a presença dos cemitérios para além de um espaço demarcador da finitude de uma cidade. Ele é um aspecto fáctico e intencional da situação humana. Decerto, o humano se dirige às arquiteturas da morte ao modo de um *éthos* do enlutamento, dirigido por rituais coletivos e manifestações da perda, contudo, pelas trilhas de Sartre, percebe-se quão vinculado a um projeto original está a experiência de enlutar-se. Projeto que se confronta eticamente nas regras de como sofrer e de como padecer. Ao que tudo indica, sofrer livremente é tal qual gozar publicamente. Para uma espécie de cartilha de como sofrer, Ariès nomeia de *acceptable way of facing death*; Sartre, por outro lado, nomeia de má-fé.

A descrição da má-fé é a atitude negativa dirigida a si mesmo. Ela aparece quando a realidade humana não se vê — nem se posiciona — enquanto liberdade, mas, sim, enquanto Em-si, transcendência transcendida. Trata-se de um jogo de contradições:

> Por certo, para quem pratica a má-fé, trata-se de mascarar uma verdade desagradável ou apresentar como verdade um erro agradável. A má-fé tem na aparência, portanto, a estrutura da mentira. Só que — e isso muda tudo — na má-fé eu mesmo escondo a verdade de mim mesmo. Assim, não existe neste caso a dualidade do enganador e do enganado. (Sartre, 1943, p. 83).

A arquitetura da morte deixa a céu aberto uma tensão especialmente existencial. Os ecos da interrogação de Freitas (2018, p. 53) imperam nesse horizonte: "o que temos a curar? Que sintoma extirpar uma vez que a dor é parte da experiência de perda?" O tema direciona as próximas linhas para desvendar a expressão do luto a partir de um caráter existencial. Veremos um diálogo entre a filosofia de Sartre e de uma práxis psicológica.

Luto e projeto de ser: um *éthos* a partir de Sartre

Quando se evoca uma experiência tão singular quanto a do luto, destaca-se, primeiramente, seu caráter irrefletido. Essa face irrefletida, impessoal, espontânea, inicia-se nos bastidores do programa de uma psicanálise existencial apontada em *L'Être et le Néant*. A começar pela *La Transcendence de L'ego,* o irrefletido é o ponto de partida para a estrutura da consciência — em crítica anunciada ao "Eu penso" de Kant e à redução fenomenológica de Husserl. Em seguida, em *Esquisse d'une theorie des émotions*, o aspecto irrefletido toma impulso para a compreensão de uma consciência emocional. O ato de emocionar-se implica relação entre consciência e objeto emocionante, cuja configuração é uma transformação do mundo.

A vivência emocional aponta um contato mais singelo da realidade humana com o mundo e, nesse caso, de uma experiência psicofísica. A esse termo, Sartre (1939) refere-se a um monismo entre corpo e mente, em crítica às teorias clássicas e à psicanálise empírica. Nesse aspecto, pode-se controlar a fuga diante de uma situação qualificada como aterrorizante, porém não se controla a sudorese. Do mesmo modo, pode-se conter a dor em uma situação cotidiana, mas não se baliza sua intensidade, tampouco suas lágrimas. Emocionar-se no mundo configura, semelhante a Heidegger com o uso da tonalidade afetiva (Farina, 2022), um contato singular mediado pela facticidade de ser-no-mundo e de estar em intersubjetividade.

Em outros termos, o encontro com outrem não é perfilado por um mero ato reflexivo; é conflituoso, encarnado. Até então, o método, considerado por Sartre, capaz de alcançar uma descrição que preza o retorno às coisas mesmas é o fenomenológico. Tanto é que sua interrogação se dirige para a viabilidade da psicologia fazer uso dos aportes fenomenológicos para a compreensão de seu objeto de estudo. Posteriormente, às vésperas de seu tratado de ontofenomenologia, em *L'imaginaire*, Sartre (1940) retoma a emoção aliada ao problema da imagem. O início da obra já anuncia ao leitor o acento descritivo a partir de uma consciência refletida, entretanto essa descrição interna ganha mais detalhes quando o filósofo evoca a consciência onírica.

A imagem, conforme Sartre (1940) defende, não é uma habitante da consciência; trata-se de uma relação. Diferentemente da percepção que perfila perfil a perfil de um objeto transcendente, a imagem evoca o todo, de uma só vez. A isso denomina a quase observação. A aliança feita por Sartre para não cair nas ilusões da imanência ou mesmo na noção de inconsciente freudiano resulta em um modo original de manifestar o sonho pelo esforço de uma consciência de ponta a ponta. A consciência onírica aparece paradoxalmente em um corpo adormecido na realidade e que está sob a sedução de uma ambiência do sono, isto é, em uma irrealidade.

Nesse contexto, a temporalidade do sono se interliga à afetividade. O tempo corre conforme a emoção dos acontecimentos, da tensão, das personagens presentes na irrealidade do sonho. Esses objetos irreais possuem uma característica de serem ambíguos por nascerem da emoção e ao mesmo tempo, serem conduzidos afetivamente, isto é, sem nenhum controle de seu curso, vindo a perturbar uma liberdade de "carne e osso". Prova disso são as náuseas, os calafrios, os espantos ocorridos em meio ao sono (Sartre, 1940).

Sartre abre uma chave de leitura sobre o vínculo com a irrealidade no real. Em outros termos, ele viabiliza a tese de que as relações intersubjetivas são guiadas pela esfera da existência a qual se percebe, modifica-se e afeta a realidade humana, mas também são reconfiguradas em uma esfera imagética. O exemplo possível de ser eleito é a relação amorosa. Essa temática aparece pelo exemplo do homem que dança para conquistar a liberdade no *Esquisse* (1939); o sentimento-paixão por Annie no *L'imaginaire* (1940), porém é no capítulo *"Les relations concrètes avec autri"* que a consciência imaginante opera com maestria pelas relações sadomasoquistas (Sartre, 1943).

O corolário das relações sadomasoquistas é a noção de posse, no sentido de aprisionar a liberdade de outrem pelo olhar. De que modo a realidade humana é capaz de fazer isso? Por meio de seu ser-para-outrem, isto é, moldando-se à imagem de outrem sobre si e vice-versa. Ora, esse é o princípio do amor ideal entre o amante e o amado. Vejam-se, primeiramente, as exigências do amante:

> Quer ser amado por uma liberdade, e exige que tal liberdade, como liberdade, não seja mais livre. Quer, ao mesmo tempo, que a liberdade do outro (autre) se determine a si própria a converter-se em amor — e isso, não apenas no começo do romance, mas a cada instante — e que esta liberdade deseja subjugada por ela mesmo, reverta-se sobre si própria, como na loucura, como no sonho, para querer seu cativeiro. (Sartre, 1943, p. 407).

A bem da verdade, no amor ideal não se ama uma realidade humana concreta; ama-se um papel bem atuado — um puro desdobramento de uma imagem:

> No amor, não é o determinismo passional que desejamos em outrem, nem uma liberdade fora de alcance, mas sim uma liberdade que desempenhe o papel de determinismo passional e fique aprisionada nesse papel. (Sartre, 1943, p. 407).

Ao passo que o amante solicita a liberdade de outrem, o amado é a realidade humana que se entrega de forma masoquista, tal qual um corpo a ser deflagrado e devorado pelo olhar e pelas ações do amado. Ora, em que momento essas relações terminam? Quando o encanto irrompe. Em outros termos, quando a compreensão do real se sobrepõe à compreensão imaginada:

> A compreensão é o ato que presentifica um objeto. Dito isso, há duas formas de compreensão: a pura e a imaginada. A pura é a compreensão que se apoia em signos, palavras, naquilo que é dito. A compreensão imaginada é, por outro lado, aquela que pode fazer uso de palavras ou não. Com isso, escreve-se que, pela imagem, não há um conhecimento além do que a imagem é, embora a consciência compreensiva possa fazer uso da estrutura imaginante. Isso significa que a compreensão se faz por imagens, estando o saber sempre vinculado à consciência de certa maneira. (Gonçalves, 2023, p. 70).

Por essas incursões nas obras da década de 1930 de Sartre, nota-se a presença da experiência do luto como manifestação singular da finitude nas relações humanas que partem, a princípio, do conflito originário. O modo que o filósofo realiza sua descrição é bastante influenciado pela fenomenologia husserliana e heideggeriana. Nota-se que essas descrições não se restringem a um padrão de comportamento ou a um modo instituído sobre como deve acontecer a experiência do luto. Ora, é uma experiência, sem dúvida, emocional e imagética.

Os parâmetros aparecem quando se direciona a uma noção clássica, causalista, nosológica sobre as trilhas da experiência humana. Ora, em que lugar cabe traçar critérios a uma vivência singular, visceral, irrefletida e livre como o luto? Em que medida a etiqueta ou o *modus operandi* terapêutico deve remediar a dor? É visível dois caminhos para essas interrogações: 1) os critérios servem como hipótese diagnóstico para decodificar um funcionamento não funcional do organismo, o que, por si só, indica uma cosmovisão fisiológica, se não reducionista; 2) formular práticas curativas e/ou corretivas diante do vazio existencial deixado pela morte. Duas possíveis vias de compreensão que descortinam uma práxis psicológica baseada no mote da ressignificação. Para que serve uma ressignificação que faz uso de parâmetro? Ora, para plantar um sentido calcado na má-fé.

Para quem ressignificação doa sentido: a outrem (leis, a psicologia, a sociedade, aos estabelecimentos etc.) ou ao sujeito em sofrimento? Para a moral ou para a ética da liberdade? É nesse eixo em que a psicanálise existencial, mesmo brevemente, torna-se criteriosa. Ressignificar, em um sentido sartriano, não implica apaziguar o sofrimento ou apagar o passado. Organiza-se por um vaivém. Em um primeiro instante, uma análise regressiva que se dirige ao passado enquanto tem-de-ser, um caráter biográfico composto pelo sujeito em sua facticidade e, em seguida, desloca-se para uma progressão sintética em direção a um porvir (Sartre, 1943). O significado é inteiramente vinculado ao vivido e, por um esforço heurístico e hermenêutico, busca-se configurá-lo, decifrá-lo. Cabe, porém, dizer: só acontece essa ressignificação quando se é livre para se permitir afetar.

Essa dimensão encontra apoio na noção de projeto existencial. Até o momento, nomeou-se o fim do jogo de imagens que aparecem nas relações conflituosas com outrem. Quando se trata de uma facticidade inalienável e que foge de qualquer descrição interna, como é próprio da morte, encontra-se a absurdidade. Esse aspecto revela a morte a partir de um acontecimento sem previsão, controle ou preparo do humano — nem mesmo em sua estrutura ontológica de Para-si tem, por núcleo, a possibilidade de morrer.

A que Sartre (1943) dedica-se a dialogar sobre a morte é a experiência vivida de outrem apesar da morte de alguém. A esse empreendimento é que Jolivet (1950, p. 22) menciona a vinculação de uma ausência-presença:

> Quando sofro, em comunhão íntima com aquele que amo, a morte que o arranca de minha ternura e de minha amizade é que o fará ausente-presente para mim (presente como ausente). Ora, eu realizo realmente uma experiência vivida da morte: eu morro com ele de alguma forma.

O que Jolivet (1950) apresenta nada mais é que o esforço de seu projeto em vincular-se com a irrealidade da perda — isto é, a ausência real que se faz presente pela imagem irreal de outrem. É a experiência singular do sobrevivente à morte da pessoa que faleceu. Cabem, nessa argumentação, as palavras de Sartre (1943, p. 587) sobre o posicionamento em relação àqueles que faleceram:

> [...] os mortos nos escolhem, mas é preciso que os tenhamos escolhido primeiro. Reencontramos aqui a relação originária que une a facticidade à liberdade; escolhemos nossa atitude em relação aos mortos, mas é impossível não escolhermos uma que seja.

Em tese, o luto ganha uma dimensão ontológico-existencial a partir de uma leitura sartriana. Essa dimensão não se fecha em uma argumentação puramente teórica, mas apela a uma práxis psicológica que privilegia a liberdade, o *páthos* em situação, seja em uma arquitetura da morte, seja em qualquer desdobramento do lugar. A maneira como acontece a descrição é pelas lentes de uma psicanálise existencial baseada em um esforço de não compactuar com determinismos, parâmetros ou perspectivas causais. Dirigir-se à experiência do luto é debruçar-se em uma expressão radical das marcas da intersubjetividade na liberdade encarnada.

Considerações finais

A compreensão de lugar aparece pela disposição da região do mundo em que a realidade humana ocupa. São os "istos" (*ceci*) (Sartre, 1943, p. 535) presentes em sua situação. O caráter singular do lugar acontece por um vínculo unívoco com a realidade humana; assim sendo, nascer implica nascer em algum lugar; morrer implica morrer em algum lugar. Esse brotar originário, por sua vez, também acontece no porvir de uma cidade. Nasce-se no meio do fazer-se vertiginoso de uma cidade e sobre esse aspecto, de modo singular, Sartre apresenta dois textos sobre as cidades americanas, em *Situations III*.

Em suas obras anteriores, precisamente a partir da década de 1930, Sartre preocupou-se em descrever o fenômeno no mundo por um programa de uma psicologia fenomenológica e uma psicanálise existencial. Nesses textos de 1949, por uma literatura de viagem, lê-se um Sartre preocupado com o porvir de uma cidade. Nessa literatura, contudo, consta uma lacuna: não há um desenvolvimento sobre a existência dos cemitérios, salvo em seus outros escritos (contos, romances e teatros). Por conseguinte, a interlocução com Ariès é preciosa. Mediante seus estudos, observam-se os impasses sociais para o reconhecimento dos cemitérios como demarcadores da finitude e de uma relevância política. Os cemitérios ganham esse contorno político de ser um território memorialístico de uma sociedade quando há uma organização de grupos com interesses em comum. Ora, é a própria luta de classes que se apresenta em cena. Em diálogo com a facticidade do lugar em Sartre, os cemitérios tornam-se verdadeiros *éthos* para a expressão do sofrimento, contudo, Ariès denuncia a perda progressiva da dramaticidade sobre a morte. Essa consequência gera uma tensão à liberdade quando experiencia o luto genuinamente, assemelhando tal vivência à clandestinidade, ao obsceno e ao amoral.

Ao focalizar a discussão do sofrimento enquanto conduta da realidade humana, nota-se o primado do irrefletido em Sartre. O *éthos* do sofrimento (cemitérios) ainda é uma tese válida, contudo enfatizou-se quanto a experiência do luto extrapola os muros das arquiteturas da morte por não ser um evento localizado, mas sobretudo um mistério encarnado. Essa interlocução entre Sartre e a arquitetura revela-nos a seguinte revelação: o lugar é a marca da facticidade da vivência do luto, contudo cabe ao modo que a realidade humana se inventará para expressar esse sofrimento. Trata-se do acento ao indecifrável, ao projeto. Nesse aspecto, as arquiteturas da morte podem configurar móbeis à expressão genuína do luto, entretanto, não lhe são móbeis *a priori*. Por fim, Sartre retorna ao leitor a insuportável e a inalienável condição de ser livre para sofrer e refazer-se a seu modo, mesmo quando não há respostas para o questionamento de seu ser. Trata-se de uma marca original deixada entre a facticidade a liberdade.

Referências

ARIÈS, P. *História da morte no Ocidente: da Idade Média* aos nossos tempos. Tradução de Priscila Viana de Siqueira. Rio de Janeiro: Nova Fronteira, 2017. (Coleção Clássicos para Todos).

APA. *Manual Diagnóstico e Estatístico de Transtornos Mentais.* 5. ed. Tradução de Maria Inês Corrêa Nascimento. Porto Alegre: Artmed, 2017.

BEER, P. O luto da ciência ideal. *Psicologia USP,* v. 34, p. 1-9, 2023. Disponível em: https://www.revistas.usp.br/psicousp/article/view/210205/192670. Acesso em: 23 maio 2023.

BEAUVOIR, S. *A cerimônia do adeus*: seguido de entrevistas com Jean-Paul Sartre agosto-setembro 1974. Tradução de Rita Braga. Rio de Janeiro: Nova Fronteira, 2016. (Coleção Clássicos para Todos).

CUNHA, A. G. *Dicionário etimológico da língua portuguesa.* 4. ed. Rio de Janeiro: Lexikon, 2010.

FARINA, G. Algumas reflexões sobre a afetividade do pensamento no Esboço para uma teoria das emoções. Tradução de Carolina de Paula Bueno. *Diaphonía,* v. 8, n. 10, p. 117-125, 2022. Disponível em: https://e-re-vista.unioeste.br/index.php/diaphonia/article/view/30124/21102. Acesso em: 15 nov. 2022.

FREITAS, J. L. Luto, pathos e clínica: uma leitura fenomenológica. *Psicologia USP,* v. 29, n. 1, p. 50-57, 2018. Disponível em: https://www.scielo.br/j/pusp/a/7XBPBJQ4PLgrXc9pTyCDSTw. Acesso em: 8 mar. 2021.

GORER, G. The Pornography of Death. *Encounter,* v. 5, n. 4, p. 49-52, 1955.

GONÇALVES, T. S. *A morte vivida*: o paradoxo da finitude em Jean-Paul Sartre. 2023. 235 f. Dissertação (Mestrado em Filosofia) — Universidade Estadual do Oeste do Paraná, Toledo, 2023.

HEIDEGGER, M. *Ser e tempo.* Tradução de Márcia Sá Cavalcante. 10. ed. Petrópolis: Vozes, 2015

JOLIVET, R. *Le problème de la mort chez M. Heidegger et J. P. Sartre.* Editions de Fontenelle, 1950.

SARTRE, J.-P. *Esquisse d'une théorie des émotions.* Paris: Herman, 1939.

SARTRE, J.-P. *L'Imaginaire*: psychologie phenómenólogique de l'imagination. Paris: Gallimard, 1940.

SARTRE, J.-P. *L'Être et le Néant*: essai d'ontologie phenoménologique. Paris: Gallimard, 1943.

SARTRE, J.-P. *L'Existentialisme est un humanism.* Paris: Nagel, 1945.

SARTRE, J.-P. *Qu'est-ce que la littérature?* Paris: Gallimard, 1948.

SARTRE, J.-P. *Situations III:* Lendemains de guerre. Paris: Gallimard, 1949.

SARTRE, J.-P. *Reflexões sobre o racismo.* Tradução de J. Guinsburg. São Paulo: Difusão Européia, 1960.

SARAMAGO, J. *As intermitências da morte.* São Paulo: Companhia das Letras, 2017.

TROYER, C. *Roman de la table ronde.* Paris: Le Livre de Poche, 2002.

UM LOBO PARA ALÉM DO BEM E DO MAL SOBRE ARQUITETURA E DOMESTICAÇÃO

Fernando Freitas Fuão

O culto ao lobo

Adentremos o passado do lobo para descobrir quem é o lobo, a loba, a besta. Derrida em *A besta e o Soberano I* dissertou brilhantemente sobre o lobo, mas infelizmente não retirou a pele do lobo para ver as origens do lobo. Ficou no jogo de a besta ser o soberano, do o soberano ser a besta, e de como um passa facilmente de um lado para outro; ou seja, um está no outro, na outra. Parece-me fundamental esse mergulho no passado para (des)cobrir algo para além da soberanidade e da bestialidade e desse duplo jogo. O lobo carrega e encarna todo um passado atrelado à questão da religião e da natureza, dos deuses da natureza sob sua pele. A intenção aqui é de revolver a ancestralidade do lobo e mostrar a persistência dessas divindades, que chegam até nós hoje por meio da fábula dos três porquinhos, ainda que negativamente, e suas implicações com a arquitetura. A proposição é reafirmar que, debaixo da pele de lobo, estão escondidos a Natureza e os Deuses da natureza. Infelizmente, Derrida, em *A Besta e o Soberano I*, não conseguiu adentrar o suficiente para desconstruir a representação do lobo até encontrar a representação da Natureza, ou nem mesmo associá-lo ao deus Pan.[93] Vejamos o que Derrida deixou ainda a ser descoberto ainda desse espectro do *licantropos*.

Acontecimento lobo. "É o lobo, é o lobo" gritavam enlouquecidamente, em pânico, Heitor e Cícero, ante a aparição inesperada do mitológico lobo. Cada um correu para se proteger na sua respectiva casa.

A aparição do lobo remonta à Antiguidade greco-romana quando o lobo ainda era uma divindade do paganismo, sempre lembrando que *paganus* somente quer dizer: colonos, gente que vive da terra, camponeses. Naqueles tempos, gente trabalhando na terra e criando ovelhas e cabras, gente que cultuava os deuses da natureza. *Lupercus* era um desses deuses. Ele era o protetor dos rebanhos e das matilhas de animais selvagens, divinizado na figura do lobo. Simultaneamente, era o promotor da fertilidade entre as ovelhas, assim como entre as mulheres. Todos os anos, em 15 de fevereiro, em homenagem a ele, os romanos realizavam a *Lupercalia*.

A palavra "lobo" vem do Latim *"lupus"*, e do grego *"lykos"*, e esta daria origem à palavra "licantropia", metamorfose de ser humano em lobo, o *licantropus*, o lobisomem. O nome em latim para o lobo cinzento é Canis *lupus*, daí os termos *"Lupercal"*, *"Lupercus"* e *"Lupercalia"*. Os antigos romanos tinham também por hábito chamar de lobas as prostitutas. O termo teria dado origem à palavra *"lupanar"*, *"lupanário"*, usada ainda hoje para descrever um bordel ou uma casa de prostituição.

Opostamente aos porquinhos que constroem casas, o selvagem lobo morava como os monstros mitológicos gregos romanos numa caverna nas entranhas da floresta, ali era seu lar, sua casa. Em Roma, no lado norte do monte Palatino, havia nesses tempos antigos a caverna do *Lupercal*, foi ali que se estabeleceu o santuário de *Lupercus*, o deus lobo, cercado por um bosque. Na caverna havia o altar a *Lupércio*, sua imagem pintada era de uma figura humana encoberta com uma pele de cabra, assim como seus sacerdotes, os *Lupercis*, que colocavam essas peles de cabra ou ovelhas sobre o corpo como vestimenta sagrada. Provavelmente desse fato se originaria a expressão de "lobo sob a pele de ovelha".

---

[93] Grande parte das informações aqui contidas foi pesquisada na internet, onde se revelou a tese de doutorado muito elucidativa de Alberta Mildred Franklin, *"Lupercáli"*, apresentada em cumprimento parcial dos requisitos para o grau de doutor em Filosofia, na Faculdade de Filosofia da Columbia University, New York, 1921. A estrutura da tese assim se apresenta por capítulos batizados: "Introdução", "O cerimonial da Lupercália", "O lobo-deidade na Grécia", "A divindade do lobo na Itália", "O bode sagrado na Grécia", "O bode sagrado na Itália", "O cão como animal sagrado na Grécia", "O cão como animal sagrado na Itália", "A cerimônia de sangue da Lupercalia". A tese traz uma ampla bibliografia que a suporta, assim como aponta livros para futuras pesquisas. Disponível em:https://ia800207.us.archive.org/18/items/lupercalia00frangoog/lupercalia00frangoog.pdf. Acesso em: 10 dez. 2023.

Foi também na caverna do *Lupercal* que supostamente Rômulo e Remo, os lendários fundadores de Roma, foram educados e criados por uma loba. Para alguns historiadores, o lobo foi identificado não como um deus, mas sim como uma deusa, uma loba, que, por sua bondade para com os bebês, foi nomeada a deusa *Luperca*. É digno de nota que Marcus Terentius Varro, considerado o maior estudioso da Roma antiga, usava a forma feminina do nome: isso é prova adicional de sua antiguidade, pois em muitos casos a divindade feminina era a primitiva, depois foi substituída por seu duplo masculino.[94]

Retornando à fábula reapresentada no *cartoon* de Disney dos Três Porquinhos, é provável também admitirmos que Cícero e Heitor gritavam desesperadamente de pavor "é a loba, é a loba má", visto que em inglês os animais são referenciados neutralmente pelo pronome *"it"*.

Os romanos, às vezes, identificavam *Lupercus* também com o deus *Pan* da mitologia grega, e isso faz todo sentido, o deus dos bosques, dos campos e dos rebanhos na mitologia grega. *Pan* ou *Fauno* também morava em grutas e vagava pelos vales e montanhas caçando e dançando com as ninfas, curiosamente trazia sempre consigo uma flauta, tal qual o porquinho Cícero, o menos domesticado e o mais selvagem entre os porquinhos. Cícero era o porquinho mais próximo da natureza, representado simbolicamente pela choupana de palha, e por meio da flauta, um dos instrumentos musicais mais antigos e utilizados até hoje por muitas comunidades ancestrais. A flauta aqui não pode ser considerada simplesmente um instrumento musical destinado a tocar músicas, é preciso lembrar que a flauta em suas origens era um instrumento mágico de comunicação e de encantamento; assim como vários outros instrumentos de sopro também destinados a imitar os sons de outros animais e interagir com o canto dos pássaros.

Como o nome de *Pan* significava "tudo", *Pan* passou a ser considerado símbolo do universo e personificação da natureza, e, mais tarde, enfim, foi olhado como representante de todos os deuses e do próprio paganismo. Pan é representado com orelhas, chifres e pernas de bode, amante da música, trazia sempre consigo uma flauta. Era temido por todos aqueles que necessitavam atravessar as florestas à noite, pois as trevas e a solidão da travessia os predispunham a pavores súbitos desprovidos de qualquer causa aparente, e que eram atribuídos a *Pan*; daí o termo "pânico". Os latinos chamavam-no também de *Fauno* e *Silvano* e tornou-se símbolo do mundo, por ser associado à natureza ao simbolizar o universo. *Pan* também foi associado a inventor da flauta, instrumento que ele usava para encantar ninfas, homens e animais. Um aspecto sedutor do paganismo era o de creditar à iniciativa de uma divindade cada fenômeno da natureza. Assim, a imaginação dos gregos povoava todas as regiões da terra e do mar de divindades, atribuindo a eles os fenômenos que nossa ciência hoje considera como consequência das leis naturais.

No ritual da *Lupercalia*, os jovens rapazes das famílias mais tradicionais corriam nus em grande algazarra por Roma vestidos apenas com a pele de bodes e chicoteando, com tiras dessas peles aqueles(as) que queriam ser abençoados(as) com a fertilidade. *Lycaeus, Lupercus* era um poder destrutivo a ser evitado. Embora fosse o protetor dos animais, acreditava-se que, uma vez que nenhuma luz entrava em seu santuário, ele se constituía em um deus das profundezas e do terrorífico, ou seja, diretamente entranhado na terra. O santuário de *Lupercus* era sacrossanto, e todos os homens eram proibidos de entrar nele, na verdade, segundo alguns historiadores, era um lugar de refúgio para os animais,

---

[94] Na verdade, as duas explicações do nome *Lupercus* oferecidas por Sérvio parecem refletir duas fases diferentes na história do deus. Esses dois estágios aparecem muito claramente nos nomes do deus-lobo da Grécia. Na Arcádia, ele era chamado de *Lycaeus*, "o semelhante a um lobo"; em Argos, onde foi identificado com Apolo, o nome composto era Apolo *Lycaeus*. Mas o deus-lobo foi posteriormente explicado como "aquele que destrói os lobos", portanto a denominação de Apolo tornou- se Λυκοκτόνος, "o matador de lobos" (Franklin, 1921, p. 37).

já que nenhum caçador que perseguisse os animais entraria em seus limites, por medo. Em todos esses elementos, vemos as características do deus-terra, da deusa-mãe natureza. É muito provável que o culto a *Lupercus* tenha vindo do Egito, do deus *Anúbis,* dada as semelhanças: *Anúbis* possuía cabeça de chacal (lobo) e era também um deus das profundezas da terra relacionado com a morte.

No dia 3 de fevereiro, era festejada a festa ao deus *Fauno*, a chamada *Faunalia*, e as festas que aconteciam no dia 15 de fevereiro eram chamadas *Lupercalia*, em homenagem ao deus *Lupercus*. A proximidade dessas datas tem relação com a semelhança entre esses deuses, os romanos consideravam *Fauno* e *Lupercus* intimamente relacionados, e alguns historiadores até cogitam que eles sejam um mesmo deus, apenas nomeado de forma diferente pelos antigos italianos que viviam em diferentes regiões.

Assim, passo a passo, vamos descobrindo que sob a pele de lobo habitava e habita um deus protetor dos animais, dos bosques e da natureza. Abro aqui parênteses para implicar, já desde imediato, como esses deuses do paganismo foram lentamente aniquilados e diabolizados pelo cristianismo e pela Igreja Católica. Coincidência ou não, o deus *Pan* tinha chifres de cabra e sua figura vai ser deslocada astutamente pela religião cristã para incorporar a figura do demônio; o lobo terminaria representando também a própria figura do mal. Não será mera coincidência que a morte do deus *Pan* coincidiria com o nascimento de Jesus, com o advento do cristianismo, do monoteísmo e toda condenação ao animismo. Na época do nascimento de Cristo, sob o Império Romano, Plutarco conta que alguns navegantes que vinham em seu barco observaram que havia cessado o vento, e uma voz longínqua e ressoante dizia que *Pan* havia morrido — "O grande *Pan* morreu".

Esse fato, não por coincidência, assinalou a morte do paganismo, o assassinato da Natureza, que doravante estaria sobre o domínio do Deus todo-poderoso, onipresente e transcendental do cristianismo. Quando de sua morte, uma grande nuvem escura cobriu toda a Grécia porque *Pan* havia morrido. Baudelaire, atento a seu tempo, em seu conto *"A escola pagã",* havia recordado a morte do deus Pan; transcrevo a passagem inicial desse conto:

> Em um banquete comemorativo da revolução de Fevereiro, um brinde ao deus Pan, sim, ao deus Pan, foi feito por um desses jovens que podemos qualificar como instruídos e inteligentes.
> — Mas, eu disse a ele, o que o deus Pan tem a ver com a revolução?
> — Como assim? ele respondeu; mas foi o deus Pan quem fez a revolução. Ele é a revolução.
> — Mas ele não está morto há muito tempo? Eu pensei que houvéssemos escutado uma grande voz planar sobre o Mediterrâneo, e que essa voz misteriosa, que se deslocava das colunas de Hércules à costa asiática, houvesse dito ao velho mundo: O DEUS PAN ESTÁ MORTO!
> — Eram apenas rumores. Más línguas; mas isso não é nada. Não, o deus Pan não morreu! Ele ainda vive, retomou alçando os olhos ao céu com um enternecimento muito bizarro... Ele vai voltar. (Baudelaire, 1975, s/p).

Cícero e Heitor correm e se escondem de medo de serem devorados pela selvageria do lobo, em outras palavras: do selvagem contato com a natureza. Fogem de medo de se desdomesticarem e retornarem ao convívio com a natureza, e de todos os terrores a ela associados pelos civilizados. O lobo vai aparecer na fábula como o portador do poderoso sopro, o ar que entra nos corpos e faz circular o sangue. O mesmo sopro que faz a flauta sonar e encantar. A questão do sopro, do ar, é fundamental na fabulação do lobo e dos três porquinhos. Veremos que tanto *Pan* como o lobo são portadores não somente do sopro benéfico protetor e encantador, como também do sopro maligno e pestilento. O culto ao lobo também apareceu no nome dos sacerdotes *Hirpi Sorani*, sendo *"Hirpi"* o nome conhecido para os lobos. Na Itália havia vários cultos ao deus-lobo. É na seguinte lenda atrelada ao culto do Sorâni que talvez possa ser esclarecida a questão do sopro do lobo mau na fábula. Segundo Mika Rissanen,

> Certa vez, quando os *Hirpi* estavam sacrificando um animal, os lobos apareceram de repente e arrancaram do fogo as entranhas do sacrifício. Os pastores perseguiram os lobos até uma caverna, da qual eram emitidos gases tão mortais que aqueles que estavam perto foram mortos. Uma pestilência se seguiu porque os lobos foram molestados. Entretanto, tal acontecimento, poderia ser amenizado, os *Hirpi* aprenderiam com o oráculo que se eles imitassem os lobos esse mal poderia ser aplacado. Assim, a história indica que os *Hirpi* imitando os lobos, ao vestirem-se com peles de lobo como um traje cerimonial, e devorarem as entranhas da vítima e depois fugirem das pessoas que os perseguiam, repetindo a lenda, esse mal poderia ser aplacado. O rito mostra, portanto, forte semelhança com a *Lycaea*: em cada festival, os sacerdotes, vestidos com peles de lobo, participavam cerimonialmente da vítima do sacrifício, e depois fugiam para escapar da poluição por seu sacrilégio; assim cada bando de sacerdotes passava por uma experiência expiatória, em um caso pelo exílio, no outro pela fuga e pela respiração da fumaça da caverna. (Rissanen, 2012, p. 11).

A parte sacrificial da festa da *Lupercalia*, como me referi anteriormente, consistia que os sacerdotes *Luperci* cortassem em tiras (conhecidas como februa) a pele esfolada de duas cabras e um cachorro, e corriam com elas, nus ou quase nus, ao redor do Monte Palatino. Muitas mulheres de posição também propositadamente atrapalhavam seu caminho e apresentavam suas mãos para serem espancadas, acreditando que, uma vez grávidas, seriam assim ajudadas no parto; e as estéreis conseguiriam engravidar.

No ano de 391, assim como todos os cultos e festivais não cristãos, a *Lupercalia* ainda era celebrada pela população nominalmente cristã regularmente no reinado do imperador Anastácio. Porém, quase um século depois, o papa Gelásio (494-96) afirmava que apenas a "ralé vil" estava envolvida no festival, e buscou sua abolição forçada; entretanto, o Senado romano protestou alegando que a *Lupercalia* era essencial para a segurança e o bem-estar de Roma. A *Lupercalia*, explicava Plutarco, desde a época de sua celebração, podia parecer uma cerimônia de purificação, pois era realizada nos dias de mau agouro do mês de fevereiro, um período que qualquer um interpretaria como dedicado à expiação; além disso, o próprio dia da *Lupercalia* era antigamente chamado de "Purificação". Na mente dos antigos, a fertilidade estava intimamente relacionada à purificação, era por meio da purificação dos poderes do mal que as forças da vida se tornavam ativas.

Como nos explica Alberta Mildred Franklin (1921, p. 46),

> [...] no desenvolvimento da *Lupercalia*, o velho não foi substituído pelo novo, mas reinterpretado por ele. A proteção contra o mal envolvia, em seu lado positivo, a garantia da reprodução. Para isso, a limpeza do adorador era essencial, daí a cerimónia tornar-se predominantemente lustral. De acordo com a teologia posterior, quando o homem foi totalmente purificado, ele se tornou semelhante aos deuses. Assim reforçada por sucessivas novas ideias, esta mais antiga das festas de Roma foi a última a sucumbir ao cristianismo. Mesmo quando o Papa Gelásio a revogou, ele suavizou seu ato estabelecendo no mesmo dia um festival celebrando a purificação da Virgem. Assim transformada, a *Lupercália* em seu significado essencial continuou a viver.

Ao buscar as origens do lobo, percebe-se que há uma persistência do mito da loba até os dias de hoje, em que o lobo, na realidade, quiçá seja a loba; ele, ela significava para essas culturas pré-gregas, micênicas, ao longo do Egeu, neolíticas, simplesmente a Mãe-Terra, a Natureza. Infelizmente, por vários fatores, a loba foi diabolizada, assim como o deus *Pan*, e todos os deuses da natureza da cultura ancestral grega. E o que vemos atualmente não é mais a loba, a deusa, mas sim um lobo representando todo o mal; da mesma forma que a deusa serpente passou a designar o diabólico. Esses mitos persistem até hoje no mito do lobisomem. Quando assistimos aos filmes de Lobisomem no cinema, cada vez que queremos ver o lobisomem morrer ou matar alguém, estamos de alguma forma desejando acabar com *Pan*; por isso algumas vezes, em lucidez, acabamos torcendo pelo lobisomem.

O lobo como representante da natureza vai aparecer também no conto da *Chapeuzinho Vermelho*, seu combatente será o lenhador, que arranca a vovozinha ainda viva de dentro das entranhas do lobo, e não vai ser por puro acaso justamente a figura do lenhador, o predador das árvores. Mas essa já é outra história, a ser desconstruída por outros. O que tem se ocultado nessa fabulação são os animais como deuses, e simultaneamente vítimas sacrificiais aos deuses. A extensa e profunda tese sobre o ritual da *Lupercalia* de Alberta Mildred Franklin torna-se referencial para quem quiser se aprofundar nesse tema.[95]

Um lobo para além do bem e do mal

> *Como um verdadeiro filho da natureza*
> *Nós nascemos, nascemos para ser selvagens.*
> *(Steppenwolf)*

> *Take a walk on the wild side.*
> *(Lou Reed)*

Uma pele de lobo encobre dois personagens: a natureza selvagem e o fantasma do comunismo; sim, o fantasma da desdomesticação e do comunismo, dependendo do se queira observar. O lobo encobre, por um lado, a natureza e seu terrorífico, as catástrofes, as tempestades, a reprodução, a vida de todos os seres, manifesta na ventania, no ar; em tudo que faz tremer e que o vento leva. Por outro lado, essa ventania poderia representar toda força de união suficiente para abalar a soberania dos porcos domesticados. É o vento da vida, o comum, o sopro dos miseráveis, a vida nua, zoética.

O lobo representa a pobreza e miserabilidade no *cartoon* de Disney, tem as calças esfarrapadas e remendadas, é a própria encarnação do selvagem esfomeado que ameaça a soberania, o lobo louco de fome. Também plasmado na ingênua miserabilidade do monstro. Um único lobo solitário carrega esse estigma, enquanto que se sabe que os lobos nunca andam sozinhos, sua astúcia advém da alcateia como um todo, porém, ardilmente no desenho, não vemos uma alcateia, somente um feroz lobo solitário apto a devorar os três porquinhos. O lobo, a loba aqui *animifica* (o oposto da personificação), o ser monstruoso e selvagem, o diferente, a *diferenza*, representa uma reação à domesticação, sua gigantesca boca e seus dentes aguçados representam também o diabólico inventado pela Igreja Católica, o velho *Pan*, pois o cristianismo não sobrevive sem perpetuar e inventar bruxas e demônios. "Ele", "ela", ao se alimentar de restos e lixo, enquanto vida indomesticável representa a miséria como degradação humana para a civilização do capital. No bestiário da domesticação, há muitos anticristos, e os novos monstros *humanitas* hoje são os que vivem ao lado da sujeira, as *"Estamiras"* da

---

[95] "Os cultos lupinos da Itália apresentam a aparência de uma sobrevivência religiosa de um tempo remoto. De um verdadeiro deus-lobo, encontramos muito menos manifestações do que na Grécia. No entanto, no reino da magia, augúrio e superstição popular, o lobo era mais notável e mais altamente venerado na Itália do que qualquer outro animal. A crença generalizada no poder misterioso dos lobos indica que em algum momento o lobo foi importante na religião italiana. Os cultos reais relacionados com o lobo são os da obscura divindade *Sorano*, de *Marte* e do pouco conhecido *Lupercus* ou *Luperca*, que foi nomeado por alguns estudiosos antigos como a divindade da *Lupercalia*" (Franklin, 1921, p. 36).

vida, são os catadores de resíduos, os mendigos em trapos, os sem-teto, os que não têm ou perderam os hábitos familiares. Inclusos nessa alcateia estão os classificados, como bem apontou Derrida, os "fora da lei" e os terroristas.

Quando trago a questão do comum, porque me interessa sobretudo enfatizar um aspecto a que Derrida não deu tanta relevância, não se dedicou a parar e observar mais atentamente, quero evidenciar o papel da matilha, da alcateia na fantasmagoria do lobo. Encontrei uma interessante passagem de Deleuze e Guattari em *Mil Platôs*, quando se debruçam justamente para comentar a questão não de um lobo em específico, mas de uma multiplicidade que andam juntos, uma alcateia, como no estudo de Freud *O homem dos lobos*:

> [...] Elias Canetti distingue dois tipos de multiplicidade que às vezes se opõem e às vezes se penetram: de massa e de matilha. Entre os caracteres de massa, no sentido de Canetti, precisa-se notar a grande quantidade, a divisibilidade e a igualdade dos membros, a concentração, a sociabilidade do conjunto, a unicidade da direção hierárquica, a organização de territorialização, a emissão de signos. Entre os caracteres de matilha, a exiguidade ou a restrição do número, a dispersão, as distâncias variáveis indecomponíveis, as metamorfoses qualitativas, as desigualdades como restos ou ultrapassagens, a impossibilidade de uma totalização ou de uma hierarquização fixas, a variedade browniana das direções, as linhas de desterritorialização, a projeção de partículas. Sem dúvida, não existem mais igualdade e nem menos hierarquia nas matilhas do que nas massas, mas elas não são as mesmas. O chefe de matilha ou de bando arrisca a cada vez, ele deve colocar tudo em jogo a cada vez, enquanto que o chefe de grupo ou de massa consolida e capitaliza aquisições. [...] Canetti observa que, na matilha, cada um permanece só, estando no entanto com os outros (por exemplo, os lobos-caçadores); cada um efetua sua própria ação ao mesmo tempo em que participa do bando. [...] Eis por que o *Homem dos lobos* sente-se tão cansado: ele permanece deitado com todos os seus lobos na garganta e todos os buraquinhos sobre seu nariz, todos estes valores libidinais sobre seu corpo sem órgãos. A guerra vai chegar, os lobos tornar-se-ão bolcheviques, o Homem permanece sufocado por tudo o que ele tinha a dizer. Anunciarão somente que ele voltou a ser bem-educado, polido, resignado, 'honesto e escrupuloso'; numa palavra, curado. Ele se vinga, lembrando que a Psicanálise carece de uma visão verdadeiramente zoológica: Nada pode ter mais valor para um jovem do que o amor pela natureza e a compreensão da ciências naturais, em particular da Zoologia (Deleuze; Guattari, 1995, s/p).

A alcateia, o bando de lobos é o oposto da organização dos três porquinhos, em que cada um tem e vive em sua casinha, cada um construindo sozinho sua casa em vez de construírem uma só casa comunal e de viverem sob um mesmo teto, mais protegidos. Bem, isso é sintomático. Constroem não somente suas respectivas casas separadamente, suas propriedades privadas, e ainda por cima as fazem distantes umas das outras; nem ao menos grudadas estão umas nas outras, geminadas. Elas estão isoladas dentro da clareira. Eis aí o protótipo do urbanismo moderno e da família moderna americana, isolados, encapsulados, sobre o céspede verdejante da clareira com os girassóis e as margaridas de companhia.

Essa fábula é toda uma fabulação, em que a "falsiverdade"[96] (uma coisa é outra coisa, verdade é mentira, e mentira é verdade) está por tudo. Paradoxalmente, aqui as coisas parecem todas invertidas graças ao disfarce e jogo de troca de peles, a pele de porco e a pele de lobo; os corpos esvaziados. O porco, que é estigmatizado como sujo, aqui aparece limpo. E o lobo, que não carrega o estigma da sujeira, o deus que era cultuado, aqui não passa de um vilão, trapaceiro. Esse

---

[96] A falsiverdade é uma questão desenvolvida por Orwell em seu clássico livro, *1984*.

horror e repugnância que o lobo deve provocar deve também corresponder ao modo de vida dos miseráveis. Sim, ao fabulador é preciso fabricar monstros para se livrar da culpa da miséria que o capitalismo produz. A culpa imputada aos miseráveis, às bruxas, aos diferentes vem desde uma longa história arrastada pelo cristianismo, fato esse que implica e se complicaria com o trabalho como dogma religioso, direta ou indiretamente. A casa do Prático vai transmitir, de certo modo, todos esses valores civilizatórios ocidentais e a questões fundamentais: cristianismo-catolicismo e colonização e modernidade.

Ao contrário do que pensava de Derrida, os fora da lei, os *Homo saccer*, os lobos mortos de fome, esquálidos, com o rabo entre as pernas — aqueles que não têm identidade e papéis estão sim sob o peso da lei; embora alguns o desconheçam ou ignorem —; eles são sempre os primeiros a serem sacrificados como cães pestilentos pela justiça e a polícia. Parecem estar fora do alcance da lei, mas na hora necessária são imediatamente culpabilizados principalmente por dormirem onde não devem: no espaço público.

Nossos presídios estão abarrotados de miseráveis, é necessário entender toda a lógica e a biopolítica e uma zoopolítica que atua na fabricação desses corpos, para que entendamos o porquê de esses miseráveis terem sua existência quase semelhante a uma vida quase animal, muitas vezes mil vezes pior que a dos pequenos lobinhos domesticados, os cachorrinhos de estimação que vivem dentro das casas. Despossuídos de casa, eles comem o que catam nas latas de lixo, vivem dos restos de comida que ganham, não têm assistência à saúde, não têm nada. Essa besta-homem quase lobo-tomizada pelo capitalismo, obviamente, deve ser relativizada da besta enquanto animal. É certo, os animais não cometem nenhum crime, nenhuma infração contra a lei, pois se alega que eles não têm razão. Entretanto, quando os homens se tornam, por meio de seus gestos e até fisicamente, animais, lobos que comem com as mãos, defecam pelas ruas, buscam comida para sobreviver nas latas de lixo, como animais, aí então se tornam bestas, lobos para os porcos. Mesmo sendo homens considerados "não humanos" para algumas coisas, eles são capturados pela justiça e enjaulados principalmente quando são as vítimas preferenciais dos traficantes e da política institucionalizada contra as drogas. O que faz que o crime como transgressão da lei seja próprio do homem.

Como disse Derrida recorrendo a Lacan (sem, entretanto, concordar com Lacan; aliás, em A besta e o soberano I, Derrida desconstrói totalmente as posições de Lacan com relação à animalidade; no caso, os animais mesmos), tudo depende de que animal ou espécie estamos falando, explica Derrida (2010, p. 132):

> Lacan está do lado de um certo senso comum, segundo o qual a besta não conhecendo a Lei, não pode ser livre nem responsável, nem culpado, tampouco poderia transgredir uma Lei que não sabe, nem ser considerado um criminoso. Uma besta nunca comete nenhum crime ou qualquer infração contra a lei. O que torna o crime, como transgressão da Lei próprio do homem.

Ainda, Derrida falando de Lacan aponta que "para Lacan, não há instinto fixo e animal no homem; certamente há uma animalidade no homem, mas crime, crueldade e ferocidade não dependem do instinto, transcendem a animalidade, implicam não apenas uma 'liberdade' e uma 'responsabilidade', portanto, uma 'pecabilidade'" (Derrida, 2010, p. 134).

Derrida contesta Lacan numa extensa passagem por não perceber a existência dos animais mesmos, da qual tomaremos somente um breve fragmento:

> Primeiro, a distinção entre o inato e o adquirido, portanto, entre o instinto e, digamos, tudo o que está ligado a cultura, a lei, a instituição, liberdade, etc. Segundo, dizer que a crueldade é essencialmente humana porque consiste em fazer sofrer por fazer sofrer nossos semelhantes passa a ser o mesmo que conceder um crédito exorbitante a esse valor de semelhante. Terceiro, finalmente, se confiarmos na axiomática ou no bom senso de Lacan, a partir do momento em que não há crueldade senão para com o semelhante, bem; não só se pode fazer mal, um mal, sem fazer mal ou ser cruel, não só com homens que não se reconhece nem como verdadeiros homens nem como verdadeiros irmãos (deixo-vos a escolha dos exemplos é com você, e não é apenas sobre o racismo), mas também 'para e com' qualquer ser vivo fora da espécie humano. (Derrida, 2010, p. 139).

Derrida está corretíssimo, os critérios que Lacan apregoa lhe permitem excluir os miseráveis, os selvagens, assim como todos os animais; como bem sabemos, não somente a soberania capitalista produz corpos humanos bestializados, assim como soberanos tornam-se bestas assassinas, genocidas mediante seu poder; a história da humanidade está repleta desses fatos.

A Natureza compreende um todo e não faz diferenciação entre homens, animais ou uma minúscula bactéria, não exclui seus animais, suas bestas e homens, porque faz parte de seu corpo essa infinidade de seres. O que nos leva a uma consequência evidente, como explicou Derrida (2010, p. 140):

> [...] não só não seria cruel (nem criminoso, nem criminalizável, nem culpado) ao fazer sofrer homens que não são reconhecidos ou legitimados como tais (o que acontece todos os dias no mundo); mas também daria o direito infligir os piores sofrimentos aos 'animais' sem jamais serem suspeitos da menor crueldade. Não haveria a menor crueldade nos matadouros industriais, nem nos bezerros assustados, tampouco nas touradas, nem nas dissecações, nem nas experiências, nem nos treinos, nem nas domesticações, nos circos, etc. Não preciso insistir mais.

Derrida, a cada passo que dá, em sua análise sobre a besta e o soberano, vai penetrando cada vez mais na questão social e econômica, sobretudo política. Política e políticas, porque o que lhe interessa é versar sobre as políticas da animalidade, não somente para e com os animais, mas também sobre esses humanos que os civilizados consideram haver perdido sua civilidade, logo sua humanidade. Entretanto, o miserável, o louco esfarrapado, se olharmos de perto, parece-se a um soberano, solitário em sua animalidade, como no filme *The Fischer King*, de Terry Gilliam[97]. Ficamos então a pensar: o que seria desse soberano, que já é soberano por herança na maioria das vezes, já nasce como futuro soberano, e o que seria desse soberano se não fosse seus escravos, serventes e funcionários, que lhe alimentam a dignidade "para ser" soberano todos os dias, desde que desperta até se deitar?

Certamente, há muito em comum entre eles e os conectam com uma certa bestialidade, porém, de fato, uma bestialidade sem soberania para as bestas miseráveis que o alimentam.

---

[97] "O filme The Fisher King, uma das mais belas e dramáticas atuações de Robin Williams, Gilliam nos mostra a loucura como 'non-sense', o triste lado da loucura como processo de fuga. Não há nada irônico no filme, mas sim a dura dor e o sofrimento psíquico que essas pessoas enfrentam. Jack Lucas é um ex-astro da rádio de Manhattan que vive bêbado, deprimido e com um forte sentimento de culpa depois que um ouvinte, seguindo literalmente os seus conselhos, matou várias pessoas em um bar. Após uma noite na rua ele acaba fazendo amizade com Parry (Robin Williams), um ex-professor de história medieval que se transformou num mendigo num mundo imaginário de cavaleiros medievais. A fuga para a loucura ou para a fantasia, para Gilliam parece ser a única saída frente aos modelos totalitários fascistas, como bem mostra também no filme *Brazil*, quase uma releitura de 1984 de George Orwell. Em *The Fischer King* ele aproveita ideias já expressas e aproveita para reforçar o que tem a dizer no novo filme, nesse caso introduz a busca do Santo Graal como se fosse um fragmento, uma ideia collage no enredo do filme, agora de uma forma trágica, uma viagem ao inconsciente do personagem como se o cálice pudesse restituir sua normalidade, e assim felizmente acontece ao final do filme. O *Graal* significaria o próprio sentido de sua volta ao dito estado normal. Era mais ou menos assim que os medievalistas encontravam sentido na vida, buscando coisas que não existiam, ao ponto de ter que fabricá-las". Veja-se: Fernando Fuão. *Terry Gilliam, e a vida sem sentido.* Disponível em: https://arcagulharevistadecultura.blogspot.com/2022/01/fernando-freitas-fuao-terry-gilliam-e.html. Acesso em: 10 dez. 2023.

> Essas diferentes formas de estar-fora-da-lei podem parecer heterogêneas entre si, mesmo aparentemente heterogêneas à lei, mas resta que, ao compartilhar esse comum estar-fora-da-lei, a besta, o criminoso e o soberano se assemelham de maneira perturbadora; eles exigem e lembram um ao outro, um ao outro; entre o soberano, o criminoso e a besta, há uma espécie de cumplicidade sombria e fascinante, até mesmo uma atração mútua inquietante, uma familiaridade inquietante. (Derrida, 2001-2002, p. 36).

O que separa os porcos do lobo, da natureza e da cultura, é a Lei. A experiência da Lei para Derrida, por obviedade, é também a possibilidade de transgredi-la com o crime. Parece que toda a lei foi feita para punir a exceção. Basicamente, ao contrário da besta, o homem pode obedecer ou não à Lei. Ele é o único que tem essa liberdade. O único que, portanto, pode se tornar um criminoso.

> A besta animal pode matar e fazer algo que nos parece errado ou mau, mas nunca saberemos. Não se pode trazer a besta perante a lei. [...] Uma besta não comete nunca nenhum crime, nenhuma infração contra a lei. O que faz que o crime, como transgressão da lei, seja próprio do homem. (Derrida, 2001-2002, p. 132).

Toda lei foi feita para punir a exceção, mas em que se constitui essa exceção? Quando se traz o discurso para um plano mais concreto, o da arquitetura e do urbanismo? Algo muito similar é o que acontece com os planos diretores das cidades com suas leis que são aplicadas àqueles que estão circunscritos e habitam a cidade formal, os que estão sob o peso da legislação urbana, digamos; até os limites que ela consegue controlar. Evidentemente, a periferia escapa na maioria das vezes dessas normas, são os fora da lei, do ponto de vista urbanístico, os que se utilizam de "gatos" de água e luz. Na visão dos "Práticos", são os que se aproveitam dos tributos que eles pagam. De vez em quando, conforme a cidade vai crescendo e os mecanismos de controle vão aumentando, essas bordas da periferia são capturadas, engolidas pela força da lei. Curiosamente, é o mesmo que acontece na economia com a tributação de impostos. Quem não paga os impostos? Geralmente os que estão abaixo do limite e os que estão muito acima e que não declaram os verdadeiros ganhos.

Retornando à questão da identidade por semelhança, criticada por Derrida, então, trata-se de uma questão de espécie humana, de forma humana, por mais bizarra que possa ser, ainda humana. A lei só não é válida para o "animal-animal", todos animais exceto os homens. Até mesmo é válida para os loucos, os fora de si, mas, ainda dentro da lei, existe um lugar especial para sua contenção. Tudo isso parece longe ainda da questão da casa para a maioria dos arquitetos. Demora-se para chegar lá, lá no *Condomínio dos três porquinhos*, mas a passos de lobo, como dizia Derrida, vamos nos aproximaremos do tema da casa, do *domus* e da domesticação dos porquinhos, e de como domesticar porcos.

Na sequência, Derrida faria uma crítica contundente a Lacan numa curta e brutal pergunta: "como você reconhece uma pessoa semelhante? O 'semelhante' é apenas aquilo que tem forma humana ou aquilo que vive?" E eu perguntaria, sarcasticamente, "é porco só aquele que tem cara de porco, focinho de porco, e hábitos não civilizados de higiene? É humano só aquele que tem cara de humano, e tem hábitos civilizados de higiene? Ou aqueles que chafurdam no dinheiro não seriam os grandes porcos de nossa civilização?" E, se esse critério for mesmo a forma, a aparência, como disse Derrida: "E se for a forma de vida humana, quais serão os critérios para identificar sem implicar precisamente toda uma cultura específica, por exemplo, a cultura europeia, greco-abraâmica, em particular cristã, que instala o valor do 'próximo' ou 'irmão' na universalidade do mundo, como um grupo de criaturas?" (Derrida, 2001-2002, p. 137).

Sobretudo, o que responder a quem não reconheceu e ainda não quer reconhecer em alguns homens o seu semelhante? O que responder a quem não quer reconhecer como semelhantes os indígenas da América do Sul e os negros da África; escravizados como animais, bestializados, e que pagam diariamente com a vida reacionarem contra seus oligarcas. É assim que Derrida vai formular a política do "outro", já não mais o dito "outro humano", mas avançando em seus estudos anteriores sobre a alteridade do totalmente distinto, agora:

> [...] o animal enquanto animal, o inconhecível — eu diria de forma um tanto elíptica — é o começo da ética, da Lei, e não do humano. Embora haja algo reconhecível e semelhante, a ética dorme. Dorme um sono dogmático. Enquanto isso permanece humana, entre os homens, a ética continua dogmática, narcísica e ainda não pensa. Nem sequer pensa o homem de quem ela tanto idolatra. (Derrida, 2001-2002, p. 139).

Digamos que esse pensamento sobre a aparência, o corpo e sua cara, pode ser aplicado como uma luva não somente aos humanos em sua aparência, mas também na aparência das casas desses humanos ditos civilizados; na forma de suas casas que a cada dia mais querem fugir de qualquer integração com a natureza, incluso com a própria natureza humana, querem afastar e se afastar de toda espécie de lobos e lobas, para isso não medem cercas, muros, grades, câmeras de vigilância e guardas. Essas arquiteturas são as arquiteturas da hostilidade, cada dia mais estão por todos os lugares, muitas vezes feitas por arquitetos que estão pouco se lixando para os outros que ficam de fora dos intramuros.

Foi por isso que, em plena época das colonizações (século XVIII e XIX), os arquitetos a serviço da soberania, aqueles da arquitetura da ilustração, e seus seguidores, estabeleceram o conceito fenotípico da arquitetura, o que normalmente na esfera dos arquitetos se designa como "tipologias", "tipologias arquitetônicas", acrescentaria mais: "a tipologia branca", a "tipologia dos porcos brancos" e de suas peles levemente rosadinhas. Obviamente estou parodiando a *Mitologia branca*[98] de Derrida, em que o mito se estabeleceu a partir da cultura grega, e que chegaria até Heidegger via Hölderlin. *Mitologia branca* significa o império da razão, portadora da verdade. A isso poderíamos denominar "ética dormente" dos semelhantes, como se referiu Derrida. Fala-se de uma ética, portanto, que dormita inevitavelmente na casa domesticante, domesticável, que todos querem imitar, até mesmo os pobres, pretos e mulatos que estão na borda clareira da cidade civilizada. É quase uma tautologia dizer "clareira" sem estar subjacente a questão da clareza, da limpeza, do brilho e da brancura civilizatória. Recordo que a ideia de abrir uma pequena clareira na floresta, na natureza, como os povos indígenas o fazem, não significa que haja alguma coisa de supremacia branca.

Talvez também devêssemos pensar na maneira como os estudos da medicina e da psiquiatria, no fim do século XIX e início do século XX, abordavam os fenótipos humanos e a teoria dos caracteres humanos, determinavam já por natureza o normal e o anormal, e sobretudo as diferenças raciais. Essas teorias tiveram seu correlato imediato na arquitetura do século XIX e XX com as teorias das tipologias arquitetônicas, e desde aí se arrastam até os dias de hoje. No fundo se estabeleciam por meio do método tipológico as normalidades e anormalidades; analogamente sugerindo que o normal é a cidade figurativa, determinada por leis; e o anormal, a periferia, o anômalo, construída muitas vezes fora do controle dos planejadores; e, sobretudo, que as pessoas que nascem nessa anormalidade da cidade têm propensão ao crime, aos vícios e às enfermidades. Para eles, é na anormalidade que residem os indivíduos suficientemente não domesticados, e anormalidade só pode gerar anormalidade. Como se o lugar de nascimento fosse determinante, a matriz e mãe na produção desses indivíduos. Para os higienistas, a periferia, mesmo no centro das capitais, era o lugar da sujeira e das enfermidades, mas curiosamente cabe ressaltar que esses mesmos lugares da anormalidade e do abandono são espaços produzidos exatamente pelo Estado. Se tomarmos esse princípio ao pé da letra

---

[98] Veja-se, o capítulo: "A Mitologia branca", em Derrida (1991), *As margens da filosofia*.

e levarmos essa categorização enquanto conceito, seria como se o sentido não pudesse existir sem o sem-sentido. Infelizmente, essa razão prática acaba produzindo exatamente os tipos de indivíduos que o Estado quer que se produzam enquanto biopolítica e necropolítica, e não como se esse fato fosse uma decorrência natural dos indivíduos que ali nascem e vivem.

O estudo das tipologias arquitetônicas tinha por objetivo definir o "caráter" do edifício e sua correspondente aparência, a fachada e sua volumetria, sua normatividade, ou seja: que uma igreja deva ter aparência de igreja, que uma prefeitura tenha aparência de prefeitura, e um hospital seja reconhecido como hospital, e que num teatro ocorra o mesmo. Eram todas edificações de caráter monumental, representantes da soberania, e para isso trataram de estabelecer uma ordem reguladora que se estabelecia e se estabelece ainda hoje por meio de uma quadricula; e a composição do edifício se dava a partir da associação de partes conformando um todo. Baseavam-se, sobretudo, na simetria da arquitetura clássica greco-romana e renascentista e de seus valores. Por trás da questão estética compositiva do caráter do edifício, estava a questão mesmo da produção das distinções de caracteres, que partia da arquitetura e se prolongava até os caracteres humanos; trata-se de uma função basicamente reguladora universal da arquitetura, de estabelecer uma gramática universal, de acabar com a heteronomia barroca, e de criar uma arquitetura de dominação e domesticação que poderia ser levada a qualquer canto do mundo, onde o homem colonizador e civilizado poderia sentir-se em casa. A aparência, o tipo, a cara, o focinho ainda hoje é referência para distinção da dita arquitetura moderna.

A cultura soberana não reconhece como semelhante aquele que habita um casebre de madeira, o que habita na vila periférica, ou mesmo na choça de palha indígena, como as casas de Cícero e Heitor. Prático "tolera" Cícero e Heitor, e aquilo que os dois chamam de casa, somente porque são seus irmãos de sangue e de focinho. De um modo rasteiro, digamos: Prático não aceita o capacho de Cícero, "bem-vindo" (*wellcome*), não aceita a hospitalidade incondicional ao outro. Mas, como bem sabemos, todo mundo tem seu espaço de recolhimento, sua casa, mesmo sem a casa-clichê, até os moradores de rua se sentem no mundo e na cidade; e, quando se conversa com qualquer um deles, muitas vezes se referem que moram em "tal lugar na rua", embaixo da marquise tal, embaixo do viaduto tal, no parque tal, ou mesmo ao lado de um poste de luz. Infelizmente, nossas semelhanças ainda se dão pela superfície e pelo lugar, pelas aparências e preconceitos, pelo lugar onde moramos e vivemos, e pela roupa que vestimos, isso se dá em nível universal, incluso entre países. É pela aparência cara-corpo que se deu toda a taxinomia civilizatória, discriminatória, pelas semelhanças, como bem apontou Foucault em *As palavras e as Coisas*. Talvez daí que o chimpanzé tenha sido o escolhido para atestar uma certa evolução. Como observou Derrida:

> Vejamos, só se tem dever para com o homem e para com o 'outro' como outro homem? E, sobretudo, o que responder a quem não reconhece seus semelhantes em outros homens? Esta pergunta não é abstrata, como você sabe. Todas as violências, e as mais cruéis ditas humanas foram desencadeados contra seres vivos, sejam bestas ou homens, injustamente aos homens em particular que se reconhecia a dignidade do semelhante (e não se trata apenas de racismo profundo, de classe social, etc., mas às vezes de um indivíduo em particular como tal). Um princípio de ética, mais radical de justiça com o mais dessemelhante, com o radicalmente outro, justamente, com o 'monstruosamente outro', com o outro irreconhecível. O 'irreconhecível', diria eu, de um modo tanto elíptico, é o começo da ética, da Lei, e não do que se julga por humano. Enquanto haja algo reconhecível e semelhante, a ética dormita. O irreconhecível é o despertar. É o que nos acorda, é a experiência mesmo da vigília. (Derrida, 2001-2002, p. 139).

Prossegue Derrida (2001-2002, p. 33):

> [...] aqui, onde quer que falemos da besta e do soberano, teremos em mente uma analogia entre duas representações comuns (comuns, portanto, problemáticas, suspeitas, que devem ser questionadas) entre aquela espécie de animalidade ou ser vivo que Rousseau chamava de 'besta', ou a que nós representamos como bestialidade por um lado, e, por outro a soberania que quase sempre representamos como humana ou divina, aliás antropoteológica. Cultivar essa analogia, decifrar ou trabalhar o seu território não significa nem credenciá-la, nem simplesmente percorrê-la num só sentido.

Essas prefigurações estão sempre situadas na ordem humana e substituídas pelas prefigurações ditas zoológicas, biológicas, animais ou bestiais. Quatro conceitos em jogo, como disse Derrida: o zoológico, o biológico, o animal e o bestial.

A pergunta constante no *Seminário da Besta e o Soberano I* é: quem é o soberano e quem é a besta? Claro, sempre em determinados contextos. Ao mudar de contexto, passam de uma para outra, invertem-se. Então, o que dizer, a essas alturas, do infeliz lobo animal, a loba animal e, em quem colocaram tantas peles distintas; antanho de um deus, uma deusa da natureza, depois o demônio pela Igreja Católica e Protestante, e agora pelo capitalismo, ao projetar nele a figura da luta de classes.

Desestigmatizar os animais, a Natureza e as casas dos pobres é um primeiro passo para essa proposta da desconstrução derridiana, que aqui se tenta elaborar por meio da casa dos três porquinhos. Coube ao lobo representar esse papel; cada vez que queriam demonizar alguém referiam-se à expressão "lobo em pele de cordeiro", para referir-se à sua falsidade, quando, na realidade, os lobos não são falsos, a *falsiverdade* está nos homens, e hoje em dia nas redes sociais, mais ainda. "Guerra é Paz; Liberdade é Escravidão; Ignorância é Força"[99].

Tanto na fábula dos três porquinhos da Disney como nas outras onde o lobo comparece , a exemplo da de Chapeuzinho Vermelho, coloca-se no lobo o papel do grande mentiroso, o lobo como o rei dos disfarces, se disfarça rapidamente em suas vítimas, o lobo encarna até mesmo o personagem a que vai devorar. No primeiro ele se disfarça de um vendedor de escovas e num cordeirinho mamão; no segundo na vovozinha de Chapeuzinho Vermelho; essa performatividade atribuída ao lobo aponta para uma certa astúcia que a Natureza possui. Ela é mais esperta que o homem, mais astuta, muito mais astuta que a vã razão possa imaginar, por mais previsível e positivista que seja a razão. Nada se compara com a astúcia da natureza; isso se deve, em parte, porque tudo que os homens conseguem pensar é apenas uma diminuta parte do pensar da Natureza; o pensar da *Natura* congrega todos os pensares das coisas vivas e mortas. O civilizado, enquanto *bêtises* (burro, idiota, burrice, asneira), desconhece que a natureza possa ludibriá-lo, despistá-lo, a esta seria uma das discussões que Derrida iria travar com Lacan.

Lacan explica numa importante nota do *Seminaire sur La Lettre volée*, sobre o uso original que ele faz aqui da palavra *"dépister"*, *"dé-pister"* (despistar): não como molestar, bisbilhotar, seguir a pista, a trilha, ao contrário, por assim dizer, confundir a trilha apagando seus rastros, para enganar. Sobre essa nota, diz Derrida (2001-2002, p. 156):

> Lacan invoca simultaneamente o famoso texto de Freud sobre o "sentido antinômico de algumas palavras, primitivas ou não" que seguem inalteradas. Segundo Lacan o uso da palavra *dépister*. Compreende também *pister* e *dé-pister*, ou melhor, entre *dépister* (traçar ou seguir um rastro) e *dé-pister* (apagar um rastro e perder voluntariamente o perseguidor)

---

[99] Frase célere do Ministério da Verdade, no romance de ficção científica 1984, de G. Orwell.

> isso garantirá toda a distinção entre homem e animal. para Lacan. Entretanto, basta que essa distinção vacile para que toda a axiomática se encontre arruinada logo no início.

Como se os animais não soubessem despistar também, *vide* no mínimo a questão do mimetismo, o que Lacan vai argumentar é o fato de um despiste maior. A alegoria da roupa de lobo, a pele de lobo, o disfarce de lobo serviu e serve para muitos seres humanos, foi colocado por sua própria natureza para censurá-lo, monstrificá-lo, demonizá-lo. Na fábula, estamos no reino das figuras, do "como", da analogia, das transferências, das comparações, como nos sonhos. Projetam-se pessoas nas figuras de certos animais para poder expressar o sentir sobre determinada pessoa ou situação que não pode ser transmitido pelas palavras. Ou seja, finge-se, fingimos que não são os homens que são as bestas, para não percebermos que somos nós mesmos que estamos debaixo do disfarce. Fingir que ele não é mesmo ele. Para Lacan, o animal sabe fingir, entretanto o homem, além disso, sabe enganar (fingir fingindo). A mentira é própria da palavra. Porém, Lacan não observara que os animais são capazes de enganar, como os pássaros com seu canto a outros animais e até mesmo da própria espécie, assim como se valem de outras estratégias. Mas Lacan insistia em seu argumento de uma mentira típica humana, do tipo: por que dizes que vais te encontrar com "X", para me fazer crer que vais te encontrar com "Y", quando na realidade vais te encontrar mesmo é com "x". Em outras palavras, os animais conseguem assegurar um primeiro nível de fingimento, de apagar suas pegadas, ou mesmo mimetizar e enganar com seu canto. Mas um animal jamais "finge fingir", isso é próprio da palavra e dos homens. O fingimento do fingimento, lamentavelmente, não é muito diferente para a arquitetura. O que finge fingindo a arquitetura?

É hora de os arquitetos começarem a pensar com são as fabulações das casas, as fabulações da família ontem e hoje, até mesmo as fabulações das cidades; o fingimento que as casas escondem atrás de suas sólidas paredes, a ilusão da casa e dos castelos de princesas. O engano do lar. A ilusão da casa.

O que oculta, recobre, reveste a casa de porquinho Prático? O que esconde a pretensa solidez de sua casa? Nessa fábula nada parece ser o que é. Será tão sólida assim? Ou sua solidez advém de sua fragilidade sustentada no desmerecimento dos outros, no escárnio da casa do "outro", da casa de palha e de madeira; nos materiais empregados, por exemplo, pelas culturas africanas e ameríndias que foram escravizadas, nos materiais não católicos, e sim na valorização dos pétreos, do apóstolo Pedro. Justamente os materiais que os jesuítas, quando desembarcaram aqui, resolveram construir, suas reduções domesticadoras indígenas com eles, e nem sequer sabiam como construir um abrigo de palha e madeira. Mas tinha que ser de pedra para durar. E durou. As Reduções Jesuíticas estão até hoje lá no Sul do Brasil como atestado da brutalidade jesuítica. Tinham verdadeiro asco à arquitetura de palha, justamente o que estava perfeitamente adequada ao clima em que viviam. Para eles, o civilizado tinha seu análogo na casa de Prático, com sua aparência de higiene, racionalidade, lareira com chaminé, e nada de "fogo de chão".

O lobo não tem casa tal como os arquitetos entendem uma casa, logo é inferior aos que têm e aos que sabem construir qualquer coisa. Entretanto, essa ideia é falsa, esse lobo específico e real não tem casa porque está sempre em sua própria casa: a natureza se abriga na Natureza, é abrigado pela Natureza. Ali é sua casa, *physis*. Mas os homens ditos civilizados e os cristãos resolveram separar-se dela de uma forma radical desde a fábula do Paraíso.

A escala evolutiva da civilização imposta sobre o manto da domesticação é clara: de baixo para cima, os que não têm casa; depois os que vivem em choupanas, malocas, abrigos. Seguem-se as casas de madeira, no caso, os barracos dos pobres. Finalmente, estará acima de todas as outras as casas de tijolos e de pedra. E, se hoje fossemos agregar novos patamares, acrescentaríamos as casas e os edifícios de aço, de concreto armado e de cristal como símbolos máximos da civilização; em outras palavras também do capitalismo e da soberania. Tudo isso não é gratuidade, toda a monumentalidade soberana — em qualquer escala — sempre foi ereta às expensas do trabalho de milhares de miseráveis, e outrora pelos escravos negros e indígenas; pelo colonialismo que persiste ainda no século XXI, no terceiro mundo.

Já deve ter ficado claro que não estamos falando de uma casa, uma unidade, uma casa específica, e sim de edifícios de toda sorte e de seus tipos. Essas três pequenas casas dos porquinhos são apenas símbolos das demais e de suas combinações possíveis, que encobrem. Também não estamos falando mais de três porcos, de um porco ou dois em específico: Cícero e Heitor, mas de civilizações desmerecidas e desqualificadas pelo manto do evolucionismo positivista como mais atrasadas, colonizadas. Portanto, aptas para serem exploradas, e domesticar os selvagens que ali viviam como visto em *A Casa de Robinson Crusoé*[100]. O que Robinson Crusoé fez em relação à Sexta-Feira não é muito distinto do que Prático fez com seus irmãos, protegê-los contra o lobo, a loba; ou protegê-lo de outra tribo canibal que o perseguia. Ambos representam o perigo da devoração. O que está na goela, por assim dizer, no fundo, é a devoração, animal e humana, tema escabroso de ser tratado e relacionar também com a arquitetura. No caso de Cícero e Heitor, a domesticação deles se efetivaria a partir do momento que sofreram o trauma do ataque da loba, do lobo; quando Prático acolhe-os, segundo as regras domésticas de sua casa.

Então, aqui se apresentam mais uma vez os ingredientes da domesticação e sua implicação com a casa: o medo, o pavor, o trauma da violência sofrida por Heitor e Cícero. Temos, obviamente, também a figura indispensável do lobo que transporta esses sentimentos, sem ele não haveria o medo e o terror e consequentemente a construção dos fantasmas internos necessários à sujeição. Temos também as figuras das três casas, ou melhor dito: três tipos de habitar, cada uma referente a um tipo de porquinho. E as duas primeiras não são consideradas realmente casas para Prático, não são casas antilobos, não são casas antimiseráveis, para ele somente sua própria casa domesticadora é a "casa" realmente, a que foi construída com seu sacrifício e onde poderá acolher seus iguais, e sempre pronta para domesticar seus hóspedes. Essa expressão "com sacrifício" é muito utilizada para representar a aquisição e construção de uma casa pelos mais pobres, e fica a pergunta: é preciso se sacrificar, digamos, "cristianamente" para ter uma casa?

Prático é o soberano anfitrião domesticador; Cícero e Heitor, hóspedes a serem domesticados. Desde pequenos, somos inoculados com o medo da natureza loba, o pânico ao homem lobo, ao lobisomem que ataca nas noites de Lua cheia, e aos filhos da Lua. Inocularam-nos o asco e a ojeriza à terra mesmo, à lama e ao barro de onde saímos. Quando as crianças brincam na terra, no barro, os pais imediatamente lavam ou mandam lavarem as mãos. Depois, criticamos os porcos por chafurdarem-se na lama.

Há um demérito total em relação à choupana de palha. Bertrand Russel, em seu livro *Elogio ao ócio*, detectou perfeitamente essa relação das arquiteturas construídas em pedra.

> Desde as épocas mais remotas, a arquitetura tem dois objetivos: o primeiro, puramente utilitário, de proporcionar abrigo e calor. O segundo, de natureza política, de marcar a humanidade com uma idéia, expressa no esplendor da pedra. O primeiro objetivo era suficiente para a moradia dos pobres, mas os templos dos deuses e os palácios dos reis

---

[100] Veja-se FUÃO, Fernando. A casa de Robinson Crusoé. Edição a cargo do autor. Amazon. 2023.

> eram desenhados para inspirar o temor dos poderes celestes e de seus favoritos terrenos. Só em casos excepcionais eram glorificadas as comunidades, não os monarcas: a Acrópole de Atenas e o Capitólio de Roma exibiam a majestade imperial dessas orgulhosas cidades para a edificação moral de seus súditos e aliados. Sempre se buscou as qualidades estéticas nos edifícios públicos, mais tarde nos palácios dos plutocratas e imperadores, mas não nos casebres dos camponeses, nem nos frágeis cortiços dos proletários urbanos. (Russell, 2002, p. 47).

Triste constatar que o problema da arquitetura para os pobres é secular, e não se deve atribuir a algo natural; ao contrário, essa tirania se exerce sobre os pobres exatamente na questão mais preciosa para a vida: a habitação, que os arquitetos não querem mais saber, não querem ver. Infelizmente, nossa profissão, desde seu início, sempre foi parasitaria à soberania e aos próximos a ela. Ao pobre nenhum *status* de sua casa. Mas paradoxalmente, para os pobres, trabalhar nas casas dos soberanos é símbolo de *status*, até mesmo construí-las, mantê-las, como se fosse um destaque trabalhar "para" eles, e "não com eles", como se fosse uma grande virtude profissional servir aos grandes senhores que os oprimem. Não diferentemente para os arquitetos, não no sentido que sejam oprimidos, mas no sentido de se gabarem de estar projetando casas para milionários; e, quanto mais oligarca o cliente, mais *status* terá o arquiteto.

É como se Cícero e Heitor trabalhassem na construção da casa do Prático e voltassem todos os dias para dormir em sua choupana e no casebre de madeira. Para os pobres, esse trabalho subserviente, é obvio, representa uma possibilidade da proteção do Senhor, do Amo, do porco soberano. Porém, é pura ilusão, na realidade eles não estão nada imunes. O Amo agora já não tem mais o poder de vida e morte, como nos tempos da escravidão, mas indiretamente tem ainda o poder de demiti-lo a hora que bem quiser, atirando-o à sorte da vida, o que, em muitos casos, pode constituir-se em sentença de morte. E, quanto mais rico esse soberano, maior é orgulho de ser seu servente, pelo menos para demonstrá-lo a seus iguais. Expressões como esta é comum escutarmos: "Minha patroa e muito boa", "Meu patrão é muito bom", ao darem pequenas migalhas a quem os serve. Nesse caso, ele não desconfia que, por trás da máscara de soberano, se esconde um porco fantasmático, que os próprios porcos inventaram para se protegerem de si mesmos. Eles se sentem um Cícero, um Heitor, privilegiados ao terem uma guarida na casa do Prático, mesmo como serviçais. A continuação inevitável da fábula de Os *Três Porquinhos, parte 2* seria talvez esta: Prático sentado em sua cadeira ou leito dando ordens para seus irmãos, agora subjugados e gratos por toda vida por Prático ter espantado o Lobo para sempre. "Traga-me isso, traga-me aquilo, façam isso, façam aquilo", enquanto saboreia costelinhas de lobo defumado.

No fundo é a mentira, a fábula que mente e escamoteia, e, ao se repetir constantemente, vira fabulação; então a fabulação se agiganta e se torna História, como descreveu Nietzsche. O próprio conceito de "verdade" é falso, como observara Nietzsche: como o "mundo verdadeiro" acabou se tornando uma fábula (*Wie die 'wahre Welt' endlich zur Fabel wurde*). Não menos importante também trazer aqui a reflexão e a ilusão de Heidegger de que a verdade estaria na "clareira", *Lichtung,* no jogo entre iluminação e encobrimento, simultaneamente. A clareira como o território dos porcos é o lugar perigoso, sobretudo para os lobos.

Prático recomendava a Cícero e Heitor que não adentrassem a floresta, o reino do exuberante Pan e de Lupercus. Curiosa coincidência, a mesma coisa acontece na fábula da Chapeuzinho Vermelho, que atravessa a floresta sozinha, sabendo que lá é o lugar da loba, do lobo. Então, analogamente estamos frente à cidade como clareira, a cidade como o lugar da verdade, da segurança ou o lugar da luta pela verdade, e que a mentira está encoberta como na fábula, na floresta, na periferia. Lugar esse onde a fabulação da civilização não vive sem a desqualificação do dito não civilizado; já enunciamos aqui quem são esses selvagens, essas bestas para os domesticados e soberanos: os indígenas, os moradores de rua, entre outros que fogem aos "tipos" humanos convencionalizados, principalmente os irreconhecíveis. Questionar isso para os arquitetos e urbanistas seria quase como questionar hoje a própria profissão. Como é difícil imaginar um arquiteto negro projetando uma edificação para qualquer soberano. Ou mesmo, hoje em dia, um professor negro arquiteto. O mesmo em se tratando de um arquiteto indígena. O que quero dizer com isso é que a figura do arquiteto é em sua essência portadora de todo preconceito racial. Arquitetura é uma profissão branca, e na modernidade esplendidamente se traduz na arquitetura exemplar branca e polida. Tão difícil quanto desconstruir a casa de Prático é desconstruir a figura do porquinho Prático. O horror é retirar a máscara, o velo, e descobrir que debaixo dessa besta, debaixo da pele de porco do soberano, habita uma besta humana, uma cruel besta humana, que Lacan acreditava ser a mais cruel das criaturas, tão ou mais feroz que os bobos porquinhos que escondem o humano. Cogitar o arquiteto negro é cogitar os limites da própria profissão, é acreditar, imaginar Cícero projetando e construindo a casa de Prático.

Pergunta-se: até onde se estende a clareira-cidade? A periferia é considerada território da clareira? Agora, observem a perpetuação dessa fábula, onde vai parar, até hoje quem vive na cidade formal, na clareira consolidada, os que vivem na cidade formal comentam para seus iguais que evitem de ir na periferia, na floresta, lá é o lugar da maldade do lobo devorador, lugar de assassinatos, mortes e roubo de porquinhos.

Prático é um trabalhador, um trabalhador prático com grande senso, razão prática e lógica: observa-se pela destreza como assenta os tijolos, quebra-os ao meio com a colher de pedreiro, e coloca a argamassa, e tudo sugere que ele é um profissional do campo da construção. Ou seja, um profissional ligado à casa, até poderia ser um engenheiro ou arquiteto. Mas a verdade é esta, os arquitetos estão mais para Prático do que para Cícero. Na versão Disney de 1933, observa-se que a casa é projetada e construída contra o ataque do Lobo. Ela é um dispositivo contra lobos, e de matar lobos. A argamassa ou cimento não é um cimento qualquer, é "um cimento à prova de lobos" (*Wolf-proof cimento*), e conta também com uma tinta à prova de lobo (*Woolf-proof paint*). A porta também terá um pequeno cadeado de segurança, daqueles antigos que pode ser aberta uma pequena fresta com segurança garantida pelo uso de uma pequena corrente, e a porta é de madeira reforçada. Numa outra versão, Prático tem até dentro do armário um arsenal de armas contra o lobo. Tudo em sua casa está previsto contra o ataque da besta loba. A lareira e sua chaminé estão simultaneamente pensadas para que o lobo não possa descer por ela, e, caso consiga, haverá um caldeirão fervendo para cozinhá-lo tão logo caia nele.

Se, em *A besta e o Soberano II,* o privilegiado ao bandido da estória foi dado ao canibal Sexta--Feira; em *A Besta e o Soberano I,* o privilegiado foi o lobo, a loba. Melhor doravante referirmo-nos à Loba, à grande Loba que amamenta os humanos. O lobo e a loba, como nos recorda Derrida,

> [...] há apenas um termo, uma palavra, uma fábula, um lobo lendário, um animal fabuloso, até mesmo um fantasma (*phantasma* no sentido grego de reaparecimento; ou figuração no sentido enigmático da psicanálise, no sentido, por exemplo, em que um totem corresponde a uma figuração); há apenas um outro 'lobo' que representa outra coisa – outra coisa ou outra pessoa, a outra que vira na figura fabulosa do lobo, como substituto ou sucedâneo

metonímico, tanto para anunciar como para disfarçar, para manifestar e mascarar. (Derrida, 2001-2002, p. 24).

"A força do lobo é tão mais forte e até soberano, porque o lobo não está lá, o próprio lobo não está lá" (Derrida, 2001-2002, p. 25). Ele é uma das figuras espectrais do pânico para a civilização, do ponto de vista da devoração; o canibal Sexta-Feira também o foi até pouco tempo atrás, e todos os indígenas da América do Sul, hoje só superado pelos espectrais de *zumbis* que devoram o cérebro e o corpo ainda vivo dos ditos humanos que resistem em sobreviver. Derrida, a respeito da fábula, comenta:

> Bem, como seu nome latino indica, uma fábula é sempre e sobretudo uma narrativa — pois, *fari* é falar, dizer, celebrar, cantar, prever; e a *fábula* é antes de tudo uma afirmação, uma narrativa familiar, uma conversa; depois uma história mítica, sem conhecimento histórico, uma lenda, às vezes uma peça de teatro. Em todo caso uma ficção que pretende nos ensinar algo, uma ficção que supostamente dá a conhecer, uma ficção que supostamente dá a conhecer, dá a conhecer em duplo sentido: 1) no sentido de 'trazer' conhecimento ao conhecimento do outro, informar o outro, e 2) no sentido de 'dar a saber', isto é, de dar a impressão de conhecer, fazer o efeito de saber, assemelhar-se ao saber ali onde não existe necessariamente: neste último caso 'faz saber', dar um efeito de sabedoria, mas 'esse saber é um possível saber, um falso saber, um simulacro para saber, uma máscara de saber', algo parecido com um disfarce, uma máscara no rosto. Mas, para isso, é necessária uma técnica, é necessária uma retórica, uma arte do simulacro, um saber-fazer para um fazer saber. ali onde não há nada para saber, ali onde não há saber digno desse nome. (Derrida, 2010, p. 57-58).

Em outras palavras mais sintéticas, Derrida está nos dizendo que esse dar a saber ou conhecer lembra muito a retórica aristotélica. E o que os soberanos querem dizer para a plebe depende da retórica, arte de montar o discurso, arte de convencer, de persuadir, incluindo enganar. Corroborado por Derrida, faço minhas as suas palavras:

> A única regra que, por enquanto, penso que podemos nos impor neste seminário é não confiar nos limites de oposição comumente aceitos entre o que é chamado de natureza e cultura, natureza/lei, *physis/nomos*, Deus, homem e animal, ou igualmente em torno de um 'próprio do homem', tanto o de não confiar em nós mesmos. (Derrida, 2001-2002, p. 34-35).

Haveria ainda que acrescentar o dito "senso comum", uma das bases da retórica, em que se constitui para os civilizados o acordo tácito da palavra que reaciona ante a selvageria do gesto e da liberdade. Se remexermos as fundações e os fundamentos de nossas casas, veremos que elas são cristãs até a última pedra do alicerce, mesmo que disfarçadas da beleza e da tecnologia de suas formas. Tentar desconstruir a arquitetura mediante jogos retóricos formais modernos e pós-modernos e até desconstrutivistas não quer dizer literalmente desconstruir a arquitetura em suas fundações; aliás, nunca se tocou nelas efetivamente, nessa parte soterrada, pois os arquitetos só estão interessados no afloramento, na flor. Cada tijolo que se ergue para construir essa grande parede da domesticação, essa grande obstrução à vida, não cessa; cada dia se torna mais e mais alta, a ponto de sequer conseguir imaginar que existe algo por trás, é *The wall*, a metáfora da domesticação, exemplarmente representada no disco e no filme do *Pink Floyd*, de mesmo nome.

Lacan, num de seus *Seminários,* abordou o tema do lobo, o caso de um menino que só dizia "é o lobo!, é o lobo!". Esse caso foi relatado nesse seminário por Rosine Lefort e comentado entre os participantes, e a seguir descrevo um pequeno trecho desse extenso e curioso relato. O que se pode observar, ficando cada vez mais óbvio, é que na análise de Lacan foi tomada em conta a questão de o lobo ser uma possível loba, e isso é muito importante afora toda a crítica que Derrida faça a Lacan sobre a animalidade. Para Lacan, o lobo é sempre outra coisa, para além do animal e de suas particularidades; nesse caso psiquiátrico, o lobo era a mãe, a loba. Porém, Lacan, nesse seminário, iria reforçar também a importância do papel mítico ancestral do lobo, aqui já apontado de entrada, dada a relevância desse aspecto para analisar a fábula dos três porquinhos, o lobo como entidade, para entendermos o simbolismo desse personagem. Lacan estava interessado no por que o lobo produz esse medo ancestral. Ancestralidade essa que também está na base da fabulação das casas dos porquinhos.

Fato é que nesse caso psiquiátrico ele está dando já por antecipado, sem relativizar cultural e ancestralmente, o medo ao lobo em outras culturas, e passando a considerar o lobo como inalterável, e universal, portador do pânico, principalmente entre as crianças, sem relativizar culturalmente. No relato, Lacan observou que a figura do lobo era transferida para algumas pessoas, ou seja, o papel da mãe. Entretanto, não creio que conseguiu chegar a associar a questão da "mãe natureza", permanecendo nas questões freudianas da fase oral, já muito criticadas. Vejamos:

> Sr. Hypollite: E sobre o termo o lobo eu queria colocar uma questão. De onde veio o lobo?
> Sra Lefort: Nas instituições de crianças, vê-se frequentemente as enfermeiras meterem medo com o lobo. Na instituição em que tomei para tratar, um dia em que as crianças estavam insuportáveis, foram trancadas no jardim das crianças, e uma enfermeira foi ao exterior fazer o grito do lobo para torná-las comportadas.
> Sr. Hypollite: Restaria explicar porque o que o medo do lobo, e de como se firmou nessa criança, assim como em tantas outras crianças.
> Sra. Lefort: O lobo era evidentemente a mãe devoradora, em parte.
> Sr. Hypollite: A Sra acredita que o lobo é sempre a mãe devoradora? .
> Sra. Lefort: Nas histórias infantis se diz sempre que o lobo vai comer. No estágio sádico-oral a criança tem vontade de comer a sua mãe, e pensa também que a sua mãe vai comê-lo. Sua mãe se torna o lobo. Acredito que provavelmente é a gênese, mas não estou certa.
> [...]
> Lacan: O lobo naturalmente coloca todos os problemas do simbolismo: não é uma função que se possa limitar, porque somos forçados a procurar sua origem numa simbolização geral. Por que o lobo? Não é uma personagem que nos seja tão familiar no nosso país. O fato de que seja o lobo o escolhido para produzir esses efeitos, liga-nos diretamente a uma função mais larga no plano mítico, folclórico, religioso, primitivo. O lobo liga-se a toda uma filiação pela qual chegamos as sociedades secretas, com o que comportam de 'iniciatório, seja na adoção de um totem, seja na identificação à um personagem. É difícil fazer essas distinções a propósito de um fenômeno tão elementar [...]. (Lacan, 1986, p. 107).

Tanto o lobo mau como o lobisomem são fantasmas que assombram a todos, não somente as crianças. O lobo parece ser sempre tema recorrente para a psicologia, Freud anteriormente a Lacan escreveria seu clássico estudo sobre *O Homem dos lobos*, um relato de caso no qual o paciente narrava sua visão em sonho, um lobo branco em cima de uma árvore, e com isso Freud associaria o lobo à repressão. Em um texto de Deleuze e Guattari, *"1014 - Um Só Ou Vários Lobos?"*, eles fizeram uma avassaladora crítica mordaz a Freud sobre esse estudo intitulado *O Homem dos lobos;* depois de analisarem o comportamento do lobo, dos lobos, eles explicam:

> Naquele dia o Homem dos lobos saiu do divã particularmente cansado. Ele sabia que Freud tinha o talento de tangenciar a verdade, passando ao lado, para, depois, preencher o vazio com associações. Ele sabia que Freud não conhecia nada sobre lobos nem tampouco sobre ânus. Freud compreendia somente o que era um cachorro e a cauda de um cachorro. Isso

> não bastava, não bastaria. O Homem dos lobos sabia que Freud o declararia logo curado, mas que de fato ele não estava, e que ele continuaria a ser tratado eternamente por Ruth, por Lacan, por Leclaire. [...] Manifestamente, Freud ignora tudo sobre a fascinação exercida pelos lobos, do que significa o apelo mudo dos lobos, o apelo por devir-lobo. Lobos observam e fixam a criança que sonha; é tão mais tranquilizador dizer que o sonho produziu uma inversão e que a criança é quem olha cães ou pais fazendo amor. Freud conhece somente o lobo ou o cão edipianizado, o lobo-papai castrado castrador, o cão de casinha, o au-au do psicanalista. [...] O que é importante no devir-lobo é a posição de massa e, primeiramente, a posição do próprio sujeito em relação à matilha, em relação à multiplicidade-lobo, a maneira de ele aí entrar ou não, a distância a que ele se mantém, a maneira que ele tem de ligar-se ou não à multiplicidade [...] Os lobos serão os substitutos de um único e mesmo Pai que se encontra em toda parte, tantas vezes quanto quisermos (como diz Ruth Mack Brunswick, vamos, os lobos, são 'todos os pais e os doutores' mas o Homem dos lobos pensa: e meu eu, não é um lobo?).
>
> Seria preciso fazer o inverso, seria preciso compreender em intensidade: o Lobo é a matilha, quer dizer, a multiplicidade apreendida como tal em um instante, por sua aproximação e seu distanciamento de zero — distâncias sempre indecomponíveis. ([...] O lobo, os lobos são intensidades, velocidades, temperaturas, distâncias variáveis indecomponíveis. É um formigamento, uma inflamação. E quem pode acreditar que a máquina anal nada tenha a ver com a máquina dos lobos, ou que os dois estejam somente ligados pelo aparelho edipiano, pela figura demasiado humana do Pai? Porque, enfim, o ânus também exprime uma intensidade, aqui a aproximação de zero da distância que não se decompõe sem que os elementos mudem de natureza. Campo de ânus assim como matilha de lobos. E não é pelo ânus que o menino está ligado aos lobos, à periferia? Descida do maxilar ao ânus. Unir-se aos lobos pelo maxilar e pelo ânus. Um maxilar não é uma mandíbula, não é tão simples, mas maxilar e lobo formam uma multiplicidade que se modifica no olho e lobo, ânus e lobo, segundo outras distâncias, conforme outras velocidades, com outras multiplicidades, nos limites de limiares. Linhas de fuga ou de desterritorialização, devir-lobo, devir-inumano, intensidades desterritorializadas — é isto a multiplicidade. Devir-lobo, devir-buraco, é desterritorializar-se segundo linhas distintas emaranhadas. Um buraco não é mais negativo do que um lobo. (Deleuze; Guattari, 1995, s/p).

Depois da análise de Deleuze e Guattari, parece que não temos mais o que dizer sobre lobos. É fato, temos que observar a devoração de como se engolem essas mentiras, esses excrementos civilizadores, a excrecência da fábula e excretá-los, jamais absorvê-los.

Então, retornemos ao espectro do comunismo mais uma vez, o lobo que encarna o inimigo do capitalismo, o lobo que combate o trabalho e o capital, a preguiça. Importante salientar e contextualizar que, quando a Disney realizou e lançou o desenho animado, era maio de 1933, e nos EUA coincidia com ano de início do famoso programa de recuperação econômica *New Deal*, que tinha como principal objetivo reerguer a economia norte-americana após a crise de 1929, por conta da quebra da Bolsa de Valores de Nova York. A solução para o problema foi o Estado assumir a cabeça, abandonar o *laissez-faire* e promover o trabalho na construção de obras de infraestrutura, como rodovias, aeroportos, usinas, hidrelétricas, barragens, portos, hospitais, escolas e outros equipamentos públicos, promovendo o emprego e o trabalho para superar a crise do capitalismo. Prático representava no *cartoon* sob pele de porco a exaltação desse espírito de trabalho para reerguer o país. Em suma, a fábula retrata essa

> [...] realidade onde o maior devora o menor e onde há a ilusão da justa competição onde o mérito define o sucesso. É um estímulo ao trabalho e ao investimento de capital, é uma mensagem clara, embora não explícita, de que não há como sobreviver sem o investimento de

> materiais e mão de obra e vou além, transmite a mensagem alienante de que o ócio é nocivo, se você quer vencer, deve se dedicar ao trabalho intensamente. (Cassia *et al.*, 2010, p. 12).

Prático, insisto, é o domesticador, no fundo o domesticado-domesticante com seu projeto de casa, similar a um arquiteto, ele dita o modelo de casa a ser construído, ele evidencia um modo de construir, arquiteturar, pensar e domesticar, ao mesmo tempo que, sem perceber, ele também já foi domesticado em sua formação acadêmica.

O lobo é seu inimigo, é o grande devorador, ele, ela também devoradora da avó de *Chapeuzinho Vermelho*; ele e ela representam a possibilidade de devorar o capitalismo, ela a loba, ela a mulher, como bem apontou e sugeriu Silvia Federici em seu livro *Calibã e a Bruxa*. Ela está também em *Pedro e o Lobo*, a grande besta devoradora. A figura do lobo é estigmatizada, ele, ela é devorador(a) dos cordeirinhos e de dos rebanhos dos fiéis cristãozinhos. Eles ameaçam até o pastor, o missioneiro, o colonizador e seu pastoreio. Enquanto devoradora de cordeiros, a loba selvagem histérica de fome, a bruxa, é a figura que encarnou o diabólico para os cristãos, desde que se criou a metáfora do pastoreio cristão. Enquanto isso, não nos contaram lá na escola que os "Práticos", um exército de "Práticos" com armas e batinas santificadas, dizimaram populações inteiras de lobos selvagens que odiavam trabalhar. Não somente isso, a loba sempre encarnou a besta natureza, a mãe Natureza, a mesma Natureza que os ancestrais cultuavam como deuses da natureza, na figura questionável de *Lupercus*, talvez melhor associá-la à loba que criou Rômulo e Remo. O cristianismo nunca tardou em condená-las e queimá-las vivas nas fogueiras da Inquisição, principalmente acusando-as de praticar bruxaria, a portadora da sabedoria da natureza. Dentro de cada loba, reside uma força poderosa, um turbilhão de bons sopros, instintos aniquilados, adormecidos, de criatividade, de conhecimentos atemporais que a sociedade nos fez esquecer na tentativa de nos domesticar.

Veremos que nessa fábula cada vez mais o lobo não é um lobo, e sim uma loba, a antiga mãe loba, que representa o tempo a que tudo devora, tal qual a deusa da natureza *Pacha Mama*, uma divindade nas línguas *quéchua e aimará,* relacionada com a terra, a fertilidade, a uma mãe, o feminino, ela engendra, máquina, produz vida. A familiaridade e relação da *Pacha Mama* com a loba é incrível, pode ser avaliada segundo a semelhança analógica do touro e seu sopro. Segundo a tradição, sua morada está no *Cerro Blanco* (Nevado de Cachi), em cujo cume há um lago que rodeia uma ilha habitada por um touro de chifres dourados e salivantes que, ao mugir, expele nuvens de tormenta pela boca.

A força do lobo está inicialmente no sopro, depois na voracidade de seus dentes, em sua grande boca faminta, gotejando e salivando o tempo todo no desenho.[101] A fábula marca uma excepcionalidade da natureza, essa excepcionalidade tende a enfraquecer o lobo real físico: o lobo mau está sozinho na fábula; como é sabido, os lobos quase nunca andam sozinhos, como bem argumentaram Deleuze e Guattari, ao contrário da fábula. Eles andam juntos, em bandos, é a alcateia, eles precisam de diversas presas para estraçalhar o corpo da vítima, principalmente se for grande, ao passo que aos lobos solitários só lhe resta caçar presas menores.

O lobo selvagem é o lado escuro de todos nós, civilizados, o sinistro, a *unheimlich* freudiana contida em nós, provoca o medo, e sobretudo ameaçava a catequese dos séculos XVII e XVIII. É

---

[101] A *Pacha Mama* assinala uma excepcionalidade da lei, ela não está fora da lei. O novo constitucionalismo latino-americano reconhece Pacha Mama como um novo sujeito de direito, com base no princípio do *sumak kawsay* ou *buen vivir* ou *vivir bien*, o qual se contrapõe aos ideais de desenvolvimento econômico.[6] Pachamama é referida no preâmbulo das Constituições do Equador e da Bolívia. Nessa última, também são citados os conceitos de *suma qamaña* (viver bem), *ñandereko* (vida harmoniosa), *teko kavi* (vida boa), *ivi maraei* (terra sem mal) e *qhapaj ñan* (caminho ou vida nobre) como princípios ético-morais da sociedade. O *buen vivir* ou *sumak kawsay* também aparece na Constituição equatoriana.

mister mesmo da catequese o grande desafio de domar lobos, domesticar o selvagem lobo, transformá-los em dócil cordeirinhos, em adorável cãezinho a serviço do grande Senhor, assim foi o projeto imposto aos indígenas selvagens e seus modos de vida que pareciam terríveis aos jesuítas na América do Sul. Porém, e felizmente, nem todos se tornaram obedientes, até porque andavam em grupos. Para os jesuítas, era impossível dialogar com os indígenas, meio gente, meio animal, e devoradores de humanos, canibais; como estratégia de colonização, domesticação, eles pegavam desde pequenos lobinhos e levavam para o interior de suas Missões a fim de tutelar para catequizá-los, cristianizá-los. Para quem não sabe, os jesuítas tinham a estratégia de persuadir alguns colonos e indígenas para, digamos, chegar até essas aldeias e lá capturá-los e levá-los para as Reduções, conforme mostrou Jean Baptista em seu *Dossiê Missões*.

Falta pouco para chegarmos às casinhas dos porquinhos, já se pode sentir o cheiro que emana da pocilga localizada na clareira. Deve ter sido muito fácil para a loba ter os encontrado, não com o desejo de amamentá-los, mas de devorá-los mesmo, tamanha a fome. Devemos entender que Derrida, em *A Besta e Soberano*, está fazendo uma profunda crítica ao homem devorador de animais que não quer se reconhecer como tal, elude-se, o soberano que prende os animais, cativa, domestica, mata-os, retalha em mínimas partes, assa, tempera para comê-los. E retira-lhes a pele para vender a alto preço. A esse homem que é uma besta, tal qual todas as bestas, não o criticamos, e seguimos escondendo dentro de nós para manter nossa soberania frente aos outros animais.

No caso da fábula dos três porquinhos, os humanos são porcos, como na *Revolução dos bichos,* de Orwell. Onde quer que falemos da besta, do lobo e do soberano porquinho Prático, teremos em mente uma analogia entre essas duas representações comuns (comuns, porém problemáticas e suspeitas), como disse Derrida, e que devem ser questionadas, ou seja, por um lado, entre aquela espécie de animalidade ou ser vivo que chamamos de besta ou que representamos como bestialidade; e, por outro lado, uma soberania que quase sempre representamos como humana ou divina (Derrida, 2010, p. 33).

No caso dos porquinhos, mais do que nunca devemos pensar no lobo que não só quer devorar ovelhas, ele também tem desejo pelos porcos, por jovens porcos, adora seduzir jovens leitõezinhos para papá-los, antes de crescerem e passarem para o *walk on the wild side* (Lou Reed). Esse é o grande pavor dos porcos. Uma natureza que não faz distinção entre ovelhas, porcos, e seres humanos; tudo inevitavelmente vai ser devorado.

O lobo e a loba são aqueles que devem ser condenados, combatidos no processo da domesticação, eles na fábula se tornam o animal odiado por todas as crianças. Recorro uma vez mais a *1984*; nessa sociedade totalitária e totalmente domesticada, havia mensalmente "o dia do ódio", em que o Big Brother estimulava ao extremo, em grandes praças, pela telepresença, os espectadores domes--ticados e gritarem, a demonstrarem todo seu ódio aos inimigos do regime *Big Brother*, os inimigos do controle, da domesticação, da sociedade disciplinar e punitiva do autocontrole. No filme e no livro eles saem à caça desses poucos e silenciosos que percebem o regime em que vivem, um regime que condena o amor e se nutre do ódio intermitentemente, na realidade, o regime do controle total. O ódio é o que alimenta a cultura fascista-nazista, por isso é preciso estar constantemente fornecendo rações de ódio para os mais domesticados para que eles sigam acreditando que podem ser devorados. É a caça aos lobos, a caça ao comunismo, ao espectro do comunismo, a caça à liberdade, a caça à preguiça que Cícero e Heitor representam, os leitõezinhos ainda não domesticados, porque é preciso desde cedo transformar, domar lobos selvagens para serem adoráveis cães domésticos. Portanto, é preciso aprender a odiar o lobo, e outros tantos animais.

A cumplicidade da casa nessa fábula, na construção da História da domesticação, é exemplar; por um lado, seria impossível pensar o enfrentamento contra a Natureza sem a casa para o civilizado, por outro, sem a casa seria difícil a doma da dita família, a *famulus* burguesa cristã, civilizada.[102] Os *porcus humanitas* não cedem à natureza, relutam contra ela, querem exterminá-la, queimá-la, envenená-la com seus pesticidas e agrotóxicos; e ainda adoram simbolicamente colocar em vasos, como é a árvore de Natal cortada, símbolo máximo do cristianismo. Aí, então, nos deparamos com o oposto, os porquinhos selvagens, principalmente Cícero, a ancestralidade que aconselha a se adaptar à Mãe-Terra e aproveitá-la, cantar, dançar e tocar a flauta como *Pan*, e apreender a andar entre lobas. Eis a primeira casa que se deslumbra na clareira, a mais integrada, íntegra, mas também a dita "mais frágil", a mais pobre: a casa de Cícero.

Referências

BAPTISTA, J. *Dossiê Missões*. Brasília, DF: Ibram, 2015. v. 1.

BAUDELAIRE, C. *A escola pagã*. Œuvres Complètes Texte établi, présenté et annoté par Claude Pichois. Paris: Gallimard — "Bibliothèque de la Pléiade", 1975-1976. v. 1-2.

BETTELHEIM, B. *A psicanálise dos contos de fadas*. 16. ed. Tradução de Arlene Caetano. Rio de Janeiro: Paz e Terra, 2002.

CASSIA, R. *et al. Os Três Porquinhos*: Uma análise dos conceitos sociológicos presentes na história. 2010. Minas Gerais: Pontifícia Universidade Católica de Minas Gerais, 2010. Trabalho apresentado à disciplina de Sociologia, Núcleo Universitário Coração Eucarístico.

COULANGES, F. *A cidade antiga*. São Paulo: Martins Fontes, 1981.

DANZIATO, L. J. B. O dispositivo de gozo na sociedade do controle. *Psicologia & Sociedade*, v. 22, n. 3, dez. 2010.

DELEUZE, G.; GUATTARI, F. *Mil Platôs* – Capitalismo & Esquizofrenia. Tradução de Aurélio Guerra Neto. Rio de Janeiro: Editora 34, 1995. v. 1.

DERRIDA, J. *Margens da filosofia*. Tradução de Joaquim Torres Costa e António M. Magalhães. Campinas: Papirus Editora, 1991.

DERRIDA, J. *Seminario La bestia y el soberano*. Edición establecida por Michel Lisse, Marie-Louise Mallet y Ginette Michaud. Traducción de Cristina Peretti y Delmiro Rocha.

Buenos Aires: Manantial, 2010. v. 1.

FEDERICI, S. *Calibã e a Bruxa*. São Paulo: Editora Elefante, 2017.

FOUCAULT, M. *Vigiar e Punir*: história da violência nas prisões. Petrópolis: Vozes, 1977.

FOUCAULT, M. *As palavras e as coisas, uma arqueologia das ciências humanas*. São Paulo: Martins Fontes, 1981.

---

[102] Veja-se FUÃO, F. Famulus: família, arquitetura e domesticação. Revista de Estética e Semiótica, v. 12, n. 2, 2022.

FRANKLIN, A. *Lupercália.* Tese (Doutorado em Filosofia) – Columbia University, New York, 1921. Disponível em: https://ia800207.us.archive.org/18/items/lupercalia00frangoog/lupercalia00frangoog.pdf. Acesso em: 10 dez. 2023.

FUÃO, F. Sobre cadeiras e clareiras: uma leitura sobre a domesticação em 'Regras para o parque humano' de Peter Sloterdijk. Parte 1. Pixo. *Revista de Arquitetura, Cidade e Contemporaneidade,* Pelotas, v. 3, p. 18-39, 2019.

FUÃO, F. Sobre cadeiras e clareiras: uma leitura sobre a domesticação em 'Regras para o parque humano' de Peter Sloterdijk. Parte II. *Revista de Arquitetura, Cidade e Contemporaneidade*, Pelotas, v. 4, p. 18-37, 2020.

FUÃO, F. Famulus. família, arquitetura e domesticação. *Revista de Estética e Semiótica*, Unb, Brasília, v. 12, n. 2, 2022. Disponível em: https://periodicos.unb.br/index.php/esteticaesemiotica/article/view/45832/35051. Acesso em: 6 set. 2023.

FUÃO, F. *A casa de Robinson Crusoé*. Edição a cargo do autor. Amazon, 2023. (Série: arquitetura para crianças. Revisão técnica: Enilton Braga da Silva).

HAN, B.-C. *A sociedade do cansaço*. Petrópolis: Vozes, 2015.

HEIDEGGER, M. *Ensaios e conferências*. 8. ed. Petrópolis: Vozes; Editora Universitária São Francisco, 2012. (Coleção Pensamento Humano).

KOTHE, F. (org.). *Benjamin*. São Paulo: Ática, 1985.

LACAN, J. *O Seminário.* 3. ed. Rio de Janeiro: Jorge Zahar Editor, 1986. Livro 1.

LAFARGUE, P. *O direito à preguiça*. Tradução de J. Teixeira Coelho Netto. São Paulo: Hucitec, 1999.

LÉVINAS, E. *De la existencia al existente*. Traducción de Patricio Peñalver. Madrid: Arena Libros, 2000.

MARCUSE, H. *Eros e civilização, uma interpretação filosófica do pensamento de Freud*. 3. ed. Rio de Janeiro: Zahar Editores, 1968.

NIETZSCHE, F. *Humano, demasiado humano*. México: Editores Mexicanos Unidos, 1986.

ORWELL, G. *1984*. [S. l.: s. n.], 1935. *E-book*. Versão original de Domínio Público.

RISSANEN, M. *The Hirpi Sorani and the Wolf Cults of Central Italy. Arctos - Acta Philologica Fennica*, Helsinki, v. 46, p. 115-136, 2012.

RUSSELL, B. *O Elogio ao Ócio*. Rio de Janeiro: Editora Sextante, 2002.

SPURK, J. (org.). *O trabalho na história do pensamento ocidental*. Petrópolis: Vozes, 2005.

WEBER, M. *A ética protestante e o espírito do capitalismo*. Tradução de José Marcos Mariani de Macedo. São Paulo: Companhia das Letras, 2004.

POLÍTICAS PÚBLICAS E TERRITORIALIZAÇÃO: AVANÇOS, POTENCIALIDADES, DESAFIOS E CONFLITOS

Tatiana Benevides Magalhães Braga
Marciana Gonçalves Farinha
Eduardo José Marandola Júnior

Políticas públicas e contexto de vida: as perspectivas biomédica e territorial

As explicações de caráter holístico, sincrético ou religioso sobre saúde historicamente constituídas na Antiguidade e no período medieval foram reformuladas entre os séculos XVI e XX a partir dos ideais de racionalidade causal, domínio sobre a natureza e isolamento de variáveis. O ápice do pensamento sobre saúde da Idade Moderna foi o estabelecimento do modelo biomédico, que encampa a saúde às disciplinas científicas sob a ótica positivista emergente no desenvolvimento da Modernidade, como a identificação de sistemas fisiológicos e de processos bioquímicos, a abordagem microbiana e a relação causal entre agente patológico e doença, bem como a aplicação do método cartesiano para reprodução de processos de adoecimento em organismos a partir da inoculação de agentes causais (Barros, 2002). O modelo biomédico, fundamentado nos paradigmas epistemológicos do racionalismo científico em ascensão, elegeu o corpo biológico como lócus de atuação, deixando em segundo plano ou mesmo excluindo fatores de saúde exteriores aos processos orgânicos, tais como elementos ambientais ou socioeconômicos (Barros, 2002). A terapêutica resultante desse paradigma, sendo baseada na intervenção individual, biológica e em tecnologias específicas, possui uma relação estreita com a cultura individualista do capitalismo em desenvolvimento e com a lógica da saúde enquanto produto. Assim, as soluções construídas pelo modelo biomédico muitas vezes tiveram efeito meramente paliativo por não se aprofundarem na compreensão e intervenção sobre o campo complexo e contextual de causas dos agravos em saúde.

A preocupação com o panorama multifatorial das questões de saúde, tais como os meios de produção e inserção cultural do consumo de alimentos, condições ambientais, como saneamento e poluição, ou elementos sociais, como formação de redes relacionais e de apoio psicossocial, foi objeto de disciplinas como a epidemiologia e a saúde coletiva, mas necessitou de uma configuração geopolítica e socioeconômica favorável para ganhar força cultural e passar a constituir o processo de formulação das políticas públicas. Apenas a partir da segunda metade do século XX, fatores econômicos, ambientais e relacionais passaram a integrar a compreensão dos fenômenos e a formulação de políticas públicas. Na década de 1970, um movimento de crítica ao modelo biomédico e ascensão de um paradigma socioeconômico e preventivo ocorreu no interior da Organização Mundial de Saúde, tendo como marco a Conferência de Alma-Ata (Brown; Cueto; Fee, 2006). Porém, por questões econômicas, culturais e políticas ligadas ao avanço neoliberal, o modelo biomédico não perdeu o lugar hegemônico, supremacia que permanece hoje mesmo em áreas nas quais as influências ambientais são evidentes, tais como questões alimentares, tabagismo, saneamento básico ou mesmo saúde mental.

A adesão a uma perspectiva que separa os elementos orgânicos de fatores ambientais, psicológicos, econômicos, políticos e culturais em saúde, focalizando os processos internos de um organismo individual, tem sua hipérbole no processo social que convencionamos denominar medicalização. A medicalização consiste em atribuir o estatuto de doença orgânica a fenômenos cuja manifestação possui influência total, preponderante ou significativa de fatores de ordens não biológicas. Por exemplo, a avaliação de uma criança com dificuldades escolares passa a ter como primeira hipótese a ideia de uma alteração cerebral, mesmo em casos nos quais existe problemas no interior da escola, como classes lotadas ou violência escolar, e mesmo que a criança tenha bom desempenho em outras tarefas fora da escola, como o desenvolvimento de habilidades musicais, esportivas, laborais ou artísticas.

Desse modo, não são considerados ou são colocados em segundo plano aspectos significativos-como a qualidade do ensino ministrado, o vínculo da criança com professores e colegas, eventuais dificuldades no ambiente da criança ou mesmo a presença de preconceito na escola, por exemplo.

Igualmente, quadros de ansiedade, depressão, baixa imunidade e outros que podem estar ligados a condições de trabalho, problemas socioeconômicos e mesmo à rotina alimentar são tomados sob a ótica dos processos biológicos no interior do corpo, apartados das condições mais amplas de vida e tratados a partir de intervenções farmacológicas, cirúrgicas ou técnicas que visem remitir os sintomas sem considerar mais profundamente a relação complexa dos aspectos em interação na vida dos sujeitos. Tal prática figura em pesquisas recentes que apontam a medicalização dos mais diversos problemas cotidianos, como trabalho, estudo e condição financeira (Brust; Braga; Farinha, 2022), envelhecimento (Antonio, 2020), sexualidade (Rohden, 2009), queixas escolares (Santos; Toassa, 2021), entre outros.

A preponderância do modelo biomédico pode ser considerada em duas dimensões quando se pensa a construção da saúde pública. A primeira é a tendência a culpabilizar os indivíduos e famílias, frequentemente considerados responsáveis isolados pelos mais diversos problemas — pobreza econômica, dificuldades escolares, violência sexual — e mesmo patologizados por condições alvo de preconceito, como orientação sexual e diversidade cultural. Tal processo atua como justificativa ideológica da estrutura social vigente e das hierarquizações simbólicas operadas para reproduzir relações de dominação. Desse modo, a culpabilização de um indivíduo por seu desempenho escolar ou por sua situação econômica, sem considerar as oportunidades que lhe foram dadas, legitima simbolicamente a reprodução da exclusão social operada para produzir o fracasso escolar ou a situação de pobreza, normalizando socialmente e reificando a estrutura social que produz desigualdades de oportunidades, o que fortalece ainda mais as condições de conservação das barreiras sociais e simbólicas à democracia.

A segunda dimensão se refere aos efeitos da desconsideração dos condicionantes de vida geradores de insalubridade, vulnerabilidade e risco na condução das políticas públicas e da construção social, cultural e econômica. Tomando como exemplo a educação, os problemas de aprendizagem são tomados como relativos às metodologias pedagógicas ou, ainda mais grave, às condições orgânicas do aluno, permitindo desinvestimento em elementos mais amplos que atravessam as experiências de ensino-aprendizagem, desde a infraestrutura escolar (acesso à merenda, à ventilação ou à quantidade de alunos por sala) até o conjunto de relações estabelecidas no interior da escola (vivências de preconceito, relações autoritárias, abordagem de erros e correções no processo de aprendizagem). Tais aspectos designam questões a serem respondidas pela sociedade e traduzidas em políticas públicas pelo Estado: a educação deve promover convivência cidadã ou preparar trabalhadores para o mercado de trabalho? Deve enfatizar conteúdos curriculares, capacidade de pesquisa e raciocínio crítico ou o convívio social e aprendizagem grupal? Questões como essas se refletem em aspectos como as metodologias educacionais, o volume do investimento público a ser realizado, a formação do currículo, entre outras. O sistema educacional como um todo — estrutura física, perfil dos educadores, componentes ministrados, materiais ofertados, relações sociais e afetivas estabelecidas etc. — forma um poderoso campo de influência sobre os indivíduos que nele se encontram e sobre os resultados das atividades nele desenvolvidas, que passa a ser invisibilizado na medida em que os problemas emergentes no sistema são alocados no organismo biológico e individual de seus participantes.

Do mesmo modo, as doenças do trabalho relacionam-se a um campo amplo de influências, incluindo situações de insalubridade, periculosidade, salário, intensidade e ritmo do trabalho etc. Tais elementos se articulam, por sua vez, a políticas trabalhistas de Estado, tanto no campo da regulamentação e fiscalização quanto no campo da formação de instituições e programas ativos na definição de áreas de investimento, capacitação e apoio a projetos. Nos campos da assistência social e do sistema judiciário, a individualização dos problemas sociais é fruto de um longo processo construído desde o período de colonização, que se inicia com a produção de preconceitos contra negros e indígenas como avessos ao trabalho e destituídos de humanidade; constroem-se justificativas pseudocientíficas para imputar atributos pejorativos à população marginalizada, com ideias como dominância genética de tendências ao crime, capacidade intelectual ou saúde mental.

Ainda, atualmente, há uma acepção cultural pautada no preconceito referente ao benefício social, visto não como direito, mas como elemento de caridade que rebaixa seu beneficiário e o associa à ideia de vagabundagem, omissão e falta de interesse, contribuindo para a manutenção da opressão de populações colocadas à margem dos direitos (Couto, 2015). Do mesmo modo, no sistema judiciário, a análise do perfil da população prisional, das decisões jurídicas sobre questões como violência contra a mulher e distribuição de terras, ou ainda do cumprimento de legislações eleitorais, educacionais e trabalhistas de viés afirmativo, demonstra a influência da desigualdade social brasileira e consequente minorização política de vários grupos sociais. Novamente, trata-se de um panorama social cuja superação demanda estruturação e fiscalização de dispositivos legais, assim como implementação de dispositivos institucionais e políticas públicas de equalização social — que, todavia, são frequentemente invisibilizadas pelo discurso de individualização e mesmo medicalização dos problemas de segurança pública e justiça.

No campo do urbanismo, a incidência de dimensões sociais, econômicas e políticas possui íntima relação com temas como a distribuição de equipamentos públicos, as condições de mobilidade urbana, rural e de pessoas com deficiência, a produção de espaços de concretização das desigualdades sociais, como áreas de prostituição ou cracolândias em contraposição a condomínios fechados. Esses fenômenos, tal como o perfil da população carcerária no campo da justiça, a distribuição de merenda escolar no campo da segurança alimentar ou a produção de queixas escolares no campo da educação, apenas se constroem no entrecruzamento de dimensões políticas, sociais, econômicas, geográficas, culturais, estéticas, enfim, no campo complexo de produção da vida humana, em que as tensões geográficas centro-periferia reproduzem as tensões das desigualdades de renda, gênero, raça, entre outras instauradas no cotidiano das relações sociais e em sua carga de trocas afetivas, econômicas, simbólicas, práticas etc.

É na perspectiva do vínculo profundo entre situações sociais e individuais o caráter multidimensional que incide sobre ambas em que novas formulações conceituais emergem na Ciência, em dispositivos legais e em diretrizes de implementação de políticas públicas. Conceitos como território, cartografia, vulnerabilidade, risco, gentrificação, concernentes originalmente a áreas como Geografia, Geologia, Matemática, Economia, Arquitetura e Urbanismo, são transpassados pelos elementos humanos concernentes à criação social do espaço para criar dispositivos conceituais capazes de auxiliar a compreensão das dimensões envolvidas em fenômenos das diversas garantidoras de direitos de cidadania, como saúde, educação, assistência social, justiça, segurança pública, cultura, entre outras. Tais conceitos, carregando uma interface entre produção material e relacional de vida, contribuem para articular a produção concreta, dinâmica e simbólica da realidade numa totalidade simultaneamente integrada, dialética e em constante transformação.

Assim, na análise da produção concreta dos fenômenos sociais, tais como insegurança alimentar, população carcerária, situações de violência e pobreza, índices epidemiológicos de agravos em saúde, produção dos assim chamados transtornos mentais, o contraponto à culpabilização dos sujeitos exige uma revisão epistemológica que considere o amplo desenrolar da vida humana em uma perspectiva de entrecruzamento de suas dimensões — biológicas, políticas, sociais, culturais, psicológicas, geográficas etc., enfim, exige que se considere a complexidade que há no entrecruzamento das diversas esferas de experiência, realizando a crítica de visões essencialistas que atribuem causas a um único ou poucos fatores, inscritos no sujeito, grupo ou instituição individualmente e com poucas chances de mudança quando considerados a eles inerentes. É nesse contexto que diversas correntes de análise das ciências humanas recorrem a uma reflexão sobre as perspectivas adotadas para compreender os fenômenos humanos no campo das relações entre ciências e políticas públicas, buscando elaborar dispositivos conceituais mais abrangentes.

O conceito de território: historiografia e (re)democratização

Os enlaces entre situação singular e suas dimensões, tanto ligadas às compreensões e ações dos sujeitos participantes quanto às influências históricas, sociais, econômicas e políticas da conjuntura mais ampla, podem ser reconhecidos nas políticas públicas a partir de alguns termos que se tornaram cruciais na construção de ações, projetos e programas democratizantes, socialmente comprometidos e que assumissem uma perspectiva epistemológica transdisciplinar, considerando a complexidade do real. Dentre tais termos, destacaremos a noção de território para analisar práticas dele decorrentes que buscam romper o modelo individualizante tradicional nas políticas públicas de saúde, assistência social, educação, entre outras.

O conceito de território foi incorporado à Geografia Moderna como um componente estruturante do Estado-nação, como base para a autonomia de um povo com sua língua, cultura e história próprias. Desse modo, a constituição de unidades político-administrativas em suas diferentes escalas (nacional, estadual, municipal) segue o mesmo princípio, pautado na delimitação de um território, ou seja, uma área sob o comando de um poder central. Assim, referia-se a áreas ligadas à divisão político-administrativa de Estado, figurando em expressões como território nacional, território estadual e municipal, designando uma área com relativa autonomia político-administrativa em contraposição a outras áreas de mesmo *status* — outros países, estados ou municípios. Os dispositivos legais e operacionais voltados a políticas públicas como saúde, justiça ou educação, referiam-se ao termo, sobretudo para designar a área de abrangência de uma legislação ou instituição. Nessa perspectiva, território aponta o espaço físico de domínio político de um dispositivo legal ou institucional. As políticas públicas que correspondem a essa noção de território possuem caráter individualizante: leis e instituições recaem sobre um indivíduo isoladamente, abordando questões cujas causas são atribuídas a fatores que a ele dizem respeito. A organização regional desses dispositivos deve-se unicamente ao fato de tais indivíduos se localizarem em uma área político-administrativa, matemática e concretamente delimitada por uma escala ou conjunto de medidas e juridicamente circunscrita por um aparato legal estatal.

Até o fim da Ditadura Civil-Militar (1964-1985), documentos oficiais brasileiros sobre saúde pública, educação e assistência social pouco discutem influências de fatores culturais, socioeconômicos ou de participação política na construção das ações desenvolvidas. A Lei Eloy Chaves (Lei 4.682/1923), que dá início à previdência social e à saúde do trabalhador, refere-se apenas a organização financeira e atribuições de trabalhadores e empregadores para provimento de pensões, medicações e tratamentos, divididos conforme a empresa empregadora. As leis que formam os Institutos de Aposentadoria de Pensão na década de 1930 (Lei 22.872/1933 e similares) seguem o mesmo modelo, apenas ampliando o público e organizando-o por categorias profissionais. Na organização de tais políticas, não são previstas ações estatais visando garantir saúde ou segurança social à população, bem como não há questionamentos, por exemplo, quanto à desigualdade da gestão e distribuição de benefícios por empresas ou categorias profissionais. A educação se dividia entre um ensino voltado às elites e outro mais precário voltado à população em geral, desde os jesuítas do período colonial (1500-1759), contrapondo investimento em educação técnica e superior voltada às elites e às classes médias e desinvestimento do ensino básico voltado à população geral. Assiste-se a uma persistência de altos índices de analfabetismo (65% da população em 1929), sendo a educação reconhecida como direito de todos apenas em 1934, porém sem projetos efetivos para garantir a efetivação desse direito, numa desresponsabilização do Estado pelas condições sociais que criava.

O desenvolvimento de algumas políticas públicas nas décadas seguintes, embora corrija certas distorções, como a uniformização de benefícios na saúde e a ampliação do público escolar atendido, mantém um modelo de prestação de serviços e distribuição de benefícios com pouca crítica dos condicionantes que geram as demandas. Ademais, a inserção progressiva de um modelo de compra de serviços privados pelo Estado, que tem seu ápice no período militar, levou a uma organização de serviços que muitas vezes obedece mais à lógica dos lucros de agentes privados do que das demandas da população. Assim, no campo da saúde, expandem-se os manicômios enquanto faltam serviços básicos e vagas em Unidades de Terapia Intensiva (UTIs); na educação ocorre a expansão do ensino privado das escolas às universidades, sem o atendimento da população de baixa renda e com pouca fiscalização da qualidade oferecida.

Foi no movimento de redemocratização a partir da década de 1970 que a consideração dos elementos sociais passou a ser mais enfatizada na construção das políticas públicas, com a problematização dos modelos individualizantes hegemônicos. O processo de redemocratização parte da análise de que a democracia não deve ser exercida apenas no momento do voto, demandando coletivizar a gestão inserindo nela a população, reconhecendo o Estado como instrumento da participação na vida política e permitindo ampliar ações e processos de fiscalização da gestão pública. Nesse sentido, para que a democracia se efetive, é necessária a construção social da cidadania enquanto "inserção social plena de sujeitos de direitos e deveres na vida pública" (Barbosa, 2021, p. 1). Em outras palavras, a cidadania implica o "direito de ter direitos" (Arendt, 2013, p. 330), que abrange tanto o reconhecimento público quanto pessoal do próprio pertencimento e dignidade.

A redemocratização estabeleceu, pela primeira vez na história brasileira, um conjunto de direitos de acesso e participação, bem como um arranjo de dispositivos legais para garanti-lo. Saúde, educação, assistência social, justiça, proteção à infância, entre outros, não apenas se convertem em direitos universais como tornam-se passíveis de ser exigidos individualmente em termos jurídicos, obrigando o Estado a efetivá-los. Além disso, diversos aparatos jurídicos e institucionais de participação e vigilância na gestão do Estado são criados, tais como conselhos de saúde, educação e segurança pública com representantes da população, audiências públicas, conferências nacionais, entre outros. Várias políticas públicas voltadas a direitos de cidadania são estabelecidas pela união entre congressistas constituintes e sociedade civil, representada sobretudo pelos movimentos sociais atuantes na luta política em cada setor. A constituinte e a reorganização estatal procuraram ampliar a democracia para a gestão participativa cotidiana do Estado para além das eleições, buscando fortalecer direitos, instituições e dispositivos jurídico-administrativos que contribuíssem na conclusão desse objetivo.

Como exemplo, os movimentos dirigidos às pessoas com deficiência foram cruciais para incluir a previsão de integração de pessoas com deficiência no Art. 203 da Constituição Federal de 1988 (CF/1988) e para promulgar a Lei de Acessibilidade em 1989, que representou um relevante marco legal para o desenvolvimento ulterior de referências legais, institucionais e políticas inclusivas. Na assistência à infância, a participação de movimentos da sociedade civil esteve articulada à inclusão da proteção integral à infância no Art. 227 da CF e na posterior substituição do Código de Menores, que criminalizava a infância pobre, pelo Estatuto da Criança e do Adolescente (ECA) em 1992, que reconhece crianças e adolescentes como sujeitos de direitos.

A CF/1988 estabelece em seu artigo 196 a saúde como direito de todos e dever do Estado, sinalizando a criação de políticas para garanti-la, sistematizadas a partir da Lei Orgânica da Saúde (Lei 8.080/1990), que cria o Sistema Único de Saúde (SUS) e institui dispositivos de participação popular na gestão, tais como Conselhos de Saúde e Conferências de Saúde. A educação é assegurada pela primeira vez como direito universal (Art. 205), com a universalização do ensino como compromisso (Art. 208) e recursos específicos para a educação básica, priorizando a erradicação do analfabetismo (Art. 212). O Art. 203 da CF/1988 sinalizou ainda a reestruturação da Assistência Social, desenvolvida em diversas leis, normas e políticas posteriores até haver, finalmente, a instauração legal do Sistema Único de Assistência Social (Suas) na Lei 12.435/2011. Na garantia de direitos ao idoso, a CF/1988 confere benefício a idosos sem provimentos (Art. 203) e o amparo familiar e estatal (Art. 230), posteriormente ampliados pelo Estatuto do Idoso em 2003. Também em campos ligados a direitos de cidadania, como segurança pública, justiça e cultura, assistiram a profundas reformulações, compondo-se um panorama geral de reestruturação da relação entre os cidadãos e o Estado na direção do estabelecimento e aprofundamento de uma democracia plena, via ampliação da igualdade social não apenas econômica, mas ambiental, cultural, educacional e de saúde, pautando-se na participação política como garantidora dessa equalização (Abers; Silva; Tatagiba, 2018).

Sem ignorar avanços anteriores e retrocessos ulteriores em cada uma das áreas citadas, cabe reconhecer que o processo de mudança jurídico-social promovido pela CF/1988 inseriu artigos específicos que permitiram instituir um importante aparato de controle das ações do Estado, garantindo continuidade de políticas voltadas aos direitos de cidadania. Os marcos constitucionais, obtidos com a pressão de movimentos sociais e atores da sociedade civil, permitem simultaneamente o desenvolvimento de regulamentações específicas e a reivindicação de direitos pelo cidadão comum que é subjetivamente afetado pela lei. A partir disso, opera-se uma lógica da cidadania que passa a requerer a reestruturação das diretrizes, processos, recursos e práticas das instituições voltadas à efetivação desses direitos, levando as políticas públicas a receber atenção ampliada e atuar com perspectiva de maior participação popular e consideração do contexto socioeconômico e cultural. Nesse cenário, ocorre um amplo processo de reformulação dos sistemas estatais, reorganizando mecanismos de gestão, modelos de financiamento, relações de trabalho, diretrizes de atendimento, objetivos e outros aspectos das instituições integrantes de dispositivos como o SUS, o Suas, o sistema educacional, as políticas de justiça, de segurança pública, de acessibilidade, de assistência à infância e ao idoso, de moradia, de desenvolvimento agrário, entre outros.

Territorialização nos planos epistemológico, formativo e de práticas interventivas

A reestruturação das políticas públicas no país orientada pela promoção da cidadania se articula à necessidade de considerar as amplas dimensões de produção dos fenômenos humanos, exigindo reformulações no plano epistemológico, no plano formativo e no plano prático, com elaboração de ações articuladas a novas perspectivas. No plano epistemológico, dispositivos conceituais/analíticos e métodos de pesquisa diversos do modelo individualizante hegemônico são adotados ou reelaborados para construir saberes e análises que abordem modos complexos e multifacetados de apresentação dos fenômenos. Noções como promoção da saúde contraposta à mera cura de doenças, decisão compartilhada e não unilateral são paradigmáticas das mudanças em relação aos objetivos e à lógica das ações nas políticas públicas. É nesse contexto que a noção de território nas áreas da saúde, serviço social e educação sofre grandes alterações, passando a designar um espaço marcado por significações, experiências, percursos, interações e ações daqueles que nele circulam (Lima; Yasui, 2014) — um campo espacial e existencial de realização da vida coletiva, com suas trocas e transformações materiais, afetivas e simbólicas.

No pano de fundo histórico do processo de reestruturação das políticas públicas, o campo semântico designado pela noção de território passa a abranger as dimensões relacionais, culturais e a produção dos processos sociais no espaço. Nessa perspectiva, busca-se superar a herança positivista e fragmentada que descreve o território estritamente em termos de extensão concreta dos terrenos e suas delimitações administrativas e a saúde em termos de processos biológicos interiores ao corpo para compreender as relações e interfaces entre fenômenos biológicos, sociais e geográficos. As reformulações do conceito de território passam a abranger os usos do território pelos indivíduos, seu significado simbólico e as transformações pelas quais o espaço passa mediante a interação humana: o trânsito dos sujeitos, as interações comunitárias que constroem determinadas experiências, significações e processos transformadores, as interdições criadas no contexto das relações de poder se tornam parte integrante do conceito de território e fundamentais para analisar as influências do espaço vivido nos processos de saúde, doença, afirmações e violações de direitos, produção material de vida, entre outros fenômenos fundamentais para as políticas públicas. Assim, os processos históricos, sociais e econômicos ocorridos nos espaços concretamente vividos passam a ser compreendidos como importantes fatores de influência na constituição de fenômenos como escolaridade dos indivíduos, situações epidemiológicas, agravos em saúde, processos de prevenção e promoção da saúde, da violação e promoção de direitos, reprodução geracional da pobreza e da violência, entre outros (Faria; Bortolozzi, 2009).

Nas políticas públicas, fatores territoriais como os laços construídos entre os indivíduos, o uso dos elementos materiais, relacionais e simbólicos do espaço, acesso a serviços públicos, mobilidade, o sentido e os investimentos de cada indivíduo com seu contexto, a organização das instituições atuantes localmente, modos de decisão e organização política, crenças e valores de uma comunidade, condições de aprendizagem e de transformação das situações de vida são fundamentais para efetivar ações pertinentes. Ou seja, conhecer as condições sociais de funcionamento do território passa a ser crucial para produzir práticas, experiências e dispositivos institucionais que dialoguem com a população atendida e que articulem teoria e prática na promoção de melhores condições de vida. Assim, o processo de pertencimento territorial é um elemento fundamental para a construção do cuidado em saúde, educação, na superação da vulnerabilidade e da violação de direitos, desvelando uma articulação profunda entre território e cidadania, em que todos, enquanto compartilhadores e pertencentes ao lugar e à comunidade, necessitam ser reconhecidos e cumprir o mesmo quadro de direitos e deveres. Significa também que os processos de hierarquização e exclusão social que destituem do pertencimento comunitário necessitam ser superados por meio da construção de práticas que visem à equidade e trabalhem para reverter as experiências de marginalização. Em consonância com a trajetória histórica de redemocratização, a territorialização das políticas públicas atinge a chaga da desigualdade social na busca permanente pela efetivação da cidadania, que requer a geração e o reconhecimento dos direitos de Estado e do pertencimento ao território e à comunidade.

O território, passando a ser compreendido como o campo concreto de realização das experiências dos indivíduos no contexto social, passa a figurar no aparato legal e textos oficiais do Estado de maneira muito mais ampla. A Portaria MS 399/2006, que discute as diretrizes para a consolidação do SUS, e a Portaria MS 3.252/2009, que discute o financiamento e a execução da vigilância em saúde, abordam a territorialização da saúde, articulando dispositivos de saúde, regiões sanitárias e esfera da participação e controle social. Já o documento das Diretrizes Nacionais de Vigilância em Saúde (Brasil, 2006, p. 13) aborda a relação entre território e a "complexidade das relações humanas que nele interagem socialmente". Na Portaria 2.436/2017, a palavra território" aparece 99 vezes e a territorialização é abordada nas perspectivas da identificação das necessidades de saúde em dada população, da dinamicidade do território, da existência de populações específicas, itinerantes e dispersas e da consideração de dimensões sociais, econômicas, epidemiológicas, assistenciais, culturais e identitárias.

Tal noção multidimensional de território se reflete na organização de programas e processos nas políticas públicas, articulando práticas, regiões, setores, campos disciplinares e de atuação. Por exemplo, no programa Academia da Saúde, do Ministério da Saúde (Brasil, 2011), o termo "território" se refere tanto à rede de serviços e dispositivos oferecidos pelo Estado no campo da saúde quanto aos elementos culturais e sociais presentes no espaço aos quais o programa deve se adaptar. Do mesmo modo, o programa Saúde nas Escolas (Brasil, 2010) busca articular saúde e educação de maneira transdisciplinar, referindo o território a partir da área de abrangência do Programa de Saúde da Família (PSF), o que permite considerar os elementos do contexto de vida identificados no PSF na elaboração de ações educacionais voltadas à saúde no âmbito escolar. A efetividade das políticas de saúde formuladas a partir da ampliação dos fatores considerados, a perspectiva de articulação em rede dos serviços públicos influenciada pela noção de território, a reformulação dos setores das políticas públicas e a perspectiva de ampliação da cidadania no processo de redemocratização foram fatores que também levaram ao fortalecimento de perspectivas territorializantes em outros âmbitos das políticas públicas, abrangendo as práticas do Sistema Único de Assistência Social (Nascimento; Melazzo, 2013), de Assistência à Infância, no sistema educacional, entre outras.

No plano da formação profissional, a reorientação da perspectiva epistemológica aliada às mudanças sociopolíticas e aos novos dispositivos institucionais de Estado influenciaram os cursos de graduação. Novas demandas advindas da reorganização do Estado requisitaram novas habilidades e competências no mercado de trabalho. Simultaneamente, a articulação entre ensino, pesquisa e extensão universitária em diversas instituições de ensino superior brasileiras, sobretudo as universidades públicas, aliou a elaboração de novos dispositivos conceituais, métodos de pesquisa e intervenção à formação de profissionais que, ao ingressarem nos serviços públicos, imprimem uma nova visão. Nesse contexto, ampliam-se os profissionais voltados ao diálogo com a população, tais como psicólogos, assistentes sociais, terapeutas ocupacionais e enfermeiros, bem como reformulam-se as diretrizes desses cursos. As reorientações no processo formativo foram fortemente influenciadas pelo próprio SUS, cujas diretrizes foram incluídas nas Leis de Diretrizes e Bases de algumas profissões de saúde ao final da década de 1990 e no Programa Nacional de Reorientação da Formação Profissional de Saúde (Lucchese; Vera; Pereira, 2010). Tal processo atingiu várias profissões, aqui sendo tratadas algumas das mais comuns nas políticas públicas de saúde e assistência social.

A prática do Serviço Social no Brasil, na primeira metade do século XX, teve forte influência do catolicismo, bem como dos movimentos higienistas e da escola nova (Iamamoto, 2017), e sua efetiva profissionalização ocorreu sobretudo após a Segunda Guerra Mundial, com o avanço do capitalismo, que demandava instituições governamentais que aplacassem o conflito social. Entre as décadas de 1950 e 1960, a formação em Serviço Social era inspirada na visão individualista do funcionalismo e do positivismo americano. Já as políticas estatais pautavam-se em projetos focais e fragmentados, de feição clientelista, atuação no âmbito privado e religioso. O cenário da Guerra Fria e a inserção do Brasil na esfera de influência americana direcionaram a assistência social para projetos de amortecimento das desigualdades do capitalismo, sobretudo pela Legião Brasileira de Assistência (LBA), Fundação Nacional do Bem-Estar do Menor (Funabem) e Movimento Brasileiro de Alfabetização (Mobral). Contudo, tais projetos não representavam mudanças profundas e, ao emergirem nas propostas de reforma de base do governo de João Goulart (1961-1964), foram rapidamente abortados pela ascensão da Ditadura Civil-Militar (1964-1985). No período militar, as políticas sociais foram utilizadas para corrigir distorções entre produção e consumo e legitimar o regime, enfatizando-se a política clientelista e a privatização de setores rentáveis, como habitação, educação e saúde. Com as lutas sociais crescentes na década de 1970, num cenário de inflação, dívida externa, superexploração do trabalho e concentração de renda, o Serviço Social passou por um processo de reconceituação (Iamamoto, 2017), alinhando-se a perspectivas desenvolvimentistas e marxistas que visavam articular suas ações à promoção da igualdade social e à atribuição do papel do Estado nas condições de vida da população (Iamamoto, 2017) com um viés de participação popular que tomava o assistente social como agente de mudanças (Scheffer; Closs; Zacarias, 2019).

Tal processo conviveu com pressões de modernização tecnocrática de viés conservador, que considerava o assistente social um agente técnico do planejamento estatal decidido pelas instâncias superiores de governabilidade. O viés tecnocrático influenciou a reforma curricular de 1969, encolhendo vertentes democratizantes, que, todavia, cresceram a partir do final da década de 1970, produzindo reflexões, práticas e processos formativos voltados à construção democrática e ampliando-se com a redemocratização do país. Essa reorientação epistemológica, prática, teórica e metodológica figurou nos dispositivos constitucionais da assistência social e na estruturação das Diretrizes Curriculares Nacionais (DCNs) elaboradas na década de 1990. Apesar de retrocessos nas DCNs de 2001 advindos de pressões neoliberais do mercado da educação superior, constituíram bases para uma formação crítica que inseriu os problemas sociais no panorama das contradições do capitalismo (Iamamoto, 2014).

Já a Enfermagem se constitui historicamente marcada pelo modelo biomédico articulado à influência religiosa, reproduzindo em parte elementos patriarcais e a lógica autoritária com base no binômio subserviência/dominação. O olhar sobre a saúde restrito a processos biológicos e internos ao corpo era de domínio do médico, profissão dominada por 70% a 90% de homens no Brasil até a década de 1980. A Enfermagem, profissão que ainda na década de 2020 possui 85% de mulheres e foi associada ao cuidado, executava ordens médicas, numa relação de subordinação que reproduzia o modelo patriarcal. O desenvolvimento da Enfermagem enquanto profissão de apoio à Medicina e à estruturação do hospital, bem como o viés caritativo que limitou sua profissionalização, impediu historicamente um reconhecimento social igualitários à Medicina e associou a Enfermagem a um modelo autoritário com encargo de fazer a instituição e as ordens funcionarem, que colocava como voz única o discurso do profissional de saúde frente ao paciente, familiares e comunidade em geral. É no início do século XX que a Enfermagem passou a se profissionalizar, sob a égide do avanço tecnológico, que passou a exigir treinamento para manusear instrumentos e medicações específicas. Tal avanço, porém, manteve divisões patriarcais, já que a separação das profissões de médico, enfermeiro e farmacêutico levou à masculinização da Medicina, enquanto profissão de maior prestígio e renda, e à feminização da Enfermagem, associada ao cuidado materno e subordinada à ordenação médica e masculina.

Os governos brasileiros da primeira metade do século XX privilegiaram ações técnicas de saúde pautadas no corpo biológico, desconsiderando fatores sociais como ausência de saneamento básico ou acesso à alimentação. Tais políticas, aliadas ao crescimento da indústria farmacêutica e da tecnologia hospitalar, acabaram por dirigir a Enfermagem, a Medicina e outras profissionais de saúde ao modelo hospitalar, biomédico e de gerenciamento de ações tomadas unilateralmente frente a um paciente passivo (Geovanini *et al.*, 2019). As mudanças nas relações de gênero no século XX incidiram sobre o arranjo patriarcal entre Medicina e Enfermagem, sobretudo pela ascensão das mulheres à Medicina, representando 50,2% da profissão em 2023. Porém, o modelo biomédico e a associação da Enfermagem à execução de ordens institucionais perduraram até a instauração do SUS, que levou à necessidade de articular as práticas de Enfermagem a processos de territorialização.

Nesse contexto, as mudanças no modelo biomédico ocorrem ainda em conflito com sua hegemonia, encontrando percalços e sendo profundamente influenciadas pela noção de integralidade em saúde e, posteriormente, pela abrangência da atenção básica na prática profissional de enfermagem (Lucchese; Pereira, 2010). O papel da Enfermagem no gerenciamento das unidades da atenção básica e o lugar crucial que a Estratégia de Saúde da Família foi consolidando no SUS como articuladora das ações de saúde em âmbito local levaram ao desenvolvimento de saberes e práticas voltados a ações contínuas. Tais práticas se desvincularam das ordens médicas e passaram a incluir o acompanhamento da história dos sujeitos, seus processos de cuidado, melhoria e agravos, o conhecimento de sua rede de apoio psicossocial, a articulação com os serviços da rede voltados às especificidades do cuidado de cada caso, entre outros elementos que passaram a demandar uma perspectiva integral, territorializante e dialógica tanto no âmbito da equipe de saúde quanto na relação com o paciente e sua rede relacional (Geovanini *et al.*, 2019).

Na Psicologia, o processo de redemocratização abre espaço para um movimento de articulação com as políticas públicas, iniciando um processo de crítica a um modelo de atendimento psicológico baseado na clínica individual de consultório particular, com um olhar sobre o sujeito que desconsidera atravessamentos sociais. A discussão sobre novos paradigmas epistemológicos, metodológicos e práticos para a Psicologia se articula com movimentos pela saúde, assistência social, universalização da educação e reforma psiquiátrica, entre outros, e se apresentará no processo de formulação da Lei de Diretrizes e Bases da Educação Nacional na década de 1990 e na Resolução 8/2004 do Conselho Nacional de Educação (CNS), que especifica pontos da formação. A despeito de pressões de entidades de ensino superior privadas por autonomia e ensino com pouca regulação estatal, tais documentos também possuíram forte influência da discussão sobre a importância de um profissional generalista e da articulação entre conteúdos ministrados, sua contextualização e articulação com a promoção da cidadania (Oliveira; Oliveira; Angelucci, 2017). Simultaneamente, a Psicologia passou a ser reconhecida como uma das 13 profissões de saúde pela Resolução CNS 218/1997 do Ministério da Saúde, levando à sua integração nas políticas públicas e nas intersecções multidisciplinares. A progressiva participação de psicólogos e entidades de classe na gestão do Estado e formulação de políticas públicas também foi importante para a reformulação das concepções das experiências e processos psicológicos, bem como para a inclusão de dimensões da subjetividade na formulação das políticas públicas.

Já a Medicina desenvolve-se como profissão liberal de prestígio desde a instauração das primeiras faculdades no século XIX até a década de 1950. A partir do início do século XX, o Brasil sofre influência da reforma estadunidense do ensino médico (Azevedo; Ferigato; Souza, 2013), de traços notadamente positivistas, reforçando o peso de conteúdos anatômicos, a interpretação individualista do processo de adoecimento, a especialização precoce, a prática dirigida a hospitais universitários e, portanto, à atenção terciária. Tal modelo fragmentado de ensino era articulado a uma política de ênfase privada na oferta de serviços de saúde, inclusive com a compra pelo Estado, favorecendo e sendo estimulado pela indústria privada de saúde, pressionando por uma lógica de mercado orientada pela compra e venda de serviços de saúde pautados desproporcionalmente em ações curativas, hospitalocêntricas e "tecnologias duras" em detrimento de ações preventivas, integradas, de tecnologia acessível e interdisciplinares. O ensino baseado no modelo centrado na doença e na ação médica especializada, em detrimento de projetos formativos de viés generalista com perfil capaz de atuar em rede, levou a uma formação de modelo ambulatorial e hospitalar, distanciado da saúde coletiva.

A partir da década de 1980, o movimento sanitário, a VIII Conferência Nacional de Saúde de 1986 e a CF/1988, estabelecendo no SUS um projeto contra-hegemônico, levam a mudanças a formação médica e ocasionam conflito entre formação biomédica e socioeconômica preventiva (Azevedo; Ferigato; Souza, 2013). As DCNs para os cursos de Medicina preconizam a integração das práticas médicas com as demais instâncias de saúde e com o contexto social, bem como definem para o egresso um perfil generalista, humanista, reflexivo e comprometido com a cidadania. Assim, passam a ser inseridos nos cursos conteúdos voltados ao desenvolvimento do contato com a população, com os dispositivos do SUS, do acolhimento, da compreensão de fatores socioeconômicos incidentes sobre as situações de saúde, do trabalho com equipes interdisciplinares.

Em outras profissões de saúde também emergiram ressignificações teórico-práticas na formação, que visaram reorientar a atuação profissional rumo à construção de políticas públicas de direitos de cidadania, tais como a terapia ocupacional, que passa a enfatizar os elementos de ressocialização e participação na reabilitação psicossocial, a nutrição, que passa a ter papel mais importante no desenvolvimento de políticas de segurança alimentar, e a fonoaudiologia, cuja reabilitação de pessoas surdas ganha importância na atuação pública a partir da construção de dispositivos legais e institucionais de inclusão de pessoas com deficiência.

No plano prático, a grande maioria das profissões atuantes no SUS, no Suas e em alguns setores da educação e da justiça passa a integrar a seu cotidiano laboral práticas que transcendem a lógica ambulatorial, tais como ações intersetoriais, discussões de rede ou ações preventivas, tais como de educação em saúde, grupos de fortalecimento de vínculos, debates com a população, entre outros, a depender do setor de atuação e do contexto de desenvolvimento das políticas públicas. Diversas modalidades de atendimento, avaliação, atividades de equipe, propostas de discussão de casos, ações intersetoriais foram formuladas a partir dos processos de reorientação legislativa e institucional das políticas de Estado. Podemos compreender tais propostas em ao menos três esferas: a esfera interinstitucional, que abrange o diálogo e a corresponsabilidade dos serviços pelo acompanhamento de uma mesma situação ou família, a esfera interinstitucional, que abrange as ações, decisões, diálogos e processos no interior de um serviço; e a esfera do atendimento direto, que abrange a reorientação do atendimento e do diálogo junto à população participante do serviço.

Na esfera interinstitucional, a organização de atendimentos em serviços diversos com trabalho conjunto e o atendimento em múltiplas especialidades articuladas levou a práticas de intersetoriais, tais como apoio matricial e reuniões de rede intersetorial, entre outras. O apoio matricial é uma estratégia de corresponsabilização de dois ou mais serviços de saúde responsáveis pelo cuidado integral ao usuário visando ao seu fortalecimento com a atenção básica e implicando a participação dos profissionais de saúde mental no processo de construção do cuidado primário da população atendida (Taniguchi, 2018). Desse modo, permite que os profissionais da atenção básica se apropriem de questões de saúde mental trabalhadas pela equipe especializada visando aprimorar a abordagem do indivíduo e favorecer seu cuidado em saúde. Permite, ainda, que a equipe de saúde mental amplie o conhecimento do cuidado geral do paciente e dos processos vividos por ele no território. As reuniões de rede, convocadas para discutir casos atendidos por diferentes serviços, são cruciais para integrar avaliações, objetivos e metodologias das ações junto a dado indivíduo ou população, permitindo construir um olhar amplo sobre as múltiplas dimensões de sua problemática, evitando a fragmentação de ações sem continuidade e elaborando um plano comum com base na identificação multidimensional dos fatores, potencialidades e demandas de uma situação que exige atenção das políticas públicas.

Na esfera interinstitucional, o atendimento com foco na integralidade levou à ampliação das discussões de equipe, em práticas como as supervisões institucionais, as reuniões de equipe multidisciplinar e as interconsultas. As práticas de supervisão institucional são oriundas das experiências de reforma psiquiátrica, que construíram uma crítica dos elementos de reprodução de processos iatrogênicos na organização das instituições de assistência. Assim, o olhar analítico para as condições relacionais, contextuais e de cuidado não apenas de usuários dos serviços, mas de todos os agentes institucionais permitiria identificar e intervir sobre os processos institucionais produtores de adoecimento, vulnerabilidade e violência passíveis de atingir tanto usuários quanto profissionais dos serviços. Já as discussões de equipe multiprofissional criam processos e dispositivos de diálogo interdisciplinar, permitindo compilar visões epistemológicas diversas, construir acordos, integrar processos de trabalho, fortalecer as relações entre membros da equipe e ampliar o olhar em relação a uma situação atendida. Finalmente, as interconsultas permitem compartilhar a ação desenvolvida junto a um indivíduo ou população, visando articular olhares interdisciplinares no próprio momento do diálogo com o atendido, integrar diferentes saberes e práticas em uma atuação conjunta visando ao benefício de ambas as dimensões cuidadas e, finalmente, ampliar o diálogo em continuidade em um processo de um tratamento, prática de cuidado ou desenvolvimento de uma ação.

Tanto as práticas intrainstitucionais quanto as interinstitucionais dialogam com a ótica da territorialização, na medida em que atuam na construção de olhares e práticas que levem em consideração as múltiplas dimensões — sociais, institucionais, materiais — envolvidas na avaliação e na intervenção de uma situação a ser atendida. À medida que o território de desenvolvimento do atendimento de um serviço não diz respeito apenas ao campo do cotidiano do usuário — sua casa, a comunidade que frequenta etc. —, mas inclui os próprios dispositivos de assistência, os conhecimentos e valores de seus atores e os recursos disponíveis na rede de assistência e na comunidade, as práticas territorializadas necessitam abranger essas dimensões.

Na esfera da relação entre serviços e população, o processo de territorialização levou ao surgimento de práticas interventivas que aproximam o atendimento do contexto de vida da população, tais como as visitas domiciliares e o acompanhamento terapêutico. As visitas domiciliares, instituídas na década de 1990 com o Programa de Agentes Comunitárias de Saúde (Pacs) como parte das diretrizes para a atenção básica que culminaram na Estratégia Saúde da Família (ESF), permitiram conhecer diretamente o ambiente e os modos de vida da população, com impactos significativos em dados como a diminuição da mortalidade infantil. O conhecimento do território advindo com as visitas domiciliares contribuiu para reorganizar a atenção básica, numa experiência exemplar dos impactos da reconceituação do território na produção relacional, cultural e socioeconômica do espaço. Ao favorecer a proximidade com o usuário e testemunhar sua realidade, necessidades, recursos e dificuldades ela articula produção de dados psicossociais em saúde, formação do vínculo de atendimento e acolhimento, facilitando tanto a elaboração de estratégias de cuidado mais pertinentes quanto o acionamento de profissionais de saúde em situações de agravo, em razão do vínculo fortalecido. Já o Acompanhamento Terapêutico (AT) é um trabalho clínico que visa promover a autonomia e a reinserção social do indivíduo, utilizado em situações de vulnerabilidade psíquica ou social, mediando a relação com espaços públicos e privados. Permite, assim, tanto criar condições de reorganização experiencial quanto construir acesso a serviços públicos e espaços de cuidado (Braga *et al.,* 2021).

Avanços, potencialidades, conflitos e obstáculos

As diretrizes legais, institucionais e programáticas para a territorialização e reorientação epistemológica e conceitual das relações entre indivíduos, contexto social e processos de vida vêm permitindo reformulações altamente relevantes nas políticas públicas, na formação acadêmica e profissional e na formulação do conhecimento científico. Todavia, há ainda um longo caminho a percorrer. No plano formativo, várias instituições de ensino ainda reproduzem um modelo de atendimento individualizante e pouco focado nas políticas públicas. No plano das práticas, o modelo biomédico, desvinculado do território, focado na culpabilização individual e medicalizante ainda constitui uma referência hegemônica no atendimento em saúde, educação, assistência social e outras políticas públicas. Assim, grande parte das dificuldades escolares é abordada não conforme a análise das condições territoriais e modelos de educação, mas pelo recurso a um diagnóstico e medicação psiquiátrica;, grande parte dos municípios não consegue implantar processos contínuos de reunião de rede e apoio matricial; e práticas territoriais como as visitas domiciliares e consultórios de rua encontram restrições para sua ampliação.

A efetivação das diretrizes de promoção da cidadania enfrenta a forte herança histórica das desigualdades regionais e sociais brasileiras e necessita de estratégias de articulação entre agentes das políticas públicas e população e perspectivas que considerem elementos amplos de contextualização das problemáticas trazidas aos serviços. Ademais, no final da década de 1980, o contexto de redemocratização foi internacionalmente acompanhado por mudanças do capitalismo orientadas ao modelo neoliberal, fazendo com que o estabelecimento das políticas públicas enfrentasse pressões pela redução do Estado e compra de serviços privados (Cunha, 2017). Tais pressões se chocam com os processos de territorialização, na medida em que a consideração dos modos de vida no território para a gestação das ações e do diagnóstico exige tempo de dedicação ao contexto e garantia do acesso universal e da participação popular nas políticas, o que requer maior provisão de recursos e profissionais, contrariando as intenções neoliberais de enxugamento e privatização das políticas públicas.

A qualidade da estrutura humana e material, amiúde precarizada por políticas de enxugamento neoliberais, tem forte influência na capacidade de sustentação de práticas de territorialização nos serviços públicos: a realização de práticas de reunião de equipe, supervisão institucional, reunião de rede, apoio matricial, entre outras, depende da disponibilização de carga horária dos profissionais, enquanto a realização de acompanhamento terapêutico, por exemplo, depende da disponibilização de meios de mobilidade a regiões diversas. Assim, quando um serviço se precariza, tende a regredir a ações medicalizantes de perfil ambulatorial, que demandam pouca mobilização e colocam maior carga de responsabilidade sobre a população. Igualmente, situações de maior gravidade exigem ampla intervenção no contexto de vida, abrangendo condições materiais precárias, diálogo com diversas instituições, como escolas, centros de solidariedade do trabalhador, dispositivos de saúde e justiça, entre outros. Quando os obstáculos para articular acesso a diferentes formas de cuidado no contexto social se tornam muito difíceis de serem transpostos, há percalços para sustentar a lógica territorial e maior tendência em focalizar problemas e sintomas no sujeito, operando uma lógica medicalizante que busca remitir o sintoma em vez de promover melhorias no cenário que construiu tais sintomas. Tais dificuldades se aliam à hegemonia do paradigma epistemológico da exclusão do território no diagnóstico em saúde, já que poucos elementos dos manuais diagnósticos como o CID e o DSM abordam a relação entre adoecimento e contexto. Assim, o panorama atual das políticas públicas consiste num campo em que competem, misturam-se e antagonizam-se a ótica territorial e socioeconômica preventiva e a ótica curativa, individualista e medicalizante, ambas atravessadas por fatores de formação territorial, estrutura institucional, disputas de poder político e econômico, perspectivas de investimento e desinvestimento estatal, entre outros.

A consideração do território implica a identificação de centros e periferias concretos e simbólicos, que se formulam nas desigualdades institucionais, espaciais, econômicas e sociais, atingindo as ações dos dispositivos de assistência. Apenas mediante a análise dos fatores que atingem a própria organização dos serviços é possível atuar sobre os ordenamentos de dominação econômica e social, revertendo fatores de reprodução de vulnerabilidades na produção de ações de resistência e produção coletiva. Um dos aspectos dessas desigualdades pode ser encontrado na diferença de acesso aos serviços entre regiões periféricas e economicamente favorecidas. Assim, a assimetria entre ricos e pobres se traduz nos territórios urbanos, com a permanente pressão dos mais pobres em direção a locais sem infraestrutura, acesso a serviços e segurança, aliados à precarização habitacional, urbana, laboral e ao aumento da violência (Hughes, 2004). Um dos reflexos desse embate é a maior dificuldade de instalação das políticas públicas de assistência nas regiões periféricas, já que a distribuição populacional reproduz a desigualdade socioeconômica: regiões periféricas são as menos providas de equipamentos públicos e, em contrapartida, a periferia não se torna apenas uma área geográfica, mas uma zona de exclusão simbólica (Hughes, 2004).

Outro elemento de fragilização dessas políticas é sua efetivação junto a populações historicamente marginalizadas, que enfrentam outras periferias históricas, sociais e culturais, como mulheres, negros, idosos, LGBTQIA+ e pessoas com deficiência (Assis; Fonseca; Ferro, 2018). Como exemplo, crianças e adolescentes sofrem dupla exclusão: além de historicamente marginalizados, não possuem ainda autonomia que permita a luta por seus próprios direitos, tanto do ponto de vista jurídico quanto de seu desenvolvimento. Nesse sentido, junto ao Estatuto da Criança e do Adolescente (ECA) emergiram dispositivos como Conselhos Tutelares, atendimento em contraturno escolar, programas específicos no Suas, programas de inserção laboral, como o Menor Aprendiz, entre outros. Norteando-se pela noção de cidadania, tais dispositivos contrapõem-se às diretrizes anteriores, contidas no Código de Menores (1927-1992), que historicamente institucionalizavam a marginalização, criminalizando crianças pobres. O Ministério do Desenvolvimento Social ressalta a complexidade do atendimento a situações de risco pessoal e social, requerendo articular várias políticas públicas além do Suas, bem como dispositivos de defesa de direitos. No caso de crianças e adolescentes, frequentemente mobilizam-se recursos nas esferas da educação, saúde, justiça, assistência social, cultura, esporte e lazer.

Nesse cenário, o percurso pelo território torna-se crucial em duas esferas: conhecer as diversas dimensões envolvidas na produção da problemática que se apresenta às políticas públicas permite contatar a realidade efetiva e os múltiplos campos que exigem intervenção; conhecer os recursos e potencialidades passíveis de contribuição para a resolutividade das demandas permite construir estratégias de suporte para a reestruturação de indivíduos, famílias e grupos, enfrentando as heranças históricas, epistemológicas e geracionais de produção de desigualdades e precarização das condições socioeconômicas e ambientais de vida.

Referências

ABERS, R. N.; SILVA, M. K.; TATAGIBA, L. Movimentos sociais e políticas públicas: repensando atores e oportunidades políticas. *Lua Nova: Revista de Cultura e Política,* n. 105, p. 15-46, 2018.

ANTÔNIO, M. Envelhecimento ativo e a indústria da perfeição. *Saúde e sociedade,* v. 29, n. 1, e190967, p. 1-12, 2020.

AREDT, H. *As origens do totalitarismo.* São Paulo: Companhia de Bolso, 2013.

ASSIS, S. G.; FONSECA, T. M. A.; FERRO, V. S. *Proteção social no SUAS a indivíduos e famílias em situação de violência e outras violações de direitos*: fortalecimento da rede socioassistencial. Brasília: Fundação Oswaldo Cruz; Ministério do Desenvolvimento Social, 2018.

AZEVEDO, B. M. S.; FERIGATO, S.; SOUZA, T. P. A formação médica em debate: perspectivas a partir do encontro entre instituição de ensino e rede pública de saúde. *Interface - Comunicação, Saúde, Educação,* v. 17, n. 44, p. 187-200, 2013.

BARBOSA, J. L. *Cidadania, Território e Políticas Públicas.* Relatório técnico do Observatório de Favelas. 2021. Disponível em: http://observatoriodefavelas.org.br/wp-content/uploads/2013/06/Cidadania-Territo%C-C%81rio-e-Poli%CC%81ticas-Pu%CC%81blicas_Por-Jorge-Luiz-Barbosa.pdf. Acesso em: 7 jul. 2023.

BARROS, J. A. C. Pensando o processo saúde doença: a que responde o modelo biomédico? *Saúde e Sociedade,* v. 11, n. 1, p. 67-84, 2002. Disponível em: https://www.scielo.br/j/sausoc/a/4CrdKWzRTnHdwBhHPtjY-GWb/#. Acesso em: 24 jul. 2023.

BORTOLOZZI, A.; FARIA, R. M. Espaço, território e saúde: contribuições de Milton Santos para o tema da Geografia da Saúde no Brasil. *Revista Raega,* n. 17, p. 31-41, 2009.

BRAGA, T. B. M. *et al. Substâncias psicoativas, vulnerabilidade social e laços familiares*: um estudo de caso. *In*: GUERRA, C. C.; NOVAIS, G. S.; NEVES, S. R. (org.). São Paulo: Pimenta Cultural, 2021. p. 57-82.

BRASIL. Decreto n.º 22.872, de 29 de junho de 1933. Cria o Instituto de Aposentadoria e Pensões dos Marítimos, regula o seu funcionamento e dá outras providências. *Diário Oficial da União,* Brasília, DF, 1933. Disponível em: https://www2.camara.leg.br/legin/fed/decret/1930-1939/decreto-22872-29-junho-1933-503513-pu-blicacaooriginal-1-pe.html. Acesso em: 24 jul. 2023.

BRASIL. [Constituição (1988)]. *Constituição da República Federativa do Brasil.* Brasília: Senado Federal; Centro Gráfico, 1988.

BRASIL. Lei n. 8.069, de 13 de julho de 1990. Dispõe sobre Estatuto da Criança e do Adolescente e dá outras providências. Brasília, 1990. Disponível em: https://www2.camara.leg.br/legin/fed/lei/1990/lei-8069-13-ju-lho-1990-372211-publicacaooriginal-1-pl.html. Acesso em: 13 dez. 2023.

BRASIL. Lei no 8.080, de 19 de setembro de 1990. Dispõe sobre as condições para a promoção, proteção e recuperação da saúde, da organização e funcionamento dos serviços correspondentes e dá outras providências (Lei Orgânica da Saúde). *Diário Oficial da União,* Brasília, DF, p. 018055, 20 set. 1990.

BRASIL. Estatuto do Idoso. Lei n. 10741, de 1 de outubro 2003. 2. reimpr. Brasília: Ministério da Saúde, 2003.

BRASIL. Ministério da Saúde. Secretaria de Vigilância à Saúde. Secretaria de Atenção à Saúde. *Diretrizes Nacionais da Vigilância em Saúde*. Brasília: Ministério da Saúde, 2010. (Série F. Comunicação e Educação em Saúde) (Série Pactos pela Saúde 2006, v. 13). Disponível em: https://bvsms.saude.gov.br/bvs/publicacoes/diretrizes_nacionais_vigilancia_saude.pdf. Acesso em: 24 jul. 2023.

BRASIL. Ministério da Saúde. Portaria 399/2006. Divulga o Pacto pela Saúde 2006 – Consolidação do SUS e aprova as Diretrizes Operacionais do Referido Pacto. *Diário Oficial da União*, Brasília, DF, 2006. Disponível em: https://bvsms.saude.gov.br/bvs/saudelegis/gm/2006/prt0399_22_02_2006.html. Acesso em: 12 maio 2023.

BRASIL. Ministério da Saúde. Portaria MS 3252/2009. Aprova as diretrizes para a execução e financiamento das ações de Vigilância em Saúde pela União, Estados, Distrito Federal e Municíupios e dá outras providências. *Diário Oficial da União*, Brasília, 2009. Disponível em: https://bvsms.saude.gov.br/bvs/saudelegis/gm/2009/prt3252_22_12_2009_comp.html. Acesso em: 25 jul. 2023.

BRASIL. Ministério da Educação. *Programa Saúde na Escola*, Brasília, DF: MEC, 2010. Disponível em: http://portal.mec.gov.br/programa-saude-da-escola. Acesso em: 24 jul. 2023.

BRASIL. Ministério da Saúde. *Programa Academia da Saúde*. Brasília, DF: MEC, 2011. Disponível em: https://www.gov.br/saude/pt-br/composicao/saps/academia-da-saude. Acesso em: 24 jul. 2023.

BRASIL. Lei nº 12.435 de 6 de julho de 2011. Altera a Lei no 8.742, de 7 de dezembro de 1993, que dispõe sobre a organização da Assistência Social. *Diário Oficial da União,* Brasília, DF, 2011. Disponível em: http://www.planalto.gov.br/ccivil_03/_ato2011-2014/2011/lei/l12435.htm. Acesso em: 18 jun. 2023.

BRASIL. Ministério da Saúde Portaria 2436/2017. Aprova a Política Nacional de Atenção Básica, estabelecendo a revisão de diretrizes para a organização da Atenção Básica, no âmbito do Sistema Único de Saúde (SUS). *Diário Oficial da União,* Brasília, DF, 2017. Disponível em: https://bvsms.saude.gov.br/bvs/saudelegis/gm/2017/prt2436_22_09_2017.html. Acesso em: 5 ago. 2023.

BRASIL. Lei n. 4.682 de 24 de janeiro de 1923. Instituiu a criação de uma Caixa de aposentadoria e Pensões para empregados de cada empresa ferroviária. *Diário Oficial da União*: seção 1, Brasília, DF, n. 1, p. 1-126, 25 jan. 2023.

BRASIL. Ministério da Educação. Conselho Nacional de Educação. Câmara de Educação Superior. Resolução 08/2004: institui as Diretrizes Curriculares Nacionais para os cursos de graduação em Psicologia. *Diário Oficial da União,* Brasília, DF, 2004.

BRASIL. Ministério da Saúde. Conselho Nacional de Saúde. Câmara de Educação Superior. Resolução n. 218/1997. *Diário Oficial da União,* Brasília, DF, 1997. Disponível em https://bvsms.saude.gov.br/bvs/saudelegis/cns/1997/res0218_06_03_1997.html. Acesso em: 23 jul. 2023.

BROWN, T. M.; CUETO, M.; FEE, E. A transição de saúde pública 'internacional' para 'global' e a Organização Mundial da Saúde. *História, Ciências, Saúde-Manguinhos*, v. 13, n. 3, p. 623-647, 2006.

BRUST, R. E. F.; BRAGA, T. B. M.; FARINHA, M. G. Everyday problems, population perceptions and medicalization. *Research, Society and Development*, v. 11, n. 6, p. e17711628869, 2022.

COUTO, B. R. Assistência social: direito social ou benesse?* *Serviço Social & Sociedade*, n. 124, p. 665-677, 2015.

CUNHA, J. R. A. O direito à saúde no Brasil: da redemocratização constitucional ao neoliberalismo de exceção dos tempos atuais. *Cadernos Ibero-Americanos de Direito Sanitário*, v. 6, n. 3, p. 65-89, 2017.

GEOVANINI, T. *et al. História da Enfermagem*: versões e interpretações. 4. ed. Rio de Janeiro: Thieme Revinter Publicações, 2019.

HUGHES, P. J. A. Segregação socioespacial e violência na cidade de São Paulo: referências para a formulação de políticas públicas. *São Paulo em Perspectiva*, São Paulo, v. 18, n. 4, p. 93-102, 2004. Disponível em: https://www.scielo.br/j/spp/a/nFtYhwnhjzcTVXMzv7NWs5F/?lang=pt#. Acesso em: 20 maio 2023.

IAMAMOTO, M. V. A formação acadêmico-profissional no Serviço Social brasileiro. *Serviço Social & Sociedade*, v. 120, p. 608-639, 2014.

IAMAMOTO, M. V. 80 anos do Serviço Social no Brasil: a certeza na frente, a história na mão*. *Serviço Social & Sociedade*, n. 128, p. 13-38, 2017.

LIMA, E. M. F. A.; YASUI, S. Territórios e sentidos: espaço, cultura, subjetividade e cuidado na atenção psicossocial. *Saúde em Debate*, v. 38, n. 102, p. 593-606, 2014.

LUCCHESE, R.; VERA, I.; PEREIRA, W. R. As políticas públicas de saúde – SUS – como referência para o processo ensino-aprendizagem do enfermeiro. *Revista Eletrônica de Enfermagem*, v. 12, n. 3, p. 562-566, 2010.

NASCIMENTO, P. F.; MELAZZO, E. S. Território: conceito estratégico na assistência social. *Serviço Social Revista*, v. 16, n. 1, p. 66-88, 2013.

OLIVEIRA, I. T. S. Â.; OLIVEIRA, S. F.; ANGELUCCI, B. Formação em Psicologia no Brasil: Aspectos Históricos e Desafios Contemporâneos. *Psicologia Ensino & Formação*, v. 8, n. 1, p. 3-15, 2017.

ROHDEN, F. Diferenças de gênero e medicalização da sexualidade na criação do diagnóstico das disfunções sexuais. *Rev. Estud. Fem.*, v. 17, n. 1, p. 89-109, 2017.

SANTOS, G. S.; TOASSA, G. Produzindo medicalização: uma revisão bibliográfica sobre encaminhamentos da educação escolar à saúde. *Psic. da Ed.*, n. 52, p. 54-63, jan. 2021. Disponível em: http://educa.fcc.org.br/scielo.php?script=sci_arttext&pid=S2175-35202021000100054&lng=pt&nrm=iso. Acesso em: 17 jul. 2023.

SCHEFFER, G.; CLOSS, T.; ZACARIAS, I. R. A Reconceituação Latino-americana na Ditadura Brasileira: a renovação do Serviço Social gaúcho. *Serviço Social & Sociedade*, n. 135, p. 327-345, 2019.

TANIGUCHI, T. G. (Des)enCAPSulando: os agentes comunitários de saúde e o cuidado da pessoa com transtorno mental. 143f. Dissertação (Mestrado em Saúde Pública) — Universidade de São Paulo, São Paulo, 2018.

VALE, R. R. M. *et al.* Estratégia e-SUS atenção primária em consultórios na rua: análise de um processo de educação permanente. *Enferm Foco*, v. 14, e-202334, 2023.

O LUGAR DA EMOÇÃO NO ESPAÇO DO TRABALHO: COGITAÇÕES SOBRE OS PATRIMÔNIOS INVISÍVEIS

Francisca Ferreira Michelon
Jossana Peil Coelho

A fábrica como casa

Nada desprecio por trivial y menudo que sea.
En una gota de agua se cifra todo el universo.
(Concha Espina, 1917)

Tão conhecida como inesgotável é a fenomenologia poética de Gaston Bachelard. E, por ser poética, permite que se transcenda o conteúdo ao qual o filósofo se refere nos diversos textos escritos por ele, em direção ao mundo ao qual nos referimos. Neste estudo[103], partimos do primeiro capítulo da obra *A poética do espaço* (1989)[104], na qual Bachelard refletiu sobre o espaço da casa. E, mesmo que o foco do autor seja o espaço privado e individual, seu objetivo em querer "examinar, com efeito, imagens bem simples, as imagens do espaço feliz" (p. 196) adequa-se como uma ferramenta conceitual ao que nos propomos a estudar: as vivências de trabalhadores no espaço fabril, mediadas pela memória e apresentadas como uma experiência emocional. E sob tal perspectiva, a fábrica converte-se em casa, no sentido mesmo em que Bachelard a define: "a casa é o nosso canto do mundo" (1989, p. 25).

Explicamos nosso intuito: queremos pensar na casa do patrimônio industrial. Esse campo de estudo, no qual se atravessa a memória do trabalho e a memória de trabalhadores, frequentemente exige o esforço de torná-lo visível, ou melhor dizendo, visibilizado. Sua invisibilidade não advém apenas do fato de que o mundo fabril costuma ser entendido como aquele que se impõe (e se entende) pela lógica do trabalho em série, da massificação e, historicamente, da desumanização. Trata-se, em especial, do fato de que se considera o espaço desse mundo como estritamente funcional (assim como a arquitetura que o define — outro equívoco) e não haveria ou sobraria lugar para o humano. No entanto, são tantos os modos e os lugares das fábricas que nenhuma generalização é aplicável com suficiência quando se observa como a experiência do trabalho no espaço fabril também é o lugar da emoção. Cabe esclarecer que o conceito de espaço aqui referido é o de habitado, transformado e utilizado pelo ser humano (Sotratti, 2015).

No campo do patrimônio, a tipologia industrial é recente. Isso se deve não apenas ao fato de que a fábrica como um espaço específico se desenvolve ao longo de um breve período histórico, à medida que o trabalho fabril se define com base no desenvolvimento de métodos, procedimentos, técnicas e tecnologias. Esse fato é verdadeiro. No entanto, a definição atual é uma consequência de uma mudança de perspectiva no próprio conceito de patrimônio. Essa mudança não foi um marco, mas sim um processo que teve início em meados da década de 1960, quando os remanescentes industriais de fábricas já fechadas começaram a se tornar frequentes nas paisagens urbanas e rurais das cidades. A expressão desse início pode ser encontrada em muitas obras realizadas nesse período, apresentadas em diferentes meios, como o documentário filmado por Éric Rohmer para a série de televisão francesa A Era Industrial[105]. Entre tantos exemplos, destacamos esse documentário pela opção poética feita pelo cineasta ao abordar uma paisagem que já está indelevelmente constituída ao redor de Paris, na qual a presença das estruturas industriais, ativas ou desativadas, compõe visualidades marcantes. O documentário se desenvolve como um jogo entre uma sequência de imagens

---

[103] Trabalho com o patrimônio industrial que vimos desenvolvendo desde 2012 como linha de pesquisa no Programa de Pós-Graduação em Memória Social e Patrimônio Cultural (UFPel). As pesquisas são desenvolvidas com o apoio do CNPq, Conselho Nacional de Desenvolvimento Científico e Tecnológico – Brasil (Programa Produtividade em Pesquisa) e Edital 07/2022 FAPERGS/CNPq – Programa de Apoio à Fixação de Jovens Doutores no Brasil.

[104] Edição original de 1957.

[105] L'Ére Industrielle: Métamorphoses du Paysage (1964).

filmadas por Pierre Lhomme em preto e branco e um texto falado na voz de Antoine Vitez. A notabilidade desse curta-metragem reside no resultado reflexivo e intimista que leva o espectador a uma experiência estética do belo difícil, como muito bem enuncia um trecho do filme:

> Essa beleza é difícil. Difícil de descobrir, de admitir. Ela é paradoxal. Porque há um paradoxo na busca da beleza em um mundo que, deliberadamente, lhe dá as costas. Um mundo condenado ao caos, ao informe, à perpétua mudança e ao inacabado. Um mundo que carrega a marca, contrariamente do mundo campestre ou do urbano, menos da alegria criadora do homem, do que do seu suor e sofrimento. (Rohmer, 1964, s/p, tradução nossa[106]).

Ao enaltecer o sensível no árduo mundo fabril, o filme de Rohmer contribuía para o discurso emergente da arqueologia industrial. A ideia de que os resquícios industriais eram vestígios arqueológicos que testemunhavam as profundas transformações causadas pelo fenômeno da indústria desde meados do século XVIII legitimava a importância desses vestígios, a ponto de justificar o esforço para protegê-los. Como mencionado anteriormente, não se tratava de uma nova perspectiva construída sobre uma nova tipologia, mas de uma tipologia que estava se formando a partir de mudança de perspectiva. E essa mudança estava sendo proposta em um dos documentos mais influentes para a consideração dos valores do patrimônio cultural: a Carta de Veneza.

Esse documento foi redigido como resultado do II Congresso Internacional de Arquitetos e Técnicos de Monumentos Históricos, promovido pelo Conselho Internacional de Monumentos e Sítios (Icomos), realizado em Veneza em maio de 1964. A Carta de Veneza referia-se ao primeiro documento orientador de um pensamento global sobre o patrimônio — a Carta de Atenas, escrita em 1933 —, ampliando, aprofundando e contextualizando os conceitos estabelecidos anteriormente. Entre seus princípios, destacamos o impacto do Art. 3: "A conservação e restauração de monumentos tende a salvaguardar tanto a obra de arte como o testemunho histórico" (Icomos, 1964), o qual não seria suficiente para o patrimônio industrial, se não fosse complementado pelo Art. 7: "O monumento é inseparável da história da qual é testemunho e do local onde se encontra" (Icomos, 1964). Essas palavras autorizaram uma análise mais cuidadosa dos novos artefatos, buscando neles, precisamente, a capacidade de expressar o passado como testemunho. A fábrica, mesmo vazia, é capaz de fazer isso.

No entanto, levaria algum tempo até que em 2003 surgisse o documento definitivo que estabeleceria o conceito. Durante uma reunião geral do The International Committee for the Conservation of the Industrial Heritage (TICCIH) na cidade russa de Nizhny Tagil, o documento foi redigido e posteriormente aprovado pelo Icomos e pela Organização das Nações Unidas para a Educação, a Ciência e a Cultura (Unesco). A cidade que empresta seu nome à carta foi fundada às margens do Rio Utka e desde sua origem é uma cidade mineira, produtora de ferro fundido e aço, e em poucas décadas se tornou um dos polos industriais mais importantes do país. Ela também é conhecida por sua indústria bélica poderosa. Inclusive, no presente momento em que este texto está sendo escrito, as indústrias armamentistas ao redor do mundo estão lucrando com mais uma guerra sanguinária[107], enquanto as balanças da injustiça oscilam sob o peso de medidas desiguais. Mas essa é outra história.

A Carta de Nizhny Tagil começa afirmando que a Revolução Industrial foi o evento histórico que mais marcadamente influenciou as sociedades e, portanto:

> Os vestígios materiais destas profundas mudanças apresentam um valor humano universal e a importância do seu estudo e da sua conservação deve ser reconhecida. [...] os edifícios

---

[106] "Cette beauté est difficile. Difficile à découvrir, à admettre. Elle est paradoxale. Car il y a paradoxe à rechercher la beauté dans un monde qui lui tourne délibérément le dos. Un monde voué au chaos, à l'informe, au perpétuel changement, à l'inachevé. Un monde qui porte la marque, contraire-ment au monde champêtre ou urbain, moins de la joie créatrice de l'homme que de sa sueur et de sa peine".

[107] Referência à Guerra da Ucrânia, em curso no momento em que o texto foi escrito.

> e as estruturas construídas para as actividades industriais, os processos e os utensílios utilizados, as localidades e as paisagens nas quais se localizavam, assim como todas as outras manifestações, tangíveis e intangíveis, são de uma importância fundamental. Todos eles devem ser estudados, a sua história deve ser ensinada, a sua finalidade e o seu significado devem ser explorados e clarificados a fim de serem dados a conhecer ao grande público.

Essa, no entanto, não é a definição, mas sim a justificativa para o patrimônio industrial. A definição contida no documento é clara ao afirmar que a tipologia compreende os vestígios da cultura industrial, os quais são:

> [...] edifícios e maquinaria, oficinas, fábricas, minas e locais de processamento e de refinação, entrepostos e armazéns, centros de produção, transmissão e utilização de energia, meios de transporte e todas as suas estruturas e infra-estruturas, assim como os locais onde se desenvolveram atividades sociais relacionadas com a indústria, tais como habitações, locais de culto ou de educação. (Ticcih, 2003, s/p).

Não é na definição que a Carta irá destacar a memória dos trabalhadores, mas sim nos Valores do Patrimônio Industrial. Ao analisarmos mais detalhadamente, podemos entender que o ano em que essa Carta foi apresentada e aprovada é o mesmo em que a Convenção para a Salvaguarda do Patrimônio Imaterial também foi apresentada. A Convenção começa seu texto referindo-se à Declaração dos Direitos Humanos, ao Pacto Internacional dos Direitos Econômicos, Sociais e Culturais e ao Pacto Internacional dos Direitos Civis e Políticos. Portanto, a pessoa passa a ser o foco do patrimônio, com o que lhe é único: seu conhecimento e sua memória. O ambiente global em que ambos os documentos são gerados é o mesmo, mas a influência que a Convenção viria a ter sobre os demais estava apenas começando. No entanto, isso aconteceria.

Em 2011, como resultado da 17ª Assembleia Geral do Icomos, foi apresentado o documento que acabou recebendo o nome da cidade onde ocorreu: Os Princípios de Dublin. E nele está escrito:

> Ao patrimônio material associado a tecnologias e processos industriais, engenharia, arquitetura e planejamento urbano, soma-se um patrimônio imaterial incorporado às habilidades técnicas, memórias e na vida social dos trabalhadores e de suas comunidades. (Ticcih, 2011, s/p).

E, assim, chega-se a um novo entendimento no qual a pessoa anônima, o operário, no cenário dos monumentos, passa a ser visto como "a gota de água na qual se cifra todo o universo". É sobre a casa inegociável do inclemente tempo do trabalho, redimido pela memória, que queremos falar. É desse patrimônio, sempre um canto do mundo, no qual encontramos o lugar da emoção, seja ela qual for.

"O não eu que protege o eu": a casa

Voltamos a Bachelard. Segundo o filósofo, "todo espaço realmente habitado traz a essência da noção de casa" (Bachelard, 1989, p. 26). Primeiramente, esclarecemos como o verbo habitar" se comporta nessa afirmação. Trata-se de entendê-lo como a ocupação consciente de um espaço no qual aquele que habita se move, exercendo atividades que tendem a ter um modo específico. Habitar, portanto, não é apenas viver, mas agir de modo determinado em um espaço delimitado. Por isso, tão frequentemente usamos a palavra "casa" para determinar o espaço de ações específicas: casa de chá, casa de jogos, casa de flores e tantos outros exemplos. O ato de habitar, visto dessa forma, leva à ideia de casa, à essência a que Bachelard se refere. Seguindo esse raciocínio, o filósofo afirmará mais adiante: "A casa não tem raízes" (p. 45). É nessa afirmação que encontramos a conexão com a fábrica.

A fábrica, para seus operários, é a casa sem raízes. Um espaço em movimento e movimentado, repleto de lugares específicos, incluindo alguns interditados para muitos que estão ali, essencialmente ativo. A fábrica só deixa de ser casa quando fecha suas portas. Se não for ocupada de outro modo, apenas abandonada, continuará sendo uma fábrica, mesmo que não seja mais habitada.

A relação histórica entre o local de trabalho e o local de residência é tão antiga quanto a primeira habitação humana que existiu. Em outras palavras, provavelmente não temos elementos para falar dessa relação, uma vez que está distante de nós. Por outro lado, mesmo o que parece ser extremamente antigo pode ainda existir. Apenas para reforçar essa afirmação, gostaríamos de lembrar que em regiões onde foram encontrados vestígios humanos de períodos pré-históricos, ainda é possível encontrar covas escavadas nas rochas de uma montanha que serviram como moradia para seres humanos de outras eras. E essas habitações ainda podem estar sendo ocupadas, como é o caso das existentes na região montanhosa da Comunidade Autônoma de Andaluzia e na costa valenciana, ambas na Espanha. Esses exemplos são encontrados nessas e em outras regiões, onde se encontram testemunhos vivos dessas casas primitivas, incluindo em Granada. No Museo Cuevas del Sacromonte, localizado no bairro de mesmo nome em Granada, 11 covas abertas à visitação ilustram como e por que foram feitas e ocupadas. Ao sair do museu e percorrer o bairro atual contornando a montanha, é possível perceber que a ocupação ao longo do trajeto ainda apresenta a presença dessas covas, agora mescladas ou complementadas por construções mais recentes.

A cova serve como exemplo de como a casa, em muitas ocasiões e em muitos tempos, abrigou os espaços de trabalho. Essa ideia é bem ilustrada na consideração histórica sobre o *atelier* (ou oficina) desenvolvida por Richard Sennett em seu primeiro livro da trilogia sobre a cultura material: *O Artesão*. O sociólogo observa como, por um longo período da história ocidental, o local de trabalho era o mesmo onde a vida (como um todo) se mesclava: "Na Idade Média, os artesãos dormiam, comiam e criavam seus filhos no local onde trabalhavam" (Sennett, 2009, p. 72). E, ainda hoje, muitos ofícios são exercidos no mesmo espaço da casa. Com maior frequência, isso ocorre com os ofícios artesanais ou, quando a casa possui um ambiente específico, algumas manufaturas. No entanto, à medida que a cidade cresce, esses ofícios se deslocam para bairros mais afastados das áreas centrais, fugindo das condições incompatíveis impostas pela urbanização. Como afirmou Bachelard: "Sabe-se que a cidade é um mar barulhento" (1989, p. 46). E é um mar agitado e implacável, cuja força desconhece a compaixão.

É um fato que a inegociável Revolução Industrial do século XIX trouxe novidades. O trabalho e a vida não são dicotomias da existência, assim como não o são a produção manual, a manufatura e a indústria, que muitas vezes se mesclam no mesmo espaço. No entanto, é preciso distinguir que o espaço da fábrica abordado neste texto também é singular, ou pelo menos diferente de inúmeros outros. Mais uma vez, ressaltamos que "fábrica" é um termo muito genérico para os diversos casos que inevitavelmente povoam o mundo. Faremos uma breve pausa na análise para exemplificar as imensas diferenças com o poderoso relato jornalístico que se tornou o primeiro livro de Leslie T. Chang. Nesse livro, a autora, uma chinesa emigrada para os Estados Unidos e graduada em Jornalismo, relata a jornada de duas meninas que saem de uma vila rural no interior da China para trabalhar em uma fábrica, em uma das muitas cidades industriais do país. Em um relato extenso, a autora nos mostra que a realidade desse país é tão diferente daquela que vivemos quanto o seu tamanho. Apenas para começar, pelas palavras da autora, sabemos que

> Em 1990 havia no país 60 milhões de trabalhadores migrantes, muitos deles atraídos pelas florescente fábricas e cidades costeiras. [...] Na China há 130 milhões de trabalhadores migrantes. [...] Juntos constituem a maior migração da história humana, o triplo do número

> de pessoas que imigrou para os Estados Unidos desde a Europa ao longo de um século. [...]
> A migração está esvaziando as aldeias dos jovens. (Chang, 2012, p. 25).

A narrativa nos aproxima de uma vida nacional tão diversa que só nos resta o estranhamento para qualificá-la. Sabemos que a maioria desses trabalhadores são jovens que deixam suas aldeias sem a intenção de voltar. Pelo menos, é isso que acontece com um número significativo deles, mesmo que inicialmente tenham pensado ou desejado retornar. Eles partem em busca de algo melhor e passam sua juventude trocando de fábricas, de cidade e de pessoas. Estabelecem poucos laços afetivos porque estabelecem poucos laços com tudo e frequentemente perdem os laços que deixaram para trás. A autora relata que "Os trabalhadores migrantes usam uma expressão para designar o movimento que caracteriza suas vidas: chuqu, 'ir-se'. 'Em casa não havia nada o que fazer, então fui embora'. Assim começa o relato de um trabalhador migrante" (Chang, 2012, p. 22).

Eles sonham com grandes fábricas e almejam ascender do trabalho manual para funções consideradas mais intelectuais (incluindo as mais burocráticas). As grandes fábricas são como cidades dentro das cidades, oferecendo anonimato em primeiro lugar. E, ao nos referir a um território de proporções inigualáveis, somos levados a admitir que as fábricas chinesas são o oposto de nossas fábricas, que só podem ser exemplares em um país como o Brasil, em uma região específica. Portanto, não pretendemos generalizar.

A fábrica da qual estamos falando é completamente diferente daquelas mencionadas por Chang em seu livro. Durante as décadas em que a Laneira esteve em operação, ela era singular e elegante na avenida central onde se encontrava. Seus tijolos vermelhos, sua fachada simétrica e os jardins com hortênsias que adornavam seus canteiros dianteiros eram encantadores. Seu interior era funcional. No entanto, havia um local de onde era possível, eventualmente, contemplar a natureza da área que se estendia na parte de trás do conjunto de galpões. No fluxo do trabalho, havia um modo, um lugar e um tempo em que era possível senti-la como uma casa. Assim, trabalhadores que atuaram em diferentes momentos e setores viveram experiências e momentos que a memória moldou para que a fábrica se tornasse um lugar de emoção. Nem sempre afeto, mas sentimentos. É essa fábrica que vamos descrever a seguir, torná-la visível, mesmo que pouco reste dela hoje.

A fábrica da qual se fala: Laneira das memórias

A Laneira, conhecida por todos na cidade, tem como nome completo Laneira Brasileira Sociedade Anônima Indústria e Comércio. O motivo da escolha desse nome não é conhecido, mas provavelmente reflete a pretensão de seu fundador em torná-la uma fábrica relevante não apenas para a localidade, mas para o país como um todo. Foi fundada em 1945, na capital gaúcha, Porto Alegre, como uma sociedade de cotas de responsabilidade ilimitada (Ltda.), com foco na atividade industrial de beneficiamento de lã.

O fundador da Laneira foi o industrialista espanhol Moyses Llobera Gutes, que residia em Petrópolis, no Rio de Janeiro. Sua decisão de se mudar para o Rio Grande do Sul e trabalhar com lã no final da década de 1940 foi motivada pela valorização do produto naquela época. A valorização da lã começou em 1930 e atingiu seu auge nos anos 1940, tornando-se o principal produto da ovinocultura. Essa valorização continuou em crescimento, a ponto de, em 1960, a lã ser chamada de "ouro branco" dos campos. Gutes percebeu que havia rebanhos abundantes de ovinos no Rio Grande do Sul, o que proporcionava condições favoráveis para um negócio lucrativo na região.

Assim, em 1948, a Laneira iniciou um processo de mudança para a cidade de Pelotas, no sul do Rio Grande do Sul. A escolha de uma nova localização baseou-se nas condições existentes na cidade, que, além de possuir um arroio que atravessa o centro urbano, estava próxima das principais vias comerciais de produção de lã no estado. No ano seguinte, a fábrica se instalou em um prédio no bairro Fragata, na Avenida Duque de Caxias, local estratégico para o beneficiamento e comércio de lã, devido à proximidade com o Arroio Santa Bárbara, que fornecia água, um elemento essencial para a atividade fabril. Além disso, a fábrica estava próxima da Estação Ferroviária, do Porto Fluvial e do Centro da cidade, facilitando o recebimento da matéria-prima, a lã bruta, e o escoamento do produto, a lã beneficiada, além da comercialização local.

O prédio onde a Laneira passou a operar a partir de 1949 foi especialmente construído para essa finalidade. O projeto foi elaborado pelo engenheiro Paulo Ricardo Levacov, que era um entusiasta dos conceitos utilizados pelo arquiteto americano Frank Lloyd Wright. Assim, o projeto da nova edificação foi baseado na estrutura e na funcionalidade da fábrica, com atenção especial para as texturas, resultando em um prédio com amplos espaços livres para a produção, desde a entrada da matéria-prima até a lã processada e embalada pronta para a venda. A fachada da fábrica chamava atenção por sua simplicidade, com aberturas padronizadas e revestida com tijolos à vista (Figura 14):

Figura 14 – Vista parcial da fachada da Laneira, década de 1990

Fonte: acervo da Fototeca Memória da Universidade Federal de Pelotas/Departamento de Museologia, Conservação e Restauro/Instituto de Ciências Humanas (UFPel/DMCOR/ICH)

A lã bruta vinha de municípios gaúchos, como Bagé, Uruguaiana e Santana do Livramento, onde havia rebanhos ovinos. O processo de produção da lã na fábrica começava com a classificação, que era realizada majoritariamente por mulheres de forma manual (Figura 15). Em seguida, a lã passava por etapas de lavagem em maquinários, secagem em esteiras e prensamento e enfardamento, que eram realizados por homens (Figura 16). Ao final do processo, a lã estava pronta para ser vendida.

Figura 15 – Operárias trabalhando na classificação dos velos de lã

Fonte: acervo da Fototeca Memória da UFPel/DMCOR/ICH

Figura 16 – Operários operando a prensa de lã

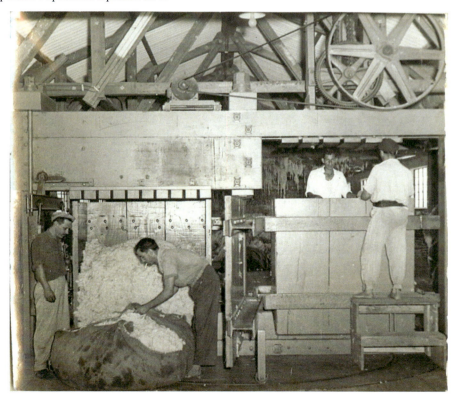

Fonte: acervo da Fototeca Memória da UFPel/DMCOR/ICH

Em apenas uma década de funcionamento, a Laneira já era reconhecida como uma indústria importante no Rio Grande do Sul, principalmente devido ao seu impacto econômico ao fornecer lã para o centro do país. Conforme seu crescimento econômico, as instalações físicas da fábrica também foram expandidas. Em 1956, um novo espaço de produção foi inaugurado, destinado à produção de *tops* de lã, um pré-fio utilizado na fiação. As expansões do espaço fabril e da capacidade de produção não pararam nesse momento. No final da década de 1980, a fábrica contava com mais de 12 mil m² de área e era capaz de produzir fios prontos para o consumo final, inclusive tingidos.

Um fato que merece ser descrito da trajetória fabril foi a associação da Laneira ao Lanifício do Rio Grande do Sul Thomaz Albornoz, sediado em Santana do Livramento/RS, ocorrido na década de 1970, tornando-se a empresa majoritária. Considerado um concorrente, o Lanifício Thomaz Albornoz tinha como principal atividade a fabricação de *tops* de lã. Com essa associação, a união tornou-se a maior exportadora de *tops* no Brasil na época. Foi um momento que parecia garantir o futuro, até mesmo para os operários da fábrica.

No entanto, como é comum na atividade industrial, a Laneira enfrentou adversidades que definiriam seu futuro. A crise mundial da lã em 1974[108] acarretou a diminuição da safra de lã e, para obter uma compensação na forma de renda extra operacional, alguns espaços da fábrica foram alugados para o armazenamento de diferentes produtos, como cereais. Na década seguinte, outro fator agravou o estado financeiro da fábrica: diversos incentivos fiscais concedidos para a expansão das exportações foram extintos pelo governo federal. Além disso, surgiram dificuldades na atualização das tecnologias de produção. A soma desses fatores resultou no início da derrocada da fábrica, culminando, em 2003, no requerimento de falência da Laneira pelo Lanifício Thomaz Albornoz.

A Laneira não proporcionava apenas salários para os operários. Em seus espaços, como o refeitório e o pátio, ocorriam momentos de sociabilidade e lazer, que eram locais de encontro para festas de fim de ano e outras atividades promovidas pela empresa. A Laneira oferecia gratificações financeiras anuais, treinamentos e promoções para estimular a qualificação de sua equipe. Para garantir a saúde dos trabalhadores, era oferecida assistência médica, e, para fortalecer o espírito de equipe, a Laneira incentivava a prática esportiva por meio de campeonatos e excursões, contando com um time de futebol que era referência na região. As condições de trabalho também eram influenciadas pela localização da fábrica na cidade, central, com boas condições de transporte e moradia no entorno. Era um espaço que representava para muitos a possibilidade de uma casa compartilhada durante parte de suas vidas.

Atualmente, a Laneira pertence à Universidade Federal de Pelotas desde 2010, e ocupa apenas parte de seu espaço. Há uma extensa área de terreno coberta por mata nativa, que desce pela geografia irregular das vias que o cercam até o acesso à principal via de entrada da cidade. A instituição destinou um dos pavilhões fabris para o Depósito de Bens Fora de Uso, enquanto os espaços administrativos, uma parte do pátio e o antigo refeitório — que foi demolido — foram cedidos ao Hospital Escola, que agora abriga o Centro Regional de Cuidados Paliativos.

É importante ressaltar que, em 2013, a Laneira foi incluída no Inventário do Patrimônio Histórico e Cultural de Pelotas, de acordo com uma lei municipal que visa proteger legalmente os imóveis listados, garantindo a preservação de suas características arquitetônicas, artísticas e decorativas externas (Pelotas, 2008, p. 21). Essa legislação também defende que a preservação desses imóveis é de extrema importância para resgatar a memória da cidade (Pelotas, 2008, p. 21).

---

[108] Essa crise esteve vinculada a um panorama nacional e internacional no qual se situou o lançamento II Plano Nacional de Desenvolvimento (II PND). Fato complexo, de muitas implicações e estudos relacionados ao quadro da ditadura civil-militar no Brasil da época.

A inclusão no Inventário não foi a única medida de preservação adotada na época. No mesmo ano, um projeto de reciclagem e requalificação, intitulado Laneira Casa dos Museus, foi desenvolvido para todo o espaço fabril desativado. Esse projeto arquitetônico fazia parte de uma iniciativa da própria universidade, chamada Reciclagem e Requalificação de Espaço Industrial para a Implementação de Museus Inclusivos. Seu objetivo era transformar a antiga fábrica em um local de integração entre a universidade e a sociedade, promovendo cultura, ensino, pesquisa e extensão no campo do patrimônio cultural e dos museus (Coelho, 2017, p. 29). No entanto, apesar do apoio da gestão da época, o projeto não foi executado e não foi desenvolvido nas duas gestões subsequentes. Como resultado, o prédio continua sofrendo constantemente os efeitos do tempo.

As memórias da casa/fábrica

Todos os fatos e espaços descritos foram vivenciados e ocupados por centenas de operários que circularam diariamente nessa fábrica durante os mais de 50 anos de sua existência operacional. Foram essas pessoas que alimentaram a caldeira, operaram prensas, fiaram quilômetros de fios de lã e realizaram todas as outras atividades próprias de um lanifício. Mas, como é próprio do ser humano, também nesse mesmo espaço de cheiros e barulhos específicos, ocorreram encontros e desencontros, momentos alegres e outros dramáticos, tensos, alguns irresolúveis. Enquanto o espaço da antiga fábrica ocupar o cenário da cidade, a memória do trabalho se manifestará como se ali fosse uma casa e, igualmente, a memória das relações pessoais e das famílias que ali trabalharam, traduzidas em disputas, conflitos, intrigas e, igualmente, amizades, cooperações e amores.

Em entrevistas realizadas entre os anos de 2014 e 2016 com diferentes pessoas que testemunharam a fábrica funcionando, foi possível perceber como estavam ativas e intensas as memórias ligadas ao espaço fabril. Como costuma acontecer com públicos anônimos, os fatos que elas referem não estão registrados em fotografias, notícias de jornais e tampouco em documentos oficiais. Inclusive, o modo como os entrevistados foram encontrados favoreceu esse anonimato. Na ocasião, optou-se por constituir o grupo focal por meio de uma rede de conhecidos, que foi sendo gerada a partir das primeiras entrevistas realizadas. Embora o método tenha sido o da indicação, o resultado não foi o mesmo do método "bola de neve". Mesmo que um indicasse o outro (em geral com frases do tipo "ele sim vai ter bastante coisa para te contar"), o próprio foco da entrevista variava com a indicação.

Isso aconteceu também em decorrência do fato de que o processo das entrevistas se apresentava como conversas amigáveis. A proposição inicial para todas as entrevistas era de que gostaríamos de conhecer como era trabalhar na Laneira. A pergunta sugeria uma interpretação individual do entrevistado, que nunca era contestada. Portanto, cada pessoa elegia as lembranças que eram contadas e como eram contadas. Mesmo que tal processo leve a uma possibilidade de facilmente mudar o assunto, empregava-se um recurso eficaz, o de mostrar uma fotografia da fábrica operante para sugerir a retomada do foco. E, como a maioria dessas conversas foi na casa dos entrevistados, todos já esperavam o momento com objetos que guardavam de recordação. Eram diversos: fotografias, a antiga carteira de trabalho, revistas com propagandas da fábrica e até mesmo a própria lã, que não foi utilizada. Alguns a guardavam como uma preciosa recordação. Houve casos em que os entrevistados nos procuraram depois para contar mais memórias esquecidas no momento da entrevista ou sobre uma reflexão que adveio após a entrevista e que os fizeram redimensionar a importância daquele espaço em sua vida. Em muitos casos, por um já conhecido processo memorial de eleição do que se deseja lembrar, boa parte dos entrevistados afirmou a estima pelo seu antigo espaço de trabalho.

A importância da Laneira para cada entrevistado não se resume apenas ao trabalho. As memórias compartilhadas que fizeram ficar pensando na relação deles com a fábrica são justamente a apropriação involuntária que fazem do espaço e o transformam um pouco em casa. Diversos trechos das narrativas coletadas podem exemplificar essa apropriação, uma delas quando o espaço de trabalho se transforma, metaforicamente, em espaço de diversão. Uma antiga funcionária conta que, nos intervalos, ela e suas colegas brincavam de se esconder entre as máquinas. E assim como elas, filhas de um operário, também recordam que seu pai as levava ao lanifício, e lá elas utilizavam as rampas das prensas como um escorregador e os fardos de lã como pula-pula. E até mesmo antes de a fábrica operar, ainda resistem lembranças de vizinhos do lanifício na época da construção da chaminé, que eram crianças naquele momento, iam ao espaço das obras correr junto à construção e ver aquele elemento longilíneo ser formado e ouviam: "— Crianças, vão embora que aqui pode cair um tijolo!" (Basilio, 2015 *apud* Coelho, 2017, p. 75). Então, sentavam-se na grama próxima e ficavam assistindo ao trabalho da obra.

Para além das brincadeiras, a Laneira foi um espaço de festividades. Todo final de ano a administração promovia um churrasco para seus funcionários no pátio da fábrica e distribuía cestas de Natal. E o refeitório, espaço muito vivo na lembrança da grande maioria dos depoentes, não apenas pelas refeições fornecidas pela empresa para o consumo nos intervalos de trabalho, mas principalmente porque era utilizado mesmo como um espaço de encontro, de descontração. Nos primeiros anos de funcionamento, ali ficava um fogão a lenha, com uma chaleira sempre com água quente para o preparo do cafezinho, e muitos faziam dele um salão de festas para a comemoração dos aniversariantes do dia.

Nesse clima de confraternização, e até mesmo de orgulho, é que os operários torciam por seus colegas atletas. A Laneira incentivava e chegou a patrocinar seus funcionários em práticas esportivas, como foi o caso de um maratonista que recebeu esse incentivo para participar de competições de atletismo como a São Silvestre, conhecida maratona realizada na cidade de São Paulo sempre no último dia do ano. Nesse mesmo sentido, cada setor tinha seu time de futebol de salão que competia entre si em eventos da empresa, como as Semanas de Prevenção de Acidentes do Trabalho (Spat), organizadas pela Comissão Interna de Prevenção de Acidentes (Cipa).

Mas, quando se fala em esportes e Laneira, a principal recordação, e com certeza a mais carinhosa, é o time de futebol de campo Grêmio Atlético Laneira, considerado o melhor time entre as fábricas de Pelotas. Era muito comum, na época desse lanifício operante, que cada indústria tivesse o seu time formado por operários, que se enfrentavam em competições específicas para esses times em todo o estado. O que contam é que o time da Laneira era muito bom e ganhava muitos troféus.

O orgulho não era apenas pelos atletas, era também dos familiares por todos os operários. Os mesmos filhos que iam com seus pais visitar a Laneira fantasiavam que quando adultos iriam trabalhar exatamente como seus pais. A filha de um antigo operador da caldeira relatou que a fantasia se transformou em sonho, ultrapassando a infância e chegando à fase adulta, o que a fez cursar Técnico em Mecânica, no atual Instituto Federal de Educação, Ciência e Tecnologia Sul-Rio-Grandense (IFSul), pois ela *"achava a Laneira o máximo, né?"* Lamentavelmente, essa ambição não se efetivou por diversos fatores, e ela também não seguiu a profissão. Formou-se em outro curso, Matemática, acredita que a busca por nova formação foi por não ter conseguido trabalhar onde desejou.

Já aqueles que trabalharam na Laneira são saudosistas desse tempo, embora saiba-se que era um trabalho pesado. Ainda assim, muitos falam que sentem saudade da época de ser operário do lanifício. Grande parte dessa saudade remete às amizades, aquelas que foram iniciadas entre os maquinários e fortalecidas nos intervalos, seja tomando um café no refeitório, ou ficando ao sol na calçada em frente à entrada, onde podiam admirar o canteiro das coloridas hortênsias que chamavam atenção de quem passava pela movimentada Avenida Duque de Caxias. Muitos ainda falam dos antigos colegas, mas agora como amigos que permanecem em contato, outros apenas estão na lembrança ou em nomes anotados em antiga caderneta de telefones. Mas todas as lembranças, quando se trata dos amigos, sempre destacam que na Laneira era diferente, como disse uma antiga operária: *"Lá era assim, as pessoas quanto te tiravam para amiga, eram amigas mesmo [...], esse companheirismo, essa coisa que não se vê mais, depois que sai de lá eu trabalhei em outras fábricas, e não existia esse tipo de amizade"* (Fernandes, 2014 *apud* Coelho, 2017, p. 75).

Para além dos operários que ocupavam a calçada, não só nos intervalos, mas também nos horários de trocas de turnos, havia muitos outros fatores que movimentavam a avenida, como os transeuntes e os caminhões que carregavam as matérias-primas e os produtos da Laneira. Era essa movimentação, juntamente com a sua fachada fabril, que chamava atenção no bairro. Assim como se cuida do jardim de casa, as hortênsias que adornavam a fachada eram cuidadas, deixando a entrada daquele espaço com cheiros fortes, muito barulho e temperaturas altas, um lugar agradável e colorido. A fábrica era um ponto de referência no bairro, e até hoje muitos sabem onde fica o prédio de tijolos à vista.

Essas características sensoriais — som, cheiro, temperatura —, que todos que circulavam pelo espaço fabril relembram tão facilmente e conseguem descrever minuciosamente, trazem também muitas outras memórias. Por exemplo, a enfermeira que tinha dificuldade em verificar a pressão devido aos incessantes barulhos das máquinas. Esse mesmo barulho, que era abafado pelos protetores auriculares que cobriam todo o ouvido, somado às altas temperaturas, era a causa de frequentes infecções auricular, levando os operários a procurarem cuidados médicos. Além disso, afirmam que eram apenas acidentes leves, como cortes causados pelas cintas metálicas que fechavam os fardos de lã.

Porém, antes de a Laneira contar com uma enfermaria, logo que começou a operar, sabe-se que, principalmente as operárias, buscavam cuidados na vizinhança. Havia uma vizinha em particular que, além de fornecer refeições, preparava chás e até escalda-pés conforme a indisposição de cada uma. Era uma rede de apoio que se formava entre a fábrica e a vizinhança.

Além do cuidado com a saúde, houve um momento de cuidado com a espiritualidade, no qual uma gruta foi construída no corredor do acesso principal do lanifício. Erguida em colaboração entre os funcionários, cada um que participou escreveu o seu nome no cimento da base, onde havia um espelho d'água que circundava as imagens de Nossa Senhora de Lourdes, colocada dentro da gruta, e Santa Bernadete, disposta em frente em uma redoma de vidro. As duas imagens foram adquiridas por meio de um acordo com a administração, que pagou pelas imagens, e depois o valor foi dividido entre os mesmos funcionários que construíram a gruta, sendo descontado de seus salários. As imagens eram bem cuidadas por todos e recebiam pedidos. Um operário conta: *"[...] a grutinha que as mulheres gostavam, tinha muita solteira aqui, né, colocavam pedidos, era uma santa, não lembro se era uma Nossa Senhora [...]"* (Oliveira, 2014 *apud* Coelho, 2017, p. 88).

No entanto, muito antes da construção da gruta, que aconteceu entre o fim dos anos 1970 e início dos anos 1980, e antes de as operárias irem até a gruta e pedirem para a santa seus maridos, a fábrica já tinha sido palco de surgimento de amores. A mesma criança que assistia à construção da chaminé e corria pelo pátio com os irmãos, dez anos depois, aos 19 anos, casou-se com um operário da Laneira.

Assim, nesse misto de sentimentos, além do trabalho pesado, como se sabe que é o fabril, percebemos, em uma amostra de memórias da fábrica, um espaço diverso, de brincadeiras, confraternizações, religiosidade e amores. Portanto, um espaço de vida.

Infelizmente, hoje a edificação da antiga fábrica é apenas um prédio vazio, abandonado, que aos poucos se esvaece, expressando a lástima da casa perdida, muito bem condensada nas palavras do antigo operário quando disse: *"sinto uma tristeza quando passo ali* [...]" (Barbosa, 2016 *apud* Coelho, 2017, p. 79).

E por fim: o refúgio da memória

A Laneira, atualmente, encontra-se em estado de abandono, pois a maior parte do complexo e da área original de mata ainda não foi recuperada para uso pela UFPel, que é a atual proprietária. Embora não possamos afirmar que esse abandono crescente corresponda a um progressivo apagamento das memórias fabris, sugere-se que isso possa estar acontecendo. Alguns entrevistados mencionaram que estar distante do espaço da fábrica facilita o não falar sobre ela. E não falar é, por si só, um processo de esquecimento no que diz respeito ao patrimônio cultural. Hoje em dia, muitos daqueles que trabalharam na Laneira já não residem no bairro. Seria justo que o patrimônio da fábrica, mesmo que com outros usos, se apresentasse como um ícone da antiga presença fabril, reafirmando a existência de uma casa — no sentido de espaço — que já existiu. A Laneira, em particular, poderia ser facilmente recuperada nesse sentido, devido à sua localização na cidade: uma via importante que conecta diversos pontos estratégicos e se estende por vários quilômetros, em uma avenida de duas mãos, com um amplo canteiro arborizado ao centro. O projeto que propunha sua recuperação era bastante favorável ao espaço da memória fabril, sendo um dos seus objetivos explícitos. No entanto, não foi implementado. O patrimônio industrial é difícil de ser compreendido e aceito, principalmente porque sua base é a memória coletiva, e sobre ela surgem os conflitos mencionados por Kansteiner (2007, p. 32):

> La memoria colectiva no es historia, aunque en ocasiones está hecha de un material similar. Es un fenómeno colectivo pero sólo se manifiesta en las acciones y declaraciones individuales. Puede referirse a eventos histórica y socialmente remotos pero habitualmente favorece intereses contemporáneos. Es tanto resultado de una mani- pulación consciente como absorción inconsciente y está siempre sujeta a mediación. Y sólo puede ser observada por procedimientos indirectos, más a través de sus efectos que de sus características. En definitiva, los estudios de la memoria colectiva representan una nueva aproximación a «al más elusivo de los fenómenos, la *conciencia popular*.

Dessa forma, ressalta-se que a preservação do patrimônio industrial não se resume apenas a conservação física dos edifícios e estruturas. Envolve também a preservação das memórias, das histórias e das experiências vividas pelos trabalhadores. Esses elementos imateriais são fundamentais para a compreensão e valorização desse patrimônio. A memória coletiva desempenha um papel crucial na construção da identidade de uma comunidade e na preservação de sua história. As memórias dos trabalhadores da Laneira são testemunhos valiosos de uma época passada e devem ser valorizadas e compartilhadas.

Assim, ao associarmos o pensamento do filósofo com o do sociólogo, neste texto, fizemo-lo porque queríamos entender como as profundas relações entre homem e espaço, quando ocorrem na dimensão do trabalho, expressam, para além da influência do segundo sobre o primeiro, a própria intensidade emocional das vivências que se reconstroem pela memória, como relatos de lembranças que dizem mais do desejo ou da rejeição do que do fato vivido propriamente.

A empiria ocupou a maior parte deste estudo, porquanto os depoimentos constantes na pesquisa de Coelho (2017) e analisados sob referências de memória social (Candau, 2019; Lopes, 2011; Nora, 1993) geraram o contexto no qual o pensamento dos autores citados convergiu.

Por tanto, vemos que a fábrica não se afasta da ideia do espaço de Bachelard, assim entendido como o lugar do humano, uma vez tratada a partir do entendimento de que a memória pode ser

> [...] essa região onde o ser *quer se* manifestar *e quer* ocultar-se, os movimentos de fechamento e de abertura são tão numerosos, tão frequentemente invertidos, tão carregados, também, de vacilação, que poderíamos concluir com esta fórmula: o homem é o ser entreaberto. (Bachelard, 1989, p. 193).

Uma condição que lhe permite estar em lugar como se fosse outro e lembrar do lugar como se fosse ambos. Por isso, Bachelard nos ajudou a compreender a condição dúbia do lembrar de si em um espaço que muitas vezes oprimiu essas pessoas, porque a fenomenologia permite o aprofundamento do ser, ao que Bachelard explica (e, assim, explica como concluímos): "o fenomenólogo faz o esforço necessário para compreender o germe da felicidade central, segura, imediata. Encontrar a concha inicial em toda moradia, no próprio castelo" (Bachelard, 1989, p. 25).

Porque, repetindo e concluindo sobre as palavras do filósofo: "A nuança não é uma coloração superficial suplementar. Portanto, é preciso dizer como habitamos o nosso espaço vital de acordo com todas as dialéticas da vida, como nos enraizamos, dia a dia, num 'canto do mundo'" (Bachelard, 1989, p. 25). A fábrica, esse canto do mundo que de fato não pertence ao trabalhador, mas, pela intensidade do que ali se passa, define suas horas, ritma seus dias, condiciona seu presente e, consequentemente, passa a ser sua casa, não sua, é verdade, mas uma casa inteira do seu tempo. Poucos a separaram do lugar de habitar de fato, seja porque os momentos ali tinham múltiplos sentidos, alguns difíceis de serem entendidos, seja porque cada dia que passava era um dia a menos para aquele no qual receberiam o soldo do mês. E era assim que a vida se dava.

Os relatos dos entrevistados apontam uma dualidade emocional. A do espaço que foi um lugar de vida, inclusive, às vezes boa, e a de um espaço que não lhes pertencia e que, portanto, não lhes devia nada sobre o seu futuro. Nas palavras do entrevistado que relata o sentimento de tristeza em passar na frente da antiga fábrica, entregue ao tempo e à destruição, entende-se do que dela ele guardou — e escolheu guardar —, qual seja, a vida que ali passou. Uma vida de promessas e pedidos como os que as solteiras faziam na gruta da santas, como os afetos guardados pelo companheirismo, assim dito por outra entrevistada, como as redes de apoio que se estabeleciam para além dos muros da fábrica, em analogia à vizinhança solidária, como a referência de um movimento orquestrado pelo trabalho, mas também pelo cuidado nos jardins de hortênsias que acompanhavam a fachada. Para muitos, a Laneira foi uma casa que deixou como herança a memória. E, como toda memória, é resultado de uma escolha na qual se refugia um patrimônio intangível: a esperança de uma vida pregressa que não trouxe todas as recompensas, mas deixou lembranças de emoção que animam o presente.

Referências

BACHELARD, G. *A poética do espaço*. São Paulo: Martins Fontes, 1989.

CANDAU, J. *Memória e identidade*. São Paulo: Contexto, 2019.

CHANG, L. T. *Chicas de fábrica*: de la aldea a la ciudad en la China contemporánea. Barcelona: RBA Libros, 2012.

COELHO, J. P. *Identificação de suportes de memória no prédio da extinta fábrica Laneira Brasileira S. A.* 2014. 75f. Monografia (Trabalho de Conclusão de Curso) — Universidade Federal de Pelotas, Rio Grande do Sul, 2014.

COELHO, J. P. *Os significados do lugar*: memórias sobre a extinta fábrica Laneira Brasileira S. A. 2017. 128f. Dissertação (Mestrado em Memória Social e Patrimônio Cultural) — Universidade Federal de Pelotas, Rio Grande do Sul, 2017.

INSTITUTO DE PATRIMÔNIO HISTÓRICO ARTÍSTICO NACIONAL (IPHAN). *Carta de Veneza*. Disponível em: http://portal.iphan.gov.br/uploads/ckfinder/arquivos/Carta%20de%20Veneza%201964.pdf. Acesso em: 25 abr. 2023.

KANSTEINER, Wulf. Dar sentido a la memoria: Una crítica metodológica a los estudios sobre la memoria colectiva. *Pasajes: Revista de Pensamiento Contemporáneo*, n. 24, p. 31-43, 2007. Disponível em: http://hdl.handle.net/10550/46209. Acesso em: dez. 2023.

LOPES, J. S. L. Memória e transformação social: trabalhadores de cidades industriais. *MANA*, v. 17, n. 3, p. 583-606, 2011. Disponível em: https://www.scielo.br/j/mana/a/cBd9KxWpNjyXbL5j5smtYJt/?format=pdf&lang=pt. Acesso em: dez. 2023.

NORA, P. Entre Memória e História – A problemática dos lugares. Projeto História: Revista do Programa de Estudos Pós-Graduados em História e do Departamento de História da PUC/SP, São Paulo, n. 10, p. 7-28, 1993. Disponível em: http://www.pucsp.br/projetohistoria/downloads/revista/PHistoria10.pdf. Acesso em: 25 abr. 2023.

PELOTAS. Lei nº 5.502, de 11 de setembro de 2008. Institui o Plano Diretor Municipal e estabelece as diretrizes e proposições de ordenamento e desenvolvimento territorial no Município de Pelotas, e dá outras providências. Disponível em: https://pelotas.com.br/servicos/gestao-da-cidade/plano-diretor. Acesso em: 25 maio 2023.

ROHMER, E. L'ère industrielle: Métamorphoses du paysage. *In*: LABORATOIRE URBANISME INSURRECTIONNEL. [*S. l.*], mars 2013. Originellement publié en 1964. Disponível em: https://laboratoireurbanismeinsurrectionnel.blogspot.com/2013/03/rohmer-metamorphose-du-paysage.html. Acesso em: 25 abr. 2023.

SENNETT, R. *El Artesano*. Barcelona: Editorial Anagrama, 2009.

SOBRINO, S. J.; CARLOS, M. *Carta de Sevilla de patrimonio industrial 2018*: los retos del siglo XXI [Seville charter of industrial heritage 2018: the challenges of the 21st century]. Sevilla: Centro de Estudios Andaluces; Consejería de la Presidencia, Administración Pública e Interior, 2018.

SOTRATTI, M. A. Espaço. *In*: REZENDE, M. B.; GRIECO, B.; TEIXEIRA, L.; THOMPSON, A. (org.). *Dicionário IPHAN de Patrimônio Cultural*. Rio de Janeiro; Brasília, DF: Iphan; DAF; Copedoc, 2015. Verbete. Disponível em: http://portal.iphan.gov.br/dicionarioPatrimonioCultural/detalhes/62/espaco. Acesso em: 26 abr. 2023.

TICCIH. *Carta de Nizhny Tagil sobre o patrimônio industrial*. 2003. Disponível em: https://ticcihbrasil.org.br/cartas/carta-de-nizhny-tagil-sobre-o-patrimonio-industrial/ Acesso em: 25 abr. 2023.

TICCIH. *Princípios de Dublin*. 2011. Disponível em: https://ticcihbrasil.org.br/cartas/os-principios-de-dublin/ Acesso em: 25 abr. 2023.

UNESCO. *World Heritage Cultural, Operational Guidelines for the Implementation of the World Heritage Convention*. Paris: Unesco, 2008. Disponível em: http://whc.unesco.org/archive/opguide08-pt.pdf. Acesso em: 25 abr. 2023.

UNESCO; INSTITUTO DE PATRIMÔNIO HISTÓRICO ARTÍSTICO NACIONAL (IPHAN). *Convenção para a salvaguarda do patrimônio cultural imaterial*. Paris, 2003. Disponível em: https://ich.unesco.org/doc/src/00009-PT-Brazil-PDF.pdf. Acesso em: 25 abr. 2023.

MEMÓRIAS POLÍTICAS DA OCUPAÇÃO: UM ESTUDOTRANGERACIONAL NA VILA JARDIM, SÃO FRANCISCO DE PAULA/RS/BRASIL

Aline Reis Calvo Hernandez
Luís Carlos Borges dos Santos
Patrícia Binkowski

Território, lugar e contexto de pesquisa

Para compreender o pensamento histórico na formação de qualquer território, população ou comunidade, é necessário problematizar os processos históricos que foram se constituindo. O município de São Francisco de Paula está situado no nordeste do estado do Rio Grande do Sul (RS) e tem 3.264,490 km² de extensão de área. Dados do Instituto Brasileiro de Geografia e Estatística (IBGE, 2019) estimam que o município tenha em torno de 21.710 pessoas. O município alberga em seu território o Parque Natural Municipal da Ronda (PNMR)[109], criado pelo Decreto 166, de 12 de abril de 2006, e que possui 1.448 hectares (ha), sendo uma das maiores Unidades de Conservação (UCs) municipais do Rio Grande do Sul (São Francisco de Paula, 2012).

O PNMR está localizado na área urbana de São Francisco de Paula (SFP), local onde a ocupação do solo é marcada pelo uso de atividades urbanas como residências, escolas e comércio, que margeiam o parque. Na poligonal do PNMR, às margens da Rua Benjamin Constant, encontra-se a ocupação urbana denominada Vila Jardim. Com base em dados secundários oriundos das pesquisas que vêm sendo realizadas pelo ObservaCampos[110], a Vila Jardim é formada por "130 lotes, com aproximadamente 250 famílias, que ocupam a área há 20 anos, considerando as primeiras ocupações" (Padilha *et al.*, 2019, p. 104), estima-se a presença de, aproximadamente, mil pessoas residindo na Vila.

No âmbito dos conflitos territoriais gerados pela criação do PNMR, a Vila Jardim, por estar localizada dentro da poligonal da UC, já se apresenta como um grave conflito fundiário, esgarçando o limite do que prevê uma área de proteção integral e o direito das famílias à moradia.

Figura 17 – Vista aérea da Vila Jardim, São Francisco de Paula/RS

Fonte: Cássio Adílio Hoffmann Oliveira, acervo da Estação de Pesquisa ObservaCampos (2022)

---

[109] Ao longo do capítulo, utilizaremos a sigla PNMR para referirmo-nos ao Parque Natural Municipal da Ronda.

[110] O ObservaCampos produz dados primários e inéditos em relação ao PNMR e à Vila Jardim, dados que não se encontram disponíveis em bases de dados públicas, a exemplo do site da Prefeitura Municipal de São Francisco de Paula/RS, Secretaria de Meio Ambiente e Sustentabilidade do município ou IBGE.

"Olhar de perto e de dentro" (Geertz, 1978, p. 35), faz-nos entender a importância dos atores sociais em seu território/lugar e compreender suas percepções. Partindo desse preceito, esta pesquisa buscou explorar, descrever e analisar como se (re)produz o espaço da Vila Jardim, por meio das percepções, significações e memórias das três gerações de uma mesma família.

Após conhecer os contornos da Vila Jardim e escutar algumas histórias de seus moradores, optamos por pesquisar as três gerações de uma mesma família, a família Hoffmann, adotando uma perspectiva transgeracional de análise. A escolha dessa família partiu da indicação de uma das lideranças da própria comunidade, que nos informou que seu pai, o Seu Miguel Hoffmann (1ª geração), foi o primeiro morador da comunidade.

A transgeracionalidade se dá pela passagem de uma geração à outra, pela cultura e convivência familiar, embasada por trocas afetivas e de informações sobre os contextos da comunidade. Falcke e Wagner (2005) destacam que a transgeracionalidade dá identidade à família e auxilia na compreensão da dinâmica familiar.

Para conduzir a pesquisa, foram realizadas entrevistas narrativas com a 1ª e 2ª gerações e a elaboração de desenhos com as crianças da 3ª geração da família participante. As entrevistas foram gravadas em áudio e, posteriormente, transcritas. A fim de proceder aos procedimentos éticos em pesquisa, os participantes assinaram o Termo de Consentimento Livre Esclarecido (TCLE), permitindo a divulgação de seus respectivos nomes, aspecto importante em estudos de memória.

As entrevistas com a 1ª e 2ª gerações tiveram como tema as histórias da família, como se deu a chegada e a ocupação da Vila Jardim, as relações políticas da comunidade com a gestão pública em cada período, as significações sobre a ocupação e a "invasão", as relações de trabalho e os conflitos territoriais. Com a 3ª geração, por se tratar de duas crianças, foi utilizada a técnica do desenho livre, a fim de que as crianças pudessem expressar suas percepções sobre a Vila Jardim, o PNMR, a paisagem, entre outros.

Políticas de memória: gesto metodológico

O grande desafio de pensar políticas de memória é que essas deem conta das "demandas dos movimentos que lutam pela construção de uma memória popular ou, por assim dizer, de uma 'memória dos vencidos', ou seja, pelos grupos e minorias que criam novos suportes e 'lugares da memória'" (Ansara, 2012, p. 306).

Durante muito tempo foram negados os saberes populares, das classes dos trabalhadores, das mulheres, dos coletivos em luta. Isso assegurou, nos moldes do imaginário social, uma historiografia construída somente com os saberes dominantes, negando os saberes populares, por não fazerem parte dessa história das minorias. Assim, a história oficial vai construindo uma narrativa de poder, intimamente vinculada à legitimação da "verdade". Essa historiografia oficial foi sendo construída pelas elites, por meio das relações de poder, legitimando os heróis *versus* os vencidos. Para Burke (2012, p. 322):

> O povo era considerado misterioso, descrito como o contrário do que eram (ou pensavam ser) os descobridores: as pessoas do povo eram naturais, simples, instintivas, irracionais, sem individualidade própria, arraigadas na tradição e no solo de seus rincões.

Assim, as políticas de memória problematizam, tensionam as narrativas "oficiais" (Benjamin, 1985; Halbwachs, 1990; Jovchelovitch, 2013; Nora, 1993; Pollak, 1989). Para Ansara (2008), a memória política é um movimento que se faz por meio da conscientização, no qual a memória coletiva está ligada ao processo de conscientização dialética, levando os sujeitos históricos a construir suas memórias no presente. A autora destaca que "a recuperação da memória histórica é fundamental para a criação de um novo projeto histórico e de um novo sujeito histórico" (Ansara, 2008, p. 32).

Há, pois, uma memória subterrânea, já destacada por Pollak (1989), que defende uma materialidade da memória na função social, na continuidade do grupo.

> [...] longe de ver nessa memória coletiva uma imposição, uma forma específica de dominação ou violência simbólica, acentua as funções positivas desempenhadas pela memória comum, a saber, de reforçar a coesão social, não pela coerção, mas pela adesão afetiva ao grupo, donde o termo que utiliza, de "comunidade afetiva". (Pollak, 1989, p. 3).

Pollak (1989) traz a discussão do dito e do não dito na construção de uma memória, seja coletiva ou individual. Para tal, ele recupera os conceitos de "memória coletiva" de Halbwachs (2006) e "lugares de memória" de Nora (1993). Pollak (1989) aponta uma perspectiva distinta da memória, das memórias marginalizadas em contraposição à "memória oficial":

> Ao contrário de Maurice Halbwachs, ela acentua o caráter destruidor, uniformizador e opressor da memória coletiva nacional. Por outro lado, essas memórias subterrâneas que prosseguem seu trabalho de subversão no silêncio e de maneira quase imperceptível afloram em momentos de crise em sobressaltos bruscos e exacerbados. A memória entra em disputa. (Pollak, 1989, p. 4).

Pollak (1989) destaca a importância das memórias subterrâneas enquanto dispositivos de problematização do discurso oficial que silencia os grupos minoritários, as minorias sociais. O autor traz à baila a função do "não dito", atentando para a oposição entre as memórias oficializadas e as memórias clandestinas. Para Pollak (1989),

> O problema que se coloca a longo prazo para as memórias clandestinas e inaudíveis é o de sua transmissão intacta até o dia em que elas possam aproveitar uma ocasião para invadir o espaço público e passar do "não-dito" à contestação e à reivindicação; o problema de toda memória oficial é o de sua credibilidade, de sua aceitação e também de sua organização. (Pollak, 1989, p. 9).

Na esteira dessa argumentação, Nora (1993) esclarece que Memória e História estão longe de serem sinônimas. A memória é aberta à interpretação das lembranças e da produção de esquecimentos. A História é uma reconstrução sempre problemática e incompleta do que foi e não existe mais.

Portanto, ressalta-se que foi importante trabalhar nesta pesquisa com a História Oral enquanto uma metodologia que se abre a ouvir e registar as vozes dos sujeitos que falam em nome próprio, em primeira pessoa. Nessa perspectiva, Thompson (2002) aponta que a História Oral é a interpretação da história e das mudanças ocorridas nas sociedades por meio de relatos orais em que aparecem as lembranças e experiências.

> A História Oral preocupa-se, fundamentalmente, em criar diversas possibilidades de manifestação para aqueles que são excluídos da história oficial, tanto a tradicional, quanto a contemporânea, e que não possuem formas suficientemente fortes para o enfrentamento das injustiças sociais. (Thompson, 2002, p. 95).

Para Nora (1993), o ofício do historiador deveria ser o de desconstruir os elementos e mecanismos da historiografia, repensando os elos da história com a memória.

> [...] cabe aos historiadores analisar essa 'qualquer coisa', de desmontar-lhe o mecanismo, de estabelecer-lhe os estratos, de distinguir-lhe as sedimentações e correntes, de isolar-lhe o núcleo duro, de denunciar-lhe as falsas semelhanças e as ilusões de ótica, de colocá-la

na luz, de dizer-lhe o não dito. [...] Lugar de memória, então: toda unidade significativa, de ordem material ou ideal, que a vontade dos homens ou o trabalho do tempo converteu em elemento simbólico do patrimônio memorial de uma comunidade qualquer. (Nora, 1993, p. 22-26).

Para Hernandez (2020, p. 21), "o estudo da memória política no campo da Psicologia Política é uma forma de resistência, pois, coloca em conflito poderes divergentes". Para pesquisar em memória política, Hernandez (2020) propõe um modelo que denominou "gesto metodológico", pois pesquisar memórias políticas têm um significado de atitude em pesquisa, ou seja, "[...] a memória política é um acontecimento narrativo em tensão com a oficialidade histórica de fatos construídos no registro de intencionalidade" (Hernandez, 2020, p. 21).

A narrativa da experiência vivida é considerada elemento central para que uma memória política passe a existir. [...] A memória política tem relação com o passado, é ressignificada no presente e contém possibilidades (projetos) de futuro. (Hernandez, 2020, p. 16-17).

No modelo metodológico desenvolvido por Hernandez (2020), ela apresenta quatro elementos importantes à pesquisa em memória política: o contexto da experiência, os sujeitos, as temporalidades e o contexto da narrativa.

Figura 18 – Modelo analítico em Memória Política

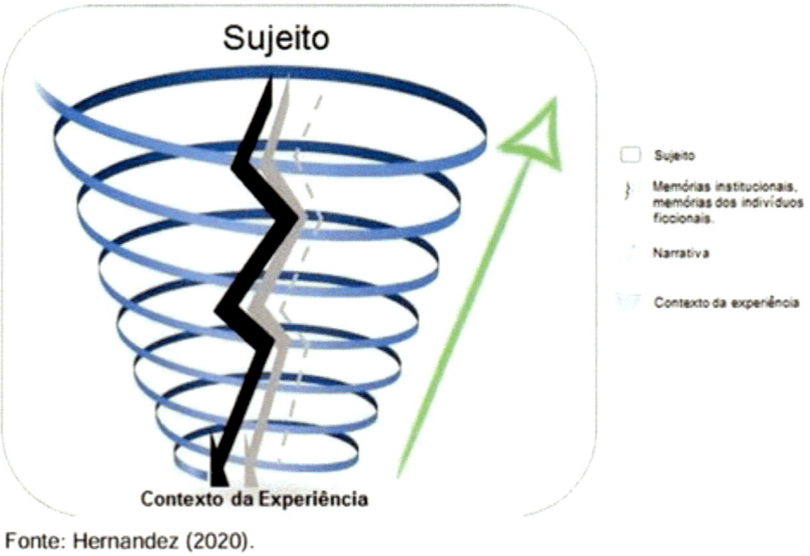

Fonte: Hernandez (2020).

Fonte: Hernandez (2020)

No modelo supracitado, as memórias institucionais, individuais e ficcionais ligam sujeito ao contexto de experiência, mediante movimentos de idas e vindas da memória (Hernandez, 2020).

A linearidade aprendida de pensar a memória em relação ao passado, num esquema passado/presente/futuro passa a ser substituída pelo esquema de pensar a memória no presente/em relação ao passado/e em perspectiva (futuro). O tempo do ontem é narrado no presente. As memórias das experiências políticas são enunciadas num tempo/agora e recordar implica deixar-se afetar, produzir afetos e cognições. (Hernandez, 2020, p. 23).

Sobre as narrativas, a autora aponta a "ação de revelar e registrar uma memória política, expor os fatos, contar histórias" (Hernandez, 2020, p. 24).

> Há na memória política um trabalho de retorno, de certa 'sustentação' histórica de referência e, quiçá, até de uma genealogia: há um antes que será revisitado, mas o passado não deve ser considerado o lócus da memória ou seu lugar. (Hernandez, 2020, p. 23).

Completa o modelo o chamado "trabalho de arquivo", em que se buscam ligações de memórias que ainda não existem, a partir das narrativas dos próprios sujeitos que, ao narrarem suas experiências e contextos de memória, vão compondo novas significações aos fatos e histórias de si e de um lugar. Conforme Hernandez (2020, p. 23), "[...] a memória é um instrumento de ação no presente e se reafirma enquanto acontecimento psicopolítico quando as pessoas, os grupos falam por si, desde suas percepções, afetos e significações".

Com base no modelo metodológico exposto e para melhor sistematizar a coleção de dados oriundos da pesquisa de campo, organizamos as análises a partir de cada uma das gerações participantes, dando ênfase às categorias emergentes em suas percepções e narrativas. A Figura 19 apresenta a conexão entre as memórias políticas emergentes das narrativas geracionais, indicando os eixos temáticos principais das narrativas de cada geração que fomentaram as análises.

Figura 19 – Memórias-chave da análise transgeracional

Fonte: elaborada pelos autores (2022)

1ª Geração: ocupar e resistir, a memória contra a produção de esquecimentos

A 1ª geração se constitui por meio do depoimento do Senhor Edmundo Miguel Rienermann Hoffmann, 51 anos, pai de Magreane da Silva Hoffmann e avô de Khemilly Hoffmann Pires, de 8 anos, e Yasmin Hoffmann Pires, de 6 anos. Seu Miguel, como vamos chamá-lo, foi um dos primeiros moradores a ocupar a Vila Jardim nos anos de 2000, conforme revela a narrativa:

> *Meu nome é Edmundo Miguel Rienermann Hoffmann, 51 anos de idade, moro em São Francisco de Paula desde os 10 anos de idade. Morava no interior [...], meu pai trabalhava na fazenda com plantação de batata e ajudava ele. Quando ele veio morar na cidade ele começou a trabalhar com o mato. Era difícil também, eu aprendi com ele. Cheguei na Vila Jardim através de um cunhado meu, que não tinha onde morar. Aí ele resolveu invadir ali, porque não tinha mais como pagar aluguel. (Excerto da entrevista).*

Há dois aspectos importantes que devemos apontar nessa narrativa. Inicialmente, a questão da migração campo/cidade. O segundo aspecto, e talvez o mais emblemático, é a percepção dele em relação a invasão *versus* ocupação. Esse embate faz parte da historiografia da Vila Jardim.

A moradia é uma necessidade humana e está amparada na Constituição federal (1988), contudo esse direito não chega a todos. A política habitacional no Brasil não atinge as famílias de baixa renda, e Maricato (2006) aponta que a fragilidade das políticas sociais e o difícil acesso a determinadas políticas fazem emergir as ocupações urbanas como alternativa de autogestão do território. Ocupar envolve um cenário de conflitualidade na dinâmica da criminalização pelas forças do Estado e será caracterizada como "invasão", negando o direito constitucional à terra e à moradia. Ao narrar seu contexto de experiência, Seu Miguel vai indicando suas memórias, e a construção das lembranças ganham teor afetivo, pois engloba sentimentos relativos à família e ao lugar.

É no ir e vir das memórias trazidas por Seu Miguel, no qual ele traz lembranças de sua infância, que podemos ir compreendendo a constituição da Vila Jardim e as relações construídas entre os moradores, permitindo contestar a visão hegemônica vinculada àqueles que moram nas periferias. Assim, a análise acerca das memórias políticas "dos vencidos" se constitui como um processo de releitura do passado, capaz de registrar as impressões e vestígios que ainda não tinham sido contados.

Desse modo, leva-se em consideração que as memórias relatadas por Seu Miguel em relação à Vila Jardim não devem ser tomadas como verdades absolutas, mas como uma das versões possíveis do acontecimento. A memória política é essa convulsão de tempos, porém "o tempo do ontem é narrado no presente" (Hernandez, 2020, p. 23). A memória vai retomando os tempos que passaram e perspectivando os próximos.

As memórias do Seu Miguel nos provocam a entender que a luta por moradia na sociedade capitalista se expressa na maneira em que a cidade está organizada. Nas grandes capitais essa "organização" é caótica e se dá com base na relação desigual entre centro *versus* periferia. A moradia faz parte dessa organização, cujo acesso é seletivo, pois grande parte da classe-que-vive-do-trabalho não tem acesso ou renda para comprar um imóvel. Esse é um dos maiores sintomas de exclusão, que não ocorre de forma isolada, mas coletiva.

> *Não tem como pagar aluguel. [...] a maioria que mora na Vila Jardim trabalha nas serralherias, comércios [...] um ajuda o outro [...]. Eu instalei um relógio lá que dá para 4 famílias [...]. Ah! Hoje tem umas 120 famílias, ou mais. Eles vão cercando e construindo. Agora eu não sei mais como está, mas na minha época foi uma casa atrás da outra. [...] se eu soubesse que não ia dar em nada eu tinha cercado mais (risos). (Excerto da entrevista).*

Compreender as narrativas do lugar significa compreender o que acontece no espaço vivido. O lugar é um espaço construído, resultante da história das pessoas, dos grupos que nele vivem, das formas como trabalham, produzem e usufruem.

A seguir, analisa-se outro tópico emergente nas narrativas de Seu Miguel, o reconhecimento dos vínculos afetivos que ligam as pessoas ao lugar. Nenhum lugar é neutro, mas repleto de histórias, memórias e com pessoas historicamente situadas num tempo, num espaço. "Cada lugar, é ao mesmo tempo, objeto de uma razão global e de uma razão local, convivendo dialeticamente" (Santos, 1996, p. 273).

Seu Miguel faz parte desse lugar, a família que ele constituiu na Vila Jardim é fruto desse lugar. Lugar refere origem, relações que foram sendo construídas. A partir deste ponto, vamos tecer essas memórias sobre o lugar, para que possamos entender, mais adiante, como está o lugar da Vila Jardim atualmente.

Mas de que Parque estamos falando? Por que esse Parque faz parte da história do Seu Miguel e sua família? Na tese de Fábio Ortolano (2019), ele entrevista Júlio Jomertz, gestor do PNMR à época, que relata o significado do nome do Parque.

> O nome Parque da Ronda, em referência às cascatas homônimas, deve-se à área circundada pelas fendas que se formam no solo e o córrego dessas quedas d'águas, onde, no passado, os tropeiros deixavam os gados pastando, perfazendo um espaço de vigia desses animais. (Júlio Jomertz, 51 anos, coordenador de gestão do Parque). (Ortolano, 2019, p. 115).

No entanto, nas memórias do Seu Miguel, o Parque da Ronda ganha descrição afetiva, das memórias familiares e com destacada beleza cênica: "*[...] a Ronda foi um lugar muito bonito, quando eu tinha 10 anos eu nadava nas cachoeiras, meu pai fazia churrasco lá, as pessoas frequentavam nos finais de semana*".

Seu Miguel aponta o Parque de sua infância como um lugar de memória. As memórias de Seu Miguel relacionam o contexto físico, social e cultural do lugar. Tuan (1980) aponta que, entre os ambientes significativos, encontram-se as categorias de espaço e lugar, que são indicados pelas experiências comuns. Para o autor, o espaço é a liberdade; e o lugar é a segurança que os sujeitos vão criando no/com o ambiente.

Gonçalves (2007) defende que o lugar é carregado de emoções, pois é nesse ambiente que as marcas são postas e as lembranças tomam as proporções da subjetividade, ou seja, lugar e subjetividade se entrelaçam pelas vivências. Na narrativa de Seu Miguel, ele atribui significados ambientais, familiares, afetivos e comunitários ao lugar: "*O Parque sempre foi muito bonito, as águas, o mato, meus filhos brincaram muito lá! Pena que tá abandonado, na Vila Jardim eu fiz muita amizade, fazíamos churrasco lá*".

Seu Miguel, ao retratar suas memórias com o lugar, vai realizando uma narrativa subjetiva em relação ao lugar. Para Tuan (1980), esse aspecto afetivo significa topofilia. A palavra "topofilia" é "um neologismo útil quando definida em sentido amplo, incluindo todos os laços afetivos dos seres humanos com o meio ambiente" (Tuan, 1980, p. 106). Nas memórias de Seu Miguel, as memórias em relação ao Parque são impregnadas de afetos:

> *Eu lembro que quando eu era pequeno tinha um pneu na estrada [...], eu escondi o pneu lá no parque e cheguei em casa bem faceiro. Eu falei pro meu pai que tinha achado um pneu e o meu pai já desconfiou. Aí meu pai foi lá e pediu para trazer o pneu e esse pneu na verdade era de uma borracharia e eu queria brincar no parque com pneu e meu pai foi lá me fez devolver o pneu. Naquela época o meu pai era bem bravo [...]. Hoje em dia as crianças fazem o que querem com os pais [...] mas, eu me lembro disso, queria brincar muito no parque com o pneu. Meu pai trabalhava no mato, serraria enquanto ele trabalhava, meus irmãos e eu brincávamos no parque, na cachoeira, a gente atravessava correndo aquele parque [...]. Hoje bem na entrada da Vila, sabe onde tem aquele portão? Era tudo mato, a gente atravessava e escapava para brincar e lá de longe escutava o barulho da serraria. A gente vinha correndo esperar o pai. (Excerto da entrevista).*

A espiral narrativa vai tomando forma, e aos poucos vamos conseguindo perceber as relações entre afeto e lugar, os contextos de experiência, a imbricada relação entre memória, ambiente, lugar e paisagem. Nesse sentido, Seu Miguel traz outro tópico à análise: a "periferização" do lugar. Jovchelovitch (2013) nos ajudará a entender esse conceito/fenômeno da periferização ou favelização do lugar, provocando-nos a entender os cenários entre as pessoas e seu ambiente, os imaginários que impregnam as percepções dos moradores da Vila Jardim.

No contexto da entrevista, Seu Miguel foi provocado a lembrar sobre como começou a periferização na Vila Jardim. Esse aspecto é muito importante à pesquisa, pois essas análises sobre as condições e vulnerabilidades da Vila não estão presentes nos documentos oficiais. Seu Miguel vem trazendo lembranças afetivas positivas em relação ao lugar, ao Parque, mas, quando provocado a narrar sobre a Vila Jardim atual, ele traz à memória o processo de abandono do lugar:

> *Lá no parque tinha uma usina de lixo. Isso foi entre 1985 a 1995. Eu tenho um sobrinho meu que trabalhou lá até o final do lixão. Lá não era uma reciclagem. Lá era uma 'porquice'! Lá não tinha nada de aterro. Eu lembro que todo o lixo da cidade era colocado lá! As pessoas vinham e colocavam. Eles não reciclavam nada! Pegava o que tinha vendido e o resto deixava tudo lá! O lixo vai cair na água [...]. Provavelmente, a Prefeitura que contratou essa empresa de reciclagem, mas eles não reciclaram nada, jogavam nos cantos. Eu acredito que na época era o Dr. Sérgio [o prefeito], mas não deu muito bem porque depois voltou o Dr. Colla. Mas era da prefeitura todo o lixo da cidade. (Excerto da entrevista).*

Temos nessa narrativa a associação do Parque ao "lixão" instalado e autorizado pela própria prefeitura. Cabe questionar: uma prefeitura instalaria um "lixão" no centro da cidade? O processo de periferização do lugar parece introduzir-se com a instalação do "lixão", que, até hoje, evidencia um passivo ambiental, uma degradação ao Parque sem remediação.

Quando Seu Miguel se recorda do "lixão", ele aguça memórias que deviam ter ficado no esquecimento: *"Lá não era uma reciclagem, lá era uma 'porquice!'"*. Ele revela uma dissonância entre o que a prefeitura dizia ser o "lixão" e o que de fato era. *"Lá não tinha nada de aterro, eu lembro que todo o lixo da cidade era colocado lá!"* Para Tuan (1980), esse sentimento está relacionado à topofobia no lugar, que diz respeito às emoções desagradáveis em relação ao lugar.

As memórias de Seu Miguel deflagram o descaso da gestão pública em relação ao Parque e à Vila Jardim. Segundo ele, havia cumplicidade com o abandono e a degradação do PNMR:

> *Quando ocorreu aquele temporal que passou pela Vila Jardim, Vila Izabel aquele tufão, tornado[111] que dizem, ele passou no Parque levantou um monte de lixo, sacolas, brazilite, pedra, garrafa, coisa que estava enterrada, e fez um buraco lá, muito lixo, muito lixo no Parque. Pronto, virou todo o Parque! A prefeitura começou nos anos 80 e 90 a botar lixo no Parque. A Prefeitura não cuidou do Parque. Os moradores vão cuidar? Acho que não! (Excerto da entrevista).*

O "descontentamento" deflagra uma inquietação feita por uma perspectiva crítica em relação ao Estado e a suas lógicas de esquecimento, apagamento, em relação à ausência de políticas públicas no território. Para Halbwachs (1990), a importância de uma memória política é que busca problematizar essas narrativas sobre as camadas de memória.

Seu Miguel está falando de um lugar de identificação profunda com o território, desde um território existencial, de apego ao lugar, que o distingue das "outras pessoas" que foram operando sobre o território. Bosi (1994, p. 411) comenta que, "por muito que deva a memória coletiva, é o indivíduo que recorda ele é memorizador, e das camadas do passado o que tem por acesso pode reter objetos que são para ele e só para ele".

Ele denuncia as elites políticas, a ausência de consciência ambiental e o compromisso da gestão pública em relação ao Parque, uma Unidade de Conservação incrível e de inestimável valor ambiental ao município. Ainda, ele chama atenção para um elemento fundamental na cultura política,

---

[111] A comunidade foi vítima do "tornado" que atingiu São Francisco de Paula no dia 12 de março de 2017. Muitas casas vieram abaixo, o ginásio e a escola da comunidade foram inteiramente destruídos. Atualmente, muitos moradores ainda esperam pelas reconstruções de suas moradias (Padilha *et al.*, 2019, p. 105).

a pedagogia, pelo exemplo: *"A prefeitura começou nos anos 80 e 90 a botar lixo no Parque. A prefeitura não cuidou do parque. Os moradores vão cuidar?"*. As vozes individuais expressam experiências pessoais e, ao mesmo tempo, revelam a matriz institucional da vida, "[...] mostram que a favela (periferia) é um território de perdas e de sofrimento para o Eu" (Jovchelovitch, 2013, p. 207).

O território é "uma variável importante na definição do mundo na vida na periferia, que demonstra a heterogeneidade das comunidades populares, bem como a importância do lugar para circunscrever e definir a experiência humana" (Jovchelovitch, 2013, p. 207). Como sugere nosso gesto metodológico, a "memória política é um acontecimento narrativo em tensão com a oficialidade histórica de fatos construídos no registro da intencionalidade" (Hernandez, 2020, p. 21). Nesse sentido, a experiência narrativa é psicopolítica.

O fenômeno da memória vai muito além da mera capacidade de lembrar-se de fatos passados. Bosi (2003) rejeita a ideia da memória puramente individual, uma vez que não se pode desconsiderar o contexto vivido pelo sujeito que é convidado a pensar sobre o que viveu. A memória, portanto, é coletiva, difundida e alimentada na convivência com os outros, produzida pelos discursos e pelas representações que propõem uma identidade ao grupo.

Vimos como um território se transforma em lugar, mediante o apego, o sentimento de pertença, os processos de identidade. Suas memórias deflagraram, ainda, os conflitos, as cisões com a paisagem, as tensas relações de poder entre o centro e a periferia, sendo essa o lugar de depositar o "lixão".

Assim, memórias políticas são subversivas, pois são ocupações narrativas em disputa. Memórias subversivas são narradas por sujeitos comuns, os únicos capazes de situar os acontecimentos em nome próprio, em primeira pessoa. Memórias subversivas subvertem silenciamentos, esquecimentos, mantendo acesa a indignação, a luta e a consciência política de um sujeito, de um grupo ou de uma comunidade, assim como aponta Bosi (2003, p. 18): "cabe-nos interpretar tanto a lembrança quanto o esquecimento".

2ª Geração: processos de consciência e ação política

A partir deste ponto, iniciamos as análises sobre as memórias da 2ª geração que vai nos apresentar outro olhar sobre a Vila Jardim, um olhar mais contemporâneo, de quem já viveu as transformações do lugar e, atualmente, denota uma postura política em defesa do lugar.

A 2ª geração está presente na figura da filha do Seu Miguel, Magreane da Silva Hoffmann, 28 anos, nascida e criada em São Francisco de Paula. Ela traz em suas memórias as lembranças de uma Vila Jardim contada pelo pai, carregada de afetos.

O ponto alto na narrativa de Magreane é seu posicionamento político. Ao longo de sua fala, nota-se que as memórias partem de seu relacionamento com os moradores da Vila Jardim, que a escolheram como uma liderança comunitária.

Como já apontamos no gesto metodológico, o sujeito é o centro do espiral narrativo, fazendo emergir os movimentos contínuos das lembranças. Magreane inicia narrando como surgiu a Vila Jardim, ela busca as referências que foram passadas pelo seu pai, Seu Miguel, *"não tinha casa lá, era só mato, meu pai foi o primeiro a invadir"*. Conforme Sandoval e Silva (2016), a memória deriva das percepções, emoções evocadas pelas experiências passadas. Já problematizamos a diferença entre os fenômenos da invasão e da ocupação, mas, em suas narrativas, tanto Seu Miguel quanto Magreane nos apresentam uma "consciência da invasão". Em suas narrativas, sabem que o espaço era da União e pertence ao PNMR: *"meu pai foi o primeiro a invadir"*. Destacamos esse excerto, pois entendemos que ali começa a *"consciênciação* política" da Magreane. Seu pai representa o início de tudo — a tomada de consciência de luta por moradia —, que se materializa na ação da invasão, possibilidade de moradia urbana para aqueles que não têm um teto, uma morada. Nesse sentido, cabe um posicionamento político-epistemológico quanto a invasão *versus* ocupação. Seu Miguel e Magreane usam o termo "invasão", mas sabemos que esse termo sugere ilegalidade. Trataremos o fenômeno como uma ocupação urbana, pois reconhecemos o direito legítimo e constitucional à moradia.

A formulação da conscientização, segundo Freire (2005), é o processo de formação de uma consciência crítica em relação aos fenômenos da realidade em prol de ações que promovam mudança social. Nesse processo de ação, os sujeitos se reconhecem no mundo e com o mundo. A consciência política nasce da tessitura entre a consciência de si e dos outros, das memórias e dos lugares, essa tríade que fortalece o posicionamento e a ação política.

Para Halbwachs (2006) e Bosi (1994), a memória está na fronteira entre a individualidade e a coletividade, e ali permanece, não cruza nem para um lado nem para o outro, mas envolve as vivências cotidianas e os condicionamentos estruturais que vão sendo construídos entre os sujeitos e seus grupos.

Percebemos que a 2ª geração apresenta uma postura política diante das transformações que ocorreram na Vila Jardim e o PNMR. Em sua narrativa, Magreane busca se posicionar de forma consciente sobre o lugar, sabendo que a ocupação da Vila Jardim ocorreu de forma "ilegal", pois, como ela aponta, *"ali era da União"*. Porém, ela entende que a ocupação da Vila Jardim proporcionou aos moradores o direito à moradia.

Sandoval (2016) sugere que a consciência política depende da identidade coletiva, em que os sujeitos e grupos manifestam sentimentos de pertença e bases de solidariedade. Para o autor, identidade coletiva é aquele momento em que o sujeito escolhe prioridades para focar sua lealdade e solidariedade, formulando uma categoria social específica, no processo de se tornar um ator mais politizado. Nesse sentido, Magreane abraça a "causa comunitária" e, escolhida por seus pares, aceita ser uma liderança e lutar pelas demandas da Vila junto ao poder público.

Segundo Lefebvre (2008), o lugar deve ser identificado pelos moradores como um local vivido, onde as identidades e memórias precisam ser significativas para a compreensão de luta pelo espaço. Lefebvre defende que lutar pelo direito à cidade é romper com a sociedade da indiferença, é propor um novo modo de produção do espaço urbano, capaz de romper com o desenho urbano que segrega e exclui a classe trabalhadora. O autor levanta a discussão sobre a produção social do espaço e se concentra em analisar as relações dos espaços concebidos: o espaço vivido e o espaço percebido.

Para podermos adentrar nessas questões do espaço percebido, vivido, vamos situar alguns aspectos importantes e atuais à compreensão da Vila Jardim. Os sinais de abandono público são marcantes. O terreno é baixo e acidentado, não se verifica a menor tentativa de planificação de rua, as habitações são dispostas de forma aleatória. De acordo com Padilha *et al.* (2019, p. 105):

> A comunidade é considerada de alta vulnerabilidade social, dadas as condições de falta de saneamento, casas de madeira sem infraestrutura adequada, baixos níveis de escolarização, alto índice de desemprego e dificuldades de inclusão social por questões de renda, classe e raça, além de outras interseccionalidades.

Esses dados coletados na pesquisa sobre Vila Jardim em 2019 problematizam a vulnerabilidade e precarização dessa comunidade no decorrer do processo de ocupação urbana. Maricato (2001, p. 39) refere que o processo de urbanização "se apresenta como uma máquina de produzir favelas e agredir o meio ambiente".

Ainda sobre a pesquisa desenvolvida por Padilha *et al.* (2019), no que se refere à formação social da Vila Jardim: "Os resultados indicam que as famílias são formadas majoritariamente por mulheres adultas, crianças e jovens, sendo lideradas por mulheres que, em poucos casos, contam com a participação de homens adultos enquanto cônjuges" (Padilha *et al.*, 2019, p. 110). Nas comunidades periféricas, a presença da força feminina como provedora de seu lar é inegável.

No universo da Vila Jardim, os sujeitos históricos que lutam pelo seu espaço ainda têm um grande desafio a ser superado todos os dias, que é o desemprego e os baixos salários:

> As responsáveis pela subsistência das famílias são as mulheres que, em sua maioria, ocupam postos de trabalho informal, sem ter assegurado seus direitos trabalhistas. Os homens adultos evidenciam a grave situação de desemprego que acomete a região, sendo que a maioria trabalha com 'bicos' (trabalhos esporádicos) e não asseguram o provimento de renda média mensal familiar. A renda média mensal das famílias se aproxima aos R$920,00, renda muito baixa para famílias compostas por 4 a 5 membros. (Padilha *et al.*, 2019, p. 110).

Observa-se que a renda familiar é baixa, pois a concentração é inferior a um salário-mínimo. Essa questão de renda é um fator importante para definir a incapacidade de acesso da população à educação, à saúde, à alimentação, ao lazer, ao transporte e à habitação.

Nessa esteira, Santos (1978, p. 101) reflete que "a justaposição da população urbana com uma grande massa de desempregados, que cresce continuamente, não tem função específica na sociedade urbana e acima de tudo rompe suas ligações com a sociedade rural". A pobreza da Vila Jardim é bem sintetizada por Santos (1978, p. 28): "os pobres participam apenas parcialmente do mercado de trabalho".

Essas condições são reflexo do descaso do(s) poder(es) público(s) em relação às comunidades periféricas. A ausência de políticas públicas denota invisibilidade política e traz, como consequência, a precarização da vida comunitária, a privação de acesso a bens e serviços públicos. Essa condição de pobreza reflete as relações de exclusão que conformam, desde a colonização, o Estado brasileiro. A periferia "encarna" as opressões do sistema excludente.

> Quanto às condições de estrutura, saneamento e acesso às políticas públicas, as moradias têm acesso à água e luz, proveniente do abastecimento feito por empresas privadas contratadas, mas enfrentam um grave problema de saneamento e esgotamento, sendo esse um problema que acomete o município, pois segundo dados do IBGE Cidades (2010), São Francisco de Paula só conta com 58% de esgotamento sanitário. (Padilha *et al.*, 2019, p. 111).

Como analisar a preservação ambiental, uma vez que os moradores não têm o mínimo de acesso a equipamentos e políticas públicas?

> Quando questionadas sobre a existência de esgoto canalizado, 43% responderam não possuir. Os que possuem, em geral, não sabem qual é a sua destinação. A falta de saneamento básico é sem dúvida prejudicial aos cursos de água ali presentes, tais como o Arroio Rolantinho da Areia e demais componentes da sua microbacia, bem como ao solo, os quais estão recebendo forte carga de efluentes. (Freitas *et al.*, 2012, p. 129).

Entendemos que as precárias condições de urbanização e saneamento básico colaboram para a degradação ambiental do PNMR. Com esses dados agregados às análises, vamos compreendendo as relações e exclusões presentes na Vila Jardim. Como já expusemos, o lugar é uma produção social construída com base em relações, atado à realidade social, ou seja, o espaço não existe em si mesmo.

Nesse sentido, as relações que os moradores da Vila Jardim vão produzindo entre si e com o ambiente são a base da produção de seu próprio espaço. "A produção deste espaço é, antes de qualquer coisa, uma forma de resistência e, ao mesmo tempo, uma estratégia de sobrevivência. Resistência e sobrevivência às adversidades impostas aos grupos sociais [...], que lutam pelo direito à cidade" (Corrêa, 1989, p. 30).

Na Vila Jardim vemos a persistência da ocupação humana em uma área de preservação ambiental, a luta dos moradores pelo direito à moradia, mesmo tendo de enfrentar cotidianamente as situações adversas já descritas: condições de pobreza e precarização da vida, ausência de serviços básicos e políticas públicas, degradação ambiental, descaso e invisibilidade pelo poder público.

As narrativas de Magreane denotam uma postura política em relação à Vila. A atuação política de Magreane, sua participação ativa em reuniões e Conselhos como representante da comunidade foram fundamentais durante a discussão da regularização fundiária na Vila Jardim: *"teve um momento que eles (vereadores, políticos e Prefeitura Municipal) pediram uma reunião para tratar sobre os lotes da Vila. Tinha muita gente nessa noite"*. Segundo Magreane, essa reunião ocorreu devido a *"boatos"* sobre o despejo dos moradores da Vila Jardim, movimento que foi alimentado por um vereador atuante na Vila Jardim à época do conflito. Nesse cenário político, as emoções afetam diretamente as tomadas de decisões, e, para Magreane, havia um grupo de exaltados na reunião:

> *[...] um grupo de pessoas que não queriam participar das reuniões, eles diziam que não sairiam de jeito nenhum da Vila, mas não era essa a discussão, né! Na verdade, algumas pessoas começaram a falar que a Vila tinha que sair dali; isso foi bem no período eleitoral, não lembro muito bem quem era o político, mas se elegeu. (Excerto da entrevista).*

As relações que Magreane criou surgem das relações que seu pai constituiu na Vila Jardim, uma relação afetiva, psicopolítica e identitária em relação a si mesma, à sua família e aos moradores. Para Sandoval (2016), as emoções têm um papel fundamental na consciência política.

A atuação de Magreane, nas reuniões da comunidade e junto às instâncias de representação da Vila Jardim, coloca-a como protagonista ativa em três cenários: em sua família, na comunidade e na esfera pública, pois ela é uma liderança e assume o papel de representação política da comunidade e atuante nos debates políticos.

Essa politização coloca Magreane no centro da discussão política da Vila Jardim, como, por exemplo, na luta por equipamentos públicos como o Centro de Referência de Assistência Social (Cras), Posto de Saúde, escolas:

> *É uma luta constante para nós moradores sermos ouvidos, vamos nas reuniões na Câmara e eles [vereadores] só prometem. Cansa, né?! Agora, quando precisamos do Posto, Cras, as pessoas da Santa Isabel (bairro em frente à Vila Jardim) sabem que somos da Jardim, ficam nos olhando diferente. (Excerto da entrevista).*

Esse olhar diferente que Magreane aponta faz referência à dissonância entre o "nós *versus* eles", que seu pai já definiu em outro contexto narrativo.

> *Na parte de cima da Vila Jardim só tem trabalhadores, mas no fundão tem bastante famílias em vulnerabilidade social. Acho que são **eles** que, quando vão no Santa Isabel [bairro em frente à Vila] as pessoas olham diferente. (Excerto de entrevista).*

Essa narrativa nos coloca diante de uma problematização do território. Como se dá essa representação social dentro da comunidade? A própria geografia da Vila Jardim imprime uma marca, uma diferença, um estigma aos moradores. O "eles" novamente aparece nas narrativas: os "de cima" são os trabalhadores, os "do fundão" são os pobres, que, consequentemente, são alvo de maior preconceito. Trata-se de uma "divisão" da Vila. Entendemos que essa cisão identitária acabou sendo criada no decorrer de sua formação geográfica. As primeiras famílias foram ocupando a parte "de cima", mais perto da estrada, do bairro Santa Isabel, com melhor acessibilidade e mobilidade em relação à cidade e ao Parque Natural Municipal da Ronda. O "fundão" foi sendo ocupado por famílias que vieram depois, ficando numa parte de declive e mais próxima ao banhado, que hoje é um córrego de esgoto.

Magreane é uma representante política que tem consciência de seu papel, conhece as pautas e demandas da comunidade. Ela representa a Vila Jardim em diferentes espaços e fóruns políticos, fazendo com que a consciência política se materialize em ação.

Entendemos que esse processo histórico de luta pelo direito de existir acompanha os moradores da Vila Jardim há muitos anos, e, como já apontamos, a família Hoffmann faz parte da história. Graças a essa ação política, se iniciou o processo de regularização fundiária por meio da Regularização Fundiária Urbana (Reurb) na Vila Jardim. A Reurb é o procedimento por meio do qual se garante o direito à moradia daqueles que residem em assentamentos informais localizados nas zonas urbanas, garantido na Lei Federal 13.465/2017.

Os primeiros passos que deram início à regularização fundiária da Vila foram a implementação do Conselho Consultivo (CC) do PNMR. O Conselho julgou importante que a área fosse desmembrada do PNMR, pois, dessa forma, poderiam ocorrer serviços básicos de infraestrutura na Vila por parte da Prefeitura Municipal, com foco no esgotamento sanitário ; e, para o Parque, a restauração das áreas do entorno, prevendo maior preservação ambiental.

A força-tarefa de regularização fundiária da Vila, instituída pela Prefeitura Municipal, envolveu visitas sistemáticas das áreas da Assistência Social, Desenvolvimento Social e Habitação e Meio Ambiente. Segundo informações constantes no site oficial da Prefeitura Municipal de São Francisco de Paula, o cadastramento das famílias na Vila Jardim para a acessar a Reurb foi realizado em julho de 2021. A maior parte das famílias que vivem naquela área não possui escritura dos imóveis. Nessa primeira etapa, foi realizado um estudo socioeconômico da região, com 159 cadastros. Aderindo ao Reurb, não haverá custo dos morados à Prefeitura e ao cartório para realizar a regularização. Além da regularização fundiária, será implantada toda a infraestrutura necessária no bairro. O projeto será realizado junto à Secretaria de Meio Ambiente e Sustentabilidade (Prefeitura Municipal de São Francisco de Paula, 2022).

3ª Geração: Aquarelas de memórias, um lápis, uma folha, um sonho

A partir de agora, vamos nos debruçar nas análises da 3ª geração. Como já apontamos, estamos trabalhando na lógica da transgeracionalidade para poder entender como se constituem as memórias dos moradores da Vila Jardim. A 3ª geração dá continuidade às memórias da família Hoffmann. Por meio de desenhos, as filhas de Magreane trazem representações imagéticas da Vila Jardim. A terceira geração está constituída por duas crianças: Khemilly Hoffmann Pires, de 8 anos, e Yasmin Hoffmann Pires, de 5 anos. Magreane assentiu a pesquisa com suas filhas. Dessa forma, a 3ª geração representa a possibilidade de analisarmos a Vila Jardim por meio dos olhares, percepções e sentimentos das crianças que nasceram e viveram na comunidade.

Ao se referir à 3ª geração, Magreane relata que as filhas brincam no Parque da Ronda, gostam do lugar, da natureza. Aponta que já levou as crianças para fazerem as trilhas e verem as cachoeiras. Entendemos que essa dinâmica de apresentar o Parque para suas filhas já vem de um vínculo afetivo e familiar, da 1ª geração, pois, como já apontamos, as memórias de Seu Miguel também remetem a uma relação positiva com o Parque, de lazer, de fruição, de boas lembranças.

Porém, como já vimos, essas relações com o Parque são ambíguas, tanto na 1ª quanto na 2ª geração. Ao mesmo tempo que há uma relação positiva com o ambiente e a paisagem e, inclusive, uma relação saudosista e nostálgica por parte de Seu Miguel de como o Parque foi um dia, há toda uma análise crítica sobre as questões de degradação ambiental sofrida, dada a má gestão pública da área e derivada da própria ocupação da Vila Jardim. Magreane entende que a poluição das nascentes e águas é decorrente da ocupação da área sem a infraestrutura básica de saneamento.

Nas narrativas da mãe, as crianças, com idades diferentes, vão se inserindo na vida da comunidade, vão ocupando espaços, adentrando a paisagem do Parque, interagindo e se misturando ao ambiente, introjetando o lugar. Elas encontram diversão nas trilhas, cachoeiras e nos campos, observam a vida nativa que ali vive, como fazia seu avô. Mas, também, observam e acompanham a luta pelo lugar, empreendida e representada por sua mãe.

Essas influências políticas estão presentes no cotidiano da família Hoffman, as crianças se interessam pelas histórias e memórias de seu avô e de sua mãe. Tanto é assim que, na ocasião da entrevista feita com Seu Miguel, as crianças estavam presentes, escutando as lembranças que o avô trazia, o que, certamente, vai criando as memórias afetivas das crianças em relação ao lugar. As memórias são também as lembranças que ouvimos e que nos contaram. Entendemos que as memórias transgeracionais vão acontecendo de forma com que os saberes sociais e os sentimentos se entrelaçam.

As memórias políticas da 3ª geração foram representadas por meio de desenhos feitos pelas crianças, sendo as narrativas mediadas pela mãe, Magreane. O desenho infantil é uma forma de representar e reapresentar múltiplos significados atribuídos pela criança a um objeto, conceito, acontecimento e experiência.

Figura 20 – Desenho representando a Vila Jardim

Fonte: Khemilly Hoffmann Pires (2021)

Ao pedir que desenhasse a Vila Jardim, Khemilly desenha a casa, rodeada de elementos positivos: o uso das cores, nuvens sorrindo, frutos, coração, denotando afetividade e passando uma sensação de harmonia. Nesse desenho, Khemilly expressa o lugar, a casa, o que Tuan (2012) nos propõe sobre o lugar de afeto, o apego e amor pelo lugar, sentimentos que foram sendo construídos e introjetados. Tuan (2012, p. 161) aponta:

> O meio ambiente pode não ser a causa direta da topofilia, mas oferece o estímulo sensorial que, ao agir como imagem percebida, dá forma às nossas alegrias e ideais. Os estímulos sensoriais são potencialmente infinitos: aquilo em que decidimos prestar atenção (valorizar ou amar).

Khemilly expressa nesse desenho uma Vila Jardim colorida, afetiva, em que a casa representa seus sentidos e sentimentos, as nuvens, o sol sorridente, árvores frutíferas, o balanço (o brincar). São representações de um espaço da infância.

Figura 21 – Desenho representando a poligonal do PNMR

Fonte: Yasmin Hoffmann Pires (2021)

Yasmin traz em seu desenho um elemento importante para representar o Parque Natural Municipal da Ronda, a poligonal do Parque, essa linha imaginária, mas também material, que representa o limite entre a Vila Jardim e a Unidade de Conservação. No desenho de Yasmin, aparece a linha que circunscreve os limites e divide o PNMR da Vila Jardim. Nesse sentido, cabe registrar um acontecimento importante. Uma das primeiras ações do primeiro gestor do Parque foi a instalação de um portão demarcando a entrada do PNMR.

Os moradores da Vila Jardim reagiram de forma adversa, como se o acesso ao Parque estivesse sendo controlado, vigiado e/ou proibido, e talvez essa fosse a intencionalidade, exercer certo "mecanismo de controle" ou coibir alguns comportamentos impróprios da comunidade em relação à área, como: extração de fauna e flora, extração de pinhão antes do período permitido, tráfico, prostituição, pastagem de animais etc.

É interessante também perceber o aspecto recursivo das memórias geracionais. Desde a 1ª geração, aparecem as questões referentes ao ambiente na Vila Jardim, quando Seu Miguel relatou o processo de degradação do PNMR com a instalação do lixão. A história se perpetua na 2ª geração, quando Magreane destaca a poluição das nascentes e o descuido de alguns moradores em relação ao Parque.

Figura 22 – Desenho retratando o banhado entre a Vila Jardim e o PNMR com acúmulo de lixo

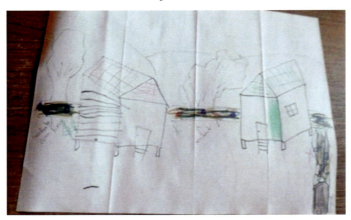

Fonte: Yasmin Hoffmann Pires (2021)

Nesse desenho, Yasmin também desperta para a questão ambiental, pois representou o banhado[112] da Vila Jardim degradado, com acúmulo de lixo. O desenho traz cores mais frias, árvores opacas e riscos reforçados, salientando as "áreas de banhado com lixo", conforme as anotações que Magreane faz ao desenho.

Figura 23 – Desenho retratando o descarte dos resíduos residenciais no banhado entre a Vila Jardim e o PNMR

Fonte: Khemilly Hoffmann Pires (2021)

---

[112] Os banhados são ambientes úmidos, uma formação comum dos pampas gaúchos, caracterizada também por ser área de transição entre ecossistemas aquáticos e terrestres, garantindo a sobrevivência desses. Disponível em: http://www.abes-rs.org.br/semana_da_agua/2002/textos/texto-fzb.htm. Acesso em: fev. 2022.

No desenho de Khemilly, também se manifesta a percepção e o descontentamento com a questão ambiental, em sua narrativa ela diz: *"não gosto do banhado, do lixo, tem muito mosquito"*. O banhado encontra-se aos fundos das casas da Vila Jardim, que, ao não disporem de saneamento básico, acabam descartando os dejetos domésticos e sanitários no banhado. Em consequência da poluição, o banhado polui as nascentes d'água e cachoeiras do PNMR.

Figura 24 – Desenho retratando os desejos de Khemilly para a Vila Jardim

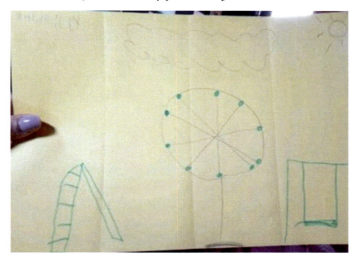

Fonte: Khemilly Hoffmann Pires (2021)

Nesse desenho, Khemilly apresenta uma Vila Jardim com praça pública, escorregador, balanço, gira-gira, com sol, um lugar lúdico, para brincar e conviver com outras crianças. Porém, essa representação está na perspectiva do sonho, do desejo, pois não há praças ou instalações para recreação e lazer na Vila Jardim. Ela retrata uma Vila Jardim que olha para as crianças. Esse ambiente imaginado, desejado pelas crianças, denota a necessidade de ter esses equipamentos públicos, dentre outros, instalados na comunidade.

Por meio das representações imagéticas, pudemos acessar as percepções, os sentimentos e as significações trazidas pelas crianças. Pudemos conhecer muitas "vilas" em uma mesma Vila Jardim: um lugar que ora se conecta, ora se separa do Parque Natural Municipal da Ronda, um lugar que alberga a casa, a família, com suas cores e afetos positivos, uma paisagem única, rica em fauna e flora, mas que cheira mal, o descaso do poder público, a ausência de políticas públicas e equipamentos de lazer e recreação. As aquarelas de memórias traduzem o sonho da 3ª geração por uma Vila Jardim melhor, em que as pessoas e suas famílias vivam com mais dignidade.

Considerações finais

O capítulo entrega uma análise em memórias políticas, partindo de espirais de narrativas transgeracionais da família Hoffmann que conseguimos explorar, descrever e analisar as memórias políticas presentes na Vila Jardim. O ponto central de pesquisar as memórias políticas na Vila Jardim foi compreender, por meio de diferentes gerações de moradores, a importância das memórias políticas como dispositivo de enfrentamento, subversão e luta, principalmente pelo direito à moradia.

A 1ª geração, na voz de Seu Miguel, narrou sobre a ocupação da Vila Jardim em seus primórdios, do conflito implicado na "invasão", do processo de resistência e ocupação do território. Suas memórias permitem revisitar elementos de um lugar ambiental e de uma paisagem passada, que um dia caracterizou o PNMR, mas foi sendo degradada e abandonada pelas gestões públicas do município.

A 2ª geração, narrada por Magreane, apresentou dimensões da luta comunitária, da consciência somada à ação política (conscientização) sobre a Vila Jardim, no sentido coletivo da busca por melhorias e políticas públicas. Das várias frentes que Magreane assumiu, a mais complexa foi a luta pela regularização fundiária, pois evidenciou uma luta não pela sua própria moradia, mas pelo direito à moradia para toda a comunidade, uma ação política coletiva. A 2ª geração representa muito bem esse sentimento de valorar e pertencer ao lugar.

A 3ª geração, as filhas de Magreane e netas de Seu Miguel, trouxe em seus desenhos e representações uma coleção de percepções e significações sobre o lugar, ambiguidades afetivas, conflitos ambientais, ausências e perspectivas de futuro.

No *corpus* de pesquisa, buscamos discutir as memórias políticas como dispositivos em disputa entre o dito e o não dito. Nesse sentido, é fundamental que as memórias políticas sejam narradas por sujeitos comuns, os únicos capazes de situar os acontecimentos em nome próprio, imprimindo sua própria voz aos acontecimentos. Memórias políticas são subversivas quando subvertem a produção de silenciamentos, mantendo acesa a indignação, a luta e a consciência política de um sujeito, de um grupo ou de uma comunidade.

Com base no "gesto metodológico" de Hernandez (2020), apontamos um horizonte teórico, analítico e interpretativo, a fim de estudar a memória pelo viés psicopolítico ligando as memórias institucionais, individuais e ficcionais dos sujeitos aos seus contextos de experiência.

Referências

ANSARA, S. Memória política: construindo um novo referencial teórico na psicologia política. *Rev. Psicol. Polít.*, São Paulo, v. 8, n. 15, p. 31-56, jun. 2008. Disponível em: http://pepsic.bvsalud.org/scielo.php?script=sci_arttext&pid=S1519-549X2008000100004&lng=pt&nrm=iso. Acesso em: 9 fev. 2022.

ANSARA, S. Políticas de memória x políticas do esquecimento: possibilidades de desconstrução da matriz colonial. *Rev. Psicol. Polít.*, São Paulo, v. 12, n. 24, p. 297-311, ago. 2012. Disponível em: http://pepsic.bvsalud.org/scielo.php?script=sci_arttext&pid=S1519-549X2012000200008&lng=pt&nrm=iso. Acesso em: 9 fev. 2022.

BENJAMIN, W. *Obras escolhidas I.* Magia e técnica, arte e política. São Paulo: Brasiliense, 1985.

BINKOWSKI, P.; SOUZA, T. G. Participação Política e Formação do Conselho Consultivo no Parque Natural Municipal da Ronda em São Francisco de Paula, RS, Brasil. *Revista Gestão & Políticas Públicas*, [s. l.], v. 7, n. 1, p. 1-18, 2017.

BOSI, E. *O tempo vivo da memória*: ensaio de psicologia social. São Paulo: Ateliê Editorial, 2003.

BURKE, P. *A escrita da história*: abertura à nova História, seu passado e seu futuro. São Paulo: Unesp, 1993.

BURKE, P. *Uma história social do conhecimento*: II: da Enciclopédia à Wikipédia. Rio de Janeiro: Zahar, 2012.

CABRAL, Á.; NICK, E. *Dicionário técnico de psicologia*. São Paulo: Cultrix, 1999.

CORRÊA, R. L. *O espaço urbano*. São Paulo: Ática, 1989. (Série Princípios).

FALCKE, D.; WAGNER, A. A dinâmica familiar e o fenômeno da transgeracionalidade: Definição de conceitos. *In*: WAGNER, A. (org.). *Como se perpetua a família? A transmissão dos modelos familiares.* Porto Alegre: EdiPUCRS, 2005. p. 25-46.

FREIRE, P. *Conscientização*: teoria e prática da libertação. Uma introdução ao pensamento de Paulo Freire. São Paulo: Centauro, 2005.

FREITAS, E. *et al*. Identificação dos conflitos pré-implementação do Parque Natural Municipal da Ronda, São Francisco de Paula, Rio Grande dos Sul, Brasil. *In*: PRINTES, R. C. (org.). *Gestão ambiental e negociação de conflitos em unidades de conservação do nordeste do Rio Grande do Sul.* Porto Alegre: Corag, 2012. p. 125-139.

GEERTZ, C. *A interpretação das culturas.* Rio de Janeiro: Jorge Zahar, 1978.

GONÇALVES, T. M. *Cidade e poética*: um estudo de psicologia ambiental sobre o ambiente urbano. Ijuí: Unijuí, 2007.

HALBWACHS, M. *A memória coletiva.* São Paulo: Centauro, 2006.

HERNANDEZ, A. R. C. *et al*. *2ª Mostra ObservaCampos*: redes, pesquisa e práticas sociais em políticas e ambientes. São Francisco de Paula: UERGS, 2019.

HERNANDEZ, A. R. C. Memória Política: contexto de experiência e gesto metodológico. *In*: HERNANDEZ, A. R. C.; DANTAS, B. S.; ANSARA, S.; HUR, D. U. (org.). *Psicologia política e memória.* Curitiba: Appris, 2020. p. 13-31.

JOVCHELOVITCH, S. Representações Sociais: para uma fenomenologia dos saberes sociais. *Psicologia & Sociedade*, v. 10, n. 1, p. 54-68, jan./jun. 1998.

JOVCHELOVITCH, S. *Sociabilidades subterrâneas*: identidade, cultura e resistência em favelas do Rio de Janeiro. Brasília: Unesco, 2013.

LEFEBVRE, H. *O direito à cidade.* São Paulo: Centauro, 2008.

MARICATO, E. *O Ministério das Cidades e a política nacional de desenvolvimento urbano*: políticas sociais, acompanhamento e análise. Brasília: Ipea, 2006.

NORA, P. *Entre a Memória e a História*: a problemática dos lugares. São Paulo: Dez, 1993.

ORTOLANO, F. Consciência política e ambiental: a desproteção de parques municipais em Americana (SP) e São Francisco de Paula (RS). 2019. 320 f. Tese (Doutorado em Psicologia Social) — Programa de Pós-Graduação em Psicologia Social, Instituto de Psicologia, Universidade de São Paulo, 2019.

PADILHA, C. A. *et al*. Percepções sobre mudanças climáticas e políticas públicas na ocupação urbana Vila Jardim, São Francisco de Paulo/RS. *In*: HERNANDEZ, A. R. C. *et al*. *2ª Mostra ObservaCampos*: redes, pesquisa e práticas sociais em políticas e ambientes. São Francisco de Paula: UERGS, 2019. p. 104-115.

POLLAK, M. Memória, esquecimento e silêncio. *Estudos Históricos*, Rio de Janeiro, v. 2, n. 3, p. 3-15, 1989. Disponível em: http://www.uel.br/cch/cdph/arqtxt/Memoria_esquecimento_silencio.pdf. Acesso em: dez. 2021.

SÃO FRANCISCO DE PAULA. Prefeitura Municipal. 2021. Disponível em: https://www.saofranciscodepaula.rs.gov.br/portal/noticias/0/3/1423/prefeitura-inicia-processo-de-regularizacao-fundiaria-no-bairro-vila-jardim. Acesso em: 18 fev. 2022.

SANDOVAL, S. A. M.; SILVA, A. S. O modelo de análise da consciência política como contribuição para a Psicologia Política dos Movimentos Sociais. *In*: HUR, D. U.; JÚNIOR, F. L. (org.). *Psicologia, políticas e movimentos sociais.* Petrópolis: Vozes, 2016. p. 25-57.

SANTOS, M. *Da totalidade ao lugar.* São Paulo: Edusp, 1996.

THOMPSON, P. *A voz do passado*: história oral. Rio de Janeiro: Paz e Terra, 2002.

TUAN, Y.-F. *Topofilia*: um estudo da percepção, atitudes e valores do meio ambiente. São Paulo: Difel, 1980.

TUAN, Y.-F. *Um estudo da percepção, atitudes e valores do meio ambiente.* Londrina: Eduel, 2012.

SAÚDE MENTAL E MÚSICA EM INTERAÇÃO COM A CIDADE

Bettieli Barboza da Silveira
Laila Thaíssa da Silva Menezes

Introdução

A história da loucura, conhecida como a história dos desvios, aponta que pessoas com transtornos mentais sempre viveram à margem da sociedade. Foucault (2019) traz a concepção do adoecimento sempre partindo de um contexto, ou seja, ao longo do tempo, foi-se construindo socialmente, o que é considerado normal, e o que não pertence a essa norma seriam os desvios. Os desviantes, ou melhor, os loucos nunca se integraram à sociedade, e, a partir do século XVIII, a internação em hospitais psiquiátricos foi tida como a forma de tratamento. Assim, internações compulsórias, enclausuramento e desrespeito à integridade faziam parte desse "cuidado", a liberdade de circulação cerceada marca que, além da falta de integração social já advinda da história, o aprisionamento físico indica que pessoas com transtornos mentais não eram dignas nem de habitar a cidade. Retirando, assim, qualquer possibilidade de vínculo com o seu próprio território.

A partir da necessidade de mudanças nessa forma de tratamento, no final da década de 1970 a reforma psiquiátrica trouxe reivindicações pelo direito à liberdade e ao tratamento humanitário. Juntamente à reforma sanitária, lutou-se por um sistema de saúde público que tornasse a saúde um direito de todos. Dessa forma, partindo da construção da saúde como um direito de todos os cidadãos, iniciou-se uma abertura para uma nova forma de cuidado de pessoas com transtornos mentais (Paladino; Amarante, 2022). A criação do Sistema Único de Saúde (SUS) emerge como resultado dessa luta. Um dos dispositivos mais importantes de saúde mental do SUS é o Centro de Atenção Psicossocial (Caps), que faz o tratamento de pessoas com transtornos mentais graves e abuso de álcool e outras drogas. Existem quatro categorias de Caps, sendo: CAPSi, atendimento infantojuvenil; CAPSad, abuso de álcool e outras drogas; Caps I e II, atendimentos de adultos com transtornos mentais graves e persistentes; Caps III, que contempla o mesmo serviço do I e II, além de atendimento noturno durante todos os dias da semana (Brasil, 2004).

O Caps é uma instituição que trabalha de portas abertas, oferece tratamento com equipe multiprofissional que constrói um Projeto Terapêutico Singular (PTS) para cada paciente; desse modo, cria uma forma de cuidado correspondente às demandas de cada um. A história da loucura mostra como a exclusão e estigmatização de pessoas com transtornos mentais se instaurou ao longo dos anos. O Caps é um serviço que luta contra o movimento hospitalocêntrico, todavia é um desafio conseguir na prática do dia a dia propor estratégias que promovam o cuidado ampliado para o paciente e com a participação ativa da família. O entendimento de que os loucos não podem circular pelas ruas resiste e ressalta a importância de buscar estratégias de cuidado que vão ao encontra da cultura, história e territorialidade de cada paciente.

Entre os cuidados oferecido pelo Caps, existem atendimentos individuais e em grupo, oficinas e grupos terapêuticos e o Acompanhamento Terapêutico (AT). O PTS objetiva a inserção social respeitando a realidade possível de cada paciente e articulando estratégias para diminuir estigmas sociais e que coloquem o indivíduo como protagonista da sua própria vida (Brasil, 2004). Contudo, com a pandemia da covid-19, em 2020, o Caps precisou mudar a forma de funcionamento, pois, com as medidas de distanciamento social, os pacientes não podiam ir até o serviço participar de grupos e oficinas. Os atendimentos eram individuais e pessoas que tinham o Caps como a maior abertura de integração e interação social foram mais prejudicadas nesse período. Foi o que ocorreu com pacientes de um Caps II de um município de Minas Gerais.

A falta de um espaço de referência durante a pandemia deixou lacunas no desenvolvimento de pacientes com alto grau de comprometimento. Em 2022 retornaram gradualmente os atendimentos em grupo, observou-se, então, que alguns pacientes haviam regredido ou não avançaram no processo terapêutico ou, ainda, apresentavam dificuldades de interagir em grupo e de sair de casa, inclusive para ir ao serviço. Assim, fez-se necessário pensar em estratégias no PTS que contribuíssem para a reestruturação do espaço e que explorassem a potencialidade de cada um. O Acompanhamento Terapêutico, conhecido como a clínica da ação, é uma estratégia que pode ser usada. É uma modalidade terapêutica que não é realizada em consultórios, pode se desenvolver utilizando diversos recursos terapêuticos e do próprio cotidiano do paciente, pode ser realizada na casa do paciente ou experimentando os espaços públicos da própria cidade (Mello, 2021).

O AT é percebido como um recurso de grande valia ao trabalhar com pessoas com transtornos mentais que não ocupam os espaços públicos urbanos, visto que a história da loucura já apresenta o afastamento social como algo que atravessa a história de pessoas com transtornos. O AT permite a interlocução com outros elementos, como a música, que pode ser uma ferramenta para conhecer demandas, estabelecer vínculos, trabalhar a subjetividade do sujeito, ajudar em situações de crise, além de fomentar processos cognitivos como atenção, memória e linguagem (Andrade Jr., 2018). A música é uma ferramenta significativa e popular, porque trabalha com algo que é comum a todos, a possibilidade de criação. Assim, ela atinge todas as pessoas, afeta o ambiente e o cotidiano (Arndt; Maheirie, 2021). O cotidiano refere-se ao "rotineiro" ao "comum" de cada pessoa, a música pode mobilizar para a ação, que é muito importante, pois no cotidiano os indivíduos, ao mesmo tempo que experenciam, aprendem sobre seu próprio desenvolvimento. Dessa forma, os lugares ocupados, a circulação e o pertencimento ilustram como o "comum" de cada pessoa pode promover integração ou evidenciar a sua falta.

As experiências que as pessoas constroem em suas interações com o espaço público urbano têm inúmeras nuances, perpassam sentimentos de segurança, conforto, acolhida, identidade, afeto, entre outros. Embora o período pandêmico tenha afetado fortemente a aproximação entre pessoas e cidades, para o público imerso em demandas graves de saúde mental, essa relação está tensionada há muito tempo, desde antes da pandemia. Há algum tempo, Enric Pol (1996) alertava que, para estruturar cognições e estabelecer relações sociais, as pessoas necessitavam identificar territórios como próprios. Nesse viés, destaca-se a importância dos vínculos com o entorno, ampliando potenciais conexões afetivas. Adentra-se o diálogo, portanto, conceitos oriundos dos Estudos Pessoa-Ambiente (EPA) para melhor compreensão da dinâmica relacional, como: apropriação do espaço, apego ao lugar e significado ambiental.

Ao refletir sobre como pessoas em sofrimento psíquico experimentam (ou não) a cidade; somado ao projeto terapêutico desenvolvido, há de se ponderar a crescente evolução de estudos direcionados à associação entre resultados de saúde e o ambiente físico em que uma pessoa vive ou recebe tratamento (Mourshed; Zhao, 2012; Ulrich *et al.*, 2008). O contato e a troca afetiva com a comunidade e o entorno sociofísico oportunizam aos sujeitos transcender as memórias da institucionalização psiquiátrica que vivenciaram e formar novas memórias afetivas nesse contato (Silveira, 2021).

Ao explorar aspectos físicos do cenário urbano durante a interação com a cidade, estima-se a contínua reconstrução de apropriação e de identidade de lugar. Os processos reconstrutivos da relação pessoa-ambiente mediados por estratégias terapêuticas em saúde mental, como o Acompanhamento Terapêutico, fomentam a ressignificação da autoidentidade. A fim de agregar potência de ação ao processo terapêutico em saúde, a música torna-se importante aliada, por seu caráter vívido, dinâmico, expressivo e democrático. Embora se note a crescente atenção aos determinantes sociais e ambientais que destacam importância no uso de intervenções multiníveis para melhorar resultados de saúde da população (Cabassa *et al.*, 2013; Gatersleben *et al.*, 2020), lacunas ainda são percebidas.

Para tanto, esta pesquisa dedicou esforços em compreender de que maneira a música pode mediar a relação entre saúde mental e apropriação dos espaços públicos da cidade.

Método

Esta pesquisa se norteia como um estudo de caso (Stake, 2016) com delineamento descritivo e exploratório. Desenvolvida com base nos atendimentos psicossociais de um usuário de Caps II com alto grau de comprometimento que tem o serviço como principal, se não único, espaço para relações interpessoal e cuidado mental. A principal estratégia realizada no caso foi o Acompanhamento Terapêutico (AT). O AT se apresentou como um recurso potente no Projeto Terapêutico Singular de André (nome fictício), 25 anos, natural do município da pesquisa, paciente desde o primeiro trimestre de 2014. Foram realizados 13 encontros de AT utilizando a música e sua recursividade artística como estratégia vinculativa para potencializar a apropriação com o Caps, espaço já conhecido por ele, e com espaços da cidade em que a arte foi condutora.

Como forma de registro dos encontros, utilizaram-se diários de campo (Bogdan; Biklen, 1994), recurso particularmente importante para contemplar falas, percepções e expressões vivenciadas em cada trajeto de AT desenvolvido. Ademais, foram realizadas análises do prontuário de André, o qual apresenta informações desde o acolhimento inicial do paciente, tais como: relatos dos profissionais do serviço, medicações utilizadas anterior e atualmente, seu percurso na instituição, práticas já desenvolvidas e evolução do PTS. Ao final de cada encontro, também eram realizados relatos no prontuário no intuito de contemplar as principais atividades desenvolvidas no dia.

Com base nas vivências transcritas no diário de campo e no prontuário de André, a Análise Temática (Braun; Clarke, 2006) foi a estratégia de apreciação dos dados utilizadas para melhor organização, triangulação e análise do material obtido. Importante ressaltar que, ainda, para a realização desta pesquisa, o projeto foi submetido e aprovado pelo Comitê de Ética em Pesquisa com Seres Humanos da Universidade do Estado de Minas Gerais (UEMG), por meio do 5.830.083.

Descrição do caso

André tem 25 anos, é negro, homem cisgênero. Foi encaminhado pela Estratégia Saúde da Família (ESF) ao Caps II com apenas 16 anos de idade, com hipótese diagnóstica de esquizofrenia. Segundo o relato do pai, a mãe faleceu quando ele tinha 11 anos, e no início da adolescência André começou a apresentar sintomas de esquizofrenia e fazer abuso de álcool e maconha. Já passou por diversas internações em sanatório e comunidade terapêutica devido ao abuso de drogas, ao histórico de agressividade com o pai, com pessoas do bairro onde mora e com pacientes do Caps em oficinas. André convive com a presença de vozes de comando por meio de alucinações auditivas, tem histórico de ideação e de tentativas de suicídio, sendo a última no ano de 2019, seguida de sua última internação em hospital psiquiátrico. Atualmente, André ainda faz uso regular de tabaco. Está tomando as medicações prescritas corretamente e frequenta o Caps assiduamente.

Resultados e discussão

Para iniciar a descrição dos resultados e suas respectivas discussões e articulações com a literatura, cumpre mencionar alguns detalhes sobre a atual relação que André estabelece com os ambientes que habita. Atualmente, o Caps é percebido como lugar de referência para atividades de interação social e de permanência diurna para André. Embora o relato de hoje contemple boas experiências relacionais com o ambiente, considera-se importante mencionar subjetividades percebidas na relação pessoa-ambiente, sobretudo no que diz respeito ao processo de CAPSização, como diria Amarante (2003), ao ponderar os riscos da centralidade excessiva do serviço no cuidado em saúde mental, reforçando a importância de uma rede substitutiva e comunitária. Pois o objetivo do Caps não é reforçar a marginalização, isto é, que o paciente dependa do serviço e fique apenas no espaço físico do serviço, mas de promover e fortalecer a abertura de cenários e de pertencimento por todo o município.

Ao descrever um estudo de caso que, ao mesmo tempo, busca dialogar com a arte, por meio da música, interagindo saúde mental com o espaço urbano, tendo a cidade como elemento constituinte da relação e não apenas como palco dos acontecimentos, enaltecem-se os Estudos Pessoa-Ambiente como norteadores desta pesquisa. Mencionar a integração de áreas temáticas, propostas dialógicas e ênfases não estáticas amplia a potência do discurso para outros demarcadores sociais. Aqui, em especial, traz-se o demarcador da pandemia por covid-19, as características geográficas e climáticas do município em que a experiência narrada se desenvolveu, assim como as condições psicossociais presentes na realidade do participante do estudo.

Dentre os aspectos que produziram impacto no desenvolvimento de André até os dias atuais, a pandemia certamente foi um significativo viés. Enquanto processo de isolamento social, para além do grave impacto de saúde, o não convívio social, a não manutenção da rotina e a ruptura de processos lúdicos de lazer geraram prejuízos significativos ao bem-estar de André, particularmente referidos devido à sintomatologia da esquizofrenia.

A cidade que vivenciou as experiências aqui narradas possui cerca de 100 mil habitantes, localiza-se na mesorregião do Triângulo Mineiro, recoberta originalmente pela vegetação de Cerrado. O clima durante a maior parte do ano é de intenso calor, comumente as temperaturas atingem mais de 30 graus durante o dia, somada à baixa humidade do ar, tem-se um cenário pouco convidativo a incursões urbanas que envolvem deslocamento a pé. A cidade possui, ainda, pouquíssimas áreas verdes urbanas propícias para caminhadas, pausas e oportunidades de refrescar-se ou de mera contemplação. Outra informação pertinente sobre o município é o transporte público, não existem ônibus que partam de todas as partes da cidade e levem diretamente ao Caps, não há um terminal de ônibus para baldeação. O Caps é um exemplo mencionado por pensar na rotina desse paciente que mora em um bairro periférico que se localiza no extremo oposto geográfico do Caps. O transporte público, que para muitas pessoas, é a forma prioritária de locomoção, não promove o deslocamento por toda a cidade de forma simples. É importante mencionar tais aspectos como demarcadores que explicam, minimamente, algumas das dificuldades em desenvolver estratégias de AT no espaço público urbano.

A disponibilidade de áreas verdes no cenário urbano traz benefícios ligados a relaxamento, bem-estar, sociabilidade, incentivo a prática de atividades físicas, entre outros elementos promotores de saúde (Barreto *et al.*, 2019; Fergusson *et al.*, 2015). Na pesquisa de Huang e Lin (2023), os autores buscaram evidenciar a recursividade do espaço verde urbano para melhoria efetiva de indicadores de saúde humana. Entretanto, os autores destacam a necessidade de observação das diferentes demandas sociais dos usuários do espaço, considerando suas características individuais, coletivas e culturais.

Cumpre mencionar, ainda, as condições físicas do Caps. Localizado a cerca de 5 km do centro da cidade, o serviço conta com motorista e *van* disponível para seus trajetos. O ponto de ônibus mais perto fica a três quadras e o trajeto, embora próximo, comumente é obstáculo para pacientes com maior comprometimento cognitivo e psicomotor, além de, como mencionado, nem todos os ônibus que partem de todos os bairros têm como trajeto esse ponto de ônibus. No espaço do próprio Caps, há divisão entre externo e interno. Na área externa há gramado, flores e uma árvore com uma boa copa para sombrear e convidar ao uso. A parte interna contempla salas de atendimentos individuais e coletivos, espaço para oficinas, cozinha, sala para descanso e outros ambientes. Embora o espaço total seja pequeno para a demanda que o serviço atenda, pode-se dizer que há boa usabilidade.

Devido ao grau de comprometimento e ao histórico de André, o AT foi desenvolvido no próprio Caps, aproveitando que a área externa é aberta e arborizada. Já era sabido que ele cantava e tocava violão, assim foi proposto, inicialmente, que ele tocasse músicas de que gostasse e, em paralelo, conversavam. Os diálogos percorreram diversos assuntos, em especial aos que aproximavam sua história de vida e as relações com as músicas que ele tocava. A música pode atuar como redutora de ansiedades, e além de ser particularmente importante na mediação do processo expressivo, interativo e dialógico, possibilita e promove conforto e bem-estar (Silva; Sales, 2013).

Nos primeiros encontros, André respondia de forma monossilábica e muito direta. A música era a principal forma de interação entre ele e a pesquisadora. Aos poucos, ele foi se sentindo mais confortável para verbalizar sua história. A proposta terapêutica envolveu, então, utilizar a música como mediadora do contato, já que era a partir da música que André mais verbalizava e sentia conforto em interagir, a arte passou a ser recurso para mediar e auxiliar nas estratégias de cuidado. A partir da música, André poderia colaborar na construção de seu PTS e definir, por exemplo, o que gostaria de fazer no dia. Assim, conjuntamente, produziu-se a contínua reconstrução de sua trajetória no AT, isto é, de forma horizontal, como preconizado pelo Conselho Federal de Psicologia (CFP, 2022).

André tocava todas as músicas de forma memorizada. O principal gênero musical escolhido era o sertanejo, conhecido como "sertanejo-raiz", que ele havia aprendido ainda na adolescência com o pai, que é músico e professor de música. Esse gênero musical é muito popular na cidade mineira, que fica geograficamente próxima do estado de Goiás. André conta que sua rotina se resume a realizar algumas tarefas domésticas, como lavar roupas e organizar a casa. Passa o dia sozinho em casa enquanto seu pai trabalha. Eles almoçam e jantam juntos, para isso, o pai busca comida na casa da avó de André; mas, apesar de esta ser perto da casa deles, ele não vai sozinho até lá devido às brigas que já teve com vizinhos. Como forma de cuidado, o pai de André vai sozinho, assim evita conflitos.

Aos sábados, André e o pai vão a um rio próximo à cidade. Essa é uma das únicas atividades realizadas fora de sua casa, além de ir aos Caps. Ocorre que, durante o primeiro ano da pandemia (2020), o isolamento suspendeu a atividade de lazer por eles praticada, prática que foi reativada apenas no final de 2021, quando, gradualmente, André voltou a participar de algumas atividades. A rotina descrita até então por André e seu pai contempla pouco estímulo cognitivo, motor e social. Os temores em torno da pandemia, somados ao distanciamento social, às restrições de movimento e às demandas de saúde mental, aumentaram o estresse e a ansiedade em toda a população mundial (Pfefferbaum; North, 2020).

Com a confiança estabelecida, André se mostra interessado em saber sobre o contato da pesquisadora com a música, então ela conta que sabe tocar violino e compor algumas músicas. Ele pede para que ela leve o instrumento em algum encontro e assim ocorre. André passa a ter curiosidade e interesse em ouvir as músicas tocadas pela pesquisadora e depois relata sobre suas sensações e emoções ao ouvir aquelas músicas. A partir disso, conta que também compôs músicas que apenas seu pai havia ouvido. É pedido que ele apresente alguma composição, e ele se mostra surpreso pelo interesse da pesquisadora em ouvi-lo. André se prepara e apresenta suas duas músicas "Só sei te amar" e "Pedrinha". Ele conta que foram músicas feitas para mulheres que ele se apaixonou em momentos diferentes, há alguns anos.

Nota-se a importância da música nos encontros, pois ela age como uma ponte entre o subjetivo, o imaginário e o real trazidos por André, assim se cria uma comunicação musical que pode ser chamada de "espaço musical", que produz sonoridade e musicalidade e essas sustentam as relações (Seeger, 2015). Esse espaço musical possibilita a reflexão do cotidiano, como foi feito com André, visto que o cotidiano abriga o centro das reflexões sobre a vida junto ao campo do sentir, pensar e outros aspectos da existência humana (Heller, 2016). A partir desse espaço musical, André contou mais sobre sua história e seus sentimentos por meio da música.

Ao se apropriar da própria arte e ser incentivado, André leva para um dos encontros uma nova composição, que fez em sua casa no prazo de uma semana. É uma música intitulada *Olhos de flor* que fala sobre outra paixão que vivenciou. André começou a ser acompanhado no Caps na sua adolescência, isto é, há quase dez anos ele lida com internações, com a estigmatização, enquanto passa pela transição da adolescência para a vida adulta. Nas músicas ele expressa seus desejos românticos e o que não foi dito para suas paixões. Segundo ele, é bom falar de amor e cantar músicas românticas, como as interpretadas por Zezé Di Camargo e Luciano, que são suas inspirações. O fazer artístico representa a abertura para acessar os sentimentos e o que não é verbalizado por André, mas tem uma importância para além disso, pois, ao se criar uma música, os sentimentos e emoções dele podem ser reelaborados e superados (Maheirie, 2003). André conta de suas paixões, mesmo que não concretizadas, de uma forma carinhosa e; ao cantar ele revisa o sentimento, mas, ao passar dos encontros, ele entende que foram paixões do passado e pensa em se abrir para novas.

A música pode ser uma ferramenta importante para o cuidado da saúde mental de pessoas com transtornos mentais (Batista; Ribeiro, 2016). Proporciona um ambiente seguro e acolhedor para que o paciente possa explorar suas emoções, expressar suas vivências e ter alívio de sintomas, que podem ser recorrentes. Em um dos encontros, André contou sobre como as vozes da sua cabeça estavam mais intensas durante a semana, que estava difícil conseguir se concentrar e separar o que estava acontecendo em sua mente e o que era real. Ele tem o entendimento de que em muitos momentos são vozes de comando e que elas só existem para si, mas conta que nem sempre é fácil ignorá-las e às vezes elas "falam mais alto" e o guiam. Nesse dia ele diz não estar bem e que não queria fazer o Acompanhamento Terapêutico, que preferia ir para casa e ficar sozinho.

A pesquisadora propôs que juntos eles cantassem e tocassem a música *Tocando em Frente*, de Almir Sater, porque ambos a conheciam, mas nunca haviam tentado tocá-la, André aceitou. Todo o encontro foi focado em aprender a música, cantaram inúmeras vezes e André diz que, quando canta e toca, as vozes somem, é quando ele consegue estar inteiramente no momento presente. Em momentos em que é difícil se expressar com palavras apenas, a música auxilia a externalizar. A música escolhida traz em sua letra o processo de transformação da vida. No final do encontro, pergunta-se para André o que sentiu cantando aquela música e ele conta que é uma música bonita, que fala sobre às vezes chorar e sorrir, mas que fica tudo bem no final. Ele disse que estava mais calmo e que foi muito bom ter ficado no Caps naquele dia.

A evolução do vínculo entre André e a pesquisadora no processo de AT perpassa, ainda, a exploração de novos ambientes e suas ressignificações afetiva. O Caps, certamente, foi o primeiro ambiente a sofrer tais reconstruções perceptivas. Reações de prazer ou desprazer são, particularmente, percebidas quando há identificação com as características socioambientais, objetivos de habitabilidade aprazíveis, oportunidade de utilizar espaços recreativos e abertos (Moulay *et al.*, 2018). O Caps, que em alguns momentos já foi um ambiente que trazia o desprazer do paciente manifestado pela agressividade, pelas dificuldades de integração social, ao passar dos encontros foi se transformando e se apresentando para André como seguro e como um cenário para seu desenvolvimento pessoal, social e de descobertas artísticas.

Foi proposto para André a criação de um caderno musical para ter como registro as letras das músicas que até então eram guardadas apenas em sua memória e outros tópicos que ele quisesse compartilhar. Assim, ele criou um caderno com: capa; índice; apresentação sobre si mesmo como artista; letras das músicas; ilustrações; e reflexões sobre cada música. Para cada música do caderno, de criou um desenho que ilustrasse o que a música representava. O processo de criação foi realizado em vários encontros na parte externa do serviço, sem pressa, com a proposta de se divertir e explorar cada detalhe do que seria colocado. Por exemplo, ao pensar qual a cor de cada figura, quais outros instrumentos poderiam compor um arranjo de suas composições? Ou ainda, perguntas norteadas pela sinestesia: "Qual o cheiro dessa música?", que de imediato parecia algo sem nexo e engraçado. André riu ao pensar em um cheiro, mas logo respondeu: "Essa música tem cheiro de amor". Com base no simples e no imaginário, o caderno foi a materialização da possibilidade. Ao se abrir para a possibilidade, André exercitou a escrita, aventurou-se pelas artes plásticas e nomeou-se como artista, e tudo só foi possível a partir dessa abertura para a imaginação e para a delicadeza da arte.

Figura 25 – Criação do Caderno Musical na área externa do Caps

Fonte: acervo pessoal

André foi convidado para apresentar suas composições e seus registros em um Sarau Artístico com outros pacientes do Caps, funcionárias e estagiárias na universidade pública a qual as autoras são filiadas. Trata-se da instituição de referência da cidade, alocada ao lado do Conservatório musical municipal, portantolocal de significativas explorações ambientais. Apesar de dizer inicialmente que tinha vergonha e que estava com receio, ele aceitou a proposta. Retomando a concepção de espaço musical descrito por Seeger (2015), percebe-se que a partir da sonoridade e musicalidade, André foi desenvolvendo a sua segurança para visitar outros lugares.

Como forma de preparar André e os outros pacientes do Caps que também iriam se apresentar, foram realizados dois ensaios em grupo no espaço físico do serviço, nos quais cada um mostrava para o grupo qual era proposta artística e todos se ajudavam mutuamente para escolha e construção das apresentações. André mostrou suas composições pela primeira vez para o grupo, decidiu tocar suas três músicas e assim foi feito. No Sarau ele apresentou suas composições e seu caderno musical para seus colegas artistas e para a plateia que assistiu às apresentações das diferentes modalidades artísticas.

A ida à universidade só foi possível devido à arte, isto é, à arte como condução para percorrer novos caminhos. Com a arte, André começou a acessar outros espaços além do Caps. Apesar de a universidade pública ser um espaço de fato público e aberto para toda a comunidade, não é de conhecimento comum da população essa informação. São necessários mais projetos por parte da comunidade acadêmica para integrar a população geral à universidade por meio de extensões universitárias ou, ainda, apresentações culturais e oficinas para partilhar o conhecimento acadêmico e aprender com o conhecimento popular. Diante disso, a presença de usuários de Caps no espaço físico da universidade representa um ato político, muito simbólico e significativo para cada história dos pacientes, funcionárias e estagiárias da psicologia que participaram, inclusive para André, que diz ter se sentido confortável e feliz de estar ali. Inicialmente ele se mostrava receoso de ir à universidade e cantar para um grupo, entretanto, em seu momento de apresentação, ele cantou e contou sobre o processo de composição e suas inspirações, além de ter interagido com as outras apresentações culturais.

Figura 26 – Bloco da universidade em que foi realizado o Sarau Artístico

Fonte: acervo pessoal

Um paciente que, antes mesmo da pandemia, permanecia apenas em casa, com pouco estímulo cognitivo e social, aos poucos desenvolveu relações consigo mesmo pela sua arte e com outras pessoas e lugares. Atualmente, participa de um grupo musical do Caps, em que toca violão como instrumento de acompanhamento do grupo e participa também de outras oficinas; depois de sua ida à universidade, apresentou suas composições na Conferência Municipal de Saúde do município e em um evento da luta antimanicomial da universidade.

Considerações finais

O Caps é um serviço importante de cuidado para pessoas com adoecimento, mental principalmente para aquelas que têm alto grau de comprometimento, pois o Caps é a principal abertura para a integração social, que foi prejudicada devido à pandemia de covid-19. Sem esse espaço de referência, abriram-se lacunas no desenvolvimento. A clínica ampliada possibilita a descoberta de novos espaços por meio do movimento, mas deve se adequar ao que é possível com o paciente e aos objetivos do projeto terapêutico. Assim, a circulação com o André foi reduzida, mas foi possível ampliar as possibilidades de mundo, que anteriormente não eram vistas como possibilidade. Com o foco sempre na desinstitucionalização e na condução horizontal, foram feitas descobertas junto ao paciente.

O AT, utilizando a música como ferramenta, proporcionou explorar a potencialidade do sujeito, a reestruturação do espaço e que o paciente voltasse a se apropriar dele, percebendo-o como seu. Além de que, valendo-se da imaginação e criação, ele se apropriou da própria arte, que contribuiu para que André participasse ativamente em oficinas no Caps e de ir a outros lugares compartilhar sua música. É um marco muito importante na história do paciente, haja vista seu histórico de agressividade e dificuldade de interação social, que ficaram no passado. Seu relacionamento com pacientes e profissionais do serviço melhorou significativamente. Atualmente, André toca violão e canta nas oficinas, mostra como a música contribui para a autodescoberta e crescimento pessoal, pois ele se descobriu um artista que cria canções e apresenta seus sentimentos pela sua própria arte.

No que tange aos enlaces oportunizados entre os avanços dos Estudos Pessoa-Ambiente (EPA) aplicados ao contexto de saúde mental grave, destaca-se a amplitude do cuidado mediada pela pluralidade e aplicabilidade tão características dos EPA. A transcendência do espaço físico como mero plano de fundo da vida cotidiana, com seus avanços e seus obstáculos, permite a contínua reconstrução da noção de bidirecionalidade, das potenciais relações com o ambiente, da afetividade e dos significados ambientais. Ainda, enaltecem-se as reflexões sobre formas alternativas de condução de tratamento visando à ocupação e à apropriação de espaços por usuários de Caps, mediadas pela arte, que, por sua vez, proporciona a apropriação de diferentes formas de sentir e estar no mundo.

Referências

AMARANTE, P. D. C. Saúde mental e atenção psicossocial. Rio de Janeiro: Fiocruz, 2013.

ANDRADE JR., H. Eficácia terapêutica da música: um olhar transdisciplinar de saúde para equipes, pacientes e acompanhantes. *Rev Enferm UERJ*, Rio de Janeiro, v. 26, 2018.

ARNDT, A. D.; MAHEIRIE, K. Musicoterapia social e comunitária e processos de subjetivação política. *Psicologia & Sociedade*, Porto Alegre, v. 33, p. 1-15, 2021.

BARRETO, P. A. *et al.* Morar perto de áreas verdes é benéfico para a saúde mental? Resultados do Estudo Pró-Saúde. *Revista de Saúde Pública*, São Paulo, v. 53, p. 1-10, 2019.

BATISTA, N. S.; RIBEIRO, M. C. O uso da música como recurso terapêutico em saúde mental. *Revista de Terapia Ocupacional da Universidade de São Paulo*, São Paulo, v. 27, n. 3, p. 336-341, 2016.

BRASIL. Ministério da Saúde. Secretaria de Atenção a Saúde. Departamento de Ações Programáticas Estratégicas. *Saúde mental no SUS*: os centros de atenção psicossocial. Brasília: Ministério da Saúde, 2004. 86p.

BOGDAN, R.; BIKLEN, S. *Investigação qualitativa em educação*: uma introdução à teoria e aos métodos. Porto: Porto editora, 1994.

BRAUN, V.; CLARKE, V. Using thematic analysis in psychology. *Qualitative Research in Psychology*, London, v. 3, n. 2, p. 77-101, 2006.

CABASSA, L. J. *et al.* Health and wellness photovoice project: Engaging consumers with serious mental illness in health care interventions. *Qualitative Health Research*, New York, v. 23, n. 5, p. 618–630, 2013. DOI 10.1177/1049732312470872.

CONSELHO FEDERAL DE PSICOLOGIA (CFP). *Referências Técnicas para Atuação de Psicólogas(os) no Centro de Atenção Psicossocial.* Edição revisada. Brasília, 2022.

FERGUSSON, D. M. *et al.* Life satisfaction and mental health problems (18 to 35 years). *Psychological Medicine*, v. 45, n. 11, p. 2.427-2.436, 2015.

FOUCAULT, M. *História da loucura.* 11. ed. São Paulo: Perspectiva, 2019. Originalmente publicada em 1961.

GATERSLEBEN, B. *et al.* Why are places so special? Uncovering how our brain reacts to meaningful places. *Landscape and Urban Planning*, Guildford, v. 197, p. 103.758, 2020.

HELLER, A. O. *Cotidiano e a História.* 11. ed. São Paulo: Editora Paz e Terra, 2016.

HUANG, W.; LIN, G. The relationship between urban green space and social health of individuals: a scoping review. *Urban Forestry & Urban Greening*, Guangzhou, p. 127.969, 2023.

MAHEIRIE, K. Processo de criação no fazer musical: uma objetivação da subjetividade, a partir dos trabalhos de Sartre e Vygotsky. *Psicologia em Estudo*, v. 8, p. 147-153, 2003.

MÉLLO, R. P. Tratamento asilar, o desamparo e o acompanhamento terapêutico (at). *Psicologia & Sociedade*, Porto Alegre, v. 33, p. 1-13, 2021.

MOULAY, A. *et al.* Understanding the process of parks' attachment: Interrelation between place attachment, behavioural tendencies, and the use of public place. *City, Culture and Society*, Amsterdam, v. 14, p. 28-36, 2018.

MOURSHED, M.; ZHAO, Y. Healthcare providers' perception of *design* factors related to physical environments in hospitals. *Journal of Environmental Psychology*, Loughborough, v. 32, n. 4, p. 362-370, 2012.

PALADINO, L.; AMARANTE, P. D. C. A dimensão espacial e o lugar social da loucura: por uma cidade aberta. *Ciência & Saúde Coletiva*, Rio de Janeiro, v. 27, p. 7-16, 2022.

PFEFFERBAUM, B.; NORTH, C. S. Mental health and the Covid-19 pandemic. *New England Journal of Medicine*, Waltham, v. 383, n. 6, p. 510-512, 2020.

POL, E. La apropiación del espacio. *In*: GÄRLING, Tomy *et al. Cognición, representación y apropiación del espacio*. Barcelona: Edicions de la Universitat de Barcelona, 1996.

SEEGER, A. *Por que cantam os Kisêdjê* — uma antropologia musical de um povo amazônico. São Paulo: Cosac Naify, 2015.

SILVA, V. A.; SALES, C. A. Encontros musicais como recurso em cuidados paliativos oncológicos a usuários de casas de apoio. *Revista da Escola de Enfermagem da USP*, v. 47, p. 626-633, 2013.

SILVEIRA, B. B. *et al"O lugar que habito": compreendendo a relação pessoa-ambiente em serviços residenciais terapêuticos*. 156f. Tese (Doutorado em Psicologia) – Programa de Pós-Graduação em Psicologia, Universidade Federal de Santa Catarina, Florianópolis, 2021.

STAKE, R. E. *A arte da investigação com estudo de caso*. 4. ed. Lisboa: Fundação Calouste Gulbenkian, 2016.

ULRICH, R. S. *et al.* A review of the research literature on evidence-based healthcare *design. Health Environments Research & Design Journal*, Texas, v. 1, n. 3, p. 61-125, 2008.

ASPECTOS DE DOCILIDADE AMBIENTAL NA RELAÇÃO DE PESSOAS IDOSAS COM ESPAÇOS VERDES NA CIDADE DE NATAL/RN/BRASIL

Dayse da Silva Albuquerque
Gleice Azambuja Elali

Introdução

O aumento mundial da longevidade tem lançado novos desafios a todos os campos do conhecimento, começando pela própria ampliação do entendimento do envelhecer, atualmente compreendido como um processo multidimensional, sendo o declínio biológico apenas um fator a ser considerado no conjunto das mudanças psicossociais que ocorrem durante a vida da pessoa. Como tais relações se alteram ao longo de todo o ciclo de vida e influenciam o modo como cada pessoa enfrenta os obstáculos encontrados no envelhecimento, a população idosa protagoniza constantes mudanças no processo de busca por equilíbrio entre ganhos e perdas associados à sua faixa etária (Baltes, 1987). Esse panorama traz novos desafios para os profissionais que lidam cotidianamente com essa população e refletem sobre o que pode ser feito para contribuir com a qualidade de vida desse grupo (Iecovich, 2014; Neri, 2006; Piletti; Rossato; Rossato, 2018), quer na condição de objeto de estudo, quer como campo de intervenção (Bassit; Witter, 2006).

As projeções para as próximas décadas indicam que em 2050 o planeta terá cerca de 2 bilhões de idosos, o que corresponderá a quase 20% da população mundial, taxa que no Brasil poderá se aproximar dos 30%. Inúmeros fatores têm amparado essa alteração na pirâmide etária, incluindo, entre outros: a melhoria na oferta dos serviços de saúde; os avanços no campo da geriatria e da gerontologia; o maior acesso a atividades físicas e alimentação saudável; o surgimento de políticas públicas, legislação e programas voltados para a promoção e a garantia dos direitos dessa faixa da população; e o desenvolvimento de tecnologias que dão suporte aos idosos e atendem às suas necessidades. Apesar dessas evidências, em muitas situações a população idosa ainda é invisibilizada, sendo disponibilizadas poucas oportunidades de participação social e fomento de seu acesso a recursos em suas comunidades, sobretudo em áreas de maior vulnerabilidade socioeconômica (Cupertino *et al.*, 2007; IBGE, 2018).

Levantamento realizado por Rodríguez-Rodríguez e Sanchez-Gonzalez (2014) mostra que a literatura sobre a relação idoso-ambiente na América Latina ainda é bastante escassa. Dentre as propostas discutidas na atualidade, a concepção de cidades amigáveis ao envelhecimento (*age-friendly cities*) começou a ganhar visibilidade em 2006 a partir de um projeto envolvendo 33 cidades em distintas partes do mundo, que solicitou à população idosa desses locais a descrição de aspectos facilitadores e de barreiras identificados no cotidiano de vivência nas cidades. O material proveniente dessas discussões culminou na construção de um guia global com diretrizes voltadas para iniciativas que busquem, entre os oito domínios identificados, oferecer locais que atendam às demandas desse grupo no contexto citadino (Fitzgerald; Caro, 2014). Nesse campo, um estudo realizado entre 2016 e 2019, coordenado por Portella e Woolrych, envolveu três cidades brasileiras (Belo Horizonte, Brasília e Pelotas) e três britânicas (Edimburgo, Glasgow e Manchester) e pesquisadores nos dois países, tendo possibilitado a catalogação de informações e indicativos sobre vivências da população idosa e o desenvolvimento do senso de lugar no contexto das comunidades por eles/elas habitadas (Pereira *et al.*, 2022; Portella; Woolrych, 2019; Woolrych *et al.*, 2019).

Os pressupostos que alicerçam a concepção de cidades amigáveis ao envelhecimento têm a intenção de encorajar o envelhecimento ativo e bem-sucedido por meio da otimização das cidades, estimulando a inclusão, o bem-estar e a qualidade de vida ao longo do processo de envelhecimento. Ela prevê a adaptação de ambientes físicos e sociais, além de serviços adaptados às necessidades da população idosa de acordo com suas capacidades, e tem como cerne o ajuste pessoa-ambiente, permitindo o diálogo entre áreas interdisciplinares de conhecimento, como gerontologia ambiental, psicologia ambiental e arquitetura (Lima, 2011; Silva; Elali, 2015).

A Organização Mundial de Saúde (WHO, 2005) entende envelhecimento ativo como uma política voltada para a disponibilidade de recursos de saúde, lazer, participação social, segurança, entre outros, de forma a assegurar a qualidade de vida e bem-estar dessa população. Complementarmente, a ideia de envelhecimento bem-sucedido abrange essa necessidade de promoção de independência e autonomia, enfatizando as singularidades de cada indivíduo em termos de saúde física e mental, bem como determinantes sociais e econômicos, suporte de pares e familiares, acesso a serviços de saúde e estilo de vida (Pinto, 2016; Rowe; Kahn, 1997; Teixeira; Neri, 2008; Tomasini; Alves, 2007). A análise conjunta de tais determinantes permite uma visão mais abrangente da capacidade funcional e adaptativa do idoso para selecionar os recursos ambientais disponíveis e buscar rotas alternativas para compensar perdas e otimizar adaptações frente aos obstáculos e às barreiras percebidos (Lima, 2011; Silva; Günther, 2000).

Em sintonia, os domínios que compõem a proposta de cidades amigáveis ao envelhecimento abrangem a oferta de serviços (saúde, lazer, educação, segurança, dentre outros); a facilidade de acesso à informação; a promoção de ambiente social acolhedor que permita participação, engajamento, inclusão, respeito intergeracional e envolvimento em atividades voluntárias; e a disponibilidade de ambiente físico seguro e acessível, com moradias adequadas, garantia de transporte e mobilidade e espaços públicos agradáveis (Albuquerque *et al.*, 2020; OMS, 2007; Nieboer; Cramm, 2018). Tais espaços públicos incluem as áreas verdes da cidade, ou seja, parques, jardins e demais espaços arborizados que permitam o contato com elementos naturais da paisagem, seja por meio de manipulação direta, seja mediante a contemplação (Barcellos, 1999; Castelnnou, 2006; McFarland; Waliczek; Zajicek, 2010).

O contato com espaços verdes no entorno da moradia é preditor de níveis mais elevados de satisfação residencial. Além de promoverem bem-estar, incentivam a realização de atividades físicas, repercutindo na redução da obesidade e do estresse (Tyrvainen *et al.*, 2010; Wang; Lee, 2010). Melhorias na autoestima e no humor também são atribuídas à contemplação de elementos naturais nas proximidades das residências, colaborando até mesmo para a interação e a conexão entre os moradores (Jang; Son, 2020; Wells; Rolling, 2012). Tais vantagens tornam o ambiente mais acolhedor e auxiliam o desenvolvimento e aprimoramento de competências.

Ainda que o benefício associado ao uso de espaços verdes esteja bem documentado na literatura, pouco tem sido explorado no que concerne aos usos da população idosa em relação a esses ambientes (Shuvo *et al.*, 2020). Estudos observacionais e longitudinais que busquem aprofundar processos de apropriação no contexto urbano e relações intergeracionais ainda são escassos, bem como as motivações e desmotivações para a visitação de locais em que se possa usufruir de recursos naturais (Gibson, 2018; Lee; Burns, 2022). No Brasil, o estudo de Macedo *et al.* (2008) revelou preferências da população idosa por ambientes facilitadores de interação social (casa, parques/praças e igreja). O ambiente mostrou-se importante fator de suporte para a promoção de caminhadas.

Modelos clássicos de estudo sobre o envelhecimento humano, em uma perspectiva do curso de vida (Baltes, 1987; Havighurst, 1956), contribuíram para o avanço do entendimento dos processos envolvidos na velhice, contudo pouca ênfase foi atribuída ao papel do ambiente físico nesses processos. O modelo ecológico de envelhecimento proposto por Lawton *et al.* (1986, 1991) constitui-se em um desses avanços por ter incorporado a inter-relação idoso-ambiente para a compreensão do papel dos elementos ambientais que favorecem ou dificultam a resolução de demandas próprias da população idosa por meio da disponibilidade de recursos. O termo "docilidade" (*docility*), citado por Lawton nas hipóteses que compõem o modelo pressão-competência remete à noção daquilo que é dócil, ou seja, está apto a ajustar-se, congregando em si qualidades ambientais como flexibilidade, brandura, maleabilidade, outros (Günther; Elali, 2018).

Kahana (1982) enfatizou que a congruência pessoa-ambiente leva a variações de acordo com características e necessidades pessoais, e os ambientes também variam na medida em que eles são capazes de satisfazer tais necessidades. Portanto, a relação pessoa-ambiente ocorre na interface de experiências subjetivas e no ambiente físico, que exercem efeitos sobre o comportamento humano. Para tanto, as hipóteses de docilidade e proatividade ambiental vão ao encontro de prerrogativas que indicam a necessidade de promover ambientes amigáveis ao envelhecimento (Lawton, 1986; Torres; Elali, 2015). O modelo ecológico de envelhecimento humano (Lawton; Nahemov, 1973) identificou que ambientes com maiores níveis de pressão afetam de maneira significativa pessoas com baixa competência comportamental relativas a habilidades cognitivas, físicas e sociais, tornando a inter-relação pessoa-ambiente menos dócil (hipótese de docilidade ambiental — *environmental docility hypothesis*). Em contrapartida, quando o indivíduo tem habilidades que permitem maior adaptação e uso dos recursos disponíveis no local, considera-se a atuação proativa desse inter-relacionamento (hipótese de pró-atividade ambiental).

Ao refletir sobre a dimensão ativa dessa inter-relação, infere-se que espaços e pessoas dialogam entre si de forma contínua e recíproca, para o que concorrem afetos, ações, cognições e percepções (Gunther, 2022). Nesse campo, García-Valdez, Sánchez-González e Román-Perez (2019) reforçam a necessidade de desenhos urbanos amigáveis, destinados ao envelhecimento ativo a partir do estabelecimento de projetos que tornem duradouras e efetivas as características do ambiente físico que dão suporte às atividades diárias da população idosa. A estimulação também é percebida como essencial para potencializar o uso dos espaços, mesclando elementos construídos e naturais que agucem os sentidos e a experiência corporal, permitindo uma imersão envolta em sensações, afetos e comportamentos que se traduzem como ambiência. Segundo Thibaud (2018), a ambiência envolve os sentidos por meio de experiências que potencializam a ação e geram mudanças nas relações. Assim sendo, de acordo com a situação em foco, ela oferta uma atmosfera mais (ou menos) propícia para o contato e a interação, atuando diretamente sobre a percepção do ambiente (Elali, 2013), a ponto de ser possível afirmar que "não percebemos a ambiência, percebemos de acordo com a ambiência" (Thibaud, 2004, p. 337).

A partir disso, retomamos os benefícios apontados pela literatura no que concerne ao contato com espaços verdes urbanos, propondo uma articulação com o modelo ecológico de envelhecimento humano, mais especificamente com o conceito de docilidade ambiental e a concepção de cidades amigáveis ao envelhecimento. Nesse sentido, os espaços verdes são concebidos como potencializadores de cidades amigáveis ao envelhecimento devido aos benefícios associados ao bem-estar, o que os configura como facilitadores para uma relação idoso-ambiente que ressalta aspectos de docilidade ambiental e permite ambiências urbanas distintas como forma de apropriação dos espaços públicos da cidade, incluindo a população idosa de maneira ativa para estimular o envelhecimento bem-sucedido na sociedade atual.

Os pressupostos coadunam-se com a Agenda 2030 da Organização das Nações Unidas (ONU), tecendo aproximações com os Objetivos de Desenvolvimento Sustentável, especificamente o ODS 11: tornar as cidades e os assentamentos humanos inclusivos, seguros, resilientes e sustentáveis, proporcionando acesso a espaços públicos acessíveis, inclusivos e verdes, particularmente para as crianças, mulheres, pessoas com deficiência e pessoas idosas. Nessa direção, o estudo realizado se propôs a verificar aspectos de docilidade ambiental em espaços verdes urbanos como potencializadores de cidades amigáveis ao envelhecimento, efetivado a partir de observações voltadas para a identificação de usos e modos de apropriação urbana, de ambiências facilitadoras da vida cotidiana da população idosa e de relações intergeracionais no uso desses espaços. Como meta mais ampla, buscava-se identificar alternativas que potencializam o contato dessa população com contextos urbanos amigáveis e acolhedores.

Método

A investigação recorreu à observação naturalística do comportamento em situação cotidiana. A escolha dessa estratégia advém do entendimento de que a complexidade da relação pessoa-ambiente exige que a aproximação do pesquisador em relação ao fenômeno aconteça de modo gradual e a partir de um olhar atento e qualificado. Assim, a observação e o registro da realidade nos espaços, tempos e locais em questão caracterizaram o estudo como descritivo e transversal em sua estrutura, de acordo com classificação proposta por Campos (2004).

O estudo resguardou os parâmetros éticos previstos nas Resoluções 466/2012 e 510/2016 do Conselho Nacional de Saúde e do Código de Ética Profissional do Conselho Federal de Psicologia (CPF). Foram incluídas pessoas a partir dos 60 anos, indicadas como idosas pela Lei 10.741 (Brasil, 2004), legislação brasileira que assegura os direitos dessa população, conhecida como Estatuto do Idoso.

As sessões observacionais foram realizadas no Bosque dos Namorados, setor de uso público do Parque das Dunas (PD), da capital Natal, no Nordeste do Brasil. Criado em 1977 como a primeira Unidade de Conservação do estado, o PD possui área de 1.172 hectares e é o segundo maior parque do gênero no país. O PD é gerido pelo Instituto de Desenvolvimento Sustentável e Meio Ambiente (Idema) e recebe uma média de 150 mil visitantes anuais interessados em usufruir do contato com o local, conhecer e observar espécies da fauna e da flora nativas da Mata Atlântica. Ele também mantém um cadastro com aproximadamente 10 mil coopistas, que podem utilizá-lo para a prática de atividades físicas.

O Bosque dos Namorados, setor onde aconteceu o estudo, ocupa sete hectares e, ao longo do ano, oferece à comunidade inúmeras atividades educativas, recreativas, físicas e culturais. Entre terça-feira e domingo, o local funciona das 7h30 às 17h00 para os visitantes e a partir das 5h para os coopistas. As segundas-feiras são reservadas para a manutenção da área. Sua estrutura inclui trilhas, pistas de caminhada, área de piquenique, viveiro de mudas, lago artificial, posto de comando ambiental, área administrativa, espaço para promoção de saúde, espaço para atividades diversas, anfiteatro, área de jogos de tabuleiro, centro de pesquisa e de visitantes com museu e parque infantil. O restaurante se mantém fechado desde o início da pandemia de covid-19. Para acesso ao parque, é cobrada uma taxa de R$ 1 real, dispensada aos coopistas (que contribuem com uma taxa anual de 20 reais para uso do local) e às visitas de escolas públicas previamente agendadas.

As sessões de observação ocorreram de maneira não sistemática, com registro em diário de campo e produção de fotografias retratando características do espaço. Foram realizadas 24 sessões de observações de terça a domingo, no horário de 5h às 17h. Cada sessão teve duração de três horas (das 5h às 8h, por exemplo) e consistia no registro dos principais usos do parque pela população idosa. A observadora circulava pela área e/ou permanecia em pontos estratégicos (como os bancos espalhados pelo local ou dispostos estrategicamente na área de piquenique) e registrava as informações em diário de campo, de acordo com o movimento verificado. As observações ocorreram durante os meses de abril e maio de 2022 (Tabela 1).

Tabela 1 – Cronograma de observações

Horários	Terça	Quarta	Quinta	Sexta	Sábado	Domingo
05h às 8h	03/05	10/05	05/05	29/04	30/04	01/05
8h às 11h	26/04	13/04	28/04	15/04	30/04	01/05
11h às 14h	12/04	04/05	21/04	15/04	16/04	17/04
14h às 17h	12/04	04/05	14/04	22/04	16/04	17/04

Fonte: elaborada pelas autoras (2022)

As observações tiveram início na primeira semana de abril de 2022, após a autorização do Idema para realização do estudo. Os dados registrados foram organizados em uma planilha com dia e horário de realização de cada sessão, bem como informações relativas ao tempo, como temperatura local e características associadas (dia nublado, ventilado, ensolarado, chuvoso, entre outros elementos). Registrava-se a quantidade de pessoas idosas presentes no parque no momento de chegada ao parque para dar início à sessão; e, na medida em que se observava aumento ou redução desses valores, eram feitas as anotações, destacando-se a quantidade de homens e mulheres, bem como as principais atividades que estavam sendo realizadas. Além disso, buscava-se anotar se as atividades estavam ocorrendo de maneira individual ou coletiva. Complementarmente, a observadora registrava suas próprias sensações e percepções a partir do contato com os elementos do parque.

Desde o primeiro contato, a administração apontou pessoas idosas que frequentavam o local diariamente e em horários específicos, sinalizando a importância do local para moradores/as idosos/as da área. Os dados obtidos permitiram a identificação dos processos de apropriação da população idosa e de relações intergeracionais desse grupo com crianças e jovens, além das possibilidades de benefícios do contato com os elementos naturais presentes no parque para o bem-estar dos frequentadores.

O estudo compôs as atividades de pesquisa desenvolvidas entre os anos de 2021 e 2022 em estágio pós-doutoral com bolsa do Conselho Nacional de Desenvolvimento Científico e Tecnológico (CNPq) sob supervisão da segunda autora. O tempo reduzido dessas atividades se deu em decorrência das restrições impostas pelo período pandêmico.

Resultados e discussão

No primeiro final de semana de observação, constatou-se uma movimentação intensa no parque no período da tarde (14h às 17h), incluindo pessoas de todas as faixas etárias (crianças, adolescentes, adultos e idosos), o que evidencia a possibilidade de relações intergeracionais a partir das atividades promovidas no local. Entre os usos registrados, incluem-se prática de caminhada, corrida, patinação e ciclismo, bem como o uso das mesas para piquenique e dos brinquedos infantis. As pessoas idosas envolvem-se tanto nas práticas esportivas na pista de caminhada quanto nas interações com crianças e adultos, ora cuidando, ora sendo cuidadas.

A rua externa ao parque, em frente à entrada principal, possui circulação restrita de automóveis entre 19h e 6h, o que torna mais intenso o movimento de pessoas praticando caminhada e corrida nesse horário. Nos dias em que foi realizada a observação, a partir das 5h, constatou-se maior movimentação na área externa ao parque até às 6h; após esse horário, as pessoas passavam a entrar no parque para dar continuidade às suas atividades. Nesse início da manhã, a presença de pessoas idosas no local era majoritária, havendo preferência por caminhadas em grupos, principalmente duplas ou trios (mas também alguns grupos maiores). Em outros horários, foram registradas somente caminhadas individuais e/ou em duplas.

Em dias de semana (terça a sexta), entre 8h e 11h, verificou-se maior intensidade de uso e, à medida que se aproximava do meio-dia, o movimento de pessoas no parque ia reduzindo-se. As pessoas idosas circulavam, caminhavam, observavam, conversavam, usavam os bancos dispostos ao longo da trilha para descanso/pausa. Em geral, a partir das 11h, havia poucas pessoas no parque e o fluxo só passava a aumentar novamente a partir das 15h, contudo, a maioria dos usuários nesse horário eram adultos e crianças. Esse intervalo também é utilizado pelo setor de limpeza para a manutenção. A partir das 16h, ocorria o movimento inverso ao da manhã, pois os/as idosos/as começavam a caminhar na área interna do parque e, após seu fechamento, davam continuidade aos exercícios na área externa, tendo em vista a restrição da circulação dos automóveis.

Corroborando os comentários iniciais da administração do parque, foram identificados alguns idosos que o frequentavam diariamente em horários específicos. Por exemplo, havia uma senhora que costumava chegar por volta das 12h e ficava de uma a duas horas caminhando entre as trilhas, e em algumas ocasiões era a única usuária do parque no momento da observação. Nesse intervalo entre 12h e 14h também era comum observar um idoso e uma idosa que vinham para praticar corrida. Parecia haver familiaridade entre os três, que se cumprimentavam ao se encontrar, porém permaneciam realizando suas atividades individualmente. Mesmo nos dias nublados e chuvosos, o idoso supracitado ia ao parque para treinar e, em duas ocasiões de chuva intensa, manteve-se no local.

Essas situações ressaltam aspectos importantes da relação idoso-ambiente, considerando a percepção de segurança e acessibilidade (Fitzgerald; Caro, 2014; Lima, 2011) e a existência de algum suporte à atividade, como banheiros, assentos e sombra (Silva, 2014). A familiaridade com o local demonstrada pelos frequentadores permite o uso da infraestrutura local de modo facilitado. As trilhas são predominantemente planas, com leves inclinações, o que também auxilia o uso para a prática de atividades. No que se refere à ambiência, o sombreamento e a ventilação do local possibilitam o uso nos períodos mais quentes do dia, e os bancos dispostos ao longo da trilha interna favorecem o descanso. Os espaços oferecem acessibilidade e acolhimento com recursos e facilitadores para a promoção de relações intergeracionais e para o uso com alguma autonomia por pessoas com mobilidade reduzida. Sobre esse aspecto, foram feitos registros de pessoas idosas em cadeira de rodas, com bengalas e andadores, para acesso às trilhas, tanto com auxílio de outras pessoas quanto sem esse apoio. Tal constatação reforça a importância do suporte ambiental no parque, ainda que haja a necessidade de inclusão de banheiros mais próximos à entrada, visto que os banheiros disponíveis estão localizados na parte mais central (próximos a uma das áreas para atividades culturais e aulas de yoga) e no prédio administrativo (ao final da área de visitação).

Esse suporte do ambiente físico auxilia a promoção do envelhecimento ativo dessa população e sua inclusão social (Albuquerque *et al.*, 2020; García-Valdez; Sánchez-González; Román-Perez, 2019). Em uma terça-feira, no período da tarde, por exemplo, houve a visita de um grupo de idosas usuárias do Centro de Referência em Assistência Social (Cras), evento posteriormente noticiado no jornal local. Em outra ocasião, em um domingo pela manhã, um grupo de mulheres predominantemente idosas de uma cidade do interior também esteve no local. Elas usavam uma camisa personalizada que identificava o grupo e, após um período de caminhada, organizaram-se na área de piquenique para fazer um lanche, lá permanecendo até o final da manhã. Nesse mesmo domingo foram observados vários grupos de familiares, amigos/as e religiosos confraternizando no parque, sendo possível observar a presença de pessoas idosas em todos eles. Isso reforça os resultados de outros estudos que enfatizam a importância das relações sociais para um envelhecimento bem-sucedido, como, entre outros, os conduzidos por Rowe e Kahn (1997), Teixeira e Neri (2008) e Tomasini e Alves (2007).

Investigação realizada em áreas rurais dos Estados Unidos mostrou que experiências com ambientes naturais durante a infância ressoam na busca por locais que proporcionem contato com a natureza na vida adulta e na velhice (Lee; Burns, 2022). A preferência por frequentar parques, por exemplo, é influenciada especialmente pelas atividades realizadas com os pais, entre outros adultos significativos, durante a infância, o que leva a uma transmissão intergeracional de percepções positivas associadas à natureza e a seus benefícios (Gibson, 2018). Portanto, estudos que viabilizem o acompanhamento efetivo de como se dá esse processo de transmissão em países latino-americanos pode nos indicar as necessidades de nossas populações no que se refere à oferta de cenários que permitam usufruir de momentos com pares e familiares, a fim de que as atuais e futuras gerações aprimorem seu olhar de cuidado e de conexão com a natureza.

Esses registros fortalecem os resultados de pesquisas sobre a importância de espaços de lazer e áreas verdes nas cidades para encontros intergeracionais. O contato entre diferentes gerações permite maior aproximação com as características próprias do desenvolvimento humano e perpetua relações mais respeitosas e conscientes no que se refere às potencialidades e às limitações de cada faixa etária. Além disso, as pessoas idosas sentem-se mais pertencentes aos grupos, ampliando a sensação de bem-estar na relação com os lugares, de acordo com o que preconiza a Organização Mundial de Saúde (OMS, 2007).

Em síntese, entre as 6h e 9h, a movimentação no parque é mais intensa, com predomínio de pessoas idosas realizando atividades físicas nas trilhas. Das 10h às 14h, o parque costuma permanecer com movimento reduzido, ainda que diariamente fossem observados três idosos (um homem e duas mulheres) caminhando/correndo nesse horário. A partir das 15h, há predomínio na movimentação de famílias com crianças, realizando brincadeiras ao redor do lago, no parque infantil e na trilha interna, que fica entre as árvores. A trilha externa se torna mais movimentada para a realização de atividades físicas entre às 15h e às 17h por grupos de jovens, adultos e idosos. Nos dias de feriado, o fluxo de pessoas no parque é mais intenso e nos horários de apresentações culturais aos finais de semana.

As informações registradas em diário de campo possibilitaram organizar um panorama da movimentação no parque ao longo do dia e durante a semana, com foco na presença de pessoas idosas e os principais usos observados nesse período (Figura 27).

Dentre as principais atividades e usos observados, destaca-se a realização de atividades físicas como caminhada, corrida e alongamento nas trilhas. Esse foi o principal uso registrado durante as sessões. Outras atividades/usos foram: a) a visitação dos espaços por meio de passeios institucionais ou com familiares e amigos/pares; b) as interações por meio de conversas e piqueniques com familiares e amigos/pares; e c) a participação em atividades culturais, recreativas e educativas promovidas pelo parque ou por instituições parceiras. Nesses registros, evidencia-se a possibilidade de relações intergeracionais entre pessoas idosas, adultos, jovens e crianças nos diferentes espaços disponíveis no parque.

Figura 27 – Movimentação observada com foco na população idosa

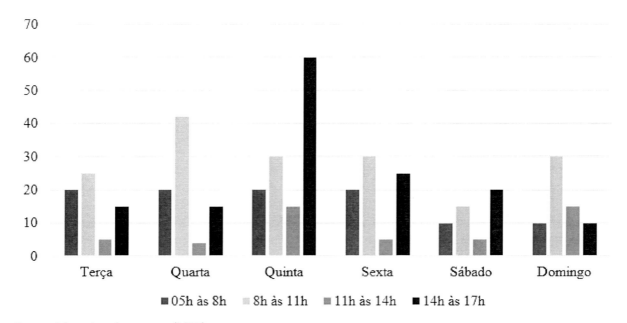

Fonte: elaborada pelas autoras (2022)

Estudos têm documentado os benefícios associados ao contato com espaços verdes em áreas urbanas (Shuvo *et al.*, 2020), porém ainda há poucos dados no que se refere às preferências e às necessidades da população idosa. Gibson (2018), por exemplo, verificou as motivações de pessoas idosas para visitação a parques na Austrália e constatou que o principal preditor para frequentar esses locais referia-se ao *design* do parque e a sua capacidade de garantir a autonomia do indivíduo, tendo concluído que, para atrair a visitação desse público se faz necessário incorporar elementos que o tornassem mais amigável.

No campo da arquitetura, vários estudos indicam a importância de manter atenção para aspectos físicos do local, em especial no que diz respeito à acessibilidade física, à presença de assentos e instalações sanitárias, e à proteção contra intempéries e insolação excessiva (Frank, 2016; Veróli; Schmunis, 2018). A presença de elementos naturais nesses espaços também se articula à promoção de maior docilidade ambiental, por meio de sensações de bem-estar, do incentivo a práticas esportivas e da redução de impactos negativos para a saúde (Jang; Son, 2020). Logo, as estruturas oferecidas pelo parque observado demonstram a diversidade de possibilidades oferecidas em termos de usos e sua área verde expressiva, que promovem acolhimento.

Para ilustrar as descrições e ampliar a compreensão das ambiências descritas, foram feitos registros fotográficos em momentos de menor movimentação no parque, estratégia utilizada para resguardar o anonimato e o sigilo dos frequentadores. Tais imagens (Figuras 28 a 34) compõem um painel que reflete o sombreamento proporcionado pelas árvores, a presença de bancos, rampas de acesso e lixeiras ao longo da trilha interna, a estrutura da área de piquenique, da área de jogos de tabuleiro, do anfiteatro e do lago artificial.

Figura 28 – Banco na trilha interna

Fonte: elaborada pelas autoras (2022)

Figura 29 – Trilha sombreada

Fonte: elaborada pelas autoras (2022)

Figura 30 – Lixeiras na trilha interna

Fonte: elaborada pelas autoras (2022)

Figura 31 – Mesas para jogos

Fonte: elaborada pelas autoras (2022)

Figura 32 – Área de piquenique com rampa de acesso para a trilha interna

Fonte: elaborada pelas autoras (2022)

Figura 33 – Anfiteatro

Fonte: elaborada pelas autoras (2022)

Figura 34 – Lago artificial

Fonte: elaborada pelas autoras (2022)

Considerações finais

Em linhas gerais, a investigação empreendida permitiu verificar aspectos de docilidade ambiental em um parque verde urbano, tendo como recorte especial os usos do espaço pela população idosa. Nesse sentido, o estudo contribui para o arcabouço teórico-metodológico acerca da relação idoso-ambiente no contexto brasileiro. Em resposta à proposta do estudo, conforme registros, foi possível: (i) catalogar os principais usos realizados pela população idosa que frequenta o parque; (ii) indicar a necessidade de suporte às atividades, garantia de acessibilidade e percepção de segurança para sua procura pelo grupo; (iii) descrever algumas ambiências associadas ao contato dessa população com o espaço; e (iv) identificar relações intergeracionais em diversas situações, notadamente em contextos familiares, embora não apenas neles.

Ainda assim, indica-se a importância do investimento em estudos que possam articular essas informações com os relatos dos frequentadores do parque, com base em entrevistas e/ou aplicação de instrumentos que teçam aproximações com as vivências dessa população no contato com a natureza do local. Outra possibilidade seria a realização de oficinas e/ou atividades de imersão voltadas para a estimulação dos sentidos (olfato, tato, visão etc.) com o objetivo de explorar percepções e modos de apropriação de espaços verdes urbanos por grupos dessa faixa etária a partir dos 60 anos.

Em termos de limitações, o período chuvoso impossibilitou a finalização de algumas observações e a movimentação no parque sofreu variações atreladas a esses momentos. As observações realizadas em feriados também mostram variações, como o maior número de idosos registrado no parque, que ocorreu em uma quinta-feira à tarde em um dia de feriado. Constatou-se, ainda, por meio de conversas informais, que a frequência de visitação começou a aumentar a partir de março de 2022 com a redução do número de casos de covid-19 na cidade; logo, o período em que as observações foram realizadas é coerente com o cenário pandêmico no país. A esse respeito, em poucos momentos, observou-se idosos/as fazendo uso de máscaras no local.

Destarte, os resultados refletem esse momento (muito especial) de retorno à utilização de espaços abertos e ao uso mais coletivo na cidade. Independentemente do horário e dia de observação, observou-se a presença de pessoas idosas no parque, o que evidencia ser esse um espaço convidativo para essa população. A partir dessa experiência, pretende-se buscar identificar como outros espaços verdes da cidade estão sendo ocupados, que tipos de infraestrutura oferecem para seus visitantes e que características os tornam mais (ou menos) atrativos para aqueles que residem em suas proximidades, de modo a construir bases para ambiências urbanas facilitadoras da vida cotidiana de idosos/as em contextos urbanos.

Agradecimentos

Agradecemos ao Instituto de Defesa do Meio Ambiente e ao Parque das Dunas/Bosque dos Namorados por acolherem a pesquisa realizada; à Universidade Federal do Rio Grande do Norte (UFRN) e à Universidade Federal do Amazonas (UFAM), por apoiarem nossas atividades investigativas; ao Conselho Nacional de Desenvolvimento Científico e Tecnológico (CNPq), pela bolsa de pós-doutorado da primeira autora e a bolsa de Produtividade em Pesquisa da segunda.

Referências

ALBUQUERQUE, D. S.; KLAVDIANOS, N. D.; GUNTHER, I. A.; PORTELLA, A. A. Participação social e envelhecimento: concebendo cidades amigáveis aos idosos. *PIXO - Revista de Arquitetura, Cidade e Contemporaneidade*, Pelotas, v. 4, n. 14, p. 52-65, 2020.

BALTES, P. B. Theoretical propositions of life-span developmental psychology: on the dynamics between growth and decline. *Developmental Psychology*, Washington, D.C., v. 23, n. 5, p. 611-626, 1987.

BARCELLOS, V. Q. *Os parques como espaços livres públicos de lazer*: o caso de Brasília. 1999. 214 p. Tese (Doutorado em Arquitetura e Urbanismo) — Programa de Pós-Graduação em Arquitetura e Urbanismo, Universidade de São Paulo (FAU/USP), São Paulo, 1999.

BASSIT, A. Z.; WITTER, C. Envelhecimento: objeto de estudo e campo de intervenção. *In*: WITTER, G. P. (org.). *Envelhecimento*: referenciais teóricos e pesquisas. Campinas: Alínea, 2006. p. 15-32.

BRASIL. Ministério da Saúde. Lei 10.741 (Estatuto do Idoso), 1o de outubro de 2003. Brasília: Ministério da Saúde, 2004. Disponível em: https://bvsms.saude.gov.br/bvs/. Acesso em: 10 jun. 2023.

CAMPOS, L. F. L. *Métodos e Técnicas de Pesquisa em Psicologia.* 3. ed. Campinas: Alínea, 2004.

CASTELNNOU, A. M. N. Parques Urbanos de Curitiba: de espaços de lazer a objetos de consumo. *Cadernos de Arquitetura e Urbanismo*, Belo Horizonte, v. 13, n. 14, p. 53-73, 2006.

CUPERTINO, A. P. F. B.; ROSA, F. H. M.; RIBEIRO, P. C. C. Definição de envelhecimento saudável na perspectiva de indivíduos idosos. *Psicologia*: Reflexão Crítica, v. 20, n. 1, p. 81-86, 2007.

ELALI, G. A. Relations entre comportement humain et environnement: une réflexion fondée sur la psychologie environnementale. *In*: THIBAUD, J. P.; DUARTE, C. R. S. (org.). *Por une écologie sociale de la ville sensible*: ambiences urbaines en partage. Genève: MetisPresses, 2013. p. 63-82.

FITZGERALD, K. G.; CARO, F. G. An overview of Age-Friendly Cities and Communities around the world. *Journal of Aging & Social Policy*, v. 26, n. 1-2, p. 1-18, 2014. DOI 10.1080/089594 20.2014.860786.

FRANK, E. *Terceira idade, arquitetura e sociedade*. Porto Alegre; Buenos Aires: Masquattro; Nobuko, 2016.

GARCÍA-VALDEZ, M. T.; SÁNCHEZ-GONZÁLEZ, D.; ROMÁN-PÉREZ, R. Envejecimiento y estrategias de adaptación a los entornos urbanos desde la gerontología ambiental. *Estudios Demográficos y Urbanos*, v. 34, n. 1, p. 101-128, 2019. DOI 10.24201/edu.v34i1.1810.

GIBSON, S. C. Let's go to the park: an investigation of older adults in Australia and their motivations for park visitation. *Landscape and Urban Planning*, v. 180, p. 234-246, 2018. DOI 10.1016/j. landurbplan.2018.08.019.

GÜNTHER, I. A. As inter-relações velhice e ambiente. *In*: HIGUCHI, M. I. G.; ALBUQUERQUE, D. S. (org.). *Cronologias na relação pessoa-ambiente*. Curitiba: CRV, 2022. p. 339-344.

GÜNTHER, I. A.; ELALI, G. A. Docilidade Ambiental. *In*: CAVALCANTE, S.; ELALI, G. A. (org.). *Psicologia ambiental*: conceitos para a leitura da relação pessoa-ambiente. Petrópolis: Vozes, 2018. p. 47-59.

HAVIGHURST, R. J. Research on the developmental-task concept. *The School Review*, Chicago, Illinois, v. 64, n. 5, p. 215-223, 1956.

INSTITUTO BRASILEIRO DE GEOGRAFIA E ESTATÍSTICA (IBGE). *Projeções da População do Brasil e Unidades da Federação por sexo e idade: 2010-2060*. Brasília: IBGE, 2018. Disponível em: https://www.ibge.gov.br/estatisticas/sociais/populacao/9109-projecao-da-populacao.html? = &t=resultados. Acesso em: 10 jun. 2019.

IECOVICH, E. Aging in place: from theory to practice. *Antropological Notebooks*, v. 20, n. 1, p. 21-33, 2014.

JANG, Y.; SON, Y. The characteristics of urban forests as restorative environments with the use of the Perceived Restorativeness Scale: focusing on the Hongneung Experimental Forest, Seoul, South Korea. *International Review for Spatial Planning and Sustainable Development*, v. 8, p. 107-123, 2020. DOI 10.14246/irspsd.8.1_107.

KAHANA, E. A congruence model of person-environment interaction. *In*: LAWTON, M. P.; WINDLEY, P. G.; BYERTS, T. O. (Ed.). *Aging and the environment*: Theoretical approaches. New York: Springer, 1982. p. 97-121.

LAWTON, M. P. *Environment and Aging*. New York: Center for Study of Aging, Albany, 1986.

LAWTON, M. P. A multidimensional view of quality of life in frail elders. *In*: BIRREN, J. E.; LUBBEN, J. E.; ROWE, J. C.; DEUTCHMAN, D. E. (ed.). *The concept and measurement of quality of life in the frail elderly*. New York: Academic Press, 1991. p. 3-27.

LAWTON, M. P.; NAHEMOV, L. Ecology and the aging process. *In*: EISDORFER, C.; LAWTON, M. P. (ed.). *The psychology of adult development and aging*. Washington: American Psychological Association, 1973. p. 619-674.

LEE, J.-H.; BURNS, R. C. Older adults' preferences for natural environment and rural life: intergerational transmission of pro-environmental motivation. *Journal of Outdoor Recreation and Turism*, United Kingdom, v. 39, 2022. DOI 10.1016/j.jort.2022.100556.

LIMA, A. B. R. *Ambiente Residencial e Envelhecimento Ativo*: Estudos sobre a relação entre bem-estar, relações sociais e lugar na terceira idade. 2011. Tese (Doutorado em Psicologia) - Universidade de Brasília, Brasília, 2011.

MACEDO, D. *et al*. O lugar do afeto, o afeto pelo lugar: o que dizem os idosos? *Psicologia*: Teoria e Pesquisa, v. 24, n. 4, p. 441-449, 2008. DOI 10.1590/S0102-37722008000400007.

McFARLAND, A. L.; WALICZEK, T. M.; ZAJICEK, J. M. Graduate Student use of *campus* green spaces and the impact on their perceptions of quality of life. *HortTechnology*, v. 20, n. 1, p. 186-192, 2010. DOI 10.21273/HORTTECH.20.1.186.

NERI, A. L. O legado de Paul B. Baltes à psicologia do desenvolvimento e do envelhecimento. *Temas em Psicologia*, Ribeirão Preto, v. 14, p. 17-34, 2006.

NIEBOER, A. P.; CRAMM, J. M. Age-friendly communities' matter for older people's well-being. *Journal of Happiness Studies*, v. 19, p. 2.405-2.420, 2018. DOI 10.1007/s10902-017-9923-5.

ORGANIZAÇÃO MUNDIAL DE SAÚDE (OMS). *Global Age-Healthy Cities*: A Guide. Geneva: WHO Press, 2007.

PEREIRA, G. S. *et al*. Leisure and the sense of place of older adults in low-income communities in Brazil and the UK. *PIXO - Revista de Arquitetura, Cidade e Contemporaneidade*, Pelotas-RS, v. 6, n. 22, p. 562-579, 2022.

PILETTI, N.; ROSSATO, S.; ROSSATO, G. *Psicologia do Desenvolvimento*. São Paulo: Contexto, 2018.

PINTO, F. C. Paradigmas sociais do envelhecimento. *In*: AZEREDO, Z. (coord.). *Envelhecimento, cultura e cidadania*. Lisboa: Piaget, 2016. p. 55-66.

PORTELLA, A. A.; WOOLRYCH, R. *Ageing in place*: narratives and memories in the UK and Brazil [Envelhecendo no lugar: narrativas e memórias no Reino Unido e no Brasil]. Pelotas: EdUFPel, 2019.

RODRÍGUEZ-RODRÍGUEZ, V.; SÁNCHEZ-GONZÁLEZ, D. Approaches to Environmental Gerontology in the Mediterranean Europe and Latin American: Policy and Practice on Ageing and Place. *In*: SÁNCHEZ

-GONZÁLEZ, D.; RODRÍGUEZ-RODRÍGUEZ, V. (ed.). *Environmental Gerontology in Europe and Latin American*: policies and perspectives on environment and ageing, Switzerland: Springer 2014. p. 11-44.

ROWE, J.; KAHN, R. Successful aging. *The Gerontologist*, v. 37, n. 4, p. 433-440, 1997.

SHUVO, F. K.; FENG, X.; AKARACI, S.; ASTELL-BURT, T. Urban green spaces and health in low and middle-income countries: a critical review. *Urban Forestry & Urban Greening*, v. 52, 2020. DOI 10.1016/j.ufug.2020.126662.

SILVA, E. A. R. *Interação social e envelhecimento ativo*: um estudo em duas praças de Natal/RN. 2014. 294p. Tese (Doutorado em Psicologia) – Universidade Federal do Rio Grande do Norte, Natal, 2014.

SILVA, E. A. R.; ELALI, G. A. O papel das praças para o envelhecimento ativo sob o ponto de vista dos especialistas. *Pesquisas e Práticas Psicossociais*, São João del-Rei, v. 10, n. 2, p. 382-396, 2015.

SILVA, I. R.; GÜNTHER, I. A. Papéis sociais e envelhecimento em uma perspectiva de curso de vida. *Psicologia*: Teoria e Pesquisa, v. 16, p. 31-40, 2000. DOI 10.1590/S0102-37722000000100005.

TEIXEIRA, I. N. O.; NERI, A. L. Envelhecimento bem-sucedido: uma meta no curso da vida. *Psicologia USP*, São Paulo, v. 19, n. 1, p. 81-94, 2008. DOI 10.1590/S0103-65642008000100010.

THIBAUD, J. P. O ambiente sensorial das cidades: para uma abordagem de ambiências urbanas. *In*: TASSARA, E. T.; RABINOVICH, E. P.; GUEDES, M. C. (org.). *Psicologia e ambiente*. São Paulo: Educ, 2004. p. 347-361.

THIBAUD, J. P. Ambiência. *In*: CAVALCANTE, S.; ELALI, G. A. (org.). *Psicologia ambiental*: conceitos para a leitura da relação pessoa-ambiente. Petrópolis: Vozes, 2018. p. 13-25.

TOMASINI, S. L. V.; ALVES, S. Envelhecimento bem-sucedido e o ambiente das instituições de longa permanência. *RBCEH*, Passo Fundo, v. 4, n. 1, p. 88-102, 2007.

TORRES, A. L. L.; ELALI, G. A. Docilidade Ambiental para idosos: condição de qualidade de vida para todos. *Revista de Arquitetura e Urbanismo do Proarq*, Rio de Janeiro, v. 24, p. 174-188, 2015.

TYRVAINEN, L. *et al*. The influence of urban green environments on stress relief measures: a field experiment. *Journal of Environmental Psychology*, Indiana, USA, v. 38, p. 1-9, 2014. DOI 10.1016/j.jenvp.2013.12.005.

VERÓLI, D.; SCHMUNIS, E. *Hacia un hábitat inclusivo*. Porto Alegre; Buenos Aires: Masquattro Ed.; Nobuko, 2018.

WANG, Z.; LEE, C. Site and neighborhood environments for walking among older adults. *Health & Place*, v. 16, p. 1.268-1.279, 2010. DOI 10.1016/j.healthplace.2010.08.015.

WELLS, N. M.; ROLLINGS, K. A. The Natural Environment in Residential Settings: Influences on Human Health and Function. *In*: CLAYTON, S. D. (ed.). *The Oxford Handbook of Environmental and Conservation Psychology*. United Kingdom: Oxford University Press, 2012. p. 611-628.

WOOLRYCH, R. *et al*. *Place-Making with Older Adults*: Towards Age-Friendly Cities and Communities. Edinburgh: Mixam UK, 2019.

WORLD HEALTH ORGANIZATION (WHO). *Envelhecimento ativo*: uma política de saúde. Tradução de Suzana Gontijo. Brasília: Organização Pan-Americana de Saúde, 2005. Título original: Active ageing: a policy framework.

CONDIÇÕES AMBIENTAIS NA MANIFESTAÇÃO DO *BULLYING* NO ESPAÇO ESCOLAR

Elaine Freire da Silva
Maria Inês Gasparetto Higuchi

Introdução

As diferentes manifestações de violência nas escolas são perturbadoras e têm chamado atenção mundo afora e no Brasil. Essa violência se processa das mais diferentes formas, e algumas persistem cotidianamente, muitas vezes sendo banalizadas como indisciplina, em particular, daquelas entre pares na escola, o chamado *bullying*. De acordo com um estudo desenvolvido pela Fundo das Nações Unidas para a Infância (Unicef, 2018), mais de 150 milhões de estudantes já sofreram *bullying* em algum momento da vida.

No Brasil, num estudo com mais de 60 mil escolares de 1.453 escolas públicas e privadas, Malta *et al.* (2010) mostraram que mais de 30% dos estudantes (mais frequentes entre meninos) relataram ter continuamente sofrido *bullying*. A gravidade desse problema acabou por solicitar uma atenção especial no âmbito civil na criação da Lei 18.185, de 6 de novembro de 2015, que instituiu o Programa de Combate à Intimidação Sistemática (*bullying*), com o objetivo de prevenir e combater tais práticas, até então ancoradas de forma geral no Código Civil de 2002 (Silva; Borges, 2018). Além disso, outra medida de sensibilização pública foi manifestada pela Lei 13.277, de 29 de abril de 2016, instituindo dia 7 de abril como o *Dia Nacional de Combate ao Bullying e à Violência nas Escolas*, para sensibilizar sobre tais aspectos fundamentais acerca do processo educacional. Muito se tem feito, mas ainda os resultados da Pesquisa Internacional sobre Ensino e Aprendizagem (Talis), divulgados pelo Instituto Nacional de Estudos e Pesquisas Educacionais Anísio Teixeira (Inep) (OECD, 2019), mostram que o *bullying* ocorre semanalmente em mais de 10% das escolas brasileiras.

Constata-se, portanto, que esse fenômeno de violência, que envolve sobremaneira a população infantil e juvenil, tem tomado proporções preocupantes no ambiente escolar. O *bullying* escolar "é entendido como um conjunto de atitudes agressivas, intencionais e repetitivas que ocorrem sem motivação evidente, adotado por um ou mais alunos contra outro(s), causando dor, angústia e sofrimento numa relação desigual de poder" (Fante, 2005, p. 15). O *bullying* se manifesta por meio de agressões físicas, que compreendem bater, chutar, beliscar; agressões verbais, que se caracterizam em apelidar, xingar, zoar; agressões morais, quando há calúnias, difamações e discriminações; materiais, em que se enquadra o furto, o roubo e a destruição de pertences; agressões psicológicas, em que acontecem intimidações, ameaças e perseguições.

Muitos estudos têm se dedicado à compreensão da origem e expressão, intensidade e frequência de práticas escolares inadequadas, micropadrões da incivilidade que caracterizam a violência na sociedade contemporânea para propor intervenções efetivas (Abromovay, 2005; Antunes; Zuin, 2008; Debarbieux; Blaya, 2002; Nascimento; Menezes, 2013; Nogueira, 2005; Sposito, 2001). Essas práticas de abuso, assédio e insinuações incluem aspectos relativos ao corpo, ao gênero, à etnia, ao modo de agir, entre outros, seja presencial, seja virtualmente (*ciberbullying*) (Aboujaoude *et al.*, 2015). Embora o *cyberbullying* esteja em crescimento com o uso intenso das mídias sociais entre crianças e adolescentes (20%-40%), acometendo mais intensamente meninas e minorias sexuais, os tipos presenciais persistem no contexto escolar (Mula-Falcón; Cruz-González, 2023). Independentemente do tipo de agressão, todas elas causam substanciais impactos sociais e psicológicos nas crianças e nos adolescentes refletindo, inclusive, na família e na harmonia do ambiente onde tais práticas ocorrem (Fante, 2005; Rios *et al.*, 2022; Yan *et al.*, 2022).

Ao admitir sobremaneira que o *bullying* é uma forma de violência existente entre agressor e vítima, poucos esforços têm sido abrangentes o suficiente para verificar que essa prática não se encerra nem se inicia sem uma rede de relações sociais que a orbitam (Sposito, 1993). Dessa forma, o fenômeno do *bullying* continua a surpreender profissionais da educação, familiares e demais segmentos sociais, de tal forma que os mais variados tipos de intervenção ainda resultam em relativa falta de eficiência e eficácia. Em parte, isto se deve ao fato de que a maior parte dos estudos na Psicologia tendem a identificar características individuais associadas ao *bullying*, desconsiderando o ambiente onde este ocorre (Chang *et al.*, 2019).

Ao situar o *bullying* como uma violência que penetra sorrateiramente na escola, esse merece ser estudado e compreendido a partir desse ambiente, incluindo inclusive tal espacialidade (Silva, 2013). Com efeito, vários estudos em ciências sociais enfatizam a importância do meio ambiente na manifestação do comportamento humano. Analisar esse comportamento sem observar aspectos de sua espacialidade e características físicas ali presentes seria um estudo incompleto, uma vez que os acontecimentos sociais das pessoas ocorrem inevitavelmente num lugar.

Nesse sentido, Chang *et al.* (2019) mostraram em seu estudo que condições ambientais influenciam as possibilidades de expressão do comportamento de *bullying* nos sites e mídias sociais, da mesma forma que essa prática molda as condições ambientais em que elas ocorrem. Esses autores alertam que negligenciar o contexto ambiental em que o *bullying* ocorre pode trazer distorções que impedem um melhor entendimento e enfrentamento desse fenômeno. Nessa linha de pensamento, Chang *et al.* (2019) propõem uma perspectiva de análise integrativa e contextualizada do fenômeno do *cyberbullying* a partir da teoria da oportunidade do crime (Feldon; Clarke, 1998) e a perspectiva das *affordances* (Gibson, 1977). A teoria da oportunidade postula que há dois componentes principais que contribuem para que um crime seja cometido: o provável perpetrador e as condições ambientais que oferecem oportunidades. Já a teoria das *affordances* preconiza que os indivíduos conseguem captar informações relevantes presentes num determinado lugar, objeto ou evento para satisfazer sua intencionalidade. Nesse sentido, não são necessariamente as propriedades desses artefatos que sugere a interação, mas a funcionalidade, ou seja, as possibilidades de comportamentos que são permitidos. Assim, um estudante não vê simplesmente uma carteira escolar quebrada e suja, mas um lugar apropriado para dar expressão à sua vontade de vandalizar, por exemplo. Ao considerar as *affordances* na prática do *bullying*, é possível levar em conta a relação simbiótica entre as propriedades materiais e artefatos ambientais e as atitudes e ação do/a agressor/a (Chang *et al.*, 2019).

Chang *et al.* (2019) defendem que tanto as características individuais e sociais quanto determinadas condições ambientais oferecem oportunidades à manifestação do *bullying*. Essa visão foge, portanto, do simples determinismo ou institucionalismo social para dar espaço à ideia de que as estruturas sociais estão inevitavelmente incorporadas na tecnologia, da mesma forma que a tecnologia é expressão das estruturas sociais que a (Markus; Silver, 2008). Embora tal estudo tenha se dado no espaço virtual, considerando as mídias sociais, esse não é diferente do espaço físico, uma vez que ambos são dimensões sociais, ou seja, artefatos produzidos pela sociedade e produtores de socialidades (DeSanctis; Poole, 1994; Fischer, 1994).

O espaço físico, nessa perspectiva, é uma dimensão inalienável do comportamento das pessoas (Fischer, 1994; Pinheiro; Günther, 2008). Por isso, podemos entender os aspectos da estrutura social por meio dos comportamentos humanos no âmbito da espacialidade em que esses se manifestam (Fischer, 1994). Então, se o *bullying* é uma violência que ocorre no espaço escolar, é necessário desvelar as *affordances* físicas, isto é, aspectos desse território que possam estar implicados na sua ocorrência. Esse entendimento auxiliará a compreensão mais abrangente do fenômeno, considerando, inclusive, o papel do ambiente para proposição de processos de seu enfrentamento e mitigação.

Este estudo procura compreender o fenômeno do *bullying* a partir dos pressupostos da Psicologia Ambiental, em que pessoa e ambiente têm uma relação recíproca (Bonnes; Secchiaroli, 1995; Moser, 2018). Pessoa e ambiente, de forma dinâmica, definem-se e transformam-se um ao outro gradativamente, como aspectos de uma unidade total de experiências, revelando uma natureza holística e recursiva da realidade (Ittelson *et al.*, 1974; Pinheiro; Elali; Fernandes, 2008; Sommer; Sommer, 2002). Nesse sentido, nenhum comportamento ocorre num vácuo, mas situado e circunscrito numa dimensão física, cuja manifestação está, de alguma forma, relacionada a esse espaço, pois o espaço escolar é uma construção social, e sua dimensão física é uma das modalidades de conversão de relações sociais.

Ao incluir o espaço físico como categoria de análise do *bullying*, considera-se que tal materialidade não é vazia e inerte, mas profundamente atuante e poderosa na modelagem de comportamentos daqueles que nele se inserem. Da mesma forma, este estudo integra a complexidade das relações existentes no território escolar onde se dá o comportamento do *bullying*, incluindo, portanto, docentes e discentes no uso social do ambiente. Fischer (1994) define espaço como uma rede de lugares na qual podemos situar qualquer coisa ou produzir um acontecimento social. O lugar onde ocorre alguma atividade é sempre um ponto físico no mapa, mas é também um espaço de vivências, onde os aspectos físicos e os significados e valores compõem um único mundo àquele(s) que nele estão inseridos. Isso significa que o lugar mantém uma relação dialética com a práxis do cotidiano, constituindo-se em um território de vivências que dá sentido a tudo o que acontece nele e na vida de seus ocupantes.

Dessa forma, o território é definido como um campo topológico, ou seja, um lugar carregado de subjetividade formada pelo tipo de relações estabelecidas com ele (Fischer, 1994). De diversas formas, o território é organizado para acolher pessoas ou grupos e para servir a uma determinada atividade, tornando-se, assim, um espaço físico delimitado para as funções que serão ali exercidas. Por um lado, o ordenamento dos distintos territórios e suas formas de apropriação caracterizam o tipo de sociedade em que seus ocupantes estão inseridos (Higuchi; Theodorovitz, 2018). Por outro lado, esse é produto das estruturas sociais que o definem (Fischer, 1994; Lefebvre, 1999; Moreira, 2006; Santos; Becker *et al.*, 2006). Em outras palavras, a escola é um território cuja dinâmica é ditada por uma macroestrutura social, mesmo que tenha em si microestruturas diferenciadas.

No espaço escolar há uma série de aparatos (prédio, mobiliários, equipamentos etc.) que conjuga funcionalidades específicas (socialização e aprendizagem) e é ocupado por indivíduos específicos (docentes e discentes, trabalhadores e comunidade). A escola é, portanto, um território material e imaterial onde a vida social se complementa, produz-se e reproduz-se (Valverde, 2004), revelando uma organização objetiva e subjetiva das relações existentes entre os seus diferentes espaços e funções (Viñao-Frago, 2005). Sob essa perspectiva, torna-se prioritário que tanto os objetos quanto o uso social desse espaço sejam observados (Teixeira, 2009), pois esses são elementos importantes para compreender práticas e comportamentos, particularmente o *bullying*, apresentados pelos indivíduos que congregam o ambiente escolar, de modo a verificar a rede de implicações na ocorrência desse fenômeno.

Na escola, como espaço de acontecimentos sociais, há funcionalidade e significados distintos dos demais ecossistemas humanos. Nela se pressupõem papéis e funções sociais que permitem ao aprendiz sua socialização, sua racionalidades e seus afetos (Bonfim, 2010). Nela se pressupõe também ter uma espacialidade que torne possível essa atuação, por exemplo, amplos espaços de convivência e interação, espaços pródigos para a concentração e estímulo criativo, facilidade de acesso, capacidade de suporte e normas claras de uso social de cada unidade dentro da escola, ou não.

Cada indivíduo, no entanto, investe de forma diferente nessas subjetividades referentes a um espaço, que dependem do que lá foi vivido e aprendido. Dessa forma, um indivíduo ou grupo forma padrões de conduta que, por sua vez, vão regular formas de inter-relações com outras pessoas e com seu ambiente. A escola, na sua definição ideal, produziria troca de informações e socializações e não permitiria agressões sistemáticas. De acordo com esses vínculos cognitivos e afetivos com o lugar, um indivíduo pode, por exemplo, estar mais pronto para a proteção e defesa do lugar, estar mais inclinado a cuidar e a personalizar esse espaço físico (Gifford, 1987; Valera; Vidal, 2002). Quando tais aspectos estão incompletos ou confusos, vê-se um limiar diferenciado: ao invés de serem favoráveis ao pleno desenvolvimento e à promoção do indivíduo, trazem desvios. Com base nesse cenário, a teoria da oportunidade proposta por Feldon e Clarke (1998) considera que condições sociais e físicas atuam direta e indiretamente para estabelecer esses vínculos afetivos. A falta delas potencializa dinâmicas desequilibradas, como o *bullying*. As análises desse fenômeno do *bullying* presencial encontram, ainda, ressonância nas perspectivas teóricas da teoria da oportunidade propostas por Feldon e Clarke (1998) e das *affordances* (Gibson, 1977), que foram adaptadas da proposta de Chang *et al.* (2019), para compreender o *cyberbullying*.

Tendo como base essas múltiplas perspectivas, este estudo é centrado no fenômeno do *bullying* a partir do ambiente em que ele ocorre e as relações que nele são estabelecidas, tais como a ausência de mediação dos educadores, características do arranjo espacial e pressão ambiental na intensificação da intimidação ao/s outro/s. Não está aqui inclusa a instituição em si, mas o cenário que a envolve, de forma a entender a espacialidade da socialidade desse fenômeno.

Sobre o estudo

A pesquisa de abordagem qualitativa, exploratória e descritiva foi realizada em duas escolas da rede municipal de ensino na capital Manaus, as quais tinham históricos de frequentes ocorrências de *bullying*. As escolas estão localizadas em zonas geográficas distintas da cidade. A escola A localiza-se numa área identificada, à época, pela Secretaria de Segurança Pública do Estado, como "Zona Vermelha", ou seja, bairro com alto índice de violência. Já o bairro da escola B é central e possui vários pontos turísticos, identificada à época, como zona de baixo a médio índice de violência.

Ambas as escolas funcionam nos turnos matutinos (ensino fundamental) e vespertino (ensino médio). Na escola A o total de alunos, à época da pesquisa, era de 650, e na escola B era de 720. O estudo aqui apresentado é resultado de observações participantes realizadas no período matutino, horário do ensino fundamental, em que as ocorrências de *bullying* eram mais frequentes. Neste turno, a escola A acolhia em torno de 250 alunos, e a escola B em torno de 350.

O prédio da escola A é relativamente bem conservado, tem estrutura em alvenaria de dois pisos, com janelas gradeadas e acesso limitado por um portão central, porém sem porteiros para controlar entradas e saídas de pessoal. A escola B, diferentemente da escola A, tem um portão com porteiros que controlam a entrada e saída das pessoas. Este controle, no entanto, não consegue ser eficiente com os alunos que fazem educação física no pátio externo e aproveitam a situação para fugir nos momentos de distração dos porteiros.

Foram objeto de observação a espacialidade presente na escola (localização externa, *layout* interno e externo, divisão de lugares, descrição dos aparatos escolares, arranjos paisagísticos, equipamentos, entre outros,) a partir de uma estrutura social de compreensão sobre o espaço escola (aprendizagens, socializações, interações) e as interações entre os sujeitos nele presente (adolescente-aluno-professor-gestor). As observações foram realizadas durante três meses, em semanas alternadas, do horário de chegada até o horário de saída dos alunos do turno matutino. As informações foram registradas em diário de campo e foram relevantes para qualificar a narrativa e contextualizar eventos. Trazemos aqui um recorte de um estudo conduzido por Silva (2018) por ocasião de seu mestrado, utilizando aqui uma nova perspectiva teórica desenvolvida por Chang *et al.* (2019).

Bullying no espaço da sala de aula e biblioteca

Tanto a escola A quanto a B mantêm a mesma estrutura física de sua fundação, e atualmente o número de alunos/as é visivelmente além da sua capacidade de suporte. Suas dimensões são pequenas e desconfortáveis ocasionando tanto a sensação de adensamento quanto amontoamento. Tais fatores combinados produzem desconforto e podem contribuir com as manifestações de *bullying* nesse ambiente. Para Fischer (1994), a densidade não é só um fator explicativo das patologias sociais; porém é em si mesmo um resultado social complexo, no sentido de que os fenômenos de concentração de população não são produtos nem do puro acaso nem unicamente físicos. Os efeitos causados pela densidade também não são automáticos, pois dependem das diferentes formas sociais e culturais que se acomodam no espaço em questão. Assim, a densidade não é determinante das patologias sociais, no entanto interage com um conjunto de variáveis socioculturais complexas que conduzem a respostas dependentes das circunstâncias que se apresentam (por exemplo, os comportamentos agressivos). Essas respostas podem ainda ser influenciadas pelo próprio sentimento de desconforto que o indivíduo sente e que o autor denomina de amontoamento, que conduz a uma sensação negativa causada por excesso de pessoas em um espaço, causando, assim, sensações de insegurança e falta de controle sobre o espaço em que o indivíduo se encontra.

A edificação tem como função oferecer aos seus usuários proteção e conforto para o desenvolvimento das atividades que ali são propostas. O conforto ambiental deve ser parâmetro para que essas condições estejam presentes. Apesar de o espaço físico ser uma dimensão inalienável de aprendizagem (Moreira; Souza, 2016; Rinaldi, 2012), esse é comumente visto como irrelevante, e os gestores pouco se preocupam com ele, tornando-se, assim, um elemento combustível para o desentendimento entre alunos e professores.

As más condições do equipamento escolar, assim como o adensamento e amontoamento, predispõem elementos que engatilham a eclosão de conflitos escolares. É com o encontro da funcionalidade percebida (*affordance*) do lugar, e da oportunidade encontrada que o transgressor se sente livre para a ação (Chang *et al.*, 2019). Deveria ser diferente na escola, em que as predisposições físicas pudessem ter a desejada "docilidade ambiental" (Lawton, 1990). A docilidade ambiental exprime que, quando o ambiente possui uma plasticidade capaz de acomodar as competências e habilidades do indivíduo, a fim de compensar suas dificuldades, esse se torna dócil e proporciona uma otimização no desempenho comportamental. Embora esse conceito tenha se originado no estudo com idosos, Günther e Elali (2018) sugerem que o conceito de Lawton é um relevante aspecto para outras etapas de vida. Portanto, a escola, nessas condições, apresenta pouca docilidade ambiental, fazendo transbordar dificuldades e pouco facilitando a vida desses estudantes. Desse modo, a escola oferece um ambiente indócil, que, associado a outras características carregadas de estímulos negativos, pode ativar manifestações de *bullying*.

É indiscutível a importância de um ambiente escolar que favoreça a convivência harmoniosa entre seus sujeitos, seja para a promoção da aprendizagem, o principal objetivo da escola, seja para a formação do aluno de modo geral e o bem-estar de todos. Entretanto, a qualidade desse convívio nas escola A e B parece estar adormecida. Essa não é apenas uma realidade local, não são episódios isolados nas escolas do Brasil, configurando mais um "espaço sem espaços", não apenas no sentido simbólico, como também no físico (Aquino, 2000; Mendonça, 2017). Para estes autores, a falta de ambiência se configura em um grande obstáculo pedagógico, limitando o processo ensino e prejudicando uma plena aprendizagem.

As salas de aula, em ambas as escolas, têm piso em cimento cru ou com cerâmica bastante desgastada. Embora as salas tenham janelas amplas, essas estão vedadas para uso do ar-condicionado, com pouca capacidade de refrigeração. Em determinado horário, o calor é insuportável, e a temperatura beira os 35ºC, quando se percebe muita agitação dos alunos e o início de *"zoeira"*. É habitual o/a professor/a interromper sua aula devido às brigas entre os alunos, que se esbarram e se empurram para sair, entrar ou tentar manter contato com o/a professor/a à sua frente. As salas são pequenas para as 40 carteiras, distribuídas de forma desorganizada, comprometendo a circulação tanto do/a professor/a quanto dos/as alunos/as. A maior parte das carteiras está quebrada e riscada, e os/as alunos/as parecem não se importar com isso, ao contrário, contribuem para deixá-las em pior estado, uma vez que já *"estão detonadas"*.

Em sala de aula, esse comportamento visto como indisciplina dos alunos provoca o/a professor/a, que espera alunos dóceis e obedientes, como os de épocas passadas, desafiando sua capacidade de autoridade. Os/as alunos/as pulam nas carteiras, riscam e xingam-se uns aos outros, batem-se, sentam-se e levantam-se, independentemente dos pedidos do/a professor/a, que gasta um tempo significativo para manter a ordem e disciplina. Nos termos de Arendt (2005), ocorre nesses episódios uma crise, em que o/a docente se mostra confuso/a diante do sujeito reativo. A questão da autoridade, para além da qualificação do/a professor/a, passa a se configurar como o ponto culminante da ética docente, reguladora primordial do trabalho pedagógico, e, portanto, como o único antídoto possível contra a violência escolar.

Essa situação em sala de aula é motivo de grande descontentamento para professores/as e alunos/as. De modo geral, os alunos dizem *"gostar de ir para a escola, mas não gostam da sala de aula"*, que é *"muito quente"*, e que as disciplinas são *"chatas"*. Alguns dizem que ficam riscando ou arrastando as carteiras e escrevendo na parede como uma forma de *"matar o tempo"*, ou *"atrapalhar a aula"*, ou *"para irritar o professor"*, ou ainda porque simplesmente *"gostam de zoar"*. Tais respostas são indicativos de que as aulas são tediosas. Os/as adolescentes e jovens vivem num mundo da tecnologia digital, a qual a escola tem dificuldade de acompanhar, permanecendo num modelo que pouco atrai o/a jovem aprendiz. As variações de humor e o sentimento de impotência diante da vivacidade alterada dos/as estudantes desestruturam o/a professor/a, mesmo esse/a sabendo da importância de sua função social na escola (Fontana, 2002).

Empurrões são formas de imposição de poder diante da simples antipatia pelo outro, e que se sobressai no território da sala de aula. Nota-se tal justificativa de uma aluna sobre outra: *"eu empurrei porque não gosto dela, ela é metida e tem cara de enjoada, fiz mesmo e faço quantas vezes quiser"* [Você só fez isso por achá-la enjoada?] "[...] *ela só quer aparecer, e toda vez que o professor pergunta alguma coisa ela responde logo, uma chata"* [Você poderia tê-la machucado, e se isso tivesse acontecido?] *"E daí? Queria que ela tivesse se quebrado toda!"*. A "agressora" identificada como menina intratável dentro da sala de aula, fora dela mostra sua forma única de enfrentamento de sua baixa autoestima (Fontana, 2002). Em ambos os lugares, fica evidente a impotência dos/as educadores diante dessa aluna, que encontra oportunidade e ambiente para movimentar a lubrificada engrenagem do *bullying* na escola.

Não apenas os papéis e funções sociais dos agentes escolares parecem paradoxais, como confuso é o uso social do espaço. A biblioteca na escola A, por exemplo, apesar de possuir um bom acervo de livros, é para onde os alunos que não se comportam são enviados e confinados. Ao se eleger a biblioteca como um espaço punitivo, o/a aluno/a passa a associá-la como um ambiente de pressão ambiental, estabelecendo emoções negativas ao lugar que, *a priori*, deveria ser utilizado como agregador de novos conhecimentos e descobertas. Desse modo, não é surpresa que a biblioteca, escolhida como mecanismo disciplinador (Foucault, 1977), seja um espaço a ser evitado, uma vez que gera ansiedade e medo (Tuan, 2005). Já na escola B, a biblioteca não serve para punição, mas para guardar os livros em bom estado. Da mesma forma, é um espaço a ser evitado, pois a presença e uso dos/as alunos é uma ameaça ao patrimônio, que supostamente seria deles mesmos. Os/as alunos/as não são estimulados/as a fazer empréstimos de livros, pois, segundo a bibliotecária, *"eles dobram as páginas, rasgam, riscam e acabam com os livros"*. Dessa forma, os/as professores/as pouco utilizam esse espaço, para evitar atritos com a "guardadora de livros".

A espacialidade é um aspecto implícito da produção pedagógica, pois tal materialidade está impregnada de sentidos, cuja idealidade está entranhada na materialidade (Cortella, 2004). Por essa perspectiva, a biblioteca da escola é internalizada como lugar tanto da má conduta e punição quanto de encarceramento, contradizendo o princípio básico que um lugar reservado à leitura que liberta e acolhe suavemente a mente ativa do jovem. Tal orientação deixa clara uma diretriz pedagógica que não compreende a espacialidade como parte de um todo, próprio de uma educação que não se desvencilha desses atravessamentos (Lopes; Clareto, 2007), para não apenas deixar de formar, mas também por, ironicamente, servir como oportunidade para manifestar condutas agressivas.

Bullying nos espaços do pátio e do corredor

A forte pressão que a sala de aula produz é liberada no horário de intervalo. Mesmo no pequeno espaço do pátio ou do refeitório, os/as alunos/as extravasam a energia contida. É um momento catártico aos/às alunos/as. Nesse momento, idealizado para a socialização da criança com seus pares, a alegria nem sempre impera. A falta de um espaço adequado para a ludicidade dá lugar aos atritos e disputas de lugar. *"Agora é guerra"*, dizem os alunos uns para os outros, como se o controle já não existisse. Ali é permitido xingar, cuspir, jogar comida e empurrar qualquer um que se aproxime do seu espaço pessoal. Nesse território catártico, alguns são escolhidos como alvo de agressões, e a expressão do *bullying* se torna concreta e direta.

Essa experiência da força opressora e dolorida sentida pelo *bullying* pode ser exemplificada com Target (nome fictício de um aluno do 6o. ano). Num canto Target chora, mesmo tentando esconder o desconforto e humilhação. No uniforme estão estampadas as marcas dos chutes recebidos; e no chão, a mochila aberta e seu material escolar espalhado, tudo porque *"eu gosto de dançar Michael Jackson"*. Perguntado se isso aconteceu outras vezes, Target é tão certeiro quanto seu nome: "[eles fazem isso] *todos os dias. Só me chamam de Michel Jackson... eles ficam repetindo quando que eu vou ficar branco? Quando que eu vou morrer? ... eles já não sabem mais meu nome desde que eu imitei o MJ numa festa da escola. Eles ficam rindo de mim e me obrigam a dançar todo dia".* Teria Target procurado alguém para pedir ajuda? *"Só falei para a professora de Português, mas ela não fez nada".* Teria Target procurado outra ajuda, de outra professora, de sua mãe, da diretora? *"*[não]*... porque só vai piorar pro meu lado! A senhora não entende isso?"*

Segundo Fante (2005), Target é uma vítima típica, com dificuldades de impor-se ao grupo, tanto física quanto verbalmente, e tem uma conduta habitual não agressiva, motivo pelo qual transparece ao agressor que não revidará, se atacado. O silêncio é sua forma de proteção e defesa (Middelton-Moz; Zawadski, 2007). Enquanto para os agressores isso era uma brincadeira, *"a gente quer se divertir com o neguinho, ele faz a gente rir",* o sofrimento de Target é avassalador e lhe tira sua identidade e autoestima num palco cujos/as professores/as não entendem seu pedido de ajuda. Só Target entende que ninguém o entende. Ele está num território indefeso do *bullying,* onde o papel implícito do/a professor/a de ser conselheiro/a e orientador/a não se manifesta no pátio da escola (Fontana, 2002). A impotência da professora diante do pedido de ajuda de Target o joga no mais profundo sentimento de desvalia e, aos olhos do aluno, outorga aos agressores a continuidade das agressões. A professora, apesar de abominar e reprimir tais ocorrências em sala de aula, parece, aos olhos de Target, permitir que aconteça no espaço do pátio escolar, onde acredita terminar sua jurisdição.

É no pátio da escola que um "brincar de brigar" arregimenta grande sucesso. Na escola A, os/as alunos/as ficam uns na frente dos outros, e, quando dada a ordem (não se sabe de onde partiu), atacam-se por meio de chutes e socos. Perde quem desistir primeiro. O/a briguento/a que demonstrar dor garante ao adversário a vantagem de tornar mais violenta sua investida. O pátio, nessas condições, confirma ser concebido como um território de menos valia educativa, ou seja, não é um espaço educador (Emmel, 1996; Faria, 2011).

Outros espaços também se configuram em "pontos cegos" que favorecem o *bullying* na escola. É o caso do corredor, que deixa de ser um espaço de acesso para abrigar os/as alunos/as na hora do intervalo, para ser um ringue explosivo da energia reprimida nas atividades pouco atraentes da sala de aula. O corredor, como espaço intersticial que permite o deslocamento de um lugar para outro, eventualmente ganha outros contornos nessa escola. Os/as alunos/as mais afoitos/as se aglomeram e se juntam em grupos para "escolher" quem vai ser a vítima do "corredor polonês", ou quem vai levar "bau-bau" — ação que consiste em vários baterem na cabeça de meninos, ou apalparem os seios e nádegas de meninas. Tais "brincadeiras", na verdade, são uma face sutil do *bullying* que ocorre no corredor (Camacho, 2001), longe do olhar dos/as gestores/as e professores/as.

Ao observar tais ocorrências diárias, questionou-se os/as professores/as e gestão por que não havia nenhuma ação da instituição frente àquela situação. A resposta unânime é que desconheciam que os/as alunos/as agiam daquela forma e mostraram-se surpresos com o relato. Porém, mesmo alertados sobre a "brincadeira", essa continuou ocorrendo sem que nenhuma intervenção fosse feita. Já na escola B, as ocorrências de corredor são notórias da gestão, mas não conseguem efetividade em sua resolução. Nesse território as agressões e as danças com forte apelo sexual ganham a proteção dos colegas, que as assistem e as gravam para compartilhar as imagens em redes sociais. Ao contrário da escola A, na escola B os/as alunos/as são maiores e o apelo sexual, transvestido como *funk,* torna-se mais intenso e ousado. Nesse evento, há distinção de atores: os vigias, os expectadores e os dançarinos. Os vigias têm a função de alertar os expectadores e os dançarinos se algum adulto se aproxima da área para encerrar a "brincadeira".

O corredor, como o pátio escolar, parece território fora dos limites de ação direta dos/as docentes e os/as alunos/as se transformam em agressores e vítimas tentando mostrar seu domínio individual num coletivo com poucos limites. Nesse espaço fora do controle e da visibilidade real e simbólica dos docentes, os/as alunos/as crescem em atitudes antissociais. A ausência de adultos como olhar vigilante (Foucault, 1977) dos/as alunos/as faz com que os microacontecimentos do *bullying* ocorram disfarçada e rotineiramente como "brincadeiras".

Outros lugares externos à sala de aula os/as alunos/as utilizam como espaços de fuga, real e simbólica. Um desses espaços de fuga simbólica se localiza na lateral do prédio, embaixo de uma pequena árvore: alguns sobem na árvore, outros utilizam o tronco como banco, e outros namoram, pois ali *"a gente conversa sem ninguém incomodar"* ou *"tem uns que aproveitam para namorar sem ser visto"*. Essa lateral forma um corredor sem saída, que acumula lixo, e a parede é pichada com desenhos pornográficos e muitos palavrões. Para o corpo docente e da gestão, tais lugares não se revestem de uma finalidade educativa, e, portanto, não há por que estabelecer regras e limites de uso. Ali o aluno não deveria estar. No entanto, todo lugar agrega tipos de territorialidades, que, por sua vez, estabelecem códigos de condutas convencionados socioculturalmente (Arendt, 2008), ou seja, nesse cantinho se pode fazer o que não se faz em outros lugares da escola. Dessa forma, esse é um território afeito para aqueles que encontram no lugar possibilidades para comportamentos não próprios dentro da escola.

A escola parece incapacitada diante da horda juvenil e das condutas que não admite, mas pouco faz para mudar, uma vez que não se sente forte o bastante para lidar com essa situação. Nesse embate, fica implícito que os alunos, indiscriminadamente, são vistos como agentes indomáveis num espaço em que, em princípio, estariam sendo educados. O universo interno da escola mantém sob controle os territórios que considera ter a prerrogativa de ensino. No entanto, tem dentro de si territórios destituídos da função social formativa, que se tornam espaços frutíferos e oportunidades para desencadeamento do *bullying*. Segundo Fischer (1994), os microacontecimentos em que os sujeitos atuam sem serem notados são comuns nos espaços paralelos, em que o indivíduo se apropria do espaço existente, dando a este outro formato, de maneira que sua conduta consiga burlar o sistema ali instaurado, perpetuando-se na ausência dos limites e sanções (Hito, 2012).

Apesar de diversos estudos terem alertado sobre a importância das áreas externas à sala de aula, especialmente o pátio escolar, na formação integral dos/as alunos/as (Elali, 2002; Fedrizzi, 2002; Moreira; Rocha; Vasconcellos, 2011) tais referências parecem longe de serem incorporadas na prática. Nesse ambiente, o *bullying* certamente não é um acontecimento centrado única e exclusivamente na vítima e no agressor, mas principalmente num encontro destes num cenário socioambiental em que esse se produz e reproduz. Fischer (1994), ao se referir ao significado dos lugares, afirma que este é o resultado dos valores internalizados e da carga cultural que está presente nas organizações sociais. Sob essa perspectiva, o comportamento dos gestores escolares traduz a falta de importância que é dada a certos os espaços físicos existentes na escola, deixando um portão aberto de oportunidades para a manifestação de *bullying*.

Considerações finais

O ambiente escolar é um espaço de aprendizagem, convívio social e de lazer e, como tal, deve ser organizado. Estudar em um ambiente agradável, reconhecendo a variedade de circunstâncias que cada escola apresenta, pode contribuir positivamente no processo de aprendizagem e, ao mesmo tempo, torná-lo estimulante. No entanto, o espaço escolar não está imune de acontecimentos agressivos, tão presentes fora dela, como é o caso do *bullying*.

O *bullying,* como fenômeno de violência escolar, ainda tem contornos não esclarecidos sobre sua manifestação, por um lado, pela sua complexidade, por outro, por não ser compreendido de forma abrangente. Neste estudo, confirma-se que o *bullying* não deve se resumir à relação vítima e agressor, mas engloba um contexto mais amplo, tanto das formas da socialidade quanto da espacialidade em que se expressa. Apesar de todos os progressos relativos ao contexto escolar e de sua análise social crítica, as condições do ambiente físico da escola permanecem como secundárias na finalidade educacional dos alunos. Consideramos que nenhum comportamento ocorre num vazio espacial. Analisar os aspectos comportamentais sem observar as condições ambientais em que ele ocorre é um entendimento incompleto desse fenômeno. Neste estudo fica evidenciado que o *bullying* se trata de um acontecimento que tem a ver tanto com fatores ligados à característica psicossocial do/s agressor/es quanto das condições ambientais onde ele ocorre.

É preciso, no entanto, enfatizar que os objetos, os lugares ou eventos, embora tenham propriedades que podem fornecer informações de recursos que instigam atitudes agressivas, não são propriedades inerentes a eles. Como a ação é orientada para um objetivo, não é necessário nem apropriado descrever objetos/lugares/eventos de maneira reducionista, ou seja, como causas do *bullying.* Em vez disso, eles devem ser descritos a partir do encontro do desejo do indivíduo e da funcionalidade do lugar/objeto/evento. Nesse sentido, as *affordances* do ambiente são necessárias para uma ação, mas não se revestem de condições suficientes para explicar determinada interação, e sim a reciprocidade desse "encontro". É nesse encontro mútuo entre tais dispositivos que se forja a oportunidade da manifestação da agressão.

A dimensão educativa das escolas aqui analisadas parece, em algumas situações, estar perdendo sua função primordial de ambiência positiva. O olhar mais atento se dá na sala de aula, num território definido, cuja responsabilidade é do/a professor/a, mesmo assim incompleto, onde as condições dessa espacialidade são negligenciadas na composição de um espaço educador por excelência. Essa "cegueira espacial" fica mais inequívoca nos espaços externos à sala de aula. Por não serem considerados dimensão constituinte do ensino-aprendizagem, o cantinho do pátio, o corredor, a escadaria, as paredes, as carteiras quebradas, o ar-condicionado ineficiente e a aglomeração são aspectos negligenciados. Tais condições ambientais ativam no/a agressor/a a oportunidade para manifestar o *bullying* fora do "olhar" dos educadores. Apesar da preocupação em torno do comportamento fora da sala de aula, esses espaços "externos" não se classificam necessariamente como espaços educativos. Ao contrário, *"lá no corredor é assim"*, *"naquele lugar vale tudo"*.

O que se torna visível neste estudo é que tais estruturas espaciais manifestam a socialidade caótica existente no macrocosmo da sociedade atual. Os espaços físicos da escola refletem, pois, esse cenário, onde a funcionalidade inerte se sobrepõe os demais espaços que ancoram e estruturam o ser psicológico que abriga. Apesar de seu potencial educador, o espaço escolar negligenciado pode ser propício à manifestação de abuso, porque fornece aos agressores um local ideal para assediar, ameaçar e explorar possíveis alvos. O espaço físico dentro e fora da sala de aula é uma dimensão inevitável da formação dessas crianças, desses adolescentes e jovens. Um ambiente acolhedor para todas as atividades de que o usuário necessita para uma boa qualidade de vida pode se mostrar um caminho promissor para enfrentamento do *bullying* na escola.

Nessa perspectiva, pensar, planejar e organizar as condições ambientais de maneira que todos os espaços sejam compreendidos como territórios de aprendizagem contribui para um efetivo enfrentamento do *bullying* escolar. Ao incluir nessa equação as características que se tornam *affordances* e oportunidades de manifestação da agressão, podemos ter resultados mais eficazes no enfrentamento dessa violência. É fundamental que todos os agentes educadores e gestores de políticas públicas possam compreender que a dimensão da espacialidade na escola se configura como aspecto importante na formação e no acolhimento das crianças e jovens ali agregadas.

Referências

ABOUJAOUDE, E. *et al.* Cyberbullying: Review of an old problem gone viral. *Journal of Adolescent Health*, v. 57, n. 1, p. 10-18, 2015. DOI 10.1016/j. jadohealth.2015.04.011.

ABROMOVAY, M. *Cotidiano das escolas*: entre violências. Brasília, DF: Unesco; Observatório de Violência; Minis-tério da Educação, 2005. Disponível em: http://unesdoc.unesco.org/images/0014/001452/145265por. pdf. Acesso em: 14 jun. 2023.

AQUINO, J. G. *Do cotidiano escolar*: ensaio sobre a ética e seus avessos. São Paulo: Summus, 2000.

ANTUNES, D. C.; ZUIN, A. A. S. Do bullying ao preconceito: os desafios da barbárie à educação. *Psicologia & Sociedade*, v. 20, n. 1, p. 33-41, 2008. DOI 10.1590/S0102-71822008000100004.

ARENDT, H. *A crise na educação*: entre o passado e o futuro. 5. ed. 3. reimp. Tradução de Mauro W. Barbosa de Almeida, 2000. São Paulo: Perspectiva, 2005.

ARENDT, H. *A condição humana*. 10. ed. Rio de Janeiro: Forense Universitária, 2008.

BONFIM, Z. A. C. *Cidade e Afetividade*: estima e construção de mapas afetivos de Barcelona e São Paulo. Fortaleza: Edições UFC, 2010.

BONNES, M.; SECCHIAROLI, G. (org.). *Environmental Psychology*: a Psico-social Introduction. London: Sage Publications, 1995.

CAMACHO, L. M. Y. As sutilezas das faces da violência nas práticas escolares de adolescentes. *Educação e Pesquisa*, v. 27, n. 1, p. 123-140, 2001. DOI 10.1590/S1517-97022001000100009.

CHANG, T.; CHEUNG, C.; WONG, R. Cyberbullying on Social Networking Sites: The Crime Opportunity and Affordance Perspectives. *Journal of Management Information Systems*, v. 36, n. 2, p. 574-609, 2019. DOI 10.1080/07421222.2019.1599500.

CORTELLA, M. S. *Escola e o Conhecimento*: fundamentos epistemológicos e políticos. 8. ed. São Paulo: Ed. Cortez, 2004.

DEBARBIEUX, E.; BLAYA, C. *Violências nas escolas e políticas públicas*. Tradução de P. Zimbres. Brasília, DF: Unesco, 2002. p. 59-87. Disponível em: http://unesdoc.unesco.org/images/0012/001287/128720por.pdf. Acesso em: 16 jun. 2023.

DeSANCTIS, G.; POOLE, M. S. Capturing the Complexity in Advanced Technology Use: Adaptive Structuration Theory. *Organization Science*, v. 5, n. 2, p. 121-147, 1994.

DIAS, R. *Fundamentos de Sociologia Geral.* Campinas: Editora Alínea, 2002.

ELALI, G. A. *Espaços para a educação infantil*: um quebra-cabeças. 2002. 370 p. Tese (Doutorado em Arquitetura e Urbanismo) – Universidade de São Paulo, São Paulo, 2002.

EMMEL, M. L. G. O pátio da escola: espaço de socialização. *Paidéia*, Ribeirão Preto, v. 10, n. 11, p. 45-62, 1996.

FANTE, C. *Fenômeno Bullying*: como prevenir a violência nas escolas e educar para a paz. 2. ed. Campinas: Versus Editora, 2005.

FARIA, A. B. G. O pátio escolar como Tér[itó]rio de [paisagem] entre a escola e a cidade. *In*: AZEVEDO, G. A. N.; RHEINGANTZ, P. A.; TÂNGARI, V. R. (org.). *O lugar do pátio escolar no sistema de espaços livres*: uso, forma e apropriação. Rio de Janeiro: UFRJ/FAU/Proarq, 2011. p. 35-44.

FEDRIZZI, B. A organização espacial em pátios escolares grandes e pequenos. *In*: DEL RIO, V.; DUARTE, C. R.; RHEINGANTZ, P. A. (org.). *Projeto do lugar*: Colaboração entre Psicologia, Arquitetura e Urbanismo. Rio de Janeiro: Contracapa, 2002. p. 221-230.

FELDON, M.; CLARKE, R. *Opportunity makes the thief*: Practical theory for crime prevention. London: The Policing and Reducing Crime Unit. 1998.

FISCHER, G. *Psicologia Social do Ambiente*. Tradução de Armando P. da Silva. Lisboa: Instituto Piaget, 1994.

FONTANA, D. *Psicologia para professores*. 2. ed. Tradução de Cecília Camargo Bartalotti. São Paulo: Edições Loyola, 2002.

FOUCAULT, M. *Vigiar e Punir*. Petrópolis: Ed. Vozes, 1977.

GIBSON, J. J. A Theory of Affordances. *In*: SHAW, R.; BRANSFORD, J. (ed.) *Perceiving, Acting and Knowing*: toward an ecological psychology. Hillsdale, New Jersey: Lawrence Erlbaum Associates, Inc., 1977. p. 67-82.

GIFFORD, R. *Environmental Psychology*: Principles and Practice. Boston: Allyn and Bacon, 1987.

GÜNTHER, I. A.; ELALI, G. A. Docilidade ambiental. *In*: CAVALCANTE, S.; ELALI, G. A. (org.). *Psicologia Ambiental*: conceitos para a leitura da relação pessoa-ambiente. Petrópolis: Vozes, 2018. p. 47-59.

HIGUCHI, M. I. G.; THEODOROVITZ, I. J. Territorialidade(s). *In*: CAVALCANTE, S.; ELALI, G. A. (org.). *Psicologia Ambiental*: conceitos para a leitura da relação pessoa-ambiente. Petrópolis: Vozes, 2018. p. 228-236.

HITO, C. F. C. Limites: problemática na escola. *Rev. Traj. Mult.*, v. 3, n. 7, 2012. Edição especial: XVI Fórum Internacional de Educação. Disponível em: http://facos.edu.br/publicacoes/revistas/trajetoria_multicursos/agosto_2012/pdf/limites_-_problematica_na_escola.pdf. Acesso em: 8 jan. 2020.

ITTELSON, W. H.; PROSHANSKY, H. M.; RIVLIN, L. G.; WINKEL, G. H. *An introduction to Environmental Psychology*. Nova York: Holt, Rinehart & Winston, 1974.

LAWTON, M. P. An environmental psychologist ages. *In*: ALTMAN, I.; CHRISTENSEN, K. (org.). *Environment and behavior studies*: Emergence of intellectual traditions. New York: Plenum Press, 1990. p. 339-363.

LATERMAN, L. *Violência e incivilidade na escola*: nem vítimas nem culpados. Florianópolis: Letras Contemporâneas, 2000.

LEFEBVRE, H. *A revolução urbana*. Belo Horizonte: Ed. UFMG, 1999.

LOPES, J. J. M.; CLARETO, S. M. (org.). *Espaço e educação*: travessias e atravessamentos. Araraquara: Junquiera & Marin Editores, 2007.

MALTA, D. C. *et al*. Bullying nas escolas brasileiras: resultados da Pesquisa Nacional de Saúde do Escolar (PeNSE), 2009. *Ciência & Saúde Coletiva*, v. 15, n. 2, p. 3.065-3.076, 2010. Disponível em: https://www.scielosp.org/pdf/csc/2010.v15suppl2/3065-3076. Acesso em: 14 jun. 2023.

MARKUS, M. L.; SILVER, M. S. A Foundation for the study of IT effects: a new look at DeSanctis and Poole's concepts of structural features and spirit. *Journal of the Association for Information Systems*, v. 9, p. 609-632, 2008. DOI 10.17705/1jais.00176.

MENDONÇA, F. C. O cotidiano na ambiência escolar na educação básica do Brasil. *Comunidade de Educação*, 2017. Disponível em: https://repositorio.unesp.br/items/fe54b4e8-16dc-48a4-93d0-0e2ca6ff60b7. Acesso em: 11 dez. 2023.

MIDDELTON-MOZ, J.; ZAWADSKI, M. L. *Bullying*: estratégias de sobrevivência para crianças e adultos. Tradução de Roberto Cataldo Costa. Porto Alegre: Artmed, 2007.

MOREIRA, R. O espaço e o contra-espaço: as dimensões territoriais da sociedade civil e do Estado, do privado e do público na ordem espacial burguesa. *In*: SANTOS, M.*et al. Território, territórios*: ensaios sobre o ordenamento territorial. 2. ed. Rio de Janeiro: DP&A, 2006. p. 71-108.

MOREIRA, A. R. C. P.; SOUZA, T. N. Ambiente pedagógico na educação infantil e a contribuição da psicologia. *Psicologia Escolar e Educacional*, v. 20, n. 2, p. 229-237, 2016.

MOREIRA, A. R. C. P.; ROCHA, F. V.; VASCONCELLOS, V. M. R. Ambientes externos da creche: espaços de múltiplas possibilidades para o desenvolvimento e o aprendizado da criança pequena. *In*: AZEVEDO, G. A. N.; RHEINGANTZ, P. A.; TÂNGARI, V. R. (org.). *O lugar do pátio escolar no sistema de espaços livres*: uso, forma e apropriação. Rio de Janeiro: UFRJ/FAU/Proarq, 2011. p. 45-56.

MOSER, G. *Introdução à Psicologia Ambiental*: Pessoa e Ambiente. Campinas: Editora Alínea, 2018.

MULA-FALCÓN, J.; CRUZ-GONZÁLEZ, C. Effectiveness of cyberbullying prevention programmes on perpetration levels: a meta-analysis. *Revista Fuentes*, v. 25, n. 1, p. 12-25, 2023. DOI 10.12795/revistafuentes.2023.21525.

NASCIMENTO, A. M. T.; MENEZES, J. A. Intimidações na adolescência: expressões da violência entre pares na cultura escolar. *Psicologia & Sociedade*, v. 25, n. 1, p. 142-151, 2013. DOI 10.1590/S0102-71822013000100016.

NOGUEIRA, R. M. C. A prática de violência entre pares: o bullying nas escolas. *Revista Ibero-Americana de Educação*, v. 37, 2005. Disponível em: https://rieoei.org/historico/documentos/rie37a04.pdf. Acesso em: 11 dez. 2023.

OECD-TALIS [2018]. *Results*: teachers and school leaders as lifelong learners. Paris: Talis; OECD, 2019. v. 1. DOI 10.1787/1d0bc92a-en.

PINHEIRO, J. Q.; ELALI, G. A.; FERNANDES, O. S. Observando a interação pessoa-ambiente: vestígios ambientais e mapeamento comportamental. *In*: PINHEIRO, J. Q.; GÜNTHER, H. (org.). *Métodos de pesquisa nos estudos pessoa-ambiente*. São Paulo: Casa do Psicólogo, 2008. p. 75-104.

PINHEIRO, J. Q.; GÜNTHER, H. (org.) *Métodos de pesquisa nos estudos pessoa-ambiente*. São Paulo: Casa do Psicólogo, 2008.

RINALDI, C. *Diálogos com Reggio Emília*: escutar, investigar e aprender. São Paulo: Paz e Terra, 2012.

RIOS, X.; VENTURA, C.; MATEU, P. I Gave Up Football and I Had No Intention of Ever Going Back: Retrospective Experiences of Victims of Bullying in Youth Sport. *Frontiers in Psychology*, v. 13, 2022. DOI 10.3389/fpsyg.2022.819981.

SANTOS, M.; BECKER, B. *et al. Território, territórios*: ensaios sobre o ordenamento territorial. 2. ed. Rio de Janeiro: DP&A, 2006.

SILVA, E. F. *O fenômeno do bullying*: implicações do ambiente escolar na prática da violência entre pares. 2013. 116p. Dissertação (Mestrado em Psicologia) – Universidade Federal do Amazonas, Manaus, 2013.

SILVA, L. O.; BORGES, B. S. Bullying nas escolas. *Direito & Realidade*, v. 6, n. 5, p. 27-40, 2018. Disponível em: https://revistas.fucamp.edu.br/index.php/direito-realidade/issue/view/88. Acesso em: 29 jun. 2023.

SOMMER, B.; SOMMER, R. *A practical guide to behavioral research*: Tools and techniques. New York: Oxford University Press, 2002.

SPOSITO, M. P. *A ilusão fecunda*: a luta por educação nos movimentos populares. São Paulo: Hucitec; Edusp, 1993.

SPOSITO, M. P. Um breve balanço da pesquisa sobre violência escolar no Brasil. *Educ. Pesq.* [online], v. 27, n. 1, p. 87-103, 2001. DOI 10.1590/S1517-97022001000100007.

TEIXEIRA, R. A. Espaços, recursos escolares e habilidades de leitura de estudantes da rede pública municipal do Rio de Janeiro: estudo exploratório. *Revista Brasileira de Educação*, v. 14, n. 41, p. 232-245, 2009. DOI 10.1590/S1413-24782009000200003.

TUAN, Y. *Paisagens do medo.* Tradução de Lívia de Oliveira. São Paulo: Editora Unesp, 2005.

UNICEF. An everyday lesson: #ENDviolence in Schools. Unicef for every child, 2018. Disponível em: https://www.unicef.org/media/73516/file/An-Everyday-Lesson-ENDviolence-in-Schools-2018.pdf. Acesso em: 18 maio 2020.

VALERA, S.; VIDAL, T. Privacidad e territorialidad. *In*: ARAGONÉS, J. I.; AMÉRIGO, M. (org.). *Psicologia Ambiental*. Madrid: Ediciones Pirâmide, 2002. p. 123-147.

VALVERDE, R. R. H. F. Transformação no conceito de território: competição e mobilidade na cidade. Geousp – *Espaço e Tempo*, São Paulo, v. 15, p. 119-126, 2004.

VIÑAO-FRAGO, A. Espaços, usos e funções: a localização e disposição física da direção escolar na escola graduada. *In*: BENCOSTA, M. L. A. (org.). *História da educação, arquitetura e espaço escolar.* São Paulo: Cortez, 2005. p. 15-47.

YAN, R. *et al.* Longitudinal Relationship Between Bullying Victimization and Depression Among Left-Behind Children: Roles of Negative Thoughts and Self-Compassion. *Frontiers in Psychology*, v. 13, 2022. DOI 10.3389/fpsyg.2022.852634.

ENGAJAMENTO SOCIOAMBIENTAL NA RELAÇÃO PESSOA-AMBIENTE: UMA PROVOCAÇÃO À EDUCAÇÃO PROFISSIONAL E TECNOLÓGICA

Edilani Viana Oliveira
José Cavalcante Lacerda Junior

Introdução

Mais do que nunca, as preocupações com os usos dos recursos naturais, a preservação e conservação ambiental deixaram de ser algo opcional e passaram a ser uma obrigatoriedade. A urgência acerca das mudanças climáticas (IPCC, 2014) e a intensificação dos fenômenos hidroclimáticos (Vasconcelos *et al.*, 2021), por exemplo, sinalizam a necessidade de uma adaptabilidade a esse contexto, o qual incide, necessariamente, em mudanças de comportamentos na relação das pessoas com o ambiente no qual se está inserido.

Não podemos nos furtar de que a relação pessoa-ambiente não somente marca e caracteriza nosso cotidiano como eclode essa preocupação como urgente a ser enfrentada, seja no meio acadêmico-científico, seja nos movimentos populares. Da fase de alerta ao imperativo de enfrentamento, os impactos e consequências da relação pessoa-ambiente interpõem ao ser humano, e a toda humanidade, novas maneiras nessa relação que perpassam inúmeras questões, como comportamento, consumo, cidadania, práticas educativas, entre outras.

Se a *pólis* grega representou o espaço de ordenamento da cidadania para a formação de um ser humano virtuoso (Jaeger, 2013), a Terra, nossa casa comum, situa-nos como terrenos que necessitam pôr em marcha a construção de práticas, comportamentos e valores que vislumbrem um cidadão socioambiental (Machado, 2012). A urgência quanto a tais necessidades não se restringe a um segmento da sociedade, mas envolve a todos num processo de formação que considere o meio ambiente como elemento estruturante da nossa condição humana.

Os processos educativos se configuram como estratégia para a movimentação de tal processo. A vivência de práticas ambientais, a construção de valores, a apropriação e problematização de conceitos ensejam ao contexto educacional um espaço de formação que vislumbre tais atravessamentos das relação pessoa-ambiente. Diante desse cenário, o presente texto emerge mediante o reconhecimento dessas urgências ambientais e objetiva evidenciar o engajamento socioambiental como potencialidade provocativa da relação pessoa-ambiente, principalmente a Educação Profissional e Tecnológica (EPT).

Para tanto, estruturamos essa reflexão a partir da contextualização dos elementos que fundamentam este estudo, isto é, o entendimento de que sustenta nossa compreensão de engajamento socioambiental e o percurso metodológico utilizado na investigação. Destacamos, ainda, as estratégias que podem potencializar o engajamento socioambiental no contexto educacional bem como os elementos provocadores da relação pessoa-ambiente à educação profissional e tecnológica.

Contextualização do estudo

Os crescentes problemas socioambientais, desde a Revolução Industrial, têm sido pauta em diferentes segmentos sociais, especialmente no contexto educativo (Machado; Lacerda Jr.; Nascimento-e-Silva, 2021). Com feito, o discurso que enfatiza a prática educativa nos espaços formais quase sempre está atrelado à formação cognitiva e às habilidades emocionais. Com efeito, as relações vivenciadas e produzidas em tais espaços necessitam cada vez potencializar tais elementos, mas é imperativa a interação da pessoa com o meio social.

Nessa interlocução, o engajamento socioambiental pode ser constituído como elemento estratégico na relação entre a pessoa e o ambiente. Mas o que compreendemos como engajamento socioambiental? De modo geral, o engajamento está associado ao fato de uma pessoa demonstrar interesse, estar envolvida e participar ativamente de determinado objetivo. Em outras palavras, engajar refere-se à condição de se empenhar a serviço de uma causa. No âmbito filosófico, o engajamento emerge como uma categoria da fenomenologia de Jean-Paul Sartre, o qual considera a liberdade e a responsabilidade como elementos para um sentido à vida (Sartre, 1983).

A existência é uma construção pautada no entendimento de que não existem essencialismos ou naturezas determinantes na constituição de condição humana. Somos livres, e a liberdade é uma característica da nossa existência. Sendo assim, existir é um fazer-se contínuo modulado por escolhas de toda sorte. Viver é escolher! A escolha se mostra mesmo quando nos esquivamos de sua dinâmica, isto é, não escolher já é uma escolha. E, ainda, escolher é um ato de liberdade que dimensiona tanto a nossa singular existência quanto influencia aquilo que está ao redor. Dessa maneira, a existência está condenada à liberdade, uma vez que todo ato de escolher traz como consequência uma implicação sobre si e sobre o outro (Sartre, 2005).

Conforme se verifica, cada escolha é um comprometimento da pessoa com ela mesma e com o seu entorno. Viver como construção cotidiana incide em se responsabilizar por suas escolhas e uma imersão no campo da outridade. Agir com responsabilidade significa assumirmos nossas escolhas, isto é, não é possível atribuir a outro, ou a alguma natureza preestabelecida, a consequência do nosso ato. Estamos fadados a arcar com as consequências de nosso existir. Sendo assim, viver é escolher, e escolher é assumir as consequências de nossas escolhas.

Nessa ótica, o engajamento como fenômeno esboçado na escolha exercita a nossa consciência individual, em que o nosso poder de escolha atravessa e molda nossas escolhas pessoais e mundanas. Como protagonista da existência, não é possível se esquivar das tramas que ocorrem no tecido social. Não é possível culpabilizar a sorte ou as conjunturas externas ao eu, pois somos nós que escolhemos, e, por intermédio de nosso existir, construímos os significados e influenciamos a circunstância. E mais, não é possível se abster das questões que pululam o cotidiano, como a política, as estruturas de poder e o meio ambiente, por exemplo, pois o envolvimento e a consciência de tais questões projetam uma existência construída pelo sentido de vida que nós produzimos.

O engajamento diz respeito à interlocução direta da pessoa com o meio social no qual está inserido. Por sua vez, podemos indicar que o engajamento socioambiental envolve a participação ativa da pessoa nas conjecturas relacionadas ao ambiente no qual está inserida. Essa participação se compreende na premissa de que as pessoas têm a capacidade de influenciar o entorno e, ao mesmo tempo, ser influenciadas pelas condições socioambientais. Essa retroalimentação perpassa diálogos com outras categorias e constrói o arcabouço da relação pessoa-ambiente, como:

- *Identidade de lugar*: o conjunto dos elementos biopsicossociais da pessoa e a representação de si que fundamentam a identidade (Mourão; Cavalcante, 2011); quando essa integração incorpora o lugar no qual vivemos, modula-se um vínculo formado por valores, memórias e interação contínua com o ambiente experimentado. A partir dessa premissa, identidade de lugar dialoga com engajamento socioambiental, na medida em que o reconhecimento de quem somos é também o reconhecimento de onde estamos. Como parte integrante do ambiente, somos convocados à consciência e à responsabilidade sobre nós mesmos e sobre o meio. **Engajar é reconhecer o lócus** que nos constitui.

- *Pertencimento ambiental*: *sentir-se* parte não é apenas uma consequência de uma prática cotidiana, mas uma condição ontológica. Sentir-se junto do que acontece é o elemento característico da nossa condição (Morin, 2000). O pertencimento ambiental trata da conexão que a pessoa possui com seu meio, gerando um sentimento de integração. As pessoas sentem-se parte do ambiente inserido, e suas ações/sentimentos reverberam uma "postura conectiva postura conectiva consigo mesmo, com o outro e com o universo" (Santos; Guimarães, 2020, p. 214). Nessa ótica, ***engajar é existência conectada*** e religação ao todo exercitado pelo ser-com-os-outros.

- *Comportamentos pró-ambiental*: o agir no cotidiano pode ser imbuído de contributos que possam preservar ou conservar o nosso meio. Desse modo, atitudes e práticas pró-ambientais constituem-se em modos positivos de agir frente ao meio inserido. Tais comportamentos podem ocorrer a partir da mitigação de determinado problema ou como adoção de maneiras que contribuem para a proteção ambiental. Em outras palavras, o comportamento pró-ambiental envolve tanto aquele que busca prejudicar o mínimo possível como o que busca potencializar o meio (Steg; Vlek, 2009). Sendo assim, ***engajar é ação de cuidado*** para com nosso meio.

O engajamento socioambiental enfatiza, assim, que nossas ações cotidianas estão integradas ao ambiente em que existimos. Essa postura incita um cenário propositivo em torno das questões ambientais, uma vez que a participação, seja nas decisões pessoais, seja nos diálogos políticos, pode ser fundamental para a promoção de vivências sistêmicas que evidenciam as urgências de nosso tempo bem como os sentidos existenciais que estão atrelados ao nosso ser-no-mundo.

Nesse sentido, o engajamento socioambiental de estudantes constitui uma perspectiva interessante na relação pessoa-ambiente. Vislumbrar os modos que favoreçam o empenho de estudantes nas questões ambientais, bem como envolvê-los, intersecta inúmeras variáveis que precisam ser ponderadas e problematizadas, como a estrutura física do espaço, os instrumentos pedagógicos utilizados e as ações que mobilizam o cotidiano escolar.

Além de tais variáveis, é necessário observar que o engajamento socioambiental não é uma obviedade no espaço escolar. Sua concretização, por vezes, não se estabelece devido "a prerrogativa curricular transversal da EA, as relações de poder e conflito nas escolas, as dificuldades enfrentadas no cotidiano escolar, os valores e a formação docente" (Lima; Pato, 2021, p. 10). Por outro lado, observamos, ainda, que existem aspectos positivos que emergem na construção de práticas de engajamento no espaço escolar, como o reconhecimento de que a participação em atividades ambientais é motiva por valores pessoais (Lima; Pato, 2021).

Outro aspecto interessante é que a aproximação dos estudantes às questões ambientais apresenta diversas trajetórias. Mas um aspecto que pode potencializar a apropriação dessa condição em suas subjetividades são as vivências coletivas. "O convívio com outros jovens, a partilha de informações e as vivências em grupo passam a fortalecer a vontade do jovem em agir pró-ambientalmente. Além de poder ter alguns aprendizados que serão muito importantes para o seu engajamento socioambiental" (Paz, 2017, p. 31).

Como anteriormente destacado, o espaço escolar é fundamental nesse processo. Dessa forma, o estudo em questão, ao evidenciar o engajamento socioambiental na interlocução com o processo educativo, contou com a participação de 185 estudantes da Educação Profissional e Tecnológica em seu processo investigativo. Tal participação se deu a partir da resposta a um questionário semiestruturado aplicado no decorrer do mês de maio e junho de 2023, por intermédio da plataforma *Google Forms.*

Destacamos que os participantes são alunos de um curso técnico de nível médio da cidade de Manaus, estado do Amazonas. A faixa etária dos respondentes flutua de 13 a 19 anos, sendo majoritários (67%) aqueles que têm entre 16 e 17 anos. Outro ponto a ser destacado é a predominância (65,4%) de estudantes do sexo masculino, o que reforça uma percepção histórica em torno dos cursos técnicos.

> Quando as instituições de educação profissional começaram suas atividades em 1909, o perfil dos estudantes era voltado, especificamente, para o atendimento aos meninos. A partir dos anos de 1960, quando os movimentos feministas intensificaram a necessidade de igualdade de gênero e quando houve a alteração das relações sociais e trabalhistas por força do capital e pela destituição de alguns paradoxos culturais, o perfil dos estudantes nas instituições da Rede Federal também foi alterado. [...] Todavia, o predomínio nas matrículas de estudantes do sexo masculino ainda prevalece, como foi observado nos dados analisados e sistematizados no que tange às matrículas referentes ao ano de 2018 (Ferreira, 2021, p. 194).

No que diz respeito ao instrumento, a escolha do questionário semiestruturado se dá mediante a combinação de questões predefinidas com questões que oferecem uma maior liberdade na resposta por parte do participante. No âmbito da educação e da relação pessoa-ambiente, essa técnica permite a expressão de opiniões e vivências que perpassam desde uma percepção mais objetivada até a exploração de situações e contextos mais profundos a partir do prisma dos participantes. Tal combinação oferece um repertório de análise mais abrangente e completo do fenômeno estudado.

Com a construção dos dados, estes foram organizados e compreendidos a partir da Análise de Conteúdo (Bardin, 2016). Fundamentalmente, a Análise de Conteúdo se estrutura em três etapas: a) pré-análise, em que se organiza o material e procede-se a sua "leitura flutuante"; b) descrição analítica, realizada mediante a busca de sínteses coincidentes e divergentes de ideias e a feitura da codificação com recorte das unidades de registro; e c) interpretação inferencial, a qual exige a transcendência do que "revela a superfície do texto" e promove a categorização. Sendo assim, foram observadas duas categorias centraisque reforçam o seu entendimento, conforme segue.

Estratégias de engajamento socioambiental no contexto formal de Educação

A construção de processos que envolvem as pessoas frente às urgências ambientais é uma urgência do cenário contemporâneo. Essa articulação frente ao contexto educacional incide em estratégias que devem cada vez mais pautar os interesses de todos os atores da comunidade educativa, principalmente professores e alunos. Tais entendimentos são atravessados pela dinâmica sócio-histórica, a qual cada vez mais está assentada diante de desafios que mobilizam tanto aquilo que nos circunda como a necessidade de uma formação cada vez mais vinculada com o estar da pessoa no mundo.

Dentro desse contexto, um importante elemento que pode nos situar nessa dinâmica é a compreensão de como as questões ambientais estão inseridas no contexto escolar. Nessa ótica, uma primeira sinalização importante nos é fornecida pela Política Nacional de Educação Ambiental (Brasil, 1999), que indica a necessidade de construir, por intermédio da educação ambiental, *valores, conhecimentos, habilidades, atitudes e competências* com o intuito de fomentar uma compreensão que contemple uma relação mais integral entre pessoa e ambiente.

Nessa esteira reflexiva, uma primeira observação que percebemos nas respostas dos participantes é o entendimento que se tem sobre a responsabilidade acerca das questões ambientais

(Gráfico 1). A predominância (75,1%) das respostas sinalizou que as próprias pessoas ou cidadãos são os maiores responsáveis pelas questões ambientais.

Gráfico 1 – Responsável pelas questões ambientais

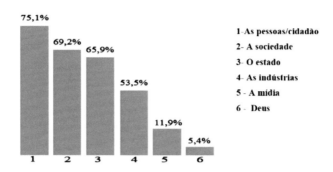

Fonte: os autores (2023)

Esse resultado é reforçado quando os participantes sinalizam suas contribuições para minimizar os impactos ambientais (Gráfico 2). As respostas positivas confirmando que as pessoas ou cidadãos são os maiores responsáveis pelas questões ambientaisevidenciam uma formação socioambiental responsável e que atua individual e coletivamente. Ser um sujeito social é sentir-se responsável pelos assuntos do mundo coletivo (Oliveira; Corona, 2011).

Gráfico 2 – Grau de responsabilização para com o meio ambiente

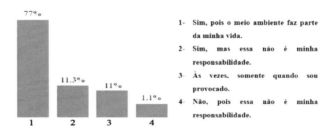

Fonte: os autores (2023)

Nesse sentido, o engajamento socioambiental é a concretização de tal processo, uma vez que depende da compreensão desse complexo processo e a instauração de um saber ambiental (Leff, 2015). O espaço educativo formal, como instituição de construção cultural e conhecimento, não pode estar à parte desse enredo e deve promover ações voltadas para o seu fomento. Dessa maneira, a partir dos dados obtidos foi possível verificar duas estratégias que incidem o engajamento socioambiental de estudantes no contexto educacional formal, a saber:

Clube de Educação Ambiental

O Clube de Educação Ambiental é um projeto de extensão desenvolvido no Instituto Federal do Amazonas (Ifam), *Campus* Manaus Distrito Industrial (CMDI), nos anos de 2021 a 2023. Basicamente, o clube funciona a partir de um coordenador e um aluno bolsista integrando no coletivo a presença de alunos voluntários de diversas modalidades ofertadas no compus, como os cursos técnicos integrados e os de ensino superior.

Como estratégia de envolvimento e conhecimento dos estudantes, a pesquisa realizada indicou que 76% dos participantes sinalizaram a vontade de participar do Clube de Educação Ambiental. O objetivo fundamental é atrair alunos do *campus* e de outros espaços educativos do seu entorno como formadores ambientais. Dessa maneira, o projeto, em suas versões, desenvolveu-se mediante as seguintes ações:

- *Encontros formativos com a equipe*: momentos de partilha de textos e materiais didáticos, discussão, estudos e problematizações acerca de temas que atravessam as questões ambientais, como: sustentabilidade, engajamento juvenil e a Amazônia;
- *Divulgação nas redes sociais*: a interlocução com as redes sociais incorporou a prática de realizar uma divulgação ambiental que vislumbrasse a interação do clube com a sociedade, principalmente com os estudantes da EPT.
- *Intervenção com os alunos EPT do CMDI e com os alunos das escolas parceiras*: realizada em formato de roteiros metodológicos (Machado; Lacerda Jr.; Nascimento-e-Silva, 2021), os quais exploram a atuação dos participantes nas questões ambientais, a partir de reflexão temática e sondagem, construção de estratégias e percepção ambiental.

Figura 35 – Intervenção no CMDI

Fonte: Lacerda Jr. (2022)

No decurso desses anos, além dos 3 alunos bolsistas (um em cada ano), o clube contou com a participação direta de 12 alunos do ensino técnico; 2 alunos da graduação; 5 alunos EPT da pós-graduação lato sensu. Essa perspectiva acentua que o engajamento socioambiental traz consigo alguns princípios, como sensibilização, compreensão, responsabilidade e cidadania. Sua mobilização deve ser provocada em todos os níveis e modalidades do processo educativo.

Participação em atividades extraclasse

Para construir uma interface dos estudantes com as questões ambientais de forma satisfatória na escola, é necessário um ambiente atrativo e com metodologias que envolvam e promovam engajamento nos estudantes. A escola é um ambiente que colabora na construção e na complementação cultural do indivíduo, com poder de transformar mentes e comportamentos. Ter estudantes engajados em ações ambientais dentro do espaço escolar é o começo e a base para uma consciência que promove a relação da humanidade como o meio ambiente.

Dessa forma, uma outra estratégia apontada pelos estudantes é a participação em atividades extraclasse. Ao observar suas respostas em torno da temática, percebemos o uso do espaço físico e virtuais para além da tradicional sala de aula como ferramenta colaborativa no processo educativo das questões ambientais. Suas respostas sinalizam ainda que são espaços que podem ser encontrados no próprio ambiente escolar (Gráfico 3). Dentre tais espaços, dois foram destacados: os laboratórios (62,7%) e a quadra poliesportiva (60%), os quais são sínteses características de seus momentos, isto é, um enfatiza o lócus de conhecimento do curso técnico e o outro o momento de vazão da pressão que o estudo de suas áreas lhes interpõe.

Gráfico 3 – Espaços para as questões ambientais

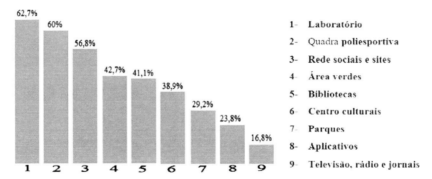

Fonte: os autores (2023)

Seja o ambiente físico desse espaço, seja o entorno desse espaço, o ambiente atravessa e fundamenta o processo educativo formal. Escolas, institutos e universidades, por exemplo, apesar de todas as intercorrências sofridas nos últimos anos, ainda estão situados nas tramas que tecem o cotidiano contemporâneo. Desse modo, reconhecer as urgências ambientais diz sobre a necessidade de considerar a percepção do entorno desse espaço formal bem como a sua estrutura física para o engajamento socioambiental.

Processos educativos em que os estudantes sintam um envolvimento e uma dinamicidade, por intermédio de atividades baseadas em projetos colaborativos e centrados em soluções de problemas são fundamentais para o engajamento. A oficina de produção de sabão, por exemplo, feito com reaproveitamento de óleo de cozinha no Laboratório de Biologia, emerge nas observações dos participantes e reforça que, quando os estudantes desempenham um papel na construção de conhecimentos, é ampliado o seu engajamento junto à realidade externa da escola (Pinto, 2013).

Essa condição não exclui do repertório dos estudantes a concepção de aulas teóricas (67,6%) como estratégia metodológica, que poderiam ser utilizadas para o engajamento socioambiental

(Gráfico 4). A expressão do tecnicismo e produção de modo singular dos cursos técnicos perdura um entendimento de que a teorização acerca da temática precede quaisquer outros modos de intervenção em um fenômeno. Há uma gama de outras possibilidades metodológicas sinalizadas, mas o engajamento perpassa um viés conceitual.

Gráfico 4 – Estratégias metodológicas

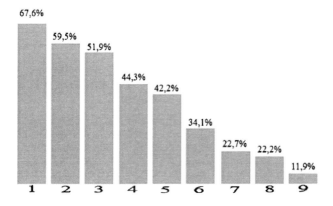

Fonte: os autores (2023)

As estratégias metodológicas misturam ações consideradas "tradicionais" com aquelas que provocam uma postura mais ativa dos estudantes. Desse modo, as respostas dos estudantes sinalizam a relevância de conhecer as ações e ferramentas que podem ser utilizadas numa atuação positiva e colaborativa para com as questões ambientais, uma vez que esse campo é uma via para o engajamento socioambiental de estudantes (Carvalho, 2004). Enfim, os diversos caminhos que podem ser construídos junto aos estudantes agregam em diferentes níveis os atravessamentos que contemplam a relação da pessoa com o ambiente. Por sua vez, essa aproximação pode assumir, de modo não excludente, as formas da adesão, como ações e modos de vida, um processo educativo que vislumbre a formação profissional/intelectual.

Elementos provocadores do engajamento socioambiental à Educação Profissional e Tecnológica

O engajamento socioambiental como modo de aproximação da pessoa com o ambiente deve ser apropriado e potencializado nos diversos espaços educativos formais. Como espaço de ressonâncias sociais e de formação individual, pode agregar, em suas práticas pedagógicas e em seus currículos, as demandas oriundas dos variados contextos contemporâneos, como as questões ambientais. Desse modo, a Educação Profissional e Tecnológica pode se permitir esse diálogo e pautar processos no sentido de oportunizar aos seus estudantes a construção de vivências e ações socioambientais.

Uma questão central da EPT é a formação humana integral, a qual se fundamenta no entendimento de que a pessoa em processo de formação deve ter acesso a diversos contextos e conhecimentos que possibilitem uma maior e melhor vivência na sociedade e no mundo do trabalho (Frigotto; Ramos; Ciavatta, 2005). Desse modo, o engajamento socioambiental é uma imersão no campo ambiental, cuja dinâmica necessita dialogar com as perspectivas dos estudantes.

Todo diálogo nasce de uma provocação, isto é, algo que mobiliza o interlocutor a assimilar e organizar sua posição a partir do que foi compreendido. Quais seriam os elementos do engajamento socioambiental que podem provocar a EPT? Para problematizar tal questão, apresentamos a seguir algumas categorias identificadas nas respostas sinalizadas pelos estudantes.

Prática educativa a partir do terreno existencial

Uma primeira provocação a ser destacada é que a prática educativa deve ser forjada a partir do terreno existencial dos estudantes. A materialização do processo educativo transcorre as potencialidades do contexto em que os estudantes estão inseridos e sua articulação com sua formação na EPT. O engajamento socioambiental sinaliza esse elemento ao provocar que a relação inicial desse processo é o reconhecimento daquilo que está ao nosso redor, no caso desta investigação, o ambiente urbano da cidade de Manaus.

No caso da investigação que basila este estudo, os estudantes sinalizaram (65,4%) que a cidade faz parte do meio ambiente. Apesar de representar uma maioria, há uma porcentagem significativa (34,6%) que demonstra dúvida ou nega essa afirmação, o que sinaliza uma questão ainda dicotomizada acerca do meio ambiente, a qual se restringe a aspectos naturais, não englobando artefatos construídos, como a cidade. Essa percepção posiciona a necessidade de partir às práticas educativas do local onde estão inseridos.

Esse entendimento fica ainda mais saliente quando observamos que as palavras utilizadas pelos participantes para representar seus pensamentos acerca das questões ambientais da cidade estão assentadas em uma percepção negativa (Figura 36). Palavras como "ruim", "preocupante/ preocupação", "falta", "insatisfeito", "precária" e "melhorar" obtiveram mais destaque que a expressão "boa".

Figura 36 – Nuvem de palavras que representam a cidade

Fonte: os autores (2023)

Outro aspecto identificado na percepção da cidade diz respeito ao principal problema ambiental. Poluição, desmatamento, lixo e saneamento foram os mais sinalizados. Interessante perceber, ainda, a expressão "pessoas" como um desafio para a cidade.

Figura 37 – Principal desafio ambiental

Fonte: os autores (2023)

Conforme se verifica, as observações sinalizadas neste tópico podem ajudar a compreensão do cotidiano e as percepções dos estudantes acerca do seu horizonte formativo bem como a sua vinculação com o ambiente. A provocação que se impõe é perceber, junto aos estudantes, as potencialidades do contexto no qual estão inseridos e articulá-los a sua formação a partir de estratégias socioambientais. Assim, o engajamento socioambiental provoca as práticas educativas para uma compreensão das intercorrências e da conscientização do ser-gente-no-mundo.

Engajamento de estudantes a partir de outros estudantes

O envolvimento ativo dos estudantes em projetos e iniciativas ambientais acentua sua contribuição direta a seu entorno. Para além desse elemento, o engajamento em atividades provoca uma ressonância coletiva em que outros estudantes podem ser inseridos e atuar como participantes de ações pedagógicas que tragam à baila a preocupação ambiental. O engajamento de estudantes pode agregar outros estudantes em objetivos comuns. Nessa ótica, os participantes sinalizaram que esse movimento pode ocorrer principalmente com o uso das mídias e redes sociais, como ilustram as falas a seguir.

> *Utilizando-se da divulgação por meio das mídias sociais por meio de posts informativos e até vídeos criativos, pois essas mídias agregam em muito a formação do pensamento atual das pessoas nos dias atuais.*

> *[...] podemos utilizar as redes sociais para compartilhar informações e conscientizar nossos colegas sobre questões ambientais, promover a redução do consumo, adotar práticas sustentáveis no dia a dia e incentivar a participação em debates e discussões sobre o tema.*
>
> *Os jovens podem se envolver em ações de Educação Ambiental participando de organizações, organizando eventos, compartilhando conhecimentos nas mídias sociais, participando da educação formal, adotando um estilo de vida sustentável e se engajando politicamente. Essas ações contribuem para criar consciência e promover mudanças para um futuro mais sustentável.*

Uma das características marcantes do contemporâneo é a sua afinidade com as redes sociais, internet e ambientes virtuais em si. É notório o impacto que a internet e as redes sociais têm na vivência dos estudantes. As mídias e as redes sociais apresentam características para descentralizar e flexibilizar temáticas e posturas outrora constituídas de forma hermética (Castells, 2003). Tais situações vão de encontro aos fundamentos que orientam as relações sociais estudantis. Em um ambiente virtualizado, todos podem expressar suas opiniões e informações tencionando uma aproximação que impacta determinado tema.

A vivência individual pode se espraiar da subjetividade das pessoas para influenciar o campo da outridade, provocando e mobilizando causas, o fortalecimento das relações na comunidade educativa e ações cooperativas e de solidariedade entre os estudantes. Esse processo pode estimular, ainda, a resolução de problemáticas a partir de decisões políticas cada vez mais sustentáveis e responsáveis acerca do fazer educativo.

O processo formativo na EPT reverbera um fazer atento ao mundo do trabalho, por fim. Essa finalidade implica dizer que as práticas educativas devem visar à autonomia e ao protagonismo , indo de encontro a uma sujeição alienada ao modo de produção. O trabalho como condição humana demanda o reconhecimento do contexto e a capacidade de aglutinar nas relações a presença e cooperação do outro. Essa perspectiva evidencia a importância e a função do engajamento socioambiental, isto é, uma feitura de ações e projetos a partir do sentido de onde se vive e a capacidade de interagir e integrar a casa comum a todos.

Considerações em processo

Vivemos em um mundo complexo, em que o avanço das tecnológicas e de relações econômicas, sociais, política e culturais tem urgência em ações mais sustentáveis. Essa situação exige cada vez mais pessoas com múltiplas habilidades e com capacidade de reflexão, o que engloba as questões ambientais. Diante dessa realidade, é necessário que a educação profissionalizante promova metodologias inovadoras que suscitem a vivência de práticas ambientais para acompanhar essas mudanças.

Com efeito, no cenário contemporâneo, é inevitável problematizar a relação pessoa-ambiente sem discutir e tematizar o engajamento ambiental. Engajar caracteriza a maneira como cada indivíduo vivencia o ambiente ao seu redor. Essa perspectiva , quando correlacionada com a maneira como os estudantes estão inseridos no contexto escolar, facilita a elaboração de propostas que promovem mudanças de comportamento, possibilitando, assim, o avanço nas transformações na conjuntura socioambiental.

Nesse sentido, a escola é peça fundamental e ponto de partida para o alcance das sustentabilidades em suas diversas vertentes, por isso deve ser colocada como uma prática, e a Educação profissional tem um grande potencial no engajamento socioambiental, já que uma de suas premissas é a formação integral de cidadãos. Promover o engajamento ambiental em jovens estudantes não é uma tarefa fácil, mas, se partirmos da percepção que cada um tem sobre as questões ambientais por meio da interlocução que leva a uma discussão sobre o que poderia gerar mais interesse, podermos articular ações que promovam educação ambiental.

Tratar das questões ambientais nunca será algo ultrapassado, pois, se todos nós compreendermos e praticarmos a sustentabilidade em todas as suas dimensões, teremos uma transformação capaz de garantir a sobrevivência de todos os seres vivos. Todas as estratégias de engajamento apontadas na pesquisa são válidas, porém aquelas que mais se evidenciaram como elegidas devem ser vistas como uma proposta de implementação pedagógica.

Por fim, podemos compreender a necessidade de alinhamento entre sustentabilidade e EPT por meio do envolvimento dos jovens estudantes em ações de educação ambiental. Almeja-se que os discursos abordados neste estudo possam contribuir com propostas inovadoras que promovam engajamento socioambiental e descobertas da temática como peça de um quebra-cabeça para novas pesquisas.

Referências

BARDIN, L. *Análise de Conteúdo*. São Paulo: Edições 70, 2016.

BRASIL. Política Nacional de Educação Ambiental, Lei 9795. *Diário Oficial da República Federativa do Brasil*, Brasília, DF, 27 abr. 1999. Disponível em: http://www.planalto.gov.br/ccivil_03/Leis/L9795.htm. Acesso em: 25 jul. 2023.

CARVALHO, I. C. M. Ambientalismo e juventude: o sujeito ecológico e o horizonte da ação política contemporânea. *In*: NOVAES, R.; VANNUCHI, P. (org.). *Juventude e sociedade:* trabalho, educação, cultura e participação. São Paulo: Fundação Perseu Abramo e Instituto da Cidadania, 2004.

CASTELLS, M. Internet e sociedade em rede. *In*: MORAES, D. (org.). *Por uma outra comunicação*. Rio de Janeiro: Record, 2003.

FERREIRA, A. D. R. *Educação profissional e gênero*: estudo de caso dos cursos técnicos integrados ao ensino médio do câmpus Goiânia do Instituto Federal de Goiás. 2021. 254 f. Tese (Doutorado em Educação) — Universidade Santiago de Compostela, Santiago de Compostela, 2021.

FRIGOTTO, G.; RAMOS, M.; CIAVATTA, M. (org.). *Ensino Médio Integrado*: concepção e contradições. São Paulo: Cortez, 2005.

INTERGOVERNMENTAL PANEL ON CLIMATE CHANGE (IPCC). *Climate Change 2014*: Synthesis Report. Contribution of Working Groups I, II and III to the Fifth Assessment Report of the Intergovernmental Panel on Climate Change [Core Writing Team, R. K. Pachauri and L. A. Meyer (eds.)]. Geneva: IPCC, 2014.

JAEGER, W. *Paideia*: a formação do homem grego. 6. ed. São Paulo: Editora WWF Martins Fontes, 2013.

LEFF, E. *Saber Ambiental*: sustentabilidade, racionalidade, complexidade, poder. Petrópolis: Vozes, 2015.

LIMA, V. F.; PATO, C. Educação Ambiental: aspectos que dificultam o engajamento docente em escolas públicas do Distrito Federal. *Educar em Revista*, Curitiba, v. 37, p.1-21, e78223, 2021.

MACHADO, A. L. S. *A educação ambiental para gestão sustentável da água*: estudo de caso do Igarapé do Mindu - Manaus, AM. 2012. 244f. Tese (Doutorado em Desenvolvimento Sustentável) — Universidade de Brasília, Brasília, DF, 2012.

MACHADO, A. L. S.; LACERDA JR, J. C.; NASCIMENTO-E-SILVA, D. *Roteiros Metodológicos*. 1. ed. Manaus: D. N. Silva, 2021.

MORIN, E. *Os sete saberes necessários à educação do futuro*. 2. ed. São Paulo: Cortez, 2000.

MOURÃO, A. R. T.; CAVALCANTE, S. Identidade de lugar. *In*: CAVALCANTE, S.; ELALI, G. A. (org.). *Temas Básicos em Psicologia Ambiental*. Petrópolis: Vozes, 2011. Originalmente publicada em 2006.

OLIVEIRA, K. A.; CORONA, H. M. P. A percepção ambiental como ferramenta de propostas educativas e de políticas ambientais. *Revista Científica Anap Brasil*, Tupã, v. 1, n. 1, p. 53-72, 2011.

PAZ, D. T. *Aspectos constitutivos do engajamento e participação de jovens em coletivos socioambientais na região metropolitana de Manaus/AM*. 2017. 78 f. Dissertação (Mestrado em Ciências do Ambiente e Sustentabilidade na Amazônia) — Universidade Federal do Amazonas, Manaus, 2017.

PINTO, A. S. S. *et al*. O laboratório de metodologias inovadoras e sua pesquisa sobre o uso de metodologias ativas pelos cursos de licenciatura do Unisal, Lorena: estendendo o conhecimento para além da sala de aula. *Revista de Ciências da Educação*, Americana, ano 15, v. 2, n. 29, p. 67-79, jun./dez. 2013.

SANTOS, D. G. G.; GUIMARÃES, M. Pertencimento: um elo conectivo entre o ser humano, a sociedade e a natureza. *Revista Eletrônica do Mestrado em Educação Ambiental*, Rio Grande, v. 37, n. 3, p. 208-223, maio/ago. 2020.

SARTRE, J.-P. *Diário de uma Guerra Estranha*: Novembro de 1939 - Março de 1940. São Paulo: Círculo do Livro, 1983.

SARTRE, J.-P. *O Ser e o Nada*. 13. ed. Petrópolis: Vozes, 2005.

STEG, L.; VLEK, C. Encouraging pro-environmental behaviour: An integrative review and research agenda. *Journal of Environmental Psychology*, v. 29, n. 3, p. 309-317, 2009.

VASCONCELOS, M. A. *et al*. Eventos extremos hidroclimáticos e percepção da dinâmica sociocultural por ribeirinhos da Amazônia. *Research, Society and Development*, v. 10, n. 8, p. 1-12, 2021.

VIDAL FILHO, A. F. L. *Lutar com palavras*: Sartre e a questão do engajamento. 2022. Tese (Doutorado em Filosofia, Letras e Ciências Humanas) – Departamento de Filosofia, Universidade de São Paulo, São Paulo, 2022.

A ARQUITETURA PARA O BEM-ESTAR NA INDÚSTRIA 5.0: AS EXPECTATIVAS HUMANAS COMO RELEVÂNCIA ENTRE O *DESIGN* BIOFÍLICO E A SUSTENTABILIDADE

Júlia Fernandes
Catharina Macedo

A arquitetura para o bem-estar assume um papel de destaque na evolução das expectativas humanas no contexto contemporâneo e a crescente relevância do conceito de sustentabilidade. O foco dessa abordagem da criação de espaços busca criar ambientes que promovam a saúde e a satisfação dos ocupantes, ao mesmo tempo que se alinhem com os princípios da sustentabilidade.

Afinal, a pergunta que surge é: "Arquitetura *do* bem-estar ou Arquitetura *para* o bem-estar"?

A expressão "arquitetura do bem-estar" enfatiza a arquitetura como uma entidade ou conceito intrinsecamente ligado ao bem-estar, como se fosse uma categoria específica de arquitetura com o objetivo primordial de criar espaços que promovam o bem-estar dos ocupantes. Por outro lado, a abordagem "arquitetura para o bem-estar" destaca a ideia de que a arquitetura é um meio ou ferramenta para alcançar o bem-estar. Nessa perspectiva, a arquitetura é vista como uma forma de proporcionar ambientes que promovam a saúde, a satisfação e o bem-estar das pessoas.

Nesse sentido, adotaremos a abordagem de "Arquitetura para o Bem-estar". O Dia Mundial da Arquitetura 2022, estabelecido pela União Internacional de Arquitetos (UIA), focou a "Arquitetura para o Bem-Estar", ressaltando a abordagem do tema.

A qualidade de vida tem impulsionado a evolução da arquitetura ao longo dos séculos. Na era atual, marcada por desafios ambientais e sociais sem precedentes, é necessário emergir uma Arquitetura como uma resposta abrangente e humanizada a essas expectativas. Nesse contexto, o *Design* Biofílico e a Sustentabilidade (Accenture, 2022; Browning, 2017; Mintel, 2023; Nature, 2023) despontam como pilares essenciais para a concepção de ambientes construídos que priorizam o bem-estar humano.

Inicialmente abordaremos a evolução da arquitetura ao longo do tempo, focalizando como tem se adaptado para atender às necessidades e às expectativas da sociedade. Compreender a arquitetura como uma relação intrínseca com o contexto social é fundamental, identificando as expectativas sociais ligadas às características espaciais e explorando como projetar espaços que melhor atendam a essas expectativas (Kohlsdorf; Kohlsdorf, 2017). A noção de "Boa Arquitetura" e "Qualidade da Arquitetura" evolui em consonância com as expectativas contemporâneas que precisam ser contempladas e incorporadas no processo de projeto (Fernandes, 2016).

No próximo tópico deste capítulo, destacaremos a relevância da sustentabilidade como uma abordagem mais humanizada. Compreendemos que não é uma questão de tornar as pessoas mais sustentáveis, mas sim de humanizar a própria sustentabilidade (Accenture, 2022; Browning, 2017; Mintel, 2023; Nature, 2023).

O terceiro tópico destacará o *Design* Biofílico como uma poderosa ferramenta para promover o bem-estar humano por meio da reconexão com a natureza. Ao integrar elementos e experiências naturais nos espaços construídos, o *Design* Biofílico estimula os sentidos, reduz o estresse e aumenta a produtividade e a criatividade dos ocupantes. Ou seja, é um responsável direto pelo bem-estar físico e emocional das pessoas (Barton, 2010; Gillis, 2023; INFL, 2023; Kellert, 2025; Ryan, 2014).

Por fim, no quarto tópico, abordaremos o desafio enfrentado pela Arquitetura na era da Indústria 5.0 (Monteiro, 2021; Pereira; Santos, 2022; Sebrae, 2023) e como aliar a tecnologia às necessidades humanas e garantir uma humanização baseada em dados. Com a crescente digitalização e automatização, é essencial encontrar um equilíbrio entre o uso das novas tecnologias e a compreensão das necessidades emocionais e sociais das pessoas.

Ao longo deste capítulo, exploraremos a interseção entre o *Design* Biofílico e a Sustentabilidade, ressaltando como essas abordagens podem trabalhar em conjunto para criar ambientes construídos que promovam o bem-estar humano de maneira holística e alinhada às demandas ambientais do nosso tempo. Ao compreender e atender às expectativas humanas como relevância central, a "Arquitetura para o bem-estar" nos conduz a um futuro promissor, em que a harmonia entre o homem, a natureza e a tecnologia pode moldar espaços que transcendem aspectos tradicionais, adotando princípios sensoriais e cognitivos essenciais ao bem-estar das pessoas (Benjan, 2012; Browning, 2017; Heerwagen, 2001; Ryan, 2014).

Evolução da Arquitetura no atendimento de expectativas sociais

O projeto arquitetônico é uma proposta para a elaboração de um espaço construído, desenvolvido em um processo sequencial e iterativo de momentos de criação e avaliação, com o objetivo de atender às expectativas sociais específicas. Cada espaço precisa ser projetado levando em consideração parâmetros e requisitos únicos, de acordo com todas as variáveis estabelecidas no projeto (Fernandes, 2016).

É crucial conceituar a arquitetura como uma situação relacional, entendendo quais expectativas sociais estão relacionadas às características espaciais e como projetar lugares que melhor atendam às expectativas socialmente definidas. A "Boa Arquitetura" e a "Qualidade da Arquitetura" evoluem em sintonia com as expectativas contemporâneas que precisam ser atendidas.

A arquitetura é uma combinação singular de ciência e arte, matéria e ideia, produção e usufruto, resultando em um objeto belo e funcional. Além disso, ela é diretamente influenciada pelos usuários dos espaços e, por sua vez, pode exercer uma influência positiva ou negativa sobre eles (Fernandes, 2016).

As metodologias de desenvolvimento de projeto, sejam formalizadas, sejam intuitivas, geralmente incorporam a abordagem de atender a requisitos específicos, incluindo momentos de criação e avaliação, em um processo contínuo (Kohlsdorf; Kohlsdorf, 2017).

A qualidade do projeto de arquitetura requer uma avaliação abrangente e está intrinsecamente relacionada às expectativas em relação aos espaços. Portanto, falar sobre a qualidade dos espaços é atender às novas expectativas, como novas tecnologias, normas que garantem o desempenho técnico mínimo (direito do consumidor) e necessidades específicas dos usuários. É essencial discutir os critérios de qualificação dos projetos para reduzir a subjetividade nas análises.

A arquitetura está em constante evolução, tornando o processo de projeto mais complexo devido à inserção contínua de novas expectativas que precisam ser atendidas. Essa visão dimensional da arquitetura exige uma mudança na postura do arquiteto em relação ao conhecimento das áreas conexas, pois é importante relacionar o desempenho de todos os aspectos que a arquitetura deve atender.

Dentro desse contexto, a análise a avaliação de projetos de arquitetura são temas polêmicos tanto no meio acadêmico (ensino/aprendizado) como no profissional, pois não existe clareza quanto aos critérios utilizados e principalmente qual seria a qualidade de projeto esperada. A avaliação dos projetos ainda é, em sua maioria, subjetiva e intuitiva, baseada apenas nos gostos e convicções pessoais do professor, projetista ou avaliador. Buscar o aprimoramento tecnológico, com foco no desempenho e eficiência, pode fazer com que a arquitetura se distancie do ser humano, de suas necessidades e experiências pessoais, e da satisfação do usuário na percepção do espaço (Fernandes, 2016).

Para Kohlsdorf e Kohlsdorf (2017), *arquitetura não é um objeto, mas uma situação relacional*, ou seja, uma situação que relaciona espaços com sociedades que formataram ou formatam um leque de expectativas historicamente pautadas. A arquitetura, acima de tudo, é o ambiente construído, um espaço modificado pelo homem, antrópico, que atende a diversas expectativas sociais ao longo da história.

Ao longo do desenvolvimento de cidades e edifícios, existiram períodos em que o ser humano se afastou da natureza, buscando uma abordagem mais racional e pragmática, incentivados principalmente pela crença na abundância dos recursos naturais. Diversos movimentos arquitetônicos refletiram essa visão isolada do ser humano em relação ao meio ambiente, sem considerar os benefícios da integração e da sinergia entre a arquitetura e a natureza para promover o bem-estar e a sustentabilidade.

No entanto, hoje, a arquitetura busca resgatar a importância da relação simbiótica entre o ambiente construído e a natureza, compreendendo o espaço construído como parte integrante do ecossistema e priorizando soluções que promovam a harmonia e o equilíbrio entre o ser humano e o meio ambiente. A sustentabilidade tornou-se uma grande expectativa social, econômica e ambiental, sendo uma macrodimensão para a arquitetura (Kohlsdorf; Kohlsdorf, 2017).

Atualmente, a busca por práticas sustentáveis na arquitetura é fundamental para criar ambientes que promovam o bem-estar das pessoas e, ao mesmo tempo, sejam mais responsáveis em relação ao meio ambiente. A conexão com a natureza é um elemento-chave nessa abordagem, contribuindo para uma maior qualidade de vida e sustentabilidade em nossas cidades e edifícios (Gillis, 2015; Kellert, 1993; Ryan, 2014).

Portanto, é importante resgatar elementos valiosos do passado, combinando-os com abordagens atuais que priorizam o bem-estar e a saúde dos usuários, para criar espaços arquitetônicos que estabeleçam uma conexão significativa entre o homem e o ambiente construído. Dessa forma, a arquitetura pode evoluir, incorporando a riqueza histórica e cultural do passado, ao mesmo tempo que se adapta às novas expectativas e demandas do presente, em uma perspectiva sustentável e humanizada.

Sustentabilidade numa abordagem mais humanizada

A busca por um futuro sustentável intensificou-se como uma preocupação central na sociedade atual. A sustentabilidade na arquitetura desempenha um papel fundamental na criação de espaços que respeitem a natureza e promovam o bem-estar dos ocupantes.

No entanto, é essencial adotar uma abordagem mais humana e relevante em relação à sustentabilidade, em vez de simplesmente colocar a responsabilidade nas pessoas. As pesquisas de Accenture (2023), Mintel (2023) e Nature (2023) mostram que o consumo sustentável ainda não é amplamente adotado, havendo uma desconexão entre organizações e pessoas em relação a essa questão.

Devemos deixar de tentar fazer as pessoas mais sustentáveis, e buscar tornar a sustentabilidade mais humanizada.

O estudo destaca a importância de uma abordagem centrada na vida, afastando-se das noções tradicionais de sustentabilidade para entender o que realmente importa para as pessoas, identificando uma "Lacuna de Relevância" entre as perspectivas das pessoas e das organizações.

Figura 38 – Novas direções da sustentabilidade como foco na humanização

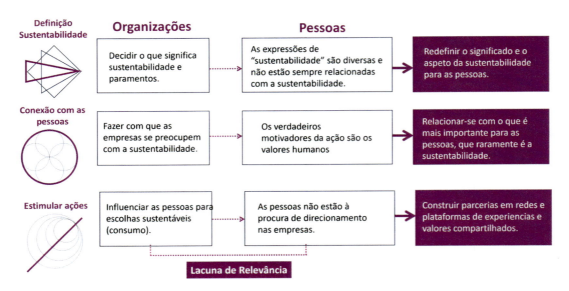

Fonte: *"Our Human Moment Sustainability"* (2022)

Tornar a sustentabilidade mais humana é a solução para preencher a lacuna. Isso envolve redefinir a abordagem à sustentabilidade para alinhar-se com as preocupações e os valores das pessoas. As organizações devem compreender as necessidades dos indivíduos, afastando-se de abordagens genéricas. Na arquitetura, o foco é projetar espaços que naturalmente incentivem comportamentos sustentáveis, adaptando-se às necessidades dos usuários.

Em suma, a sustentabilidade mais humana na arquitetura envolve uma abordagem centrada nas pessoas, que valoriza a conexão emocional com a natureza e a criação de ambientes que inspirem comportamentos sustentáveis de forma natural. Ao integrar elementos biofílicos nos espaços e considerar as necessidades dos usuários em todas as etapas do processo de projeto, é possível criar espaços arquitetônicos que promovam o bem-estar, respeitem a natureza e contribuam para um futuro mais sustentável para as gerações presentes e futuras.

De acordo com o relatório da pesquisa *Our Human Moment Sustainability* (Accenture, 2023), a resistência das pessoas em adotar princípios de sustentabilidade na vida diária pode ser atribuída a diversos fatores.

Fatores da resistência à sustentabilidade:

1. **Falta de consciência**: pouca percepção dos impactos ambientais e da importância da sustentabilidade leva à falta de motivação para mudar hábitos.

2. **Inércia e comodismo**: preferência por manter padrões de consumo conhecidos, mesmo que sejam não sustentáveis.

3. **Custos e disponibilidade**: percepção de que opções sustentáveis são mais caras ou menos acessíveis.

4. **Falta de incentivos**: ausência de incentivos sociais ou governamentais para adoção de práticas sustentáveis.

5. **Cultura e tradição**: resistência à mudança de hábitos enraizados na cultura e na tradição.

6. **Falta de liderança e exemplo**: ausência de liderança e exemplos influentes para promover comportamentos sustentáveis.

7. **Falta de senso de urgência**: percepção distante dos problemas ambientais dificulta a adoção de mudanças sustentáveis.

A superação da resistência à sustentabilidade exige ações coletivas com envolvimento de governos, empresas, instituições e sociedade civil.

Na arquitetura, a valorização das pessoas no processo de projeto é crucial. A abordagem centrada no usuário cria espaços acolhedores que se adaptam às necessidades em constante evolução. A personalização das práticas sustentáveis é essencial, considerando as particularidades de cada contexto e cultura.

Em termos práticos, a aplicação dos conceitos de economia circular na construção é uma realidade viável. Na arquitetura, busca-se o reúso de materiais, resíduos e recursos, promovendo sua durabilidade e possibilidade de reutilização em caso de desmontagem ou demolição. Embora existam diversos materiais e processos sustentáveis no campo da construção, sua adoção em escala global ainda é incipiente.

Vivenciamos um momento histórico: a coexistência de cinco gerações distintas, num mundo completamente conectado. Como atender às expectativas de tantos usuários dos espaços?

Para atender a essas expectativas diversas, a arquitetura deve abraçar a inclusão e considerar as particularidades de cada grupo etário. Espaços flexíveis, adaptáveis e tecnologicamente integrados são cruciais para criar ambientes relevantes e acolhedores. Além disso, a sustentabilidade e a biofilia podem ser pontos de convergência entre as gerações, uma vez que transcendem barreiras geracionais e estão alinhadas com as preocupações e valores de todos os usuários.

Reconhecemos que as expectativas de cada geração como usuários dos espaços arquitetônicos são diferentes. Compreender as características e preferências de cada geração é fundamental para projetar ambientes que sejam inclusivos e acolhedores para todos os grupos etários. Ao unir o conhecimento das necessidades específicas de cada geração, a arquitetura pode se tornar uma força impulsionadora de coesão e satisfação para todas as idades.

Os baby boomers valorizam conforto e segurança, a geração X busca ambientes flexíveis para a vida familiar e profissional, a geração Y prioriza a sustentabilidade e a conectividade, a geração Z busca ambientes tecnológicos e adaptáveis, e a geração Alpha busca espaços lúdicos e estimulantes.

As gerações têm vivenciado realidades diferentes ao longo do tempo (Dantas, 2023; Torquato, 2023), e essas experiências moldam suas perspectivas e seus valores em relação à natureza e à sustentabilidade. Essas diferenças na valorização e interação com a natureza têm um impacto significativo na sociedade, especialmente no contexto da sustentabilidade das marcas e na conquista de consumidores.

1. **Impacto na conscientização sustentável:** gerações mais jovens, como a geração Z e os millennials , cresceram em uma era de maior conscientização sobre questões ambientais e sociais. Essas gerações estão mais inclinadas a valorizar a sustentabilidade e esperam que as marcas compartilhem seus valores em relação à proteção do meio ambiente e à responsabilidade social. Por outro lado, gerações mais antigas podem ter uma perspectiva

diferente, mas também podem ser influenciadas pelas atitudes e comportamentos das gerações mais jovens.

2. **Reputação e imagem da marca:** o posicionamento de uma marca em relação à sustentabilidade pode ter um impacto significativo na percepção do público. Empresas que adotam práticas sustentáveis e são transparentes em relação a suas iniciativas têm maior probabilidade de ganhar a confiança e o respeito dos consumidores, independentemente de sua geração. Por outro lado, marcas que não demonstram um compromisso genuíno com a sustentabilidade podem enfrentar resistência e até mesmo boicotes de consumidores conscientes.

3. **Engajamento e fidelidade dos consumidores:** as gerações mais jovens, em particular, são conhecidas por valorizarem o engajamento e a participação ativa em causas sociais e ambientais. Marcas que envolvem seus clientes em iniciativas sustentáveis e os encorajam a fazer parte da mudança podem cultivar uma base de consumidores leais e engajados.

4. **Inovação e responsabilidade empresarial:** as expectativas dos consumidores em relação à sustentabilidade estão impulsionando a inovação e a responsabilidade empresarial. Empresas estão sendo incentivadas a buscar soluções sustentáveis em seus processos produtivos, reduzir o impacto ambiental de seus produtos e serviços e adotar práticas de responsabilidade social corporativa para enfrentar os desafios globais.

5. **Potencial de impacto social:** o alinhamento com valores de sustentabilidade pode transcender o aspecto comercial e ter um impacto social mais amplo. Marcas que se envolvem em iniciativas ambientais e sociais têm a oportunidade de influenciar positivamente a sociedade, inspirando outras empresas a adotarem práticas mais sustentáveis e promovendo uma cultura de responsabilidade ambiental.

6. **Construção de uma economia sustentável:** o engajamento das gerações mais jovens em práticas sustentáveis tem o potencial de moldar uma economia mais responsável e equilibrada. À medida que essas gerações crescem e se tornam consumidores e líderes de negócios, a demanda por produtos e serviços sustentáveis é ampliada, impulsionando a transformação da economia como um todo.

Em resumo, o impacto das diferentes percepções de valorização da natureza e da sustentabilidade entre as gerações é profundo e multifacetado. A conscientização crescente sobre questões ambientais e sociais, especialmente entre as gerações mais jovens, está levando as marcas (empresas e profissionais) a repensarem suas estratégias de sustentabilidade e a se comprometerem com ações mais responsáveis.

Tanto é assim que fazem parte da gestão ativa dos negócios os critérios ESG (*Environmental, Social and Governance*), que correspondem às práticas ambientais, sociais e de governança de uma organização.

A sustentabilidade não é apenas uma moda passageira, mas uma necessidade cada vez mais urgente para os consumidores, pois são aspectos essenciais e percebidos não apenas para o bem-estar coletivo, mas também para a qualidade de vida individual, especialmente em relação aos custos. Em outras palavras, podemos abandonar a palavra com "S", mas seu conceito evolui para trazer mudanças permanentes.

Essas estratégias têm o objetivo de tornar a sustentabilidade uma parte significativa e enriquecedora da vida das novas gerações, transformando-a em uma experiência positiva e prática. Ao adotar uma abordagem centrada nas pessoas e no empoderamento dos jovens, é possível diminuir a lacuna de relevância e cultivar uma cultura de sustentabilidade que perdure ao longo do tempo, beneficiando as gerações presentes e futuras.

Poderíamos chamar de "neurossustentabilidade" (combinação dos campos da neurociência e da sustentabilidade)? Uma abordagem inovadora que une a neurociência e a sustentabilidade para compreender como as nossas ações e decisões podem ser moldadas pelo cérebro, e como isso impacta o meio ambiente e a sociedade.

Podemos utilizar estratégias nos projetos de ambientes para estimular comportamentos mais sustentáveis, promovendo o bem-estar das pessoas e do planeta. A conexão emocional com a natureza, o *design* biofílico e a compreensão das tomadas de decisão são elementos-chave nessa abordagem.

A neurociência pode explorar e ter melhor compreensão do funcionamento do cérebro humano e pode contribuir para a promoção de práticas mais sustentáveis e consciente. Aliás, pode ser usada para projetar abordagens mais eficazes que levem as pessoas a adotarem comportamentos mais sustentáveis e benéficos, individualmente e para o planeta.

A "neurossustentabilidade" pode contribuir para criar espaços mais intuitivos e conscientes, adotando o *design* circular na arquitetura. Presente há muito tempo nos estudos da área de sustentabilidade, o enfoque circular recebe grande importância, justamente para trazer um enfoque mais humanizado para a sustentabilidade.

A centralidade não apenas torna a sustentabilidade mais humana, mas também cria espaços que são resilientes e adaptáveis às mudanças do mundo em constante evolução. A sustentabilidade passa a ser encarada como um valor essencial, que deve permear todas as etapas do processo arquitetônico, desde o planejamento até a execução e o uso contínuo dos espaços.

Assim, para a sustentabilidade mais humanizada dos edifícios, espera-se muito além de desempenho e eficiência de recursos. Isso já passa a ser pré-requisito de qualidade técnica e atendimento de obrigações normativas e legais, que são necessárias frente aos desafios ambientais mundiais. É um caminho sem volta!

Outra expectativa importante é a promoção do bem-estar e da saúde dos ocupantes. A sustentabilidade na arquitetura deve criar ambientes saudáveis e confortáveis, que ofereçam boa qualidade do ar, iluminação natural adequada e espaços de convivência agradáveis. A preocupação com a saúde mental e emocional dos usuários também se torna relevante, buscando-se criar espaços que reduzam o estresse e promovam a sensação de pertencimento e conexão com o ambiente.

Além disso, a sustentabilidade é percebida como um fator determinante na escolha de espaços para viver, trabalhar ou frequentar. Os consumidores estão cada vez mais conscientes e exigentes em relação às práticas sustentáveis das empresas e instituições. Projetos arquitetônicos que demonstram um compromisso genuíno com a sustentabilidade são valorizados e atraem um público engajado, que busca fazer parte de uma mudança positiva no mundo.

A expectativa humana em relação à sustentabilidade também se relaciona com a preservação da cultura e identidade local. A arquitetura sustentável deve levar em conta as características e necessidades específicas de cada região, respeitando a diversidade cultural e as práticas tradicionais de construção.

A busca pelo bem-estar nos ambientes é uma expectativa crescente, refletida no fato de que as certificações de sustentabilidade de edifícios estão incorporando critérios de saúde, qualidade e biofilia. Um exemplo notável é a certificação WELL, criada pelo *International WELL Building Institute* (IWBI).

A certificação WELL adota uma abordagem holística que coloca as pessoas como peça central do projeto. Seu foco é monitorar os impactos dos empreendimentos na saúde e bem-estar dos ocupantes, permitindo que proprietários e incorporadores projetem espaços que promovam a saúde, o bem-estar, a produtividade e o conforto dos usuários, com base em medições periódicas.

O WELL baseia-se em sete conceitos-chave para avaliar os elementos do ambiente construído: ar, água, nutrição, iluminação, fitness, conforto e mente. Cada estratégia da certificação WELL está associada a um ou mais sistemas corporais, como cardiovascular, digestivo, endócrino, imunológico, tegumentar, muscular, nervoso, reprodutivo, respiratório, esquelético e urinário.

Em suma, o atendimento a essas expectativas de uma sustentabilidade humanizada não é apenas uma tendência, mas uma necessidade urgente para criar ambientes que sejam verdadeiramente acolhedores, saudáveis e em harmonia com o planeta.

3. *Design* biofílico provendo bem-estar

O *design* biofílico é um dos pilares essenciais da Arquitetura para o bem-estar, conectando-se à neuroarquitetura ao incorporar princípios da neurociência em suas decisões projetuais. A união entre sustentabilidade e neuroarquitetura ocorre na valorização dos impactos positivos da natureza no cérebro humano, sendo a biofilia o ponto de convergência entre esses conhecimentos.

Ao integrar elementos biofílicos nos projetos arquitetônicos, podemos criar espaços sustentáveis e saudáveis que proporcionem bem-estar físico e mental, promovendo uma profunda conexão com a natureza e um senso de pertencimento.

É fundamental considerar a cultura, a memória afetiva, o clima e a localidade ao aplicar a biofilia no Brasil, garantindo ambientes adequados às preferências e às necessidades das pessoas.

Ao estudar o *design* biofílico, percebemos que muitas de suas estratégias não são necessariamente novas, já podemos tê-las utilizado anteriormente (Joye, 2007; Kellert; Wilson, 1993).

O conceito de BIOFILIA foi postulado por Edward Osborne Wilson, em 1985, e consiste na tendência nativa de nossa atenção ser cativada por seres vivos e por processos da natureza. Stephen Kellert, professor na Universidade de Yale, conceitua o termo "Biofilia" como a inclinação humana inata para se relacionar com sistemas e processos naturais, em especial elementos biológicos ou aparentemente vivos do ambiente natural. Estudos mostram que, ao estarmos em contato direto com a Natureza, temos inúmeros benefícios em vários campos da nossa vida (Kellert, 2007).

Ao combinar nosso conhecimento existente com o entendimento da neurociência e as pesquisas em *design* biofílico, somos capazes de aprofundar nosso discurso, esclarecer nossas decisões e ampliar as possibilidades de implementação de algumas estratégias.

É importante ressaltar que o *design* biofílico não se trata simplesmente de uma moda, ou mera inclusão de plantas nos espaços internos. Embora as plantas sejam um dos elementos mais visíveis e reconhecíveis dessa abordagem, o conceito vai muito além disso. O verdadeiro cerne do *Design* Biofílico está em compreender a conexão profunda que os seres humanos têm com a natureza e traduzir essa conexão em ambientes construídos que inspirem, acolham e promovam o bem-estar.

Nem se refere a estratégias importadas de outra realidade sociocultural e climática ou que não sejam viáveis economicamente, como jardins verticais projetados sem consideração à sua execução. Embora a incorporação de elementos naturais seja uma estratégia eficaz e bem-vinda, ela não é a única possibilidade.

Quando exploramos a relação da biofilia com o ser humano, consideramos a importância de compreender as pessoas ao projetar espaços. A formação acadêmica dos arquitetos, muitas vezes, não aborda adequadamente o estudo do ser humano, sendo necessário uma desconstrução dos conceitos tradicionais.

Aqui, precisamos compreender que o nosso papel não é mudar as pessoas, mas entender seus gostos, preferências e necessidades. Em seguida, determinamos a quantidade adequada de *design* biofílico a ser aplicada. A diferença entre remédio e veneno pode ser apenas uma questão de dosagem, e ele se aplica à biofilia — uma superexposição pode ser prejudicial para algumas pessoas (Barton; Pretty, 2010; Ryan, 2014).

Ao ingressar no mercado, percebemos a necessidade de compreender as pessoas para aplicar efetivamente o *design* biofílico. É nesse contexto que a neuroarquitetura (Crízel, 2020) se apresenta como uma ferramenta fundamental para suprir essa lacuna em nossa formação, pois reconhece que a experiência humana é moldada pelos campos emocional, comportamental e cognitivo.

Uma realidade irrefutável que todos nós devemos internalizar é que, gostemos ou não, nossos projetos têm um impacto direto na vida das pessoas, afetando o seu bem-estar e qualidade de vida. Esse impacto pode ser positivo ou negativo, mas, de uma forma ou de outra, ele será sentido.

Ao observar o mercado de arquitetura e *design*, percebemos que muitas pessoas ainda acreditam que nosso trabalho se resume a simplesmente "fazer um desenho". Isso rapidamente será substituído pela tecnologia.

Porém, para entregar projetos de qualidade, precisamos ir além dessa visão simplista. É fundamental compreender todas as estratégias que podem aprimorar nossos projetos, não apenas na criação de ambientes melhores, mas também na forma como nos relacionamos com nossos clientes. Não podemos nos contentar em ser arquitetos que têm conhecimento técnico, continuando atendendo às pessoas de maneira convencional, sem explorar todo o potencial de nossa área.

Ao nos debruçarmos sobre a neuroarquitetura e, em particular, a biofilia, nosso desejo é que esse impacto seja positivo, resultando em relaxamento, descompressão, aumento da produtividade e da criatividade.

Para isso, baseamos nossas estratégias em comprovações científicas. Mas também é essencial perceber que nem todos reagem da mesma maneira a um espaço. Por exemplo, o som suave da água pode relaxar um indivíduo, enquanto pode incomodar outro, apesar de os estudos mostrarem que esse som geralmente tem um efeito relaxante.

O antigo paradigma de que acumular mais técnicas resulta em melhores projetos tem sido substituído. Agora, entender profundamente as pessoas é a chave para implementar estratégias com sucesso. A neuroarquitetura envolve não apenas o estudo dessas estratégias, mas também a habilidade de perceber como aplicá-las de acordo com o perfil do cliente.

Precisamos entender o que é realmente a biofilia e como ela se relaciona com a sustentabilidade e a neuroarquitetura.

A biofilia é uma conexão intrínseca que compartilhamos com a natureza. Ao refletirmos sobre o ser humano primitivo, ele vivia imerso em um ambiente natural. Nossa relação com a natureza despertava medo e insegurança.

Assim, sentíamos a necessidade de nos abrigar em cavernas e construir refúgios para nos proteger desse mundo natural que parecia ser ameaçador. Perigos da natureza despertavam medo em nós. Construímos abrigos, erguemos nossas casas e cidades, afastando-nos gradualmente desse ambiente natural.

No entanto, essa distância tem um preço, e hoje sofremos com a sua ausência. Não se trata apenas de uma separação física, mas também de uma desconexão cognitiva. Precisamos nos reconectar com essa natureza, reestabelecendo uma relação profunda que nos nutra e proporcione um senso de harmonia e bem-estar.

A biofilia é um conceito que se refere à tendência natural e inata dos seres humanos de se conectarem com a natureza e com outros seres vivos. Foi popularizado pelo biólogo Edward O. Wilson em seu livro *Biofilia*, publicado em 1984. O termo deriva de duas palavras gregas: "bio", que significa vida, e "filia", que significa amor ou afinidade.

Essa conexão com a natureza é resultado da nossa evolução como espécie, já que, ao longo de milhares de anos, os seres humanos dependiam diretamente do ambiente natural para sua sobrevivência. Assim, a biofilia se manifesta em nossa preferência por ambientes com elementos naturais, como plantas, água, luz solar, texturas orgânicas e paisagens naturais.

O *design* biofílico é uma aplicação prática desse conceito na arquitetura e no *design* de espaços construídos. Ele busca incorporar elementos da natureza em ambientes internos e externos para promover o bem-estar e a saúde das pessoas que os ocupam. Esses elementos biofílicos podem incluir jardins internos, paredes verdes, luz natural abundante, materiais naturais, vistas para áreas verdes e até mesmo a presença de animais.

Estudos (Selhub; Logas, 2012; Stigsdotter; Grahn, 2012) têm mostrado que a presença de elementos biofílicos nos ambientes pode reduzir o estresse, melhorar o humor, aumentar a criatividade, promover a recuperação mais rápida de doenças e aumentar a produtividade das pessoas. Portanto, o *design* biofílico tem sido amplamente adotado em projetos arquitetônicos para criar espaços que proporcionem uma conexão mais profunda com a natureza e um ambiente mais saudável e harmonioso para as pessoas.

Ao explorar a definição de natureza, deparamo-nos com dois extremos: a biofilia e a biofobia. A Biofilia é um sentimento de amor à vida, manifestado pelo apreço e respeito aos organismos vivos, eles ligados ao ser humano ou não. Já a Biofobia representa repulsa, medo ou aversão aos aspectos naturais ou a parte deles.

Compreender o grau de biofobia de uma pessoa é crucial para trabalhar com ela de forma efetiva, embora nem sempre seja possível resolver todos os casos.

Os níveis de biofilia ou biofobia estão intimamente conectados à cultura e à história individual de cada pessoa. A história de vida de um indivíduo desempenha um papel fundamental nessa relação. Ao projetarmos espaços que incorporam estratégias que despertam memórias afetivas, o encantamento pelo ambiente será amplificado.

Além disso, aspectos culturais têm grande influência nessa dinâmica. Por exemplo, a relação entre Oriente e Ocidente com a natureza difere significativamente. Historicamente, no Ocidente, houve uma relação predatória com a natureza, justificando a destruição ambiental em prol do desenvolvimento econômico (Sousa; Sousa, 2022).

No entanto, na cultura oriental, a conexão profunda e a compreensão dos benefícios proporcionados pela natureza são altamente valorizadas. A relação do Oriente com a natureza é caracterizada por uma afinidade biofílica mais pronunciada, em que a proximidade e o respeito pela natureza estão integrados às práticas diárias.

Um exemplo notável é a prática japonesa dos "banhos de floresta" ou *"shinrin-yoku"*, criada pelo comissário da Agência Florestal Japonesa Tomohide Akiyama. Vários cientistas e alguns clínicos realizaram estudos, tendo concluído como as árvores nos podem ajudar para uma melhor saúde, para o aumento dos níveis de energia e felicidade, para a diminuição dos índices de estresse e para a prevenção de doenças (Mourão; Ferraz, 2022).

Os japoneses reconheceram cientificamente os benefícios de imersão em parques projetados para a restauração cognitiva e emocional das pessoas. Essa experiência tem se mostrado eficaz para promover o bem-estar e aliviar o estresse, fortalecendo ainda mais a relação positiva e harmoniosa entre as pessoas e o ambiente natural (Mourão; Ferraz, 2022).

Essas diferenças culturais influenciam a forma como as pessoas interagem com o ambiente natural, destacando a importância de considerar esses aspectos ao projetar espaços biofílicos que atendam às necessidades e às preferências individuais. Compreender e respeitar essas nuances culturais é essencial para criar ambientes que despertem conexões significativas com a natureza e promovam o bem-estar emocional e físico das pessoas.

Por meio da abordagem biofílica, integramos elementos naturais nos ambientes construídos, criando uma conexão profunda entre o ser humano e a natureza. No entanto, para alcançar esse objetivo, é fundamental entender o ser humano em profundidade, considerando suas necessidades emocionais, comportamentais e cognitivas.

A neuroarquitetura é uma disciplina complementar que preenche uma lacuna na formação do arquiteto, permitindo uma abordagem que integra a psicologia e a neurociência para projetar espaços que promovam o conforto, a saúde e o bem-estar das pessoas de forma holística.

A biofilia desempenha um papel crucial nesse processo ao reconhecer nossa conexão inata com a natureza, considerando que somos parte integrante dela. Seu objetivo é criar ambientes que permitam às pessoas "viajar" emocionalmente, proporcionando uma restauração vital semelhante a um carregador de energia.

Ao incorporar elementos naturais nos espaços construídos, podemos experimentar uma conexão profunda com a natureza, despertando sensações de serenidade, renovação e bem-estar. Essa ligação com a natureza nutre nossa alma, enriquece nossa experiência emocional e contribui para a saúde e o equilíbrio mental de forma significativa. Cada indivíduo precisa encontrar sua própria estratégia para alcançar essa desconexão ou restauração, seja por meio de um banho relaxante, seja por meio de um descanso na rede da varanda, contemplando uma vista inspiradora, ou sentindo a areia do mar sob os pés.

Esses momentos de desligamento pessoal são essenciais para o bem-estar humano e, muitas vezes, são criados intuitivamente em busca de sensações positivas ou ao frequentar lugares que nos inspiram. E ambientes que nos restauram.

Como profissionais, compreender as expectativas de nossos clientes é crucial. Devemos investigar o que lhes faz bem e como eles se desconectam para projetar espaços que atendam às suas necessidades individuais, promovendo o bem-estar e a conexão com a natureza.

Essa compreensão vai além das demandas técnicas e orçamentárias de um projeto, envolvendo também aspectos emocionais e sensoriais. A biofilia é aplicada de forma cuidadosa e específica, inspirando estratégias de projeto baseadas nas conexões genuínas das pessoas com a natureza para a qualidade de vida.

Essa abordagem é altamente relevante, porque reconhece que cada indivíduo tem expectativas e necessidades únicas em relação aos ambientes em que vivem, trabalham ou frequentam. A diversidade nas expectativas das pessoas implica que os lugares onde elas passam seu tempo devem ser projetados para atender a essas necessidades específicas, com diretrizes e *briefings* personalizados. As expectativas podem variar amplamente, dependendo de diversos fatores, como idade, cultura, estilo de vida, preferências pessoais e objetivos individuais.

Figura 39 – Organograma para o bem-estar

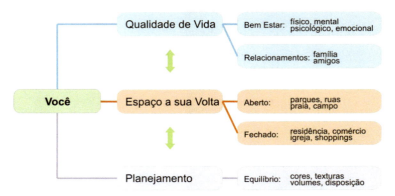

Fonte: Portal Clique Arquitetura

Além disso, diferentes tipos de ambientes têm finalidades diversas, como residências, escritórios, espaços públicos, áreas de lazer, escolas, hospitais, entre outros. Cada um desses ambientes desempenha um papel importante na vida das pessoas e, portanto, deve ser projetado levando em consideração as necessidades específicas dos usuários.

Ao considerar essas expectativas variadas, é possível desenvolver *briefings* personalizados que guiarão o processo de projeto de forma a criar espaços que atendam às demandas únicas de cada ambiente e de seus usuários. *Briefing* (do inglês: resumo ou reunião de informações) é uma coleta de dados para o desenvolvimento de um trabalho ou projeto no caso de arquitetos, *designers*, publicitários etc. Significa resumo do que o cliente "quer", ou seja, "suas expectativas" para o projeto.

O *briefing* específico permitirá que os arquitetos, *designers* e profissionais envolvidos compreendam melhor os objetivos e as necessidades dos clientes, possibilitando a criação de soluções personalizadas e efetivas.

Por exemplo, ao projetar uma escola, é importante entender as expectativas dos alunos, professores e funcionários em relação ao ambiente educacional. Isso inclui considerar aspectos como conforto, acessibilidade, estímulo à aprendizagem, segurança e bem-estar emocional. Já ao projetar espaços de trabalho, deve-se levar em conta as necessidades dos funcionários em termos de ergonomia, iluminação, interação social e áreas de descanso.

Ao abraçar a diversidade de expectativas e necessidades das pessoas, os projetos podem ser mais inclusivos, humanos e bem-sucedidos em atender às demandas da vida moderna. A abordagem personalizada e a consideração cuidadosa das expectativas dos usuários garantem que os ambientes construídos sejam verdadeiramente funcionais, acolhedores e capazes de melhorar a qualidade de vida daqueles que os utilizam.

A desconstrução da ideia de perfeição pessoal é essencial, num mundo de distorções entre aparência e realidade, pessoal e profissional. Podemos citar como exemplo as mulheres que enfrentam múltiplas pressões sociais. Reconhecer nossos limites é fundamental para evitar o estresse, a ansiedade e outros problemas de saúde mental, garantindo um ambiente de trabalho mais saudável e acolhedor.

O *design* biofílico vai além da simples inclusão de elementos naturais, demandando uma dosagem adequada para cada caso. A experiência pessoal é fundamental para compreender e aplicar a biofilia no trabalho. Para alcançar a inovação e a diferenciação no mercado, é essencial ter paixão genuína e um propósito claro ao usar a biofilia como diferencial. Essa abordagem impulsiona a busca por projetos excepcionais e contribui para o bem-estar emocional dos profissionais envolvidos.

A ideia central é estabelecer uma relação mais harmoniosa e profunda entre os seres humanos e a natureza, evocando sensações de tranquilidade, conexão emocional, restauração e relaxamento. A presença de elementos biofílicos nos ambientes arquitetônicos não apenas atende ao desejo humano inato de estar em contato com a natureza, mas também proporciona benefícios concretos à saúde física e mental dos ocupantes. Estudos comprovam que ambientes biofílicos podem reduzir os níveis de estresse, ansiedade e fadiga, além de promover a concentração, a criatividade e a produtividade das pessoas.

À procura de soluções para questões como ansiedade, depressão e desconexão, as pessoas frequentemente buscam ajuda individualmente, recorrendo a médicos, terapeutas e psicólogos para melhorar seu estado emocional. No entanto, está cada vez mais claro que o ambiente tem uma influência significativa no bem-estar das pessoas.

Profissionais da saúde, como médicos, terapeutas, psicólogos e psiquiatras também reconhecem essa importância e compreendem que a qualidade do ambiente pode potencializar ou prejudicar os tratamentos e terapias oferecidos. Nesse contexto, os arquitetos desempenham um papel fundamental, pois o conhecimento necessário para criar ambientes restauradores e promotores de bem-estar.

Por exemplo, enquanto a medicina se concentra na cura de doenças e enfermidades, a arquitetura, especialmente por meio do *design* biofílico, pode desempenhar um papel significativo na prevenção e diminuição de problemas de saúde.

É de extrema importância que os arquitetos colaborem com médicos, psicólogos, fisioterapeutas e outros profissionais da área da saúde, cujos serviços são frequentemente procurados como primeira alternativa. Enquanto muitos pacientes necessitam de medicação e tratamentos específicos, é igualmente essencial que vivenciem ambientes positivos, que promovam sua qualidade de vida e bem-estar de maneira personalizada.

Nesses cenários, a intervenção de um arquiteto especializado em neuroarquitetura, com foco no *design* biofílico, pode ser altamente recomendada, pois ele compreende as necessidades específicas dos indivíduos, considerando aspectos neurológicos, comportamentais e emocionais.

A abordagem da biofilia oferece ambientes mais adequados e terapêuticos, permitindo que as pessoas se conectem com a natureza e desfrutem dos benefícios de uma interação mais próxima com elementos naturais.

A colaboração harmoniosa entre profissionais da saúde e arquitetos resulta em uma abordagem holística e benéfica, garantindo que os espaços onde as pessoas vivem e convivem contribuam de forma positiva para sua saúde física e mental. Com a integração cuidadosa do *design* biofílico, os ambientes se tornam refúgios que favorecem o bem-estar emocional, proporcionando um sentido profundo de conexão com a natureza e, assim, promovendo uma vida mais equilibrada e saudável.

Essa preocupação com a qualidade dos espaços é igualmente relevante para questões como ansiedade e depressão, pois simplesmente tomar medicamentos não é suficiente para promover o bem-estar. É preciso também considerar a influência do ambiente em nosso estado emocional e mental. A parceria entre arquitetos e profissionais da saúde permite a criação de espaços que promovam o bem-estar holístico das pessoas, contribuindo para a melhoria de sua saúde mental e qualidade de vida.

Combinando a *expertise* em neuroarquitetura e o *design* biofílico, os arquitetos podem oferecer ambientes que acolhem e cuidam das necessidades individuais, ajudando as pessoas a encontrarem equilíbrio emocional e uma conexão mais profunda com o mundo ao seu redor.

Conforme analisado por Bauman (2000), a transição da modernidade sólida para uma modernidade líquida tornou-se evidente, resultando em um contexto de relações sociais e econômicas efêmeras, cuja ausência de conexões duradouras é notável.

Na modernidade sólida, as relações eram solidamente estabelecidas, tendendo a ser mais fortes e duradouras. Entretanto, na modernidade líquida, as relações sociais, econômicas e de produção são frágeis, fugazes e maleáveis, assemelhando-se à fluidez dos líquidos. Essa mudança também trouxe consigo a substituição da lógica da moral pela lógica do consumo, levando as pessoas a serem analisadas não pelo que são, mas pelo que compram. Essa mentalidade consumista também invadiu as relações sociais, fazendo com que as pessoas busquem comprar afeto e atenção.

Vivenciamos o medo de ficar por fora nas redes sociais, conhecido "síndrome de Fomo" (*Fear of Missing Out*) (Elhai *et al.*, 2021), que tem a ansiedade como um dos principais sintomas. Esse medo leva as pessoas a permanecerem constantemente conectadas às redes sociais para não perderem atualizações e eventos, além de alimentar a curiosidade em saber o que os outros estão fazendo. Essa busca incessante por conexão virtual pode causar sentimentos de ansiedade, mau humor, depressão, angústia, solidão e insegurança.

O "efeito halo" é um fenômeno presente na sociedade contemporânea, em que nossa primeira impressão é reforçada pela seleção seletiva de informações. O termo foi criado pelo psicólogo Edward Thorndike em 1920, que propôs que o cérebro humano tende a julgar, analisar e formar conclusões sobre uma pessoa ou empresa com base em apenas uma única característica, criando assim um estereótipo global do indivíduo baseado nesse único aspecto, como aparência, vestimenta, postura, fala, entre outros.

No entanto, nem sempre somos informados sobre o esforço e o percurso árduo para alcançar tais resultados. Esse imediatismo também influencia nossos comportamentos de compra, buscando por recompensas imediatas em todas as interações. Quando falamos de sustentabilidade, também percebemos isso: nem sempre o que "parece ser" sustentável, na verdade, "de fato é".

A efemeridade se tornou uma característica presente em nossa vida, em que consumimos não apenas produtos tangíveis, mas também momentos e experiências. As marcas têm o desafio de criar recompensas imediatas, proporcionando experiências gratificantes e memoráveis aos clientes.

A "ecoansiedade" é definida pela Associação Americana de Psicologia (APA, na sigla em inglês) como "medo crônico da catástrofe ambiental". Começou a aparecer na literatura, ainda em livros de ecopsicologia, na década de 1990.

> *A angústia ligada à crise climática, por sua vez, possui uma causa bem definida e é caracterizada por um sentimento coletivo. A sensação de impotência e frustração surge com a ação insuficiente dos poderes e a falta de consciência em outros setores da população. — Explica Caroline Hickman,* psicoterapeuta britânica. (Suzuki, 2023, s/p).

Essa ansiedade, a incerteza econômica e o contágio emocional são fatores que permeiam a sociedade contemporânea. O ritmo frenético dos avanços tecnológicos também alterou a sincronia das pessoas, fragmentando grupos e gerando falta de interação consistente. O autoaprimoramento e a busca por ambientes calmos e produtos que aliviem o estresse e a ansiedade têm sido valorizados pelos consumidores.

Podemos resumir, de diversos autores, que alguns dos principais problemas de saúde que podem ser abordados e minimizados pelo *design* biofílico são (Barton, 2010; Gillis, 2015; Joye, 2007; Kaplan; Kaplan, 2011; Ryan, 2014):

1. **Estresse e ansiedade:** a presença de elementos naturais como plantas, água e luz natural tem sido associada à redução dos níveis de estresse e ansiedade. Ambientes com *design* biofílico podem proporcionar uma sensação de calma e relaxamento, contribuindo para o bem-estar emocional dos ocupantes.

2. **Fadiga e exaustão:** ambientes monótonos e carentes de elementos naturais podem levar à fadiga mental e física. O *design* biofílico, ao introduzir elementos inspirados na natureza, pode revitalizar os ocupantes, melhorando o desempenho cognitivo e a produtividade.

3. **Problemas respiratórios:** plantas utilizadas no *design* biofílico podem ajudar a melhorar a qualidade do ar, filtrando poluentes e liberando oxigênio. Isso pode ser especialmente benéfico para pessoas com alergias, asma e outros problemas respiratórios.

4. **Síndrome do "edifício doente":** ambientes fechados e mal ventilados podem contribuir para a síndrome do "edifício doente", caracterizada por sintomas como dores de cabeça, irritação nos olhos e garganta e cansaço excessivo. O *design* biofílico, ao promover a ventilação natural e a presença de elementos naturais, pode ajudar a melhorar a qualidade do ar interno e reduzir esses problemas.

5. **Isolamento social:** ambientes com *design* biofílico podem criar espaços mais convidativos e atrativos para as pessoas, estimulando a interação social e reduzindo o isolamento. Isso pode ser especialmente relevante em ambientes de trabalho e espaços públicos.

6. **Problemas de concentração e atenção:** ambientes monótonos e estéreis podem levar à distração e à dificuldade de concentração. O *design* biofílico, ao oferecer estímulos visuais e sensoriais interessantes, pode melhorar a capacidade de concentração e foco das pessoas.

7. **Transtornos do humor e depressão:** a conexão com a natureza proporcionada pelo *design* biofílico pode promover emoções positivas e melhorar o humor das pessoas. Ambientes mais acolhedores e inspiradores podem ser especialmente benéficos para pessoas que enfrentam quadros de depressão ou ansiedade.

8. **Problemas de sono:** a exposição à luz natural durante o dia e a escuridão adequada durante a noite, ambas facilitadas pelo *design* biofílico, podem ajudar a regular os ciclos de sono das pessoas, melhorando a qualidade e a quantidade de sono.

Para compreender como a biofilia pode auxiliar em questões relacionadas ao funcionamento cognitivo, é necessário entender algumas funcionalidades específicas. O funcionamento cognitivo abrange agilidade mental, memória, capacidade de pensamento, aprendizado e raciocínio lógico ou criativo. Conseguimos perceber sinais quando nossa memória começa a falhar ou quando perdemos os objetos com mais frequência, o que indica que é hora de fazer uma pausa.

Ao realizar tarefas repetitivas ou em ambientes agitados, nossa atenção é demandada de forma intensiva, levando à fadiga mental e à perda de recursos cognitivos ao longo do tempo (Kellert *et al.*, 2008).

Para contrapor esses efeitos, o *design* biofílico visa criar ambientes que permitam pausas necessárias, restaurando as funções cognitivas e evitando a fadiga excessiva. Sinais como falhas de memória ou dificuldades na concentração são indicativos de que é hora de fazer uma pausa para recuperação.

O *design* biofílico não apenas promove a restauração cognitiva, mas também oferece benefícios significativos para a saúde fisiológica e o bem-estar psicológico das pessoas. As conexões com a natureza proporcionam respostas fisiológicas positivas, abrangendo diversos aspectos, como o sistema auditivo, musculoesquelético, respiratório e os ritmos circadianos, além do conforto físico geral.

Nos ambientes que incorporam elementos naturais, observa-se uma série de respostas fisiológicas benéficas, incluindo: maior conforto físico geral; melhora no controle da respiração; relaxamento muscular aprimorado; percepção auditiva mais aguçada; redução da pressão arterial; diminuição da fadiga de atenção; redução da frequência cardíaca; e diminuição dos níveis do hormônio do estresse, como o cortisol.

Essas respostas físicas positivas demonstram o poder do *design* biofílico em criar ambientes que proporcionam não apenas sensações agradáveis, mas também efeitos mensuráveis na saúde e bem-estar dos indivíduos que os ocupam. Ao integrar elementos naturais em espaços construídos, promovemos não só uma conexão mais profunda com a natureza, mas também a melhoria da qualidade de vida e a redução dos impactos do estresse e da fadiga, contribuindo para um ambiente mais saudável e harmonioso para todos.

Quanto ao bem-estar psicológico, as experiências com ambientes naturais têm demonstrado uma maior restauração emocional, com menor incidência de tensão, ansiedade, raiva, fadiga e confusão. Considerando que a maior parte de nossa vida é passada em ambientes internos, torna-se fundamental trazer elementos naturais para o interior desses espaços, a fim de potencializar as capacidades humanas e proporcionar mais qualidade de vida aos seus usuários.

A arquitetura para o bem-estar visa criar lugares saudáveis que conectem as pessoas com seus instintos naturais. Espaços de trabalho que protejam, espaços de lazer que relaxem e emocionem, espaços de moradia que acolham, espaços de estudo que inspirem e espaços de descanso que envolvam são alguns dos objetivos desse tipo de abordagem.

Ao entender a influência que os ambientes exercem em nosso bem-estar físico e mental, podemos transformar nossos espaços em locais que promovem a saúde e o equilíbrio, impulsionando a nossa capacidade de pensar, aprender e produzir, ao mesmo tempo que nos permitem relaxar, restaurar e desfrutar de uma vida plena e satisfatória.

A maior parte de nossa vida é vivida em ambientes internos (90%). A Psicologia Positiva apresenta um dos conceitos mais recentes e relevantes para compreender a experiência da felicidade no contexto do uso do tempo: o *savoring*. Essa palavra, que pode ser traduzida como "desfrutar", engloba o uso consciente de pensamentos e ações para intensificar, prolongar e valorizar experiências e emoções positivas. Ou seja, *savoring* não se resume apenas a desfrutar passivamente momentos positivos, mas envolve um esforço consciente em criá-los, apreciá-los e mantê-los. Ao aplicarmos o conceito de *savoring* à nossa vida cotidiana, percebemos facilmente a importância do ambiente doméstico para uma vida mais feliz e satisfatória.

Existem vários elementos que podem contribuir para estimular e apreciar de forma positiva os sentidos em nosso espaço doméstico. Ao compartilhar informações sobre a arte de desfrutar nossa casa, podemos experimentar o *savoring* em nosso dia a dia, estabelecendo uma conexão sensorial prazerosa com o ambiente habitado. É fundamental refletir sobre como nosso envolvimento consciente com o espaço que habitamos e nossa rotina doméstica podem influenciar nossa felicidade. Afinal, a maioria das horas, dias, meses e anos de nossa vida é vivida em casa, tornando esse ambiente um protagonista essencial em nossa jornada existencial.

Uma das publicações relevantes de Fred Bryant sobre o conceito de *savoring* é o artigo intitulado *"Savoring Beliefs Inventory (SBI): a scale for measuring beliefs about savoring"*, de 2009. Nesse estudo, eles apresentaram a escala Savoring Beliefs Inventory (SBI), que avalia as crenças das pessoas sobre o *savoring* e sua relação com o bem-estar emocional.

O conceito de *savoring* na Psicologia Positiva nos permite compreender como aumentar a intensidade e a duração de nossas experiências e emoções positivas, possibilitando que desfrutemos plenamente do ambiente que nos cerca. Nesse sentido, investir em ambientes biofílicos, tranquilos e estimulantes pode contribuir significativamente para uma vida mais feliz e satisfatória. Ao projetarmos nossos espaços de forma a promover sensações positivas e criarmos memórias afetivas, fortaleceremos nosso bem-estar emocional e mental.

Ao buscarmos intencionalmente um espaço que favoreça o *savoring*, estamos fazendo um valioso investimento em nossa qualidade de vida e felicidade pessoal. Desfrutar plenamente dos momentos em nossa casa nos permite sentir uma conexão íntima e positiva com o ambiente que nos acolhe, enriquecendo nossa experiência de vida e proporcionando uma fonte constante de alegria e contentamento. Assim, valorizar o *savoring* em nossa vida leva-nos a cultivar um relacionamento mais harmonioso e gratificante com o lugar que chamamos de lar.

Quando mencionamos a criação de espaços nos quais as pessoas possam "viajar" ou "desconectar", estamos nos referindo a ambientes restauradores. Assim como a sustentabilidade, a biofilia é um termo técnico, que transmite muita complexidade. As pessoas querem e precisam da biofilia, mas devemos abordar os impactos positivos e as vantagens de aplicar estratégias biofílicas.

Assim, a comunicação é fundamental para conseguir aceitação da abordagem. Por isso, utilizamos ambientes que promovam o bem-estar e ambientes restauradores. São formas muito bem recebida pelas pessoas e se aplica a todos os tipos de projetos.

Mas, afinal, o que são esses espaços restauradores?

Espaços restauradores são ambientes que permitem a renovação da atenção direcionada, resultando na redução da fadiga mental e emocional (Kaplan; Kaplan, 2011).

A teoria de preferência de ambientes naturais proposta por Kaplan e Kaplan (1995, 2011) é uma abordagem influente na compreensão de como as pessoas percebem e reagem aos ambientes naturais e construídos. Segundo os autores, essa teoria se baseia em quatro componentes principais: "Escape", "Escopo", "Fascinação" e "Compatibilidade".

A estratégia "Escape" abrange tanto o escapismo físico quanto o mental, referindo-se à habilidade de um ambiente proporcionar um refúgio ou um escape das demandas e pressões do cotidiano. Isso permite que as pessoas se desconectem das preocupações do mundo exterior. Do ponto de vista físico, buscar uma viagem ou férias para descansar e sair do contexto habitual pode ser uma alternativa. Em situações de fadiga mental mais intensa, pode ser necessário recorrer à assistência profissional. Por outro lado, o escapismo mental ocorre quando alguém, ao contemplar uma paisagem, por exemplo, consegue desvincular-se do estresse, mesmo permanecendo no mesmo local.

A segunda estratégia, o "Escopo", está relacionada ao senso de pertencimento e à sensação de estar em contato com o mundo ao nosso redor. Escopo diz respeito à percepção de um ambiente como amplo, variado e enriquecedor, proporcionando oportunidades para exploração e descoberta. Para algumas pessoas, não basta apenas observar o mar, por exemplo; elas precisam mergulhar nele, sentir a areia sob seus pés ou a grama sob os pés. Essa imersão completa proporciona uma percepção real de estar em contato com a natureza, permitindo uma recuperação efetiva.

A terceira estratégia, conhecida como "Fascinação", diz respeito ao estímulo que provoca uma atenção involuntária. Elementos como paisagens deslumbrantes, animais selvagens, quedas d'água, o fogo ou uma caverna são exemplos de elementos que, mesmo sem intenção, capturam nossa atenção de maneira intensa, levando-nos a desconectar-nos involuntariamente. A Fascinação está associada à presença de elementos estimulantes e interessantes no ambiente, os quais atraem e envolvem a atenção das pessoas, promovendo um engajamento sensorial e cognitivo.

Por fim, a estratégia denominada "compatibilidade" envolve a incorporação de práticas biofílicas em nossa vida de maneira prazerosa e intuitiva. Atividades como jardinagem, cuidar de uma horta ou passear em parques desempenham um papel importante na redução da fadiga mental, mesmo que as pessoas não tenham conhecimento técnico específico sobre o assunto. Em essência, a compatibilidade diz respeito à harmonia entre as características de um ambiente e às necessidades, às preferências e às habilidades individuais. Isso possibilita que as pessoas interajam de maneira eficaz e satisfatória com o espaço, criando uma conexão enriquecedora.

Esses componentes não apenas descrevem as preferências das pessoas em relação aos ambientes naturais e construídos, mas também fornecem *insights* sobre como projetar espaços que atendam às necessidades psicológicas e emocionais dos indivíduos. A teoria de preferência de ambientes naturais destaca a importância de proporcionar experiências positivas e enriquecedoras por meio da criação de ambientes que ofereçam escape, escopo, fascinação e compatibilidade.

A partir da utilização de técnicas como o Eletroencefalograma (EEG) e a Ressonância Magnética Funcional (fMRI), é possível realizar uma análise psicológica das respostas dos indivíduos aos ambientes construídos, buscando identificar novos fatores relevantes no *design* dos edifícios (Cionek, 2023). Essas ferramentas permitem medir e analisar as respostas cerebrais dos usuários, interpretando as leituras obtidas para desenvolver soluções relacionadas ao *design* que proporcionem a melhor experiência possível em ambientes específicos.

Por meio de estudos sobre o "Mind Wandering" (MW) ou "Mente à Deriva", é possível entender os mecanismos neurais de como a mente divaga e como esse estado desempenha um papel crucial na resolução criativa de problemas diversos (Cristoff, 2016).

O MW está relacionado a um grupo de áreas do cérebro, principalmente o lobo frontal, que envolve o córtex pré-frontal medial, o cingulado posterior e o córtex temporoparietal. Essas áreas são ativadas durante o MW, quando o indivíduo não está consciente de que sua mente está divagando.

O MW parece desempenhar um papel importante na incubação de novas ideias e na reorganização de circuitos neurais subjacentes à automatização de rotinas. Ao permitir que a mente divague livremente, aumentam-se as chances de ocorrerem novas combinações e associações criativas por meio da serendipidade (fazer descobertas, por acaso e sagacidade, de coisas pelas quais não se está procurando). A consciência aberta cria uma plataforma mental para *insights* criativos e descobertas inesperadas.

O processo de *insight* é caracterizado por uma atividade cerebral inesperada, representada por um pulso de ritmo gama, a mais alta frequência elétrica gerada pelo cérebro. Para esse *insight* ocorrer, o córtex precisa relaxar e desfocar, permitindo que associações mais remotas sejam recolhidas por sinapses errantes.

Domenico De Masi, sociólogo italiano, introduziu o conceito de "ócio criativo" em seu livro de 2000. Ele defende que a sociedade moderna deve equilibrar trabalho e lazer de maneira produtiva, incentivando atividades que promovam desenvolvimento pessoal e realização. O "ócio criativo" propõe que o tempo livre seja utilizado para projetos individuais, estimulando a criatividade e a inovação na busca por satisfação pessoal e bem-estar. Sugere que é possível estabelecer uma rotina equilibrada em que o trabalho, o estudo e o lazer se cruzem de maneira harmoniosa, proporcionando momentos gratificantes e criativos. Nesse contexto, o ócio não é caracterizado por ociosidade, mas sim por uma ocupação do tempo de forma gratificante e criativa.

Portanto, ao compreender os mecanismos cerebrais relacionados ao MW e ao *insight*, é possível explorar estratégias de *design* que promovam um ambiente propício à criatividade, ao bem-estar e à satisfação dos indivíduos que o habitam, resultando em espaços mais estimulantes, agradáveis e significativos para a vida cotidiana.

Essas estratégias biofílicas podem ser aplicadas no planejamento de espaços, seja na arquitetura de interiores, seja em ambientes de trabalho, ou em espaços públicos. Ao considerar esses elementos e criar ambientes restauradores, é possível proporcionar momentos de pausa, restauração e conexão com a natureza, contribuindo significativamente para a saúde física, emocional e mental das pessoas.

O *design* biofílico refere-se à aplicação dos princípios da biofilia no projeto e desenvolvimento de ambientes construídos pelo ser humano. Essa abordagem envolve a implementação de estratégias específicas para promover a conexão com a natureza no espaço construído. Diversos autores discutem essas estratégias, e aqui vamos destacar as principais, com base na publicação "14 Padrões de design biofílico: melhorando a saúde e o bem-estar no ambiente construído" (Browning, 2014). Acreditamos que podemos resumi-las em 20 estratégias biofílicas.

Embora existam mais de 40 estratégias no total, as principais servem como referência, com subestratégias derivadas delas. Essa abordagem oferece uma ramificação de possibilidades para tornar os ambientes mais biofílicos, ou seja, mais conectados à natureza. Alguns autores não fazem distinção entre macro e subestratégias, tratando cada uma delas como uma estratégia individual.

Mas, de forma geral, todos os autores falam de estratégias, que podemos resumir em: estratégias diretas, estratégias indiretas e expêriencias espaciais naturais no design biofílico (Bejan; Zane, 2012; Browning; Ryan, 2014; Dose, 2015; Heerwagen, 2001; Ilfi, 2023; Tahoun, 2019; Tamarack Media UK, 2016).

As Estratégias Diretas no *Design* Biofílico têm como base o Bioclimatismo Adaptativo, buscando integrar elementos naturais e soluções inteligentes de projeto para otimizar o conforto (satisfação), levando em consideração as variações sazonais e climáticas da região. Isso pode incluir uso estratégico, como vegetação para sombreamento e controle da temperatura, ventilação natural para promover a circulação do ar fresco, bem como resfriamento evaporativo etc. Essa abordagem não apenas melhora a experiência dos ocupantes no ambiente construído, mas também contribui para a eficiência energética e sustentabilidade dos edifícios.

Como <u>Estratégias Diretas</u> no *Design* Biofílico, temos

1. **Conexão visual com a natureza:** visão dos elementos da natureza, sistemas vivos e processos naturais (paisagens, vegetação, fogo, animais, ecossistemas).

2. **Controle do elementos ambientais e climáticos:** adaptação ao clima local (temperatura, umidade, radiação e pressão atmosférica), por meio de estratégias bioclimáticas, na busca por Conforto Ambiental, Qualidade do Ar e Saúde, Eficiência energética, Sustentabilidade.

3. **Estímulos sensoriais** não **visuais:** estímulos auditivos, hepáticos, olfativos ou gustativos que geram uma referência deliberada e positiva à natureza, sistemas vivos ou processos naturais.

4. **Estímulos sensoriais não rítmicos:** consciência das mudanças efêmeras e processos naturais, especialmente mudanças sazonais e temporais características de um ecossistema saudável, ou seja, equilibrado.

Figura 40 – Estratégias diretas

Fonte: adaptado pelas autoras de Browning *et al.* (2014)

A experiência indireta da natureza está relacionada a imagens ou outras representações da natureza, elementos do mundo natural que foram transformados de sua forma original e padrões e processos naturais específicos que desempenharam um papel fundamental na evolução humana.

A criação de experiências que evocam elementos naturais é realizada pela organização cuidadosa e, por vezes, pela progressão desses elementos no ambiente construído. A experiência indireta da natureza muitas vezes se apoia na habilidade única dos seres humanos de transformar a realidade empírica e objetiva em formas simbólicas e metafóricas, por meio da projeção de pensamentos, imagens e sentimentos.

Na verdade, a utilização simbólica da natureza está profundamente ligada à comunicação humana, criatividade e à prática do *design* biofílico.

Destacamos como estratégias indiretas:

5. **Imagens da natureza:** busca trazer imagens, representações ou elementos visuais da natureza para o ambiente construído. Isso pode ser feito por meio de fotografias, pinturas, murais ou projeções que retratem paisagens naturais, animais, plantas e outros elementos da natureza. Essas imagens ajudam a criar uma sensação de conexão com o ambiente natural, mesmo que de forma indireta.

6. **Materiais naturais:** madeira, pedra, cerâmica, bambu e outros materiais provenientes da natureza proporcionam uma sensação de autenticidade e proximidade com o ambiente natural. Além disso, materiais naturais têm benefícios estéticos, táteis e sensoriais que contribuem para o conforto e bem-estar dos ocupantes.

7. **Texturas naturais:** referem-se à incorporação de superfícies que imitam ou são diretamente derivados da natureza, o que contribui para a riqueza sensorial e emocional dos ambientes, promovendo uma maior sensação de bem-estar e conectividade com a natureza. Essas texturas adicionam profundidade, interesse tátil e conexão sensorial aos espaços construídos.

8. **Iluminação integrativa:** visa criar ambientes internos que se assemelhem ao máximo possível aos ambientes naturais em termos de qualidade de luz. Isso não apenas melhora a experiência visual dos ocupantes, mas também afeta positivamente seu bem-estar, ritmos circadianos e produtividade. A estratégia busca recriar a conexão com os ciclos naturais de luz, promovendo um ambiente mais saudável e harmonioso dentro de espaços construídos.

9. **Padrões e formas biomórficas:** busca incorporar formas e padrões encontrados na natureza no *design* dos espaços. Linhas curvas, padrões de folhas, texturas de casca de árvores e outras formas naturais são usadas para criar ambientes mais orgânicos e acolhedores. Essas formas naturalistas trazem a sensação de harmonia e equilíbrio.

10. **Cores naturais:** busca incorporar paletas de cores encontradas na natureza, e tem um papel significativo na nossa percepção emocional do ambiente.

11. **Marcas do tempo:** valoriza a presença do tempo e dos elementos naturais que envelhecem, como madeira desgastada, pedra erodida ou metais oxidados. Essas marcas do tempo trazem uma sensação de autenticidade, memória e história para os espaços, conectando-nos ao ciclo natural da vida e proporcionando uma experiência mais rica e significativa.

12. **Biomimetismo:** área da ciência que observa e estuda as estruturas biológicas e as suas funções, procurando aprender com a natureza quais são as suas estratégias e soluções de sobrevivência, como coletividade, reciprocidade, metamorfose, resiliência e mimetismo, para, então, aplicar esse conhecimento em diferentes áreas, inclusive no design.

13. **Identidade com a cultura e lugar:** a cultura e identidade de um lugar, expressos em um ambiente, podem acentuar o sentimento de pertencimento, de memória afetiva. O termo *"genius loci"*, de origem, dos antigos romanos, refere-se ao espírito do lugar, ou seja, a essência única e distintiva de um local, que explora a relação entre a arquitetura e o lugar. Norberg-Schulz (1980) examina como a compreensão do *"genius loci"* pode influenciar o processo de projeto e a experiência dos espaços construídos, discutindo como os espaços arquitetônicos podem expressar a identidade e o caráter únicos de um determinado local.

Figura 41 – Estratégias indiretas

Fonte: adaptado pelas autoras de Browning *et al.* (2014)

    O terceiro grupo de estratégias básicas do *design* biofílico está relacionado à experiência do espaço e do lugar. As Estratégias de Experiências Naturais têm como foco a percepção espacial por meio dos sentidos e sensações. A ênfase é proporcionar experiências que conectem os ocupantes com a natureza de forma sensorial, criando ambientes que inspirem bem-estar e ressonância com o mundo natural.

    As experiências espaciais naturais buscam criar ambientes que proporcionem experiências similares às que encontraríamos na natureza, ou seja, experiências espaciais significativas e enriquecedoras. Essas estratégias têm como objetivo promover sensações e emoções benéficas para os ocupantes, aumentando a conexão com o ambiente e melhorando o bem-estar geral.

14. **Perspectiva:** visa oferecer vistas amplas e panorâmicas, assemelhando-se à experiência de observar horizontes distantes na natureza. A ideia é criar uma sensação de abertura e conexão com o entorno, proporcionando uma visão mais expansiva do espaço, que proporciona entendimento do local e segurança emocional.

15. **Refúgio:** o conceito de refúgio envolve a criação de espaços mais protegidos, acolhedores e íntimos, que proporcionam uma sensação de segurança e abrigo. Esses ambientes oferecem isolamento e privacidade, em que os ocupantes podem se sentir relaxados e tranquilos, como em áreas de descanso com assentos confortáveis, nichos ou cantos aconchegantes são exemplos.

16. **Complexidade e ordem:** busca organizar os ambientes construídos baseados no equilíbrio e proporção observados nas formas de vida orgânica e em fenômenos no universo. Estes apresentam uma variedade de elementos interconectados, proporcionando uma sensação de harmonia complexa e ordenada.

17. **Espaços transitórios:** fornecem um "filtro" que conecta ambientes com percepções diferentes, ressaltando, assim, o impacto e as novas sensações do usuário.

18. **Copresença:** estratégia para proporcionar encontros, ou seja, os espaços são organizados com percursos que possibilitem encontros casuais, não previstos. Assim como na natureza, existem espaços configurados como "clareiras" que permitem interações sociais.

19. **Mistério:** criar sensações estimulantes que despertem a curiosidade e a imaginação dos ocupantes. O mistério envolve a incorporação de elementos inesperados, ocultos ou parcialmente visíveis, que instigam a exploração e a descoberta, como caminhos sinuosos, espaços escondidos, jardins secretos, detalhes arquitetônicos intrigantes etc.

20. **Risco/perigo:** essa estratégia não busca criar ambientes perigosos ou inseguros, mas sim incorporar elementos sutis que evocam uma sensação de desafio controlado e aventura. É semelhante à sensação que experimentamos ao caminhar por uma trilha na natureza ou ao subir uma montanha. Esse leve senso de risco pode aumentar a excitação e a conexão emocional com o ambiente. Escadas com diferentes níveis de altura, balanços, passagens elevadas ou pontes suspensas são exemplos de como o risco/perigo pode ser aplicado de forma segura e estimulante.

Figura 42 – Estratégias de experiências espaciais naturais

Fonte: adaptado pelas autoras de Browning *et al.* (2014)

Assim, na evolução do conceito de "experiência do usuário" nos ambientes, podemos organizar as estratégias do *design* biofílico para despertar associações positivas, criar melhores percepções, sensações e conexões.

Falamos também de **UX-biophilic** *Design*, que se refere à aplicação dos princípios e das estratégias biofílicas no desenvolvimento de experiências e interações ambiente-usuário. O objetivo é proporcionar percepções que recriem ou evoquem sensações naturais.

Portanto, a abordagem do *design* biofílico se baseia na qualidade de sua execução, priorizando a experiência dos usuários, por meio da percepção de percursos e a conexões positiva com a natureza.

Entretanto, o foco não deve ser apenas a quantidade de estratégias aplicadas, mas sim na efetividade de sua implementação. É preferível aplicar uma estratégia de forma adequada e eficiente do que adotar várias estratégias de maneira inadequada. O que realmente importa é a qualidade do projeto e a capacidade de atender às expectativas das pessoas que irão utilizar o espaço.

Nesse sentido, adotando novos conceitos para a vivência e melhor experiência dos lugares, podemos destacar que o *design* biofílico atende às expectativas contemporâneas relacionadas à natureza.

Ao integrar de forma efetiva as estratégias biofílicas, os ambientes construídos podem se tornar verdadeiros espaços de bem-estar e harmonia, proporcionando benefícios significativos à saúde física, emocional e mental, de acordo com cada indivíduo.

Assim, ressalta-se a importância da evolução do conceito de *briefing*, adotado na arquitetura e *design* de interiores. É necessário "humanizar" esses dados dos projetos, utilizando as ferramentas da neurociência e psicologia para auxiliar na captação do perfil dos usuários dos ambientes.

O desafio da Arquitetura na Indústria 5.0: aliar tecnologia e humanização baseada em dados

A Indústria 5.0 traz consigo o desafio de aliar tecnologia e humanização baseada em dados para atender às novas demandas dos usuários em relação aos espaços arquitetônicos, impulsionadas pelas mudanças geradas pela pandemia global.

A abordagem da Indústria 5.0, que busca a colaboração entre humanos e tecnologia, encontra na arquitetura um terreno fértil para promover uma nova revolução no setor. A integração da capacidade das máquinas com a criatividade e a tomada de decisões humanas possibilita a criação de espaços arquitetônicos inovadores e customizados, que atendam de forma personalizada aos requisitos e aos desejos dos clientes.

A Construção 4.0 abrange uma ampla gama de tecnologias interdisciplinares que visam a digitalização, automação e integração dos processos ao longo do ciclo de vida de empreendimentos, sejam eles edificações, infraestruturas, sejam projetos urbanos. As principais tecnologias centrais incluem o *Building Information Modeling (BIM), a Cloud Computing*, Metaverso e a Internet das Coisas (Monteiro, 2021).

Essa abordagem impacta significativamente os setores de arquitetura, engenharia, construção e operação, permitindo coleta de dados, processamento e análise para alcançar uma digitalização inteligente da construção.

Por outro lado, a Indústria 5.0 é uma tendência emergente que coloca ênfase no aspecto social. Nela, argumenta-se que, para alcançar processos sustentáveis e resilientes, é crucial reintegrar os seres humanos ao ciclo de tomada de decisões organizacionais. A tecnologia de clones cognitivos digitais exemplifica como a Indústria 5.0 pode ser uma ponte entre o futuro híbrido da Indústria 4.0 e a ênfase na dimensão humana (Sebrae, 2023; Pereira, Santos, 2022).

Na arquitetura, uma abordagem inovadora surge como uma resposta aos desafios e às demandas do mundo atual. Concluímos que ela representa uma nova era na prática arquitetônica, que combina avanços tecnológicos, sustentabilidade e busca pela melhoria da experiência humana nos espaços construídos.

Essa abordagem vai ao encontro da "Arquitetura para o bem-estar", defendida pelas autoras, em que se colocam as pessoas no centro do processo criativo, buscando entender suas necessidades, seus desejos e comportamentos para projetar ambientes que atendam às suas expectativas. Os princípios incluem:

1. **Tecnologia e inovação**: a adoção de tecnologias como a internet das coisas (IoT), a Inteligência Artificial (IA) e o aprendizado de máquina possibilita a criação de edifícios inteligentes e conectados, capazes de se adaptar às necessidades dos ocupantes em tempo real.

2. **Sustentabilidade:** a arquitetura valoriza a sustentabilidade ambiental, incorporando práticas e materiais que reduzem o impacto ambiental dos edifícios ao longo de seu ciclo de vida.

3. **Experiência do usuário (UX-*Design*):** o foco na experiência do usuário é um dos pilares fundamentais da arquitetura para o bem-estar. Por meio da análise de dados e do uso de técnicas de *design* centrado no usuário, os projetos são adaptados para proporcionar espaços mais biofílicos, confortáveis e agradáveis para os ocupantes.

4. **Flexibilidade adaptabilidade**: os espaços arquitetônicos são projetados para serem flexíveis e adaptáveis, capazes de se transformar e se ajustar às diferentes necessidades ao longo do tempo.

5. **Colaboração multidisciplinar**: enfatiza a importância da colaboração entre profissionais de diferentes áreas, como arquitetos, engenheiros, *designers*, cientistas de dados e especialistas em tecnologia. Essa integração de conhecimentos resulta em projetos mais completos e inovadores.

6. **Bem-estar e qualidade de vida**: a preocupação com o bem-estar e a qualidade de vida das pessoas é um dos principais objetivos. Os espaços são projetados para promover a saúde mental e física dos ocupantes, proporcionando ambientes que favoreçam o conforto, a conexão com a natureza e o estímulo à criatividade.

7. **Resiliência:** busca criar espaços resilientes, capazes de fazer enfrentar os desafios das mudanças climáticas e eventos extremos, garantindo a segurança e a proteção dos ocupantes (Walker; Salt, 2006).

Em resumo, a arquitetura deve adotar uma abordagem holística e inovadora que combina tecnologia, sustentabilidade e o bem-estar humano para criar espaços arquitetônicos mais inteligentes, adaptáveis e inclusivos.

Ela representa uma nova forma de pensar e projetar o ambiente construído, colocando a experiência do usuário e a busca por soluções sustentáveis no centro do processo criativo.

Essa união de inovação tecnológica com empatia resulta em ambientes inteligentes e interativos, adaptados em tempo real para proporcionar experiências significativas e satisfatórias aos ocupantes. Priorizando o bem-estar e a qualidade de vida das pessoas, a sustentabilidade na arquitetura é enfatizada, reduzindo impactos negativos no meio ambiente.

A utilização de tecnologias baseadas em dados, uma tendência para arquitetura e *design* (como BIM, IA, Metaverso e UX *Design*), abre oportunidades para uma abordagem centrada no ser humano, criando espaços adaptados às novas realidades.

Em resumo, vivenciamos uma nova era na prática arquitetônica, unindo tecnologia e criatividade humana para criar espaços personalizados, sustentáveis e adaptados às necessidades em constante evolução das pessoas. Ao utilizar tecnologias baseadas em dados de forma consciente e focada no benefício das pessoas, a arquitetura pode oferecer soluções inovadoras que atendam às expectativas dos usuários e contribuam para a melhoria da qualidade de vida e sustentabilidade.

Considerações finais

A busca por uma arquitetura que promova o bem-estar e atenda às expectativas humanas tem se tornado uma prioridade cada vez mais relevante, especialmente em um contexto em que a sustentabilidade e o *design* biofílico ganham destaque. A arquitetura evoluiu ao longo do tempo para atender às necessidades da sociedade, e hoje enfrentamos o desafio de aliar as novas tecnologias e a humanização baseada em dados da Indústria 5.0 com a preservação ambiental.

A qualidade da arquitetura está intrinsecamente relacionada às expectativas sociais e, por isso, é essencial considerar as novas demandas, como as práticas sustentáveis e a responsabilidade ambiental. A conexão com a natureza e a incorporação de elementos biofílicos nos espaços se tornam elementos-chave para proporcionar ambientes saudáveis e inspirar comportamentos sustentáveis de forma natural, como podemos ver nas 20 estratégias apresentadas.

A valorização da relação simbiótica entre o ambiente construído e a natureza é fundamental na adoção de práticas biofílicas, que passa a ser imprescindível na criação de ambientes restauradores.

Nesse contexto, a abordagem da Indústria 5.0 surge como uma oportunidade para aliar a tecnologia e a criatividade humana na criação de espaços arquitetônicos inteligentes, adaptáveis e centrados nas necessidades dos usuários. O uso consciente de tecnologias baseadas em dados permite oferecer soluções inovadoras e personalizadas que atendam às expectativas e contribuam para uma melhor qualidade de vida e bem-estar para as pessoas, com base nas estratégias biofílicas.

Referências

ACCENTURE RESEARCH AND ACCENTURE SONG SUSTAINABILITY STUDIO (ACCENTURE). *Our Human Moment Sustainability survey, September to November 2022.* Mar. 2023. Disponível em: https://www.accenture.com/content/dam/accenture/final/accenture-com/document/Accenture-Our-Human-Moment-31-Mar-2023.pdf#zoom=40. Acesso em: 1 set. 2023.

BARTON J, L. J. *Qual é a melhor dose de natureza e exercício verde para melhorar a saúde mental? Uma análise multi-estudo. Ciênc. Tecnol. Amb., v. 44, n. 10, p. 3.947-3.955,* 2010. DOI 10.1021/ es903183r.

BAUMAN, Z. *Modernidade líquida.* Rio de Janeiro: Editora Zahar, 258p., 2001.

BEJAN, A.; ZANE, J. *Design na natureza: como a lei construtal governa a evolução na biologia, física, tecnologia e organização social.* Nova York: Random House First Anchor Books, 2012.

BIEDERMAN, I.; VESSEL, E. *Prazer perceptual e o cérebro: uma nova teoria explica por que o cérebro anseia por informações e a busca por meio dos sentidos. JSTOR, 2006.* Disponível em: https://www.jstor.org/stable/27858773. Acesso em: 12 set. 2023.

BROWNING, W.; RYAN, C.; CLANCY, J. 14 padrões de *design* biofílico: Melhorando a saúde e o bem-estar no ambiente construído. *Terrapin Bright Green*, 2014. Disponível em: https://www.terrapinbrightgreen.com/reports/14-patterns/#front-matter. Acesso em: 1 set. 2023.

CACIQUE, M. Biophilic *Design* as a Strategy for Accomplishing the Idea of Healthy, Sustainable, and Resilient Environments. *Sustainability Journal*, v. 14, n. 9, p. 5.605, 2022.

CHRISTOFF, K. *et al.* Mind-wandering as spontaneous thought: a dynamic *frame*work. *Nature Reviews Neuroscience*, v. 17, n. 11, p. 718-731, 2016.

CIONEK, J. *Simultaneous EEG-fMRI* - Workshop from theory to practice. Oct 02-04-2023. Disponível em: https://www.brainlatam.com/blog/eeg-functional-mri-simultaneous-eeg-fmri-workshop-4972. Acesso em: 1 set. 2023.

CRÍZEL, L. *Neuroarquitetura, neurodesign e neuroiluminação*. Cascavel: Lorí Crízel, 2020.

DANTAS, A. T. *Economia circular e consumo sustentável*: explorando relações entre os modelos de negócios e o comportamento do consumidor. 2023. 110 f. Dissertação (Mestrado em Administração) – Universidade Federal de Campina Grande, Paraíba, 2023.

DE SÁ, A. A. M.; VIANA, D. M. *Design* e biomimética: uma revisão sobre o estado da arte no cenário brasileiro. *Mix Sustentável*, Florianópolis, v. 7, n. 1, p. 137-150, dez. 2020. Disponível em: https://ojs.sites.ufsc.br/index.php/mixsustentavel/article/view/4332. Acesso em: 1 set. 2023.

DOSEN, A. S; OSTWALD, M. J. *Evidence for prospect-refuge theory*: a meta-analysis of the findings of environ--mental preference research. City Territory and Architecture, 2016. Disponivel em: https://www.researchgate.net/publication/301814805_Evidence_for_prospect-refuge_theory_a_meta-analysis_of_the_findings_of_environmental_preference_researc.

ELHAI, J. D.; YANG, H.; MONTAG, C. Fear of Missing Out (Fomo): overview, theoretical underpinnings, and literature review on relations with severity of negative affectivity and problematic technology use. *Brazilian Journal of Psychiatry*, v. 43, n. 2, p. 203-209, 2021. Disponível em: https://www.scielo.br/j/rbp/a/KxjyzSSmkFx345d4KrfFqKk/. Acesso em: 12 set. 2023.

HERWAGEN, J. H.; HASE, B. *Building Biophilia:* Connecting People to Nature in Building *Design*. US Green Building Council. Posted March 8, 2001. Web. 9 July 2013.

HUTSON, J.; HUTSON, P. *Neuroinclusive workplaces and biophilic design*: strategies for promoting occupational health and sustainability in smart cities. Saint Charles, Missouri: Lindenwood University, 2023.

FERNANDES, J. T. *Qualidade da iluminação natural e o projeto arquitetônico*: a relação da satisfação do usuário quanto à vista exterior da janela e a percepção de ofuscamento. 2016. 337f. Tese (Doutorado em Arquitetura e Urbanismo) – Universidade de Brasília, Brasília, DF, 2016.

GILLIS, G. A Review of Psychological Literature on the Health and Wellbeing Benefits of Biophilic *Design*. *Buildings*, 2015. Disponível em: https://www.researchgate.net/publication/281303956_A_Review_of_Psychological_Literature_on_the_Health_and_Wellbeing_Benefits_of_Biophilic_*Design*. Acesso em: 1 set. 2023.

INTERNATIONAL LIVING FUTURE INSTITUTE (ILFI). *Biophilic design iniciative.* Disponível em: https://living-future.org/biophilic-*design*/. Acesso em: 1 set. 2013.

INTERNATIONAL WELL BUILDING INSTITUTE (IWBI). Disponível em: https://www.wellcertified.com/. Acesso em: 12 set. 2013.

JOYE, Y. Lições arquitetônicas da psicologia ambiental: o caso da arquitetura biofílica. *Revisão de Psicologia Geral,* v. 11, n. 4, p. 305-328, 2007.

KAPLAN, R.; KAPLAN, S. *The restorative benefits of nature: Toward an integrative framework. Journal of Environmental Psychology,* v. 15, n. 3, p. 169-182, sept. 1995.

KAPLAN, R.; KAPLAN, S. The nature of the view from home: Psychological benefits. Environment and Behavior, Universidade de Michigan, Ann Arbor, Estados Unidos, 2011.

KELLERT, S. R.; HEERWAGEN, J. H.; MADOR, M. L. *Biophilic Design*: The Theory, Science and Practice of Bringing Buildings to Life. Hoboken: Wiley, 2008.

KELLERT, S. R.; CALABRESE, E. F. *The practice of biophilic design.* 2015. Disponível em: https://biophilicdesign.umn.edu/sites/biophilic-net-positive.umn.edu/files/2021-09/2015_Kellert%20_The_Practice_of_Biophilic_*Design*.pdf. Acesso em: 1 set. 2023.

KELLERT, S. R.; WILSON, E. O. *A Hipótese da Biofilia.* Washington, D.C.: Island Press, 1993.

KOHLSDORF, G.; KOHLSDORF, M. E. *Ensaio sobre o desempenho morfológico dos lugares.* Brasília, DF: FRBH, 2017.

MINTEL. *Global Outlook On Sustainability*: A Consumer Study. 2023. Disponível em: https://www.mintel.com/consumer-market-news/consumer-attitudes-towards-sustainability/?_bt=657074821648&_bk=sustainability%20industry%20trends&_bm=b&_bn=g&_bg=151536718267&utm_medium=cpc&utm_source=google&utm_content=Threepipe-GO20053915087~GO151536718267&gclid=Cj0KCQjwl8anBhCFARIsAKbbpyQc9WfOupgUGZLefSbQV5UqkLDcoCC0p9q1WNovgas_ZK05s-KB-7-kaAhLlEALw_wcB. Acesso em: 1 set. 2023.

MONTEIRO, K. M. Rápida abordagem da manutenção na revolução 4.0 x 5.0. *Agência CBIC,* 6 dez. 2021. Disponível em: https://cbic.org.br/artigo-rapida-abordagem-da-manutencao-na-revolucao-4-0-x-5-0/. Acesso em: 1 set. 2023.

MOURÃO, J. H.; FERRAZ, H. Banhos na floresta. *In*: PERCURSOS & IDEIAS. Porto, Portugal: SCET – Instituto Superior de Ciências

Empresariais e do Turismo, 2022 Disponível em: https://percursoseideias.iscet.pt/articles/tur2022n120006.pdf. Acesso em: 12 set. 2023.

NATURE. We must act now to save Sustainability. *The International Journal of Science,* v. 618, n. 22, 2023. Disponível em: https://www.nature.com/articles/d41586-023-01989-9. Acesso em: 1 set. 2023.

NORBERG-SCHULZ, C. *Genius Loci*: Towards a Phenomenology of Architecture. Nova York: Ed. Rizzoli, 1979.

RYAN, C. O *et al. Biophilic Design Patterns Emerging Nature-Based Parameters for Health and well-being in the Built Environment.* 2014. Disponível em: https://earthwise.education/wp-content/uploads/2019/10/Biophilicdesign-patterns.pdf. Acesso em: 1 set. 2023.

PEREIRA, R.; SANTOS, N. *Indústria 5.0*: reflexões sobre uma nova abordagem paradigmática para a indústria. Trabalho apresentado ao Encontro da Anpad - EnANPAD 2022, 46. (Em Administração). Disponível em: https://anpad.com.br/uploads/articles/120/approved/5cdf0f9533d6b4c0984fc5ae00913459.pdf. Acesso em: 1 set. 2023.

PRANJALE, P.; DEEPALI, K. H. *Biophilic design*: a sustainable approach Researchgate, fev. 2019. Disponível em: https://www.researchgate.net/publication/340161940_Biophilic_Design_-A_Sustainable_Approach. Acesso em: 1 set. 2023.

SEBRAE. Indústria 5.0 humaniza a corrida pela automação total. *Sebrae-Inovação*, 14 mar. 2023. Disponível em: https://sebrae.com.br/sites/PortalSebrae/artigos/industria-50-humaniza-a-corrida-pela-automacao--total,e5adce7503ee5810VgnVCM1000001b00320aRCRD. Acesso em: 1 set. 2023.

SELHUB, E. M.; LOGAN, A. C. *Seu cérebro na natureza, a ciência da influência da natureza na sua saúde, felicidade e vitalidade*. Ontário: John Wiley & Sons Canadá, 2012.

SOUSA, A. W. P. P.; SOUSA, A. P. Revisão bibliográfica: influência das áreas verdes para a saúde física e mental. *Faema*, 2022. Disponível em: https://percursoseideias.iscet.pt/articles/tur2022n120006.pdf. Acesso em: 1 set. 2023.

SUZUKI, S. O que é 'ecoansiedade', angústia pelo planeta que atinge mais crianças e adolescentes. *BBC*, abr. 2023. Disponível em: https://www.bbc.com/portuguese/articles/c84m3j2nx7po. Acesso em: 1 set. 2023.

STIGSDOTTER, U. A.; GRAHN, P. Experiencing a Garden: A Healing Garden for People Suffering from Burnout Diseases. *Jornal de Horticultura Terapêutica*, XIV, p. 3.848, 2003. Disponível em: https://www.hybridparks.eu/wp-content/uploads/downloads/2012/11/Presentation_Grahn_Lund.pdf. Acesso em: 12 set. 2023.

TAHOUN, Z. N. A. Awareness assessment of biophilic *design* principles application. *IOP Conf. Ser.: Earth Environ. Sci.*, 329 012044, 2019. Disponível em: https://iopscience.iop.org/article/10.1088/1755-1315/329/1/012044/pdf. Acesso em: 1 set. 2023.

TAMARACK MEDIA UK. *Biophilic Design*: The Architecture of Life. 2016. Disponível em: https://www.tamarackmedia.co.uk/biophilic-*design*. Acesso em: 1 set. 2023.

TORQUATO, M. *Gestão da Sustentabilidade*: a mentalidade do consumo sustentável e sua influência nas estratégias empresariais. São Paulo: Editora Dialética, 2023.

WALKER, B.; SALT, D. *Resilience Thinking*: Sustaining Ecosystems and People in a Changing World. Covelo: Editora Imprensa da Ilha Washington, 2006. Disponível em: https://faculty.washington.edu/stevehar/Resilience%20thinking.pdf. Acesso em: 12 set. 2023.

ARQUITETURA E INTERVENÇÕES DA PSICOLOGIA POSITIVA NO CONTEXTO EDUCACIONAL

Miriam Runge
Telma Vilela Borges Merjane

Introdução

Todo projeto arquitetônico contempla as características estéticas de uma edificação, bem como busca atender às expectativas e às necessidades de seus usuários para a qualidade de vida, saúde e o bem-estar. É importante ter um foco definido, e dessa forma priorizar os objetivos do usuário para o ambiente construído, em todos os segmentos, o que, na educação, consiste em apresentar projetos para contemplar todos os estágios de vida do ser humano.

Para o desenvolvimento educacional na contemporaneidade, a tecnologia apresenta grande contribuição de forma abrangente: é um trabalho desenvolvido por equipe multi e interdisciplinar. Nessa perspectiva, cabe ressaltar a celeridade de um olhar individual para cada aluno, proporcionando as melhores práticas e estratégias que qualifiquem o crescimento emocional, cognitivo e social de todos os alunos.

O ambiente escolar exerce o poder em relação à busca de conhecimentos e ao uso da tecnologia disponível e acessível, possibilitando o domínio de conhecimentos para promover a satisfação e o conforto com profissionais qualificados, dessa forma contribuindo para a informação e a ampla comunicação.

Conforme relatam os autores Reppold, Gurgel e Almeida (2018, p. 9), pode assumir a Psicologia Positiva em contexto escolar como um forte incentivo ao aprender a saber, ao aprender a fazer e, sobretudo a ser e a estar com os outros". Esses são os quatro pilares da educação que a defende.

A Psicologia Positiva no ambiente educacional beneficia a manutenção do equilíbrio emocional, segundo descreve Linley *et al.* (2006 *apud* Reppold; Gurgel; Almeida, 2018, p. 9), "uma das principais justificativas para inserção da Psicologia Positiva nas instituições educacionais: estabelecer uma conexão entre a promoção da saúde e o desenvolvimento humano adequado, considerando todas as dimensões".

Nesse contexto, a Arquitetura pode, por meio dos recursos formais utilizados no projeto de espaços educacionais, impactar de forma positiva e incentivadora o aprendizado e a formação do indivíduo como um todo. Conforme Gonçalves e Paiva (2018), o espaço apresenta uma rica dimensão sensorial, onde interagimos integralmente por meio dos nossos sentidos e nossa percepção e onde nosso comportamento pode ser inconscientemente moldado e influenciado.

Desse impacto que o ambiente causa em cada indivíduo, comprovado pela medição de reações corporais, origina-se o campo de estudos da Neuroarquitetura, em que resultados dessas pesquisas e medições comprovam as possíveis reações a determinados estímulos ambientais.

De acordo com Lima *et al.* (2019), o ambiente escolar atua como um propagador do conhecimento e o espaço físico influenciará a aprendizagem da mesma forma que professores, livros e colegas. Enquanto a maioria das instituições ainda utiliza o modelo tradicional de carteiras uniformes e enfileiradas, a valorização de um projeto inovador na área educacional é a valorização do aprendizado e formação do indivíduo integralmente, não somente pelo conhecimento e práticas transmitidas, mas também por meio dos recursos espaciais incentivadores desse aprendizado em formação.

A maneira de administrar e de gerir instituições de ensino em tempos atuais passa por transformações, e existe grande ânimo e coragem ao repensar sobre o papel educacional nas relações de ensino e aprendizagem. De acordo com Petraglia (2011), é importante a união de todas as áreas da ciência como forma de promover o conhecimento amplo para todos os povos.

Toda a construção do espaço educacional requer atenção para o foco no aprendizado amplo, que compreende o trabalho inter e multidisciplinar.

Para Morin (2002), o conhecimento oportuno favorece a informação em contextos diversos para o ser humano para o seu desenvolvimento integral.

"Os cientistas do desenvolvimento estudam os processos de mudança e estabilidade em todos os domínios, ou aspectos, do desenvolvimento durante todos os períodos do ciclo de vida (Papalia, 2013, p. 37).

As escolas promovem a socialização, e o fenômeno da informação intensifica e facilita o acesso à comunicação para um ambiente promotor de desenvolvimento. Conforme Giacomoni, Bandeira e Oliveira (2018, p. 107-108),

> [...] alguns programas têm sido implementados ao redor do mundo com base em conhecimentos da Psicologia Positiva, a fim de ensinar as habilidades, auxiliar no desenvolvimento de forças de caráter, de emoções positivas, de engajamento e sentido, bem como promover bem-estar. Os resultados desses programas de intervenção vêm produzindo achados diversos.

A arquitetura contribui com a possibilidade de trabalhar a requalificação dos espaços públicos e privados, com uma perspectiva para o desenvolvimento de ambientes educacionais que promovem o envolvimento de todos os participantes do processo de ensino e aprendizagem.

A Psicologia Positiva é um campo de estudo dentro da Psicologia, seu foco está nos elementos que promovem a felicidade e o bem-estar nas pessoas; dessa forma, concentra-se em aspectos positivos da existência humana. Pereira (2021, p. 36) destaca que a "expansão do movimento da Psicologia Positiva nas últimas duas décadas continua a promover o avanço do estudo dos aspectos saudáveis do ser humano".

Apresentando para o público infantil uma ideia sobre o que é arquitetura e como ela é importante para a vida das pessoas de todas as idades, Coelho (2013) busca desmistificar a arquitetura e trazê-la para perto das crianças.

Como poderia considerar a importância de essa busca valer a pena? O maior desafio é construir espaços que promovem o bem-estar e favorece a combinação para o aprendizado em contexto multidisciplinar entre as ciências.

É valioso ter o foco centrado no usuário, considerando a relevância e os fundamentos para a estruturação do espaço, a fim de promover a excelência nos programas e modelos para aplicações educacionais.

O espaço educacional apresenta transformações contínuas em todos os eixos, por esse motivo a atualização de intervenções e um olhar para o desenvolvimento integral requer atenção.

Um ambiente/lugar que promove experiências em contexto individuais e para os grupos em diversas situações, ou seja, para todos os *stakeholders* em diferentes programas e projetos que promovem melhorias em todas as estruturas construídas visualizando a completa comunicação em todos os ambientes e pessoas.

O trabalho dos cientistas do desenvolvimento humano pode proporcionar impacto na vida das pessoas.

Segundo descreve Papalia (2013, p. 37), "os cientistas do desenvolvimento estudam os três principais domínios, ou aspectos, do eu: físico, cognitivo e psicossocial", com as seguintes descrições:

Figura 43 – Esquema de desenvolvimento

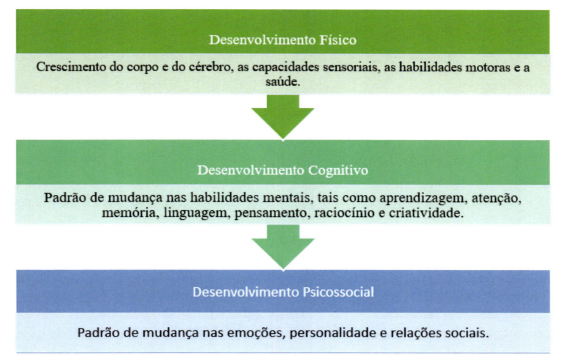

Fonte: Papalia (2013, p. 37)

Embora estejam descritos separadamente os desenvolvimentos físico, cognitivo e psicossocial, são domínios que estão inter-relacionados: cada aspecto do desenvolvimento afeta os outros.

O cenário de distanciamento social provocado pela pandemia de covid-19 apresentou questões diversas e grandes incertezas na área de projetos de edificações de forma geral, até mesmo na educação.

Esse tema despertou a curiosidade de estudos e interesse nas autoras, uma vez que o cenário atual requer atenção para os estudos do desenvolvimento humano, e uma forma de buscar mais conhecimento sobre a realidade atual e novas formas de contribuir para que o os ambientes educacionais sejam beneficiados.

O estudo está dividido em tópicos para melhor demarcar/formar cada item proposto, sendo o entrelaçamento da Psicologia Positiva, a Arquitetura e a Educação, a fim de esboçar objetivos para desenvolvimento do potencial humano com foco no bem-estar.

Para melhor compreensão e organização, seguem reduzidas descrições das disposições dos capítulos.

No Capítulo 1, "Psicologia Positiva", aborda-se o surgimento do tema, sua compreensão, características básicas e como a neurociência pode validar esses estudos e modelos teóricos.

No Capítulo 2, "Psicologia Positiva na Prática Educacional", descrevem-se a importância da inserção e aplicação dessas práticas em ambientes educacionais.

No Capítulo 3, "Arquitetura e Educação", apresentam-se práticas formais arquitetônicas que, por meio dos estudos da Neuroarquitetura, moldam-se às características e às necessidades propostas aos espaços educacionais.

Psicologia Positiva

A Psicologia Positiva, é uma abordagem/ramo da Psicologia que apresenta interesse em estudar o dá certo com as pessoas, suas qualidades e sobre como possibilitar o seu funcionamento positivo. Dessa forma, uma investigação sobre o desempenho positivo do cérebro. Portanto, uma disciplina que se aprofunda em pesquisar sobre os fatores que tornam a vida mais significativa, agradável e realizada.

"Até o momento, observa-se que muitas intervenções são possíveis no ambiente escolar" (Reppold; Gurgel; Almeida, 2018, p. 10), em contribuição para a dinâmica do ambiente, nas atitudes de docentes e discentes, assim ao delinear o foco com resultados em ambiente micro e macro com metas e objetivos estratégicos para o ensino e a aprendizagem.

Na segunda metade do século XX, começa-se os estudos sobre os aspectos positivos do ser humano, surge a Psicologia Humanista, com Abraham Maslow, que demostra interesse pelo estudo do crescimento e desenvolvimento do Potencial Humano e defende o uso da Psicologia como instrumento de promoção e bem-estar social e psicológico, conforme descreve Kamei (2016).

Como surgiu a Psicologia Positiva? É um movimento científico com a finalidade de resgatar os interesses para os aspectos positivos da vida e do ser humano. Também como suporte para promover a saúde, o bem-estar e o equilíbrio das pessoas, cuja intenção é estudar os sentimentos, as emoções e os comportamentos positivos, objetivando a busca da felicidade.

De acordo com as explanações de Kamei (2016, p. 27) "com a finalidade de resgatar os interesses sobre os aspectos positivos da vida e do ser humano, mas utilizando métodos cientificamente consagrados, Martin Seligman e Mihaly Csikszentmihalyi fundaram a Psicologia Positiva. Em 1998, o próprio Seligman descreveu Csikszentmihalyi como sendo o principal pesquisador desse campo no mundo. 'Ele é o cérebro por trás da Psicologia Positiva', afirmou Seligman, 'e eu sou a voz'" (*apud* Chamberlin, 1998).

Esses autores — Martin Seligman e Mihaly Csikszentmihalyi — são grandemente apontados como os cofundadores da psicologia positiva e do estudo científico do florescimento humano.

Segundo o registro de Kamei (2016), Seligman em 2002 publica o primeiro livro sobre a Psicologia Positiva — *Felicidade Autêntica*, em que o autor descreve o nascimento da Psicologia Positiva, ocorrido em um encontro na primeira semana de janeiro de 1998 entre os estudiosos, no México.

Nesse momento, foram apontados os três pilares de sustentação para o conteúdo da iniciativa científica. O primeiro pilar estuda a emoção positiva (vida agradável). O segundo pilar estuda o caráter positivo — as forças e virtudes cujo exercício regular produz emoção positiva (vida engajada). O terceiro pilar (vida significativa) estuda as instituições positivas — as grandes estruturas que dão suporte ao caráter positivo, que provocam a emoção positiva: famílias e comunidades, liberdade de imprensa, redes de segurança econômica, educação etc. —, pilar que promove o estudo inter e multidisciplinar em Sociologia, Antropologia, Economia e Política.

Conforme descreve Seligman (2002 *apud* Pereira, 2021), três elementos são fundamentais para descrição da felicidade: emoção positiva, engajamento e sentido.

Em 2011, Seligman lançou um novo livro, intitulado *Florescer: uma nova compreensão sobre a natureza da felicidade e do bem-estar*. Nessa obra "propõe que o verdadeiro tema da Psicologia Positiva é o bem-estar, e que o principal critério para sua mensuração e objetivo é o florescimento". Nessa perspectiva, o bem-estar seria um construto amplo que compreenderia uma combinação de alguns outros elementos.

Seligman (2011) relata que, "na teoria da felicidade autêntica, o objetivo da Psicologia Positiva é aumentar a quantidade de **felicidade** na vida das pessoas e no planeta. Na teoria do bem-estar, o objetivo é aumentar a quantidade de **florescimento** na vida das pessoas e no planeta".

O termo "florescimento" pode ser definido "como uma condição que permite o desenvolvimento pleno, saudável e positivo dos aspectos psicológicos, biológicos e sociais dos seres humanos" (Keyes; Haidt, 2003 *apud* Paludo; Koller, 2007, p. 10; Tricoli, 2021, p. 327).

O que é florescer? Para florescer, um indivíduo deve apresentar todas as características essenciais e três das seis características adicionais apresentadas por Seligman em 2011.

Tabela 2 – Florescer: uma nova compreensão sobre a natureza da felicidade e do bem-estar

Características essenciais	Características adicionais
Emoções positivas Engajamento, interesse Sentido, propósito	Autoestima
	Otimismo
	Resiliência
	Vitalidade
	Autodeterminação
	Relacionamentos positivos

Fonte: Seligman (2011)

Para essa nova teoria, cinco referências foram apontadas para a promoção do bem-estar, elementos que seriam independentes um dos outros, desenvolvidos a partir do desejo e da escolha de cada pessoa. São descritos formando o acróstico Perma, descrito em inglês como: emoções positivas (*positive emotions*), engajamento (*engagement*), relacionamentos positivos (*relationships*), sentido (*meaning*) e realização (*accomplishments*). Segue a descrição:

Tabela 3 – Psicoterapia Positiva: manual do terapeuta

Teoria do bem-estar: Perma	
Elementos	**Breve descrição**
Emoções positivas	Experimentar emoções positivas como felicidade, contentamento, orgulho, serenidade, esperança, otimismo, confiança, segurança e gratidão.
Engajamento	Imergir profundamente em atividades que utilizam as próprias forças para experimentar *flow*, um estado ideal marcado com concentração precisa, foco intenso e motivação intrínseca para maior desenvolvimento.
Relações	Ter relações positivas, seguras e confiáveis.
Significado	Pertencer e servir a alguma coisa com um senso de propósito e a crença de que ela é maior que a própria pessoa.
Realizações	Buscar sucesso, domínio, competência e realizações por si só.

Fonte: Rashid (2019)

"Essa ampliação de foco da Psicologia Positiva, partindo de felicidade para o construto do bem-estar, favorece a uma perspectiva não reducionista e simplista sobre o que existe de saudável nas pessoas e em como viver uma vida boa" (Pereira, 2021).

Carol Ryff (1989 *apud* Pereira, 2021) descreve a investigação sobre o funcionamento saudável do ser humano e a necessidade de incorporar os aspectos mais desafiadores e em longo prazo da vida, como ter um projeto, alcançar boas relações e obter um sentimento de autorrealização.

A proposta de Ryff (1989, 2013) é, por meio de uma revisão teórica sobre o funcionamento positivo no campo da psicologia, encontrar pontos de convergência entre as teorias humanistas-existenciais do desenvolvimento e da saúde mental. A partir desse eixo teórico, originaram-se as dimensões que compõem o construto do bem-estar psicológico, descritos a seguir:

Figura 44 – Elementos do bem-estar psicológico e seus fundamentos teóricos

Fonte: Pereira (2021), adaptada de Ryff (2013)
Nota: Carol Ryff é uma psicóloga americana que dedicou sua vida profissional ao estudo do bem-estar e da resiliência.

Os estudos que envolvem o bem-estar necessitam de pesquisas e investigações que favoreçam a atualização do tema em diferentes públicos e contextos, descritos por Seligman *et al.* (2016 *apud* Pereira, 2021), "Os novos ventos da Psicologia Positiva já apontaram para um horizonte de investigação sobre a capacidade humana de projeção e construção de futuro".

Evidencia um campo muito fértil para a coleta de dados, estudos e pesquisas, porém a clareza conceitual e a robustez teórica são elementos essenciais para a edificação da Psicologia, assim oferecer o sustento necessário para a ciência.

A Psicologia Positiva pode se beneficiar da neurociência, como na validação de escalas e instrumentos, bem como na constante construção de seus modelos teóricos.

Conforme relata Baumel (2021, p. 133), "a neurociência também pode se beneficiar da Psicologia Positiva, reduzindo a tendência ainda majoritária do olhar 'negativo' das pesquisas, orientado predominantemente pela patologia".

Dessa base, em 2008 Martin Seligman iniciou o Projeto Neurociência Positiva, na Universidade da Pensilvânia, com estudos unindo os dois campos, alcançando bons resultados com aspectos variados, "como os contatos sociais, os laços afetivos, o altruísmo, a compaixão, a resiliência e a criatividade (Greene; Morrisson; Seligman, 2016 *apud* Baumel, 2021, p. 133).

O autor ainda aponta que, para isso, é importante analisar e acompanhar as novas pesquisas e produções científicas que fundamentam e validam eficazmente as intervenções e a importância sobre cultivar os aspectos que fazem com que a vida realmente valha a pena ser vivida.

> *Os homens devem saber que do cérebro e somente do cérebro, surgem nossos prazeres, alegrias, risos e gracejos, bem como nossos sofrimentos, dores, tristeza e lágrimas. Através dele, em especial, nós pensamos, vemos, ouvimos e distinguimos o feio do belo, o mau do bom, o agradável do desagradável. Atribuído a Hipócrates, 400 a.C.* (apud Baumel, 2021 p. 122).

Conforme aponta Tricoli (2021, p. 327), "a Psicologia Positiva objetiva o florescimento e o funcionamento saudável das pessoas, grupos e instituições". O desejo de conhecer melhor os aspectos positivos e sinais saudáveis cresce de forma considerável no Brasil e no mundo, direcionando-se para identificar e compreender as qualidades e virtudes humanas, bem como para o benefício das pessoas e para uma vida exultante e produtiva.

As intervenções em cenário educacional promovem pesquisas e programas com a possibilidade de intervenções em todo o ambiente escolar, onde o foco é o bem-estar e desenvolvimento humano para uma vida plena.

Psicologia Positiva na Prática Educacional

Apresenta como objetivo a importância de verificar sobre a inserção e a aplicabilidade da Psicologia Positiva em ambientes educacionais, com o foco de promover as forças individuais da pessoa incluída nesse ambiente. Dessa forma, evidencia a "necessidade de um novo paradigma para a Psicologia Escolar, dita mais abrangente ou ecológica e mais otimista ou promotora das potencialidades existentes em todo o indivíduo" (Reppold; Gurgel; Almeida, 2018, p. 7).

Essa inserção se faz presente nas atividades realizadas com o público de todas as idades, de maneira ampla, favorecendo a manutenção do equilíbrio emocional e o desenvolvimento humano adequado, considerando as dimensões, limitações e particularidades do ser. Merece consideração em contextos nos quais se observam situações de competições entre os alunos, desesperança perante a realidade do ambiente e mercado de trabalho, altos níveis de estresse diante do excesso de atividades acadêmicas e profissionais, desvalorização do conhecimento formal, síndromes (como *burnout*) ou autoexigência.

As instituições educacionais, apresentam de maneira ampla a possibilidade de atuação da Psicologia Positiva, considerando um dos mais essenciais meios capazes para o crescimento positivo das pessoas.

Para os autores Reppold, Gurgel e Almeida (2018, p. 9), "Em uma ligação com os quatro pilares da educação defendidos pela Unesco (1997), pode-se assumir a Psicologia Positiva em contexto escolar como forte incentivo ao aprender a saber, ao aprender a fazer e, sobretudo, ao aprender a ser e a estar com os outros". Esses pilares repercutem uma educação que visa ao preparo do aluno para vida pessoal e em comunidade.

A educação é um importante setor da sociedade, e, para o sucesso desse processo, a atuação multidisciplinar torna-se diferencial. É possível para o profissional de Psicologia trabalhar como consultor atuando com uma visão positiva sobre o ambiente escolar e da comunidade educativa; dessa forma, promovendo as relações positivas.

Clonan *et al.* 2004 (*apud* Reppold; Gurgel; Almeida, 2018, p. 9) dizem que a

> [...] proposta da consultoria tem como base a prevenção e a promoção de saúde e bem-estar e prioriza as intervenções realizadas entre os professores e, sempre que possível, também estre os pais, uma vez que estes podem expandir tais valores e modos de ação para um número maior de indivíduos (alunos e a familiares), por meio de suas práticas.

Para o desenvolvimento de estudos e pesquisas na área, a referência é o trabalho realizado no Laboratório de Pesquisa em Avaliação Psicológica da Universidade Federal de Ciências da Saúde de Porto Alegre (UFCSPA), onde intervenções baseadas em pressupostos da Psicologia Positiva têm sido desenvolvidas e estudadas.

O principal centro de pesquisa em Psicologia Positiva no Brasil, com seus associados e colaboradores, é o Laboratório de Mensuração da Universidade Federal do Rio Grande do Sul (UFRGS), conforme descreve Hutz (2014).

Segundo Dellazzana-Zanon, Bachert e Gobbo (2018, p. 41), a escola é uma das "instituições que pode se beneficiar das ideias da Psicologia Positiva. Considerando-se os problemas de convivência que ocorrem no ambiente escolar e a demanda constante desse tipo de instituição por trabalhos que visem à busca de um desenvolvimento saudável, são inúmeras as possibilidades de contribuições que a Psicologia Positiva pode dar para o contexto educacional."

Considerando estudos diversos, verifica-se a importância das intervenções tendo como base a Psicologia Positiva, em instituições que apresentam como objetivo a formação e o desenvolvimento de pessoas mediante os processos de ensino e aprendizagem.

Diante de todos esses aspectos apresentados, vislumbra-se a importância de observar cada detalhe no ciclo de desenvolvimento humano, a fim de oferecer um ambiente que promova a saúde de todos os envolvidos, todos os *stakeholders* do processo.

Estudos diferentes têm apresentado em seus resultados a importância das intervenções com base na Psicologia Positiva em estabelecimentos que apresentam como objetivos a formação e o desenvolvimento de pessoas por meio dos processos de ensino e de aprendizagem, conforme observamos em diversos autores (Dawood, 2013; Froh; Sefick; Emmos, 2008; Suldo, 2016; Suldo *et al.*, 2015; Suldo; Savage; Mercer, 2014 *apud* Dellazzana-Zanon; Bachert; Gobbo, 2014).

O ambiente é construído na relação entre a pessoa e o ambiente e vice-versa, com todas as possibilidades nessa interação, diante do espaço ocupado por todos os integrantes, com suas histórias, inseridos em diferentes culturas. E o espaço educacional apresenta transformações contínuas, por esse motivo são adequadas as intervenções multidisciplinares que levem em consideração os componentes de possibilidades de aprendizagem, em que as ciências se entrelaçam a favor dos usuários, pessoas com capacidades criativas e de engajamento no desejo de buscar conhecimentos.

A Arquitetura promove a atenção para o ambiente construído com o objetivo de proporcionar experiências extraordinárias para os usuários, combinando todos os elementos para esse processo de integração e comunicação e promovendo o desenvolvimento do ser em essência e existência, entrelaçando as ciências envolvidas para a promoção do bem-estar.

Arquitetura e educação: a edificação de espaços pedagógicos

Todo conhecimento humano é baseado em experiências passadas.
(Gonçalves; Paiva, 2018, p. 192)

A percepção humana pode ser definida, descrita e explicada a partir das funções cerebrais, em que são atribuídos significados aos estímulos sensoriais recebidos, ficando a cargo dessa complexa atuação cerebral o recebimento, a organização e a interpretação desses estímulos conforme experiências vividas e memorizadas.

O recebimento desses estímulos acontece por meio dos sentidos, sendo os principais a visão, a audição, o tato, o olfato e o paladar. Porém, sentidos como a termocepção, que atua na percepção de temperaturas internas e externas, e a propriocepção, que localiza o ser e seu corpo dentro do contexto do ambiente, bem como o sentido do equilíbrio, também entregam à percepção dados importantes e relevantes, ainda que muitas vezes inconscientes para essa interpretação e entendimento do espaço. A seleção, a organização, o recebimento e principalmente a interpretação desses estímulos acontecem do ponto de vista biológico ou de vivências passadas geradoras de experiências que envolvem também o ponto de vista psicológico e da memória.

O ambiente é então um gerador de estímulos captados pelos sentidos por meio de receptores mecânicos, térmicos, lumínicos ou químicos e logo depois decodificados e transportados pelo sistema nervoso para que sejam interpretados e armazenados em diferentes áreas cerebrais, ocasionando, assim, uma reação que se torna o pilar de reconhecimento da leitura de um espaço. Em resumo, pode-se entender esse mecanismo como sendo de informação ao cérebro sobre o ambiente por meio dos sentidos e da percepção, e este, após um complexo em instantâneo processo de reconhecimento e interpretação, reage de forma positiva ou não a esses estímulos ambientais captados.

Segundo Pallasmaa (2011), uma edificação deve cumprir a função de uso a que se destina, intensificar a vida de seus usuários e estimular seus sentidos. Por meio de uma obra, portanto, a arquitetura pode ser capaz de explorar a realidade e a identidade de cada indivíduo, reforçando-a pela integração entre espaços vivenciados, pessoas e suas experiências de mundo.

Segundo Francisco Mora (2010), é sabido atualmente, por estudos de ressonância magnética, que pessoas com alto nível de ansiedade, estresse crônico e depressão, entre outras doenças causadas pelos muitos ambientes hostis e vida agitada das grandes cidades, têm uma atividade aumentada em várias áreas cerebrais ligadas ao emocional, como a amígdala, que é o detector de medos, perigos e dores, e ainda no córtex cingulado, responsável por focar a atenção e organizar parte da conduta emocional. Originalmente essas duas áreas cerebrais geram mecanismos que organizam respostas ao estresse e se relacionam de modo muitas vezes inconsciente, podendo, assim, influenciar a educação e o aprendizado.

Ainda referenciando Mora (2010), o autor cita que toda a percepção gera uma reação emocional, seja ela boa, seja ruim, atrativa ou não, de aproximação ou distanciamento, e essa percepção contínua do ser humano não está ausente no edifício, na sala de aula, nos espaços de recreação e nos corredores dos ambientes escolares.

Dessa forma, então, espaços escolares começam a ser projetados e pensados não somente sobre seus cálculos, estética e materiais construtivos, mas também para que seus recursos formais contribuam no aprendizado, inclusão e fortalecimento de laços afetivo-emocionais e pessoais, valorizando o impacto sobre emoção, sentimentos e, por consequência, aprendizado.

É por meio dos conhecimentos e pesquisas recentes sobre a Neuroarquitetura que dados sobre essas reações estão sendo validados e por consequência podem impactar e determinar como serão os espaços de ensino e aprendizagem, potencializando por intermédio de sua arquitetura a capacidade de aprendizagem e expressão criativa.

> As emoções despertam e mantêm a curiosidade e a atenção e, com isso, o interesse em descobrir tudo o que há de novo, desde uma comida ou um inimigo a qualquer aprendizagem na sala de aula. Emoções, em resumo, são a base mais importante na qual todos os processos de aprendizagem e memória são baseados. (Mora, 2013, p. 65, tradução nossa).

Segundo Mora (2013), e parafraseando sua própria publicação, só se pode aprender aquilo que se ama, e só se pode aprender em um local onde o ser humano se sinta bem, acolhido, protegido e incentivado, seja pelo seu próprio potencial e curiosidade em aprender, seja por seus colegas, professores e pelo espaço, no caso de ambientes destinados ao ensino. Proteção, acolhimento e incentivos geram no indivíduo estímulos positivos que tendem a gerar reações também positivas e amigáveis.

Espaços arquitetônicos possuem inúmeros recursos formais possíveis de serem explorados em projetos, desde suas cores, materiais, formas circulares, retas ou sinuosas, sua iluminação e inúmeros outros elementos componentes do espaço como mobiliário, equipamentos disponíveis e tecnologia. Todos, em seus detalhes, serão os responsáveis pela experiência desse usuário.

Na base de estudos da Neuroarquitetura, encontram-se elementos do *design* biofílico representando a mais ancestral evolução e ligação do homem com o meio que o cerca, onde, desde sempre, esse homem que nem sequer conseguia se comunicar já entendia sua dependência da natureza, fonte todos os recursos necessários para sua sobrevivência.

Segundo Pallasmaa (2011), passear em uma floresta é revigorante e saudável, devido à interação constante dos sentidos em diversas modalidades, reforçando o senso de realidade e contribuindo para a percepção e compreensão do mundo, concretizando o ciclo do ano e o passar das horas por meio do movimento solar.

Espaços arquitetônicos podem se utilizar de recursos que intensifiquem essas percepções e desenvolvam essa percepção e compreensão, além de reforçarem a relação homem-meio ambiente natural que o cerca desde os tempos mais remotos.

Nas principais premissas do *design* biofílico, são apresentadas a iluminação e a ventilação natural como bases em projetos mais salutares, pois a iluminação regula o ciclo circadiano de sono e vigília. E esse ciclo, quando regulado de forma natural e correta, proporciona ao indivíduo maiores condições de bem-estar e desempenho tanto no aprendizado quanto no seu desempenho diário. E a ventilação natural proporciona ao indivíduo, por meio da respiração, o conforto térmico interno e externo, além de sensação de bem-estar por intermédio da renovação constante tanto desse ar consumido na inspiração quanto da percepção dos aromas que estão presentes no ambiente.

Observa-se que essas premissas de valorização de aspectos do *design* biofílico em projetos começam a fazer parte de projetos destinados ao ensino e à aprendizagem infantil, como é o caso da escola Tomonoki-Himawari, situada em Tóquio, no Japão, e projetada pelo escritório Mamm *Design*, onde um grande espaço central conecta todos os demais em um centro que se assemelha aos grandes quarteirões centralizados por uma praça de convívio.

O espaço se propõe a estimular a mente das crianças e seu corpo em interações nada tradicionais para uma escola: todos os seus ambientes são organizados em torno de um grande pátio central, uma grande praça cheia de luz e de elementos naturais, como texturas de madeira e vegetação.

Sobre a disposição dos espaços, ocorre também um novo formato e concepção: os espaços dessa escola não têm uma atividade definida para seu uso, para permitir a alunos e professores a liberdade de criar e utilizar os ambientes da forma que lhes convier a cada momento. Ou seja, as tradicionais salas com carteiras enfileiradas são substituídas por amplos espaços que se moldarão à necessidade da atividade proposta, e as carteiras tradicionais somente serão utilizadas, se este for o propósito da atividade.

Vistas ao exterior, formas orgânicas, cores suaves e texturas naturais são também componentes desse projeto lúdico e inovador, inaugurado em 2017, e que se distribui por três andares. A escola conta também com pequenos espaços destinados ao refúgio dos pequenos, tais como pequenos recintos individuais, pequenas casas simulando estarem fixadas em uma árvore que é, em suma, o próprio corpo do edifício.

Um outro exemplo de emprego dessas premissas de projeto pode ser verificado na escola Pueri Domus, localizada em São Paulo, na capital. Inaugurada em 2020, com projeto assinado pelo escritório Perkins&Will, seus espaços buscam promover o acolhimento, o bem-estar e principalmente incentivar a interação e o foco.

Paredes translúcidas e salas de aula com paredes em vidro permitem o exercício e o trabalho do foco em ambientes cheios de estímulos buscando, por meio da arquitetura, a formação de um indivíduo acostumado a treinar e aplicar o seu foco na tarefa importante e sem dispersões atencionais, sempre corriqueiras atualmente. Estimular a criatividade e a interação entre equipes também é uma das premissas desse projeto, que apresenta grandes espaços de convivência como arquibancadas, espaços de sala de aula integrados com espaços de jardins, *lounges* para relaxamento e descanso e ainda pequenos nichos individuais para quando a concentração ou o isolamento forem necessários no trabalho e aprendizado de exercícios mais focados.

Citando Vygotsky (2003, p. 351), a educação como sistema geral visa ampliar ao máximo a experiência pessoal, estabelecer contatos entre o psiquismo da criança e as esferas amplas da experiência social acumulada. Para o autor citado, a emoção é importante tanto quanto o pensamento e necessita ser estimulada de forma positiva.

> As reações emocionais exercem influência essencial e absoluta em todas as formas de nosso comportamento e em todos os momentos do processo educativo. Se quisermos que os alunos recordem melhor ou exercitem mais seu pensamento, devemos fazer com que essas atividades sejam emocionalmente estimuladas. A experiência e a pesquisa têm demonstrado que um fato impregnado de emoção é recordado de forma mais sólida, firme e prolongada que um feito indiferente. (Vygotsky, 2003, p. 121).

Dessa forma, a arquitetura, por meio de seus espaços e das recentes pesquisas, busca contribuir para um aprendizado mais eficiente, focado no usuário e nas premissas de resultados possíveis de alcançar pela percepção e psicologia positiva.

Considerações finais

Verificar o desenvolvimento do tema apresentado e a responsabilidade do trabalho em equipe inter e multidisciplinar para que o trabalho seja efetivo é ter a certeza de um grande desafio Trata-se, assim, de observar todas as áreas envolvidas no contexto educacional com amplas dimensões para o cuidado de todos os envolvidos, exemplo do cuidado e controle do estresse com a educação psicoafetiva, a educação cognitiva e o processo para a aplicabilidade e acompanhamento, dinâmica integral para a Psicologia Positiva, pois o benefício será para crianças, adolescentes, pais, professores, enfim, a escola com um todo, nesse excelente processo do cuidar do sujeito para o bem-estar e significado na vida.

A condução, a disponibilidade e a preocupação dos profissionais em diferentes domínios de conhecimento na realização continuam para todas as possibilidades de evolução nos ciclos, etapas e estágios do ser humano do nascimento até a finitude.

A proposta de se considerar a importância da relação entre a pessoas *versus* o ambiente em relação bidirecional das pessoas com os espaços fortalece a grande integração da Psicologia Positiva, a Educação e a Arquitetura como aportes entre os indicadores das ciências e estudos pensando em suas relações com a sociedade e a escola que acolhe.

Por meio de estudos, pesquisas em metodologia ampla e de próprias experiências das autoras, o tema apresentado, no que diz respeito à Psicologia Positiva, à Arquitetura e à Educação, visualiza uma condição do que é possível compreender sobre a importância da essência dos seres humanos nos espaços habitados e a promoção da saúde integral.

Esses espaços afetam diretamente os sentidos e as emoções dos usuários. Nessa perspectiva, é preciso considerar a qualidade de vida para os ambientes educacionais; dessa maneira, vale refletir acerca de tudo o que se relaciona com a satisfação, o bem-estar e a felicidade na formação do sujeito.

Para Parks (2011 *apud* Noronha; Reppod, 2021, p. 68), "na última década, o campo da Psicologia Positiva expandiu grandemente. Foram observados importantes avanços teóricos, bem como o desenvolvimento de técnicas diversas para a promoção do bem-estar subjetivo".

Os autores do parágrafo anterior ainda apontam sobre as fortalezas dos indivíduos, que são as forças de caráter que têm sido utilizadas na atualidade, em contextos variados e situações distintas; e, "em razão disso, pode ser considerado como um dos construtos mais relevantes da Psicologia Positiva, porque propõe um olhar mais atento as características saudáveis, e não às patologias" Noronha; Reppold, 2021, p. 68).

Estudos da Neuroarquitetura e suas descobertas promovem ambientes em que os estímulos podem ser equacionados e regulados para um determinado objetivo por meio da percepção, do bem--estar e das reações e interações do usuário com o espaço em sua forma mais positiva e integrativa.

Finalmente, vem a alegria por dividir conhecimentos, ter a oportunidade de aprender, a ser e delinear entendimentos com profissionais de culturas variadas sobre a importância de entrelaçar, de integrar os recursos saudáveis para promover e proteger o bem-estar psicofísico e, dessa forma, proporcionar um espaço educacional positivo, apresentando projetos assertivos, criativos, possibilitando mais bem-estar às pessoas no sentido físico, psicológico e ambiental.

Diante dos estudos e das pesquisas realizadas, infere-se a possibilidade de ampliar foco e estudos para progredir e ampliar o entrelaçamento de saberes para ambiente educacional com um olhar de reconhecer a importância da arquitetura e psicologia positiva, para, naturalmente, juntas reconhecerem e moldarem espaços que efetivamente impactem indubitavelmente a construção de saberes educacionais com mais compromisso e solidez para a saúde e bem-estar das pessoas, que sensibilizem para criatividade e construção desse indivíduo que representa em essência e existência.

É preciso reconhecer a importância dos desejos do ser humano, para viver uma vida que faça sentido, e assim possibilitar a exploração dos projetos de vida, dos ambientes e das pessoas moderadoras para essa construção em busca do bem-estar, o florescimento para o aprendizado e uma vida plena.

Referências

4 PILARES da Unesco: saiba como aplicá-los no seu ano letivo. Super Autor, Rio de Janeiro, 13 jan. 2021. Disponível em: https://superautor.com.br/4-pilares-da-unesco-saiba-como-aplica-los-no-seu-ano-letivo/. Acesso em: 28 jul. 2023.

ARCHTRENDS PORTOBELLO. *Arquitetura da felicidade:* em busca de bem-estar e qualidade de vida. [*S. l.*], 18 ago. 2021. Disponível em: https://blog.archtrends.com/arquitetura-da-felicidade/. Acesso em: 27 jul. 2023.

GONÇALVES, R.; PAIVA, A. *Triuno*: neurobusiness e qualidade de vida. 2. ed. Joinville: Clube de autores, 2018.

GREEVER, T. *Articulando decisões de design*: converse com os stakeholders, mantenha sua sanidade e crie a melhor experiência do usuário. São Paulo: Ed. Novatec, 2021.

HUTZ, C. S. *Avaliação em Psicologia Positiva*. Porto Alegre: Artmed, 2014.

KAMEI, H. *Flow Psicologia Positiva*: estado de fluxo, motivação e alto desempenho. Goiânia: Editora IBC, 2016.

KENSKI, V. M. *Educação e tecnologias*: o novo ritmo da informação. Campinas: Papirus, 2012.

LAWSON, B. *Como arquitetos e designers pensam*. 4. ed. São Paulo: Oficina de Textos, 2011.

LIMA, E. Q. *et al*. Neuroarquitetura: ambientes de ensino. *Revista Científica Eletrônica de Ciências Aplicadas da Fait*, ano 3, v. 6, n. 2, 2019. Disponível em: http://fait.revista.inf.br/imagens_arquivos/arquivos_desta-que/7EciH3YxjOdjg0c_2020-7-20-17-5-52.pdf. Acesso em: 26 jul. 2023.

LOWDERMILK, T. *Design Centrado no Usuário*. São Paulo: Ed. Novatec, 2013.

MORA, F. *Neuroeducacion*: solo se puede aprender aquello que se ama. Madrid: Alianza, 2013.

MORA, P. Neuroarquitetura e educação: aprendendo com muita luz. Tradução de Romullo Baratto. *ArchDaily Brasil*, [*s. l.*], 23 mar. 2014. Disponível em: https://www.archdaily.com.br/br/01-184224/neuroarquitetura--e-educacaoaprendendo-com-muita-luz. Acesso em: 26 jul. 2023.

MORIN, E. *A Cabeça Bem-feita*: Repensar a reforma, reformar o pensamento. Rio de Janeiro: Ed. Bertrand, 2002.

NAKANO, T. C. (org.). *Psicologia Positiva Aplicada à Educação*. São Paulo: Vetor Editora, 2018.

PALLASMAA, J. *Os olhos da pele*: A arquitetura e os sentidos. Porto Alegre: Bookman, 2011.

PAPALIA, D. *Desenvolvimento Humano*. Tradução de Carla Filomena Marques Pinto Vercesi. Porto Alegre: AMGH, 2013.

PEREIRA, M. Projeto de escolas: a arquitetura como ferramenta educacional. *ArchDaily Brasil*, [*s. l.*], 25 ago. 2020. Disponível em: https://www.archdaily.com.br/br/900627/projeto-de-escolas-a-arquitetura-como--ferramenta-educacional. Acesso em: 21 jun. 2023.

PETRAGLIA, I.; MORIN, E. *A Educação e a Complexidade do Ser e do Saber*. São Paulo: Vozes, 2011.

RASHID, T.; SELIGMAN, M. *Psicoterapia Positiva*: manual do Terapeuta. Tradução de Sandra Maria Mallmann da Rosa. Porto Alegre: Artmed, 2019.

RODRIGUES, M.; PEREIRA, D. S. (org.). *Psicologia Positiva*: dos conceitos à aplicação. Novo Hamburgo: Sinopsy, 2021.

SELIGMAN, M. *Florescer*: uma nova compreensão sobre a natureza da felicidade e do bem-estar. Tradução de Cristina Paixão Lopes. Rio de Janeiro: Objetiva, 2011.

VYGOTSKY, L. S. *Psicologia Pedagógica*. Porto Alegre: Artmed, 2003.

WINTERBOTTOM, D.; WAGENFELD, A. *Therapeutic Gardens*: *design* for healing spaces. London: Timber Press, 2015.

YABLONSKI, J. *Leis da Psicologia Aplicada a UX*: Usando Psicologia para Projetar Produtos e Serviços Melhores. São Paulo: Ed. Novatec, 2020.

O ESPAÇO VIVIDO: A NEUROARQUITETURA NA INTERSECÇÃO ENTRE COGNIÇÃO, EMOÇÃO, EXPERIÊNCIA E CONSCIÊNCIA

Lorí Crizel
Andréa de Paiva

Edificando a experiência: a interação da Neurociência e da Arquitetura

A ligação entre o espaço construído e o ser humano sempre foi uma premissa da arquitetura, mas apenas recentemente, com os avanços da neurociência, pudemos entender ainda mais detalhadamente de que forma os espaços influenciam nossa experiência, cognição, emoção e consciência. Assim, o estudo da neuroarquitetura fornece elementos significativos sobre como o ambiente construído pode afetar o cérebro e, por extensão, o comportamento e o bem-estar humanos.

Ao adentrarmos as complexas relações entre a mente humana e os ambientes construídos, somos imediatamente convidados a melhor conhecer o relacionamento multifacetado que demonstra como nossa biologia influencia — e é influenciada — pelo mundo ao nosso redor. Em um nível fundamental, nossa percepção e nossa experiência espacial dão forma à maneira tal qual navegamos e compreendemos os ambientes, levando a interpretações e a sensações variadas.

Um fenômeno particularmente fascinante é a experiência de fluxo e ressonância no contexto da arquitetura. Essas sensações, que podem ser descritas como estados elevados de imersão e de conexão, são amplamente influenciadas pelo *design* e pela estrutura dos espaços que habitamos. À vista disso, esse conceito nos leva ao crescente campo da neuroarquitetura, no qual as fronteiras entre cognição, emoção e experiência espacial estão sendo ativamente exploradas. Ao compreendermos a percepção e a reação da mente a diferentes estímulos arquitetônicos, podemos começar a discernir o papel das emoções na arquitetura e seu impacto profundo na experiência espacial.

Desse modo, essa conexão não se limita ao nosso cérebro; ela se estende profundamente à nossa consciência. Então, a relação entre consciência e ambiente provoca reflexões sobre como o espaço pode afetar nosso estado mental e vice-versa. Isso nos permite considerar a natureza fundamental da consciência espacial e a maneira como nossa percepção de *self* se entrelaça com a espacialidade.

Nesse cenário, é vital reconhecer que a experiência espacial não é uniforme para todos. A neurodiversidade ou a gama de diferenças nas estruturas e funções neurológicas dos indivíduos joga uma luz sobre como diferentes mentes — e corpos! — podem perceber e reagir ao ambiente de maneiras distintas. Com esse enfoque, o *design* intencional surge como uma poderosa ferramenta para promover o bem-estar, garantindo que os espaços sejam inclusivos e propícios para todos.

Do mesmo modo, ao construir conexões e ao integrar conhecimentos da ciência cognitiva com práticas de *design* arquitetônico, temos uma oportunidade sem precedentes de moldar ambientes que não apenas atendam às nossas necessidades físicas, mas também nutram nossa psique. Tais aspectos serão aqui abordados com o propósito de gerar uma reflexão sob a perspectiva dessas conexões, explorando a simbiose entre a mente humana e o espaço construído.

A complexidade da relação entre o cérebro e o espaço construído

O cérebro humano, com seus bilhões de neurônios e trilhões de conexões sinápticas, é extraordinariamente adaptável ao ambiente. As áreas do cérebro envolvidas com o processamento de informações espaciais são profundamente influenciadas pelo ambiente construído. Consequentemente, os ambientes em que vivemos, trabalhamos e brincamos têm um impacto direto em nossa capacidade de pensar, lembrar, sentir e interagir.

A complexidade do cérebro humano é refletida em suas funções intrínsecas e em sua interação contínua e dinâmica com o espaço construído que nos rodeia. Por exemplo, o hipocampo — uma pequena região do cérebro — desempenha papel fundamental na nossa capacidade de navegar e compreender o espaço. É nele que foram localizadas as células de lugar (chamadas originalmente de *place cells*), que são ativadas quando estamos em uma localização específica, um fenômeno estudado por O'Keefe e Nadel (1978). Além do hipocampo, a área parietal posterior auxilia a compreensão do espaço em relação à nossa posição no mundo, uma observação salientada por Mountcastle (1997). Esse mapeamento dinâmico se atualiza conforme nos movemos por diferentes ambientes.

Tal capacidade adaptativa do cérebro não se limita a efeitos mais imediatos. O cérebro é um órgão extremante plástico e pode também se transformar estruturalmente em resposta aos ambientes aos quais é exposto em longo prazo. Por exemplo, estudos como os realizados por Diamond, Krech e Rosenzweig (1964) revelaram que ambientes que apresentam uma adequada combinação de estímulos cognitivos, sensoriais, sociais e motores podem levar a mudanças cerebrais significativas, resultando em melhor desempenho cognitivo. Essa ideia foi corroborada por pesquisas em taxistas de Londres, que apontaram que motoristas com anos de experiência navegando pela complexa malha viária da cidade apresentavam hipocampos posteriores mais desenvolvidos, conforme indicado por Maguire *et al.* (2000).

No entanto, o espaço construído não afeta apenas a plasticidade e a cognição. Ele também tem um impacto significativo nas emoções e no bem-estar geral. Lederbogen *et al.* (2011), por exemplo, mostraram que viver em ambientes urbanos pode afetar negativamente a atividade da amígdala, área do cérebro associada ao processamento emocional e à resposta ao estresse.

De tal modo, a crescente compreensão da complexidade cerebral e a sua interação com o espaço construído fornece valiosos *insights* (percepções) a respeito de como somos afetados pelo ambiente e a maneira com que podemos projetá-los para que atendam tanto nossas necessidades físicas quanto mentais e emocionais.

Percepção e experiência espacial

A percepção espacial não é apenas sobre a orientação física; ela também envolve a emoção e a cognição. Lugares sagrados, monumentos e até mesmo espaços domésticos podem evocar sentimentos diversos. O modo como percebemos o espaço está interligado às suas características físicas — luz, som, texturas, proporções, entre outros — e aos significados que atribuímos a tais elementos e às suas combinações.

James Gibson, psicólogo e proeminente teórico da percepção do século XX, acentuou a importância da interação ativa dos indivíduos com seu ambiente. Segundo Gibson (1979), em seu influente livro *The Ecological Approach to Visual Perception*, a percepção não é um processo passivo, mas um ato de busca e processamento ativo de informações. Ele introduziu o conceito de *"affordances"*, elucidando como percebemos o mundo em termos das ações que ele nos permite realizar. Essa visão revolucionou a compreensão da relação entre os seres humanos e o ambiente, destacando a conexão dinâmica entre o perceptor e o mundo percebido.

A arquitetura e o *design* dos espaços que habitamos têm um impacto direto sobre nossa relação com o ambiente e as experiências que nele vivenciamos. Kevin Lynch (1960), em *A Imagem da Cidade*, destaca a importância dos marcos, caminhos, nós, bordas e distritos como elementos fundamentais na formação de nossas memórias e percepções sobre um lugar. A partir disso, o autor sugere que uma cidade bem projetada é aquela em que os cidadãos podem criar um "mapa mental" claro, ajudando-os a se orientar e se mover pela cidade com facilidade.

Além da orientação, a experiência espacial influencia nosso bem-estar emocional. A teoria da "restauração da atenção", de Kaplan e Kaplan (1989), sugere que certos ambientes, particularmente aqueles que apresentam características naturais, têm a capacidade de promover o restauro da nossa atenção e reduzir a fadiga mental. Isso está intrinsecamente ligado à noção de que a natureza e os espaços verdes incorporados ao *design* — seja ele urbano, seja arquitetônico — podem ter efeitos terapêuticos e ajudar a promover conforto e qualidade de vida.

Acrescenta-se também que a maneira como os espaços são projetados pode afetar a forma de interagirmos socialmente. O antropólogo cultural Edward T. *Hall*, em *A Dimensão Oculta* (1966), por exemplo, explora o conceito de proxêmica, analisando como os seres humanos usam e interpretam o espaço nas interações sociais. Ele destaca as diferenças culturais em relação ao espaço pessoal e territorialidade, enfatizando que diversas culturas possuem normas e expectativas variadas sobre proximidade e espaço pessoal.

Desse modo, a relação entre cérebro, corpo e espaço construído revela-se em sua complexidade, sendo uma mescla da nossa herança biológica com as nuances culturais e características do ambiente em que estamos inseridos. Essa interação, quando compreendida em sua plenitude, permite o desenho de espaços que ressoam com nossas necessidades e nossos desejos, promovendo bem-estar e integração social. Adentrando-se um novo panorama, é relevante explorar mais a fundo a experiência de fluxo e de ressonância e como esses fenômenos se entrelaçam com a arquitetura.

A experiência de fluxo, ressonância e a arquitetura

A sensação de estar em "fluxo", um estado de imersão total em uma atividade, pode ser facilitada pelo *design* do espaço. O conjunto de estímulos multissensoriais do ambiente pode favorecer — ou atrapalhar — o "fluxo" em diferentes atividades, como aquelas que envolvem a criatividade, a concentração e a produtividade.

A "experiência de fluxo", conceituada por Mihaly Csikszentmihalyi envolve o estado ótimo de concentração e de satisfação em que uma pessoa se encontra totalmente imersa em uma atividade, perdendo a noção de tempo e de espaço. Logo, o conceito de fluxo é frequentemente associado a atividades como arte, música e esporte, mas sua relação com a arquitetura e o *design* espacial é igualmente profunda.

Em seu trabalho, Csikszentmihalyi (1990) observa que a experiência de fluxo ocorre quando há um equilíbrio entre os desafios de uma tarefa e as habilidades de quem a realiza. No contexto da arquitetura, isso pode ser interpretado como a criação de espaços que oferecem estímulo sem serem avassaladores e que também proporcionam locais de retiro e reflexão. No entanto, é importante reconhecer que não existe uma abordagem única e universal para criar espaços de fluxo, pois as necessidades e preferências individuais variam não só de acordo com a tarefa a ser executada, mas também de acordo com quem são as pessoas realizando as tarefas. A título de exemplo, uma criança fazendo um exercício de matemática pode precisar mais de um ambiente com características que favoreçam sua concentração (silêncio, pouco movimento e menos elementos de distração) que um adulto envolvido em uma atividade semelhante.

Além de o ambiente favorecer o estado de fluxo em determinadas atividades, vale ressaltar aqui o conceito de ressonância na arquitetura. Ele se refere à ideia de que os espaços físicos que habitamos podem "ressoar" com os nossos processos neurológicos e cognitivos, influenciando nossos sentimentos, comportamento e bem-estar geral. Um exemplo clássico são os *designs* contemplativos de Tadao Ando, que, com a interação entre luz e sombra, concreto e natureza, evocam uma experiência quase meditativa, encorajando os ocupantes a se perderem no momento.

Ao considerar o *design* arquitetônico um dos meios promotores do estado de imersão e conexão com o entorno, percebemos que sua importância vai além da mera estética. Essa abordagem enfatiza a importância de criar ambientes que atendam às necessidades práticas e, ao mesmo tempo, elevem a experiência humana, potencializando o foco e a satisfação nas atividades cotidianas. Com essa compreensão, emerge a curiosidade sobre como a arquitetura pode influenciar diretamente nossa cognição, emoções e a maneira de vivenciarmos o espaço.

Explorando a neuroarquitetura: cognição, emoção e experiência espacial

Conforme vimos no início do capítulo, a interseção entre a arquitetura e a neurociência tem dado origem a uma fascinante disciplina conhecida como neuroarquitetura. Esse campo emergente busca compreender, entre outras coisas, como os espaços físicos que habitamos afetam nossa cognição, emoções e experiências e como, a partir desse conhecimento, podemos projetar espaços melhores. Como veremos adiante, a convergência de conhecimento da arquitetura e da neurociência permite uma análise mais profunda das interações entre o ambiente construído e o funcionamento do cérebro humano, revelando percepções valiosas para a criação de ambientes que promovam o bem-estar e a qualidade de vida.

Antes de nos aprofundarmos na relação entre ambiente e cognição, é importante esclarecer a que esse termo se refere. "Cognição" é um termo amplo que abrange o conjunto de processos mentais pelos quais adquirimos conhecimento e compreendemos o mundo ao nosso redor. Ou seja, a cognição envolve várias funções mentais, incluindo percepção, memória, raciocínio, resolução de problemas, atenção e linguagem, abrangendo tanto processos conscientes quanto inconscientes. É ela que nos permite processar informações, interpretar estímulos sensoriais, tomar decisões e, claro, construir representações mentais do ambiente.

Especificamente no contexto da nossa relação com o ambiente físico, a cognição está intrinsecamente ligada ao ambiente que nos rodeia. Ela nos permite processar informações multissensoriais do ambiente e organizar essas informações em padrões significativos, atribuindo sentido a elas e usando esse conhecimento para interagir com o mundo e tomar decisões. Nesse contexto, a neuroarquitetura explora de que maneira características do ambiente físico — como luz, cor, forma e textura, entre muitas outras — afetam a percepção e o processamento de informações.

A noção de que a luz afeta diretamente nossa percepção não é exatamente nova: precisamos de luz para enxergar o ambiente ao nosso redor, e a quantidade de luz, tanto em excesso como em falta, pode afetar negativamente o sentido da visão. Por outro lado, focos de luz podem ser usados para direcionar a atenção e, consequentemente, a percepção de determinados elementos do ambiente. Por exemplo, em um palco de teatro ou em uma vitrine, nosso olhar é direcionado para onde está a luz no meio de espaços mais escuros. Mas o que pesquisas recentes vêm demonstrando é que os efeitos da luz na cognição não se limitam apenas à percepção.

A qualidade da luz também afeta diretamente outros processos da cognição, a citar o aprendizado e a resolução de problemas. Em escolas, os alunos nas salas de aula com maior entrada de luz natural (com mais janelas ou janelas maiores), em geral, apresentam performance melhor do que os alunos em salas iluminadas artificialmente (Heshong *et al.*, 2002). Ainda que em intensidades maiores, a luz artificial não possui exatamente as mesmas qualidades da luz natural, e isso se reflete na maneira como ela nos afeta, impactando, entre outras coisas, a cognição.

Não é só a luz do ambiente que pode afetar o funcionamento desse processo tão importante para o nosso dia a dia. A poluição sonora, por exemplo, impacta diretamente nossa capacidade de concentração e os níveis de estresse, prejudicando o raciocínio e a capacidade de resolução de problemas. E ela não está sozinha: um lugar muito movimentado, onde as pessoas se sentem expostas e a visão periférica detecta movimentos frequentemente, também afeta negativamente a capacidade de concentração. Nesse sentido, um ambiente que ofereça às pessoas possibilidades de encontrar espaços mais tranquilos, com maior privacidade visual e acústica, pode contribuir para estados mentais de maior concentração, importantes para a performance em diferentes atividades. Ambientes de estudo, como uma biblioteca, ou de trabalho, tais quais escritórios, podem se beneficiar muito com a presença de alguns espaços deste tipo. Por tudo isso, a compreensão da cognição e de sua íntima relação com o ambiente físico pode trazer percepções significativas para arquitetos e *designers*, projetando diferentes tipos de espaços.

Porém, conforme já vimos no início do capítulo, um dos princípios básicos da neuroarquitetura consiste em adotar uma perspectiva holística na análise da interação entre o indivíduo e o ambiente. Dessa forma, ao explorarmos o conceito da cognição, é imprescindível ampliar nossa compreensão para abarcar também outras respostas fisiológicas do nosso corpo que estão intrinsecamente entrelaçadas com a cognição e, por conseguinte, com a maneira pela qual nos relacionamos com o meio circundante.

A emoção é outra dimensão profundamente influenciada pelo ambiente ao nosso redor, seja ele interno, seja externo, público ou privado. No campo da ciência, essa área passou muitos anos subestimada em relação a outras áreas de interesse, como a cognição, sendo considerada menos importante para os estudos científicos. Recentemente, porém, pesquisas como a de Paul Ekman, António Damásio e Jaak Panksepp contribuíram significativamente para a compreensão das emoções e como elas são processadas, reguladas e manifestadas no cérebro e no comportamento humano.

As emoções são reações a estímulos do ambiente que envolvem tanto respostas físicas quanto mentais. Em seus estudos, António Damásio enfatiza a relevante interconexão entre o corpo e a mente na experiência emocional, argumentando que as emoções não são apenas sentimentos abstratos ou somente respostas cerebrais: elas incluem respostas físicas e mudanças no estado do corpo (Damásio, 1994). "Borboletas" no estômago, pernas bambas, mãos tremendo: esses são exemplos de manifestações emocionais que acontecem no corpo todo, afetando-nos de uma maneira muito mais ampla do que era considerado pela ciência.

No contexto da arquitetura, sempre foi clara a existência da conexão entre ambiente e emoção. Ao visitar espaços como a Sagrada Família, em Barcelona, o Coliseu, em Roma, Machu Picchu, próximo a Cusco, no Peru, ou o Maracanã, no Rio de Janeiro, fica claro o potencial da arquitetura de afetar profundamente nosso estado emocional. Ainda assim, em espaços do nosso dia a dia, essa relação entre ambiente e emoção pode ficar menos aparente, porque nos habituamos a esses locais. Contudo, isso não significa que não há impacto emocional, e sim que a intensidade de tal impacto foi reduzida, sendo mais difícil detectá-lo conscientemente.

É nesse ínterim que diferentes metodologias neuropsicológicas podem nos ajudar a detectar essas variações emocionais mais sutis. Por exemplo, o GSR (*Galvanic Skin Response*), que mede as variações de condutância da pele, é considerado um indicador fisiológico de atividade emocional e resposta ao estresse. Isso porque a condutância elétrica da pele pode ser influenciada por mudanças nas glândulas sudoríparas que podem ocorrer em resposta a estímulos emocionais ou estressantes. Portanto, o GSR possibilita-nos obter percepções sobre os níveis de excitação emocional em resposta ao ambiente, identificando picos emocionais e de tranquilidade. Tal metodologia vem sendo muito utilizada em diversos estudos, como os relacionados ao *design* biofílico e ao potencial da natureza em contribuir para o controle do estresse e para o relaxamento do organismo (Browning *et al.*, 2020; Yin *et al.*, 2018).

Atualmente, discute-se o papel que as emoções desempenham na tomada de decisões e no julgamento. De acordo com a hipótese do marcador somático, desenvolvida por Damásio, as emoções não são apenas reações automáticas a estímulos, elas também fornecem informações cruciais sobre o valor (valência) de uma situação ou estímulo específico (Damásio, 1994). A valência emocional refere-se às dimensões positiva ou negativa das emoções que experimentamos, fundamental na categorização e avaliação dos gatilhos que as desencadearam.

Essa dimensão ajuda a diferenciar os estímulos e as situações com base em sua qualidade subjetiva e afeta o modo de percebermos e reagirmos ao que estamos vivenciando. Algo que é percebido com valência positiva tende a gerar maior atração: por exemplo, a visita a uma obra arquitetônica de que gostamos nos faz ter vontade de passar mais tempo ali e de voltar mais vezes. Já algo com valência negativa tende a gerar o efeito oposto, assim como quando passamos por uma rua perigosa no meio da noite e queremos sair logo dali.

No contexto do *design* espacial, esse é um tema crucial para entendermos a experiência das pessoas nos ambientes, tanto em termos fenomenológicos — ou seja, a experiência individual percebida em primeira pessoa — como em termos comportamentais. Buscar compreender a valência de diferentes estímulos para os vários usuários do espaço em questão nos ajuda, então, a estimar, de uma maneira mais eficiente, como o ambiente afetará as experiências das diferentes pessoas ali presentes e o comportamento resultante incentivado por determinados gatilhos emocionais no ambiente. Elementos de valência positiva, como o uso de materiais que remetam a memórias felizes da infância ou aplicação do *design* biofílico criando uma conexão com a cultura e com a paisagem local, tendem a gerar emoções agradáveis, maior conexão com o ambiente e comportamentos de aproximação. Por outro lado, elementos de valência negativa, como características do ambiente que possam estar conectadas com memórias traumáticas ou tristes, geram efeitos contrários, como emoções desagradáveis, menor conexão com o ambiente e comportamentos de afastamento.

Nesse contexto, vale destacar a importância de buscar estratégias que nos permitam conhecer, de maneira mais profunda, a cultura, os valores e as memórias afetivas dos diferentes grupos de usuários. Isso permite que arquitetos e *designer*s mapeiem elementos espaciais que possam evocar memórias afetivas de valência negativa e positiva, para depois definir a melhor estratégia de acordo com as intenções de projeto.

O ambiente no qual vivemos e interagimos exerce um profundo impacto em nossa saúde mental, no desempenho cognitivo e bem-estar emocional. Compreender essas relações intrincadas entre emoção, cognição e ambiente capacita os arquitetos a conceberem espaços que otimizam a cognição, aumentando a eficiência em uma variedade de tarefas, facilitando o processo de aprendizado e memorização e cultivando estados emocionais mais positivos. Essa compreensão também fomenta uma conexão mais profunda com o ambiente. Ao adotar uma perspectiva holística, a qual considera essas complexas interações, podemos criar ambientes que não só atendam às nossas necessidades práticas, mas também estabeleçam um contexto mais propício para o crescimento pessoal, a produtividade e a qualidade de vida. Dessa forma, alcançamos um equilíbrio harmonioso entre mente e ambiente, resultando em espaços que nos apoiam de maneira integral e enriquecem nossa experiência diária.

Ao melhor compreendermos a interseção entre a experiência humana e os espaços construídos, reconhecemos que a arquitetura tem uma profunda influência em nossa cognição e nas maneiras pelas quais percebemos e interagimos com o ambiente. Dessa forma, uma investigação mais aprofundada sobre como os sentimentos e as emoções podem vir a ser evocados e moldados pela arquitetura torna-se uma sequência natural dessa abordagem, lançando luz sobre a verdadeira essência da experiência espacial.

O papel das emoções na arquitetura: impactos na experiência espacial

Já vimos que as emoções são reações complexas que envolvem tanto respostas físicas quanto mentais a estímulos do ambiente, afetando-nos de diversas maneiras, que, muitas vezes, fogem à percepção consciente. Elas desempenham um papel fundamental na arquitetura, influenciando a forma como interagimos, percebemos e experimentamos não apenas os espaços construídos, mas as situações que neles vivenciamos. Em outras palavras, as emoções não influenciam apenas a percepção do cenário (ambiente), fazem-se também das histórias ali encenadas (vivências). Todavia, nós não somos simples expectadores de uma peça de teatro, que a assistem de maneira passiva. Nós somos também os atores e, por isso, não exclusivamente a percepção é afetada, mas ainda consequência de nossas escolhas e reações também o são.

O ciclo ação-percepção, um conceito bastante explorado na neuroarquitetura por cientistas como Michael Arbib (2021), ajuda-nos a melhor compreender essa relação ativa com o meio. Esse ciclo é um conceito que descreve a interação contínua entre a ação de um indivíduo e a sua percepção do ambiente. Ele sugere que nossas ações e percepções estão interligadas e influenciam uma a outra de maneira constante. Portanto, o papel das emoções na arquitetura está intrinsecamente relacionado a tal ciclo, consequentemente influenciando percepções e comportamentos. Um exemplo simples pode nos ajudar a entender melhor essa situação.

O famoso estudo de Roger Ulrich, de 1984, sobre os efeitos das janelas com vista para natureza em pacientes no hospital é uma referência quando discutimos temas de *Design* Biofílico, *Design* de Espaços de Saúde e *Design* Baseado em Evidências. Nesse estudo, ele observou que os 23 pacientes em quartos com vista para um jardim se recuperaram mais rápido do que os 23 pacientes se recuperando do mesmo tipo de cirurgia em quartos com vista para um muro. Atualmente, estudos mais recentes utilizando diferentes metodologias indicam que o contato positivo com a natureza contribui para maior relaxamento do organismo, diminuindo a atividade do sistema nervoso simpático (associado a maior excitação e picos emocionais) e ativando o sistema nervoso parassimpático (associado a estados de tranquilidade).

A partir do estudo de Ulrich, observamos, então, que a percepção de elementos do ambiente (vista da janela) afeta até mesmo reações involuntárias do organismo (para exemplificar, a velocidade de recuperação). Mas não é só isso. A partir de então, novas percepções passam a ser afetadas, como, nesse caso, a percepção de dor, que diminui para os pacientes com vista para paisagens naturais, resultando na menor necessidade de analgésicos. Conforme vimos, não apenas as percepções são influenciadas por mudanças emocionais do organismo; as ações (ou reações) também se transformam de acordo com nosso estado emocional. No caso desse estudo que estamos usando de exemplo, é destacado que os pacientes com maior contato com a natureza por meio da vista da janela também receberam menos avaliações negativas das equipes de enfermagem, demonstrando que seu comportamento em relação aos funcionários foi claramente impactado pelo ambiente. Nesse contexto, observa-se que entender como o ambiente afeta as emoções é um passo fundamental para compreender, de maneira mais ampla, a experiência dos usuários e, a partir disso, criar espaços mais eficientes.

Os impactos das emoções na experiência tanto espacial como situacional não param por aí. Estudos nesse campo indicam que as emoções também estão diretamente relacionadas à atenção e à memorização. Eric Kandel é um neurocientista renomado que estudou profundamente os processos de aprendizado e memória no contexto das emoções, recebendo o Prêmio Nobel de Fisiologia ou Medicina, em 2000, por sua pesquisa sobre os mecanismos moleculares envolvidos na formação da memória. Seus experimentos demonstraram, entre outras coisas, a influência das emoções na plasticidade sináptica, que é a capacidade de alteração das conexões entre os neurônios em resposta à experiência. Ele descobriu que eventos emocionalmente carregados tendem a fortalecer as sinapses e, assim, melhorar a formação e a retenção de memórias (Kandel, 2006).

Isso quer dizer que existe uma tendência de nos lembrarmos melhor de eventos mais emocionantes.

Assim sendo, ambientes que provocam emoções surpreendentes e vívidas tendem a resultar em memórias mais resilientes. No entanto, é crucial lembrar que nem todas as emoções têm uma valência positiva, conforme discutido previamente. Ou seja, tanto uma vivência traumática como uma vivência feliz envolvem um pico emocional que estimula sua memorização. Além disso, é importante reconhecer que parte do impacto emocional de uma experiência ou ambiente decorre da utilização de nossas memórias afetivas já armazenadas para interpretar novas situações. Portanto, para conceber espaços com o impacto emocional desejado, é imperativo explorar a fundo os perfis dos usuários, a cultura local e as memórias afetivas que podem ser despertadas por meio do ambiente.

Em suma, as emoções desempenham um papel vital na maneira como percebemos, interagimos e nos conectamos com os espaços construídos, influenciando não unicamente a percepção multissensorial dos ambientes, mas também afetando profundamente nossas respostas fisiológicas e psicológicas. Reconhecer a interdependência entre nossas ações, percepções e estados emocionais enriquece nossa compreensão da dinâmica complexa entre o ser humano e o espaço que habita. As emoções são uma força influente na arquitetura. Por isso, arquitetos e *designers*, ao adotar uma abordagem sensível e informada emocionalmente, aumentam suas chances de projetar espaços que enriqueçam a experiência humana. A compreensão mais profunda do papel das emoções é crucial para moldar ambientes que não apenas atendam às necessidades práticas como elevem o bem-estar emocional e mental dos ocupantes, resultando em uma interação mais significativa e gratificante entre o ser humano e o ambiente construído.

Consciência e ambiente: a conexão entre o espaço e o estado mental

Consciência é tradicionalmente entendida como o estado subjetivo de perceber-se a si mesmo e ao ambiente ao seu redor. O neurologista António Damásio, autor de *O Erro de Descartes* (1994), sugere que a consciência não é apenas um mero produto da atividade cerebral, envolvendo uma sensação profunda de si e do ambiente. Por sua vez, o filósofo John Searle, que discute a natureza da consciência em *A Redescoberta da Mente* (1997), argumenta que a consciência tem uma qualidade subjetiva inerente. Ampliando a discussão para o impacto dos ambientes construídos na experiência humana, Sarah Williams Goldhagen, crítica de arquitetura e autora de *Bem-vindo ao Seu Mundo* (2017), explora como os espaços que habitamos moldam nossa percepção e nossos sentimentos. Dessa forma, a neuroarquitetura emerge tal qual um campo fundamental para entendermos como os espaços construídos afetam nossa consciência e, inversamente, como nossa consciência influencia nossa percepção do espaço.

A jornada pela compreensão do humano frequentemente nos conduz por meio das múltiplas relações dos ambientes que nos cercam e da nossa mente. A maneira como interagimos com o espaço ao nosso redor tem reflexos na forma como percebemos, sentimos e, fundamentalmente, interagimos com eles. Nesse caminho, encontramos um território onde os contornos do mundo exterior e interior se entrelaçam e, muitas vezes, desafiam a nossa compreensão. É nesse cruzamento que começamos a refletir não apenas sobre como, mas por que sentimos e percebemos nossas experiências vivenciadas. A resposta pode ser mais profunda e complexa do que imaginamos.

A natureza da consciência

A consciência é multidimensional e pode ser segmentada em consciência fenomenal (experiência pura) e consciência de acesso (processamento e reflexão sobre a experiência). Ambos os aspectos são contínuos e profundamente entrelaçados com o ambiente. É por meio dessa interação contínua que a neuroarquitetura encontra sua relevância.

A noção e a compreensão da consciência são frequentemente descritas como o grande mistério da neurociência e da filosofia. Em sua essência, é a experiência subjetiva de estar ciente de si mesmo e do mundo ao redor. Thomas Nagel, em seu ensaio "What Is it Like to Be a Bat?" (1974), destaca a natureza subjetiva da consciência ao argumentar que só podemos entender verdadeiramente a experiência de um ser se pudermos compreender o que é ser esse ser. Em outras palavras, a consciência é inerentemente pessoal e intrínseca.

Além disso, a divisão da consciência em consciência fenomenal e de acesso, conforme proposto por Ned Block (1995), em *On a Confusion About a Function of Consciousness*, ajuda-nos a compreender a multiplicidade da experiência consciente. A consciência fenomenal refere-se à experiência pura, à qualidade vivida de uma sensação, enquanto a consciência de acesso é mais sobre o processamento dessa experiência, a reflexão e a reação a ela.

Nesse viés, a complexidade da consciência também é evidenciada por sua interação com a cognição e a memória. António Damásio, em *O Erro de Descartes* (1994), salienta a importância das emoções na formação da consciência. Para ele, a consciência é um processo contínuo que é influenciado pela interação entre emoções, corpo e mente. A consciência, assim, não pode ser isolada de outras funções cerebrais e, na verdade, é o resultado de um complexo entrelaçamento de muitas funções cerebrais trabalhando juntas.

Acrescenta-se que Daniel Dennett, em *Consciousness Explained* (1991), defende uma visão mais modular da consciência, argumentando que não é um único fenômeno, mas um conjunto de capacidades e processos cerebrais. Para ele, nossa sensação de consciência contínua é uma ilusão produzida pela maneira como nosso cérebro processa informações.

A consciência, embora complexa, é influenciada tanto por disciplinas científicas quanto por reflexões filosóficas. Ela não é simplesmente um subproduto do nosso cérebro, mas é afetada diretamente pela interação com o ambiente ao nosso redor. Partindo desse princípio, o ambiente não é apenas um contexto, mas um fator determinante em como percebemos e interpretamos a nós mesmos. Portanto, torna-se válido analisar a relação entre o espaço em que vivemos e a nossa própria identidade.

Espacialidade e *self*

O espaço não apenas influencia nossa cognição e emoção, mas também nossa percepção de "eu". A propriocepção, que é a percepção da posição e movimento do nosso corpo, e a interocepção, que se refere à percepção de sensações internas do corpo, são moduladas por nossa relação com o ambiente. A exemplo, espaços restritivos podem levar a sentimentos de confinamento, enquanto espaços abertos podem evocar sentimentos de liberdade e expansividade.

A espacialidade — ou nossa percepção e experiência do espaço — tem uma relação intrínseca com o nosso *self* ou sentido de identidade. Essa relação é evidente não apenas na maneira de nos movermos e de habitarmos os espaços, mas em como esses espaços se tornam uma extensão de nosso ser.

Merleau-Ponty, em *Fenomenologia da Percepção* (1945), argumenta que a percepção é fundamental para nosso entendimento do mundo e de nós mesmos. O espaço não é apenas algo externo, mas é integrado ao nosso corpo e experiência. Nossa relação com o espaço, portanto, molda nossa identidade e nossa compreensão de quem somos.

Yi-Fu Tuan, em *Espaço e Lugar: A Perspectiva da Experiência* (1977), aprofunda-se na ideia de que a experiência humana é central para dar significado ao espaço e ao lugar. Ele sugere que os lugares que habitamos e com os quais temos conexões emocionais se tornam uma parte integrante de nossa identidade.

Além disso, Edward S. Casey, em *The Fate of Place: A Philosophical History* (1997), explora a ideia de que a experiência de lugar é fundamental para a constituição do *self*. O lugar não é apenas um pano de fundo para a ação humana; ele é incorporado, sentido, vivido e, crucialmente, contribui para a formação da identidade individual.

Em um nível mais pessoal e cotidiano, o espaço de nossa infância, nossa casa, o *design* de nossos ambientes de trabalho e até os lugares que escolhemos para as férias, todos desempenham um papel em moldar e refletir quem somos. Nossas memórias, experiências e interações nesses espaços contribuem para a narrativa contínua de nossa identidade.

Assim, o *self*, ou a nossa percepção de identidade, é dinâmico e evolui constantemente em resposta ao que nos cerca. A maneira de interagirmos com os espaços pode desempenhar um papel crucial na formação dessa autopercepção. À medida que compreendemos a profundidade dessa interação, é vital reconhecer que nem todos experimentam o espaço da mesma maneira. Diferenças em nossa neurologia podem influenciar profundamente como percebemos e respondemos ao nosso entorno. Faz-se pertinente explorar a relação entre essas diferenças neuronais e o ambiente em que vivenciamos.

Neurodiversidade e ambiente

A compreensão da neurodiversidade, que reconhece e celebra uma variedade de formas neurocognitivas humanas, expande a tradicional noção de "normalidade" no funcionamento cerebral. Ao reconhecer que cada indivíduo experimenta o mundo de maneira única, surge uma nova perspectiva sobre como o ambiente pode ser experienciado, sentido e compreendido.

Temple Grandin, em *Pensando com Imagens* (2006), oferece uma visão íntima de como sua mente autista funciona. Grandin argumenta que sua habilidade de pensar em imagens, palavras, permite-lhe ver e experimentar o mundo de uma maneira única e detalhada. Ela destaca a importância de ambientes estruturados e previsíveis para muitos que estão no espectro autista.

Steve Silberman, em *NeuroTribes: The Legacy of Autism and the Future of Neurodiversity* (2015), traça a história do autismo e defende uma abordagem mais inclusiva e aceitativa da neurodiversidade. Silberman destaca como ambientes físicos e sociais podem ser modificados para se tornarem mais inclusivos, permitindo que indivíduos neurodivergentes prosperem.

Diferentes experiências neurocognitivas também afetam a maneira como os indivíduos interagem com o espaço. Por exemplo, para alguém com Transtorno do Déficit de Atenção com Hiperatividade (TDAH), um ambiente com muitos estímulos pode ser extremamente distrativo, enquanto o mesmo ambiente pode ser revigorante para outra pessoa.

A Dr.ª Olga Bogdashina, especialista em percepção sensorial no autismo, em *Perception and Communication in Autism* (2003), examina como indivíduos autistas podem perceber o mundo de maneira extremamente diferente devido a variações em sua percepção sensorial. Ambientes que são confortáveis para a maioria das pessoas podem ser avassaladores ou insípidos para alguém no espectro autista, dependendo de suas particularidades sensoriais.

Entender a neurodiversidade e integrá-la à concepção de espaços não é apenas uma necessidade, mas uma responsabilidade de arquitetos, *designers* e urbanistas. Criar ambientes que reflitam e respeitem as variadas formas de perceber e interagir com o mundo é fundamental. No entanto, além de respeitar essas diversidades, há uma oportunidade latente: a de conceber espaços que acomodem, mas que também potencializem o bem-estar e a qualidade de vida de seus ocupantes, com o propósito e a intenção de buscar melhorar a experiência humana.

Design intencional e bem-estar

Ao entender a conexão profunda entre consciência e ambiente, arquitetos e *designers* têm a capacidade de criar espaços que não só atendem às necessidades funcionais, mas também promovam bem-estar, saúde mental e enriquecimento da experiência humana.

A relação entre o ambiente físico e o bem-estar mental e emocional está se tornando cada vez mais reconhecida. Esse entendimento ressalta a importância do *design* intencional, no qual cada aspecto do *design* é deliberadamente escolhido para positivamente influenciar seus ocupantes.

Christopher Alexander, em *A Pattern Language* (1977), sugere que os espaços devem ser projetados usando uma linguagem de padrões que se alinhem harmoniosamente ao bem-estar humano. Esses padrões, se incorporados ao *design* arquitetônico e urbano, podem contribuir para a criação de comunidades mais unidas e ambientes mais acolhedores.

Ingrid Fetell Lee, em *Alegria: O poder surpreendente do ordinário para criar uma vida extraordinária* (2018), analisa como determinados *designs* e estéticas em nosso entorno podem cultivar alegria e bem-estar. Ela aborda como cores, formas e padrões específicos têm a capacidade de despertar emoções positivas e como esses elementos podem ser integrados pelos *designers* para aprimorar o bem-estar.

Paco Underhill, autor de *Vamos às Compras* (1999), embora focado principalmente no comportamento do consumidor, destaca como pequenas nuances no *design* de espaços comerciais podem afetar significativamente a experiência e o comportamento das pessoas. Ele argumenta que a compreensão e a atenção às preferências subconscientes dos consumidores podem não apenas aumentar as vendas, mas ainda melhorar a satisfação geral e o bem-estar dos consumidores nos espaços comerciais.

Sarah Williams Goldhagen, em *Welcoming Spaces: Architecture and the Human Brain* (2021), postula que a arquitetura e o *design* têm uma influência direta no funcionamento cognitivo e emocional. Por meio da integração das mais recentes descobertas da neurociência e da psicologia, a autora desvenda como os espaços projetados com intenção podem melhorar a saúde mental, facilitar a interação social e potencializar a satisfação com a vida.

Em síntese, a prática de um *design* intencional, orientado para o bem-estar humano, é mais do que uma escolha estética. Ela fortalece as comunidades, melhora o bem-estar mental e enriquece a qualidade de vida. Assim, a missão dos *designer*s e arquitetos é projetar com um entendimento profundo e consciente da influência do ambiente no bem-estar humano.

A interação entre consciência e ambiente desempenha um papel central na forma como vivenciamos nosso dia a dia. É observado que espaços idealizados com intenção e propósito têm um impacto saudável em nosso bem-estar e qualidade de vida. Porém, para maximizar essa influência positiva, uma abordagem multidisciplinar é essencial. Da mesma forma que um edifício é mais do que a soma de seus tijolos, a intersecção entre a compreensão cognitiva e os princípios do *design* arquitetônico nos oferece novas possibilidades para aprimorar e enriquecer a experiência humana nos espaços que habitamos.

Construindo conexões: integrando ciência cognitiva e *design* arquitetônico

A emergência do entrelaçamento entre a neurociência, a ciência cognitiva e o *design* arquitetônico indica uma revolução em nossa compreensão de como os ambientes construídos afetam a mente humana. Ao considerarmos que nossos ambientes têm um papel influente em nossas cognições, emoções e comportamentos, torna-se imperativo integrar as descobertas da neurociência no campo do *design*.

Diversos renomados autores vêm explorando esse potencial do ambiente, por exemplo, Alain de Botton, em *A Arquitetura da Felicidade* (2006), ao oferecer uma exploração filosófica de como os elementos arquitetônicos ressoam em nossas emoções e cognições; Colin Ellard, com suas investigações sobre a influência dos ambientes urbanos na psicologia humana, trazendo à luz a conexão entre espaços físicos e a saúde mental; Michael Gazzaniga, em *Quem Manda em Você?* (2012), ao sugerir que a maneira como percebemos e interagimos com nosso ambiente é influenciada pela organização de percepções e traduções dessas em nosso cérebro; Donald A. Norman, em *Emotional Design: Why We Love (or Hate) Everyday Things* (2004), ao articular a profunda influência do *design* em nossas emoções e comportamentos, algo que se estende sem dúvida à arquitetura; John Zeisel, em *Inquiry by Design* (2006), ao discutir o *Design* Baseado em Evidências (EBD) e enfatizar a necessidade de uma base empírica para decisões de *design*; além de grandes pesquisadores, tais quais Eve Edelstein, Kristine Mun, David Kirsh e Eduardo Macagno, entre outros, que reforçam essa discussão, explorando as interações entre ambientes construídos e a neurologia e a cognição humanas.

A integração da neurociência no *design* arquitetônico é, portanto, uma fronteira vital na criação de ambientes otimizados para saúde mental, interação social e bem-estar geral. Essa colaboração multidisciplinar tem o potencial de transformar a maneira como projetamos, construímos e habitamos espaços, garantindo que sejam receptivos e ressonantes com a complexidade da experiência humana.

A neuroarquitetura, ao cruzar fronteiras disciplinares, representa uma fusão de campos e um movimento em direção a uma compreensão mais holística do ser humano e do espaço que ele habita. O cerne desse campo interdisciplinar repousa sobre a premissa de que o espaço construído não é meramente um pano de fundo inerte para a vida humana, mas um agente ativo na modelação da experiência e do comportamento humanos.

As descobertas de António Damásio sobre a interligação entre emoção e razão, bem como as investigações de Michael Gazzaniga sobre a natureza da consciência, ressaltam a profundidade e a complexidade da relação entre mente e matéria. Essa ligação intrincada sugere que, ao projetar espaços, estamos também moldando contextos emocionais, cognitivos e sociais.

Enquanto Alain de Botton contempla a estética e o impacto emocional da arquitetura, Colin Ellard mergulha nas nuances psicológicas que os ambientes urbanos impõem aos habitantes. A junção dessas perspectivas nos permite apreciar a arquitetura como uma expressão artística ou funcional e como um intricado tecido que engendra a experiência humana em múltiplos níveis.

Juhani Pallasmaa, em sua obra *The Eyes of the Skin*, argumenta que a arquitetura deve ser uma experiência multissensorial, afirmando que o predomínio da visão na arquitetura moderna limita nossa conexão com os espaços. Para Pallasmaa (1996), é vital que a arquitetura envolva todos os sentidos, permitindo uma ligação mais profunda e empática com o ambiente. Sua perspectiva acrescenta uma dimensão tátil, sonora e olfativa à nossa compreensão da interação entre espaço e ocupante, expandindo a visão holística da neuroarquitetura.

John O'Keefe, com sua pesquisa sobre o hipocampo e a navegação espacial, oferece percepções vitais para entender como os ambientes moldam a memória e a cognição. Essa convergência de conhecimento sugere que, mais do que nunca, arquitetos e urbanistas têm nas mãos a capacidade — e a responsabilidade — de criar espaços que ressoem com as intricadas redes neuronais e as vivências humanas.

Nesse contexto, a neuroarquitetura surge semelhante a uma resposta à necessidade de uma abordagem integrada e holística no *design*, combinando neurociência, psicologia, filosofia, ciência cognitiva, arte e tecnologia. É um chamado para reimaginar e reconfigurar nossos ambientes, alinhando-os mais intimamente com o tecido intrincado do cérebro e da mente humana, garantindo que os espaços que construímos não unicamente abriguem, mas também nutram, inspirem e elevem.

Um relevante desenvolvimento tecnológico nessa arena é a introdução de biossensores no processo de *design*. Esses são dispositivos que medem as respostas fisiológicas das pessoas a estímulos externos. O EEG, por exemplo, registra a atividade elétrica do cérebro, enquanto o GSR avalia as variações na condutividade da pele, que podem indicar mudanças emocionais. O HRV mede as variações no intervalo entre batimentos cardíacos, e o *eye tracking* e o *face reader*, respectivamente, rastreiam os movimentos oculares e analisam expressões faciais. A aplicação desses instrumentos na arquitetura fornece *insights* diretos sobre o modo que os humanos reagem física e emocionalmente aos espaços criados.

O emprego da tecnologia dos biossensores vem ao encontro da observação de que a arquitetura, ao longo de sua trajetória, sempre objetivou criar espaços que atendessem não apenas a critérios estéticos e de funcionalidade, mas que também promovessem o bem-estar e a ressonância emocional dos ocupantes. E, em meio a essa busca, surge então a neuroarquitetura, entrelaçando neurociência e *design* arquitetônico, expandindo nossa compreensão sobre as multifacetadas interações cérebro-ambiente (Zeisel, 2006).

Assim, o uso dos biossensores como parte do processo de *Design* Baseado em Evidências (EBD) traz o avanço da tecnologia tal qual partícipe do ato projetual, em que se destacam como instrumentos de vanguarda, possibilitando a mensuração em tempo real das respostas fisiológicas e emocionais dos indivíduos a estímulos arquitetônicos. O EEG, por exemplo, ao monitorar a atividade elétrica do cérebro, pode revelar nuances da maneira como certos ambientes impactam os padrões de ondas cerebrais, levando a estados de tranquilidade ou tensão (Sternberg, 2009).

Tecnologias como o *eye tracking* mostram-se úteis ao indicar quais características arquitetônicas captam mais a atenção, fornecendo importantes percepções sobre áreas de maior interesse visual em um espaço (Duchowski, 2007). Paralelamente, o *Face Reader*, utilizado no estudo das expressões faciais, conceito e estudo amplamente explorado por Paul Ekman, fornece um entendimento profundo das emoções humanas em resposta a estímulos visuais e ambientais. Integrar essa compreensão com as análises de *design* pode oferecer uma dimensão adicional na avaliação da eficácia emocional de um espaço (Ekman, 1992).

O GSR (*Galvanic Skin Response*), conhecido também como Resposta Galvânica da Pele, é uma ferramenta valiosa para avaliar a condutividade elétrica da pele, a qual pode sinalizar estados emocionais variados. Boucsein (2012) destaca que a condutividade elétrica da pele varia em resposta a estímulos emocionais, servindo de indicativo de estresse ou relaxamento. Em termos práticos na neuroarquitetura, o GSR possibilita que arquitetos e *designer*s avaliem a forma pela qual determinados espaços ou elementos arquitetônicos influenciam a resposta emocional dos usuários. Ao analisar a eficácia de um espaço projetado para promover relaxamento, como um jardim tranquilo ou uma sala de meditação, as variações na resposta do GSR podem oferecer informações sobre o nível de tranquilidade induzido pelo ambiente (Boucsein, 2012).

Já o HRV (*Heart Rate Variability*), ou Variabilidade da Frequência Cardíaca, é outra métrica crucial, refletindo variações no intervalo entre batimentos cardíacos e relacionando-os com a modulação autonômica cardíaca. Segundo Thayer *et al.* (2012), o HRV é um indicador robusto do funcionamento do sistema nervoso autônomo, fornecendo *insights* sobre o equilíbrio emocional e estresse fisiológico de um indivíduo. Ao ser aplicado no processo de avaliação de um dado projeto, o HRV pode ajudar a discernir como ambientes específicos impactam esse equilíbrio autonômico. Por exemplo, se um espaço é projetado para encorajar a colaboração e a criatividade, a monitorização do HRV pode oferecer informações sobre o bem-estar dos ocupantes e a sua predisposição para a interação e inovação (Thayer *et al.*, 2012).

Observa-se, então, que, no processo de EBD a integração dos biossensores ao desenvolvimento projetual auxilia arquitetos e *designer*s a experimentarem uma renovação em sua abordagem, e a análise quantitativa sobre reações humanas amplifica a objetividade e a precisão das decisões de *design*. Ou seja, a aliança entre neurociência e arquitetura, fortalecida pelo *Design* baseado em evidências e pelo uso de biossensores e compreensão das emoções humanas, sinaliza para uma era em que os ambientes são moldados não apenas por estética, mas também em profunda sintonia com as necessidades emocionais e fisiológicas humanas.

Ainda assim, com toda essa tecnologia que vem avançando rapidamente, a abordagem holística não deve ser esquecida. Juhani Pallasmaa, em *The Eyes of the Skin: Architecture and the Senses* (1996), lembra-nos da multifacetada experiência sensorial da arquitetura, e que qualquer tentativa de integração com a ciência cognitiva deve visar enriquecer — não reduzir — essa complexidade. Façamos dessa reflexão uma busca pelo constante ato de promover qualificadas e positivas experiências aos usuários dos espaços construídos.

A convergência da ciência cognitiva com o *design* arquitetônico revela um horizonte fascinante no qual a mente humana e o espaço físico se entrelaçam de maneiras anteriormente inexploradas. Ao adotar os conhecimentos da neurociência e combiná-los com os princípios da arquitetura, somos capazes de criar ambientes que não apenas ressoam com a estética, mas que também se alinham harmoniosamente com as necessidades intrínsecas do humano. Esse elo entre ciência e *design* ilumina o caminho para uma nova era em que os espaços se tornam extensões reflexivas de nossas experiências, potencializando uma coexistência mais profunda e significativa.

Referências

ALEXANDER, C.; ISHIKAWA, S.; SILVERSTEIN, M. *A Pattern Language*: Towns, Buildings, Construction. New York: Oxford University Press, 1977.

ANDO, T. *Tadao Ando*: Complete Works 1975-2014. Colônia: Taschen, 2014.

ARBIB, M. A. *When brains meet buildings*: A conversation between neuroscience and architecture. Oxford: Oxford University Press, 2021.

BACHELARD, G. *The Poetics of Space*. Boston: Beacon Press, 1958.

BARRETT, P.; ZHANG, Y.; DAVIES, F.; BARRETT, L. The impact of classroom *design* on pupils' learning: Final results of a holistic, multi-level analysis. *Building and Environment*, v. 89, 2015. https://www.sciencedirect.com/science/article/pii/S0360132315000700.

BERMAN, M. G.; JONIDES, J.; KAPLAN, S. The cognitive benefits of interacting with nature. *Psychological Science*, v. 19, n. 12, 2008. DOI 10.1111/j.1467-9280.2008.02225.x. PMID 19121124.

BLOCK, N. On a Confusion About a Function of Consciousness. *Brain and Behavioral Sciences*, v. 18, 1995. https://www.academia.edu/4757333/On_a_confusion_about_a_function_of_consciousness

BOGDASHINA, O. *Perception and Communication in Autism*: A New Perspective. London: Jessica Kingsley Publishers, 2003.

BROWNING, M. H. E. M.; MIMNAUGH, K. J.; *VAN* RIPER, C. J.; LAURENT, H. K.; LAVALLE, S. M. Can Simulated Nature Support Mental Health? Comparing Short, Single-Doses of 360-Degree Nature Videos in Virtual Reality With the Outdoors. *Frontiers in Psychology*, v. 10, n. 2.667, 2020. https://www.frontiersin.org/articles/10.3389/fpsyg.2019.02667/full

BOUCSEIN, W. *Electrodermal Activity.* New York: Springer, 2012.

CASEY, E. S. *The Fate of Place*: A Philosophical History. Berkeley: University of California Press, 1997.

CHATTERJEE, A. *The Aesthetic Brain*: How we evolved to desire beauty and enjoy art. Oxford: Oxford University Press, 2011.

CRÍZEL, L. *Neuroarquitetura, neurodesign, neuroiluminação:* Neuroarquitetura e Teoria de Einfühlung como proposição para práticas projetuais. Cascavel: Lorí Crízel, 2020.

CSIKSZENTMIHALYI, M. *Flow*: The psychology of optimal experience. Nova York: Harper & Row, 1990.

CSIKSZENTMIHALYI, M. *Criatividade*: o trabalho e a vida de 91 nomes brilhantes. São Paulo: Rocco, 1998.

DAMÁSIO, A. *O Erro de Descartes*: emoção, razão e o cérebro humano. São Paulo: Companhia das Letras, 1994.

DE BOTTON, A. *A Arquitetura da Felicidade*. São Paulo: Editora Rocco, 2006.

DENNETT, D. C. *Consciousness Explained*. Boston: Little, Brown and Co., 1991.

DIAMOND, M. C.; KRECH, D.; ROSENZWEIG, M. R. The effects of an enriched environment on the histology of the rat cerebral cortex. *Journal of Comparative Neurology*, v. 123, n. 1, 1964. Disponível em: https://pubmed.ncbi.nlm.nih.gov/14199261/.

DUCHOWSKI, A. T. *Eye Tracking Methodology*: Theory and Practice. London: Springer Science & Business Media, 2007.

EKMAN, P. *Telling Lies*: Clues to Deceit in the Marketplace, Politics, and Marriage. New York: W.W. Norton & Company, 1992.

ELLARD, C. *Places of the Heart*: The Psychogeography of Everyday Life. New York: Bellevue Literary Press, 2015.

ELLARD, C. *Você é Aqui*: Por que nós podemos encontrar nosso caminho para a Lua, mas nos perdemos no shopping. São Paulo: Editora Martins Fontes, 2009.

GAZZANIGA, M. *Quem Manda em Você?* O cérebro e a mente. São Paulo: Editora Zahar, 2012.

GIBSON, J. J. *The ecological approach to visual perception*. Boston: Houghton Mifflin, 1979.

GOLDHAGEN, S. W. *Bem-vindo ao Seu Mundo*: como o ambiente construído molda nossas vidas. Rio de Janeiro: Intrínseca, 2017.

GOLDHAGEN, S. W. *Welcoming Spaces*: Architecture and the Human Brain. New York: W. W. Norton & Company, 2021.

GOLDSTEIN, K. The *Organism*: A Holistic Approach to Biology Derived from Pathological Data in Man. New York: Zone Books, 1995.

GRANDIN, T. *Pensando com Imagens*: Minha Vida com o Autismo. Rio de Janeiro: Objetiva, 2007.

HALL, E. T. *A Dimensão Oculta*. Rio de Janeiro: Francisco Alves, 1966.

HEERWAGEN, J. H. Psychosocial value of space. *Whole Building Design Guide*, 2017. Disponível em: https://www.wbdg.org/resources/psychosocial-value-space.

HESCHONG, L.; WRIGHT, R. G.; OKURA, S. Daylighting Impacts on Human Performance in School. *Journal of the Illuminating Engineering Society*, v. 31, n. 2, 2002. Disponível em: https://cdn.ymaws.com/www.co-case.org/resource/resmgr/imported/JA_Daylighting%20Impacts%20on%20Human%20Performance%20in%20Schools.pdf.

KANDEL, E. R. *In search of memory*: The emergence of a new science of mind. New York: W. W. Norton & Co, 2006.

KAPLAN, S.; KAPLAN, R. *The experience of nature*: A psychological perspective. Cambridge: Cambridge University Press, 1989.

LEDERBOGEN, F. *et al*. City living and urban upbringing affect neural social stress processing in humans. *Nature*, v. 474, n. 7.352, 2011. Disponível em: https://www.nature.com/articles/nature10190.

LEE, I. F. *Alegria*: O poder surpreendente do ordinário para criar uma vida extraordinária. São Paulo: Editora Intrínseca, 2018.

LYNCH, K. *A Imagem da Cidade*. São Paulo: Martins Fontes, 1960.

MAGUIRE, E. A.; GADIAN, D. G.; JOHNSRUDE, I. S. *et al.* Navigation-related structural change in the hippocampi of taxi drivers. *Proceedings of the National Academy of Sciences*, v. 97, n. 8, p. 4.398-4.403, 2000.

MALLGRAVE, H. F. *Arquitetura e Embodiment*: Da fenomenologia à neurociência. Londres: Routledge, 2013.

MERLEAU-PONTY, M. *Fenomenologia da Percepção*. Paris: Gallimard, 1945.

MOUNTCASTLE, V. B. The columnar organization of the neocortex. *Brain*, v. 120, n. 4, 1997. Disponível em: https://pubmed.ncbi.nlm.nih.gov/9153131/.

NAGEL, T. What Is it Like to Be a Bat? *Philosophical Review*, v. 83, n. 4, 1974. Disponível em: https://www.sas.upenn.edu/~cavitch/pdf-library/Nagel_Bat.pdf.

NORMAN, D. *The Design of Everyday Things*. Nova York: Basic Books, 1988.

O'KEEFE, J.; NADEL, L. *The hippocampus as a cognitive map*. Oxford: Clarendon Press, 1978.

PALLASMAA, J. *The Eyes of the Skin*: Architecture and the Senses. Chichester: John Wiley & Sons, 1996.

SEARLE, J. R. *A Redescoberta da Mente*. São Paulo: Martins Fontes, 1997.

SILBERMAN, S. *NeuroTribes*: The Legacy of Autism and the Future of Neurodiversity. New York: Penguin, 2015.

STERNBERG, E. M. *Healing Spaces*: The Science of Place and Well-Being. Cambridge: Harvard University Press, 2009.

THAYER, J. F.; ÅHS, F.; FREDRIKSON, M.; SOLLERS III, J. J.; WAGER, T. D. A meta-analysis of heart rate variability and neuroimaging studies: Implications for heart rate variability as a marker of stress and health. *Neuroscience & Biobehavioral Reviews,* v. 36, p. 747-756, 2012. Disponível em: https://pubmed.ncbi.nlm.nih.gov/22178086/.

TOLMAN, E. C. Cognitive maps in rats and men. *Psychological Review*, v. 55, n. 4, 1948. Disponível em: https://psycnet.apa.org/record/1949-00103-001.

TUAN, Y.-F. *Espaço e Lugar*: A Perspectiva da Experiência. São Paulo: Difel, 1983.

ULRICH R. S. View through a window may influence recovery from surgery. *Science,* New York, v. 224, n. 4.647, 1984. Disponível em: https://pubmed.ncbi.nlm.nih.gov/6143402/.

UNDERHILL, P. *Vamos às Compras*: A Ciência do Consumo. São Paulo: Editora Elsevier, 1999.

WILSON, E. O. *Biophilia*. Cambridge: Harvard University Press, 1984.

YIN, J.; ZHU, S.; MACNAUGHTON, P.; ALLEN, J. G.; SPENGLER, J. D. Physiological and cognitive performance of exposure to biophilic indoor environment. *Building and Environment*, v. 132, 2018. Disponível em: https://www.sciencedirect.com/science/article/abs/pii/S0360132318300064.

ZEISEL, J. *Inquiry by Design*: Environment/Behavior/Neuroscience in Architecture, Interiors, Landscape, and Planning. New York: W. W. Norton & Company, 2006.

SOBRE OS AUTORES

Organizadores

Lorí Crízel

Arquiteto e urbanista | Presidente da Academy of Neuroscience for Architecture (Anfa) no Brasil | Membro da Anfa Center for Education Latin America | Autor do primeiro livro do Brasil sobre neuroarquitetura | Senior Consultant em Neuroarquitetura do Escritório AKMX | Professor de Neuroarquitetura no POLI.*Design* do Instituto Politecnico di Milano/Itália | Coordenador de pós-graduações e dos programas internacionais do Ipog Brasil | editor-chefe do Journal of Eco+Urbanism and Neuroarchitecture | Colunista de Neuroarquitetura para as Revistas ArchDaily e LumeArquitetura | Doutorando em Neuroarquitetura | Mestre em Conforto Ambiental | Especialista em Neurociências e Comportamento Humano | Certificações Internacionais de *Design Thinking e Light Design* pelo Instituto Politecnico di Milano (Itália) | CEO do Escritório Lorí Crízel Arquitetos + Partners | Selo Crea/PR de Excelência em Projetos Arquitetônicos | CEO da Plataforma NEURO AI | Conselheiro CAU/PR | Mentor do Programa *Design Tank Brasil* | Membro fundador do Projeto Neuro in Lab | CEO e membro fundador do Instituto Neuro.Bio.*Design* | Atividades de imersão profissional/acadêmica nos escritórios de Norman Foster (Londres), Zaha Hadid (Londres), Christian de Portzamparc (Paris), BIG (Copenhagen), Effekt Architects (Copenhagen), Concrete Architects (Amsterdã), Aires Mateus (Lisboa), Hassell Studio (Singapura), AEDAS Architecture (Singapura), Architects 61 (Singapura), *Design* Link Architects (Singapura), Tandem Architects (Bangkok), DBALP Jam Factory (Bangkok), X Architects (Dubai) e ODA Architecture (Nova Iorque) | Atividades institucionais junto ao POLI.*Design* do Instituto Politecnico di Milano (Itália), McGill University (Canadá) e Universidade do Porto (Portugal)..

Orcid: 0009-0008-8366-8933

Marivania Cristina Bocca

Psicóloga. Doutora em Filosofia pelo Programa de Pós-Graduação de Filosofia da Universidade do Oeste do Paraná (Unioeste, Toledo), com cotutela na Universidade Federal de Santa Catarina (Ufsc). Doutorado sanduíche na Universidade Beira Interior (UBI, Covilhã/Portugal). Mestra em Psicologia Social e da Personalidade pela PUCRS. Especialista em Psicologia Fenomenológico-Existencial pela Unipar (Umuarama/PR). Especialista em Psicologia Existencialista Sartriana pela Unisul (Florianópolis). Realiza estudos integrados entre a psicologia existencialista sartriana, fenomenologia e psicologia existencialista sartriana, fenomenologia e Arquitetura. Investiga aspectos sociais, sociológicos e antropológicos da atitude humana, tendo como foco as questões relacionadas ao espaço, à temporalidade e ao lugar. Desde 2012 é professora convidada pelo Instituto de Pós-Graduação (Ipog) para atuar nos cursos de Arquitetura; Neuroarquitetura e *Design* de Interiores Ipog. Autora do livro *Psicanálise Existencial e o Método Progessivo-Regressivo: experiência psicopatológica em Jean-Paul Sartre (Editora Appris, 2021)*.

Orcid: 0000-0001-9120-7223

Convidados

Aline Reis Calvo Hernandez

Psicóloga, mestra em Educação pela Pontifícia Universidade Católica do Rio Grande do Sul (PUCRS). Doutora em Psicologia Social e Metodologia pela Universidad Autónoma de Madrid (UAM). Professora da Faculdade de Educação e do Programa de Pós-Graduação em Desenvolvimento Rural da Universidade Federal do Rio Grande do Sul (UFRGS). Líder do Grupo de Pesquisa Psicologia Política, Educação, Memórias e Histórias do Presente (POLEMHIS/CNPq). E-mail: aline.hernandez@ufrgs.br

Orcid: 0000-0001-5413-319X

Adria de Lima Sousa

Doutora em Psicologia pela Universidade Federal de Santa Catarina (2022). Mestre em Psicologia pela Universidade Federal do Amazonas (2015), especialista em Psicologia clínica pelo Conselho Federal de Psicologia (2018) e especialista em psicologia existencialista sartriana pela Universidade do Sul de Santa Catarina (2019). Possui experiência docente e em pesquisa, bem como em Psicologia clínica como psicoterapeuta e supervisora de psicólogos clínicos. Pós-doutoranda na UFAM. Atualmente, é professora e supervisora na Rede existências, escola de formação continuada em Psicologia fenomenológica-existencial. E-mail: adriapsique@gmail.com

Orcid: 0000-0002-7395-1806

Andréa de Paiva

Idealizadora do NeuroAU (@neuro_au). Membra do Advisory Council da Academy of Neuroscience for Architecture (Anfa) e vice-chair do Anfa Chapter Brazil. *Master of Arts* pela Middlesex University em Londres. Arquiteta e urbanista pela Universidade de São Paulo (USP). Coordenadora do curso de Interiores e Neurociência: *Design* Focado em Pessoas no Istituto Europeo di Design (IED). Professora na Fundação Getúlio Vargas (FGV) e na Fundação Armando Álvares Penteado (Faap), onde criou o curso Neurociência Aplicada a Ambientes e Criação, que completou sua décima edição em 2022. Certificada em *Design Thinking* pelo Massachusetts Institute of Technology (MIT) de Boston. Consultora de NeuroArquitetura. Colaboradora convidada da pesquisa sobre como o *design* afeta o comportamento desenvolvida pela DPA Architects em Cingapura/Londres e financiada pelo *Design* Singapore Council. E-mail: andrea@neuroau.com | @neuro_au | www.neuroau.com

Orcid: 0000-0002-8970-579X

André Barata

Professor associado com agregação da Universidade da Beira Interior, Portugal. É autor de ensaios que procuram pensar as formações de sentido e transformações que marcam o nosso tempo, entre os quais a trilogia *E se parássemos de sobreviver? Pequeno livro para pensar e agir contra a ditadura do tempo* (Documenta, 2018), *O Desligamento do mundo e a questão do humano* (Documenta, 2020), *Para viver em qualquer mundo — Nós, os lugares e as coisas* (Documenta, 2022). https://cienciavitae.pt/0D18-AFD7-0EDA.

Orcid: 0000-0001-6815-2252

Bettieli Barboza da Silveira

Psicóloga. Mestra e doutora em Psicologia pela Universidade Federal de Santa Catarina (UFSC). Professora adjunta do Departamento de Saúde e Psicologia da Universidade do Estado de Minas Gerais (UEMG). Líder do Núcleo de Estudos em Psicologia Ambiental e Saúde Mental (Nepas/ CNPq/UEGM). E-mail: bettieli.bs@gmail.com

Orcid: 0000-0002-1935-3004

Carlos Diógenes Côrtes Tourinho

Bacharel em Psicologia pela Universidade Federal Fluminense (UFF) e em Filosofia pela UFRJ. Mestre e doutor em Filosofia pela PUC-Rio. Professor Associado IV do Departamento de Filosofia e professor efetivo do Programa de Pós-Graduação em Filosofia da Universidade Federal Fluminense (UFF) (Niterói-RJ/Brasil). Membro do Núcleo de Sustentação do GT de Fenomenologia da Anpof. Coordenador do Laboratório de Fenomenologia da UFF (Lafe: https://laboratoriodefenomenologia. uff.br/). E-mail: cdctourinho@gmail.com

Orcid: 0000-0001-5963-599X

Catharina Macedo

Arquiteta e urbanista. Mestra em Construção Civil, com ênfase em Conforto Ambiental pela Universidade Federal em Santa Catarina, e curso de aperfeiçoamento para Formação de Consultores em Produção Mais Limpa pelo CNTL/RS. Sócia-proprietária da Empresa Spirale EcoBuilding Solutions, empresa premiada internacionalmente. Recebeu em 2016 o prêmio Green World Award com o projeto e obra do Cerratenses: Centro de Referência do Cerrado, na categoria "ambiente construído", concedido pela The Green Organization, entidade ambientalista britânica que premia iniciativas e obras sustentáveis de todo o mundo. E-mail: catharina.macedo@gmail.com

Orcid: 0009-0008-2556-9363

Cláudia Pinto Bem

Gaúcha, radicada em São Paulo desde 2015,*light designer*, artista multimídia, diretora, pesquisadora, doutora em Artes pela USP/ECA, mestra em Artes Cênicas pela UFRGS, pós-graduada em Iluminação e *Design* de Interiores pelo Ipog-DF. Professora do Curso de graduação de Artes Cênicas e bacharelado em Marketing e pós-graduação Lighting Designer no Centro Universitário da Belas Artes/SP. Professora convidada dapós-graduação *Master* em Neuroarquitetura e *Master* em *Light Designer* do Ipog/GO. Parecerista das revistas Luz & Cena, da Udesc/SC, e Cena, da Pós-Graduação de Artes Cênicas da UFRGS. Membra da Academy of Neuroscience for Architecture (Anfa) e Anfa Brasil. Membra honorária da Associação Portuguesa de Cenografia (APCEN), Lisboa, desde 2011. E-mail: claudiadebem@gmail.com

Orcid: 0000-0003-3146-7722

Claudinei Aparecido de Freitas da Silva

Professor dos cursos de graduação e de pós-graduação (*stricto sensu*) em Filosofia da Unioeste — *campus* com estágio pós-doutoral pela Université Paris 1 — Panthéon-Sorbonne (2011/2012). Escreveu *A carnalidade da reflexão: ipseidade e alteridade em Merleau-Ponty* (Nova Harmonia, 2009) e *A natureza primordial: Merleau-Ponty e o 'logos do mundo estético'* (Edunioeste, 2010; 2019). Organizou

Encarnação e transcendência: Gabriel Marcel, 40 anos depois (Edunioeste, 2013), Merleau-Ponty em Florianópolis (FI, 2015), Kurt Goldstein: psiquiatria e fenomenologia (Edunioeste, 2015), Festschrift aos 20 anos do Simpósio de Filosofia Moderna e Contemporânea da Unioeste (Edunioeste, 2016), Compêndio Gabriel Marcel (Edunioeste, 2017), A fenomenologia no oeste do Paraná: retrato de uma comunidade (Vivens, 2018) e Fenomenologia e Hermenêutica (Anpof/PHI, 2019). Traduziu os *Fragmentos filosóficos: 1909-1914* (2018) e *Os homens contra o humano de Gabriel Marcel* (2023) pela Edunioeste. E-mail: cafsilva@uol.com.br

Orcid: 0000-0002-9321-5945

Dayse da Silva Albuquerque

Docente na Universidade Federal do Amazonas, no Departamento de Teoria e Fundamentos da Faculdade de Educação (DTF/Faced/Ufam), e do Programa de Pós-Graduação em Psicologia (PPGPSI/Fapsi). Vice-líder do Grupo de Pesquisa "Pessoa, Sociedade e Ambiente" (CNPq). Graduada em Psicologia pela Universidade Federal do Amazonas (2013), mestra em Psicologia pela Universidade Federal de Santa Catarina (2015) e doutora em Psicologia pela Universidade de Brasília (2019). Tem pós-doutorado pelo Programa de Pós-Graduação em Psicologia da Universidade Federal do Rio Grande do Norte (2022). Organizadora do livro *Cronologias na relação pessoa-ambiente* (Higuchi & Albuquerque, 2022). E-mail: daysealbuquerque@ufam.edu.br

Orcid: 0000-0003-1745-8336

Daniela Ribeiro Schneider

Professora titular aposentada do Departamento de Psicologia da Universidade Federal de Santa Catarina (UFSC). Psicóloga, mestra em Educação, doutora em Psicologia (PUC-SP, 2002), com pós-doutorado em Ciência da Prevenção. Atividades de pesquisa e extensão estão na ênfase de tratamento e prevenção psicológica, voltando-se para estudos dos problemas relacionados ao uso de álcool e outras drogas, desenvolvimento e avaliação de estratégias, programas e sistemas de prevenção e promoção da saúde. Especialista na obra do filósofo Jean-Paul Sartre, com vários estudos sobre psicologia e clínica existencialista. Coordenadora do Grupo de Pesquisa do CNPQ "Clínica da Atenção Psicossocial e Uso de Álcool e Outras Drogas". E-mail: danischneiderpsi@gmail.com

Orcid: 0000-0002-2936-6503

Edilani Viana Oliveira

Graduada em licenciatura em Geografia. Pós-graduanda em Meio Ambiente e suas Tecnologias pelo Instituto Federal do Amazonas (Ifam). E-mail: edilani.oliveira@seducam.pro.br

Orcid: 0009-0001-8194-2432

Eduardo José Marandola Junior

Geógrafo, professor Associado da Faculdade das Ciências Aplicadas (FCA) da Universidade Estadual de Campinas (Unicamp). Doutor em Geografia (2008) com livre docência em Sociedade e Ambiente (2016). Professor dos Programas de Pós-Graduação Interdisciplinar em Ciências Humanas e Sociais Aplicadas e em Geografia, ambos da Unicamp.

Orcid: 0000-0001-7209-7735

Elaine Freire da Silva

Professora e coordenadora dos cursos de licenciatura no Centro Universitário do Norte (Uninorte). Pedagoga e mestra em Psicologia da Universidade Federal do Amazonas (Ufam), Manaus. E-mail: elaine.freire@live.com - http://lattes.cnpq.br/2603148861805343.

Orcid: 0000-0002-6894-4126

Fernando Freitas Fuão

Arquiteto e urbanista pela Universidade Federal de Pelotas (1980), doutor em Projetos de Arquitetura Texto e Contexto pela Escuela Técnica Superior de Arquitectura de Barcelona (UPC, 1987-1992), com a tese "Arquitectura como Collage". Tem pós-doutorado pelo Programa de Pós--Graduação em Filosofia da UERJ sob a supervisão da filosofa Dr.ª Dirce Solis (2011-2012). Professor titular da Faculdade de Arquitetura da UFRGS. Ministra na escola, desde 1992, a disciplina Projeto Arquitetônico, e no Programa de Pesquisa e Pós-Graduação em Arquitetura. Atua principalmente nos seguintes temas: arquitetura e inclusão social, galpões de reciclagem, filosofia da desconstrução, ética na arquitetura, processo de criação, colagem e representação. Autor dos livros *Derrida e Arquitetura* (Solis & Fuão), *Manual Construir e Reformar um Galpão de Reciclagem* (CNPQ. Prorext. Propesq. UFRGS. 2014), *A colagem como trajetória amorosa* (2011); *Galpões de reciclagem e a Universidade* (org., 2008) e de outros trabalhos diversos. Coordenador do Programa "Universidade na Rua". Mec. Proext. UFRGS (2015-2017).

Orcid: 0000-0002-4247-7160

Francisca Ferreira Michelon

Graduada em Artes Plásticas pela UFPel. Mestra em Artes Visuais pela UFRGS, doutora em História pela PUCRS, com pós-doutorado pela Escuela Técnica Superior de Arquitectura da Universidade de Sevilha, Espanha. Professora titular da UFPel e docente efetiva do Programa de Pós-Graduação em Memória Social e Patrimônio Cultural da UFPel. Pesquisa nas temas: museologia, patrimônio cultural, patrimônio industrial, fotografia e acervos. E-mail: francisca.michelon@ufpel.edu.br

Orcid: 0000-0002-4737-323X

Gleice Azambuja Elali

Arquiteta e urbanista e psicóloga (UFRN), mestra e doutora em Arquitetura e Urbanismo (USP). Realizou pós-doutorado em Arquitetura (Universidade de Lisboa). Docente na UFRN desde 1995. Atualmente, é professora titular e pesquisadora nos campos de Projeto de Arquitetura e Psicologia Ambiental, atuando no curso de graduação em Arquitetura e Urbanismo e nos Programas de Pós-Graduação em Arquitetura e Urbanismo (PPGAU), Arquitetura Projeto e Meio Ambiente (PPAPMA) e Psicologia (PPGPsi). Orientadora de doutorado, bolsista de Produtividade do CNPq, coordenadora adjunta da área de AUD na Capes (2018-2021), editora-adjunta da Revista Projetar - Projeto e Percepção do Ambiente. Currículo: http://lattes.cnpq.br/3061713076071714.

Orcid: 0000-0001-5270-4868

José Cavalcante Lacerda Junior

Graduado em Filosofia, Psicologia e Pedagogia. Especialista em Psicologia Jurídica e Saúde Mental. Mestre em Educação em Ciências na Amazônia. Doutor em Ciências do Ambiente e Sustentabilidade na Amazônia pelo Programa de Pós-Graduação em Ciências do Ambiente e Sustentabilidade na Amazônia. Pesquisador no Grupo de Pesquisa Tecnologia, Educação e Meio Ambiente (Tema). Atua como professor no Instituto Federal de Educação, Ciência e Tecnologia no Amazonas. Autor das obras: *As imagens de Ciências na Cultura Infantil* e *A cidade pelas Crianças*. E-mail: jose.cavalcante@ifam.edu.br.

Orcid: 0000-0001-9697-8377

Jossana Peil Coelho

Formada em bacharelado em Museologia e em Arquitetura e Urbanismo, ambos pela UFPel. Mestra, doutora com pós-doutorado no Programa de Pós-Graduação em Memória Social e Patrimônio Cultural. Pesquisa nas áreas de museologia com ênfase em patrimônio industrial, patrimonialização, sustentabilidade do patrimônio e paisagem histórica da produção. Também estuda e trabalha como autônoma em conservação e documentação de acervos, principalmente de coleções fotográficas. E-mail: jopeilc@gmail.com

Orcid: 0000-0003-1347-2915

Júlia Teixeira Fernandes

Arquiteta e urbanista. Doutora em Sustentabilidade, Eficiência Energética, Desempenho e Conforto Ambiental pela Universidade de Brasília (UnB), com foco em Qualidade de Projetos Arquitetônicos. Especialista em Empreendedorismo, Gestão e Marketing. Sócia da empresa Quali-A, integrante do ImpactHub. Atua em cursos e consultorias para edifícios de alto desempenho, eficiência energética e certificações de sustentabilidade, principalmente para construtoras e profissionais da construção civil (engenheiros e arquitetos). Desenvolve pesquisas e treinamentos nas áreas de sustentabilidade, neuroarquitetura, *neurobusiness*, *design* biofílico, planejamento estratégico e gestão de negócios inovadores. E-mail: julia@quali-a.com

Orcid: 0000-0001-7606-9758

Laila Thaíssa da Silva Menezes

Psicóloga, formada pela Universidade do Estado de Minas Gerais (UEMG). E-mail: psilailamenezes@gmail.com

Orcid: 0009-0005-9272-5563

Larissa Gobbi Silvério

Arquiteta especialista em Master em Neuroarquitetura, com três anos de experiência. Formada em 2020 pela Universidade do Estado de Mato Grosso (Unemat), com o trabalho de conclusão de curso com proposta do ambiente como convite para a reabilitação de crianças psicopatas. Palestrante desde 2022. Viés de pesquisa em comportamento e tendências relacionadas à arquitetura. E-mail: larissa-.gobbi@hotmail.com

Orcid: 0009-0009-4415-6115

Lucilene de Lima Rocha

Arquiteta e urbanista graduada em 2016, com experiência autônoma na área. Especialista em Paisagismo Sustentável e mestra em Ciências Ambientais, focando em Impactos Urbanos Ambientais. Atualmente, cursa doutorado em Engenharia e Tecnologia, concentrando-se no "Monitoramento e mitigação de poluentes no meio ambiente". Além de ser coordenadora e professora do curso de Arquitetura e Urbanismo da Univel, contribui ativamente com o desenvolvimento sustentável como membra da câmara de Urbanismo do Codesc, na cidade de Cascavel/PR. Seu interesse concentra-se no desempenho das edificações, conforto ambiental e planejamento urbano, visando à sustentabilidade e à interação harmoniosa entre ecossistemas urbanos e dinâmicas socioambientais. E-mail: lucilene.rocha@univel.br

Orcid: 0009-0001-4272-8927

Luís Carlos Borges dos Santos

Graduado em História pela Faculdade Porto Alegrense (Fapa). Pedagogo e professor da educação básica. Mestre em Ambiente e Sustentabilidade (PPGAS) da Universidade Estadual do Rio Grande do Sul (UERGS), Unidade Universitária Hortênsias, em São Francisco de Paula/RS. Pós-graduado em Educação e Cultura pela Universidade Estadual do Rio Grande do Sul (UERGS). E-mail: simioni. luiscarlos@gmail.com

Orcid: 0000-0003-3838-8373

Luiz Paulo Cobra Monteiro

Mestre em Arquitetura: Tecnologia do Ambiente Construído pela Escola de Engenharia de São Carlos, da Universidade de São Paulo, diploma expedido em 8 de maio de 1980. Arquiteto pela Faculdade de Arquitetura e Urbanismo da Pontifícia Universidade Católica de Campinas, diploma expedido em 23 de dezembro de 1979. Professor do curso de Arquitetura e Urbanismo da Pontifícia Universidade Católica de Minas Gerais no *campus* de Poços de Caldas, admitido em 1.º de março de1997 e trabalhando até a presente data.

Orcid: 0000-0003-0718-5506

Marcelo S. Norberto

Doutor em Filosofia pela PUC-Rio. Graduado e mestre em Filosofia pela PUC-Rio, além de bacharel em Direito (PUC-Rio), professor do CCE/PUC-Rio, com pós-doutorado na PUCRS. Tem trabalhos publicados na área de ética e filosofia política, com ênfase em filosofia francesa contemporânea. Autor do livro *O drama da ambiguidade: a questão da moral em O Ser e o Nada* (Edições Loyola), bem como um dos organizadores da *Série Sartriana* "Sartre e a política" (2017), "Sartre e a estética" (2021) e "Sartre e a ética" (2022) (Editora PUC-Rio/Numa Editora) e da coleção luso-brasileira "Fenomenologia e Cultura" (NAU Editora/Editora PUC-Rio). E-mail: msnorberto@gmail.com

Orcid: 0000-0001-9138-8538

Marciana Gonçalves Farinha

Psicóloga, docente do Instituto de Psicologia da Universidade Federal de Uberlândia. Mestra e doutora pela Universidade de São Paulo (USP). Pesquisadora nas áreas depsicologia, saúde mental, Gestalt terapia, fenomenologia e psicologia fenomenológico existencial, body talk. E-mail: marciana@ufu.br

Orcid: 0000-0002-2024-7727

Mario César Costenaro

Graduado em Arquitetura e Urbanismo pela UFPR/1986. Pós-graduado em Administração pela Funioeste/1992 e Gestão da Construção pela Unioeste/2001. Professor de Projetos de Arquitetura na FAG/Cascavel de 2004 a 2006 e, na mesma instituição, professor na pós-graduação de disciplinas de Desenho Urbano. Há 12 anos escreve mensalmente a coluna "Arquitetônicas" na Revista Friends, de Toledo-PR, com crônicas inspiradas pela arquitetura, urbanismo e o cotidiano. Sócio da Costenaro Arquitetura e Urbanismo, foi um dos fundadores e primeiro presidente do Programa Oeste em Desenvolvimento, composto por instituições público e privadas com foco no desenvolvimento econômico sustentável do oeste do Paraná. E-mail: mario@costenaro.com.br

Orcid: 0009-0007-2719-4510

Maria Inês Gasparetto Higuchi

Pesquisadora titular do Instituto Nacional de Pesquisas da Amazônia. PhD em Antropologia Social, coordenadora do Laboratório de Psicologia e Educação Ambiental (Lapsea/Inpa). Professora do Programa de Pós-raduação em Ciências do Ambiente e Sustentabilidade na Amazônia (PPG--Casa/Ufam), Manaus. E-mail: higuchi.mig@gmail.com, http://lattes.cnpq.br/8607852207828061.

Orcid: 0000-0001-6525-4018

Marina Otte

Mestra em Engenharia Ambiental (Sustentabilidade). Especialista em *Design* de Produto, graduada em Arquitetura com cursos e vivência na Espanha e na China. Seus projetos e estudos são baseados no comportamento, *Gestalt*, biofilia e aspectos da neurociência (membra da Anfa). Coordenadora de pós-graduação e professora no Ipog e na Univali, além de palestrante e mentora. Em seu escritório, desenvolve projetos de arquitetura, *design* de produtos e pesquisas de tendências. Autora de diversos capítulos de livros didáticos. Premiada nacional e internacionalmente com trabalhos expostos na Bienal de *Design* e ISaloni. Diretora criativa da Butzke. IG: @marinaotte. E-mail: marinaotte@gmail.com

Orcid: 0000-0001-5812-2279

Miriam Runge

Arquiteta e Urbanista (UFRGS), especialista em Neurobusiness e *master* em Neuroarquitetura, é também especialista em *Design* de Mobiliário. Criadora do método *sensory*, que une gestão estratégica, *neuromarketing* e neuroarquitetura. Pesquisadora na área de neuroarquitetura com a utilização de *eye tracker* estacionário e *on-line*. É docente convidada em pós-graduação pelo Ipog, PUC, Uniritter entre outras instituições, ministrando aulas em todo o país. Autora do *Manual MR Tampos& Pedras*. Com 30 anos de experiência, comanda a MRUNGE Arquitetura, participando de eventos como CASACOR/RS. Atualmente, atua nas áreas comercial e temática, bem como educacional e da saúde, em que aplica os conceitos da neuroarquitetura em projetos. E-mail: miriam@runge.arq.br

Orcid: 0000-0003-2478-763X

Patrícia Binkowski

Engenheira agrônoma pela Universidade Federal do Rio Grande do Sul (UFRGS), mestra e doutora pelo Programa de Pós-Graduação em Desenvolvimento Rural (PGDR/UFRGS). Professora permanente no Programa de Pós-Graduação em Ambiente e Sustentabilidade (PPGAS), Universidade Estadual do Rio Grande do Sul (UERGS). Líder do Grupo de Pesquisa Observatório de Políticas e Ambiente (ObservaCampos/CNPq). E-mail: patricia-binkowski@uergs.edu.br

Orcid: 0000-0001-7337-4028

Telma Vilela Borges Merjane

Psicóloga pela PUC Goiás, mestra em Ciências Ambientais e Saúde-PUC-GO, especialista em Gestão e Coordenação de Grupos, especialista em Desenvolvimento Humano, formação em Psicologia Clínica e Preparação Mental para Atletas. Diretora executiva da Merjane Consultoria e Negócios Ltda. É docente convidada em pós-graduação pelo Ipog e FGI, ministrando aula em todas as regiões do Brasil. Coordenadora do MBA Reabilitação Neuropsicológica e Desenvolvimento Cognitivo no Ipog, Capítulo escrito: "Gerenciamento dos recursos do projeto", no livro *Gestão e Modelagem de Projetos para Engenheiros e Arquitetos* (Rio de Janeiro: Editora Ciência Moderna, 2019, coordenação de Flávio Augusto Settimi Sohler). Estudiosa de neurociência e avó de Maria Alice. E-mail: telmamerjane@gmail.com

Orcid: 0009-0008-7383-0079

Sabine Rosa de Campos

Arquiteta e Urbanista pela Ufsc/2010. Especialista em Planejamento Urbano e Ambiental pela Fasul/FAG/2014. MBA em Gerenciamento de Projetos pelo Isae/FGV/2014, mestra em Geografia, área de concentração Produção do Espaço e Meio Ambiente, pela Unioeste/2017. Arquiteta e Urbanista na Prefeitura Municipal de Toledo 2011-2013, participando da Comissão Municipal de Urbanismo do Conselho Municipal de Acompanhamento e Execução do Plano Diretor. Professora de projetos de Arquitetura e Urbanismo na Unipar/Toledo 2016-2020, participando do Conselho Municipal do Meio Ambiente. Coordena projeto de educação urbana para crianças e adolescentes no contraturno escolar. E-mail: sabinerosa@gmail.com

Orcid: 0000-0001-5726-1509

Sylvia Mara Pires de Freitas

Graduada em Psicologia (Ceucel/RJ). Especialista em Psicologia do Trabalho (Ceucel/RJ). Formação em Psicologia Clínica na abordagem existencialista (NPV/RJ). Mestra em Psicologia Social e da Personalidade (PUCRS). Doutora em Psicologia (PPI/UEM/PR). Docente do curso de graduação e do Programa de Pós-Graduação em Psicologia (mestrado/doutorado — PPI/DPI/UEM). Docente de cursos de especialização direcionados à abordagem fenomenológico-existencial. Líder do grupo de pesquisa Laboratório Interinstitucional de Estudos e Pesquisa em Psicologia, Fenomenologia e Existencialismo (LIEPPFEX), e coordenadora do Grupo de Estudos em Fenomenologia e Existencialismo (Gefex/UEM).. Autora do livro *Psicologia Existencialista de Grupos e da Mediação Grupal: contribuições do pensamento de Sartre*, lançado em 2018 pela Editora Appris. E-mail: sylvia-mara@gmail.com

Orcid: 0000-0002-5882-7065

Tatiana Benevides Magalhães Braga

Docente do Instituto de Psicologia da Universidade Federal de Uberlândia, mestra (2005) e doutora (2010) em Psicologia pela Universidade de São Paulo. Tem Pós-doutorado Interdisciplinar em Ciências Humanas e Sociais Aplicadas (2023). Pesquisadora nas áreas de fenomenologia, psicologia e políticas públicas, Sistema Único de Saúde, Sistema Único de Assistência Social, gênero, minorias políticas.

Orcid: 0000-0002-1376-9957

Thiago Sitoni Gonçalves

Doutorando em Filosofia (Unioeste, bolsista Capes). Mestre em Filosofia (Unioeste), especialista em Educação, Política e Sociedade (UNICV) e psicólogo (CRP 08/32686). Tem interesse pela tradição fenomenológica (Sartre, Beauvoir, Marcel e Merleau-Ponty) em interface com a literatura e a psicologia. É docente do curso de Psicologia da UNIAlfa. E-mail: thiagositonipsi@gmail.com

Orcid: 0000-0002-6588-106X

Vitória Brito da Silva

Graduada e mestra em Geografia pela Universidade Federal do Rio de Janeiro (UFRJ). Graduada e mestra em Filosofia pela Universidade Federal Fluminense (UFF). CEO do Café Positivista em Rio Bonito/RJ e, atualmente, estuda *design* de interiores. E-mail: vitoriabritodasilva@gmail.com

Orcid: 0009-0007-3349-2469

Wilson Antonio Frezzatti Jr.

Doutor em Filosofia pela Universidade de São Paulo (USP). Pesquisas pós-doutorais na França e na UFSC. Professor associado dos cursos de graduação e pós-graduação (mestrado e doutorado) em Filosofia da Universidade Estadual do Oeste do Paraná (Unioeste). Professor do mestrado em Filosofia da Universidade Estadual de Maringá (UEM). Coordenador do Grupo de Estudos Nietzsche (GEN). Membro do Grupo Internacional *HyperNietzsche* e do GT-Nietzsche (Anpof). Autor dos livros: *Nietzsche contra Darwin* (2001; 2014; 2022); *A Fisiologia de Nietzsche: a superação da dualidade cultura/biologia* (2006; 2022); e *Nietzsche e a psicofisiologia francesa do século XIX* (2019). E-mail: wfrezzatti@uol.com.br

Orcid: 0000-0002-7519-3789

PARTICIPAÇÃO ESPECIAL

Juhani Pallasmaa (1936)

Arquiteto, professor emérito, escritor, Helsinque. Trabalhos de *design* de 1962-2022; reitor do Instituto de *Design* Industrial, Diretor do Museu de Arquitetura Finlandesa, professor e decano da Faculdade de Arquitetura, Universidade de Tecnologia de Helsinque; várias participações como professor visitante nos EUA; ensino e palestras em inúmeras universidades na Europa, América do Norte e do Sul, África, Ásia e Austrália; membro de inúmeros júris, incluindo o Júri do Prêmio de Arquitetura Pritzker 2008-2014. Seus 75 livros publicados e 980 ensaios incluem: *Rootedness* (2024), *The Embodied Image, The Thinking Hand, The Architecture of Image: existential space in cinema,* e *The Eyes of the Skin*; e escritos traduzidos em 36 idiomas. Membro honorário da Safa, HonFAIA e IntFRIBA, e recebeu seis doutorados *honoris causa* e inúmeros prêmios finlandeses e internacionais.

Harry Francis Mallgrave

Professor emérito no Instituto de Tecnologia de Illinois e membro honorário do Instituto Real de Arquitetos Britânicos. Recebeu seu doutorado em arquitetura pela Universidade da Pensilvânia e teve uma carreira como acadêmico, tradutor, editor e arquiteto. Em 1996, ganhou o Prêmio Alice Davis Hitchcock, da Sociedade de Historiadores da Arquitetura, por sua biografia intelectual de Gottfried Semper e, por mais de 15 anos, atuou como editor de arquitetura da Série Textos & Documentos no Instituto de Pesquisa Getty. Publicou mais de uma dúzia de livros sobre história e teoria da arquitetura, incluindo três que consideram a relevância dos novos modelos humanísticos e biológicos para a prática do *design*.

Isolda de Araújo Günther

Graduada em Formação de Psicólogo (1970), licenciatura em Psicologia (1969) e bacharelato (1968) pela Universidade Católica de Pernambuco, mestrado em Psicologia Social Experimental (Psicologia Social) pela Universidade Federal da Paraíba (1979), doutorado em Psicologia do Desenvolvimento pela Michigan State University, EUA (1983), pós-doutorado pela City University of New York, EUA (1997-1998), e pela Carl von Ossietzky Universität Oldenburg, Alemanha (2003-2003). Tem vínculo sem ônus, desde 1993, com a Universidade de Brasília na condição de pesquisadora colaboradora sênior. Atua nas áreas da psicologia do desenvolvimento e da psicologia ambiental.

Hartmut Günther

Estudou psicologia nas Universidades de Hamburg, Alemanha (1966-67) e de Marburg, Alemanha (1967-1968), com graduação em Psicologia pelo Albion College, Michigan, EUA (1969). Realizou mestrado em Psicologia Experimental (AEC) na Western Michigan University (1970) e doutorado em Psicologia Social na University of California at Davis (1975). Professor emérito da Universidade de Brasília, atua, atualmente, como pesquisador colaborador sênior e coordenador do Laboratório de Psicologia Ambiental. Continua ensinando Psicologia Ambiental e Planejamento de Pesquisa. Realiza pesquisas no campo de psicologia ambiental, especialmente sobre qualidade de vida urbana e psicologia do trânsito.

Martín Grassi

Profesor y licenciado en Filosofía (UCA) y doctor en Filosofía (UBA). Investigador adjunto de Conicet en la Facultad de Filosofía y Letras de la UCA. Profesor de Antropología Filosófica y de Teología Filosófica en el Departamento de Filosofía de la UCA. Investigador post-doctoral de la Fundación Alexander von Humboldt en el Instituto de Hermenéutica de la Universidad de Bonn y en el Instituto de Ciencias Jurídicas y Filosóficas de la Universidad Paris I, Panthéon-Sorbonne (2018-2020). Investigador post-doctoral de la Universidad de Oxford y de la Fundación John Templeton en el Instituto de Hermenéutica de la Universidad de Bonn y en el Ian Ramsey Centre for Science & Religion, de la Universidad de Oxford (2016). Ha publicado artículos en revistas científicas especializadas en filosofía y es autor de los libros: Ignorare Aude! La existencia ensayada (Edicio--nes IAA, 2012); (Im)posibilidad y (sin)razón: La filosofía, o habitar la paradoja (Letra Viva, 2014); La comunidad demorada: Ontología, teología y política de la vida en común (Letra Viva, 2017); El dios de los ladrones: La disputa por los sentidos del mundo (SB Editores, 2021); Una historia crítica de la idea de vida: El paradigma bio-teo-político de la autarquía (SB Editores, 2022); Phármakon: Desalojos del deseo y la escritura (SB Editores, 2023); La metafísica del nosotros de Gabriel Marcel (UCA, 2023); The Ghost of Totalitarianism: Deconstructing the Pneumatological Nature of Christian Political Theology (Mohr Siebeck, 2024).

Orcid: 0000-0002-9378-6254.

Marcia Nogueira Castaldi Abel

Doutora em Patologia Experimental (USP), professora adjunta da Faculdade de Ciências Médicas da Santa Casa de São Paulo junto aos cursos de Medicina e outros na área da saúde. Docente e orientadora dos programas de pós-graduação em Neurociência aplicada à Educação e de Neurociência e o Futuro Sustentado de Pessoas e Organizações. Docente convidada do *Master* em Neuroarquitetura pelo Ipog e de outros programas de pós-graduação, ministrando aulas em todo o país. Autora do livro Estresse, Toxicidade, Aprendizado e Evolução. Palestrante e educadora em saúde. Curadora de conteúdos sobre qualidade de vida e bem-estar no escopo educacional e organizacional. E-mail: contato.marciaabel@gmail.com. Lattes: http://lattes.cnpq.br/0422870095680047

Orcid: 0009-0001-4964-8217

Juliana Duarte Neves

Juliana Neves, sócia e arquiteta titular da Kube Arquitetura, é graduada em Arquitetura e Urbanismo pela UFRJ, mestre em *Design* pela PUC-Rio e pesquisadora na Brown University. Especializada em *Branding e Design*, além de *Experience Designer* pela Kaospilot, ela ministra cursos no IED Rio e coordena o curso de *Retail Design*. Com 19 anos de expertise, a Kube Arquitetura foca em projetos comerciais, destacando marcas como Hugo Boss, YSL e Natura. Juliana conquistou três prêmios no italiano A' Design Award e um Prix Versailles da Unesco. Seu livro *Arquitetura Sensorial* será relançado no primeiro semestre de 2024.

Orcid: 0009-0003-1948-536X

ÍNDICE REMISSIVO

A

Abandono   172, 222, 270, 282, 284
Acompanhamento terapêutico 250, 251, 297-299, 302, 306
Agressões   329, 332, 335, 336
Ambiência   73, 136, 195, 201, 206, 313, 316, 325, 334, 338, 341
Ancestralidade 213, 230, 234
Ansiedade   43, 240, 301, 335, 373-376, 401
Antropologia   180-182, 187, 190, 203, 307, 396
Apartamentos 201
Apropriação   72, 163, 169, 172, 268, 298, 299, 305, 312-315, 322, 331, 340, 341, 345, 347
Arquiarquitetura   55, 60
Arredores   180, 185, 186, 198
Arte do lugar   51
Atitude fenomenológica   41, 44, 61, 63-65, 67, 69, 72-76, 78, 79
Atravessamentos sociais   248
Autoestima   312, 335, 336

B

Barracos   225
Bem-estar   31, 42, 43, 45, 73, 78, 94, 156, 158, 195, 216, 247, 300, 301, 311-313, 315, 317, 318, 324, 334, 359, 361-364, 366-377, 379, 381, 382, 384-387, 393-400, 402-406, 409-412, 414, 416, 419-422
Biblioteca   184, 333, 335, 413
Bullying   327, 329-342

C

Campo perceptivo   37, 95, 121, 123, 128, 129, 137
Casas pré-fabricadas   200, 202
Cheiro 94, 233, 269, 303
Cidade 52, 54-56, 64-66, 68-70, 73-77, 79, 113, 153-159, 183-186, 188, 190, 200-202, 204, 205, 208, 221-223, 227, 228, 234, 235, 255, 260-264, 266-268, 270, 280, 282, 284, 286, 287, 293, 295, 297-301, 303, 306, 309, 312, 313, 317, 322, 324, 332, 339, 340, 342, 347, 353, 354, 410, 425
Cinestesicamente   127
Colonialidade 184, 189, 191

Compatibilidade 377, 378

Consciência intencional 41, 102, 104, 107

Construção social 240, 243, 331

Consumidores 69, 365-367, 375, 420

Corpo próprio 119, 121, 122, 126-130

Covid-19 185, 186, 297, 300, 305, 306, 314, 322, 395

Crise 37, 40, 46, 47, 101, 121, 123, 125, 130, 153, 154, 159, 179, 181, 183, 187, 190, 199, 203, 231, 266, 277, 298, 334, 339, 374

Cultura 32, 56, 58, 68, 70, 77, 88, 93, 104, 135, 141, 154, 155, 161-163, 165, 169-175, 187, 193, 201, 216, 217, 220-223, 229, 233, 239, 241, 242, 244, 252, 253, 255, 260-262, 267, 276, 282, 293, 297, 324, 341, 356, 365-368, 370, 372, 381, 414, 416

D

Degradação 217, 282, 285, 286, 288, 290

Desenhação 51-53

Desenvolvimento 32, 39, 65, 73, 78, 86, 90, 92, 137, 160-164, 179, 208, 216, 232, 239, 243, 244, 247-250, 252, 253, 259, 266, 272, 287, 293, 297, 298, 300, 303, 305, 311-315, 317, 322, 324, 332, 333, 341, 356, 362, 363, 370, 372, 379, 384, 393-400, 403-405, 421, 422

Desigualdades sociais 188, 241

Dimensão vivencial 37, 89

Dimensões temporais 184

Docilidade 309, 312-314, 318, 322, 323, 325, 333, 340

E

Edifícios 31, 37, 45, 47, 51, 69, 71, 74, 79, 226, 227, 260, 261, 270, 363, 367, 378, 379, 385

Educação 165, 197, 240-249, 251-255, 260, 261, 268, 285, 306, 312, 330, 332, 335, 339-343, 345, 347-350, 352, 355-357, 393, 395, 396, 399-401, 403-405

Educacional 240, 244, 246, 329, 338, 341, 345, 348, 349, 372, 391, 393-395, 399, 400, 403-405

Efemeridade 200, 374

Engajamento 312, 343, 345-357, 366, 378, 394, 396, 397, 400

Entopia 59, 60

Erlebnis 37, 105

Escape 198, 377, 378

Escolas 43, 51, 63-65, 75, 76, 78, 184, 231, 243, 246, 251, 275, 286, 314, 329, 332, 334, 338-342, 347, 350, 351, 356, 372, 394, 405, 412

Escopo 83, 377, 378

Espacialidade 42, 57, 119, 121, 122, 124, 125, 127, 128, 130, 137, 173, 174, 179, 180, 184, 186, 330, 332, 333, 335, 338, 339, 409, 418

Espaço da moda   141
Espaço geométrico   137
Espaço vivido 69, 137, 245, 280, 284, 407
Estimulação   313, 322
Estímulos sensoriais   64, 69, 73, 76, 84, 92, 138, 139, 187, 289, 380, 401, 412
Estresse   301, 312, 361, 367, 370, 371, 373, 375-377, 399, 401, 403, 410, 413, 414, 422
Estrutura situacional   186
Éthos   193, 198, 201, 205, 208
Exercício de liberdade 52, 180, 185
Experiência sensorial   43, 72, 83, 88, 90, 94, 136, 422
Experiência urbanística existencial   184

F

Fábrica 53, 259-264, 266-272
Fábula 170-172, 213-216, 218, 224, 225, 227-234
Facticidade do lugar   199, 200, 203, 204, 208
Fadiga 373, 375-378, 411
Fascinação   231, 377, 378
Felicidade   159, 271, 371, 376, 377, 389, 394, 396-398, 404-406, 420, 424
Fenômeno do lugar   115
Fenomenologia da percepção 38, 43, 47, 85, 87, 88, 97, 139, 150, 418, 425
Fenomenológico-existencial   45, 121
Filosofia existencial   37, 85
Fisiopsicologia 153, 155, 161-163

G

Gestalt 39, 45, 85, 114, 115, 133, 138-140, 149, 150

H

Habilidades   161, 239, 246, 261, 313, 333, 342, 345, 348, 355, 378, 394, 411
Habitabilidade 53, 54, 58, 303
Habitar 44, 47, 51, 53-60, 80, 86-89, 91, 96, 114, 116, 128, 179, 180, 182, 186, 188, 190, 191, 201, 226, 261, 271, 297
História da loucura   297, 298, 306

I

Identidade de lugar   298, 346, 357

Idoso   244, 254, 312, 314, 316, 323

Iluminação   43, 45, 46, 73, 145, 146, 173, 227, 367, 368, 372, 381, 387, 402

Inclusão   70, 184, 188, 189, 244, 248, 249, 267, 284, 311, 312, 316, 365, 368, 373, 401

Individual   77, 83, 84, 91, 146, 161, 172, 239, 240, 248, 251, 259, 267, 277, 283, 315, 337, 346, 349, 352, 355, 366, 370, 379, 393, 414, 418

Intencionalmente   103, 105, 171, 377

Interação social   43, 76, 297, 300, 305, 312, 325, 372, 375, 420

Interdisciplinaridade   86, 179, 190

J

Jesuítas 225, 233, 243

L

Lembrança   93, 204, 268, 269, 283

Liberdade   41, 47, 51, 52, 93, 107, 117, 149, 155, 179, 180, 185, 198, 199, 201, 202, 205-209, 219-221, 224, 229, 233, 281, 297, 346, 348, 396, 403, 418

Lobo   211, 213-219, 221, 224-234, 378

Lugares de memória   277

Luto   193, 195-199, 204, 205, 207-209

M

Materiais   32, 33, 43, 52, 54, 72, 73, 105, 111, 141, 188, 189, 202, 225, 232, 240, 245, 250, 251, 260, 329, 330, 350, 365, 370, 381, 385, 401, 402, 414

Materialidade   45, 46, 89, 93, 180, 181, 184-186, 277, 331, 335

Memórias   57, 69, 72, 75, 83, 92, 94, 96, 185, 187, 196, 261, 263, 267-270, 272, 273, 276-284, 287, 288, 290-292, 298, 324, 346, 370, 377, 410, 414, 416, 418

Metafísica   94, 110, 154, 161, 162, 164, 169, 171, 173

Método fenomenológico   40, 41, 86-88, 90, 95, 101, 117

Microestruturas   331

Mobilidade corporal   111

Moda   133, 140-142, 148-150, 197, 366, 368

Mortalidade   198, 204, 250

Movimento regressivo 195

Multidimensional   241, 246, 250, 311, 324, 417

Multiplicidades de experiências   113

Música 43, 70, 76, 110, 138, 141, 156, 158, 165, 179, 183, 214, 295, 298-303, 305, 306, 411

N

Nascimento dos cemitérios   203

Naturais   31, 32, 57, 83, 101, 115, 135, 214, 218, 276, 312, 313, 315, 317, 318, 345, 353, 361, 363, 368, 370, 371, 373, 375-384, 402, 403, 411, 415

Natureza   38-40, 43, 45, 47, 53, 54, 58, 59, 91-93, 97, 115, 124, 125, 127, 146, 149, 161, 172, 174, 191, 196, 198, 202, 213-218, 220-222, 224-226, 229-234, 239, 263, 287, 317, 322, 331, 346, 357, 361-371, 373, 375, 376, 378-386, 389, 396, 397, 402, 406, 409, 411, 412, 414-417, 421

Neurossustentabilidade   367

Neurourbanismo   64, 65, 75, 76

Noema 107-109

Noesis 107, 109

O

Ocupação   59, 169, 261, 262, 273, 275, 276, 280, 283, 284, 286, 288, 292, 293, 305, 379

Ontologia   58, 59, 124, 130, 180-182, 187, 190, 191

P

Páthos 195, 198, 199, 203, 208

Patrimônio   149, 189, 259-261, 266, 267, 270-272, 278, 335

Periferização   281, 282

Pertencimento 45, 88, 116, 121, 122, 124, 128-130, 172, 184, 243, 245, 298, 300, 346, 357, 367, 368, 378, 381

Pessoa-ambiente   37, 298, 300, 305, 307, 311, 313, 314, 323, 325, 340, 341, 343, 345-348, 355

Políticas públicas   237, 239-246, 248-253, 255, 282, 285, 286, 291-293, 311, 339

Potência   91, 153, 155, 158, 161-164, 202, 298, 300

Privado   204, 243, 247, 259, 341, 413

Profissional   42-45, 79, 197, 227, 228, 246-249, 251, 314, 343, 345, 347, 348, 352, 355, 356, 362, 365, 373, 377, 398, 400

Psicologia ambiental   37, 43, 45, 190, 293, 311, 323, 325, 331, 340-342, 357, 388

Psicologia existencial   37

Psicossocial   191, 239, 248, 249, 255, 297, 305, 306, 338, 394, 395

Psique 37, 39, 47, 409

R

Realidade humana   180, 182, 183, 186, 188, 189, 195, 198-201, 204-206, 208

Recursos   32, 77, 186, 244, 250-252, 298, 311-313, 316, 338, 342, 345, 363, 365, 367, 376, 393, 401, 402, 404

Redemocratização   243, 245-248, 251, 255

Relação   31, 32, 37, 40-46, 51, 52, 54, 57-59, 63, 64, 67, 72, 73, 75-79, 83-92, 95, 101, 106, 107, 114-116, 121-123, 125-130, 135, 136, 140, 141, 143, 153, 157, 160, 162, 164, 170, 180, 181, 183-188, 196, 199, 203, 205, 206, 208, 215, 219, 226, 231, 232, 239-241, 244-248, 250-252, 262, 268, 275, 278, 280-282, 284-290, 298-300, 307, 309, 311-314, 316, 317, 322-325, 329-331, 338, 340, 343, 345-348, 351-353, 355, 361-363, 365-367, 369-373, 377, 378, 381, 384, 386, 387, 393, 400, 402, 404, 409-413, 415, 416, 418, 419, 421

Resíduos   59, 197, 218, 290, 365

S

Sala de aula   333-338, 351, 357, 401-403

Salutogênico   43

Saúde   43, 45, 46, 141, 153-157, 161-163, 195, 203, 219, 239-255, 266, 269, 285, 286, 295, 297-302, 305, 306, 311, 312, 314, 317, 318, 323-325, 340, 361, 363, 367, 368, 370, 371, 373-376, 379, 380, 384-387, 389, 393, 396, 398, 400, 404, 414, 415, 419, 420

Saúde mental   239, 241, 249, 250, 295, 297-302, 305, 306, 367, 373, 374, 385, 386, 398, 414, 419, 420

Selvagem   173, 175, 198, 213-215, 217, 232, 233

Sensível   63, 66-68, 70, 84, 90, 91, 94, 96, 109, 124, 126, 157, 161, 260, 416

Simbolismo   63, 64, 66, 69, 70, 72, 73, 75, 78-80, 135, 230

Sintomas   154, 155, 159, 162, 165, 196, 197, 240, 252, 280, 299, 302, 374, 375

Sintopia   59, 60

Socioambiental   337, 343, 345-356

Sociomaterial   180, 183, 184

Som   94, 110, 269, 369, 410

Sono   206, 222, 375, 402

Sus   244, 246, 248, 249, 254, 255, 270, 297, 306

Sustentabilidade   73, 275, 287, 350, 356, 357, 359, 361, 363-369, 374, 377, 379, 380, 385, 386, 389

T

Tecnológica   343, 345, 347, 352, 385

Temperatura   93, 157, 269, 315, 334, 379, 380

Temporalidade 57, 106, 107, 172-174, 179, 183-186, 206

Tendências   45, 46, 140, 141, 149, 241

Terra-solo 119, 121, 122, 124-130

Territorialização 218, 237, 244-246, 248, 250, 251

Topofilia 187, 191, 281, 289, 294

Trabalho 33, 39, 40, 44, 55, 58, 60, 64, 65, 71, 79, 90, 92, 101, 105, 113, 114, 169, 170, 173, 174, 201, 203, 219, 226, 227, 231, 232, 234, 235, 240, 241, 244, 246, 247, 249-251, 257, 259, 261-263, 266-268, 270, 271, 276-279, 285, 334, 352, 355, 356, 369, 372, 373, 375, 376, 379, 389, 393, 394, 399, 400, 403, 411, 413, 418, 423

V

Ventilação 240, 316, 375, 379, 402

Viventia 37

Z

Zeitgeist 133, 137, 140, 141, 148, 149